PRESIDENCIALISMO DE COALIZÃO

SÉRGIO ABRANCHES

Presidencialismo de coalizão

Raízes e evolução do modelo político brasileiro

3ª reimpressão

Copyright © 2018 by Sérgio Abranches

Grafia atualizada segundo o Acordo Ortográfico da Língua Portuguesa de 1990, que entrou em vigor no Brasil em 2009.

Capa
Thiago Lacaz

Preparação
Márcia Copola

Checagem
Érico Melo

Índice remissivo
Luciano Marchiori

Revisão
Thaís Totino Richter
Clara Diament

Dados Internacionais de Catalogação na Publicação (CIP)
(Câmara Brasileira do Livro, SP, Brasil)

    Abranches, Sérgio.
        Presidencialismo de coalizão: raízes e evolução do modelo político brasileiro / Ségio Abranches — 1ª ed. — São Paulo : Companhia das Letras, 2018.

        ISBN 978-85-359-3155-6

        1. Brasil – Política e governo 2. Presidencialismo – Brasil 3. Presidencialismo I. Título.

18-18746   CDD-321.8042

Índices para catálogo sistemático:
1. Presidencialismo : Ciência política 321.8042
Iolanda Rodrigues Biode – Bibliotecária – CRB-8/10014

Todos os direitos desta edição reservados à
EDITORA SCHWARCZ S.A.
Rua Bandeira Paulista, 702, cj. 32
04532-002 — São Paulo — SP
Telefone: (11) 3707-3500
www.companhiadasletras.com.br
www.blogdacompanhia.com.br
facebook.com/companhiadasletras
instagram.com/companhiadasletras
twitter.com/cialetras

Para Míriam, que insistiu

Sumário

O presidencialismo de coalizão e a sociedade brasileira 9
Agradecimentos 17

I. RAÍZES SOCIAIS E POLÍTICAS DO PRESIDENCIALISMO DE COALIZÃO

   1. A república oligárquica e a "absorção" do multipartidarismo 21
   2. Momentos constituintes 29
   3. Campos Sales e a "política dos estados" 32
   4. O sistema ameaçado 35
   5. Presidencialismo de coalizão, versão original 39
   6. Os governos da Segunda República 44
   7. O colapso da Segunda República 64
   8. O ato final: O governo Jango e o golpe 68
   9. A Constituinte e o retorno do presidencialismo de coalizão 75

II. PRESIDENCIALISMO DE COALIZÃO, NOVA VERSÃO

   10. O estranho de dentro do ninho 93
   11. O mandato interrompido — O primeiro impeachment da
   Terceira República 121
   12. O presidente voluntarioso 148

13. O presidente do Real 172
14. FHC 2.0: Administrando crises 204
15. Lula presidente 230
16. Lula 2.0: O grande eleitor 256
17. A Presidência tensa 270
18. Dilma: a presidente interrompida 296

III. BREVE BALANÇO

19. Dilemas do presidencialismo de coalizão 341
20. Impeachment não é voto de desconfiança 349
21. A economia política do presidencialismo de coalizão 357
22. A rotinização do constitucionalismo e a
judicialização da política 363
23. Não é só a política 369

Notas 375
Índice remissivo 417

O presidencialismo de coalizão e a sociedade brasileira

A democracia vai mal em todo o mundo. A crise da representação é global. No Brasil, além das causas gerais, nossas crises tiveram motivações internas. Em quatro períodos presidenciais regulares, originados no voto popular direto, dois foram interrompidos pelo impedimento dos chefes de governo. Nas outras duas presidências houve ameaças de rompimento das coalizões de governo, acusações de corrupção, pedidos de impeachment. Conflitos entre Executivo e Legislativo e entre grupos dentro do Legislativo envolveram o Judiciário, judicializando o contencioso político. Tem se tornado dominante a ideia de que todas as distorções e vícios, como o toma-lá-dá-cá, a cooptação, o clientelismo endêmico, a corrupção, derivariam do presidencialismo de coalizão. Não derivam. São maneiras ilegítimas de formar alianças e coalizões. Mas as coalizões podem ser formadas por métodos legítimos de negociação de programas e valores, livrando o presidencialismo de coalizão de tais vícios. Vários desses problemas confirmaram apreensões que manifestei, quando descrevi e analisei o modelo político adotado pela Constituição de 1988, no artigo "Presidencialismo de coalizão: O dilema institucional brasileiro".[1] Outras falhas da nossa democracia, no entanto, o transcendem em muito. Muitas o antecedem.

O presidencialismo de coalizão nasceu em 1945, durou dezessete anos, descontando-se o interregno parlamentarista de setembro de 1961 a janeiro de

1963. Foi reinventado e praticado por trinta anos na Terceira República (1988-atual). Ele combina, em estreita associação, o presidencialismo, o federalismo e o governo por coalizão multipartidária. Evoluiu ao longo dessas três décadas, com mudanças de regras, em conjunturas bastante variadas e com resultados diferenciados. Houve um elemento de ensaio e erro no desenho das regras do jogo político e eleitoral. Há uma queda de braço permanente entre os que querem o modelo mais democrático, menos clientelista e menos vulnerável à corrupção, e aqueles que, ao contrário, lutam para preservar o statu quo oligárquico, clientelista e vulnerável à influência ilegal dos endinheirados. Essa clivagem não se confunde com a divisão esquerda/direita. O clientelismo oligárquico, que limita o escopo da democracia e interfere na formação das coalizões, existe à esquerda e à direita do espectro político.

Quando desenvolvi a análise descrevendo nosso modelo político, no alvorecer da Terceira República, saíamos das trevas do regime militar, buscando a luz das liberdades democráticas.[2] Os constituintes cuidaram mais dos direitos e menos da modelagem do sistema político, para que este pudesse garantir, com eficácia e suficiência, os direitos inerentes ao Estado democrático. Durante três décadas, o presidencialismo de coalizão tem sido estudado, desenvolvido e detalhado pela ciência política.[3]

Jamais escrevi em detalhe sobre o presidencialismo de coalizão desenhado e praticado na Terceira República. Ele havia acabado de ser instaurado, quando publiquei o artigo. Escrevi, ao longo dos anos, alguns comentários de conjuntura refletindo sobre sua prática e um artigo sobre os ciclos de popularidade e impopularidade.[4] Minha análise original referia-se à experiência da Segunda República (1946-64), a qual tinha muitas diferenças em relação ao modelo republicano de 1988. Pelo menos três delas, fundamentais. O papel do Congresso no orçamento, as atribuições do presidente e o centralismo federativo seguiram mais o modelo da versão autoritária de 1967, imposta pelo regime militar, do que o padrão da Constituição de 1946. Essas três diferenças geram estruturas de incentivos muito distintas com efeitos diversos para a operação concreta do modelo político.[5] Pela primeira vez, me proponho a analisar a experiência do presidencialismo de coalizão revisto pela Constituição de 1988, trinta anos após a sua promulgação.

A profundidade e a dimensão da crise política brasileira, desde o final da eleição presidencial de 2014, agravaram o descrédito social da representação política. Inúmeras disfunções ficaram mais visíveis. É preciso olhar de forma desapaixonada, informada e sincera a experiência política brasileira, para examinar seus erros, distorções e mazelas, e para entender a natureza do modelo político e os descaminhos pelos quais entramos. É preciso, também, olhar seus pontos fortes, sua efetividade, suas qualidades e suas conquistas. Fazer o balanço dos vícios e virtudes de nossa ainda jovem democracia. A crise brasileira tem raízes locais, mas se dá no contexto da radical transição que a democracia no mundo está vivendo nos tempos de mudança extrema do século XXI.[6]

Quando a instalação da Constituinte fez quinze anos, em 2001, escrevi que a democracia brasileira ia bem porém requeria reparos. "Mas somos impacientes e cobramos dela resultados difíceis de obter até em democracias centenárias. Este é o Brasil. Nosso tempo coletivo, nosso tempo histórico corre vertiginoso e ultrapassa em muito o dado cronológico. Para nós, a democracia brasileira é velha, Collor está longe no passado [...]." Hoje, nossa democracia precisa de mais ajustes que antes. Continuamos impacientes. Com a prática e o desenrolar dos eventos, adquirimos mais informação concreta, para detectar o que não está funcionando. Mas o tempo histórico é mesmo vertiginoso no Brasil. Nosso modelo político já parece arcaico. Herdou vícios velhos. Em algumas questões críticas, todavia, avançamos muito. Em outras, se não avançamos, os defeitos arraigados da cultura política brasileira ficaram mais transparentes para a sociedade. Pelo menos isso, a visibilidade. O grande desafio de nossa democracia era, e continua a ser, sua institucionalização com legitimidade; as regras da política serem respeitadas por convicção, porque os cidadãos acreditam que são boas regras. Para que as regras sejam consideradas boas, é necessário que sejam eficazes, satisfaçam as expectativas dos cidadãos, gerando bons governos, boas práticas e dando resposta progressiva e real às necessidades materiais e culturais da sociedade. A legitimidade tem duas faces, uma simbólica, a outra instrumental. Uma tem a ver com a percepção da qualidade de nossa democracia, a outra tem a ver com a eficácia da democracia para gerar bem-estar e satisfação.[7]

O presidencialismo de coalizão tem falhas estruturais. Todo regime de governo as tem. Nosso modelo político anda mal em vários pontos há muito tempo. Só se fala em reformá-lo. O sistema representativo deixou de funcionar. Não só no Brasil. Todas as democracias do mundo se oligarquizaram.[8] Os partidos são dominados por políticos que já não respondem aos eleitores e sim a grupos de pressão e financiadores a eles ligados. Em todas as democracias ditas ocidentais, o número de eleitores descontentes é enorme, e cresce a parcela da população que não se vê representada por nenhum partido ou governante. Vivemos aqui e na maioria das democracias do mundo inquietante crise de lideranças. Não há espaço para a renovação.

Nenhum sistema político permanece legítimo e funciona bem sem canais adequados para formação e ascensão de novas lideranças políticas e sem ampla representação, que alcance a todos os segmentos da sociedade. No Brasil, esses canais estão bloqueados há muito tempo. As regras eleitorais e partidárias impedem o acesso a pessoas que não se alinhem às oligarquias, à esquerda e à direita. Proliferam as dinastias. As barreiras à entrada de novas lideranças, os mecanismos de manutenção do statu quo, a estreiteza e o clientelismo dos partidos deixam grande parte da população sem representação. Esses eleitores sem representantes se tornam presas fáceis de aventureiros e de vendilhões de promessas vãs, são vulneráveis à mentira eleitoral, ao marketing vazio. Ou se alienam.

Passamos melhor pelos abalos políticos e econômicos recentes do que a Segunda República. Enfrentamos problemas crônicos como a hiperinflação, a pobreza e a desigualdade com mais sucesso que em qualquer outro momento de nossa história. Sob esse regime democrático-constitucional, desenvolvemos as mais eficazes e independentes instituições de controle e fiscalização, freios e contrapesos de nossa história. Elas produziram as duas maiores investigações sobre corrupção política no país e deram início à redução da impunidade das elites econômicas e políticas. É, todavia, uma anomalia política importante termos tido dois presidentes cujos mandatos foram interrompidos por processos de impeachment. É angustiante que o ex-presidente mais popular da história seja réu em vários processos penais, condenado e preso. É incompreensível que um presidente denunciado por infração penal comum no exercício do mandato não seja julgado porque a Câmara dos Deputados negou autorização ao Supremo Tribunal Federal para tanto. No espaço de doze anos, dois grandes escândalos revelaram que a corrupção política e eleitoral entrara em processo acelerado de mutação evolutiva, contaminando nossa democracia e viciando nossas eleições. A negação, por pura conveniência política ou falsa consciência ideológica, das copiosas evidências de existência desse sistema de corrupção político-empresarial faz mal aos partidos e à democracia. Fere mais mortalmente a esquerda do que a direita. Esta última não se avexa de viver na fronteira da ilegalidade. A esquerda, se não se repensar e não se refundar, perderá a legitimidade e a luta moral, rendendo-se à direita clientelista ou cedendo a hegemonia ao liberalismo conservador.

Tem faltado continuidade político-institucional ao fluxo de políticas públicas que possam mudar efetiva e definitivamente nossos indicadores sociais de qualidade de vida. A qualidade da democracia se mede pelo bom funcionamento de suas regras e instituições, pelos bons resultados cumulativos de seus governos, expressos em boas condições gerais de vida social, da economia, dos serviços públicos e privados.[9] O presidencialismo de coalizão produziu boas políticas públicas: o fim da hiperinflação, com o Plano Real, e a redução da pobreza e desigualdade, com as políticas de transferência de renda aos mais pobres, do Bolsa Escola ao Bolsa Família. Mas gerou enormes déficits que impedem nosso progresso em sintonia com as transformações globais em aceleração deste século.

Um diagnóstico objetivo e desapaixonado da situação do país mostra que a economia tem disfunções, o sistema tributário é ineficiente e concentrador, o orçamento é perdulário e rígido. A educação pública e o sistema público de saúde estão em ruínas. A cobertura do saneamento no Brasil é vergonhosa. O déficit habitacional, absurdo. Os monopólios, oligopólios e cartéis dominam a formação de preços. O sistema regulatório é disfuncional e, quando funciona, o faz em favor dos regulados. A economia fechada protege a ineficiência e a baixa produtividade. Nós nos tornamos o país que aceita serviços públicos indigentes. Que se adapta à baixa qualidade e altos preços dos produtos e serviços privados. País que convive com padrões abaixo do aceitável na política e na poluição do ar, das águas e da terra. Que tolera a morte sequencial de jovens negros e as enormes distâncias sociais. São inúmeras as mazelas. Como dizer que nossa democracia vai bem? Ela tem virtualidades, resiliência e muitos problemas. É uma demanda de desempenho exigente. Mas a aceitação persistente de resultados aquém do satisfatório leva à deslegitimação da democracia.

A história brasileira tem mostrado que, em geral, nos sucessivos impasses nascidos em nossas contrariedades sociais, a solução emerge sob alguma forma de compromisso que adia o enfrentamento de conflitos e clivagens enraizadas em nosso tecido social. O compromisso necessário para aprovação do texto constitucional de 1988 ficou aquém de nossas necessidades constitucionais, e que só uma Constituinte, uma Reconstituinte, isolada dos afazeres legislativos ordinários e cercada por regras de precaução política, pode fazer a revisão institucional e constitucional de que precisamos. A mudança para nos ajustarmos ao século XXI pressupõe que examinemos nossa arquitetura institucional como um todo, não apenas a forma de governo ou o regime eleitoral. Precisaremos refundar nossa República. Por que Reconstituinte? Porque ela iria reescrever o pacto constitucional de uma nação existente e de uma democracia que, embora falha, tem se mostrado resiliente.

O Brasil não tem, hoje, esse modelo político, o presidencialismo de coalizão, porque a Constituição ficou parada a meio caminho, preparada para ser parlamentarista, e foi surpreendida pela vitória do presidencialismo. O fato de nosso presidencialismo ser de coalizão nasce da nossa diversidade social, das disparidades regionais e das assimetrias de nosso federalismo, que são mais bem acomodadas pelo multipartidarismo proporcional. O presidente é, ao mesmo tempo, meio de campo e atacante. Ele precisa organizar as jogadas, a partir do meio de campo. Isso, no jogo político, significa organizar a coalizão majoritária pelo centro para poder governar. Ele forma e articula a coalizão. Mas, uma vez obtido esse apoio político, precisa manter a ofensiva e mostrar quem é o capitão do time. Comando e iniciativa. Isso é coisa de presidente. É o que requer o presidencialismo. Ao mesmo tempo, precisa ter flexibilidade e habilidade para negociar com o Congresso, encontrar o ponto de entendimento comum em cada matéria. Coisa de político. É o que requer a coalizão.

A política republicana brasileira sempre foi plural, fragmentada, cheia de facções. Houvesse ganhado o parlamentarismo, teríamos um parlamentarismo de coalizão. A adoção de um modelo político não é questão de escolha apenas. Há determinações e constrangimentos que derivam da natureza da organização social e política do país. Nossa sociologia política contém fatores que levam a um sistema de representação precário e a uma sociedade que se acostumou a tolerar o intolerável e a se contentar com o mínimo funcional. Não há possibilidade de fazermos com sucesso a travessia para os padrões emergentes do século XXI, se não enfrentarmos nossas falhas com franqueza e pluralismo. Precisamos de sinceridade no exame de nossas fragilidades e de um olhar para a frente, não pelo retrovisor. Essa é uma travessia global, com muitos desafios, para a qual nenhum país está plenamente preparado, e o Brasil deve se valer, para enfrentá-los, das potencialidades mais favoráveis que possui.[10] No meu quadro de valores, teremos sucesso no século XXI se chegarmos a uma solução que maximize o bem-estar geral, a qualidade de vida e as chances de realização pessoal e coletiva, minimizando custos políticos, econômicos, sociais e ambientais.

Imaginar que, se substituirmos o presidencialismo de coalizão por outro modelo político, resolveremos nossos problemas de fundo e estrutura é uma ilusão que pode ter consequências contrárias. A possibilidade de conseguir avanços significativos de qualidade com reformas eleitorais é mais duvidosa ainda. Até porque, na democracia, as regras eleitorais não garantem nunca o resultado, e essa é uma de suas grandes virtudes. Todavia, o argumento de que nosso presidencialismo de coalizão já contém os elementos necessários à representação da maioria da sociedade e à formulação, implementação e supervisão de boas políticas públicas, não resiste a uma passada de olhos nas estatísticas econômicas e sociais brasileiras, ou ao exame dos processos de corrupção política. O progresso econômico e social também depende de sermos capazes de fazer nossa democracia funcionar de modo satisfatório. Embora esse modelo nos tenha permitido avançar bastante, não avançamos o suficiente em pontos decisivos.

Não me alinho nem entre aqueles que veem mais virtudes do que vícios em nosso presidencialismo de coalizão, nem entre os que veem mais vícios que virtudes. É um modelo que precisa ser cautelosa e criteriosamente avaliado, para ser redesenhado. Não há modelos políticos acabados. A democracia não é um ponto de chegada, é um processo, um alvo móvel. Após cada rodada de aperfeiçoamentos, aprofundamentos, outras se farão sempre necessárias. Não existe regime político que leve à democracia plena. Os direitos e a convivência se dão em momentos históricos demarcados e são redefinidos em compasso com o processo de mudança. É certo que haverá descompassos, que geram contrariedades a serem enfrentadas no processo político. Os modelos devem ser estáveis, para preservar seus princípios "fundadores", mas ter a flexibilidade exigida pelo avanço da história. A crise brasileira tem componentes gerais, presentes em todas as democracias do mundo hoje. O desencanto com o desempenho da democracia representativa é global. Mas nossa crise tem elementos endógenos que não devem ser subestimados, suficientes para gerarem uma grave crise de confiança política independente dos fatores gerais.

A heterogeneidade e a desigualdade sempre foram características marcantes de nosso processo histórico de desenvolvimento, e continuam a ser. Grupos sociais diversos e desiguais multiplicam demandas competitivas entre si que contribuem para multiplicar conflitos que cortam as fronteiras sociais horizontal e verticalmente.[11] No plano político, havia e continua a haver disparidades de comportamento, que vão das formas mais atrasadas de clientelismo até padrões ideologicamente orientados. Não temos uma cultura de negociação que promova sínteses inovadoras. A história brasileira tem mostrado que, em geral, a solução sai de alguma forma de compromisso que adia o enfrentamento de conflitos e de clivagens enraizadas em nosso tecido social e que não promove as rupturas necessárias ao avanço efetivo rumo a padrões mais avançados de convivência política e social.

A democracia vai mal em todo o mundo. Não somos o único país a enfrentar desafios e desequilíbrios. Mas temos tido excessivas crises no breve tempo histórico desta Terceira República. Precisamos refletir sobre a história e a natureza do nosso sistema político. Entender a dinâmica histórico-estrutural do presidencialismo de coalizão é parte do esforço para compreender o próprio Brasil. Por isso, é preciso recuar no tempo, consultar as raízes, passar pelas singularidades da nossa história, consultar os eventos, verificar padrões recorrentes e descontinuidades relevantes. É o caminho que proponho aqui.

Agradecimentos

A narrativa da política brasileira sempre me inquieta e me atiça. Sem a leitura de Míriam Leitão, cuidadosa, reiterada e crítica, das várias versões deste texto, eu teria ficado prisioneiro dos detalhes e das intrigas. Não é um agradecimento formal, é sincero e real.

Comecei a pensar no Legislativo e sua relação com o Executivo desde meus primeiros dias no mestrado de Ciências Sociais, na Universidade de Brasília, sob orientação de Gláucio Soares. Escrevi, em coautoria com Gláucio, meu primeiro artigo sobre o tema, "As funções do Legislativo", publicado na *Revista de Administração Pública*, no início de 1973. Também com a orientação precisa e estimulante de Gláucio escrevi minha tese sobre o tema, *O processo legislativo: Conflito e conciliação na política brasileira*, Universidade de Brasília, 1973. Dela retirei boa parte da narrativa sobre a Primeira e a Segunda República, com as atualizações apropriadas. Gláucio foi um professor exemplar e ajudou-me a formar meu pensamento sociológico, com independência e pluralismo.

Sou muito grato ao amigo Carlos Pereira e a Frederico Bertholini pela graciosa cessão dos dados de sua pesquisa sobre os custos fiscais da gestão das coalizões de Fernando Henrique Cardoso a Dilma Rousseff. Eles contribuíram para elucidar e reforçar minhas análises desses governos de coalizão.

Heloisa Starling se desdobrou. Leu os originais com generosa dedicação, esperada precisão e absurda rapidez para fazer o exame crítico de minhas referências históricas. Não bastasse tudo isso, apurou minha atenção para os princípios republicanos perdidos em nossa atribulada caminhada política. Ajudou-me a aclarar argumentos e ser mais amigável com o leitor, dando-lhe mais contexto e informação.

Carlos Pereira fez uma leitura crítica e também generosa do manuscrito. Desconsiderou divergências, que discutimos cordialmente com frequência, para indicar pontos nos quais eu devia tornar meus argumentos mais robustos. Muitos de seus comentários tiveram o intuito de preservar-me das críticas e objeções nesse encontro entre o ensaísta e o mundo acadêmico.

Não há como agradecer, nesse mundo polarizado, tal cordialidade fraternal e o gosto pelo debate, a fortalecer e não a ameaçar a amizade. Nossa conversação ajudou-me a apurar o texto. Amigos, como Heloisa e Carlos, que se dispõem a sacrificar seu tempo e suas prioridades a essa interação intelectual solidária, são a parte mais gratificante da ventura de escrever. O que restou de fragilidade neste ensaio se deve às minhas limitações e incurável teimosia.

I
RAÍZES SOCIAIS E POLÍTICAS DO
PRESIDENCIALISMO DE COALIZÃO

1. A república oligárquica e a "absorção" do multipartidarismo[1]

A República nasceu sem povo e oligárquica.[2] Saindo do Império, escolheu o presidencialismo. Olhando para a Revolução Americana, definiu-se federativa. Mas de outro modo, não como um arranjo institucional que une o poder local a um poder nacional limitado, e sim como descentralização, como delegação de poderes às províncias. Por isso, começou centralizada, todavia descentralizou-se e recentralizou-se. Submergiu por duas vezes no autoritarismo e reemergiu mais democrática, porém mais centralizada.[3]

O federalismo consolidou-se como um dos traços mais duráveis da nossa vida política. E isso teve consequências políticas e institucionais importantes. Somos uma sociedade heterogênea, e isso estimula a emergência do multipartidarismo. O federalismo criou as condições para a formação de grupos políticos competindo pelo controle da política estadual. Esses grupos passaram a ter poder e influência decisiva no plano nacional. Na Câmara, as maiores bancadas estaduais exercem relativo poder de veto na defesa dos seus interesses. Uma dinâmica que nasceu no Império, e permaneceu em todas as repúblicas com a relativa ampliação do condomínio de poder pela entrada de outros estados mais populosos, elevados ao primeiro plano das "minorias numerosas".

Outros traços marcam a República brasileira. Entre nós, a democracia sempre foi relativizada pelas mais variadas formas de clientelismo, populismo e controle oligárquico dos partidos. Uma estrutura de poder que não se limita ao campo político, mas alcança as elites de todos os escalões sociais — patronais e sindicais —, cristalizando privilégios e prerrogativas. Daí termos uma República que poderia ser caracterizada como democracia de um povo "semissoberano", uma "democracia elitista".[4]

O apogeu do controle pelas oligarquias estaduais se deu na Primeira República, a partir da presidência de Campos Sales. Essa política transformou o poder nacional na resultante de uma coalizão entre os chefes das oligarquias locais mais fortes do país, ancorada na hegemonia dos dois estados mais ricos, São Paulo e Minas Gerais. O modelo federalista de Campos Sales representava uma reação à crença de que o centralismo imperial era o instrumento decisivo para a coesão nacional. Foi a opção republicana da principal classe civil, os proprietários de terra, dos militares e das províncias dominantes desde o período imperial.[5] O poder das oligarquias assentou-se no controle do eleitorado local, como demonstrou Victor Nunes Leal no clássico de 1948, e deu lugar a máquinas partidárias locais.[6] Na Segunda República, a principal máquina partidária de base local, herdeira dessa tradição clientelístico-patrimonial, foi o PSD. Na Terceira República, tem sido o PMDB.

A transição da política dos governadores implantada por Campos Sales para o presidencialismo de coalizão da Segunda República não se deu sem trauma. A Primeira República nasceu de um golpe e terminou em outro, a chamada Revolução de 1930, que derrubou Washington Luís e instalou Getúlio Vargas na Presidência. O resultado foram quinze anos de autoritarismo e centralização do poder. Na redemocratização, nasceu o presidencialismo de coalizão, que manteve aspectos centrais do modelo oligárquico e incorporou mudanças introduzidas por Vargas, especialmente em 1934. Houve muita mudança entre a Primeira e a Terceira República.

Na Primeira República (1889-1930), em função do federalismo descentralizado, foi possível um bipartidarismo internamente fragmentado em facções oligárquicas estaduais em coalizão para se representarem no plano da União. A política era polarizada, a partir de suas bases locais. Na Segunda, a Constituição de 1946 redistribuiu os poderes, concentrando os mais decisivos na União e, em particular, na Presidência da República. Os governadores, contudo, mantiveram dose significativa de poder político residual, com o mando efetivo nos seus estados e grande influência sobre suas bancadas federais. O Congresso Nacional manteve e ampliou seus poderes. Teve participação efetiva nas decisões orçamentárias, por meio da qual os parlamentares podiam atender às demandas de seus estados.[7] As coalizões se tornaram interpartidárias, não mais intrapartidárias como na Primeira República. Na Terceira, o modelo de 1946 foi reproduzido, com algumas alterações relevantes, principalmente a hipercentralização do federalismo, o fortalecimento dos poderes fiscais e legislativos do presidente da República, e regras de formação de partidos mais liberais que, associadas ao modelo de coligações eleitorais e de voto proporcional em eleições coincidentes, incentivam maior fragmentação partidária.

Embora o poder oligárquico estivesse originalmente assentado na grande propriedade, no café, na pecuária e na cana-de-açúcar, a substância econômica do poder político das oligarquias foi se dissolvendo com a industrialização e as transformações econômicas e sociais. Para se adaptar à emergência de novos setores sociais, ligaram-se a segmentos do patriciado industrial, comercial e bancário, tornando-se correias de transmissão de seus interesses. Para manter o poder local, lançaram mão de relações de clientela com seu eleitorado, intermediadas por cabos eleitorais. A atenção às demandas dessa rede dependia do acesso privilegiado aos recursos e cargos públicos, municipais, estaduais e, principalmente, federais.

Nos Estados Unidos, realinhamentos estruturais nos quais as linhas ideológicas de clivagem entre os partidos se alteraram radicalmente não mudaram sua natureza bipartidária.[8] A República americana nasceu bipartidária e assim permaneceu, embora tenha passado por vários realinhamentos partidários bastante consideráveis.[9] O bipartidarismo absorveu ou neutralizou todas as forças que cresceram fora de seus limites e adquiriram relevância social e política.[10] Lá, ainda que também fosse grande a heterogeneidade entre os estados, havia similitudes socioeconômicas suficientes entre os estados do Sul, de um lado, e os do Norte, de outro, para dar base social sólida ao bipartidarismo e nacionalizar as clivagens. No Brasil, não havia similitude socioeconômica nem cultural entre os estados das duas grandes regiões Sul-Sudeste e Nordeste. As clivagens ficaram encapsuladas nos estados. Nos Estados Unidos, a ruptura levou a realinhamentos partidários e a uma guerra civil. No Brasil, as guerras civis e rebeliões ocorreram igualmente, mas ficaram nas fronteiras estaduais, e as rupturas levaram a mudanças de regime político, por meio de golpes sem povo.

Desde o Império, as clivagens que de fato dividiam politicamente os donos do poder e influenciavam a constituição de partidos, além de gerarem rebeliões e levantes, passavam à margem da política nacional.[11] Nas décadas finais do Império, o Brasil teve um sistema tripartidário, com dois partidos monárquicos e um republicano. A primeira e mais importante linha de divisão, como nota o politólogo-historiador José Murilo de Carvalho, foi a polaridade entre centralização e descentralização. Os liberais queriam autonomia provincial e redução do escopo do poder moderador. Os conservadores defendiam o poder central e o fortalecimento do poder moderador. O Partido Progressista tinha posição que combinava opções conservadoras a uma versão moderada da descentralização.[12] Havia nuances importantes. Eles se apartavam na questão da escravidão — o Rio de Janeiro era mais abolicionista, mas tinha lá seus grupos escravistas, e São Paulo isentava-se de defender a abolição, embora possuísse facções abolicionistas importantes — e na questão democrática — o liberalismo do Rio era liberal-democrático, e o liberalismo paulista, "pré-democrático".[13] Nenhum desses temas conflitivos — escravidão, democracia, descentralização — que dividiam as oligarquias estaduais na base se traduziu em forte clivagem nacional. Todos tinham seu epicentro na escravidão e se enfrentavam quanto ao que fazer com a população de seres libertos, livres e pobres. O objeto do desejo era uma democracia protegida, capaz de domesticar a cidadania.

A República nasceu antipartidária, contra a concorrência partidária.[14] Passada a turbulência do começo, a eleição de Prudente de Morais deu início à consolidação da república oligárquica. Seu sucessor, Campos Sales, consolidou esse projeto, com a política de governadores ou dos estados. Com ele venceu a vertente federalista e descentralizadora. Ela não comportava uma estrutura partidária vertebrada e diferenciada no plano nacional. O bipartidarismo nacional era desfibrilado, amorfo. Os partidos não passavam de condomínios agrupando facções estaduais. Os grupos aliados ao governismo associavam-se e elegiam o presidente da República como um síndico sem poderes. Os que ficavam na periferia do poder formavam outro condomínio, para ter presença no parlamento nacional, tendo por síndico a liderança mais expressiva, a cada momento, na oposição ao situacionismo. Mas o poder real e os partidos que o expressavam politicamente localizavam-se concreta e historicamente nos estados, não na União.

O novo sistema político surgiu ancorado na hegemonia dos grupos oligárquicos que controlavam a economia e a política das províncias. As unidades constituintes já faziam parte do Estado-Nacional independente consolidado pelo Império.[15] Tratava-se apenas de definir um novo sistema político de poder. Os grupos fora do eixo oligárquico principal viam no fortalecimento do poder do Estado sua chance de ingressar na arena política. Por sua ênfase na organização do poder, contavam com a simpatia dos militares e dos positivistas.[16] Foi um militar, Deodoro da Fonseca, quem encarnou a ideia centralizadora e lhe deu expressão. Em sua mensagem ao Congresso Constituinte da República, em 1890, afirmou: "de nada servirá a solidariedade dos governos, si os estados de que se compuzerem a União não forem estabelecendo entre si os mais fortes laços de solidariedade nacional. A autonomia do governo local, [...] não deve importar, no regimen republicano, a desagregação da Pátria. Essa união não é só essencial ao funcionamento normal das nossas instituições políticas: ela é o palladium da nossa integridade territorial".[17] A posição dos federalistas já estava definida no manifesto do Partido Republicano, de 1870: "o regime da federação, baseado [...] na independência recíproca das províncias, elevando-as à categoria de estados próprios unicamente ligados pelo vínculo da mesma nacionalidade e da solidariedade dos grandes interesses da representação e da defesa exterior, é aquele que adotamos no nosso partido".[18] Esse conflito entre "unionistas" e "federalistas" na Constituinte definiu e firmou o sistema político da Primeira República, mas não o sistema partidário, como nos Estados Unidos.

O modo hegemônico como se organizou o sistema político da primeira fase republicana conferiu alto grau de estabilidade à superestrutura política nacional, no período que vai de 1889 a 1930. Mas a estreiteza da representação política gerava insatisfação e inquietação em todos que estavam à margem do sistema de poder político. Foi uma época de grande conturbação social, derivada das guerras entre oligarquias estaduais, dos levantes militares, insurreições e, mais no final, greves e manifestações de trabalhadores. Foram onze conflitos relevantes, entre revoltas, revoluções e guerras, como as de Canudos e do Contestado, nos quais morreram quase 40 mil pessoas.[19] Esse arranjo político adaptável no topo e dotado de significativa capacidade de repressão local impedia que os interesses que se lhe opunham se organizassem e ultrapassassem as fronteiras locais.

Como demonstrou o politólogo Wanderley Guilherme dos Santos, as regras de competição intraoligárquica foram eficazes no âmbito nacional enquanto, no local, prevalecia a disputa com base no voto, na violência e na fraude.[20] Conferiam adaptabilidade ao sistema representativo, para assegurar a coesão interna necessária ao domínio oligárquico, via política dos governadores, mas não havia possibilidade de efetivação de um modelo liberal, pois a inclusão de outros grupos sociais no processo político acabaria por minar os fundamentos da estrutura de poder que os sustentava. O sistema representava as oligarquias, não o seu povo. A própria oligarquia não era homogênea. Ela abrigava interesses divergentes. Embora tenha havido violência e farto derramamento de sangue, não houve rupturas políticas ou institucionais relevantes. Os levantes da década de 1920 provocaram ondas de violência e repressão sangrenta, mas não golpes de Estado bem-sucedidos. As manifestações urbanas de protesto dos excluídos tinham efeito político limitado.[21] O ponto central defendido por Wanderley, com o qual estou de acordo, é que a República representava plenamente os nela incluídos mas nada oferecia aos excluídos.

A Constituinte definiu os pontos que deram organicidade ao sistema político da Primeira República, ao articulá-los politicamente. Eles se efetivaram na prática política do país. Um constituinte resumiu bem esses pontos:

> [Na Constituição] é necessário que fiquem claramente consignados os grandes princípios da República federativa, sem transigência de ordem alguma — quanto à divisão das rendas, quanto à organização judiciária, que não pode deixar de basear-se na dualidade da magistratura e diversidade de legislação; quanto ao Poder Legislativo, que cumpre cercá-lo de todas as garantias possíveis, e, finalmente, com relação ao Poder Executivo, cujo campo de ação deve ficar visivelmente traçado, a fim de que, um dia, em nome da ordem mal entendida, não se vá sacrificar a liberdade nas aras desse Poder.[22]

O Executivo e o Judiciário tinham seu campo de ação limitado ou fiscalizado por não representarem a vontade plural dos estados. O Legislativo assumia o papel central para controlá-los em nome do poder nos estados. O Executivo era o responsável pelo governo, mas necessitava da sanção do Legislativo para governar.[23]

Os partidos políticos, sem instâncias nacionais com poder, reuniam as cúpulas estaduais para decidir sobre o preenchimento dos cargos em todos os níveis. No plano municipal, prevaleciam os compromissos entre a oligarquia estadual e os chefes locais, os coronéis.[24] No plano estadual, as decisões derivavam da acomodação das vontades dos grupos políticos dominantes. No plano federal, estabeleciam-se alianças entre os donos do poder nos estados mais fortes. Em todas essas decisões o processo era dirigido, com absoluto rigor, pelos Comitês Executivos, que incluíam os políticos mais fortes ou seus representantes. Assim foram eleitos todos os presidentes da República, de Prudente de Morais (1894) a Júlio Prestes (1930). Da mesma maneira os governadores, prefeitos, deputados estaduais e federais, e senadores.[25] Aí se esgotava o papel e a importância dos partidos políticos da Primeira República.[26] Quando se tratava de tomar posições em assuntos nacionais, as lideranças preferiam neutralizar o partido. Assim ocorreu, por exemplo, na questão do adiamento da legislatura, que levaria à deposição de Deodoro. Francisco Glicério, líder do Partido Republicano Federal, da elite política e rural de São Paulo, liberou o partido: "a questão do adiamento não [...] [importa] a responsabilidade de nosso partido".[27] O deputado Junqueira Aires, baiano eleito pelo Rio Grande do Norte, explicou: "esta questão não é de partido, é nacional; concerne fundamentalmente aos créditos da República; pode separar em opiniões diversas os membros do Partido Republicano Federal".[28] Na Primeira República, como estado e partido se confundiam, as questões estaduais é que eram as partidárias, não as nacionais. Na Segunda e, sobretudo, na Terceira República, as questões nacionais tenderam a gerar maior coesão partidária e as estaduais a dissolver as linhas partidárias, dando maior expressão às bancadas como representações regionais.[29]

Partido e interesse oligárquico estadual se confundiam. É exatamente por isso que a ideia de um Executivo onipotente sempre assustou os constituintes.[30] Logo no início da República, tentaram votar a lei de responsabilidades do presidente, procurando, desde cedo, delimitar seu poder e seu campo de ação. Bernardino de Campos, oligarca paulista de influência, ao defender o projeto, explicou: "A cada poder a sua esfera, a sua órbita de ação. Não consintamos que uma parcela por mínima, por pequena que seja das nossas atribuições possa ser retirada das cogitações do Poder Legislativo para ser transferida ao Poder Executivo".[31]

Dessa maneira, tem-se um quadro perfeitamente orgânico, onde um presidente cujo mandato pertence à sociedade e não ao Legislativo, que representa mais a integração dos votos nacionais (o que, como se viu, não era verdade na época), tinha sua ação limitada pelo Legislativo, legítimo representante dos interesses estaduais, com o Executivo favorecendo a centralização, e o Legislativo, a descentralização. Esse movimento de freio e contrapeso faz com que a história política brasileira seja, em boa parte, em todas as experiências republicanas, a história do conflito entre Legislativo e Executivo.[32] A partir do conflito Legislativo/Executivo foram definidas as regras do jogo político no Brasil. Os presidentes brasileiros eram eleitos de acordo com o compromisso feito entre os representantes dos estados dominantes, por meio dos Comitês Executivos dos Partidos Republicanos estaduais, que expressavam o situacionismo de cada estado. O controle estadual do voto garantia que, em cada estado, sua eleição se desse por larga maioria. Sem exagero, é possível dizer que, na Primeira República, os presidentes eram eleitos nos estados e, na Segunda e na Terceira, eles passaram a ser eleitos no Brasil.

A coesão do eixo oligárquico dominante na Primeira República não foi, contudo, absoluta. Houve momentos de divergência. Em 1910, a oligarquia paulista dividiu-se na campanha civilista de Rui Barbosa contra Hermes da Fonseca. Em 1922, Rio Grande do Sul, Rio de Janeiro, Pernambuco e Bahia apoiaram a candidatura alternativa de Nilo Peçanha, contra Artur Bernardes. Em 1930, o eixo oligárquico rompeu-se definitivamente. Rio Grande do Sul, Minas Gerais e Paraíba apoiaram Getúlio Vargas, contra Júlio Prestes, patrocinado por São Paulo. Quando as forças dominantes nos estados-chave se uniram na coalizão, o presidente foi eleito, em média, com 90% dos votos. Nas três eleições com as oligarquias divididas essa média foi de 60%. Era a conformidade entre a composição da coalizão presidencial e a maioria parlamentar que definia a estabilidade política do governo. Tais tensões e contradições internas estavam associadas às dificuldades de atender, em simultâneo, aos interesses políticos e econômicos das oligarquias centrais e suas aliadas numa fase de grande instabilidade econômica. Foi difícil, em vários momentos, conciliar os interesses centrais em divergência, por exemplo, nas políticas cambial e monetária.[33] Sempre que o domínio oligárquico se enfraqueceu por divisões internas, diminuiu a coesão do sistema e surgiram fissuras, pelas quais emergiam os conflitos. Foi a dificuldade crescente de conciliar essas forças centrais que levou a seu ocaso.

2. Momentos constituintes

Alguns momentos foram particularmente importantes nas relações Executivo-Legislativo, definindo o modelo político e a dinâmica do sistema partidário da Primeira República. São momentos constituintes[1] da política republicana brasileira: o conflito entre Deodoro da Fonseca e o Legislativo, que terminou com a vitória dos descentralizadores; a chegada de Floriano Peixoto ao poder, que delegou ao Legislativo papel político determinante na solução das "derrubadas estaduais", abrindo caminho para a consolidação do pacto oligárquico; a institucionalização da "política dos governadores" por Campos Sales; e, finalmente, a reforma constitucional de 1926, no governo Artur Bernardes, que marca o retorno dos centralizadores.

Na instalação da Assembleia Constituinte, convocada por Deodoro da Fonseca, chefe do governo provisório, Prudente de Morais, federalista e ex-presidente de São Paulo, foi eleito para presidi-la. Promulgada a Constituição, em 24 de fevereiro de 1891, coube a ela eleger o primeiro presidente da República. Candidataram-se Prudente de Morais e Deodoro da Fonseca. Deodoro foi eleito primeiro presidente do Brasil, por 129 votos contra 97 dados a Prudente. Floriano Peixoto, companheiro de chapa de Prudente, foi eleito vice-presidente, com 153 votos. O almirante Eduardo Wandenkolk, companheiro de chapa de Deodoro, teve 57 votos.[2] A primeira medida da Assembleia no novo regime constitucional, que continuou sob a presidência de Prudente de Morais, foi rever o projeto da Constituição do governo, para diminuir o mandato presidencial de seis para quatro anos. Deodoro se opôs. O desencontro entre a presidência do Legislativo e a Presidência da República marcou o início da ruptura nas relações Executivo-Legislativo. Rupturas desse tipo levaram, em toda a nossa história, à deposição do presidente, ou ao autoritarismo.

A Constituinte transformou-se preventivamente em Congresso ordinário.[3] Com o adiamento da legislatura, permaneceram as bancadas estaduais, na sua maioria compostas de deputados e senadores já em oposição à posição centralista de Deodoro nos estados. Deodoro dissolveu o Congresso. Os políticos, rebelados, passaram a conspirar para sua deposição. Campos Sales conta que, "no próprio momento em que estas medidas eram postas em prática, os congressistas tratavam, em reunião secreta, de congregar elementos contra a ditadura [...]. Uns retiraram-se para levar a agitação aos estados e outros permaneciam na capital da República, promovendo ahi a aggremiação de forças".[4]

A ação de Deodoro contra o Legislativo não obteve a coesão militar nem a legitimidade política, condições necessárias para ele se manter no poder. O Congresso repeliu a autoridade do presidente. Em manifesto à nação, avisou: "Nós, membros do Congresso [...] não reconhecemos de modo algum o atentado que acaba de ser praticado contra seus direitos soberanos".[5]

Foi Floriano Peixoto quem liderou o movimento de deposição de Deodoro. Aliado às situações estaduais, deslocadas pelo presidente para a condição de oposição, deu o golpe final. Deodoro, forçado, renunciou e Floriano, vice, assumiu. Seu primeiro ato foi anular a dissolução do Congresso Nacional.[6] Retornou-se ao statu quo anterior de poder. Bernardino de Campos permaneceu na presidência da Câmara, e Prudente de Morais na direção do Senado. Na Presidência, Floriano não convocou eleições presidenciais. Ciente da duvidosa base legal de sua titularidade, assinava os documentos oficiais como vice-presidente da República.

Floriano precisava reorganizar politicamente a República abalada pelo confronto entre o Executivo e o Legislativo. Só o Legislativo podia resolver o impasse. O divisor de águas era a questão estadual. A crise política derivava da dualidade existente entre as representações federais e os governos estaduais. A maioria dos governadores nomeados por Deodoro não fazia parte das forças dominantes nos estados e opunha-se à maioria parlamentar que antecedia às nomeações. Floriano devolveu a decisão ao Congresso.[7] O resultado foi a vitória das oligarquias dominantes em praticamente todos os estados e o ajustamento entre a representação parlamentar e o controle dos governos dos estados. A partir daí, Floriano não teve dificuldade em conter as oposições com os mecanismos repressivos conferidos ao Executivo pelo estado de sítio. Seu governo foi marcado por grandes movimentos revoltosos duramente reprimidos. Fixou, todavia, os fundamentos para que Prudente de Morais e Campos Sales pudessem efetivar a hegemonia oligárquica dos estados na política nacional. A sucessão presidencial já mostraria a máquina oligárquica em pleno funcionamento. Prudente de Morais, representando o situacionismo estadual, foi o primeiro presidente eleito, com 88% dos votos.

3. Campos Sales e a "política dos estados"

O governo de Prudente de Morais decorreu em meio a agitações alimentadas pelo descontentamento com a hegemonia paulista, promovidas por setores oligárquicos fora do eixo central, que haviam alcançado influência parlamentar. Foi o período em que o Congresso teve mais força. Uma força independente, algumas vezes adversária, de cujo apoio o governo federal dependia para manter-se estável. Para pacificar o país politicamente polarizado e assegurar-se condições de governabilidade, Prudente de Morais precisava de Francisco Glicério, que organizara o Partido Republicano Federal. Transferiu o poder de agenda e veto a Glicério e absteve-se de intervir nos embates parlamentares. Ainda assim, a dissidência das oligarquias descontentes alimentou a oposição a Prudente de Morais. Dessa insatisfação nasceu com força a candidatura de Campos Sales. Embora também ex-governador de São Paulo, era considerado mais confiável pelos chefes políticos da maioria dos estados, inclusive dos dissidentes. Foi indicado unanimemente pelo grande eixo oligárquico, São Paulo, Minas Gerais, Rio de Janeiro, Bahia e Pernambuco, para sucedê-lo.

Campos Sales foi eleito em 1898 com 92% dos votos. Fiel à coalizão de interesses estaduais dominantes, consolidou a precedência das escolhas políticas dos estados sobre o poder federal.[1] A "política dos estados" ou "política dos governadores" tinha um mecanismo de certa forma simples. Reconhecia os mandatos dos candidatos apontados pela situação em cada estado. O Legislativo era o órgão verificador desses poderes de deputados, senadores, presidente e vice-presidente da República, e o Judiciário formava sua jurisprudência de acordo com as decisões do Congresso.[2] Campos Sales teve o apoio do Congresso, porque, como bom síndico do condomínio do poder estadual, possibilitou à maioria o domínio das eleições e permitiu às minorias a manutenção de seus "feudos" políticos. Articulou a mudança do regimento interno do Congresso para garantir o comando desse processo por um parlamentar que respeitasse o situacionismo em cada estado. Bastava dar a presidência interina ao deputado que presidira a Câmara na legislatura anterior, portanto, a expressão do statu quo oligárquico. A solução respeitava a vontade das oligarquias dominantes no processo decisório nacional e preservava o poder das oligarquias dissidentes no plano federal nos estados em que a oposição fosse a força maior.

A presidência da legislatura estava com Minas Gerais. Campos Sales escreveu ao presidente do estado de Minas, Silviano Brandão,[3] propondo-lhe o que seria o início da política do café com leite. "O estado de Minas acha-se destinado a representar o mais importante papel na verificação de poderes da futura Câmara. A reforma do regimento, ao findar-se a passada legislatura, deu ao dr. Vaz de Melo, deputado mineiro, a investidura da presidência interina desta casa do Congresso [...]. A ele caberá formar a comissão, à qual incumbe [...] a [...] verificação dos poderes."[4] Silviano Brandão lhe deu apoio total. Ao senador paulista Rodrigues Alves, Campos Sales explicou, em outra carta, o fundamento da nova política. Dizia que era "indispensável organizar [...] uma maioria arregimentada e resoluta, que não tenha outra preocupação a não ser a de constituir uma Câmara nas melhores condições de legitimidade. [...] Como tenho dito, a presumpção, salvo prova em contrário, é a favor daquelle que se diz eleito pela política dominante no respectivo estado".[5] Com base nesse sistema, deputados e senadores garantiam-se mandatos sólidos e intermináveis e, a seu partido, o poder nos estados. Fechou-se a dominação oligárquica, onipotente na recusa de qualquer demanda de participação política de grupos externos a ela.[6] Ela se assentou, como bem argumentam as historiadoras Lilia Schwarcz e Heloisa Starling, no tripé que unia o controle dos conflitos pelos governos estaduais, para mantê-los confinados ao âmbito estadual ou regional; o reconhecimento pelo governo federal da soberania dos estados na política interna; o sistema eleitoral baseado no voto de cabresto e no coronelismo. O poder federal dava soberania política aos governos estaduais, que davam o controle eleitoral aos coronéis locais.[7]

A estabilidade dos governos da Primeira República assentou-se na admissão, pelo presidente da República, do domínio majoritário das oligarquias em seus estados. As facções dominantes controlavam os partidos republicanos estaduais e uniam-se numa coalizão nacional para eleger o presidente e controlar o Legislativo federal. O presidente, para ter sucesso, precisava representar esse equilíbrio de forças heterogêneas expresso pelo Partido Republicano. O Congresso se dividia em dois blocos, um governista, amplamente majoritário, e outro oposicionista.[8] Mas o aparente bipartidarismo escondia, internamente, coalizões mais diferenciadas e heterogêneas entre forças estaduais que tinham em comum, muitas vezes, apenas o fato de que detinham o poder de mando em seus respectivos estados. Tal arranjo garantiu a governabilidade por toda a Primeira República. A natureza do presidencialismo brasileiro, apoiado numa coalizão majoritária para ter condições de governabilidade, já estava, em semente, dada na Primeira República. O controle oligárquico se sobrepunha aos impulsos nascidos da diferença de interesses e da heterogeneidade sociológica das facções estaduais, para garantir uma aparente unidade política no plano nacional. O pressuposto dessa estabilidade era a limitação dos poderes presidenciais dada pelo consenso mediano do condomínio oligárquico no controle do Partido Republicano. O presidente era o síndico do condomínio. O Congresso era o guardião do consenso mediano. Ao contrário do que ocorreria na Segunda e na Terceira República, não era o presidente forte que assegurava a estabilidade do sistema de poder, mas o Legislativo forte sob controle dos grupos hegemônicos nos estados.

4. O sistema ameaçado

Foi marcante, na Primeira República, o contraste entre uma sociedade em estado de rebeldia e insurreição, a maior parte do tempo, e a estabilidade política no âmbito federal. O povo não esteve ausente do teatro político da Primeira República. Ele se revoltou e expressou sua indignação em rebeliões e guerras civis sangrentas, porém sufocadas a ferro e fogo pelo poderio armado incontrastável dos chefes oligárquicos. Mesmo quando liderados por facções oligárquicas descontentes com os poderes governantes, esses levantes, muitas vezes, tinham forte conteúdo popular. A rigidez das regras de exclusão marcou de morte a Primeira República.[1] Se os liberais toleravam a participação popular, os federalistas a viam com desconfiança.[2] Numa sociedade em mudança, um sistema de exclusão rígido acaba engolido pelos "de fora". O regime se parte, ainda que preserve os setores sociais que faziam dele seu instrumento de dominação política. As mudanças dos anos 1920 e 1930 levaram à emergência de novas forças sociais e representaram grande ameaça à hegemonia oligárquica. Com a urbanização crescente e os primeiros ensaios de industrialização, ampliaram-se os grupos sociais com interesses diversos dos da oligarquia. O sistema político-partidário da Primeira República não se ampliou para incluir as novas forças. Sua queda era questão de tempo. Essa estreiteza do modelo político em relação ao sistema social não produziu apenas abalos na política. Gerou um grau de descontentamento social dificilmente superável. A insatisfação levou à emergência de novos conflitos expressos por movimentos grevistas, no campo popular, e pelos movimentos tenentistas, nos campos civil e militar.[3] Tais movimentos, juntamente com a crescente insatisfação das oligarquias periféricas, terminaram por levar Minas e São Paulo a tentar uma ação solitária de domínio do Executivo, concentrando nele o poder e enfraquecendo o Legislativo. Artur Bernardes foi eleito presidente, em 1922, com 59% dos votos. Teve a oposição de Rio de Janeiro, Bahia, Pernambuco e Rio Grande do Sul. A revisão constitucional de 1926 foi levada a cabo no seu governo pela ação irresistível da maioria de Minas Gerais e São Paulo.[4] Ele governou sob estado de sítio. Mais uma vez enfrentaram-se centralizadores e descentralizadores. Dessa vez, venceram os centralistas.

A revisão entrou em vigor, sob a forma de emenda constitucional, em 3 de setembro de 1926 e alterou capítulos fundamentais da Constituição republicana. Ampliou as condições de intervenção da União nos estados. Alterou as atribuições do Legislativo, especialmente terminando com a prerrogativa de votar verbas livremente durante a elaboração do orçamento. Reformulou as regras para feitura de leis. Reviu a competência da Justiça Federal, principalmente em relação ao Supremo Tribunal Federal. Criou a possibilidade de judicialização de decisões políticas, que Campos Sales tornara monopólio dos chefes estaduais. Liberado, o Supremo, por diversas vezes, contrariou os interesses das oligarquias mais poderosas, retificando decisões das comissões de verificação de poderes. A Constituição reformada centralizou o poder na Presidência da República, permitindo que Bernardes e, sobretudo, Washington Luís, seu sucessor, interviessem para garantir os interesses da aliança do café com leite, ameaçados pela maior heterogeneidade social. Mas o fizeram às custas da grande coalizão oligárquica que havia estabilizado o sistema federal. A reforma constitucional de 1926 foi a resposta da oligarquia ameaçada à crise do sistema e adicionou à nossa tradição constitucional elementos que serviriam para desenhar o presidencialismo de coalizão da Segunda República. Mas aí teve início o ocaso da Primeira.

O tamanho e a heterogeneidade da população brasileira, a diversidade de situações sociais, levam ao multipartidarismo. Nossa tradição patrimonialista, paternalista, imperial, filtrada pelo republicanismo positivista, leva ao presidencialismo. No Brasil, o Império foi bipartidário, ao longo de toda a sua fase parlamentarista. A República nasceu bipartidária, mas esse bipartidarismo já escondia grande fragmentação de facções, que se continham no plano estadual e, aliadas, se acomodavam à polaridade federal. Na Primeira República, os estados tinham autonomia financeira e militar — as guardas nacionais eram mais numerosas que as Forças Armadas; o principal imposto, de exportação, pertencia aos estados. Portanto, a organização partidária tinha bases profundamente estaduais, ancoradas nas oligarquias locais, que eram praticamente hegemônicas. O bipartidarismo federal era formado por dois condomínios plurais de oligarquias locais. O dominante abrigava-se no Partido Republicano. O dissidente, no outro partido, como o Partido Liberal. Mas os dois blocos eram internamente plurais. A partir do colapso do Estado Novo varguista e com a Constituição de 1946, o país iniciou uma trajetória multipartidária que se consolidou ao longo da Segunda República. Ela foi cortada pela ditadura militar, que impôs um bipartidarismo artificial. O multipartidarismo retornou mais forte e mais fragmentado na Terceira República.[5]

O Legislativo foi, já na Primeira República, instrumento essencial do clientelismo, por meio da manipulação de verbas e cargos públicos. Era o vínculo estratégico entre os estados e a União, representando a vontade daqueles no plano federal, por meio da coalizão dominante. A partir de 1930 e na Segunda República, o comando das delegacias da Educação dava-lhes o poder de controlar as nomeações para as escolas públicas. Na saúde, o poder de nomeação nos hospitais. As áreas mais cobiçadas eram as representações estaduais e municipais dos ministérios da Educação e Saúde, Trabalho, Interior (obras contra secas, fomento regional), Transportes, Energia e Comunicações, durante algum tempo agrupados em Viação e Obras Públicas. A despeito dessa estadualização da política federal, foram emergindo políticos com influência nacional, por suas vinculações e prestígio em muitos estados. Para eles, a única forma de sobrevivência política era a sua permanência no Congresso Nacional, portanto na capital federal, de onde podiam manipular várias facções ao mesmo tempo. De lá, realizavam alianças que lhes garantiam influência na política não apenas em seus estados mas em outras unidades da federação, e não só na política estadual como na política federal. Há muitas continuidades na política brasileira importantes para entendê-la plenamente.

Entre as reivindicações que terminaram levando grupos heterogêneos a se unir na Revolução de 1930, uma das mais importantes foi a ampliação da participação política. A Constituinte de 1934 foi a resposta conservadora de Getúlio Vargas a tais anseios, tentando construir essa representatividade numa base corporativista e centralizando fortemente o poder na União.⁶ Porém, quando o Legislativo começou a querer impor sua autonomia contra a vontade do governo central, Vargas não hesitou em fechá-lo. Foi a terceira vez que isso aconteceu no Brasil. A primeira foi com Pedro I, ainda no Império; a segunda, no início da República, com Deodoro, e levou à sua deposição. A partir do fechamento do Congresso, consumou-se a ditadura personalista de Vargas. As luzes republicanas só se reacenderam em 1945.

5. Presidencialismo de coalizão, versão original

A Segunda República nasceu multipartidária. As clivagens e conflitos que levaram ao fim da Primeira reemergiram e se manifestaram como agitação social e busca de representação. Como em todo regime tirânico, os conflitos e contradições amadureceram e diversificaram costeando o Estado Novo, sob censura e repressão, para alastrar-se com o ímpeto das forças represadas ao desmoronar do controle autoritário. Essa imediata emergência do multipartidarismo, logo após a ditadura varguista, reforça a conjectura de que ele existira dormente na Primeira República pela capacidade do Partido Republicano de absorver o situacionismo em cada estado. Os constituintes de 1946 redesenhariam o modelo político para adequá-lo a seus interesses e aos novos tempos. O Legislativo manteve, no desenho da Segunda República, papel político estratégico como representante das forças dominantes nos estados e conduto institucional, via orçamento público e cargos federais, para o atendimento de suas clientelas. O presidente, porém, deixou de ser um síndico sem poder. A Presidência adquiriu poderes próprios, herdados do período varguista e da Carta de 1934. Desse modo, se deu a transição, com continuidade, da "república oligárquica" para a "república populista".

Com a nova Constituição, em 1946, implantou-se uma democracia representativa limitada, que deu representação a novos setores da sociedade, principalmente assalariados civis formais alfabetizados. O direito de voto às mulheres havia sido autorizado em fevereiro de 1932, fazendo do Brasil um dos países na vanguarda da adoção do sufrágio feminino. O eleitorado, que representava 7% da população em 1934, passou a 16% em 1945 e 22% em 1950. Uma expansão significativa que, todavia, deixava a esmagadora maioria do povo fora do processo eleitoral.[1] Nos três primeiros anos da Segunda República, 31 partidos pediram e obtiveram o registro provisório. Posteriormente, cancelou-se o registro de quinze deles. O único caso importante foi o do Partido Comunista Brasileiro.[2]

Getúlio Vargas criou o PSD para manter suas ligações com as elites tradicionais. Formou o PTB para apoiá-lo nos setores sindicalizados nascentes. As oligarquias e parte do patronato, o topo das camadas médias urbanas e até setores mais progressistas, como os dissidentes do Partido Comunista, que tinham em comum a oposição a Vargas, organizaram a UDN. Tanto o PSD quanto a UDN herdaram bases sociais e recursos organizacionais dos velhos partidos da Primeira República e serviram de correias de transmissão da tradição mandonista e clientelista para a Segunda República. Muitas das famílias políticas que compuseram os quadros dos dois partidos tinham suas raízes, umas, nas oligarquias do Império, outras, em famílias da elite republicana. O PTB corria atrás do sindicalismo, que corria atrás das indústrias que se instalavam país afora.[3] Com o banimento do Partido Comunista, ficou com o monopólio da representação eleitoral do operariado e demais trabalhadores assalariados, porém com ideologia mais difusa de corte populista e corporativista. Mas o seu crescimento, acompanhando a expansão da população assalariada formal, bloqueou o domínio bipartidário — PSD versus UDN — do eixo conservador.

No ambiente multipartidário, e com o aumento da competição eleitoral, era quase impossível que um partido elegesse seu candidato à Presidência e, ao mesmo tempo, conquistasse a maioria necessária para poder governar. Mais ainda, nenhum candidato a presidente teve o apoio unânime de seu partido. Como escreveu o politólogo Fabiano Santos, o interesse do constituinte mediano no desenho do modelo na Segunda República era evitar que o presidente pudesse aprovar reformas institucionais ou distribuir recursos sem o seu apoio.[4] Para realizar esse interesse, inseriu na Constituição limitações ao controle presidencial sobre o conteúdo e o ritmo da agenda legislativa. Adicionalmente, a Constituição conferiu ao Legislativo papel decisivo no processo orçamentário. O presidente tinha poderes limitados sobre a agenda parlamentar mais relevante. Para governar, devia negociar uma coalizão interpartidária, que representasse o interesse mediano do Congresso, como fizera o Partido Republicano, no regime de 1889. O PSD, que era majoritário na Constituinte, capitalizou recursos político-eleitorais locais suficientes para garantir-se a primeira maioria em todas as legislaturas da Segunda República. Foi o pivô de todas as coalizões governamentais viáveis. Ficaria claro rapidamente que a estabilidade institucional do governo — e, portanto, do presidente — dependia do apoio continuado de uma coalizão majoritária e do empenho de seu partido-pivô. O poder de veto social dos trabalhadores e o poder de veto armado dos militares lhes davam, também, voz ativa, embora muito desigual no processo político. Os militares, além de arbitrar o conflito entre as elites socioeconômicas e políticas civis, serviam de anteparo à expansão do protagonismo político dos setores populares.

Os estados recuperaram a autonomia política, mas perderam definitivamente parte da autonomia econômico-financeira que haviam gozado na Primeira República. Os governadores mantiveram mecanismos de poder local que lhes garantiam papel na composição das coalizões eleitorais e parlamentares. Os partidos, em grande medida, continuavam a ser, como na Primeira República, coalizões de partidos estaduais.

O presidente passou a ser eleito nacionalmente. Seu voto expressava o predomínio progressivo dos setores populares e médios urbanizados e do novo empresariado industrial. Essa diferença dificultava ajustar a agenda presidencial à parlamentar, como ocorria na Primeira República. Os politólogos Octavio Amorim Neto e Fabiano Santos mostram que, naquele contexto, só os presidentes tinham incentivos para promover políticas de abrangência nacional.[5] A visão nacional os aproximava dos setores cuja importância social, econômica e política crescia com a mudança acelerada no Brasil do após-guerra. Daí serem portadores dos projetos reformistas. O Congresso, eleito estadualmente, por um voto preponderantemente influenciado pela capacidade de manipulação eleitoral dos chefes políticos locais, continuava a dar voz majoritária às velhas e novas oligarquias. Diante de tais diferenças, social e politicamente determinantes, o Congresso contrabalançava o viés urbano-popular que tornava mais reformista a Presidência, garantindo os interesses dos setores mais tradicionais. Para isso, incorporava poderes que mantinham sua capacidade de vigilância e fiscalização da aliança social de poder, por meio da coalizão parlamentar de governo.

O modelo do presidencialismo de coalizão nasceu dessa combinação de poderes republicanos — Presidência e Legislativo —, apoiados em bases sociais diferenciadas, e da necessidade de alianças multipartidárias de governo no Congresso como fiadoras do pacto da maioria parlamentar com o presidente. Dada a disparidade de agendas, toda política pública deveria ser negociada, e se tornava objeto de um compromisso parlamentar. A ação política do Legislativo se concretizava numa coalizão entre forças heterogêneas e competitivas, capaz apenas de compromissos instáveis. O equilíbrio de interesses entre as forças do pacto era variável, todavia os limites que definiam a possibilidade de mudança de agenda eram estreitos.[6] Embora contasse com o apoio da maioria parlamentar, o Executivo não conseguia do Congresso tudo que propunha. Ao contrário, numerosas mensagens presidenciais ficaram travadas, porque dividiam a coalizão governista. Entre elas, a Lei de Diretrizes e Bases da Educação, a Lei Orgânica da Previdência Social, as reformas bancária, agrária e da administração federal.[7]

As tensões geradas por esse sistema eram resolvidas pelo recurso ao poder de veto. Ora cabia ao Congresso exercê-lo, ora, ao presidente da República. O veto das forças populares nascentes vinha sob a forma de grandes greves e manifestações públicas. Os militares interpunham seus vetos nos pronunciamentos e golpes.[8] Mas só o Legislativo tinha a capacidade de, quando possível, encontrar respostas politicamente convenientes para as situações de impasse que respeitassem minimamente o quadro institucional da democracia. Politicamente convenientes eram aquelas soluções que envolviam concessões de todos os parceiros, evitando confrontos disruptivos ainda que implicassem rupturas parciais.[9]

Na Segunda República, as coalizões se deram entre os partidos, no interior do Congresso, articulados por políticos de expressão nacional, com a participação de governadores dos estados mais fortes, tendo como pivô o PSD e sob a liderança do presidente da República. Era um arranjo mais complexo e menos estável que o da Primeira República. Exigia muita capacidade de articulação do presidente, habilidade no manejo das relações com o Legislativo, em particular com sua coalizão, e dependia do grau de apoio social que conseguisse mobilizar. A menor estabilidade desse novo arranjo ampliava as possibilidades de conflito entre Legislativo e Executivo, motor de crises políticas que, na ausência de mecanismos institucionais de mediação, foram resolvidas pelo veto militar.

O crescimento econômico, alavancado pelo dinamismo global do após-guerra e pela aceleração da industrialização e da urbanização, ao mesmo tempo que apressava a mudança disruptiva, gerava conforto econômico suficiente para mitigar o descontentamento social com a inflação e a frustração causada pela baixa representatividade do sistema político.

A segunda experiência republicana foi a mais instável. Viveu a tensão permanente entre as pressões reformistas do populismo e os impulsos golpistas dos conservadores. O populismo reformista energizava-se com a mobilização de forças emergentes das mudanças socioeconômicas. O golpismo nutria-se no conservadorismo reativo das oligarquias, do patronato industrial nascente e dos militares. O resultado foi a radicalização polarizada, que paralisou o Congresso e incendiou a sociedade, provocando a reação dos setores conservadores. Como a Primeira República, a de 1946 também terminou num golpe.

6. Os governos da Segunda República

A Segunda República foi marcada por eventos políticos dramáticos em seus dezoito anos de existência. Um presidente se matou. Dois de seus substitutos constitucionais foram impedidos de presidir o país. Outro renunciou. A posse de um vice-presidente da República foi impedida pelos militares. Implantou-se o parlamentarismo de afogadilho, em 1961. Um referendo restabeleceu o presidencialismo em 1963. Ela terminou um ano depois, com o golpe de 1964.

Eurico Gaspar Dutra (1946-51), a rigor o 11º presidente eleito do Brasil, o primeiro da Segunda República, transferiu o cargo a Getúlio Vargas (1951-54), que se suicidou no exercício do mandato.[1] Os cinco anos de Dutra foram de relativa estabilidade. A economia andava bem. Ele foi o único presidente da fase do presidencialismo de coalizão da história republicana a ter maioria parlamentar com seu partido. Organizou uma coalizão conservadora, que alcançava inclusive setores da UDN, por meio daquilo que ficou conhecido como Acordo Interpartidário. Acordos interpartidários eram a base para a institucionalização do presidencialismo de coalizão. Dutra manteve uma relação moderada e discreta com o Legislativo. Seu único gesto político duro, com repercussão negativa em segmentos do Congresso e na sociedade, foi o fechamento do Partido Comunista.

Foi meteórica a passagem do PCB pela vida política oficial no Brasil. Um sucesso nas eleições de 1945, o partido foi banido em 1947 e os mandatos parlamentares que ele conquistou, cassados em 1948. O PCB obteve 10% dos votos, elegeu catorze deputados, entre eles o escritor Jorge Amado, e o segundo senador mais votado do país, Luís Carlos Prestes. Era o quarto maior dos treze partidos com representação no Legislativo.[2]

Getúlio Vargas foi o 12º presidente eleito, em 1950, segundo da Segunda República. Teve votação forte, 48%, com oposição do situacionismo pessedista. Retornou ao poder por meio de intrincada trama de negociações e de um astucioso enredo por ele concebido para voltar "nos braços do povo". Logo depois de assinar o livro de posse, foi até as escadarias do Palácio Tiradentes para falar aos populares. "A minha candidatura não nasceu [...] das injunções da política ou das combinações dos partidos. Ela veio diretamente do povo, dos seus apelos e dos seus clamores."[3] Aceitou, muito a contragosto e no último momento, a indicação de Café Filho pelo então governador de São Paulo, Ademar de Barros, para a Vice-Presidência. A chapa Vargas-Café Filho era temida pelos conservadores do PSD. Venceu impulsionada pela reversão do quadro econômico positivo do após-guerra. O próprio Vargas, em carta à filha Alzira, disse que queria que a narrativa de campanha não esquecesse "que sou um candidato de oposição [...]. Tem de falar na carestia da vida, na inflação".[4] Getúlio tinha a aguda consciência de que a inflação era o que mais atingia o povo. Estava certo, seus efeitos sociais marcaram toda a política republicana, de Campos Sales a Dilma Rousseff.[5]

O governo Vargas foi tumultuado desde o início.[6] Os partidos da sua coligação eleitoral fizeram menos de 25% dos deputados. O PTB fez 51, 17% das cadeiras, e o PSP elegeu 24, ocupando 8% das cadeiras. Para governar, Vargas precisava do PSD, que elegera 112 deputados, 37% da Câmara. Era a chave da maioria. O pivô. A segunda bancada era a UDN, que, com 81 deputados, 27% do total, foi o polo radical de oposição que tramou contra Vargas.[7] Getúlio sofria muitas resistências no PSD, que ele criara para acomodar seus aliados da centro-direita. Seus líderes mais conservadores não confiavam no PTB e menos ainda em Café Filho, e se ressentiam do distanciamento de Vargas.

Getúlio, como havia anunciado, não governou com os partidos.[8] Por isso, sua coalizão sempre foi precária e o apoio que dava a ele era condicionado à avaliação de conveniências partidárias.[9] O PSD mantinha-se neutro na medida do possível, enquanto a UDN o fustigava ferozmente. Seu governo foi marcado por permanente tensão interna entre tendências opostas, em incômoda coabitação. Vargas buscou, entretanto, algum compromisso com as forças conservadoras no Congresso. Apesar da coalizão precária de governo, conseguiu, com esses acordos pontuais, importantes vitórias no parlamento.[10]

Todavia, a economia ia mal e a política econômica era contraditória. Duas questões, petróleo e criação da Petrobras e o acordo militar com os Estados Unidos, provocaram fraturas insanáveis na frágil coalizão parlamentar de Getúlio. Esse conflito aumentou o viés antigetulista nas Forças Armadas. No fim de 1952, a situação política de Vargas já era muito difícil. Ele estava isolado e a conspiração civil-militar contra seu governo se intensificou. No lado da sociedade, a aceleração da inflação frustrou as expectativas em relação ao governo e corroeu sua popularidade. Em 1953, greves robustas contra a inflação e por aumentos salariais — em São Paulo, a Greve dos 300 mil, e no Rio, a greve dos marítimos — fraturaram o PTB e puseram em xeque o controle do movimento sindical pelo trabalhismo varguista. A UDN conseguiu instalar CPI para investigar empréstimos ao jornal governista *Ultima Hora*, de Samuel Wainer. O escândalo, incendiado pela oratória inflamada de Carlos Lacerda, convenceu o presidente da delicadeza de sua situação política. Getúlio promoveu reforma no ministério, trazendo para postos-chave notórias figuras ligadas à UDN, como Osvaldo Aranha, Vicente Rao e José Américo de Almeida. Todos, porém, seus ex-ministros no período do Estado Novo. Como mostrou a politóloga Maria Celina D'Araujo em seu estudo do período Vargas, o presidente buscou um consenso impossível, tentando atrair os conservadores e manter a lealdade dos trabalhistas.[11] O único gesto para os mais progressistas foi a nomeação de João Goulart para o Ministério do Trabalho. A escolha tinha um viés pragmático. Goulart tinha trânsito no sindicalismo e a confiança para articular uma saída de compromisso do conflito entre empresas e trabalhadores. Mas sua legitimidade no meio sindical era um sinal de alerta. A nomeação resolveu o impasse grevista, contudo aumentou a desconfiança do patronato e dos militares.

Reformas ministeriais sempre tiveram efeito menos eficaz na recomposição da maioria no presidencialismo de coalizão brasileiro do que no parlamentarismo multipartidário europeu. Descontentam a mais aliados do que satisfazem. Getúlio tentou resolver tardiamente problemas políticos que haviam se tornado intratáveis e afastar o veto militar iminente. A crise de relacionamento com o Legislativo evoluiu para o pedido de impeachment por crime de responsabilidade. Os antigetulistas, porém, não conseguiram a maioria para votá-lo. Se o temor que o PSD tinha da vitória da UDN ajudara na sua eleição, foi o medo que a UDN e o PSD sentiam do vice Café Filho, a quem consideravam um esquerdista, na Presidência que livrou Vargas do impeachment. Ele evitou o impeachment, mas não venceu o veto militar. O pretexto principal dos militares para se opor ao governo constitucional de Getúlio era seu ministro do Trabalho, João Goulart. Eles o viam como simpatizante do comunismo e braço do sindicalismo no poder.[12] A adesão de Ademar de Barros ao veto militar oficializou a dissolução da coalizão getulista. Ele perdia o PSP, partido de Café Filho, quando já não contava com o apoio da maior parte do PSD, e a UDN radicalizava sua oposição, sempre liderada por Carlos Lacerda.

A instabilidade, os rumores de golpes e conspirações, os escândalos e os incidentes, se repetem como se seguissem um roteiro concebido para gerar tensão crescente. O parlamentarismo entrou nas cogitações da UDN como alternativa ao impeachment. Seria uma forma de isolar Vargas do poder. Maria Celina D'Araujo conta que a hipótese foi levantada pelo deputado udenista Aliomar Baleeiro, após o arquivamento do pedido de impeachment, em junho de 1954. A deposição do presidente só podia se dar, então, pelo golpe de Estado, renúncia, ou implantando-se o parlamentarismo.[13] A maioria preferiu tentar forçá-lo à renúncia, por meio da pressão civil e militar. Vargas recusou-se. Só se passassem pelo seu cadáver.

A situação política do presidente havia se tornado terminal no dia 23 de agosto de 1954. Pela manhã, a resposta de Getúlio aos que o pressionavam era manchete na *Ultima Hora*: "Só morto sairei do Catete!".[14] Café Filho relatou em discurso no Congresso sua proposta de renúncia e a recusa do presidente. Era o rompimento. No mesmo dia, foi divulgado manifesto liderado pelo brigadeiro Eduardo Gomes, da UDN, e assinado por 27 generais exigindo a renúncia. Vargas tomara conhecimento dele na madrugada, no Catete. Sabia que era impossível superar a crise política, reverter a deposição imposta pelo pronunciamento militar, apoiado por lideranças civis no Congresso, e chegar ao final do mandato. Não havia, na Segunda República, força social nem mecanismos institucionais capazes de evitar a ruptura constitucional. O Judiciário não tinha a autonomia que adquiriu na Terceira República. Todas as tentativas de saída pela judicialização dos conflitos políticos se frustraram. O golpe já estava dado.

Nesse grau de impasse só o poder dos militares, acima da ordem constitucional, oferecia saída, e ela era antidemocrática.

Getúlio, diante da deposição inelutável, fez o derradeiro gesto de sua biografia. Suicidou-se na madrugada do dia 24. Era sua trágica e desesperada resposta ao golpe que o derrubou.[15] Esse desfecho trágico mudou os rumos da política brasileira. O tiro que o matou derrotou o projeto político de Carlos Lacerda, franco favorito à sucessão de Vargas pela UDN. O realinhamento de forças políticas se deu não em torno de sua liderança, mas favorecendo o PSD e Juscelino Kubitschek. Juscelino saiu do Palácio da Liberdade, como governador de Minas Gerais, para o velório de Getúlio no Catete, e voltou a Belo Horizonte virtualmente eleito presidente da República.

Entre o suicídio de Vargas e a posse de Kubitschek, todavia, houve muita instabilidade política e rupturas institucionais parciais e relevantes. Café Filho assumiu sob oposição cerrada dos militares e dos conservadores da UDN e do PSD. Procurou afastar a desconfiança, compondo um ministério conservador e com forte representação udenista. A estrela do ministério foi o aclamado economista liberal-conservador Eugênio Gudin.[16] Para a Justiça, nomeou o jurista Miguel Seabra Fagundes. Ao PSD, entregou os ministérios da Agricultura e da Viação e Obras Públicas. Para o Trabalho, chamou um dissidente do PTB, Napoleão de Alencastro Guimarães, que fora colaborador de Vargas. Ofereceu os ministérios militares a oficiais que haviam conspirado para depor o presidente. O Ministério da Guerra, confiou a um general que se mantivera à distância dos conspiradores e também do dispositivo militar de Vargas, Henrique Teixeira Lott. Café Filho não conseguiu, porém, formar uma coalizão. Todos os partidos declararam independência em relação a seu governo. Ele tentou se afirmar, como um governo de transição, sem identificação partidária, com apenas dois compromissos, a estabilização da economia e a garantia do calendário eleitoral. Não teve sucesso.

As eleições deixavam inseguros os conservadores. A UDN sabia que havia perdido a Presidência para Kubitschek. Foi a grande perdedora nas eleições parlamentares, que não eram concomitantes às presidenciais, passando de 81 cadeiras na Câmara para 74. O PSD ganhou duas cadeiras e, com 114 deputados, manteve-se como o partido-pivô das coalizões, numa Câmara composta por 320 deputados. Um bom augúrio para JK e sua campanha. O PTB passou de 51 para 56 cadeiras.

Juscelino Kubitschek foi o 13º presidente eleito e terceiro da Segunda República. Foi o escolhido no dia 3 de outubro de 1955, pela coligação PSD-PTB, com 36% dos votos. Na sua chapa, elegeu-se João Goulart, como vice-presidente, com 44%. Se a UDN já havia tentado impedir a posse de Vargas, eleito com 49% dos votos, era certo que se voltaria com maior força contra a posse de JK, com menos de 40%. Ainda mais ao ver a Presidência escapar-lhe pelos dedos como pérolas de mercúrio, para usar a bela expressão de Albert Camus. Entre a eleição, em outubro, e a posse, em janeiro, o país atravessou gravíssima crise, com dois afastamentos forçados de chefes do Executivo.

Café Filho nem chegaria a tentar administrar a crise sucessória. Em meio a muita pressão, licenciou-se para tratamento da saúde, num episódio controvertido. Carlos Luz (PSD-MG), presidente da Câmara dos Deputados e segundo na linha de substituição, assumiu a Presidência da República, em 8 de novembro de 1955. No dia seguinte, comunicou aos ministros sua intenção de mantê-los nos cargos, pois considerava temporária a licença de Café Filho. No seu lugar, na Mesa da Câmara, ficou o veterano deputado gaúcho pela UDN Flores da Cunha, general reformado do Exército. Nas crises decorrentes de situações de fato, usualmente associadas a vetos militares, o Legislativo sempre procurou uma solução política conveniente para a maioria. Um compromisso que se ajustasse aos limites definidos pelos vetos cruzados geradores dos impasses, preservando, o quanto possível, as instituições. A UDN, apoiada por facções militares mais à direita, opunha-se à posse de Juscelino Kubitschek na Presidência e à de João Goulart na Vice-Presidência. Os militares que apoiavam JK eram liderados pelo general Henrique Teixeira Lott, ministro da Guerra. Confronto direto entre Carlos Luz e o general, em torno da oposição à posse de JK, levou o militar a pedir demissão. Comandantes militares reagiram, ocupando pontos-chave da capital. Lott assumiu a frente do movimento e forçou o Congresso a decretar o impedimento de Carlos Luz, no dia 11 de novembro de 1955. Foi atendido. A resolução dizia que "a Câmara dos Deputados, tomando conhecimento dos graves acontecimentos que desde ontem se desenrolam no país e considerando a situação de fato pelos mesmos criada, reconhece a existência do impedimento".[17] O udenista mineiro Afonso Arinos, que se opunha à resolução, reconheceu que não estava em questão sua constitucionalidade e sim sua conveniência política. "O Direito Constitucional [...] [é] um direito condicionado a afeiçoar dentro de fórmulas jurídicas os acontecimentos inelutáveis das lutas políticas que se processam dentro dos meios sociais", explicou da tribuna.[18] O impedimento de Carlos Luz foi aprovado com o apoio integral da maioria, composta por PSD, PTB e PSP, e contra o voto coeso da UDN. Nereu Ramos, vice--presidente do Senado, assumiu a Presidência da República, no dia 11 de novembro, e reconduziu Lott ao Ministério da Guerra.[19]

A situação voltou a ficar tensa com a melhora do estado de saúde de Café Filho e o anúncio de que ele pretendia reassumir o posto. Era seu de direito. Contudo, o veto persistia. O Congresso recorreu diretamente ao argumento político e afirmou que "exercitou [...] o Poder Político decidindo sobre os impedimentos quer então do presidente da Câmara dos Deputados, quer do vice-presidente da República". Dada a persistência da situação de fato, "ao Congresso Nacional cabe o dever institucional de preservar o regime, agora, como antes, ameaçado; resolve declarar que permanece o impedimento anteriormente reconhecido, até deliberação em contrário do Congresso Nacional".[20] A inédita resolução foi aprovada pela maioria, em 21 de novembro de 1955. O Congresso jamais deliberou em contrário. Nereu Ramos conseguiu autorização para decretar o estado de sítio por trinta dias. Esse comportamento da Câmara mostra como inexiste o que os politólogos chamaram de "não decisão". Evitar decidir é sempre uma decisão. No caso, a não decisão correspondia à deposição de Café Filho.

Inconformado, o presidente deposto apelou ao Supremo Tribunal Federal contra a decisão política do Legislativo. O STF resolveu que "ao Congresso Nacional pertence a faculdade de interferir, como Poder Político, em qualquer caso de impedimento do chefe do Executivo, é o que deflui da doutrina especializada".[21] Café Filho entrou, também, com um habeas corpus e um mandado de segurança, tentando retornar ao cargo. O STF julgou o habeas corpus prejudicado.[22] Por maioria de votos, em dezembro de 1955, sustou o julgamento do mandado de segurança até que fosse suspenso o estado de sítio.[23] Outra não decisão que decidia deixar que a transição se fizesse, por decurso de prazo, com Nereu Ramos na Presidência.[24]

Juscelino tomou posse, portanto, sob estado de sítio. Não recebeu o cargo de seu antecessor eleito. Mas foi o segundo e último presidente, na Segunda República, a entregar o cargo a um sucessor legitimamente eleito. Enfrentou recorrentes surtos de agitação social e duas rebeliões fracassadas. Nesse terreno instável, seu governo, contudo, alcançou bastante estabilidade, pois o partido de Juscelino, o PSD, tinha a bancada mais numerosa e era o pivô inconteste da sua coalizão. Havia convergência entre os valores políticos e o projeto desenvolvimentista de JK e os valores e interesses do parlamentar mediano do PSD, por sua vez o partido mediano do Congresso.[25] Juscelino respeitou os limites de sua autoridade diante das prerrogativas do Legislativo. A política desenvolvimentista que ele implantou, além de promover interesses de setores econômicos ligados à maioria de sua coalizão, deu dinamismo à economia, permitindo-lhe satisfazer as demandas mais diversificadas e garantindo-lhe popularidade. Entendia o setor rural e sabia como agradá-lo. A aliança com o PTB, expressa na presença de João Goulart como vice e, em decorrência, presidente do Senado e do Congresso,[26] possibilitava que ele estendesse uma das mãos aos setores urbanos, particularmente o sindical. Pela via do PSD e por sua própria experiência política, pôde dar a outra mão aos setores rurais e ao patronato industrial.

A coalizão de JK representava um "equilíbrio instável", conforme Maria Victoria Benevides. Especialmente num momento de expansão urbano-industrial, que se acelerou com seu projeto desenvolvimentista.[27] JK, como bem interpretou Celso Lafer, construiu uma ponte relativamente segura entre o velho e o novo da política brasileira de seu tempo.[28] Ele mostrou, também, ter a maior habilidade de gestão da coalizão entre todos os presidentes da Segunda República. Chegou bem ao final de seu governo, num quadro social desassossegado e marcado pela inquietação militar por todo o período. Transmitiu o cargo ao sucessor eleito, Jânio Quadros, em 31 de janeiro de 1961. Jânio renunciou 206 dias após a posse como 14º e derradeiro presidente eleito da Segunda República, gerando a crise que levaria ao colapso do regime.

A campanha de Jânio Quadros coincidiu com o ponto em que a inflação, associada à desaceleração econômica, aumentou o descontentamento e o desconforto social. As classes médias aderiram à candidatura dele em boa medida por causa de sua campanha contra a corrupção política, simbolizada pela vassoura, escolhida para expressar a prometida limpeza da República. Seu adversário, o ex-ministro da Guerra Henrique Lott, impôs-se como candidato e fez campanha pela ordem, em resposta à inquietação político-social. Adotou o símbolo eloquente da espada, a qual terminaria por ser usada por seus companheiros de carreira militar para cortar a cabeça da Segunda República, em 1964.

Jânio foi o estranho no ninho da política dominante. Um personagem que parecia não ter vinculações com a ordem partidária. Essa imagem do "de fora" agradava à classe média e à parte emergente da elite econômica ainda sem conexões com os donos do poder. Jânio, entretanto, também tinha uma mensagem conservadora, de austeridade, que apelava às elites econômicas tradicionais, às oligarquias ligadas à UDN e àquelas que se alinhavam com o PSD mas se opunham ao PTB de Jango e Brizola.[29] Tentou cooptar setores parlamentares para sua coalizão de governo, independentemente de filiação partidária, buscando apoio para as reformas que pretendia promover. Esbarrou na oposição a todas elas, por razões diferentes. Sua política externa gerou resistência nos setores mais conservadores. Suas medidas de política interna provocaram a oposição das alas esquerdas do Congresso. As tentativas de reforma, como a lei antitruste e a reforma agrária, encontraram na maioria do Legislativo uma barreira intransponível. Medidas relativas aos trabalhadores e funcionários públicos foram objeto de rejeição absoluta dos sindicalistas.

O ambiente econômico era desfavorável. O PIB ainda mostrava taxa de crescimento robusta, de 8,6%, em 1961. Havia sido de 9,4% em 1960. Reflexo dos "anos dourados" de JK. A inflação, porém, estava muito alta, em 1960, 30,5%, e subiu para perto do patamar de 50%, então considerado indicador de "inflação latina", batendo em 48% em 1961.[30]

A coligação PTN-UDN-PR-PL-PDC que elegeu Jânio Quadros tinha apenas 104 deputados, 32% das cadeiras na Câmara, composta por 326 deputados. Destes, setenta, ou 21%, eram da UDN, do vice na chapa de Jânio, que não se elegeu. João Goulart, da chapa opositora, foi reeleito vice com 42% dos votos. O diminuto PTN que lançou Jânio candidato contava somente sete deputados (2%). O PSD tinha a maior bancada, 115 deputados, 35%, que, somados aos 20% do PTB, formavam uma barreira oposicionista de 55% da Câmara. Jânio nunca recebeu o apoio parlamentar que imaginara obter com a força de sua vitória eleitoral, com 48% dos votos.[31] Renunciou à Presidência no dia 25 de agosto de 1961, dizendo que havia sido derrotado pelas "forças da reação". Mas, se pensara retornar nos ombros do povo, sua pretensão foi frustrada pela pronta resposta de seus experientes opositores. Goulart estava em viagem à China. Tão logo a renúncia foi lida no plenário da Câmara dos Deputados, a maioria pediu que Ranieri Mazzilli assumisse a Presidência da República "para que se mantenha a legalidade neste país, para que se mantenha a ordem e para que não venha o golpe contra esta nação".[32] Parlamentares da UDN queriam a rejeição pura e simples da renúncia. Prevaleceu a opinião de que Quadros já não era o presidente e a Presidência não podia ficar vaga. O deputado Almino Afonso, do PTB de São Paulo, definiu a posição de seu partido: "não há [...] que tumultuar, [...] a renúncia está aceita. [...] A Constituição prevê a hipótese. Sobe o vice-presidente da República. O vice-presidente não está no país, sobe o Presidente da Câmara".[33] Gustavo Capanema, do PSD de Minas Gerais, afirmou que "a renúncia é, por definição, ato unilateral, irretratável. [...] A renúncia é um acontecimento histórico. Não temos competência constitucional para aceitá-la, para recusá-la, para aplaudi-la, para tomar qualquer pronunciamento em face dela".[34]

A recepção da renúncia foi pacífica, mas não evitaria a crise político-militar. Às 16h45 do dia 25, o presidente do Congresso, Auro de Moura Andrade, anunciou-a oficialmente. Afirmou que se tratava de um ato de vontade, do qual o Congresso Nacional deveria apenas tomar conhecimento. Em seguida, declarou que assumia o presidente da Câmara dos Deputados, que seria empossado no Palácio do Planalto, às 17h15. A sessão terminou às 16h56. Moura Andrade deu posse a Ranieri Mazzilli como presidente interino. A marcação do tempo é importante, para que se possa ter noção da rapidez com que essas graves decisões foram tomadas. A manobra do presidente, se existisse, precisava ser neutralizada imediatamente. A renúncia de Jânio e a interinidade de Mazzilli eram pontos de consenso majoritário. A posse de João Goulart, não. Tinha a oposição intransigente da UDN lacerdista e o veto militar, que acompanhava Goulart desde a época de ministro do Trabalho de Vargas. A ala mais conservadora do PSD não lhe era nada simpática. Os políticos mexiam-se para encontrar uma solução para o impasse. Todos sabiam que o veto militar era irremovível. Era hora de se afirmar a conveniência política.

O parlamentarismo chegou ao Congresso como hipótese para o futuro.[35] Mas se tornaria a alternativa ao golpe militar. O clima de crise se agravou. A inconformidade com o veto militar à posse de Jango crescia nas ruas. A agitação tomava conta do país. No dia 27 de agosto, Leonel Brizola, governador do Rio Grande do Sul, entrincheirado no Palácio Piratini, em Porto Alegre, lançou a campanha pela legalidade, recebendo o apoio do governador de Goiás, Mauro Borges. Ela espalhou-se por uma rede de rádios, denominada Cadeia da Legalidade. O presidente da Câmara pediu aos deputados que permanecessem na Casa, "aguardando que qualquer acontecimento grave possa provocar a convocação de nova sessão". O deputado Breno da Silveira, do PSB, requereu que se constituísse "comissão integrada por líderes dos blocos parlamentares e de todos os partidos que ficarão responsáveis pelos contatos com os demais poderes da República, informando o plenário da marcha dos acontecimentos, para sua deliberação". A suspensão da sessão, o estado de prontidão e a comissão foram aprovados sem necessidade de votação.[36] Os rumores continuavam intensos.[37] O Congresso pegava fogo.

Ranieri Mazzilli, já na Presidência da República, enviou mensagem ao presidente do Senado, Auro de Moura Andrade, no dia 28, dando notícia de que, "na apreciação da atual situação política criada pela renúncia do presidente Jânio da Silva Quadros, os ministros militares, na qualidade de chefes das Forças Armadas, responsáveis pela ordem interna, me manifestaram a absoluta inconveniência, por motivos de segurança nacional, do regresso ao país do vice-presidente João Belchior Marques Goulart".[38] A título pessoal, adicionou: "se as duas Casas do Congresso houverem por bem reconhecer os motivos invocados [...], me considero incompatibilizado para candidatar-me, em substituição do senhor Jânio Quadros, ao exercício efetivo da Presidência da República".[39] Moura Andrade, experiente em crises, argumentou que nada daquilo podia ter tramitação regimental. Recorreu ao exame da conveniência política sobre o que fazer. Propôs comissão para formular parecer e que o Congresso pudesse "conhecer da matéria já em termos de decisão". Esclareceu:

> comunica-se um fato. Surge a indagação: aceita-se a comunicação do fato [?] [...] Estou convencido de que se depois da leitura desta mensagem, o Congresso apenas responder 'ciente', estaria apenas ciente do banimento do vice-presidente da República. Estaria então de acordo, já teria encerrado o processo. [...] O Congresso poderá, entretanto, no exercício soberano das suas prerrogativas e, mais do que isto, dos seus deveres perante a Constituição, analisar e decidir ante o fato político desta comunicação. [...] Muitas vezes os documentos mais singelos, mais simples são os que enganam até os que se supõem hábeis. Esse documento [...] precisa ser estudado [...] por uma Comissão que o relate e proponha ao plenário as medidas sobre as quais ele deve decidir.[40]

Era o início da articulação para a emenda parlamentarista. A sessão foi suspensa às 22h30, para que se formasse a comissão, e reaberta às 23h45. A cultura da elite no poder era de que a saída para esse tipo de impasse se daria pela afirmação da conveniência política. Ou da inconveniência de outras medidas que poderiam decorrer do veto militar justificando o compromisso pelo mínimo entendimento comum.[41] Definida a composição da comissão mista, ela recebeu prazo de 48 horas para emitir seu parecer.[42]

Impedir a posse, como queriam os militares, era muito difícil. Mesmo parlamentares da extrema direita, entre eles Plínio Salgado, defendiam, naquele momento, a sucessão constitucional. O Congresso estava dividido. Muitos preferiam seu fechamento a ceder ao veto. Mesmo entre os parlamentaristas, havia grande número que preferia preservar o mandato de Goulart e adotar o novo regime para o governo seguinte. A comissão teria que conciliar a conveniência política e o veto militar. No país, o clima era de tensão crescente, com prisões e muita agitação. Populares tomavam as ruas de cidades como São Paulo e Porto Alegre. No Congresso, discutia-se a possibilidade de uma guerra civil. O impasse era claro, e o risco de violência política e golpe militar presente e iminente.

No dia 29, a comissão apresentou seu parecer, o qual abria afirmando que em período de normalidade não seria possível admiti-la "dada a sua total inconformidade com os textos legais". Além disso, ela "não fornece elementos esclarecedores da alegada inconveniência do regresso do sr. vice-presidente João Goulart ao país". Reconhecia a gravidade da crise institucional, para dizer que a mensagem revelava "mais uma anormalidade no funcionamento do regime presidencial no Brasil".[43] Concluía com aquilo que estava em muitas mentes: "outra alternativa não nos resta senão a de mudarmos de sistema, fazendo a experiência do regime parlamentar, adaptado às condições peculiares, à estrutura política do país".

Coube ao senador Afonso Arinos (UDN-MG) defender em plenário a emenda parlamentarista, da qual havia sido um dos principais articuladores. Segundo o senador, mudar o regime era necessário. De um lado, porque o Supremo Tribunal Federal, "instituição-chave", "instituição mestra" que era capaz de estabelecer "o equilíbrio nas horas de crise, fracassou politicamente". De outro lado, estaria a dupla origem do poder político. Do presidente, que se elege com "uma inundação emotiva em todo o país", porque no regime eleitoral em vigor a massa só votaria em "candidato que estiver em condições de despertar-lhe o fervor e o entusiasmo por sobre os partidos e por sobre o Congresso Nacional". Em decorrência, o país ficava com "um presidente que cada vez mais representa um cesarismo plebiscitário" e com um Congresso que "representa um equilíbrio entre todas as forças da opinião e dos interesses sociais. Teremos, fatalmente, sempre, um presidente contra o Congresso ou dele afastado". Por isso, o parlamentarismo seria o "único regime que pode viver compativelmente com a legalidade".[44]

Na noite em que a decisão foi tomada, Arinos falou por telefone com Jango.

> Ouvimos de s. ex.ª que [...] não tem aspirações de poder, que sua esperança [...] está no Congresso Nacional, que se transforma, no momento, no centro da vida cívica do País, que tem a esperança que o Congresso aceite a solução parlamentar, porque s. ex.ª recebe qualquer solução capaz de restituir a paz e a tranquilidade à família brasileira e evitar o sangue e os horrores da guerra civil.[45]

O deputado Almino Afonso historiou a crise e anunciou que Jango havia iniciado a viagem de regresso ao país e estaria em território nacional na madrugada do dia seguinte, para assumir a Presidência da República. Confirmou que o

> presidente João Goulart tem [...] plena consciência de que assumirá a Presidência da República num instante de grave crise no país e se dispõe [...] a [...] ter o mais amplo entendimento com todas as forças políticas da nação para que o governo que se instaure seja representativo deste momento e se possa, em nome dos interesses maiores da pátria, organizar um governo de coalizão nacional.[46]

O deputado Osvaldo Lima Filho (PTB-PE), além de reiterar essa atitude de Jango, disse que vinte parlamentares do PTB apoiavam a emenda.[47] A fórmula de compromisso estava clara, posse de Jango na Presidência num regime parlamentarista.

O debate foi tenso todo o tempo e se estendeu por três sessões, ao longo de 1º de setembro. A emenda foi aprovada em votação nominal, em primeira discussão, no dia 2, em sessão extraordinária, por 234 votos a 59, na sua maioria do PTB.[48] À tarde, em outra sessão extraordinária, a emenda foi aprovada em segunda discussão por 253 votos a 55. No Senado, ela foi aprovada em primeira discussão, no domingo 3 de setembro, em votação simbólica. Os anais registram que foram 47 votos a cinco. No mesmo dia, foi aprovada em segunda discussão por 48 votos a seis. Em seguida, ela foi promulgada.[49]

João Goulart tomou posse como presidente no dia 7 de setembro de 1961. Em seu discurso, avalizou o compromisso político conciliatório: "minha investidura, embora sob a égide de um novo sistema, consagra respeitoso acatamento à ordem constitucional". Mas já apontava sua esperança para a consulta popular sobre a adoção do parlamentarismo. "Cumpre-nos agora, mandatários do povo, fiéis ao preceito básico de que todo poder dele emana, devolver a palavra e a decisão à vontade popular [...] para que ela própria dê seu *referendum* às decisões políticas que em seu nome estamos solenemente assumindo neste instante."[50]

No dia 8, enviou ao Congresso os nomes do Conselho de Ministros, a ser presidido por Tancredo Neves, do PSD de Minas Gerais, na pasta da Justiça. A mesma que ocupara no governo de Getúlio Vargas. O PTB, informou Almino Afonso, era solidário ao presidente da República e aprovaria seu gabinete, mas tinha "restrições sérias e graves a diversos nomes que [o] integram". Os parlamentares aprovaram por 259 votos a 22 o nome de Tancredo para presidir o Conselho, que foi aprovado por 246 votos a dez. À noite foi empossado o primeiro governo parlamentarista da história republicana.

Tancredo Neves foi o mais bem-sucedido primeiro-ministro do parlamentarismo republicano. O gabinete representava uma coalizão muito heterogênea de forças políticas. Quatro ministros do PSD, dois da UDN e dois do PTB. O predomínio era conservador, portanto distante da posição representada por Jango e pelo PTB. Uma coalizão intrinsecamente instável, de difícil acomodação. A experiência parlamentarista durou dezessete meses.[51] Ao longo de todo o período foi submetida a persistente tensão institucional.

O modelo adotado no Brasil dificultava a dissolução do gabinete por voto de desconfiança e a convocação pelo presidente de novas eleições. A moção de desconfiança deveria ter o apoio de no mínimo cinquenta deputados e ser aprovada por maioria absoluta. Apenas se requerida a confiança pelo presidente do Conselho de Ministros, ela poderia ser aprovada por maioria simples. Só após a queda de três gabinetes consecutivos por voto de desconfiança do Congresso, o presidente da República poderia convocar eleições. Sob tensão e sem muita flexibilidade, era provável que atingisse, em algum momento, o ponto de fadiga institucional e que fosse à ruptura, submetido a alto estresse vindo de várias fontes. Duas delas surgiram logo, o conflito entre o Legislativo e o Conselho de Ministros e o atrito na relação entre o primeiro-ministro e o presidente da República.

Com Tancredo Neves, todavia, o novo regime teve sua melhor chance. Ele era parlamentar experiente. Foi eleito em 1950, para seu primeiro mandato como deputado federal. Tinha prática de governo, em contexto de extrema tensão e grave crise, como ministro da Justiça de Vargas até o suicídio deste. Viveu, de volta à Câmara dos Deputados, toda a crise da sucessão. Articulou a candidatura de Juscelino Kubitschek no PSD e no Congresso. Participou intensamente das tratativas para aprovação da emenda parlamentar. Sua habilidade nos bastidores e a capacidade de costurar compromissos permitiram que reduzisse as fricções.

Na verdade, o que se desenhou foi um semipresidencialismo. Uma espécie de presidencialismo de gabinete que, por suas ambiguidades estruturais, tendia à instabilidade e ao conflito. João Goulart envolvia-se nos assuntos do governo ultrapassando as atribuições que lhe haviam sido conferidas pela emenda parlamentarista. No gabinete de Tancredo Neves, o partido confiava no primeiro-ministro, que era um dos seus. Os pessedistas jamais confiaram em Jango e essa desconfiança só aumentou, ao longo do período. O Conselho de Ministros era objeto de intensa pressão por parte de Goulart, que participava recorrentemente de suas reuniões, sempre alegando estar no uso de suas atribuições constitucionais. A maioria das propostas que levou ao gabinete eram oriundas de reivindicações de movimentos sindicais. Jango tornou-se o interlocutor do sindicalismo e canal de transmissão de pressões populares para o gabinete, bem mais conservador do que ele. Houve vários episódios polêmicos, que geraram atritos entre o presidente e o Conselho de Ministros.[52] Tancredo via-se forçado a resolvê-los, adotando saídas de compromisso.[53] No governo Tancredo Neves foi aprovada a primeira Lei de Diretrizes e Bases da Educação Nacional, em dezembro de 1961, e a lei que elevou o território do Acre à categoria de estado, em junho de 1962.

Durante o ano de 1961, a inquietação social crescia em espiral. As greves se multiplicavam.[54] A polarização política avançou rumo à radicalização. O Brasil enfrentava inflação em ascensão e crise econômica. Havia colapso do abastecimento na Guanabara e no estado do Rio de Janeiro. Lacerda se agitava e agitava o ambiente político-social. Nesse quadro, era impossível a sobrevivência de um gabinete de conciliação como o de Tancredo Neves. Em junho de 1962, Tancredo, percebendo a enrascada em que estava seu governo, apresentou a renúncia coletiva do gabinete. Os rumores de que o chanceler, San Tiago Dantas, seria o escolhido por Jango para chefiar o novo gabinete, provocaram uma onda de duros ataques e boatos desqualificadores contra ele. Uma nota à imprensa do gabinete da Presidência da República, no dia 16 do mesmo mês, informava que Jango só poderia indicar o nome do novo primeiro-ministro após a renúncia de Tancredo Neves. A nota equivalia a um aviso de demissão. Tancredo entendeu e, mineiramente, foi se retirando. Anunciou que o gabinete renunciaria no dia 26. Era apenas um tempo para que Jango pudesse ultimar as articulações para sua substituição.

O gabinete Tancredo Neves foi o mais resiliente da experiência semipresidencialista exatamente porque o primeiro-ministro era uma liderança do partido-pivô da coalizão, o PSD, e tinha a confiança do seu parlamentar mediano, ao qual sabia contentar. Foi o único que não assumiu compromisso explícito com a antecipação do plebiscito.[55] Levou a sério o regime parlamentar. Na Segunda República, somente dois líderes foram realmente exímios gestores da coalizão de governo, Juscelino Kubitschek, como presidente da República, e Tancredo Neves, como primeiro-ministro. Não por acaso, ambos do PSD, ambos conhecedores dos humores do parlamentar mediano do partido.

A queda do gabinete Tancredo Neves, após 290 dias de governo, provocou o agravamento da crise política. Ele caiu por pressão de Jango, não por desconfiança do parlamento. Governou por quase dez dos dezessete meses de semipresidencialismo. Um feito notável naquele ecossistema instável e intoxicado por conflitos intratáveis. A polarização entre reformistas e conservadores era irredutível. As divisões ideológicas estavam ancoradas em conflitos intensos de interesses em torno da propriedade da terra, dos direitos dos trabalhadores, da participação popular. Eram, também, influenciadas pelas polaridades da Guerra Fria.

A candidatura de San Tiago Dantas a primeiro-ministro excitava a ira da maioria conservadora, que anunciava o veto à sua indicação. Esse sentimento polar e a intransigência anticomunista atingiriam o ápice em outubro de 1962, com a crise dos mísseis em Cuba, que repercutiu muito fortemente no Brasil.[56] O PSD queria a chefia do novo gabinete, por ter a maior bancada, como era da tradição dos regimes parlamentaristas. No dia 26, o gabinete renunciou. Jango insistiu na indicação de San Tiago Dantas, que perdeu por 174 votos a 110. Jango, de surpresa, convidou o presidente do Senado, Auro de Moura Andrade (PSD-SP), para formar o gabinete.[57] Ele tinha a confiança da maioria da Câmara e foi aprovado por 222 votos a 51. Foi apoiado incondicionalmente pelo PSD, pela UDN, pelo PR, PDC, PSP e PRP. Só PTB e PSB ficaram contra. Estava delineada a divisão entre duas coalizões ideologicamente opostas e com forças ainda díspares. Essa linha de clivagem deslocou para o mesmo polo os dois rivais conservadores, PSD e UDN, que controlavam as duas maiores bancadas, contrapostos ao PTB e ao PSB. Tal polaridade marcou o resto do governo Jango.

Moura Andrade disse aos parlamentares que iniciaria, "com a mais ampla liberdade, com a mais ampla autonomia, sem o menor constrangimento, no uso pleno das prerrogativas que o posto me confere", as consultas para constituir o Conselho de Ministros.[58] No dia seguinte, renunciou ao cargo. Não tinha essa autonomia.[59] O deputado Aurélio Viana (PSB-AL) tratou de explicar:

> quando o presidente da República reivindica o direito de exercer pelo menos aquelas atribuições que lhe deixaram [...] então vem um candidato à Presidência do Conselho de Ministros e reivindica para ele e para ele somente o direito de governar o país. [...] Então criou-se o grande impasse. [...] [O] sistema híbrido, misturado, esse sistema que ninguém sabe o que é, não pode dar certo neste país.[60]

Para o deputado, o sistema era capaz apenas de gerar "união nacional indivisível e desunida". Havia uma ambivalência de poderes entre o chefe de Estado e o chefe de governo que abria amplo espaço para confronto entre os dois, ainda mais num governo de coalizão. A arquitetura do semipresidencialismo, improvisado para encontrar uma fórmula de compromisso para a posse de Jango, não oferecia espaço mínimo para coabitação harmoniosa entre presidente e primeiro-ministro. O deputado Celso Brant (PR-MG) esclareceu: "os partidos estão fazendo a divisão do condomínio. Estão dividindo o poder. Os partidos desejam tirar a melhor parte para si".[61] Indivisíveis e desunidas foram todas as coalizões da Segunda República, e também o seriam muitas coalizões da Terceira.

O impasse foi resolvido em 9 de julho, quando João Goulart indicou ao Congresso o nome de Brochado da Rocha, sobre o qual os líderes partidários pouco sabiam.[62] Brochado foi aprovado pelo Congresso na madrugada do dia 10, por 215 votos a 58. A UDN ficou dividida quase ao meio. A bancada da Guanabara, ligada a Carlos Lacerda, votou contra.⁶³ A tentativa do primeiro-ministro de formar um ministério apartidário não teve sucesso. Em 13 de julho, ele apresentou seu ministério ao Congresso e obteve aprovação por 139 votos a 63.⁶⁴ Não havendo contestação pelo Senado, Brochado da Rocha iniciou seu breve governo de 64 dias. O ambiente era hostil, havia excitação nos quartéis, a inflação estava sem controle. Um novo e atuante ator coletivo, o comando geral da greve, não dava trégua ao governo. Era o veto das ruas.

Brochado da Rocha pediu ao Congresso, no dia 14 de agosto, delegação legislativa para 22 projetos. Queria legislar por decretos com força de lei.⁶⁵ Era uma derrota anunciada. Impossível alcançar o quórum necessário, de 164 votos, sem apoio do PSD e da UDN.⁶⁶ Conseguiu duas pequenas concessões, delegação para criar dois ministérios e legislar sobre abastecimento. O Congresso tinha interesse em ambas as questões. Mais ministérios significava maior participação no "condomínio do poder". Uma solução rápida para a crise de abastecimento interessava à UDN lacerdista e ao PSD de Amaral Peixoto, pois seu epicentro se achava nos estados da Guanabara e do Rio de Janeiro. A delegação legislativa era o correlato parlamentarista da medida provisória, no presidencialismo. Uma forma de elidir negociações com a coalizão e a necessidade de fazer concessões de conteúdo e distribuir bônus. A outra forma é a *loi cadre* da experiência francesa. O Executivo aprova uma lei genérica, com os princípios gerais da política, e recebe a autorização para regulamentar os aspectos substantivos, concretos, por decreto.

Paralelamente, Brochado fez acordo político com as lideranças das duas maiores bancadas da Câmara para aprovar a emenda do deputado Oliveira Brito (PSD-BA) antecipando o plebiscito para abril de 1963. O acordo foi a causa imediata da queda do gabinete. A discussão no Congresso sobre a antecipação era intensa e acalorada. Na imprensa e na sociedade, havia muita pressão a favor. No dia 12 de setembro, o comandante do III Exército, general Jair Dantas Ribeiro, comunicou ao presidente, ao primeiro-ministro e ao ministro da Guerra que não teria condições de manter a ordem "caso o povo se levante contra o fato de o Congresso recusar o plebiscito para antes ou, no máximo, simultaneamente com as eleições de outubro".⁶⁷ A UDN e o PTB ocupavam polos radicalmente opostos na discussão dessa matéria.⁶⁸ Jango envolveu-se nas consultas, e o ministro do Trabalho, Hermes Lima, assumiu as articulações. O primeiro-ministro estava destituído.⁶⁹

O Senado aprovou o projeto Gustavo Capanema, no lugar da emenda Oliveira Brito, fixando o plebiscito para 6 de janeiro de 1963 e dando ao presidente da República poder para nomear um Conselho provisório, até a formação de um novo gabinete. Emenda do senador Benedito Valadares contrabandeou um artigo, improvisado para atender à conveniência política, que submetia a emenda constitucional n. 4 a referendo popular no dia 6 de janeiro de 1963.[70] Para a troca do plebiscito pelo referendo, precisava apenas da maioria simples. Era esse o truque. O projeto Capanema foi dado por constitucional pelo relator, o senador e jurista Milton Campos (UDN-MG). A emenda, ele considerou inconstitucional. No dia 13 de setembro, o projeto foi aprovado pelo Senado por 52 votos a um e a emenda por 34 a dezenove.[71] No fim da noite, chegaram à Câmara. O parecer da Comissão de Constituição e Justiça, do deputado Bilac Pinto (UDN-MG), também considerou o projeto Capanema constitucional e a emenda inconstitucional. Ambos foram aprovados por larga maioria.[72] Brochado da Rocha renunciou no dia seguinte. O presidente nomeou Hermes Lima (PTB-BA) para substituí-lo, no dia 18 de setembro, já dentro das novas regras, e ele recebeu voto de confiança somente no dia 29 de novembro. Tornou-se primeiro-ministro já no anoitecer do regime parlamentar. Sua principal tarefa era fazer a transição, em menos de dois meses, de volta ao presidencialismo, e mesmo nesse curto tempo houve contrariedade entre o gabinete e o presidente da República em razão da persistente interferência de Goulart no processo decisório. A relação do gabinete com o Legislativo foi conflituosa na discussão do orçamento e de outras peças de legislação econômica, como a lei de remessas de lucros que regulava os investimentos estrangeiros. Hermes Lima registrou nas atas do Conselho de Ministros reclamações contra o presidente e o parlamento.[73] O Congresso votava como se o governo não fosse seu, dizia. De fato não era. O comportamento do Legislativo teria, segundo Lima, um viés presidencialista que ele atribuía a "hábitos incrustados de uma prática de regime presidencial durante mais de setenta anos" que não se podia "erradicar da noite para o dia".[74] Nem teriam o tempo ou a oportunidade para fazê-lo. Em 23 de janeiro, a emenda constitucional n. 4 foi revogada. Na consulta popular, quase 9,5 milhões votaram contra o parlamentarismo, e pouco mais de 2 milhões a favor.[75] Compareceram 12,3 milhões de eleitores, ou 66% do eleitorado.[76]

A narrativa da experiência parlamentarista revela pontos sobre os quais se deve refletir no debate contemporâneo acerca de reformas político-institucionais. O que se experimentou no Brasil foi um regime semipresidencialista, e não o governo de gabinete puro. Ele tinha um marco institucional ambíguo em relação aos limites do poder do chefe de Estado, o presidente da República, e à separação de papéis e poderes entre ele e o chefe de governo. Na dinâmica das crises, o partido-pivô da coalizão tem papel desestabilizador quando o chefe do governo não pertence a seus quadros e o partido não tem compromisso com o governo, seja ele presidencialista, semipresidencialista ou parlamentarista. Não importa o regime, a governabilidade depende da coalizão e esta do partido na posição de pivô central. A experiência de 1962-63 não pode ser tomada como um teste definitivo de funcionamento do regime semipresidencialista, porque nem Jango nem o Congresso o praticaram com convicção.[77] Mas a experiência de Tancredo Neves como primeiro-ministro deu uma primeira ideia sobre os requisitos de sua viabilidade.

7. O colapso da Segunda República

Os governos Dutra, Kubitschek e Tancredo Neves tiveram em comum traços relevantes para que se possa entender seu sucesso na dinâmica do presidencialismo de coalizão, em qualquer uma de suas versões. Os dois presidentes foram os únicos a terminar o mandato, e Tancredo foi o único primeiro-ministro que se mostrou politicamente viável e de fato governou o país por quase um ano. Os três eram do PSD, que teve a primeira bancada por todo o período e foi o pivô de todas as coalizões da Segunda República. Ele representava o voto parlamentar mediano. Os três, cada um a seu modo, souberam atender às aspirações centrais de suas coalizões e obter delas, em troca, o apoio para projetos de governo e a sustentação política indispensável para que pudessem concluir o mandato a salvo. O governo de Dutra apresentava características singulares. Ele saiu direto do Ministério da Guerra para eleger-se presidente. Tinha o efetivo controle do dispositivo militar. O PSD era majoritário. JK, uma vez assegurada sua base civil de sustentação, pôde manter o dispositivo militar numa postura "legalista".[1] Sua coalizão fazia uma conexão politicamente eficaz entre os setores conservadores e os reformistas, o velho e o novo das forças decisivas para o sucesso de seu governo. Ele estava bem no centro do espectro político e em convergência com o parlamentar mediano do PSD. Tancredo Neves se tornou primeiro-ministro em meio a uma crise que podia ter derrubado a Segunda

República. Ele também estava no centro do espectro de forças representadas no Congresso, em particular de seu partido. Sempre soube lidar com o parlamentar mediano. Por isso, chefiou o gabinete de maior sobrevida política.

Os três presidentes cujos mandatos foram interrompidos, Vargas, Quadros e Goulart, não conseguiram formar coalizões, seus partidos eram minoritários e não tinham a confiança do partido-pivô. As poucas maiorias que formaram, foram frágeis e fugazes.

O país vivia típica crise de hegemonia. O setor rural continuava poderoso, o empresariado industrial crescia nas franjas do Estado, o operariado expandia-se. A clivagem rural/urbana se adensava, ameaçando os interesses ainda incrustados na ordem rural. Nenhuma fração de classe conseguia assumir integralmente o poder do Estado e impor seu próprio projeto. Era um tempo de alianças sociais precárias e contrariadas e de coalizões políticas instáveis e constrangidas. Esse impasse social reproduzia-se no Congresso. O domínio do PSD e da UDN recuava e o PTB crescia. O PSD controlava 53% das cadeiras da Câmara, no início do governo Dutra. Caiu para 37% no período getulista. No governo JK foi para 36%. Na posse de Jânio Quadros tinha o mesmo tamanho. No ano da emenda parlamentarista, caíra para 29% das cadeiras. A UDN começou a Segunda República com 29% dos deputados e foi caindo nos governos seguintes para 27%, 23%, 21% e 22%, respectivamente. O PTB, ao contrário, aumentou sua representação na Câmara de 8%, na primeira legislatura, para 17% nas duas seguintes, passando a 18% no começo do governo de JK e a 28% no ano do referendo. Ao mesmo tempo, outros partidos saíram de 11% dos deputados para 20%, 26%, 23% e 21%, respectivamente. O sistema foi se fragmentando, à medida que as forças sociais e políticas se diferenciavam. No plano eleitoral, aumentavam as coligações proporcionais de 20% dos votos, em 1950, para 36%, em 1958, e 48%, em 1962.[2] A fragmentação partidária, em 1962, era bem moderada, se comparada à da Terceira República, mas havia crescido 66% entre 1950 e 1962.[3] Em 1962, quando o PTB superou a UDN e passou a ter a segunda bancada, ficou claro que estava em curso significativo realinhamento partidário. A reviravolta desestabilizou a mínima arquitetura em que se equilibrou o presidencialismo de coalizão na Segunda República, ameaçando os conservadores. As mudanças socioestruturais se deram em concomitância com o aumento da tensão entre os impulsos reformistas dos presidentes e as tendências conservadoras da maioria do Legislativo. Os conservadores buscaram, primeiramente, fórmulas de compromisso para manter o statu quo. Quando o compromisso, mesmo com descontinuidade institucional, se tornou insuficiente para preservar seus interesses, preferiram a ruptura pelo golpe militar, levando ao colapso da Segunda República.

Diante do impasse social, formou-se um pacto instável de poder, que se refletia em coalizões parlamentares cada vez mais frágeis e desunidas. Não havia espaço para trocar alianças no centro, pois a UDN permanecia irredutível na oposição. A legitimidade do Legislativo dependia de sua capacidade de manter a viabilidade dos pactos políticos entre as elites, inclusive as sindicais, votando ou deixando de votar.[4] Mas a polaridade levava ao bloqueio da agenda de reformas. Ao contrário do que aconteceria na Terceira República, o Congresso tinha maior poder sobre a política fiscal. Podia autorizar a inclusão de mais fundos no orçamento do que aqueles pedidos pelo Executivo e alterar a proposta orçamentária. Tinha papel significativo nas negociações sobre as prioridades. O orçamento era, então, muito menos engessado.[5] Isso dava ao Legislativo maior poder de bloqueio das iniciativas do Executivo, o qual usou com a Lei Orgânica da Previdência Social e com as reformas bancária, agrária e administrativa.[6]

O golpe final na Segunda República começou a ser urdido com o restabelecimento do presidencialismo e João Goulart instalado na Presidência da República. Ele tinha certeza do resultado do referendo e parecia nutrir a ilusão de que assumiria, enfim, o controle da situação. Em sua mensagem de 31 de dezembro de 1962 à nação, previu que "o ano de 1963, com o pronunciamento soberano do povo nas urnas, marcará o fim da crise institucional desencadeada pelos acontecimentos de agosto de 1961". Falou do orçamento realista que havia preparado e anunciou que, para executar seu plano de governo, "serão necessárias reformas básicas nas estruturas administrativa, econômica e social do País".[7]

A polarização no Congresso não dava muita razão às esperanças de Jango. Arrostavam-se não mais os partidos, mas duas grandes frentes parlamentares, em tudo e por tudo opostas: a Frente Parlamentar Nacionalista, principal base do presidente, liderada por Almino Afonso e Neiva Moreira, e a Ação Democrática Parlamentar, liderada pela cúpula da UDN. O afastamento entre o PSD e Jango deixava desconfortáveis os setores mais conservadores com a perspectiva da presidência Goulart. "Desde o episódio da aprovação do gabinete Brochado da Rocha, o sr. Goulart passou a encarar com reservas a direção nacional pessedista", registrou o *Jornal do Brasil*.⁸ Esse clima de desconfiança mútua, que sempre existiu, persistiria até o fim do período presidencialista de Goulart.

No dia 8 de janeiro, os resultados parciais do referendo já não permitiam dúvidas quanto à vitória do presidencialismo. Venceu a tese da revogação imediata do parlamentarismo. Jango começou a tratar da formação do "ministério presidencialista". O PSD estava disposto a participar do governo e indicou os ministérios de sua preferência: Viação, Indústria e Comércio e Agricultura. Havia apreensão. Ninguém conseguia saber o que pensava ou conversava o presidente. O colunista Carlos Castello Branco escreveu em fino estilo que "no terreno das certezas políticas, que podem ser tão provisórias quanto as demais que têm sido afirmadas nos últimos dias", os nomes que mais circulavam para o ministério eram os de Osvaldo Lima Filho e Almino Afonso. Com relação a este último, adicionou saborosa tirada: "o sr. Almino Afonso, a quem inesperadamente o presidente atribuiu importante missão política, já está ministro. Poderá inclusive ser demitido antes de ser nomeado mas a verdade é que já é ministro do Trabalho".⁹ A missão era fazer consultas aos setores favoráveis ao presidente sobre a natureza do ministério. Sem tratar de nomes, Almino cuidou de acertar que não seria um ministério "agressivo" com os conservadores nem de "negação" às forças populares.¹⁰ A sombra de segredo sobre o que se passava na intimidade do gabinete presidencial alvoroçava os políticos. O ministério anunciado em 23 de janeiro tinha um viés reformista, mas tentava um impossível compromisso com setores do centro. A pasta do Trabalho, que se ocupava da área civil mais conflagrada, foi entregue a Almino Afonso. Evandro Lins e Silva, expoente da esquerda e jurista notável, recebeu a Casa Civil. Para a Agricultura, foi nomeado José Ermírio de Morais, senador pelo PTB de Pernambuco, da elite empresarial paulista mas com origens nas usinas de açúcar de seu estado natal e aliado de Miguel Arraes. Os ministros militares, com Amauri Kruel à frente, foram mantidos. Hermes Lima permaneceu nas Relações Exteriores. Amaral Peixoto foi convidado para a pasta da Reforma Administrativa.

8. O ato final: O governo Jango e o golpe

O governo de João Goulart começou oficialmente na manhã de 24 de janeiro de 1963, com uma nova legislatura. Teria vida curta, quinze meses, como indicavam todos os sinais de inquietação social e política e de desconcerto institucional. O ministério nasceu em crise, pois o PSD não ficou satisfeito com as pastas que recebeu. Não quis que Amaral Peixoto assumisse o cargo. Tratava-se do primeiro alerta de que o pretendido equilíbrio entre as forças polarizadas era irreal. O PSD, partido-pivô da coalizão no Congresso, sentia-se sub-representado, com apenas três ministros e nos postos que não desejava. Tinham baixo valor político. Carlos Castello Branco relatou conversa entre os deputados pessedistas José Maria Alkmin e Amaral Peixoto na qual o primeiro dizia: "três ministérios, número ideal para fazer oposição".[1]

A nova legislatura chegava com um quadro partidário mais complexo e mais ameaçador para os conservadores. O PSD continuou com a maior bancada, com 122 deputados (30%). O PTB passou à segunda posição, com 104 deputados (25%). A UDN, com 96 (23%), perdeu espaço. Da mesma forma que Lacerda e a UDN tinham visto seu projeto de poder se esfumar com o suicídio de Vargas, eles foram os grandes perdedores com a renúncia de Jânio Quadros e a fracassada experiência semipresidencialista. O fortalecimento do trabalhismo, embora expressasse maior apoio popular a Jango, complicava muito o manejo das coalizões no Congresso. Ele ameaçava os conservadores tanto da UDN quanto do PSD, as duas forças com capacidade de paralisação do sistema político. No Senado, controlava apenas 20% das cadeiras, contra 42% do PSD e 31% da UDN. O partido ficou com quatro ministérios e ocupou posições-chave do governo. O desequilíbrio de poder e a desproporcionalidade na composição dos ministérios eram claros.² Goulart convidou, a contragosto, o influente deputado Abelardo Jurema (PSD-PB) para liderar a coalizão do governo na Câmara. Mas os pessedistas se mostravam contrariados nos bastidores. Diziam que não se tratava de um governo do PSD e que este não deveria assumir o ônus de ser seu porta-voz e defensor. Tancredo Neves reconheceu a *O Globo* que o partido "não teve, na atual composição do governo, uma participação correspondente à sua expressão de partido majoritário na Câmara e no Senado". Propôs, entretanto, que o PSD desse a Goulart "a mais ampla e leal colaboração, mesmo porque o presidente se dispõe a examinar, com os líderes pessedistas, a possibilidade de, em curto prazo, ampliar sua representação nos encargos diretos da administração".³

O clima no Legislativo era de disputas. Havia dura competição pela liderança do PTB na Câmara e pela presidência do Senado. Brizola inaugurava mandato na Câmara, fortalecido pelo voto de 269 mil eleitores da Guanabara. Dizia que preparava o terreno para que Goulart se reaproximasse dos setores populares. Segundo ele, Jango governava em situação mais difícil do que a enfrentada por Jânio Quadros, e atingiria um ponto crítico dali a, no máximo, seis meses, quando sua popularidade iria a zero. Teria que fazer uma opção ideológica mais clara. Os conservadores se encastelaram ainda mais, conspirando para evitar esse momento de maior clareza ideológica de um governo que já consideravam ideológico em demasia.⁴

Como modo de gestão de uma coalizão incerta, a formação do primeiro ministério presidencialista de Goulart foi um erro importante de condução política. Os setores conservadores se sentiam ameaçados pelas ruas revoltosas e pelas suspeitas em relação às intenções de Jango. A linguagem da Guerra Fria imperava. A polarização se radicalizava vertiginosamente. Setores minoritários das forças "nacionalistas" julgavam ter mais condições do que de fato tinham para obter as reformas nas ruas. Ao formar um ministério que deixava o PSD na periferia do poder, Jango estimulou a aproximação dos pessedistas "ortodoxos" com os udenistas. O presidente e seus aliados não estavam dispostos a fazer o jogo de alianças próprio do presidencialismo de coalizão. A coalizão multipartidária é um requisito imprescindível da governabilidade no modelo brasileiro. Nem todos os regimes presidenciais multipartidários dependem tanto de uma coalizão majoritária. No Brasil, as coalizões não são eventuais, elas são imperativas. Nenhum presidente governou sem o apoio e o respeito de uma coalizão. É um traço permanente de nossas versões do presidencialismo de coalizão. Mas João Goulart e seu grupo preferiram apostar na possibilidade de usar as forças populares como fator de poder, subestimando o risco de que o levante das ruas precipitasse a ativação do dispositivo militar da oposição. Imaginaram contrapor a voz das ruas ao veto militar. Não podia funcionar.

No final de março de 1963, início de abril, o clima era de extrema inquietação social. Manifestações sindicais e de estudantes, bem como greves, proliferavam por todo o país. Repercutiam mais na Guanabara, ainda o centro das atenções nacionais apesar da transferência da capital para Brasília, mas ocorriam em muitos estados. Pernambuco, por exemplo, vivia praticamente tomado por greves e por manifestações nas ruas. Os boatos incendiavam a imaginação dos políticos e serviam para confirmar os piores temores de lado a lado. Jango insistiu que não havia motivos para apreensão. O presidente da UDN, deputado Herbert Levy, contestou: "qual a tranquilidade [que] a nação pode esperar? Aquela partida dos pronunciamentos do presidente da República, ou aquela outra, gerada na sucessão de atitudes provocadoras que se repetem, subversivamente, encorajadas pelo próprio governo federal?".[5] No mesmo dia, no *Jornal do Brasil*, Goulart acusava: "os setores reacionários, a pretexto de combater ideologias estranhas ao continente, pretendem implantar um regime gorilista no Brasil". E pedia "a mobilização total do povo, a fim de que as reformas de base sejam alcançadas".[6] Termos como "comunização", "fidelização",[7] "subversão" eram comuns nas declarações de oposição ao governo. Do outro lado, "gorilismo", "reacionarismo", "antipopular" eram lançados contra a oposição. A linguagem espelhava a polarização radicalizada daqueles tempos, que paralisava o Congresso e tornava inútil toda tentativa de conciliação. O país conspirava e marchava inexoravelmente para a ruptura. Não pretendo reanalisar o golpe militar de 1964. Há vários estudos importantes sobre ele.[8]

O desassossego dos generais com os impulsos "subversivos" do governo começou a aumentar em maio. Foram vários os indícios de insatisfação nos quartéis. Havia inquietação na baixa oficialidade e inconformismo na alta.[9] Os manifestos eram lançados como em tiroteio, das duas partes, alimentando o sentimento dos oficiais-generais de que atravessavam uma insurreição. O Clube Militar, foco permanente de articulação política, parecia viver em assembleia permanente. Brizola produziu diversos confrontos, provocando a hierarquia e açulando a jovem oficialidade.[10] Em resposta, os generais o qualificaram de "profissional da agitação [que] se escuda em capangas e [...] em imunidades". O presidente minimizou o problema em declaração a *O Globo*, dizendo-se "inteiramente tranquilo e satisfeito com as notícias transmitidas pelo ministro da Guerra". Sua única preocupação era com a "marcha dos graves problemas nacionais", em cuja solução vinha se empenhando.[11]

O PSD cindiu-se em duas facções desiguais, uma governista e minoritária, e outra de oposição, majoritária. A UDN dividiu-se entre as lideranças de Carlos Lacerda e Magalhães Pinto, ambas hostis a João Goulart. A turbulência social aumentava. Uma greve nacional de estivadores parou os portos. Jango iniciou pelos representantes militares ampla reforma ministerial. Trocou o general Amauri Kruel pelo general Jair Dantas Ribeiro. Carvalho Pinto (PDC-SP) substituiu San Tiago Dantas na Fazenda. O ex-governador tinha uma ponte com a Frente Parlamentar Nacionalista, por meio do deputado Plínio de Arruda Sampaio, seu integrante, que era vice-líder do PDC na Câmara e relator da Comissão Especial de Reforma Agrária. O clima de agitação nos quartéis punha em risco a "autoridade, em todos os escalões da hierarquia militar", alertou o novo ministro da Guerra.[12]

Era evidente a existência de dois polos antagônicos e irreconciliáveis representados, no Congresso, pelas duas frentes parlamentares. Um propunha as reformas de base, outro se opunha a elas. O centro do problema consistia sempre na reforma agrária. O Brasil era, em 1963, um país de base rural, em processo de urbanização e industrialização. A população rural perfazia 55% da população total. A economia ainda dependia da agricultura, fonte de riqueza econômica e poder político. Os produtos agrícolas dominavam a pauta de exportações brasileira.[13] A crise econômica era grave. O PIB, que havia crescido 6,6% um ano antes, caiu para 0,6%. A inflação, já em alta expressiva em 1962, 51,6%, atingiu 80%. Abria-se a boca do jacaré para devorar o governo.

A tensão entre os militares chegou a novo patamar no fim de agosto, quando se demandava a elegibilidade de sargentos e o direito de voto a cabos e soldados. Em setembro, o Supremo Tribunal Federal confirmou a proibição constitucional. Na madrugada do dia 12, 650 sargentos, cabos e soldados da Marinha e da Aeronáutica ocuparam os ministérios da Marinha e da Justiça, a Base Aérea e outros prédios da capital, e prenderam na mira das armas vários oficiais, o presidente da Câmara e o ministro da Suprema Corte, Victor Nunes Leal. O Exército dominou a rebelião, após nove horas de cerco. Houve tiroteio e mortes. A maior resistência foi na Base Aérea. O gravíssimo incidente causou espanto e reações indignadas. João Goulart, que estava fora de Brasília, retornou. Sua atitude, no dia seguinte, foi muito mal recebida pelos generais e pela oposição. Embora ele tenha apoiado a punição dos rebeldes, considerou a causa justa e defendeu emenda à Constituição para atendê-la. A ambivalência de Jango açulou a oposição e descontentou a esquerda. Já não havia espaço para moderação ou compromissos.[14]

Os ministros militares e Amaral Peixoto pediram demissão. Crescia a pressão para que o PSD rompesse com o PTB. A UDN começou a insistir no impeachment de Goulart. Em meados de outubro, o ministro da Educação, do PTB, Paulo de Tarso, se demitiu, dizendo que o presidente se distanciara da esquerda. Jango estava entre dois fogos. A UDN o acusava de ser conivente com os comunistas. A esquerda o acusava de aliar-se à reação. Ele e JK articularam para evitar que o PSD declarasse independência em relação ao governo. O PSD acabou reiterando sua "colaboração", em nota ambígua. Na verdade, a maioria do partido já estava na oposição.[15] Um sinal de alerta máximo foi a convergência entre os governadores Lacerda e Magalhães Pinto, ao advertir para as intenções golpistas de Goulart. Já preparavam sua derrubada. O sociólogo e deputado pelo PTB Alberto Guerreiro Ramos fez preciso diagnóstico da situação. "O que se dá no país é que realmente nós estamos vivendo uma crise geral do poder. A sociedade atingiu a um novo estatuto social, político e econômico e ainda não encontrou sua fórmula institucional de poder."[16]

O PSD abandonou o presidente Goulart no fim de dezembro. Os sindicalistas também se afastaram dele. O presidente estava cada vez mais isolado. A polarização radicalizada esvaziara o centro, impedindo qualquer solução de compromisso ou troca de alianças. A ruptura era inexorável ao findar-se o ano de 1963. Cada um dos lados via o outro em preparativos para o golpe.[17]

O célebre Comício da Central do Brasil, do dia 13 de março, precedido pela assinatura de decretos de desapropriação de terras e de encampação de refinarias privadas, incendiou de vez o coração dos conservadores. A manifestação popular, as afirmações de Goulart e Brizola sobre a necessidade de nova

Constituição, foram a senha para desfechar contra o governo a ação cujo planejamento já estava maduro de véspera. O Congresso abriu os trabalhos, em 15 de março, já em oposição ao governo. Tanto o presidente da Câmara, Ranieri Mazzilli, quanto o presidente do Senado, Auro de Moura Andrade, fizeram declarações contundentes em seus discursos de posse, em favor da Constituição e contra Goulart. Ademar de Barros pediu o impeachment. No dia 19, as forças conservadoras da sociedade deram sua resposta ao Comício da Central, com a Marcha da Família com Deus pela Liberdade, em São Paulo. No fim, entre 200 mil e 500 mil pessoas aglomeraram-se em frente à Sé. O golpe estava nas ruas.

No dia 25, em manifestação de cerca de 3 mil marinheiros, o cabo Anselmo, presidente da Associação dos Marinheiros e Fuzileiros Navais, fez inflamado discurso investindo contra "autoridades reacionárias, aliadas ao antipovo". Os marinheiros se entrincheiraram no Sindicato dos Metalúrgicos para resistir às inevitáveis ordens de prisão. Caiu o ministro da Marinha. Na imprensa, o episódio foi comparado ao motim do encouraçado *Potemkin*, prenúncio da Revolução Russa.[18] Jango fez seu derradeiro discurso, no dia 30, no Automóvel Clube, em cerimônia da Associação dos Subtenentes e Sargentos da Polícia Militar. Os generais o interpretaram como incitação à indisciplina militar, por estarem ali presentes oficiais e suboficiais considerados sediciosos. Era o pretexto que faltava.[19]

Na madrugada de 31 de março para 1º de abril, os tanques deixaram os quartéis e consumou-se o golpe. No dia 2, Ranieri Mazzilli ocupou, novamente, a Presidência da República. Mas não a passou a um civil eleito pelo povo. Começou, então, a sombria fase da ditadura rotativa, com seus generais-presidentes, que escalaria em repressão brutal, com prisões arbitrárias, sequestros, tortura e mortes. A República entrou em recesso forçado — não se pode considerar republicano um regime autoritário, com vocação totalitária, baseado na repressão, no qual generais se alternaram na Presidência. As eleições para o Legislativo, apesar de ocorrerem, eram confinadas a um sistema bipartidário imposto e artificial. Além disso, os resultados eleitorais eram sistematicamente expurgados dos opositores mais duros, por meio da cassação, no atacado, de mandatos.

O relato da crise e colapso da Segunda República mostra alguns pontos importantes da dinâmica do presidencialismo de coalizão. Há uma diferença real entre o apoio político da coalizão ao presidente e sua aceitação da agenda presidencial. A agenda necessita ser negociada caso a caso e pode ter itens rejeitados pela maioria. Todavia, se houver respaldo político ao presidente, embora não à integralidade de sua agenda, há condições de governabilidade. O inverso, contudo, não se verifica. O apoio a partes da agenda presidencial, sem firme respaldo político ao presidente, não garante a governabilidade. Pode permitir o encaminhamento, orientação e implementação de determinadas políticas públicas, mas deixa o governo instável e vulnerável a crises que, no limite, podem chegar à interrupção forçada do mandato. Foi o que aconteceu, por exemplo, no governo Vargas. No caso de Jango, não houve apoio nem à agenda nem ao presidente.

No processo de agravamento da crise política, os atores em presença têm sua percepção dos riscos concretos imediatos fortemente ancorada na conjuntura. As percepções sobre risco futuro são informadas pela polarização ideológica e não se alteram com manifestações em contrário. São essas percepções ideológicas arraigadas de perigo — a ameaça de "comunização", os avanços da "reação" — que alimentam a radicalização do discurso político e a escalada da confrontação. A partir de um determinado ponto, a exacerbação do conflito não tem mais volta. As percepções são sufocadas pela visão ideológica do processo, as aflições e agressões aceleram e aumentam de intensidade, apontando para a iminência de um golpe de lado a lado. Daí em diante, a expectativa de golpe se torna uma profecia que se autorrealiza, e o lado que tem mais força consegue se antecipar e consumar a ruptura político-institucional. O que jamais preveem é que quase todos que apoiam a ruptura serão alijados do poder. Aconteceu em 1930 e em 1964. Polarizado e radicalizado, o Legislativo perde a capacidade de articular saídas de compromisso e se transforma em agente da crise. Nesse quadro de antagonismo intratável, num ambiente de crise econômica e social, com queda do crescimento e elevação da inflação, é muito alta a probabilidade de deposição do presidente. Tal combinação explosiva, na Segunda República, ocorreu no caso dos governos Getúlio Vargas, Jânio Quadros e João Goulart. Na Terceira, ocorreu no caso dos governos Collor de Mello e Dilma Rousseff.

9. A Constituinte e o retorno do presidencialismo de coalizão

O presidencialismo de coalizão não foi uma invenção da Constituinte de 1988. A Constituinte gerou o que se poderia qualificar de "versão reformada" desse modelo. Como demonstraram Argelina Figueiredo e Fernando Limongi, ela instituiu um duplo processo de centralização.[1] De um lado, adotou o modelo de Presidência da Carta autoritária de 1967, concentrando nela poderes legislativos que, de fato, lhe deram o controle da agenda no processo legislativo.[2] Das oito modalidades de poderes legislativos da Presidência da República identificadas por esses autores, apenas uma existia no modelo de 1946, a exclusividade da iniciativa de apresentar projetos de lei para criar ministérios, cargos públicos e carreiras do serviço público, dar aumentos salariais para o funcionalismo e outras atribuições afins. O Executivo, na versão 1988 do presidencialismo de coalizão, passou a ter a iniciativa exclusiva de propor projetos de lei orçamentária e sobre matéria tributária. Tal poder foi turbinado pela faculdade de legislar por medida provisória, a sucessora do famigerado decreto-lei dos militares, e de pedir urgência para projetos de lei em votação. Incorporou elementos centralizadores oriundos do regime militar e alterou em aspectos fundamentais o equilíbrio de forças entre Executivo e Legislativo, em favor da Presidência da República.

No Legislativo, a Constituição concentrou o controle do processo legislativo na presidência da Câmara e do Senado e nas lideranças partidárias. Esse poder dos líderes de partido é legado da experiência da própria Constituinte. O regimento da Câmara institucionalizou o colégio de líderes, formado pelo presidente da Câmara e pelos líderes dos partidos, blocos parlamentares, da maioria e da minoria. Ele deve ser ouvido, segundo o regimento, em praticamente todas as decisões de organização dos trabalhos legislativos, entre elas a fixação do número de deputados por partido ou bloco nas poderosas comissões permanentes, a composição de comissões especiais, a organização da agenda com a previsão das proposições a serem apreciadas no mês subsequente. Além disso, tem a faculdade de propor a convocação de sessões extraordinárias, requerer a prorrogação do prazo da sessão legislativa ou da ordem do dia, a convocação de sessão secreta e preferência para exame de matérias na ordem do dia. Talvez o recurso mais eficaz e relevante do colegiado para manejar a agenda legislativa seja o de requerer urgência para as matérias. Assim, ele pode desobstruir a pauta e acelerar a tramitação de medidas que foram objeto de negociação com o presidente da República. Tal feixe de atribuições confere ao colégio de líderes poder de controle sobre a agenda e o processo legislativo. O Senado não adotou um colegiado desse tipo, mas fortaleceu muito a presidência e os líderes. A concentração de poderes fez bastante diferença em relação à Segunda República, quando os líderes tinham papel menor e os parlamentares podiam exercer expressiva liderança individual.

Não é surpresa que no impasse entre parlamentaristas e presidencialistas a solução de compromisso convergisse para o presidencialismo de coalizão. Não como escolha preferencial, mais por rejeição recíproca às alternativas. Nas circunstâncias brasileiras, a escolha pelo presidencialismo multipartidário se materializa no presidencialismo de coalizão. Não necessariamente na cooptação ou no toma-lá-dá-cá, métodos clientelistas de formação de coalizões. Mas no governo necessariamente de coalizão, a qual, em princípio, pode ser formada com base em projetos e valores.

A fragmentação eleitoral e a heterogeneidade do eleitorado tornam praticamente impossível a um presidente ter maioria no Congresso exclusivamente com seu partido. Um eleitorado diverso e desigual, em votação proporcional em lista aberta e com os estados funcionando como distritos eleitorais únicos,[3] tende a eleger um Congresso mais fragmentado e heterogêneo. Daí a necessidade de coalizões. Na Terceira República, há evidência de que a coerência partidária nas coalizões governamentais e a aprovação das medidas de interesse do presidente da República têm sido bem mais altas do que na Segunda.[4]

A coalizão é uma espécie de acordo prévio, pelo qual os partidos se dispõem a apoiar os projetos do Executivo, sob determinadas condições, a serem negociadas no momento da discussão e votação de cada um. Nunca é uma delegação de poderes. Nem é um voto de confiança num programa de governo que levaria à aprovação das medidas nele previstas.

Uma diferença importante tornou mais complexas a formação e a gestão das coalizões na Terceira República. O Senado deixou de ser apenas a câmara revisora, ganhando o poder de iniciar legislação. A necessidade de maioria passou a valer criticamente para as duas Casas do parlamento. O politólogo Adrián Albala tem chamado a atenção para o bicameralismo como um fator novo no processo de formação de coalizões e na determinação de seu desempenho político.[5] No caso brasileiro, a importância é inequívoca, porque a Constituição de 1988 equiparou o poder legislativo do Senado ao da Câmara. O Senado passou a ter todas as competências da Câmara e várias outras, a ele privativas, dentre as quais destaca-se a de julgar e impedir o presidente da República, poder que foi ampliado por decisão do Supremo Tribunal Federal no processo de impeachment de Dilma Rousseff. Esse novo status do Senado é uma diferença decisiva do presidencialismo de coalizão "reformado", comparado ao modelo original da Segunda República. Tal simetria de poderes tem sido a tendência dos presidencialismos latino-americanos.[6]

O jogo decisório se modifica. No Senado, a representação igualitária dá poder de veto aos estados inferiorizados numericamente na Câmara. O bicameralismo brasileiro, ao tornar equivalentes os poderes legislativos das duas Casas do Congresso, a "Câmara Popular", eleita e composta por critérios de proporcionalidade eleitoral e bancadas relativas ao tamanho da população dos estados, e a "Câmara Federativa", composta por número igual de senadores por estado, eleitos pelo voto majoritário, institucionalizou um novo jogo nas deliberações do Congresso.[7] O Senado perdeu a função de revisor em última instância. Se ele inicia o processo legislativo, a Câmara pode alterar o que foi aprovado, caso em que o projeto retorna ao Senado, para que ele dê a última palavra, e vice-versa. A diversidade da representação das duas Casas é responsável, por exemplo, pela dificuldade, até agora intransponível, de fazer uma reforma tributária. Todas as propostas terminam por colocar em confronto estados mais ricos, em geral produtores (com maiores bancadas na Câmara), a estados mais pobres, na maioria consumidores (que somam maior número de cadeiras no Senado). Essa diversidade aumentou a complexidade dos cálculos para a formação e o manejo das coalizões de governo. Criou a necessidade de equilibrar interesses e forças de duas bancadas de composição partidária distinta, representando núcleos de interesses diferenciados. Além disso, as bancadas no Senado tendem a ser menos fragmentadas do que na Câmara. As estratégias legislativas tanto do presidente da República quanto das bancadas, nas duas Casas, se alteraram. Passaram a fazer parte dos cálculos a possibilidade de escolher a Casa de origem da legislação e o fato de que a mudança da proposição força o retorno à origem para deliberação final. Quando uma Casa vota uma proposição, entra no seu cálculo decisório o fato de que ela pode ser modificada, no todo ou em parte, pela outra. Já houve casos de projetos aprovados com a expectativa de que pontos de impasse fossem resolvidos pela outra Casa. Na "volta à origem", podem-se reabrir as negociações, usualmente tripartites, envolvendo o Executivo, a Câmara e o Senado.

As preferências nacionais do presidente, ancoradas no seu eleitorado, diferem significativamente das preferências locais e heterogêneas dos parlamentares. Era um fator relevante na política da Segunda República, e continua a sê-lo na Terceira. A divisão constitucional de poderes confere força ao presidente em determinadas áreas de decisão, e ao Congresso em outras. Não são poucas as políticas públicas ancoradas em mandados constitucionais a requerer emendas à Constituição para mudanças na sua orientação legal. Esse requisito de cobertura legal específica para praticamente toda medida de política pública decidida pelo presidente, ainda que seja de sua iniciativa, outorga ao Legislativo considerável poder de veto. Por outro lado, como o orçamento não é impositivo, o presidente tem grande poder discricionário, controlando a execução orçamentária na boca do caixa. A principal limitação legal da autonomia de gestão orçamentária do presidente é que ele não pode fazer gastos que não estejam autorizados pelo Congresso. Mas pode deixar de fazê-los, mesmo autorizados, como e quando quiser. Agregue-se que o modelo federativo inscrito na Constituição de 1988 manteve, em linhas gerais, a hiperconcentração dos recursos na União imposta no regime militar.

O presidente da República é o centro do sistema político no presidencialismo, mas esse centro pode ser mais forte ou mais fraco. Os constituintes lhe deram grande poder de iniciativa sobre a agenda legislativa. O modelo se baseia numa aguda interdependência entre os poderes Executivo e Legislativo, porém com um viés de concentração de autoridade no primeiro. A capacidade de governança do presidente depende do apoio parlamentar para poder transformar em leis as suas principais escolhas de políticas públicas. Os congressistas dependem das decisões de gasto do Executivo, para atender às demandas de seu eleitorado. O poder de editar medidas provisórias reduz parcialmente essa dependência do presidente. Mas ele foi mitigado, exatamente por isso, por meio de emendas sucessivas à Constituição. Como as medidas provisórias passam a valer a partir da edição, nos casos em que o custo de reversão de seus efeitos é muito alto são aprovadas como fatos consumados.

A reeleição dos parlamentares depende fortemente da influência sobre a execução orçamentária e da ocupação de cargos de primeiro, segundo e terceiro escalão do Poder Executivo. As emendas parlamentares ao orçamento são instrumentos de acesso diferenciado às decisões sobre a alocação de recursos federais em suas bases eleitorais. Sem a ação federal em seu favor nos estados e municípios, sempre carentes de recursos federais, o parlamentar perde as condições de elegibilidade. A ausência de apoio parlamentar implica o congelamento da agenda de políticas da Presidência, que corre o risco de se deslegitimar junto à sociedade, desestabilizando o governo. Presidentes sem condições de governança rapidamente veem as condições de governabilidade se exaurirem. A perda de popularidade e apoio social provoca um movimento de fuga da coalizão, a debandada dos aliados e, no limite, a perda do mandato. Foi assim com Getúlio Vargas, com Jânio Quadros, com Fernando Collor de Mello e com Dilma Rousseff. Em outras palavras, dois dos quatro presidentes eleitos, tanto na Segunda quanto na Terceira República, perderam as condições de governança e governabilidade por serem ou por se tornarem minoritários. O caso de João Goulart é diferente, porque ele nunca teve condições de governabilidade similares às dos presidentes eleitos e sua capacidade de governança sempre foi limitada, tanto pelo ambiente socioeconômico da época quanto pelas relações estressadas entre Executivo e Legislativo.[8]

Essa associação entre a dependência da governança ao apoio parlamentar e a correlação entre sucesso eleitoral dos parlamentares e acesso a recursos e cargos governamentais gera poderosos incentivos ao toma-lá-dá-cá, ao clientelismo e à patronagem. Tais estímulos têm menos a ver com o sistema eleitoral em si e mais a ver com o federalismo dependente do poder central, com a natureza do processo orçamentário e com o padrão de gasto público.

A escolha do presidencialismo de coalizão reformado era previsível também por causa da cultura política da maioria dos constituintes. A Constituinte nasceu multipartidária, com treze partidos. Mas a genética política da Constituinte de 1987 contava com forte contribuição da Segunda República. Levantamento do politólogo David Fleischer mostrou que 238 constituintes tinham raízes políticas nos partidos da Segunda República.[9] Um bloco de memória política representando 43% dos votos constituintes. Nesse bloco, 183 tinham raízes nos partidos conservadores, com predominância do PSD (73) e da UDN (66). Por outro lado, Fleischer descobriu que 217 constituintes, 39%, haviam pertencido à Arena, a legenda criada pelos militares para apoiar a ditadura. O que as origens políticas da Constituinte revelam é que ela recombinou os genes da Segunda República, o gene arenista centralizador e autoritário e os genes de novas forças políticas. A resultante foi conservadora, patrimonialista, presidencialista e centralista. Era razoável imaginar que, no embate sobre o modelo político, as negociações se movessem na direção do conhecido, do testado. Nesse sentido, a vivência do presidencialismo de coalizão e de uma União mais poderosa triunfava sobre a experiência frustrada do semipresidencialismo ou da política dos governadores de Campos Sales. Quase metade dos constituintes sabia lidar com o presidencialismo de coalizão. Tinha, igualmente, a experiência do fracasso do semipresidencialismo. Todos os modelos foram postos na mesa, presidencialismo, semipresidencialismo e parlamentarismo, todavia o presidencialismo era o que a maioria com experiência política conhecia melhor e do qual sabia tirar maior proveito. No impasse, acabou por prevalecer.

Não se deve desprezar a influência da natureza consentida e negociada da transição do regime militar para a democracia sobre a formação da Constituinte e seu processo decisório. Daí a importação da Presidência forte e da federação centralizada estabelecidas pela Carta autoritária de 1967. Esses dois elementos têm influência decisiva na dinâmica do presidencialismo de coalizão na Terceira República.[10] Como mostrou a politóloga Marta Arretche, o federalismo centralizado combina a ampla autoridade legislativa e regulatória da União sobre os assuntos federativos e a limitação dos pontos institucionais de veto dos governos federados.[11]

O perfil genético da Constituinte ajuda a compreender por que várias das questões não resolvidas no confronto entre reformistas e conservadores na Segunda República voltaram à agenda na feitura da Carta de 1988. Os conservadores, muitos deles oriundos do PSD e da UDN, dividiam-se entre o PMDB, o PDS (ex-Arena), o PFL (um filhote da Arena-PDS), o PDC, o PL e o PTB. Este último havia sido surrupiado do controle de Brizola pelos militares, em 1980, para ser entregue a Ivete Vargas, sobrinha-neta de Getúlio. O grupo majoritário de parlamentares de direita e de centro-direita autodenominou-se Centrão e foi o protagonista da chamada "rebelião do plenário", que alterou, a seu favor, os procedimentos da Constituinte, na sua última fase deliberativa. Os "progressistas" eram uma designação atualizada dos reformistas de antes, muitos vindos da Segunda República. A eles se somaram os novos políticos nascidos na resistência ao regime militar, no exílio e na redemocratização. Juntos na Constituinte, formaram um bloco de esquerda, composto pelo PT, PCB (depois PPS), PCdoB e PDT (a sigla do trabalhismo brizolista) e setores de centro-esquerda abrigados no PMDB que, mais no final, formaram o PSDB.[12] Esse bloco predominou na Comissão de Sistematização e em diversas comissões temáticas. A "rebelião do plenário" ocorreu por isso.

Para complicar ainda mais o enquadramento político das decisões formadoras da Terceira República, a Assembleia Constituinte foi instalada em condições inapropriadas. O presidente dessa república de transição, a qual se convencionou chamar de Nova República, era José Sarney, oriundo da UDN, com serviços prestados à ditadura, que o aboletou no governo do estado do Maranhão. Pulara do barco à deriva da Arena-PDS para o PMDB, na undécima hora, para ser o vice na chapa indireta da oposição. O presidente, Tancredo Neves, o hábil ex-primeiro-ministro, morreu antes de tomar posse. Sarney sofreu oposição das forças nascidas da resistência aos militares, desde que foi indicado para compor a chapa. Sua baixa legitimidade poderia ter atingido o PMDB, porém ela foi temporariamente neutralizada, primeiro, pelo choque com a perda de Tancredo Neves e, depois, pelo sucesso efêmero do primeiro programa de controle da inflação, o Plano Cruzado. As eleições para a Câmara, para o Senado e para os governos estaduais ocorreram no embalo da euforia com esse feito. O alívio econômico produzido pela queda rápida da hiperinflação deixada pelos militares, da casa dos 300% para zero, a golpes de congelamento de preços, gerou fugaz "efeito riqueza".[13] O PMDB, visto como "dono" do Cruzado, faturou as eleições. Dos 559 constituintes, o partido elegeu 303, ou 54%. Era, e segue sendo, um partido "pega-tudo", uma geleia geral, a misturar políticos conservadores e progressistas; clientelistas e programáticos. O PFL elegeu 135 constituintes, 24%. O PDS fez 38 (7%). O PDT, de Brizola, elegeu 26 (5%), e o PTB, dezoito (3%). O PT fez uma bancada diminuta mas influente de dezesseis (3%) constituintes, entre eles Lula da Silva. Outros sete partidos elegeram 23 (4%) constituintes.[14]

O PMDB retirou grande influência política dessa maioria, mesmo sendo um condomínio de oligarquias regionais, fracionado entre uma banda conservadora e outra mais progressista. Algumas de suas lideranças independentes, de expressão nacional, exerciam grande poder também. O partido entregou mais votos ao bloco conservador do que ao progressista. Ao dividi-los entre os dois blocos, tornou-se o partido-pivô do Centrão, o grupo majoritário no plenário da Constituinte. Seu bloco progressista, todavia, foi o pivô da maioria na Comissão de Sistematização, que gerou um anteprojeto bem diferente do aprovado. O PMDB já mostrava, na Constituinte, sua capacidade de servir a todos os senhores.

Outra circunstância decisiva para o processo de reconstitucionalização foi a dupla face do parlamento, simultaneamente Constituinte e Congresso ordinário. Os constituintes ficaram expostos às oscilações da conjuntura, à interferência do Executivo e à operação dos lobbies, ou grupos de pressão.[15] Um tema político que dividiu os "progressistas" e o Centrão foi o mandato do presidente. Fazia parte da discussão sobre a soberania da Constituinte e sua faculdade de derrogar legislação do período da ditadura rotativa. O mandato de Sarney era parcela do entulho autoritário. Fora fixado em seis anos, pelo penúltimo general-presidente, Ernesto Geisel, para seu sucessor, general João Batista Figueiredo. Os "progressistas" queriam mandato de quatro anos. Sarney queria pelo menos cinco. Seu líder na Câmara ordinária, Carlos Santana, convenceu a maioria a golpes de clientelismo, alocando verbas e atribuindo cargos. Esse lesivo hibridismo de um Congresso, a uma só vez Constituinte e parlamento regular, permitiu que as pressões da política cotidiana contaminassem o processo especialíssimo de refundação republicana, de escrever e votar uma nova Constituição. Uma verdadeira refundação republicana pressuporia uma Constituinte exclusiva.[16] A Carta de 1988 reproduziu a estrutura e a orientação geral das constituições republicanas, sobretudo a de 1946 e a versão deformada pelos militares, de 1967, com diferenças significativas.[17]

Isso gerou para os constituintes tarefa adicional de remoção do "entulho autoritário", a legislação deixada pelo regime militar. A Constituinte exclusiva faria tábula rasa da ordem constitucional arbitrária vigente. Não sendo assim, ficou limitado o potencial de ruptura com o passado constitucional. O Congresso ordinário e a Constituinte operaram sob as regras da Constituição autoritária de 1967, as quais dificultavam muito o processo de eliminação ou modificação de cláusulas constitucionais restritivas de liberdades e direitos em vigor.[18] Foi um trabalho incompleto, abortado pelo surgimento do Centrão. A famigerada Lei de Imprensa (lei n. 5250/1967), por exemplo, uma mordaça à liberdade de expressão, só foi abolida em abril de 2009. Em decisão histórica, 21 anos depois, o Supremo Tribunal Federal considerou inconstitucional a Lei de Imprensa.

O estatuto de autonomia das instituições de vigilância constitucional, o Judiciário e o Ministério Público, responsáveis por uma parte crítica do processo de freios e contrapesos indispensável ao presidencialismo, foi um avanço notável. São diferenças relevantes, que permitiram aos politólogos Marcus André Melo e Carlos Pereira apostar nelas como determinantes das condições para melhor desempenho político da Terceira República.[19] Como mostrei na narrativa das crises da Segunda República, todas as tentativas de saída dos impasses pela judicialização do conflito político foram frustradas, quer pela omissão da Suprema Corte, quer por seu alinhamento aos poderosos do dia. Essa recusa ao controle de constitucionalidade deu mais força e abrangência ao veto militar naquele período. No silêncio do STF, os militares se apossaram do papel de recurso em última instância que, nas democracias, só pode caber à corte suprema do país. A situação se agravara com a intervenção militar no Judiciário no período ditatorial, após o golpe contra a Segunda República. Como argumenta Maria Tereza Sadek, o Judiciário que saiu do regime militar não era um poder independente.[20] Passara de omisso e politicamente alinhado a subordinado ao Executivo. Com a autonomia plena, reconhecido efetivamente como um dos três poderes independentes, o Judiciário saiu da Constituinte como um ator político-jurídico decisivo.

O jurista Carlos Alexandre Campos identifica fragilidade dos desenhos institucionais do Supremo Tribunal Federal nas constituições anteriores à de 1988. Ele vê na Carta atual uma ruptura que projeta um novo status para o controle constitucional, por ampliar não apenas os poderes do STF mas também as instâncias que podem propor ações diretas de inconstitucionalidade.[21] A expansão do poder de buscar o controle constitucional reforçou a prerrogativa do STF de recurso de última instância. Seu argumento é que esse aparato político-institucional, que dá novos poderes de controle ao Supremo, favorece a judicialização da política. Esta se efetivou realmente quando a maioria do tribunal adotou um novo padrão comportamental, de maior "disposição ativista", com a mudança geracional, a partir do início do século XXI.[22] O ativismo judicial para resolução de conflitos e impasses na política é um fator de fortalecimento da democracia e do Estado democrático de direito, ao contrário do que dizem os seus críticos, em geral defendendo interesses particularistas. A judicialização responsável da política pelo Supremo Tribunal Federal pode diminuir o risco de rupturas institucionais e impedir soluções que favoreçam grupos específicos ou adensem o manto de impunidade que tem caracterizado nossa experiência republicana. Essa autonomia e esse poder de interferir nos conflitos políticos foram ampliados com a emenda aprovada em dezembro de 2004, que criou o Conselho Nacional de Justiça. Instituiu, igualmente, a súmula vinculante, que, uma vez aprovada e publicada, passa a ter aplicação compulsória pelo Judiciário e pela administração pública, em todos os níveis. Admitiu ainda o princípio da repercussão geral, pelo qual o STF pode recusar recursos e agravos, restringindo-se à análise de questões que tenham implicação constitucional relevante e transcendam a querela entre as partes.[23]

A ampliação da independência e a elevação do status do STF a poder de última instância foram complementadas pela autonomia do Ministério Público, antes ligado ao Poder Executivo, como parte da Consultoria-Geral da República. O MP cumpria a dupla e contraditória função de promotoria do Estado e defensoria da União. Com a criação da Advocacia-Geral da União, passou a ser órgão permanente do Estado. É tão clara a definição constitucional, que dispensa interpretações. Em seu artigo 127, a Constituição diz que "o Ministério Público é instituição permanente, essencial à função jurisdicional do Estado, incumbindo-lhe a defesa da ordem jurídica, do regime democrático e dos interesses sociais e individuais indisponíveis". A Constituição assegura sua autonomia funcional e administrativa, dá garantias à carreira, blindando-a contra as pressões e retaliações políticas, e condiciona a demissão do procurador-geral da República à autorização da maioria absoluta dos membros do Senado.[24] Como nota a politóloga Maria Tereza Sadek, os constituintes conceberam o Ministério Público como uma instituição independente sem vinculação ao Executivo, ao

Judiciário ou ao Legislativo.[25] Além do monopólio da instrução penal, a Constituição deu ao MP atribuições cruciais para a preservação do processo democrático. Ele se tornou, dessa forma, instrumento determinante na investigação de processos de corrupção política, na fiscalização da implementação de políticas públicas e do gasto público, e na defesa dos interesses difusos e do meio ambiente. Essa combinação entre um Judiciário e um Ministério Público autônomos, o primeiro como recurso de última instância e o segundo como defensor da ordem constitucional, da moralidade pública e dos interesses difusos, conferiu outra dimensão aos mecanismos de freios e contrapesos na Terceira República.

A Constituição de 1988 apresentou ainda progressos significativos na sua feição democrática, nos mecanismos do Estado democrático de direito, na proteção das minorias e dos direitos difusos. Ao avançar pelo campo das políticas públicas, porém, engessou-se nas limitações do momento em que seus capítulos econômico e social foram escritos. O consenso na esquerda da época era nacional-estatista. A discussão do chamado "capítulo econômico" da Constituição, particularmente nos tópicos relativos ao tratamento especial para empresas nacionais, ao capital estrangeiro, à exploração do petróleo, à atividade mineral e às telecomunicações, mostrou que esse pensamento atravessava a fronteira entre esquerda e direita, opondo setores nacionalistas de uma e de outra, em maioria, à direita liberal, em minoria. Na esquerda, não havia oposição ao nacional-estatismo. Era a visão exclusiva e, até hoje, outras perspectivas de esquerda mais ajustadas às realidades da globalização continuam escassas e minoritárias. Os militares só diferiram dos nacional-estatistas da Segunda e da Terceira República por sua inclinação hiperautoritária. O consenso nacional-estatista somente se romperia no governo Fernando Henrique Cardoso, que reviu quase integralmente o capítulo econômico da Constituição.

Na Constituinte, novamente não houve acordo entre a esquerda e os conservadores sobre a reforma agrária. O Centrão, no caso conduzido pela bancada ruralista recém-organizada na União Democrática Ruralista (UDR), derrotou a esquerda. O líder do governo na Câmara, que teve inusitado papel nas negociações da Constituinte, sob comando de Sarney, ajudou na derrota da proposta defendida pelos reformistas. Em determinado momento, para pressionar os constituintes, Sarney reuniu-se com os oficiais-generais do Estado-Maior, aludindo a possível veto militar, ao qual sempre foi afeito, desde sua militância na UDN, na Segunda República. Esses consensos mais amplos em torno da ideologia de desenvolvimento nacional, que atravessavam a fronteira entre esquerda e direita, nos avisam sobre a necessidade de tomar com cautela a divisão entre progressistas e conservadores na Constituinte. O "Centrão" e outros componentes da direita eram conservadores, por qualquer padrão histórico que se queira utilizar. Mas o "progressismo" era datado historicamente. Hoje, muitas de suas ideias, sobretudo aquelas ligadas à definição corporativista de direitos e ao nacional-desenvolvimentismo, estatista e protecionista, não seriam apoiadas por parte da esquerda democrática.

Como observou com razão o jurista José Eduardo Farias, a Constituição contém uma contrariedade não resolvida, que combina dispositivos inspirados no individualismo possessivo a dispositivos social-democráticos.[26] Os constituintes oscilaram entre um acerto de contas com o passado autoritário e a atualização da agenda de direitos que fora interrompida com o golpe. Mas era uma atualização olhando também pelo retrovisor — acerto de contas — mais do que pensando no futuro; acompanhando as mudanças estruturais pelas quais o país já havia passado e, principalmente, aquelas pelas quais passaria em breve. Predominaram dois acertos com o passado, um confrontando a ditadura militar, concentrado em temas como os direitos humanos e salvaguardas ao retrocesso autoritário, outro com as "reformas de base" que nunca foram feitas. Faltou à Constituinte, e faltaria aos governos da Terceira República, uma visão de futuro, um projeto de longo prazo para o país. Vargas teve essa visão e realizou parte dela. O mesmo ocorreu com Juscelino Kubitschek. João Goulart tinha a dele e não a pôde realizar. Não se trata de concordar com a agenda presidencial para o futuro ou dela discordar. A política orientada para a frente, para o porvir, ousa mais, corre mais riscos e muda mais, mesmo quando muda pouco. São raros os projetos de governo de curto prazo que provocam grandes mudanças. Do ponto de vista constitucional, é impossível regular o futuro, como se pretendeu, no campo dos direitos sociais. Não há princípio de política pública que possa ter validade perpétua, sobretudo no imprevisível longo prazo. O único caminho é pensar em regras universais, igualitárias, abstratas e gerais, que defendam os fundamentos republicanos e democráticos indispensáveis à realização, a qualquer tempo, dos princípios fundadores da liberdade, da igualdade e da fraternidade.

Os consensos que se formaram nas comissões temáticas e na Comissão de Sistematização, na sua maioria favorecendo as posições dos progressistas, tiveram que ser renegociados em plenário, na fase decisória, com o Centrão. Essa coalizão conservadora conseguiu reverter boa parcela das escolhas feitas pelos progressistas nas comissões. Foi nesse contexto, de compromisso desgostoso, que se consolidaram as linhas mestras do presidencialismo de coalizão, revisto e atualizado. Os elementos institucionais — presidencialismo, federalismo, bicameralismo, multipartidarismo, representação proporcional no regime de lista aberta — que caracterizam o presidencialismo de coalizão estão presentes tanto na versão de 1946 quanto na de 1988. Todos eles, como lembra o politólogo Jairo Nicolau, definidos originalmente na Constituição de 1934, que também estabeleceu o voto obrigatório, parte importante de nosso sistema eleitoral.[27] Mas há diferenças significativas na versão de 1988, que afetam a dinâmica política do modelo.[28]

A opção pela maior concentração de poderes de agenda legislativa e orçamentária na Presidência da República mitigou, ainda que não tenha eliminado, a propensão à paralisia decisória derivada da fragmentação de interesses e da multiplicidade de agentes de veto no sistema, bem mais frequente na Segunda República. Mas o presidente continua dependente do voto convergente de sua coalizão multipartidária para aprovar sua pauta legislativa e convalidar as medidas provisórias. Com esses poderes de agenda — e aqueles decorrentes do monopólio do poder de alocar os recursos orçamentários — adquiriu recursos expressivos para formar coalizões de governo. Tal capacidade, todavia, não reduz a complexidade da negociação das coalizões, nem assegura a aprovação em bloco de sua agenda legislativa. A ausência de incentivos a compromissos programáticos ou de políticas públicas e a gama de incentivos à patronagem e ao clientelismo levam à negociação caso a caso, sempre na dependência de pagamentos colaterais. As decisões continuam a ser demoradas e, no fim, saem bem menos eficazes do que se ambicionou.

O modelo fiscal da Constituição de 1988, tanto no plano tributário quanto no plano orçamentário e do gasto público, transforma as unidades da federação e, portanto, seus representantes, deputados e senadores, em carentes de recursos da União. Os parlamentares têm margem bastante estreita de interferência no orçamento, e sua capacidade de emendar o projeto de lei orçamentária é bem menor do que em parlamentos de outros países democráticos e do que era na Segunda República brasileira.[29] Argelina Figueiredo, Fernando Limongi e Sérgio Praça argumentam, com razão, que o poder orçamentário foi transferido quase integralmente ao Executivo.[30] O orçamento indicativo confere ao presidente da República um grau muito alto de discricionariedade orçamentária, porque ele pode contingenciar esse gasto e controlá-lo na boca do caixa, redefinindo na prática o perfil alocativo. Os politólogos Cristina Soares e Pedro Neiva revelaram que as transferências voluntárias da União aos estados constituem um mecanismo importante para assegurar ao presidente o controle da agenda legislativa.[31] Tais transferências beneficiam tanto governos estaduais quanto municipais. No caso dos municípios, nos governos Fernando Henrique e Lula, o partido que carreou a maior cota dessas transferências foi o PMDB, não por acaso pivô das coalizões de ambos.[32] O engessamento do orçamento reduziu a parcela de transferências voluntárias; porém, por serem voluntárias, elas têm grande valor político. A maior parte das verbas é carimbada, o que não as impede de entrar nas negociações, porque a liberação, a alocação e a velocidade do gasto nessa rubrica são realizadas de forma arbitrária na gestão de caixa. O quadro de regras fiscais e tributárias contém um poderoso incentivo para a dominância do clientelismo nas relações entre o Legislativo e o Executivo. Como os ministérios têm papel relevante na indicação das prioridades de gasto, os cargos de primeiro, segundo e terceiro escalão se tornam, junto com as verbas orçamentárias, recursos de barganha na formação e no manejo das coalizões. Esse Executivo poderoso, transformado em poder concedente no plano fiscal, negocia com um Congresso demandante, cujo objetivo central é obter a liberação de recursos para suas bases eleitorais.

A incorporação de pautas típicas de políticas públicas ao texto constitucional, oriunda da desconfiança mútua sobre o comportamento dos parceiros, fez com que emendas constitucionais se tornassem parte do processo de formulação e implementação de políticas de governo. Isso demanda coalizões que excedem a maioria simples, para garantir os três quintos necessários, aumentando a complexidade delas e seus custos de manejo.[33] A gestão da coalizão exige também do presidente habilidade e gosto para o trato com parlamentares. O sucesso presidencial depende da associação entre sua aptidão para o relacionamento parlamentar e sua força relativa. Tal força depende de alguns fatores-chave ou de uma combinação deles: popularidade, políticas públicas com amplo apoio popular, capacidade de recorrer à parcela informada e ativa da sociedade para pressionar os congressistas.

A estabilidade do mandato presidencial depende da capacidade de manter uma coalizão majoritária. Tem sido assim nas crises da Terceira República, como foi nas crises da Segunda. Falo de crises políticas disruptivas, que decorrem da perda de confiança e legitimidade do presidente e da fuga de partidos ou facções da coalizão sem as quais não é mais possível compor uma maioria, ainda que trocando alianças e lealdades. Presidentes minoritários têm sido incapazes de preservar seu mandato. Na Segunda República, a ruptura do mandato se deu por suicídio, renúncia e golpes. Na Terceira, por impeachment. É essa relação entre firmeza da coalizão e segurança do mandato presidencial em crises disruptivas que distingue o presidencialismo de coalizão dos presidencialismos multipartidários de maioria ou dos que precisam recorrer a coalizões incidentais. Até agora não me convenceram os argumentos que tratam as coalizões no modelo brasileiro como incidentais ou frutos de mero pragmatismo político. Mantenho minha conjectura de que influenciam a qualidade e o sucesso da governança, mas são criticamente necessárias à governabilidade. O mandato presidencial depende da resiliência do apoio da coalizão exatamente naqueles momentos de crise política em que predominam incentivos à fuga ou dispersão dos aliados. Sem esse amparo político sólido, o próprio mandato presidencial é posto em xeque. Ao mesmo tempo, e muito importante, no modelo constitucional de 1988 a arquitetura da democracia tem se mostrado bastante resiliente a crises disruptivas. Tem resistido a interrupções de mandatos presidenciais e à investigação de uma vasta rede de corrupção político-empresarial, que atingiu grande parte da elite política.

II
PRESIDENCIALISMO DE COALIZÃO, NOVA VERSÃO

10. O estranho de dentro do ninho

O primeiro presidente eleito pelo voto direto na Terceira República, 15º presidente eleito da história republicana, Fernando Collor de Mello, não era um outsider, um forasteiro na política, como ficou marcado na crônica política brasileira. Todavia, correu por fora na campanha presidencial, apoiado num partido que ele inventou para esse fim, contra os políticos mais conhecidos do país. Pedigree não lhe faltava. Neto e filho de políticos, foi prefeito de Maceió e governador de Alagoas. Era um estranho no ninho da política dominante. Político nordestino, jovem, nascido na oligarquia e oriundo do PDS, o partido da ditadura, fez campanha contra as elites políticas. Elegeu-se, pela centro-direita, à margem da estrutura político-partidária organizada.[1] Encarnou um novo tipo de populismo, internacionalista e modernizante, capitalizou o sentimento anticorrupção e antioligárquico que crescia nas classes médias urbanas do país e apelou para os "descamisados", esquecidos pelo clientelismo oligárquico que ele parecia combater. Montado na primeira campanha profissional da história das eleições presidenciais, visivelmente inspirada no modelo americano, atropelou os políticos experientes do Centro-Sul. Venceu as principais figuras da resistência ao regime militar, Ulysses Guimarães, Mário Covas e Leonel Brizola.

O segundo turno foi disputado pelas duas novidades da política, ele e Lula. Ambos em oposição a Sarney. Collor apelou para golpes baixos. Foi uma campanha suja, com intercorrências ilegítimas, que podem ter influenciado o resultado das urnas.[2] Em abril, ele tinha 42% das intenções de voto no Datafolha, caiu para 26% na véspera do primeiro turno e obteve 30,5% nas urnas. Usou esses recursos, nunca recomendáveis, para estancar a queda. Não foi o único. Houve exemplos posteriores. Isso não exime ninguém. A vitória de Collor não foi assimilada em nenhum momento pelos que com ele disputaram, exceto Leonel Brizola. Era um falso brilhante. Um híbrido ideológico, que combinava traços do conservadorismo a outros, do social-liberalismo. Abriu a economia brasileira, integrando-a ao inexorável processo de globalização. Hospedou com brilho a histórica "Cúpula da Terra", a Eco-92, berço das convenções do clima e da diversidade biológica, no meio do furacão que o levou ao impeachment. Mostrou-se insensível aos sentimentos populares aos quais apelou sistematicamente. Fernando Collor era de uma nova espécie de populismo urbano, espetaculoso, desenhado pelo marketing político. Desde a campanha, acenou com a modernização de setores que povoavam os sonhos de consumo da classe média. Perdeu a luta contra a inflação. Com o fracasso do Plano Collor, o confisco da poupança e das contas bancárias, inicialmente tolerado, condenou-o inapelavelmente no julgamento popular.[3] Ele perdeu o apoio do patriciado industrial do país, ao promover a abertura e abandonar o protecionismo que sempre beneficiou os capitalistas locais, sem jamais estimulá-los a desenvolver qualidade alguma. Sem popularidade, sem apoio político e mergulhado num escândalo de corrupção, terminou perdendo o mandato.

A eleição de 1989 foi solteira e a primeira em dois turnos. Votou-se apenas para presidente da República. A de Collor foi das mais apertadas vitórias desde 1945. Sua votação, no segundo turno, foi apenas seis pontos percentuais superior à de Lula. A votação de Getúlio Vargas foi dezenove pontos maior que a de seu concorrente, Eduardo Gomes. Só JK disputou eleição mais dividida, com votação cinco pontos superior à de seu principal oponente, Juarez Távora. Jânio Quadros teve votação quinze pontos superior à de Henrique Teixeira Lott. A comparação com a Segunda República é imprecisa, porque não havia dois turnos. No primeiro turno, a diferença entre os dois mais votados pode ser influenciada pela votação de um terceiro. Na Segunda República, a disputa presidencial era basicamente bipartidária, o número de candidatos efetivos ficava entre dois e três.[4] Foram raros os casos de quatro candidatos competitivos em disputa. Na eleição de 1989, o número de candidatos efetivos, isto é, realmente competitivos, foi de cinco, no primeiro turno, num total de vinte. Nas eleições seguintes, esse índice convergiu, novamente, para próximo de três.[5] Tal convergência é politicamente relevante. Nas presidenciais que se seguiram à de Collor, o primeiro turno foi sempre menos acirrado, com exceção do pleito de 2014. Fernando Henrique teve 27 pontos a mais que Lula, em 1994, e 21 pontos a mais que o petista, em 1998. Lula superou José Serra em 23 pontos, no primeiro turno de 2002. Em 2006, bateu Geraldo Alckmin por quase 22. Em 2010, Dilma Rousseff teve votação doze pontos superior à de José Serra. Só em 2014, a diferença entre Dilma Rousseff e Aécio Neves foi menor, de apenas três pontos percentuais.

Na Segunda República, a fragmentação partidária na Câmara dos Deputados ficava em torno de 4,5. Na Terceira, ela começou perto de oito, chegando a treze nas eleições de 2014 e a dezessete na véspera das eleições de 2018. Esse contraste entre a persistência da disputa presidencial concentrada em dois partidos dominantes e um sistema partidário parlamentar fragmentado aumenta o desequilíbrio entre a maioria presidencial e a representação parlamentar. O descompasso repercute na formação das coalizões, pois há uma natural inclinação dos "partidos presidenciais" a demandar uma posição insustentável de primus inter pares nelas, mesmo sem ter a maior bancada. A fricção entre PSDB e os dois partidos-pivô da coalizão de Fernando Henrique Cardoso, PFL e PMDB, e a tensão permanente entre o PT e o PMDB, partido-pivô das coalizões de Lula e Dilma, decorreram em parte da divergência entre "potência presidencial" e "peso parlamentar". Quanto maior a coalizão e menor a fatia do partido presidencial nela, provavelmente maior o esgarçamento das relações entre este e os demais partidos da coalizão. Tal descompasso é um fator estrutural significativo, que contextualiza as relações entre Executivo e Legislativo.

Collor chegou à Presidência isolado e acreditou que poderia usar a pressão popular, expressa no seu cacife eleitoral, para forçar os partidos a apoiarem sua agenda legislativa de governo. Não foi original nisso. Foi eleito pela centro-direita, em meio a um processo de realinhamento partidário, pós-regime militar, que favorecia a centro-esquerda. Embora esse realinhamento no Congresso tenha sido adiado pela atípica eleição de 1986, que deu a maioria aos partidos do centro, PMDB e PFL, em 1990 ele já produzira uma representação bem mais fragmentada.[6] Como anotou, na época, o sociólogo Luciano Martins, deu-se o paradoxo de que os dois maiores partidos (PMDB e PFL), ainda que majoritários no

Congresso, somaram perto de 5% dos votos para presidente, ao passo que os partidos dos dois candidatos, Lula e Collor, que disputaram o segundo turno presidencial, somando 47% dos votos para presidente no primeiro turno, não controlavam nem 5% dos votos na Câmara. Qualquer que fosse o vencedor, concluía, teria que enfrentar esse desequilíbrio.[7]

Os partidos à esquerda controlavam 27% das cadeiras na Câmara, em 1990. O centro perdera a maioria, mas ficou com a maior bancada, 39% das cadeiras. Os partidos à direita ocupavam 34% das posições. O centro, dividido, não apoiava Collor na sua inteireza. O presidente teve problemas com o PMDB desde a apreciação das medidas provisórias do Plano Collor. Nem mesmo os partidos de centro-direita lhe davam apoio integral. Sua coalizão eleitoral já indicava a vocação minoritária de seu governo e a brecha que se abriria entre sua maioria eleitoral para presidente e sua coligação partidária, que obteve apenas 36% das cadeiras na Câmara.[8] Collor resistiu a negociar uma coalizão. Mais que seu voluntarismo ou suposta atitude antipartidária, a tentativa de fazer um governo com autonomia em relação ao Congresso estava, como argumentou Luciano Martins, contida no processo de desorganização/reorganização política pelo qual passava o país.

Sociologicamente, Collor se elegeu no momento em que as estruturas políticas da transição pós-autoritária entravam em declínio, e numa conjuntura de agudo desequilíbrio político e econômico. O populismo hiperinflacionário de Sarney havia criado um vácuo de liderança do centro para a direita do espectro político. Sua eleição foi uma vitória pessoal. Collor respondeu a demandas difusas de modernização econômica de setores da classe média e de proteção da grande massa do que ele mesmo chamou de "descamisados", "pés-descalços", "aqueles que querem justiça social no país para poder viver condignamente".[9] Diante da difusividade dos interesses em fluxo, do descontrole hiperinflacionário e da ausência de mecanismos institucionalizados que lhe dessem condições de transformar o mandato eleitoral em delegação legislativa, não lhe restava alternativa senão um governo minoritário, despartidarizado, buscando o controle autônomo da agenda legislativa. O sistema partidário atingia, nesse processo, o auge de fragmentação da fase de construção da Terceira República. Nas eleições parlamentares de 1990, registraram candidatos nada menos que 34 partidos, onze deles inteiramente novos.[10] Na Câmara, havia pelo menos oito partidos com poder de veto e vários deles se opunham a Collor. No Senado, embora a fragmentação fosse menor, a situação não era muito diferente. Em ambas as Casas do Congresso havia barreiras praticamente intransponíveis para a formação de uma coalizão majoritária.[11]

Paradoxalmente, apesar desse isolamento político, ele conseguiu apoio parlamentar para o mais violento e radical plano de estabilização experimentado no Brasil.[12] Usou o poder de agenda presidencial na sua plenitude, recorrendo apenas a medidas provisórias para aprovar o plano econômico. Logrou aprová-las, embora tenha sido forçado a reeditar setenta das 89 que decretou. Mas seu sucesso legislativo inicial se explicaria menos pelo recurso às MPS, disponível e utilizado por todos os presidentes da Terceira República, e mais pela conjuntura hiperinflacionária, pela inquietude e incerteza que dominavam a sociedade, e pela expectativa com o poder reformista do primeiro presidente eleito. Este último, um fator singular, difícil de mensurar mas claramente perceptível na crônica dos primeiros meses do governo.

Fernando Collor de Mello tomou posse na quinta-feira 15 de março de 1990. Na sexta, assinou dezessete medidas provisórias, com providências drásticas e ideologicamente disparatadas. Numerosas outras se seguiram, corrigindo ou complementando as originais. A mais controvertida e violenta foi a MP 168/1990, que recriou o cruzeiro e sequestrou os depósitos correntes e a poupança.[13] O economista liberal Mário Henrique Simonsen foi o primeiro a perceber: "o que mais impressiona no Plano Collor é a sua ambiguidade ideológica". Previu que, "com 80% de sequestro da liquidez, só se poderia esperar o aborto da inflação, um mergulho na recessão, mais uma formidável confusão no funcionamento da economia".[14] O presidente investiu contra bastiões das oligarquias econômicas e desfez vários dos anéis burocráticos[15] que solidarizavam interesses empresariais e burocracias estatais. Atingiu duramente algumas perenes oligarquias econômicas brasileiras, ao fechar os cartórios do café, do açúcar e do álcool, e da siderurgia.[16] O segmento fiscal do plano suspendeu diversos incentivos a setores os mais variados, reduziu outros e extinguiu numerosos subsídios. Atingiu ainda mais o patriciado econômico brasileiro quando iniciou redução das barreiras à importação. Como a bancarização no país, na época, era baixa, a grande massa de pobres, sem conta em banco, ficou relativamente imune ao sequestro dos depósitos à vista e da poupança, e sentiu-se confortada pela queda abrupta dos preços. Mas a miragem duraria pouco tempo. Descontentou resistentes bastiões da plutocracia brasileira e enraiveceu a parte da classe média que perdeu sua poupança. Polêmico, o plano foi apresentado numa série de eventos desastrosos de comunicação, fortemente atacado pela oposição, muito criticado por economistas à esquerda e à direita. A hiperinflação sufocava o povo na subsistência rasteira, e o desejo coletivo de estabilização era muito forte. Foi isso que deu inesperado apoio popular inicial ao plano e a vitória no Congresso. Pesquisa do Datafolha publicada no dia 18 de março mostrou que 60% acreditavam que o plano derrubaria a inflação, 58% o consideravam bom para o país e 43% se sentiam pessoalmente beneficiados por ele.[17] Uma semana após a edição do pacote, 81% o achavam bom para o país. Em abril, 71% ainda o avaliavam positivamente. A popularidade do presidente era alta, 64% de aprovação em março, 63% em abril. Com o apoio da opinião pública, as MPS editadas em março foram aprovadas pelo Congresso, na sua maioria, em abril. No dia 11 desse mês, foi aprovada sem alteração a MP 168, do sequestro das contas bancárias. Tal resultado indica que medidas presidenciais com forte apoio popular conseguem aprovação no Congresso, mesmo quando o presidente não conta com uma coalizão majoritária de apoio. O apoio popular garante, enquanto dura, a governança e a governabilidade, inclusive em governos minoritários.[18]

O apoio social ao plano não levou as lideranças partidárias a aderir à coalizão de Collor, mas as induziu a lhe dar as condições de governança, enquanto durasse o apoio popular a seu governo.[19] Sempre em nome da "governabilidade". O senador Fernando Henrique Cardoso (PSDB-SP), em associação com os deputados do PFL Luís Eduardo Magalhães, da Bahia, e Ricardo Fiúza, de Pernambuco, e Ibsen Pinheiro, do PMDB do Rio Grande do Sul, articulou um bloco suprapartidário para atuar nos momentos de crise. Para a esquerda, não passou de um "acordão". O bloco pretendia ficar distante do governo, para manter Collor sob relativo controle parlamentar. Mas tendia a apoiar medidas de interesse coletivo e de importância para a governabilidade.[20] Tampouco foi bem-sucedida a tentativa da oposição de judicializar o Plano Collor. O mandado de segurança do PDT contra a MP 173, que vedava liminares contra as várias medidas provisórias que o integravam, foi rejeitado por sete a dois, pelo Supremo Tribunal Federal.[21]

Collor não foi o único presidente a governar por decreto executivo, nem o que mais editou MPS. Nos três anos do governo Sarney sob a Constituição de 1988, a média foi de cinco MPS por mês. Nos seus dois anos de mandato, Collor editou 89 MPs, média mensal de três. Itamar Franco, também em dois anos de mandato, editou 142, média mensal de cinco. Foi o governo em que se aprovaram as principais medidas do Plano Real, concebidas pela equipe de Fernando Henrique Cardoso, no Ministério da Fazenda. FHC, no seu primeiro mandato, editou média mensal de três MPs, e de quatro no segundo. Em 2001, uma emenda constitucional mudou as regras para medidas provisórias, proibindo a reedição indefinida, o que levou ao aumento da edição de novas MPs para substituir as que caducavam.[22] No período de vigência da velha regra, a média mensal de MPs de FHC foi de três e, sob a nova regra (11/9/2001-2002), de quase sete. Lula editou média mensal de cinco MPs no primeiro governo, e de quatro no segundo. Dilma Rousseff editou, em média, três MPs por mês.[23]

NÚMERO DE MEDIDAS PROVISÓRIAS EDITADAS E MÉDIA MENSAL
POR PERÍODO PRESIDENCIAL
1988-2014

PRESIDENTE	MPS EDITADAS	MÉDIA MENSAL
Sarney (1988-90)	125	5,2
Collor (1990-92)	89	2,9
Itamar (1992-94)	142	5,3
FHC (1995-98)	160	3,3
FHC (1999-2002)	205	4,3
Lula (2003-06)	240	5,0
Lula (2007-10)	179	3,7
Dilma (2011-14)	145	3,0

Fontes: 1988-2002. Guilherme S. P. e Casarões, 2008, p. 79 (cf. nota 8 deste capítulo); 2003-2014. Helen Letícia Grala Jacobsen, 2016, p. 62.[24]

Todas as políticas públicas importantes da Terceira República, a começar pelos planos econômicos destinados a controlar a inflação, foram implementadas por meio de medidas provisórias. São várias as razões para o recurso sistemático e crescente a essa modalidade de decreto executivo. Como é uma faculdade constitucional da Presidência da República, seria imprudente não usá-la.

A medida provisória entra em vigor imediatamente após sua edição, dando-lhe um caráter de imediatismo que os projetos de lei não podem ter. É uma vantagem estratégica para o Executivo, pois eleva significativamente os custos políticos e de oportunidade de reversão dos efeitos da MP, no caso de rejeição. Todo o ônus de regular a cessação e reversão dos efeitos de uma medida provisória rejeitada cabe ao Legislativo, que deve editar decreto disciplinando os efeitos jurídicos gerados durante sua vigência. Em alguns casos, esses efeitos são irreversíveis e geram direitos. Os políticos terminam por tratar como fatos consumados as MPs que gerem efeitos substantivos relevantes, aprovando-as mesmo sem concordar com seu teor.[25]

Logo no início do novo regime constitucional, os parlamentares, ao ajustarem o regimento interno, criaram a possibilidade de emendar as medidas provisórias ao longo de sua tramitação. Com as emendas, os parlamentares modificavam as proposições originais, para mitigar, ampliar ou complementar provisões, permitindo negociações mais nuançadas. Outra razão prática a favor das MPs era sua tramitação mais rápida que a de projetos de lei. Elas ganharam mais uma utilidade ponderável, após a interdição da reedição. Ao caírem por decurso de prazo, passaram a ter precedência sobre as demais proposições legislativas. Se não aprovadas no prazo de 45 dias, contados da publicação, as medidas provisórias trancavam a pauta de votações da Casa legislativa até serem votadas.[26] Esse dispositivo deu ao presidente a capacidade de controlar a agenda legislativa, inclusive para, em muitos casos, bloqueá-la preventivamente. Fernando Henrique e Lula usaram, muitas vezes, as MPs para coibir a iniciativa legislativa dos parlamentares que podia gerar legislação adversa a seus projetos de governo.

Collor foi tão bem-sucedido na tramitação de suas medidas provisórias quanto os presidentes que o sucederam.[27] Não teve problema com o Congresso, até o momento em que perdeu apoio na sociedade. Sua política de estabilização fracassou por razões técnicas, não políticas. O plano conseguiu manter inflação em um dígito por apenas um mês. Em maio, o IPCA foi de 7,6%, e o INPC de 7,3%. Em junho, três meses após a posse e a edição das primeiras medidas, o IPCA já atingia 11,75%, e o INPC 11,64%. Seu melhor desempenho foi no IGP-M da Fundação Getulio Vargas, que inclui os preços por atacado; ele foi de 5,93% em maio, 9,94% em junho, e 12% em julho.[28] O efêmero efeito sobre a inflação não justificava a brutalidade do plano. Mas a inflação ficou, de qualquer modo, muito abaixo dos 82% de março e da média dos últimos cinco meses de governo Sarney, de 65% no IPC e 69% no IGP-DI. Essa diferença alongou o prazo de reversão das expectativas populares.

No dia 23 de junho, o Datafolha registrava queda da popularidade presidencial de 63% em abril para 36%. O Plano Collor também perdeu apoio, apenas 31% o consideravam bom para o país e 41% já o achavam ruim, em forte contraste com os 71% que o consideravam bom em abril.[29] Em setembro, seis meses após seu lançamento, 56% acreditavam que a inflação iria subir e 42% se julgavam pessoalmente prejudicados, embora 33% ainda se dissessem beneficiados. A popularidade estava em 34%.

As eleições de outubro tiveram um resultado ruim para o governo. O PMDB fez 108 deputados, 21,5% da Câmara. O PFL, que namorou Collor ao longo dos primeiros 180 dias de governo, fez 85 (16,5%) das cadeiras. O PRN de Collor elegeu quarenta deputados (8%). O PDS, aliado mais próximo, 45 (9%). O PDT ganhou a maior bancada à esquerda, de 45 deputados (9%). O PT elegeu 35 (7%). A bancada da esquerda não somou cem deputados, ou 20%. Um quadro de alta fragmentação, com dezenove partidos representados na Câmara e um índice de partidos efetivos de nove. No Senado, o quadro também era desfavorável. PMDB e PFL ganharam controle de 52% das cadeiras. A frágil coalizão governista tinha apenas 22%, contra 78% da oposição. O índice de partidos efetivos (fragmentação) era de seis.[30] Restava a Collor recorrer ao PMDB, muito dividido em relação a seu governo, e ao PFL. O PSDB, que se mostrava sensível aos apelos presidenciais, perdeu quase metade de sua bancada na Câmara. Caiu de sessenta (12%) para 37 deputados (7%). Perdeu, também, dois senadores, ficando com dez (20%). Faltava-lhe musculatura para liderar coalizões de apoio ou de oposição. As eleições não deram ao presidente condições propícias para tentar reorganizar o governo em torno de uma coalizão majoritária.

A sequência de respostas simbólicas dos governos a seus fracassos repete-se no Brasil com enfadonha regularidade. Aos primeiros sinais de insucesso, inicia-se a narrativa de transferência da culpa: ora é a Constituição, ora o cenário externo, ora a sabotagem dos adversários do governo. No de 1991, já navegando as águas turbulentas do insucesso, Collor atribuiu à Constituição os entraves à boa gestão econômica. Mas ele não enfrentou nenhum obstáculo para aprovar as medidas centrais de seu plano, apesar de sua virulência. Em seguida, transferiu as causas do malogro à Guerra do Golfo iniciada pela invasão do

Kuwait pelo Iraque, que ameaçou a segurança da Arábia Saudita, principal fonte de petróleo para Europa e Estados Unidos. Crise houve, mas o choque do petróleo de 1990 nem de perto podia ser comparado aos choques dos anos 1970. A guerra provocou um surto curto de preços mais altos do petróleo e aumentou a pressão fiscal. A inflação forçou o Fed a adotar uma política dura de juros. Os juros mais altos e a grave crise bancária, que quebrou bancos e cooperativas de poupança, ocasionaram a recessão, que frustrou as pretensões de reeleição de George Bush, o pai. Quando o presidente do Fed, Alan Greenspan, se convenceu de que era preciso baixar as taxas básicas de juros para ajudar a recuperação da economia, já era tarde.[31] Quem pilotaria a fase exuberante da economia americana seria Bill Clinton. Mas, quando a economia americana começou a ratear, o Plano Collor já havia fracassado.

O presidente perdia popularidade rapidamente. Pesquisa do Datafolha mostrou, no início de 1991, que 29% desaprovavam o governo contra 22% que ainda o aprovavam. O Plano Collor perdeu o apoio popular, 49% o consideravam ruim e 64% se consideravam prejudicados por ele.[32] O desconforto econômico era profundo e generalizado. Nas oficinas do governo, os tecnocratas desenhavam mais truques para enfrentar a inflação e a recessão. Foram empacotados em duas medidas provisórias que incluíam congelamento de preços e salários, nova fórmula para reajuste de aluguéis e tarifaço na gasolina, energia elétrica, gás e telefone. Apelidado de Plano Collor II, não conseguiu animar a opinião pública, que ficou entre o descrédito e a indiferença.[33] A repercussão no Congresso foi negativa, mesmo entre os aliados. A nova legislatura, com a Câmara presidida por Ibsen Pinheiro (PMDB-RS) e o Senado por Mauro Benevides (PMDB-CE), era menos cooperativa. O Collor II teve passagem acidentada, o Legislativo rejeitou três providências, a que extinguia o desindexador, o imposto sobre mutuários do sistema financeiro da habitação e a obrigatoriedade de compra de certificados de privatização pelas empresas de previdência privada. O restante, todavia, foi aprovado.

Collor não se rendia fácil. Tinha a agenda presidencial cheia de munição. Em fevereiro de 1991, lançou o Programa de Competitividade Industrial. Desde o começo do governo ele vinha anunciando, em etapas, o fim das reservas de mercado, a redução de tarifas e de barreiras não tarifárias ao comércio. Essas medidas tiveram como efeito permanente a abertura da economia brasileira, mas lhe renderam a rejeição do patriciado econômico, principalmente o industrial. Em abril, Collor enviou ao Congresso um projeto de nova legislação sindical, acabando com o imposto sindical obrigatório, criando a representação de trabalhadores por empresa e reconhecendo as centrais sindicais. Os sindicatos e demais entidades de representação corporativa teriam registro em cartório, não mais no Ministério do Trabalho. Ele queria reformar a Constituição, e publicou seu Projeto de Reconstrução Nacional, com 73 medidas legislativas, entre emendas constitucionais, projetos de lei, além de medidas administrativas, como decretos e portarias. O "projetão", como foi apelidado, não animou o Congresso nem os empresários. O presidente resolveu enxugar o pacote, reduzindo para onze o número de projetos. Entre eles, o imposto sobre grandes fortunas, a privatização da concessão e permissão de serviços públicos, e a livre negociação entre patrões e empregados. Parecia um presidente popular, no comando de uma sólida coalizão parlamentar. Mas já era um presidente impopular, com uma coalizão esfacelada, enfrentando pendengas judiciais em razão do plano de estabilização e greves suscitadas pelas medidas sindicais do pacotão.[34]

Politicamente, o governo foi tenso desde o início, em parte por causa do estilo pessoal do presidente, em parte por não contar com o apoio de uma coalizão majoritária e coesa. Teve baixas, também desde o início. A primeira demissão relevante foi a do ministro da Justiça e coordenador político Bernardo Cabral. O pretexto, a repercussão de seu rumoroso affair com a ministra da Economia, Zélia Cardoso de Mello. Mas Cabral fora responsável por numerosas trapalhadas legislativas, medidas inconstitucionais, que precisaram ser retificadas.[35] Foi substituído por Jarbas Passarinho, o ministro da Educação da ditadura que aplicou de forma implacável o decreto n. 477, excluindo por vários anos da vida universitária os estudantes acusados de subversão contra o regime militar. Passarinho, agora senador pelo PDS do Pará, seria o articulador político do governo no Congresso. Cinco dias depois, o presidente da Petrobras, Luiz Octávio da Motta Veiga, pediu demissão, desentendido com a ministra da Economia. Motta Veiga revelou pressões do tesoureiro de Collor e do secretário-geral da Presidência para que fizesse empréstimo irregular à Vasp, em processo de privatização. Desde o ano anterior, havia um clima de intrigas, conflitos e rumores de irregularidades no governo. O grupo político original de Collor se desfazia. O último lance foi o rompimento do deputado Renan Calheiros, ex-aliado da primeira hora, por desacordos na eleição para o governo de Alagoas. Desse desentendimento surgiram as acusações de que a primeira-dama, Rosane Collor, desviava recursos dos programas sociais da LBA, sob sua direção. No dia 8 de maio de 1991, a poderosa e hipervisível ministra da Economia, Zélia Cardoso de Mello, desacreditada e incompatibilizada com diversos interlocutores-chave, no país e no exterior, pediu demissão. O presidente recrutou para seu lugar Marcílio Marques Moreira, então embaixador em Washington, que montou uma equipe de primeira linha, de corte liberal e reputação irretocável, para o ministério e o Banco Central.

Collor sempre surpreendia. Em vez de ceder às pressões por politização do ministério, fez o oposto. Já havia feito uma escolha inesperada, quando vagou a Secretaria de Cultura, com a demissão do cineasta Ipojuca Pontes, rejeitado pela classe artística. Trouxe para o cargo o embaixador Sérgio Paulo Rouanet, que deixaria como principal legado a Lei de Incentivo à Cultura, merecidamente conhecida como Lei Rouanet, até hoje o pilar financeiro da política cultural. Marques Moreira e Rouanet juntar-se-iam a Celso Lafer, que se tornaria chanceler, e a Célio Borja, que assumiria a Justiça, ambos na reforma do ministério, em 1992, para formar um cordão asséptico no gabinete, garantindo a governabilidade durante o processo de impedimento do presidente. Mas, antes da reforma, um gesto meio no desespero na voragem da crise que derrubou seu governo, Collor ainda enfrentaria longos meses de tormentosa agonia.

Marcílio Marques Moreira mudou o rumo e o tom da política econômica. Levou-a para uma trilha sem soluções espetaculosas, de cumprimento de regras e promessas, especialmente de devolução do dinheiro sequestrado, como previsto no Plano Collor, e de acomodação a um quadro de inflação alta indexada. Esta, durante sua gestão, oscilou entre 11,2%, em abril de 1991, e 25,2%, em outubro de 1992. A equipe trouxe o tom de serenidade e comedimento recomendável às autoridades econômico-financeiras. Conseguiu o feito quase mágico de manter a economia nos trilhos, ainda que em supervelocidade inflacionária, com o governo em derrocada. Mas a crise econômica, insuperável naquele contexto, cobrava seu preço na política. A inflação muito alta, associada a uma forte recessão, eliminava toda sensação de conforto econômico. Logo no início da gestão de Marques Moreira, os resultados eram mais que desalentadores. O PIB acumulado em quatro trimestres apresentava queda recorde, de -6,9% entre abril de 1990 e março de 1991. A indústria havia recuado -13%, a agropecuária -1,6%, e os serviços -2,3%.[36] O salário real despencou, o desemprego subiu, reduzindo o consumo até mesmo de alimentos básicos. Aumentaram a pobreza e a fome.³⁷ A boca do jacaré estava aberta de novo.

Esse ambiente econômico depressivo levava à inquietação social, com greves e saques a supermercados. Lideranças políticas ligadas ao presidente insistiam, por sua vez, que ele precisava ampliar sua coalizão e estabelecer novo padrão de relacionamento com os parlamentares. A paralisia decisória ameaçava a agenda presidencial. Mesmo com o visível emperramento do processo legislativo, Collor prosseguia com sua iniciativa legislativa. Em agosto, apresentou projeto de lei propondo duras penas a funcionários públicos condenados por corrupção e, logo em seguida, mais um pacote de medidas, então de saneamento financeiro e ajuste fiscal. Era outro projeto de reforma constitucional, apelidado sem demora pela verve nacional de "emendão". A inflação encostava nos 20%, detonando a preocupação com a hiperinflação.

O emendão mexia em muitos vespeiros ao mesmo tempo, da Previdência à gratuidade do ensino, da criação de imposto na quitação de imóveis financiados pelo sistema financeiro da habitação à retenção de receitas tributárias em princípio destinadas ao fundo de participação dos entes federados para pagar dívida dos estados, do fim do monopólio estatal nas comunicações ao corte de 80% dos fundos de incentivos setoriais e regionais. Em reunião com secretários estaduais da Fazenda, a cúpula da Economia condicionou a rolagem em vinte anos da dívida dos estados à adesão dos governadores ao emendão. O poderoso governador baiano Antonio Carlos Magalhães (PFL-BA), cujo partido havia passado a apoiar formalmente o governo, respondeu à condicionalidade, em nota, dizendo que "seria desprimoroso para todos que assuntos tão graves pudessem ser fruto de negociação política". Ele e o também influente governador de Pernambuco Joaquim Francisco (PFL-PE), que apoiava Collor com vigor, lideraram o veto dos governadores nordestinos ao projeto e forçaram o governo a recuar.³⁸

Collor insistia num grande acordo de "reconstrução nacional". Tentava controlar o debate político criando fatos novos. O líder do governo no Senado, Marco Maciel (PFL-PE), definiu o ambiente como "Babel política". O senador Mário Covas disse que o governo não era "vocacionado para o entendimento". O PMDB pensava em colaborar sem participar do governo. O PSDB balançava entre ir para o governo e ir para a oposição, podendo colaborar sem estar na coalizão. O PDT, liderado por Leonel Brizola, que apoiou Collor politicamente até a undécima hora, queria aliar-se, desde que a base fosse um programa mínimo que contrariava todo o emendão. Para o PT, o entendimento só seria possível sem o governo; em outras palavras, contra o governo. Seu líder na Câmara, José Genoino (PT-SP), afirmou que o partido queria o acordo para "preencher esse vazio de legitimidade. Pacto com o governo é bobagem". O líder do governo na Câmara, Humberto Souto (PFL-MG), escalava: "o presidente não abre mão do seu poder, que se multiplica com o sucesso". O problema era que o governo, embora tivesse aprovado todas as propostas econômicas relevantes, só havia colecionado fracassos. Logo, pela lógica, o poder do presidente estava, ao contrário, a ser dividido.

Todavia, Collor se esforçava para romper o isolamento político, principalmente cortejando o esquivo PSDB e estreitando o relacionamento com Brizola. Em encontro com o presidente do PSDB, Tasso Jereissati (PSDB-CE), e com o senador Fernando Henrique Cardoso (PSDB-SP), foi direto, dizendo que precisava "dar nova cara ao governo. A credibilidade está comprometida". Tasso Jereissati respondeu que o governo carecia de pessoas "absolutamente inatacáveis". Ele retrucou: "o estoque [de pessoas] do governo é precário [...] se você tem os nomes, traga-me". Parecia disposto a todo tipo de concessão para atrair o partido. Teria proposto:

> O ministério é ruim? Pois que se mude o ministério. O entendimento pressupõe a divisão de poder? Então que se divida o poder. O governo está imobilizado? Que se faça então o parlamentarismo de fato, através da antecipação para o início do ano que vem do plebiscito previsto para 1993, e da adoção de um sistema híbrido, como transição para a nova forma de governo.

O PSDB, porém, dissolveu-se em dúvidas. Collor percebeu a vacilação: "mas se vocês quiserem ficar na oposição, eu compreendo e respeito".[39]

O governo completava um ano e meio, na mais completa confusão. Pesquisa do Datafolha mostrou que 41% o desaprovavam e apenas 18% aprovavam, e 57% não tinham esperança de que a crise econômica fosse debelada. As relações com o vice-presidente, Itamar Franco, começaram a se esgarçar. O vice se afastava rapidamente da agenda presidencial. De um lado, Collor buscava entendimento com lideranças políticas, de outro atirava para todos os lados. Em telefonema ao presidente da CNI, Albano Franco, teria dito que "o entendimento não progride porque os políticos só querem dividir o poder, os empresários só querem manter seus lucros e os trabalhadores são corporativistas".[40] Em discurso no BNDES, em outubro de 1991, atacou duramente os empresários

> que demitem, imaginando enganar os trabalhadores, o governo e a sociedade. Demitem para fazer crer que estão demitindo por culpa do governo, quando nós sabemos que já estão fora do padrão de competição, são covardes porque não assumem as suas incapacidades, porque não trabalham [...] acumularam suas fortunas com dinheiro dado pelo BNDES, pelo Banco do Brasil e até pelo Tesouro Nacional.

Era verdade para a maioria esmagadora dos empresários frequentadores da corte em Brasília, íntimos dos corredores do BNDES e do Banco do Brasil. Talvez por isso mesmo tenha provocado tanta indignação na avenida Paulista, sede da então poderosa Fiesp (Federação das Indústrias do Estado de São Paulo). Uns poucos que concordaram com o presidente, discordaram da generalização.[41] Collor foi o estranho caso do doutor Jekyll e senhor Hyde da política brasileira.[42] Sedutor, refinado, cordato, compreensivo e brilhante, em alguns momentos; mercurial, incivil, instintivo, agressivo, seduzido por figuras, gestos e atitudes menores e menos recomendáveis, em outros.

As crises políticas brasileiras se parecem. Quando chegam próximo do pico, esquece-se a conjuntura e o governo, e se começa a falar na "crise do presidencialismo". Os parlamentaristas se assanham e se apressam a apresentar proposta de mudança de regime. Os mais sensíveis aos tremores tectônicos mencionam crise institucional. Foi assim no governo Collor, o primeiro da Terceira República, seria assim nas crises políticas mais graves nos governos que se seguiram. Passava-se a discutir a possibilidade de uma saída parlamentarista, no Congresso e na imprensa. O próprio Collor, já em setembro, buscara essa solução. "O presidente admite incluir no emendão a antecipação do plebiscito. Mas no mandato dele ninguém toca", disse o senador Guilherme Palmeira (PFL-AL).[43] Em outubro, o Senado aprovou a antecipação do plebiscito sobre a forma de governo. Havia, então, certeza de que o parlamentarismo seria aprovado. As pesquisas de opinião indicavam que a maioria da população era a favor do regime parlamentar de governo. O senador José Richa (PSDB-PR), propositor da emenda, admitiu que a antecipação era uma forma de enfrentar a crise.[44] O senador Fernando Henrique Cardoso (PSDB-SP) disse que temia que o plebiscito fosse entendido como um expediente para interromper o mandato do presidente e que esse não era o propósito do PSDB. O partido queria rediscutir o modelo político brasileiro. Richa propusera, também, a antecipação da revisão constitucional, prevista pela Constituinte.⁴⁵ O Senado aprovou em primeiro turno, por 53 votos a quinze, a emenda antecipando o plebiscito de 7 de setembro de 1993 para 21 de abril de 1992. A antecipação da revisão constitucional não obteve a maioria necessária.

 O presidente considerou a aprovação, ainda que em primeiro turno, uma "decisão histórica". O parlamentarismo lhe parecia "um sistema de governo absolutamente adequado". Mas advertiu que aqueles que defendiam a redução de seu mandato queriam "rasgar a Constituição e frustrar a voz das ruas". Os parlamentaristas se animaram e começaram a debater qual modelo de parlamentarismo seria melhor. Collor engatilhou novamente sua agenda, disposto a manter o poder de iniciativa. Estava prestes a assinar um ambicioso decreto de reforma agrária, que previa a desapropriação de 400 mil hectares, em dezessete estados, para assentar 15 mil famílias. Também previa multiplicar por dez o valor do Imposto Territorial Rural. Era um novo vespeiro. Os ruralistas, sempre uma bancada poderosa no Congresso brasileiro, desde o início da República, lutaram com todas as armas para bloquear a reforma agrária.⁴⁶

 No dia 6 de novembro, o Senado pôs fim ao debate sobre a suposta saída parlamentarista para a crise não dando os votos necessários em segundo turno para aprovar a emenda que antecipava o plebiscito. Ao encaminhar a votação pelo PSDB, o senador Fernando Henrique Cardoso disse que a opção dos constituintes pelo presidencialismo fora apressada. "Muitos de nós fomos constituintes. Todos nós sabemos em que atropelo houve a decisão a favor do sistema presidencialista. A nossa Carta Magna tem marcas profundas ainda daquele atropelo."⁴⁷ O debate parlamentar foi intenso. O senador Nei Maranhão (PRN-PE), do partido de Collor, encaminhou a favor, mas introduziu um elemento novo, que afetaria o cálculo dos senadores. "Manterei meu voto pela Emenda José Richa. O Senado sabe da minha radical concepção presidencialista. Sendo assim, a maioria de meus colegas deu-me a honra de apoiar o encaminhamento de minha emenda pela reeleição de presidente da República, governadores e prefeitos, baseado na Constituição americana."⁴⁸ Os rumores de que se urdia um golpe parlamentar contra o mandato presidencial fizeram efeito. Um dos que defendiam a tese do golpe era Brizola. Para ele, a emenda "debilitaria o atual governo com um sabor de golpismo. Uma espécie de cassação branca".[49]

O debate ácido evitou a aprovação, por meio da abstenção de sete senadores que tinham votado a favor no primeiro turno, todos governistas. Foram 46 votos a treze, menos que o mínimo de 49 necessário para aprovar a emenda. O ministro da Justiça, Jarbas Passarinho, interferiu junto à bancada do governo para reforçar a tese de que seria um voto contra o presidente. Oito senadores governistas deixaram o plenário, convencidos de que o plebiscito se tornaria um julgamento do presidente e acertaria inevitavelmente no seu mandato. Passarinho confirmou, no dia seguinte, à *Folha de S.Paulo*, que decidira romper a neutralidade, porque ficara preocupado com o viés de golpe na proposta.[50] O clima político esquentou. Os parlamentaristas estavam inconformados com o rompimento da neutralidade do presidente. Haviam conduzido todo o processo confiando que ele ficaria equidistante. Collor, por sua vez, radicalizou dizendo que "esse processo foi contaminado pela ação de meliantes que prejudicaram terrivelmente a aprovação da emenda". Coube a seu controvertido porta-voz, o jornalista Cláudio Humberto, esclarecer que Collor se referia ao presidente do PT, Lula, e ao presidente da CUT, Jair Meneguelli, que estariam querendo aproveitar a onda parlamentarista para encurtar o mandato do presidente da República. "Lula quer ganhar no golpe o que perdeu no voto."[51] O senador Fernando Henrique Cardoso reagiu mal ao resultado. "Não dá mais para confiar neste governo."[52] Segundo ele, "acabou o clima de boa vontade. [...] Ganhou ontem para perder amanhã. [...] Há muitas formas de sustentar o governo, mas pensei que o presidente não quisesse optar pelo 'é dando que se recebe'".[53] Nesse mesmo dia, Collor participou de um grande almoço no Palácio Laranjeiras com o governador Leonel Brizola, depois de assinar convênio para a construção de uma fábrica de escolas (os Cieps, de Brizola, ou Ciacs, de Collor) e um protocolo de entendimentos para instalar 250 unidades no Rio de Janeiro.[54] Os dois fizeram discursos amigáveis e trocaram gestos amistosos.

Uma semana depois, no dia 15 de novembro, em solenidade no Planalto, o ministro da Justiça assinou portaria que definia a reserva ianomâmi, totalizando 9,4 milhões de hectares, nos estados de Roraima e Amazonas. Collor disse em seu discurso que a decisão fora fruto de "sólido consenso" no governo. Mas o ministro do Exército e o da Educação, José Goldemberg, se opuseram à demarcação. O governador do Amazonas, Gilberto Mestrinho (PMDB-AM), e o de

Roraima, Otomar Pinto (PTB-RR), e o ex-governador de Roraima, Romero Jucá (PDS-RR), também se opuseram.

Os tremores da política cessavam e as notícias econômicas causavam mais abalos. O índice de inflação em São Paulo bateu em 25,2%. O Ministério da Economia divulgava resultados horrorosos do ponto de vista social. A renda per capita dos brasileiros havia caído 7%, em 1991, em relação a 1989, e 1% em relação a 1990. E a previsão para 1992 era de continuidade da recessão. Collor continuava com as tentativas de obter apoio parlamentar para o emendão e para a reforma tributária. Mas as relações entre o presidente e o Legislativo já não tinham conserto.

O ano de 1991 foi de lenta agonia do primeiro governo da Terceira República. Foram dias confusos e voláteis. O mundo político oscilava entre acordos e conspirações. Discutia-se o impeachment do presidente ou a adesão a seu governo, por meio de um acordo de divisão de poder entre Collor e o Legislativo, uma espécie de semipresidencialismo contratado informalmente. O PSDB e o PMDB negociavam acordo no Congresso, para formar uma nova maioria. O governador de São Paulo, Orestes Quércia, estranhava-se com Fernando Henrique Cardoso. O presidente do PSDB, Tasso Jereissati, entretanto, via o acordo como possível e desejável: "estamos tentando construir uma aliança política forte. O país está imobilizado por falta de um bloco político hegemônico. Nossa ideia é fazê-lo com o Collor ou sem o Collor".[55] Para o líder do PRN, partido de Collor, no Senado, Nei Maranhão (PRN-PE), o presidente não se interessava pelas alianças em negociação: "se eu conheço o presidente, ele não está disposto a ceder poder a esses cabras".[56] Orestes Quércia, em entrevista ao jornal *Zero Hora* de Porto Alegre, disse que não descartava o impeachment de Collor. Era, segundo ele, "um mecanismo de defesa do país. Se o governo não tiver nenhuma condição, a medida deve ser adotada".[57]

O naufrágio do governo era iminente, mas ainda colhia um ou outro fruto bom. No dia 28 de novembro, a Câmara dos Deputados aprovou a Lei Rouanet, com algumas emendas e apoio de todos os partidos, inclusive o PT. A deputada Sandra Starling (PT-MG) disse que "temos interesse em votar [...] o Projeto Rouanet, que há muito tempo vem sendo objeto de negociação nesta Casa e é de grande interesse para os artistas e intelectuais do país".[58] No dia 10 de dezembro, ele foi aprovado no Senado, e a lei sancionada por Collor em 23 de dezembro.

Os escândalos começaram a aparecer nesse final de ano, com repercussões muito negativas.[59] O conhecido historiador Thomas Skidmore, um brasilianista, disse ao *New York Times* que o mandato do presidente seria interrompido por um impeachment. Para ele, Collor, com sua personalidade volátil, estaria agindo para provocar esse desfecho.[60] O réveillon foi tenso para o país e para Collor. O ano de 1992 começou velho, carregado das crises do ano anterior. A agenda do governo era a mesma que fracassara em 1991, mas as armas com que contaria para realizá-la eram de menor calibre.[61] O Datafolha de fim de ano indicou que sua aprovação caíra para 8% e que 63% o desaprovavam. Uma popularidade líquida de -77%.[62] As expectativas para a economia eram péssimas, 82% diziam que perderam poder de compra no seu governo, 78% temiam que a inflação subisse mais, e 79% que houvesse mais desemprego.[63]

A série de denúncias de corrupção de pessoas próximas de Collor e que ocupavam cargos na administração continuava assombrando seu mandato e minando seu apoio social. Era bastante nítido o alargamento da brecha entre a agenda do presidente e a agenda parlamentar dominante. Desde o início, houve descompasso entre as agendas, mas ele se agravava nitidamente. As propostas de abertura econômica, privatização e mudança na Previdência não correspondiam ao pensamento mediano do Congresso. Além disso, suas propostas trabalhistas alienavam boa parte da esquerda e da centro-esquerda. Análises recentes mostram que a distância programática entre o plenário e a agenda presidencial é o principal fator para o sucesso ou insucesso legislativo do presidente, para determinação dos custos da governança e para a probabilidade de impeachment. Essa brecha tenderia, também, a ativar com mais vigor os mecanismos de fiscalização da ação do chefe do Executivo.[64]

Collor estava em visita à Itália quando seu irmão mais novo, Pedro, deu a entrevista que seria o início do mais espinhoso e danoso escândalo de seu governo. A princípio, parecia tratar-se de um desentendimento menor entre irmãos. Pedro estava agastado com Fernando porque este havia concordado que PC Farias e seu irmão Augusto abrissem um jornal concorrente à *Gazeta de Alagoas*, da família Collor, periódico então dirigido por Pedro. "Esse beneplácito me irrita", disse Pedro Collor. E duvidava da origem dos recursos usados no investimento: "suspeito que as empresas do PC faturaram [...] 4 milhões de dólares, como ele conseguiu dinheiro para montar um jornal de 5 milhões de dólares?". Os escândalos evoluíam e se avolumavam. O desentendimento de Pedro Collor de Mello com o presidente tomou um rumo avassalador e saiu do controle.

Apesar do mau começo de ano, Collor se preparava para receber chefes de Estado, entre eles o presidente George Bush, dos Estados Unidos, na importante Cúpula da Terra das Nações Unidas, a Eco-92, da qual resultariam as convenções do Clima e da Diversidade Biológica. Numa série de artigos publicados nos jornais brasileiros, Collor propôs o social-liberalismo como uma agenda para o consenso. O projeto social-liberal era inspirado nos escritos de José Guilherme Merquior, diplomata e intelectual de primeira linha, falecido em 7 de janeiro de 1991 e que havia escrito boa parte do discurso de posse do presidente. A repercussão pretendida foi sufocada por acusações de que seria um plágio de documento redigido por Merquior como base para criação de um novo partido. Não era uma questão relevante. Merquior admirava Collor e colaborou com ele.[65] É possível que tenha escrito o documento para apresentá-lo ao presidente.[66]

No artigo inicial dizia que os "fundamentos da agenda são claros e estão lastreados em amplo consenso: o controle da inflação, o saneamento das finanças públicas, a reestruturação [...] do Estado, a modernização da economia, o desenvolvimento sustentado, a promoção da justiça social, a conservação do meio ambiente e a preservação do patrimônio cultural, o acesso a uma Justiça eficaz e a garantia da segurança pública".[67] O lado social do projeto contrariava o pensamento oligárquico e patrimonialista dominante. "É chegada a hora de eliminar em definitivo a vergonhosa combinação de privilégio e penúria que ainda caracteriza, infelizmente, a nossa estrutura social." A agenda modernizante do presidente, embora situada no plano ideológico geral, na centro-direita estava muito distante do pensamento dominante no Congresso e na própria sociedade brasileira. O segundo artigo era de corte mais claramente liberal, definia o novo papel de um Estado enxuto promotor do desenvolvimento e provedor de recursos e serviços sociais.[68] O terceiro falava de democracia, direitos humanos e reforma política.[69] O quarto propunha novo modelo econômico para o capitalismo democrático, que não deveria se basear na "colcha de retalhos corporativista" mas buscar o melhor rumo para promover o Brasil, o mais rapidamente possível, a níveis de vida digna e justa para todos.[70] O quinto artigo tratou da "revolução educacional".[71]

A proposta gerou imediata controvérsia no Congresso e entre governadores. Antonio Carlos Magalhães disse que Collor "não pode ditar regras para o país". O governador de Pernambuco, Joaquim Francisco (PFL-PE), apoiou o presidente e se dispôs a conversar com o governador baiano e com o governador do Ceará, Ciro Gomes (PSDB-CE), para quem Collor, "isolado pelo seu modelo de poder", não tinha credibilidade nem condições para implementar a agenda que propunha.[72] O governador do Rio, Leonel Brizola, reagiu bem: "essa é a primeira vez que um presidente abre discussão ampla no campo doutrinário. O PDT aplaude essa iniciativa e quer participar dela amplamente". Para Brizola, não era imposição, tinha o objetivo de "construir um movimento de opinião".[73] O projeto chegava tarde. Embora afim com as ideias da vanguarda do pensamento social-liberal mundial, contrastava com a prática política de Collor. Eram dois descasamentos, entre a agenda presidencial e a agenda parlamentar e entre o pensamento e a prática do presidente.

Nos seus dois anos de governo, Collor conseguiu evitar que as forças majoritárias no Congresso se reunissem numa sólida coalizão de veto contra ele. Mas em momento algum suas posições coincidiram com as posições dominantes no Legislativo. O PFL, partido que mais se aproximava de sua agenda todavia com várias restrições, lhe dava apoio bastante reticente. Talvez pela desconfiança dos caciques do partido em relação a muitos dos seus posicionamentos político-ideológicos. Além disso, seu comportamento pessoal volátil inspirava pouca confiança nos aliados. O PDT de Brizola manteve, nesse período, uma relação amistosa com o presidente. Não apoiava seu governo ostensivamente, mas Brizola, no governo do Rio de Janeiro, lhe deu respaldo político pessoal em numerosas ocasiões. O PSDB vivia sua eterna dúvida entre ser governo e ser oposição. Deu, entretanto, apoio parlamentar à maioria das propostas econômicas de Collor. O PMDB era meio governo e meio oposição. Já era então, em essência, um condomínio de facções oligárquicas regionais, muitas delas desejosas da proximidade com o Planalto.

Uma fonte importante de pressão nas relações com o Congresso foi a polêmica sobre o reajuste de 147% nos benefícios da Previdência devidos em setembro de 1991. A resistência do governo em conceder o reajuste gerou protestos e ações judiciais no Superior Tribunal de Justiça. O governo perdeu no STJ e decidiu apelar ao Supremo Tribunal Federal. Logo no começo de janeiro, o ministro Sydney Sanches deliberou, em liminar, que o STF não tinha competência para julgar o recurso contra a decisão do STJ. O presidente resolveu, então, cumprir a ordem judicial. Convocou extraordinariamente o Congresso para votar projeto de mudança na lei da Previdência, instituindo um imposto de 3% para os assalariados e de 7% para aposentados e pensionistas, e aumentando a contribuição patronal em um ponto percentual. Collor apelou, novamente, à população em cadeia de rádio e TV. Mas a conjuntura era outra. Ele era agora um presidente impopular, havia colecionado fracassos econômicos que levaram à recessão com inflação. No plano político, estava fraco e isolado. A proposta foi vista como o abandono da agenda para o consenso e agrediu frontalmente a agenda distributiva da centro-esquerda e da esquerda.[74] Não convenceu os empresários, premidos pela crise, que ainda teriam seus custos trabalhistas aumentados. Com a convocação extraordinária, criou a oportunidade para que a crise política se agravasse, prenunciando o afastamento dos partidos do seu governo. Consolidou-se um bloco de veto pela esquerda, que incluiu o PDT e foi apoiado pelo PMDB e pelo PSDB. O governador baiano, Antonio Carlos Magalhães, desaprovou a solução oferecida por Collor para o impasse fiscal da Previdência. Em seguida, o bloco governista no Congresso, formado pelo PRN e pelo PFL com alguns partidos menores, negou apoio ao projeto. Foi uma prévia do que aconteceria mais adiante, quando a coalizão governista se desfez e a vasta maioria aderiu ao impeachment.

A nova rodada da crise política convenceu o presidente da necessidade de reformar a coalizão e o ministério. Ele recuou e tentou resolver o problema dos 147% por decreto, sem o Legislativo, para pagar o reajuste em crédito precatório resgatável em 1993. O PDT e o PT tentaram barrar o decreto no STF, sem sucesso. Os partidos de esquerda se opuseram à medida e, com apoio das lideranças do PDT, PSDB e PMDB, articularam projeto de decreto legislativo para anular o decreto presidencial.[75] A questão dos 147% distanciou, de forma irremediável, as agendas do presidente e do plenário do Congresso. Ele ficou mais isolado. Sua coalizão, já minoritária, se desmanchou. Em março, em derrota fragorosa nas duas Casas do Congresso, foi aprovado o decreto legislativo que anulava a decisão presidencial para a Previdência.

A tese parlamentarista voltou a ganhar proeminência e o Congresso aprovou, também, a antecipação do plebiscito de setembro para abril de 1993. Esta não foi, necessariamente, uma decisão antagônica ao governo, mas era um sinal de agravamento da crise política. Collor apoiou o projeto do deputado José Serra (PSDB-SP), relatado pelo deputado Roberto Magalhães (PFL-PE), com o compromisso de que o novo sistema fosse implantado após o término de seu mandato, a partir de 1º de janeiro de 1995. Magalhães concordou, repetindo o mantra dos parlamentaristas: "não queremos dar um golpe branco em Collor".[76] O Legislativo aprovou o projeto que criava a Secretaria de Governo, a ser ocupada pelo ex-senador Jorge Bornhausen, uma liderança respeitada do PFL. O presidente esperava que Bornhausen conseguisse melhorar o relacionamento entre Executivo e Legislativo.

Estava claro que Collor não se manteria na Presidência sem articular uma nova coalizão e estabelecer uma relação mais cooperativa e participativa com os partidos no Legislativo. Nesse entretempo, os escândalos de corrupção aumentavam, a popularidade do presidente caía e ele se enfraquecia. O presidente tentava sair do impasse que ele mesmo criara, construindo uma nova e tardia coalizão, associada a uma reforma ministerial, nos moldes mais tradicionais da política brasileira. Mudar o gabinete para torná-lo mais proporcional à coalizão é um movimento típico, diga-se, do presidencialismo de coalizão, como mostrou o politólogo Octavio Amorim Neto.[77] A formação da nova coalizão e a reforma ministerial, porém, não guardavam relação com a plataforma ideológica recém-apresentada ao público, reforçando o padrão errático de comportamento do governo. Os recuos e abandonos reduziam a credibilidade das ofertas presidenciais ao sistema político. As decisões sobre o novo ministério seriam executadas da maneira tradicional. O núcleo da coalizão foi ampliado para abrigar todos os partidos da direita da época. Da formação anterior, com PRN, PFL e PDS, passou a uma coalizão de seis partidos, incorporando o PTB, o PL e o PDC. O desenho ministerial enxuto do início foi desfeito, com o restabelecimento de antigos ministérios. Dos nove anteriores, passaram a onze. A reforma ministerial foi completada no começo de abril. O novo gabinete combinava políticos experientes, como Bornhausen e Ricardo Fiúza (que permaneceu na Ação Social), ambos do PFL, com figuras notáveis como o médico Adib Jatene, na Saúde, Célio Borja, na Justiça, Celso Lafer, nas Relações Exteriores, e Hélio Jaguaribe, na Secretaria de Ciência e Tecnologia. O cardiocirurgião Adib Jatene não tinha filiação partidária e, embora houvesse colaborado no governo de Paulo Maluf (PDS-SP), era da cota extrapartidária. Lafer e Jaguaribe, intelectuais de ponta, próximos ao PSDB, também entraram no ministério na cota pessoal do presidente. Reformas ministeriais raramente cumprem o objetivo de estabilizar a coalizão de governo. Mexer no tabuleiro de demandas por acesso ao poder, à influência e aos recursos públicos é sempre complicado e desestabilizador. O presidente acaba desagradando aliados em número maior do que os que agrada com as mudanças. Além de dar início a uma temporada de demandas e contrademandas incontroláveis. O PSDB terminaria na oposição, no esfacelamento final do governo, quando até mesmo o PRN se afastou do seu criador. A mudança não deu a Collor a maioria desejada, mas ampliou o potencial de votos de sua coalizão de 28% das cadeiras para 47%.[78] A matemática partidária era caprichosa. O partido-pivô da maioria no Congresso, o PMDB (22%), e o oscilante PSDB (7%) controlavam 29%. A esquerda tinha 20%. Sem o apoio de parte do PMDB e do PSDB, o Executivo não aprovaria projeto algum. Mas, se a coalizão permanecesse fiel, mesmo que esses dois partidos fechassem com a esquerda não fariam a maioria na Câmara. Os dois blocos, portanto, ficavam aquém da maioria.[79] Um típico parlamento estrangulado. Collor conseguiu, no entanto, no dia 29 de abril, a aprovação na Câmara do novo valor do salário mínimo, uma questão sempre difícil no Congresso. A votação foi apertada, 233 a 215. A esquerda ficou toda contra. Boa parte do PSDB também. Sem apoio popular, Collor passou a uma situação de risco permanente. Se fosse abandonado pelo PFL, o partido-pivô de sua coalizão, perderia as condições de governabilidade.[80]

Collor não tinha trégua. Seu irmão escalou o conflito com o tesoureiro da campanha presidencial, PC Farias, em entrevistas que atingiam cada vez mais diretamente o próprio presidente, com repercussões políticas devastadoras. Acabaria na convocação da CPI, cujo relatório serviria de base para o impeachment. O PT defendia o impeachment de Collor desde quase o início de seu governo. O "Fora Collor" começara cedo. O PDT mantinha posição cautelosa e alertava para o perigo de dano ao equilíbrio institucional e risco de um golpe de Estado. Havia inquietação nos quartéis com a defasagem dos soldos. A maioria dos partidos da coalizão se opôs inicialmente à CPI. Preferia que as investigações ficassem com o Ministério Público e a Polícia Federal. O PT protocolou o pedido de CPI em meados de maio. O ambiente se agitou, a fraqueza do presidente era terminal. O escândalo passou a dominar a mídia. O PDT, o PSDB e o PMDB apoiaram o pedido de abertura da CPI, que foi criada no dia 26 e seria instalada, como uma CPMI (Comissão Parlamentar Mista de Inquérito), para investigar as denúncias de Pedro Collor contra PC Farias, em 1º de junho. Collor tornou-se refém de uma coalizão minoritária e precária na Câmara dos Deputados. O processo político acelerava. Era apenas questão de tempo, até que a opinião política se virasse majoritariamente contra ele. No dia 27 de maio, PT, PSDB e PMDB decidiram formar uma frente de oposição. Brizola ainda insistia na defesa de Collor. O governador desconfiava da CPI às vésperas da Eco-92, "o maior acontecimento da vida internacional, talvez das nossas gerações".[81]

A conferência foi aberta no dia 3 de junho. Durante a Cúpula da Terra, Collor permaneceu no Rio e participou das reuniões, presidindo sessões plenárias destinadas aos pronunciamentos dos chefes de Estado e governo. Continuava a recorrer à cadeia de rádio e TV para responder às acusações contra ele, na tentativa vã de reconectar-se com a população. No âmbito interno, defendia a política econômica de Marcílio Marques Moreira, que sofria ataques da esquerda e da direita. A CPI esquentava e aguçava a crise política. No dia 4, a CPMI ouviu Pedro Collor, cujo depoimento não teve nem a contundência nem a repercussão que se esperava. Falava-se, nos corredores do Congresso, na formação de uma frente partidária para romper a inércia governamental.[82] Mas o que os presidentes do PMDB, Orestes Quércia, do PSDB, Tasso Jereissati, e do PT, Lula da Silva, articulavam era uma coalizão de oposição. O entendimento entre eles esbarrava no impeachment. O PT defendia a deposição do presidente, o PSDB preferia preservá-lo. O senador Fernando Henrique escreveu na *Folha de S. Paulo* que "especulações sobre renúncia ou impeachment implicam prejulgamento. E todos sabem que, a trilhar esse caminho, a perda líquida para o país, para sua economia e para o seu povo, por consequência, será enorme". Em contrapartida, "tampouco podem, o presidente e o país, sobreviver a suspeitas paradas no ar".[83] Para ele, impeachment era como bomba atômica, servia para dissuadir como ameaça crível, mas não devia ser usado. Lula, por sua vez, temia que a CPI terminasse em acordo para excluir o presidente do inquérito. Em visita ao Fórum Global, o evento paralelo da sociedade civil da Eco-92, ele alertou sobre o andamento da CPI:[84] "é a chance do Congresso Nacional se redimir perante a opinião pública, fazendo um trabalho sério", e confirmou que o PT faria seis comícios pedindo rigor na comissão.[85]

O clima ficou muito pior no fim do mês de junho, com matéria da revista *IstoÉ* focada no motorista da secretária do presidente a afirmar que PC Farias pagava as despesas da residência particular de Collor.[86] A repercussão da matéria no meio político e na mídia foi péssima. Collor pediu 48 horas para responder e criou uma comissão para gerenciar a crise, com os ministros da Secretaria de Governo, Jorge Bornhausen, da Justiça, Célio Borja, da Economia, Marcílio Marques Moreira, e da Ação Social, Ricardo Fiúza.[87] Bornhausen reagiu de imediato, dizendo que se tratava de um "fato gravíssimo". Nos bastidores, especulava-se que o PFL discutia abandonar a coalizão governista.⁸⁸ O presidente respondeu, como prometido, em cadeia de rádio e TV. Não convenceu a mídia nem a opinião pública. O deputado Ibsen Pinheiro (PMDB-RS) afirmou que "a comissão [CPI] terá meios de constatar a veracidade do que o presidente diz".⁸⁹ As lideranças políticas ainda se dividiam sobre o destino de Collor, mas aumentava na opinião pública a maioria que o condenava. Pesquisa do Datafolha em doze capitais do país indicou que 63% achavam que Collor estava envolvido nas atividades de PC Farias e que 53% desejavam que ele deixasse a Presidência — 36% queriam que renunciasse, 17% achavam que o melhor era seu afastamento temporário. Apenas 18% continuavam a acreditar na inocência do presidente. Além disso, a desaprovação do governo subiu para 68%, e agora somente 10% o aprovavam. A popularidade líquida era fortemente negativa, -74%.⁹⁰

O governo conseguiu algumas vitórias importantes para o país fora do Congresso. No final de fevereiro, o presidente do Banco Central, Francisco Gros, após dura jornada e sob ultimato, fechou o acordo da dívida externa com os credores públicos reunidos no Clube de Paris. O acordo era uma precondição necessária para a retomada do crédito externo do país e para o encaminhamento das negociações com os credores privados, que detinham a maior parte da dívida. A dívida externa já havia passado por sucessivas tentativas de negociação, com diplomatas e economistas experientes, mas nunca avançara. Ela só crescia, a cada nova rolagem. Com Marcílio Marques Moreira no Ministério da Economia, Gros se envolveu diretamente na renegociação, e não teve dificuldade em se entender com os banqueiros. O problema era a falta de credibilidade do país, que já havia desobedecido a vários acertos com os credores. Em 1991, o ministro pediu ao economista Pedro Malan que acumulasse o cargo de diretor brasileiro do Banco Mundial com o de negociador oficial junto aos credores privados. Ele teria a missão quase impossível de convencer os banqueiros a aceitarem uma nova proposta de desconto na dívida. A primeira, feita pelo economista Luiz Carlos Bresser-Pereira quatro anos antes, fora recusada de pronto, com uma rude resposta em inglês equivalente a "isso não dá nem para começo de conversa". Mas era o único caminho viável para o Brasil. Sem a "securitização", que incorporava um significativo desconto, a dívida continuaria impagável. O problema fora causado pela imprudência dos banqueiros e pela megalomania dos militares. A dívida foi contraída na ditadura, nos anos 1970, com a reciclagem dos "petrodólares" oriundos das duas crises do petróleo. Os bancos, afogados em liquidez e em busca de rentabilidade, precisavam aplicar os petrodólares dos países árabes. Passaram a aceitar qualquer projeto do então chamado Terceiro Mundo, quanto maior, melhor. Os militares brasileiros tinham os técnicos do Planejamento com o dedo no gatilho para projetos grandiosos. O passivo cresceu ao longo da década de 1980, marcada pela recessão e pela aceleração da inflação. Foi uma das heranças econômicas pouco lembradas dos militares. A renegociação bem-sucedida dessa dívida que, acumulada, se tornara monstruosa para o Brasil da época e um entrave poderoso ao financiamento do desenvolvimento do país, era um feito e tanto e de consequências duradouras. Mas ficou como um episódio passageiro, soterrado pela rumorosa crise política. A abertura comercial, a privatização e a renegociação da dívida fecharam um conjunto de mudanças decisivas que permitiram a integração do Brasil ao mercado internacional, ainda no início do processo de globalização que redefiniria a ordem econômica mundial no século XXI. Essa conexão internacional seria essencial à estabilização da moeda e ao financiamento do crescimento do país nos anos 1990 e 2000. Collor tentou capitalizar a vitória de sua equipe econômica em pronunciamento em cadeia de rádio e TV.[91] O problema era que o país não estava crescendo, a inflação muito alta fugira ao controle e o presidente já não tinha credibilidade. Principalmente, não era ainda o acordo, que só seria fechado no governo Itamar Franco. Mas era o fechamento das negociações, faltaria, apenas, o detalhamento técnico. Os jornais deram em média duas páginas e meia para o anúncio do acordo, com chamada pequena de primeira, e em média seis páginas à crise política, com muito mais destaque. A boa notícia no front externo vinha cercada de más notícias no plano doméstico.

A CPI ganhava espaço na mídia. Passou a ser televisionada. As investigações produziram mais evidências que apoiavam as afirmações do motorista à *IstoÉ*. Collor, em reunião com políticos do PTB, atribuiu a formação de um "sindicato do golpe" por empresários, pela CUT e pelo PT a interesses insatisfeitos com a abertura econômica. Escalava no confronto com seus opositores que, para ele, estavam querendo fazer "o terceiro turno da eleição".[92] Com suas investidas agressivas, agravava a polarização política. Em meados de julho, com o encerramento muito bem-sucedido da Cúpula da Terra, ele retornou ao caldeirão político de Brasília. O colunista do *JB* Carlos Castello Branco captou bem o momento e o efeito da resposta agressiva do presidente, que atribuiu, citando o poeta Manuel Bandeira, às cintilações do êxito. "A semana parecia tão boa para o presidente que o governador Leonel Brizola, numa reiterada visita, pôde dizer, ao sair do almoço com Collor, que a tormenta tinha passado e que tinha cessado a histeria golpista. Pouco depois o próprio Collor se incumbia de soprar as brasas para que o fogo não venha a morrer. E a soprar ventos que certamente irão reativar a tormenta."[93] Na última semana de julho, firmou-se a certeza de que o relatório final da CPI não deixaria Collor de fora. O presidente da Câmara, Ibsen Pinheiro, admitiu, pela primeira vez, que o pedido de impeachment parecia inevitável. "Não é que a CPI vá pedir a abertura do processo, mas certamente alguém vai pedir", disse.[94] O vice-presidente, Itamar Franco, ao assumir o posto temporariamente durante visita de Collor à Espanha, deu sinais evidentes de que estava caminhando para o rompimento com o presidente. O líder do PFL, partido-pivô na sustentação de Collor, Luís Eduardo Magalhães (PFL-BA), admitiu que "o partido não pensa todo da mesma forma" e que sua cúpula considerava inevitável o processo de impeachment.[95] A coalizão de Collor estava na trilha do colapso.

No retorno da Espanha, Collor tentou responder às evidências sobre repasse das contas de PC Farias para auxiliares e familiares seus, com o que ficou conhecido como Operação Uruguai. Seria um empréstimo em dólares feito naquele país para cobrir despesas de campanha. O dinheiro não teria sido usado integralmente e ficara para gastos pessoais. Não convenceu. Ao contrário, realimentou as suspeitas. Lideranças partidárias, principalmente do PMDB, PSDB e PFL, começaram a se reunir para definir o calendário da sucessão presidencial e o apoio ao vice, Itamar Franco. Os governistas falavam em conspiração para derrubar Collor. Lula, Orestes Quércia e Tasso Jereissati continuavam a encontrar-se para articular a coalizão pró-impeachment. Lula reconheceu que "não tem como fugir de conversar com o PFL".[96] No início de agosto, o ministro da Educação, José Goldemberg, deixou o cargo, dizendo que "houve uma perda efetiva da ética".[97] No dia 10, em sua participação na 9ª Conferência Nacional de Saúde, ao lado do senador Fernando Henrique Cardoso, Lula puxou aplausos e gritos de "Fora Collor" ao pedir que, "pelo amor de Deus, descubram uma vacina para acabar com a corrupção neste país. [...] As pessoas estão se acostumando com a ideia de que roubar pode, que é normal, e isto é um perigo".[98]

11. O mandato interrompido – O primeiro impeachment da Terceira República

Certo de que o processo era inelutável, o presidente passou a garantir votos suficientes para evitar que a coalizão pró-impeachment alcançasse a maioria de dois terços na Câmara. Para isso, restava-lhe se valer da distribuição de recursos públicos, que esbarrava nas restrições fiscais postas pela política macroeconômica. Foi essa inflexão fisiológica, focalizada na barragem ao impeachment, que provocou o pedido de demissão do ministro da Educação. Ele foi substituído pelo deputado Eraldo Tinoco (PFL-BA), da confiança do governador Antonio Carlos Magalhães. O PFL aumentava a pressão pelo uso de recursos públicos e concessões de rádio e TV para barrar o impeachment. O ministro da Secretaria de Governo, Jorge Bornhausen, disse que chegara "a hora de abrir os cofres". A renovação das concessões já havia começado e o ministro Calmon de Sá, do Desenvolvimento Regional, ligado ao PFL da Bahia, passou a fazer liberações em volumes vultosos. A distribuição de verbas e outros benefícios foi coordenada pelos ministros Fiúza e Bornhausen. A exacerbação dos instintos clientelistas do PFL e dos demais partidos da coalizão acendeu a luz vermelha no painel da equipe econômica. Collor tinha reajustado os soldos dos militares por meio de uma gratificação por atividade militar, aumentando a pressão sobre o orçamento fiscal já debilitado pela recessão. O ministro Marcílio e sua equipe alertaram o presidente sobre a queda da arrecadação tributária. A economia estava em recessão, a prudência mandava apertar os cintos. Mas a política demandava largueza nos gastos.¹ Antonio Carlos Magalhães disse que Collor teria que escolher entre o apoio político e administrativo do PFL e a política econômica recessiva, rejeitada pelo partido.² Os militares se inquietavam. De um lado, pressionavam Marques Moreira pelo reajuste de 65% nos soldos. De outro, pediam ao ministro da Justiça, Célio Borja, que ficasse no governo para garantir a governabilidade, porque teria importante papel a desempenhar na transição para o mandato do vice.³ Em meio a toda essa agitação política, o Senado aprovou, em segundo turno, no dia 12 de agosto, a antecipação do plebiscito sobre a forma de governo por 61 votos a quatro. A emenda, de autoria do deputado José Serra, já passara na Câmara. Por acordo, ela continha salvaguarda ao mandato de Collor e estabelecia que, se a maioria popular aprovasse a mudança para o parlamentarismo, este só entraria em vigor em 1º de janeiro de 1995. Os parlamentaristas prometiam entrar em campanha para convencer a população a aprovar a mudança. Mas a campanha que realmente estava nas ruas era pelo impeachment. Em reunião em São Paulo, no mesmo dia 12, o presidente do PMDB, Orestes Quércia, e o do PT, Lula da Silva, articularam uma frente pelo afastamento de Collor. "Nesse momento, temos de ser uma frente política, como fomos no regime militar", disse Quércia. Lula explicou que "o jogo é político e matemático. Ou saímos a campo ou não conseguimos a tão almejada maioria". Segundo o petista, a oposição tinha, então, 240 votos e precisava chegar a 334 para aprovar o impeachment.⁴

    Collor voltou a atacar, em cerimônia com taxistas, que recebiam incentivos fiscais: "nós somos a maioria [...], a maioria silenciosa, é verdade, mas uma maioria fiel e trabalhadora. A minoria atrapalha, a maioria trabalha. Nós temos, minha gente, [...] que dar um sinal a este país de que nós somos a maioria".⁵ Pediu que todos que o apoiavam afixassem nas janelas, nos carros, fitas, panos, toalhas verde-amarelas e que, no domingo seguinte, saíssem às ruas vestidos com as cores da bandeira. Foi um erro fatal. Ele não tinha a maioria. Ao chamar o povo às ruas, mobilizou-o contra ele. As manifestações "Fora Collor", que não conseguiam reunir mais que 10 mil pessoas, engrossaram e se tornaram um movimento de massa pelo impeachment. Foi o ingrediente que faltava para determinar o fim de seu mandato. No dia seguinte, no Rio de Janeiro, Collor teve a prévia de que perderia o teste de cor da maioria que pedira. A avenida Rio Branco foi tomada pela maior manifestação pelo impeachment até então. Muitos já vestiam o preto, que marcaria a diferença com os "colloridos" de verde-amarelo. A manifestação só não foi maior porque o PDT de Brizola não participou. O deputado Sérgio Cabral Filho (PSDB-RJ), hoje cumprindo pena, condenado em vários processos por corrupção, cobrou a ausência: "eles não estão aqui porque são coniventes com a quadrilha que se instalou em Brasília". O PFL começava a desembarcar do governo. O governador Joaquim Francisco, que apoiara Collor com vigor, defendeu o impeachment e disse que orientaria sua bancada a votar a favor.[6] No domingo, dia do "teste da cor", pesquisa do Datafolha revelou que já eram 70% os que queriam o seu afastamento e 72% os que acreditavam que ele estava envolvido com PC Farias em atos de corrupção.[7] As maiores manifestações foram em São Paulo e no Rio. Em Brasília, enquanto algumas centenas vestidas de verde-amarelo se juntaram em frente à residência do presidente, uma carreata pedindo seu impeachment atingiu vinte quilômetros. As ruas da capital amanheceram vestidas de preto e uma grande massa de manifestantes ocupou a praça dos Três Poderes, concentrando-se em frente ao Palácio do Planalto.[8] Collor perdeu a disputa das cores. As ruas já haviam decidido seu impeachment.

Os dois lados começaram a se preparar para o processo do impeachment e para a batalha judicial que ele envolveria. Entraram em cena os juristas, a fim de municiar governo e oposição com argumentos a serem levados ao STF. Um grupo de treze juristas — entre eles Dalmo de Abreu Dallari, José Carlos Dias, Miguel Reale Jr. (que pediria o impeachment de Dilma) e Márcio Tomás Bastos (que seria ministro da Justiça de Lula) — anunciou, no dia 12 de agosto, a preparação do pedido de impeachment.[9] Ao mesmo tempo, Gilmar Mendes, o chefe da assessoria jurídica da Presidência da República, recebia pareceres que encomendara para subsidiar a defesa de Collor.[10] O parecer do jurista Celso Bastos sustentava que a CPI não podia investigar crimes de responsabilidade de Collor.[11] Outro, assinado pelo constitucionalista e político Manoel Gonçalves Ferreira Filho, dizia que a CPI não podia envolver Collor em suas conclusões sobre o esquema de PC Farias. O advogado Saulo Ramos, que foi consultor-geral da República e ministro da Justiça no governo Sarney, disse no seu parecer que seria inconstitucional se a CPI instaurasse "de forma oblíqua um processo investigatório contra o presidente".[12] O Planalto queria que se instalasse uma comissão de inquérito especial para investigar crimes de responsabilidade do presidente e imaginava que teria os votos necessários para barrá-la. Como Lula previra, o jogo havia entrado na fase da matemática política, da contagem de cabeças e do aliciamento de votos para um e para o outro lado. O governo usaria a máquina pública para esse fim. O Banco do Brasil, politicamente operado por seu presidente, Lafaiete Coutinho, usava a Fundação Banco do Brasil para distribuir a parlamentares recursos a fundo perdido provenientes do Fundo de Desenvolvimento Comunitário.[13]

As manifestações populares não se resumiram ao domingo de luto. Elas se estenderam por todo o mês de agosto, com ampla cobertura na TV, que mantinha acesa a chama do contágio.[14] Foi nesse clima, com o povo nas ruas contra Collor, que, no dia 24, o senador Amir Lando (PMDB-RO) leu seu relatório diante da CPI e das câmeras de televisão. O foco do relatório recaía diretamente sobre o presidente. Ele afirmava que Collor havia ferido a Constituição e agido de forma incompatível com a dignidade, a honra e o decoro do cargo que exercia.[15] O vice, Itamar Franco, comentou que "o relato apresentado à nação constitui um mapeamento ético da atual realidade política brasileira".[16] O presidente da Câmara, Ibsen Pinheiro, adiantou que aceitaria o pedido de impeachment preparado pela comissão de juristas e assinado pelos presidentes da Associação Brasileira de Imprensa (ABI) e da Ordem dos Advogados do Brasil (OAB). "Os fatos e as forças sociais tornam inexorável o pedido de impeachment do presidente da República", disse.[17] Collor criticou o conteúdo político do relatório, que não o teria surpreendido.[18] Os governistas que sobravam, entre eles o senador Odacir Soares (PFL-RO) e o deputado Roberto Jefferson (PTB-RJ), apresentaram votos em separado contestando circunstanciadamente o relatório Lando. As esperanças do presidente começaram a se dissipar logo após a leitura que o condenava politicamente.[19] No dia seguinte, o PMDB fechou questão a favor do relatório. Os ministros e secretários de Estado assinaram nota em que afirmavam "a sua determinação de continuar cumprindo os seus deveres". Explicavam que, "seguros da honradez de suas vidas, não temem a ameaça de perder o respeito de seus concidadãos". Até o desfecho do processo de impeachment, dispunham-se "a prosseguir trabalhando, com serenidade, para assegurar a indispensável continuidade da administração pública".[20]

Na quinta-feira dia 26, o relatório foi aprovado por dezesseis votos a cinco. A matemática política indicava que já havia maioria suficiente para afastar o presidente. Com a rejeição das ruas, Collor perdeu a sustentação parlamentar. Os líderes dos partidos da coalizão, convencidos da derrota dele, liberaram o voto de suas bancadas. Formava-se o consenso de que seria melhor ter um processo rápido, para dar início à transição definitiva de governo. O presidente da OAB antecipou a entrega do pedido na Câmara para a terça-feira 1º de setembro. Havia a expectativa de que Collor renunciasse. Mas ele decidiu ficar até o fim. Enquanto o pedido de impeachment não chegava à Câmara, todos agiam como se se tratasse de um fato consumado. Menos o presidente, que disse à TV argentina: "Tudo está normal, não há por que renunciar".[21]

A sequência de eventos noticiados pela imprensa em 28 de agosto mostrou que se tratava de um fato politicamente consumado, antes mesmo de existir legal e institucionalmente. O presidente da ABI, Barbosa Lima Sobrinho, recebeu, no dia 27, do jurista Raymundo Faoro o esboço do pedido de impeachment a ser ainda encaminhado à Câmara dos Deputados. O Supremo Tribunal Federal derrubou o principal recurso com que o presidente contava para barrá-lo, anulando, por unanimidade, o acórdão 20941 de 1990, que revogara a Lei do Impeachment.[22] A mesma que, até hoje, regula o processo de afastamento de presidentes por crime de responsabilidade. A nova redação do acórdão dizia que a lei continuava em vigor e deveria ser aplicada. A liderança do PFL reconheceu que já não tinha o controle da bancada, a qual era contra a permanência do presidente. Itamar Franco negociava o perfil de seu governo. O deputado Ulysses Guimarães anunciou que, "ou [Collor] renuncia e sai pela porta da frente, ou será despejado. [...] A população, num plebiscito informal, já definiu que ele não é mais o presidente. Ele apenas continua no Palácio do Planalto".[23]

Collor já perdera, de fato, a Presidência. Faltava perdê-la de direito. Para isso, eram necessárias algumas formalidades. A primeira seria a entrada do pedido de impeachment na Câmara. Tinha data marcada. A segunda seria a definição dos procedimentos a seguir. A Lei do Impeachment era anterior à Constituição, seria o primeiro processo do gênero a ser instalado na Terceira República e o primeiro de nossa história republicana a chegar até o final. Havia controvérsias que não se resolveriam sem a judicialização. A batalha de procedimentos já começara no plano político. O presidente da Câmara, Ibsen Pinheiro, queria a votação aberta, e Collor, secreta, portanto fechada. Agarrava-se à possibilidade de aliciar parlamentares para votar a seu favor, sem serem identificados. Estava claro que esse embate entre o chefe do Legislativo e o chefe do Executivo só seria solucionado judicialmente.

As manifestações contra Collor continuavam e a quantidade de pessoas nas ruas era expressiva. A situação do presidente só piorava. Itamar Franco articulava seu governo abertamente e recebia em seu gabinete mais políticos do que ele.²⁴ O "teste da romaria política", como gosto de denominá-lo, dificilmente erra. Para saber a direção dos ventos do poder, basta ver o endereço ao qual se dirige o maior número de políticos. Itamar tinha até oposição definida. O governador Antonio Carlos Magalhães era categórico: "eu não quero o Itamar no governo e nem ele me quer a seu lado. [...] Se houver essa hipótese [o vice assumir a Presidência] serei o maior oposicionista do seu governo".²⁵ O PFL já estava majoritariamente fora do governo. Não rompia formalmente por causa do compromisso do ministro Jorge Bornhausen com o chamado "ministério da governabilidade". Mas liberou a bancada para votar o impeachment como entendesse. O ministério renunciaria no momento em que a Câmara aceitasse a abertura do processo de impeachment, determinando o afastamento do presidente por até 180 dias. Procurando se antecipar, no dia 30 Collor fez pronunciamento em cadeia de rádio e TV, no qual deu explicações sobre as acusações, disse que não renunciaria e criticou o Legislativo por não aprovar as medidas modernizantes que enviara. Acusou seus opositores de quererem "mudar consagrados procedimentos regimentais, ou seja, mudar as regras do jogo", para "em dez dias cassar o mandato do presidente da República, legitimado pelo voto popular".²⁶

O pedido formal de deposição do presidente chegou, com espalhafato, à Câmara em 1º de setembro. Ele foi levado em caminhada, acompanhada de buzinaço, por mais de uma centena de pessoas. Na cerimônia de entrega, o presidente da Casa, Ibsen Pinheiro, ao lado do presidente do Senado, Mauro Benevides, fez discurso em que deixou claro o confronto entre Legislativo e Executivo. Boa parte de seu pronunciamento foi de resposta às acusações que Collor fizera ao Legislativo em cadeia de rádio e TV. Ao afirmar que "aquilo que o povo quer, esta Casa acaba querendo", suscitou a possibilidade, no entorno presidencial, de afastá-lo da decisão sobre o impeachment por ter antecipado seu julgamento. Não teria sucesso. Ibsen disse ainda que, se houvesse consenso, encerraria o processo até o fim do mês. O calendário estava acertado. A comissão especial deveria ser formada em 48 horas. O parecer da comissão seria votado até o dia 20.²⁷ Collor parecia acreditar ainda ser capaz de convencer a "maioria silenciosa", e contratou pesquisa do Ibope para avaliar seu pronunciamento e a entrevista que deu à Rede Globo, no dia seguinte. Os resultados foram desalentadores: 69% diziam não confiar nele, 59% desaprovavam seu governo, os mesmos 59% achavam que ele devia sair e o vice assumir a Presidência. Mas o Congresso também não tinha a confiança do público, 58% não confiavam nos deputados e senadores.[28] Alguns dias depois, o PRN começou a discutir sua retirada da coalizão governista. A criatura voltava-se contra seu criador.

Collor tentou uma nova ofensiva, reunindo políticos num jantar em que prometeu "prestigiá-los", a senha para o aprofundamento do toma-lá-dá-cá, sempre sedutor em véspera de eleições. Anunciou negociações para nova reforma ministerial. A oposição às mudanças no ministério, sobretudo na Economia, para a qual Collor tentou levar Roberto Campos, foi geral, de Antonio Carlos Magalhães aos comandantes militares. Para piorar, nova pesquisa nacional do Datafolha confirmou a enorme rejeição popular, 75% se diziam favoráveis à aprovação do impeachment pela Câmara e 65% pediam o voto aberto dos deputados. Para 78% Collor estava envolvido nas denúncias de corrupção.[29] Na mesma pesquisa, 52% preferiam a república e 54% o parlamentarismo. O presidencialismo em crise tinha o apoio de apenas 28%.[30] Um resultado que não se confirmaria no plebiscito, já em outra conjuntura política.

No dia 8 de setembro, o presidente da Câmara, Ibsen Pinheiro, notificou o presidente Collor sobre a denúncia oferecida contra ele por crime de responsabilidade e lida em plenário, juntamente com o despacho determinando sua tramitação, em 2 de outubro. "Pretendendo vossa excelência manifestar-se, poderá fazê-lo no período correspondente a 5 (cinco) sessões, até as 19 (dezenove) horas do dia 15 do corrente mês." Ibsen ainda definiu que a votação seria nominal e aberta, e que ela se daria sete sessões após proferido o parecer da comissão. Estimou que ocorreria entre 21 e 25 de setembro. Foi escolhido relator da comissão o deputado Nelson Jobim (PMDB-RS). Collor reagiu, dizendo tratar-se de um golpe que feria as regras básicas da democracia. "Não está garantido o direito de defesa, princípio elementar numa sociedade civilizada."[31] Seu advogado, José Guilherme Villela, após consulta com o assessor jurídico da Presidência, Gilmar Mendes, anunciou que entraria com um mandado de segurança contra a decisão do presidente da Câmara, pois ela restringia o direito de defesa. Gilmar Mendes reagiu com exagero de ênfases à notificação de Ibsen Pinheiro: "é algo que nem nos tempos negros da ditadura militar, nem no tribunal de Nuremberg tinha acontecido".[32] O mandado impetrado pela defesa contestava os prazos estabelecidos por Ibsen Pinheiro e o método de votação.

Após a notificação, o Supremo Tribunal Federal aumentou de cinco para dez sessões o prazo para que Collor apresentasse sua defesa à Câmara. A liminar fez o presidente da Casa recuar: "eu me sensibilizei com respeitáveis opiniões que ouvi e com editoriais que julgavam estar o presidente da República com seu direito de defesa cerceado".[33] No mesmo dia, Bornhausen deixou o ministério, aplanando o terreno para o rompimento do PFL com o governo. Alguns dias antes, Brizola se juntara àqueles que pressionavam o presidente a renunciar. O procurador-geral da República enviou parecer ao STF, antes do julgamento do mandado de segurança impetrado por Collor, no qual dizia que este havia praticado atos que permitiam que fosse processado por crime comum e defendia o voto aberto. O presidente do STF, Sydney Sanches, explicou que o parecer do PGR tinha um peso moral e intelectual, mas não era decisivo para o julgamento do tribunal.[34]

Nos bastidores, governo e oposição afirmavam já ter os votos necessários para barrar ou aprovar a abertura do processo. Na matemática política, um deles estava blefando. O resultado mostraria quem. Para os dois lados restava apenas vencer a batalha judicial. Num jantar com políticos do PTB, único partido que ainda lhe era fiel, Collor, em exasperado desabafo, disse que Ibsen era um golpista.[35] Na véspera da decisão do STF sobre as regras do impeachment e último dia de prazo para Collor, 23 de setembro, seu advogado protocolou a defesa do presidente, pedindo que houvesse apresentação de provas e fossem ouvidas vinte testemunhas. O relator, deputado Nelson Jobim, anunciou que o parecer estaria pronto para ser votado no dia 25. O Supremo Tribunal Federal decidiu o mérito do mandado de segurança de Collor e determinou que o voto seria nominal e aberto. Validou o rito sumário definido por Ibsen Pinheiro contra a opinião do relator, Octavio Galotti, e dos ministros Moreira Alves e Ilmar Galvão de que o andamento do processo devia seguir todos os trâmites assegurados pelo artigo 217 do regimento da Câmara, o qual previa a possibilidade de sindicâncias prévias à votação da autorização.[36] O assessor jurídico do Planalto, Gilmar Mendes, mostrou-se surpreso com "a destruição do direito de defesa". Disse que "decisão do Supremo cumpre-se. Mas a petição do impeachment é uma péssima peça jurídica".[37] Criticou o Supremo, que "teve sua chance de se afirmar como a corte alemã e não a exerceu". Para ele, foi uma "decisão histórica, mas não brilhante. [...] Se a História vai fazer justiça ao STF, é uma pergunta que cabe fazer".[38]

No dia 24, a comissão especial aprovou o parecer de Nelson Jobim por 32 votos a um. A quase totalidade dos representantes da coalizão governista ausentou-se da votação. O parecer dizia que o relatório da CPI havia apresentado provas de que o presidente recebeu vantagens financeiras do esquema PC, foi omisso ao não impedir o tráfico de influências no governo, faltou com o decoro e mentiu à nação.[39] Nele, que foi lido em rápida sessão no plenário da Câmara na manhã do dia seguinte, o deputado Nelson Jobim descreveu a denúncia constante do pedido de abertura de processo de impeachment contra o presidente, integralmente baseada no relatório da CPI. Em seguida, deu conhecimento de petição do deputado Roberto Jefferson (PTB-RJ), da tropa de choque de Collor, argumentando que a competência de processar e julgar era do Senado Federal. Sustentava que não existia lei anterior que tipificasse crime de responsabilidade ou que estabelecesse norma para processo e julgamento do presidente da República. O relator passou a tratar das alegações iniciais da defesa de Collor, a qual afirmava a inépcia da "denúncia [...] [porque] não se preocupou em demonstrar qualquer conduta determinada do acusado que pudesse enquadrá-la num ou noutro desses crimes de responsabilidade. Em vez de descrever condutas típicas e de demonstrar seu enquadramento nos dispositivos legais invocados, os denunciantes produziram algo como um manifesto político". Alegou, também, a "inexistência de prévia definição dos crimes de responsabilidade". Afirmou a "ilegitimidade *ad causam*, porque 'o crime de responsabilidade está sujeito a uma ação penal pública, que é privativa do Ministério Público'". Jobim sustentou que,

> nos termos constitucionais, compete à Câmara dos Deputados admitir ou não a acusação contra o sr. presidente da República por crime de responsabilidade, dando-se, em caso positivo, conhecimento da decisão ao Senado Federal, para fins de processo e julgamento. Afastada, portanto, pela nova Constituição, a competência da Câmara dos Deputados para processar o presidente da República, entendo que as disposições da lei n. 1079, de 1950, são aplicáveis com exceção das que traduzem atos típicos do processo, uma vez que a instrução e julgamento passaram à competência privativa do Senado Federal.

Concluiu que "a competência da Câmara dos Deputados constitui-se na emissão de um juízo de admissibilidade, que se decompõe em dois subjuízos [...]: o primeiro, de natureza jurídica, diz com as condições para o recebimento da denúncia; o segundo, de natureza política, diz com a conveniência e a oportunidade da instauração do processo de impedimento". Em relação ao primeiro, o relator fez alentada análise doutrinária sobre o que deveria conter a denúncia, para concluir que ela não precisava demonstrar a culpa do réu, apenas configurar sucintamente os delitos. Ele também assegurou que a lei n. 1079 continuava em vigor e oferecia a tipificação dos crimes de responsabilidade. Naquele momento do processo, caberia "exclusivamente indagar se os fatos narrados constituem-se ou podem constituir-se, em tese, em crimes de responsabilidade". A "denúncia atende às recomendações [legais e doutrinárias] quanto ao aspecto jurídico [...]". No plano político, a decisão seria discricionária, de conveniência e não determinada pelo "imperativo da lei".

Jobim recorreu à tese do jurista Sampaio Dória para justificar politicamente o impeachment. Segundo ela, a decisão sobre a oportunidade da deposição deve atender apenas "à conveniência [e] aos interesses da nação". Deveria avaliar "o mal da permanência no cargo de quem tanto mal causou e poderá repeti-lo, além do exemplo da impunidade, e o mal da deposição, numa atmosfera social e política carregada de ódios". Decidindo pela inconveniência, ainda que culpado o presidente, a Câmara poderia "isentá-lo do julgamento, dando por improcedente a acusação". Na sua visão, porém, "no caso em tela, a negativa da Câmara dos Deputados não contribuirá para a superação da crise política". Era esse o ponto-chave e decisivo da base política do impeachment.

> A matéria [...] em muito extrapola os limites da simples qualificação jurídica desta ou daquela conduta, deste ou daquele personagem. O tema diz respeito também a uma crise política de sérios contornos, e que tem conduzido o país a uma paralisia asfixiante. Acima dos partidos políticos, acima das facções, acima dos segmentos, e muito acima de interesses individuais ou mesmo corporativos, posta-se a questão atinente à capacidade do Parlamento para a satisfatória superação das crises políticas.

O relator, todavia, reconheceu a existência de crimes para, a partir desse reconhecimento, rebater a tese de que o impeachment acobertava um golpe. "Rotula-se o presente procedimento de 'golpe'. Invocam-se os 35 milhões de votos. Bendito o golpe em que seu espectro se exaure na fiel observância de comandos constitucionais! Maldita a democracia em que o voto popular possa constituir-se em cidadela da impunidade!" Jobim argumentou, ainda, que o processo daria ao presidente a oportunidade de defender-se no Senado. O relator decidiu "a) pela não apreciação do requerimento de diligências e de produção de provas, para que o mesmo seja apreciado no Senado Federal [...]; b) pela admissibilidade jurídica e política da acusação e pela consequente autorização para a instauração, pelo Senado Federal, do processo por crime de responsabilidade".[40]

Collor já perdera, então, todo o lastro político que poderia lhe dar qualquer chance de manter o mandato. Brizola e o PDT, sua única peça de sustentação pela esquerda, o haviam abandonado. O partido participava, junto com o PT, do comício Rio Unido pelo Impeachment, que reuniu algumas centenas de milhares de pessoas na Candelária no dia seguinte à aprovação do parecer.[41] O governador Antonio Carlos Magalhães era a única liderança importante que ainda se opunha ao impeachment. Mas o PFL já se apartara de Collor. Apesar de todos os sinais de que seu afastamento era iminente, o presidente parecia não se render nem às evidências nem aos opositores. Liberava verbas para os aliados e recebia deputados no Planalto, todos muito constrangidos. A deputada Teresa Jucá (PDS-RR), candidata a prefeita de Boa Vista, por exemplo, implorava aos jornalistas para não ser fotografada no palácio.[42] Collor anunciava, por intermédio de seu porta-voz, o jornalista Etevaldo Dias, que, após a votação na Câmara, retomaria as articulações para um grande entendimento nacional, sem retaliações. Chamaria todos os representantes das grandes forças do país para conversar. Mesmo aprovado o impeachment, informava, o presidente não renunciaria ao cargo.[43]

No dia 27, pesquisa do Gallup mostrou que o presidente, se realmente acreditava na remota possibilidade de permanecer no cargo, não enxergava mais a realidade das ruas. O veredito destas já estava claro nas manifestações, passeatas e comícios que, segundo levantamento do sociólogo Brasilio Sallum Jr., mobilizaram mais de 1,5 milhão de pessoas. As pesquisas se sucediam, revelando que a quase totalidade da população desejava a saída de Collor.[44] No dia 29, pesquisa nacional do Datafolha verificou que 80% eram favoráveis ao impeachment e 68% queriam que o presidente renunciasse após a votação na Câmara, prevista para o dia seguinte.[45] As manifestações influenciavam a maioria "silenciosa" e acomodada que não ia às ruas mas cuja opinião aparecia nas pesquisas. As sondagens de opinião, por sua vez, influenciavam os deputados, todos empenhados na disputa eleitoral pelas prefeituras de suas bases que se avizinhava. Essa interação entre as várias esferas de formação da opinião pública, publicada e política, tinha papel importante na determinação da fuga em massa dos parlamentares da coalizão presidencial e sua adesão à coalizão de oposição. Paralelamente, a convicção de que a sorte do presidente estava decidida aumentava o poder de atração do vice.

Itamar Franco, embora negasse, negociava concretamente sua coalizão de governo. A posição dele era singular. Deixara o PRN em maio, mas não se filiara a outro partido. Portanto, não contava com nenhuma legenda própria como plataforma para formação de sua coalizão. O PSDB terminaria por fazer esse papel, ainda que com certa relutância. Na véspera da votação da autorização para o impeachment, os jornais noticiaram que o vice já havia decidido parte dos nomes de seu ministério, em reunião com os senadores Fernando Henrique Cardoso (PSDB-SP) e Maurício Correia (PDT-DF). Mas, em conversa com jornalistas, Itamar tratou de desmentir o que todos sabiam ser verdade: "não há ministério, não há ministros".[46] No dia seguinte, conversou com os governadores Fleury Filho (PMDB-SP), Joaquim Francisco (PFL-PE) e Ciro Gomes (PSDB-CE) e com numerosos parlamentares para fechar o restante do ministério. O gabinete de Collor renunciaria coletivamente, decisão articulada pelos ministros Célio Borja, da Justiça, e Celso Lafer, das Relações Exteriores. Itamar Franco ficaria livre para escolher um novo gabinete.[47]

Collor não apresentou defesa em plenário. O deputado Eduardo Jorge (PT-SP) respondeu ao argumento de que o presidente não tivera amplo direito de defesa. Disse que ele teve inúmeras oportunidades e, se não o fez, "é porque realmente está envolvido em corrupção". O deputado Aloizio Mercadante (PT-SP) lembrou que se vivia "um momento singular na jovem democracia deste país. [...] [A] decisão que vamos tomar amanhã constitui um grande desafio [...] de mostrarmos à nação que esta instituição não compactua com a impunidade".[48]

Cinco dias após a decisão da comissão especial, 29 de setembro, o plenário da Câmara aprovou a autorização para que o Senado abrisse o processo de impeachment contra o presidente da República por 441 votos a 38.

Aberta a ordem do dia para discussão do parecer de Jobim, o presidente da Câmara deu a palavra ao jornalista Barbosa Lima Sobrinho, um dos signatários do pedido de impeachment, que tratou da alegação do presidente de não haver provas para fundamentar o pedido. Segundo o jornalista,

> o processo de impeachment [...] se baseia no levantamento de provas inumeráveis de uma exemplar comissão [parlamentar] de inquérito que apurou tudo o que chegava ao seu conhecimento, não só favoravelmente ao governo, mas também à oposição, e ouviu todos os elementos que podiam dizer alguma coisa em benefício ou a favor deste governo — mas não houve nenhum depoimento a favor.

E terminou:

> estou aqui neste momento para dizer, srs. deputados, que todos estamos convencidos de que as provas apresentadas são mais do que exuberantes, são provas contundentes e não podem deixar nenhuma possibilidade de resposta, porque consistem em cheques usados para pagar despesas da Casa da Dinda emitidos por figuras estranhas, figuras fantasmas, e devidamente descontados em bancos, que não tinham o cuidado de exigir o CPF, nem a carteira de identidade desses fantasmas, se é possível que eles os tivessem.

Marcello Lavenère, em seguida, afirmou ter "a certeza, como um dos subscritores do pedido de impeachment, de que aqui também há de ser ouvida esta voz incontida do povo brasileiro, que pede a restauração da dignidade, a devolução da honra deste país, que pede aos eminentes deputados federais que permitam que se abra um processo não para condenar ou absolver ninguém previamente, mas para se apurar a verdade dos fatos". Depois de dizer que ele e Barbosa Lima Sobrinho representavam a sociedade brasileira, explicou que a

> denúncia que fizemos [...], é um libelo acusatório [...] contra o sr. presidente da República. [...] Nós, advogados brasileiros, temos a convicção de que em processo algum foi mais preservado o direito de defesa do acusado. Em todos os momentos foram asseguradas ao presidente da República todas as alternativas, inclusive a ida ao Supremo Tribunal Federal para obter um prazo maior para sua defesa. E vejam que não se trata ainda do julgamento do mérito, mas de mera admissibilidade.

A primeira discussão de procedimentos se referia à maioria necessária para aprovar o parecer na comissão especial. O governo dizia que deveria ter sido de dois terços, como no plenário da Câmara. O líder do governo, deputado Humberto Souto (PFL-MG), na questão de ordem disse que, "segundo o entendimento do sr. presidente da República, foi-lhe negado o direito constitucional de ampla defesa, previsto na lei n. 1049, artigo 22, e no Regimento Interno da Câmara dos Deputados, artigo 217. Trata-se, sem dúvida, da mais brutal ofensa já perpetrada entre nós contra os direitos fundamentais e [...] contra o próprio Estado de direito". Argumentou que o STF tinha facultado ao presidente apresentar sua defesa por escrito e indicar provas. Ele o fez, mas "a comissão entendeu de negar a apreciação das provas e do requerimento por ele apresentado". O presidente da Câmara, Ibsen Pinheiro, negou a questão de ordem. O líder do governo, inconformado, alegou que "a comissão especial teria que formular um projeto de resolução [...] para que esta Casa apreciasse". O presidente esclareceu que, "pelo artigo 23 da lei n. 1079, é o parecer que vem à discussão e à votação no plenário. Submetido esse parecer à votação, dele se extrairá a conclusão — seja pelo arquivamento, seja pela autorização ao Senado Federal".

Todos os sinais eram de que Collor não tinha uma estratégia de resistência ou defesa em plenário. Pela regra regimental, revezaram-se oradores contrários e favoráveis ao impeachment. Sucediam-se os oradores a favor da deposição, porém, sem que nenhum parlamentar ocupasse a tribuna para falar contra o processo e defender o presidente. O presidente da comissão especial, deputado Gastone Righi (PTB-SP), inscrito para defender o impeachment, começou dizendo que

> sete deputados, contando comigo, ocuparam a tribuna e falaram a favor do impeachment. Há 69 inscritos, todos a favor do impeachment. Nenhum deputado ocupou a tribuna para defender o presidente Collor. [...] O mesmo aconteceu durante praticamente todo o trabalho da CPI e nas falas do presidente à nação, sem conteúdo, sem explicar o que foi denunciado e comprovado. E tudo isso se soma à fraca defesa dos advogados do sr. presidente da República.

Finalmente, um deputado inscreveu-se para falar em defesa de Collor e recebeu de imediato a palavra, Ronaldo Caiado (PFL-GO).

Agora está acontecendo um fato. Deixei para denunciá-lo hoje, para que pudesse comunicar minha decisão a toda a nação e aos meus colegas. Há patrulhamento neste país. Quem votar a favor do processo de impeachment estará resguardado pelo biombo da moralidade; sobre ele não vai pairar dúvida alguma [...]. Mas quem votar contra o processo de impeachment será execrado nacionalmente. [...] Porque se quer, de toda maneira, destruir o presidente, impedi-lo de continuar à frente da Presidência da República. [...] E vejo [...] que os meus companheiros de base [...] estão [...] montando todo esse teatro, esse pano de fundo da moralidade para poder dividir o poder e ocupá-lo. Essa cruzada da moralização vem pelas mãos de quem? Do sr. Quércia, o grande arauto da moralidade. [...] Isso nada mais é do que um golpe pela tomada ao poder, que parte de quem não teve competência para ganhar na urna e não se curvou diante da decisão maior em 1989.

A falta de oradores favoráveis ao governo suscitou pedido para que o presidente desse por encerrada a discussão e iniciasse a votação. O deputado José Lourenço (PDS-BA) pediu a palavra para defender Collor.

Foi negado ao presidente o direito de ampla defesa. [...] Para se julgar o presidente da República do nosso país não se pediram provas, não se permitiu defesa. É um rito sumário, com a alegação de que à Câmara não compete julgar, mas avaliar. Quem vai julgar o presidente é o Senado. Mas todos nós aqui sabemos que, autorizado o impeachment nesta Casa, o presidente está deposto [...]. Jamais se atentou contra um presidente para depô-lo com a força e a violência com que se está fazendo agora. Façam-no, e a História os julgará.[49]

Argumentos políticos para votar o impeachment não faltavam. O deputado José Genoino (PT-SP) sintetizou bem o sentimento dominante: "temos material e razões políticas suficientes para tomar esta decisão".[50] Para alguns mais orientados ideologicamente, se tratava de uma disputa política, por projetos de poder antagônicos. Como disse o deputado José Dirceu (PT-SP), "o afastamento do presidente Collor [é] o começo do fim de um projeto político das elites brasileiras, projeto que levaria o Brasil a uma tragédia sem precedentes. É um projeto irresponsável do ponto de vista econômico, insensível do ponto de vista social e inviável do ponto de vista político. Por isto mesmo, será sepultado junto com a cassação constitucional do presidente Collor". Para José Dirceu, o que o país precisava era de uma reforma que eliminasse "as raízes e as causas da corrupção eleitoral" e que extinguisse a impunidade.[51] O deputado Aécio Neves (PSDB-MG) disse que esperava que o impeachment representasse uma virada de página: "hoje, esperamos que a dignidade, a decência e conceitos éticos fundamentais possam ser preponderantes no momento de o cidadão definir seus representantes e seu voto".[52] Essa é a natureza do processo de impeachment, predominantemente político, ainda que constrangido por certas formalidades jurídicas. Foi assim em 1992, e foi assim em 2016.

Ibsen Pinheiro interrompeu os pronunciamentos para explicar que houve retificações em quarenta das 81 votações no painel eletrônico. "Em face da tradição, da segurança, sinto-me autorizado a invocar também um terceiro fator para a decisão, que é o da legalidade. [...] Por estas razões — tradição, segurança e legalidade — a votação se fará por chamada nominal."[53] A ordem seria nominal e alfabética, independentemente dos estados.[54] Nelson Jobim negou mais uma vez que tivesse cerceado a defesa do presidente e encerrou citando conclusão de seu próprio relatório: "é a concessão e a autorização para instauração do processo de crime de responsabilidade um imperativo ético para esta Casa. Para quê? Para que se resgate a credibilidade das instituições; para que se extirpe do seio da sociedade a impunidade; para que cesse a ameaça da ingovernabilidade; para sermos respeitados no concerto das nações".[55]

Com quórum de 480 deputados, no dia 28 de setembro a Câmara autorizou o processo de impeachment por 441 votos a 38. Dos partidos da coalizão de Collor, votaram a seu favor oito dos 28 deputados do PRN, quinze dos 79 do PFL, oito dos 42 do PDS, quatro dos trinta do PTB, um dos três do PSC, e um dos oito do PTR.[56] Quase todos os aliados o haviam abandonado ao longo dos dois meses anteriores. Talvez por isso o impeachment de Collor tenha ficado na crônica política como incontroverso. Mas não foi. Provocou muita objeção técnica e o processo se acelerou, sobretudo, em razão da ausência de medidas cautelares e protelatórias por parte do bloco governista, ao contrário do que ocorreria no impeachment de Dilma Rousseff.

A autorização da Câmara foi recebida pela mídia e pelo sistema político como se determinasse a deposição de Collor. E foi mesmo, ainda que faltasse o principal, o julgamento pelo Senado. Mas o resultado quase unânime e o fato de que o afastamento temporário, por 180 dias, se deu logo após a autorização da Câmara selaram o destino do presidente. Afastado, com o vice no comando, ele ficava destituído dos meios políticos necessários para resistir. A manchete da *Folha de S.Paulo* era eloquente: "Impeachment!", e a chamada esclarecia: "Câmara depõe Collor em decisão histórica; presidente respeita o resultado e Itamar assume hoje", encabeçada pela tarja "Vitória da democracia".[57] *O Globo* foi mais conciso: "Collor está fora do poder".[58] *O Estado de S. Paulo*, também: "Collor fora".[59]

Com a renúncia coletiva dos ministros, Itamar Franco deveria assumir com um novo ministério. Mas com Itamar as coisas podiam sempre se complicar. Conhecido por seu comportamento caprichoso, ele seria protagonista de um episódio inusitado. Não bastasse a excepcionalidade do impeachment, deixou que a saída de Collor provocasse um vácuo de poder. Embolado nas negociações para formação do novo ministério, negociou o adiamento de sua posse com o presidente do Senado, Mauro Benevides (PMDB-CE), que só notificaria Collor da decisão da Câmara quatro dias depois. Houve muitos protestos. O país não podia ficar sem presidente. A Mesa do Senado se dividiu. Benevides socorreu-se com o ministro Sydney Sanches, presidente do STF. Na reunião acertada entre o presidente do Senado, o vice-presidente da República e o presidente do Supremo Tribunal Federal, ficaram muito claras as diferenças de visão do poder político e do Poder Judiciário. "Vamos estudar as conveniências", disse Benevides. "Vamos estudar o rito, e não as conveniências", respondeu Sanches, e explicou que, "do ponto de vista jurídico, não posso esperar mais e nem pretendo fazê-lo".[60] Finalmente, decidiu-se que Collor deixaria o governo às dez horas da sexta-feira 2 de outubro, sendo antes notificado de seu afastamento por até 180 dias pelo primeiro-secretário do Senado, senador Dirceu Carneiro (PSDB-SC). Itamar Franco assumiria em seguida, como interino, mas para ficar, como antecipou o colunista Villas-Bôas Corrêa.[61]

A interinidade de Itamar Franco duraria apenas 88 dias. No dia 29 de dezembro, o Senado deu início ao julgamento de Collor, último ato para sua deposição. A sessão aconteceu após uma série de derrotas do presidente no STF. Menos de uma hora depois de começada a sessão, o advogado de Collor, José Moura Rocha, leu sua carta de renúncia. O presidente da sessão especial de julgamento do Senado, ministro Sydney Sanches, suspendeu os trabalhos para que o Congresso Nacional pudesse tomar conhecimento da decisão de Collor. Uma hora depois de iniciado o julgamento, em sessão do Congresso, o presidente Mauro Benevides comunicou a renúncia, declarou vago o cargo de presidente da República e anunciou a posse de Itamar Franco para dali a uma hora.

O caminho até lá foi rápido, mas turbulento e com várias paradas no Supremo Tribunal Federal. No mesmo dia em que foi votada a autorização da Câmara, o presidente do Senado pôs em votação a composição da comissão especial incumbida da instrução do processo contra o presidente da República, formada por 21 senadores. Mas, indagado sobre a efetiva instauração do processo, Mauro Benevides deu conhecimento do impasse criado: "há o entendimento da Mesa de que somente com a citação do senhor presidente da República, cujo processo foi autorizado pela Câmara dos Deputados, caracterizar-se-ia a instauração do processo. A partir desse momento, presidirá o Senado Federal s. ex.ª o senhor ministro Sydney Sanches, presidente do Supremo Tribunal Federal".[62] Mas o presidente não havia sido citado, como deveria. Além desse empecilho, no plenário do Senado abria-se intenso debate sobre as regras do processo, uma vez que a obsoleta lei n. 1079 tinha vários artigos inconstitucionais. O mesmo problema esteve no centro da judicialização do processo de impeachment da presidente Dilma Rousseff, e isso voltará a ocorrer, em caso de novo processo de interrupção do mandato presidencial, se o Congresso não votar uma nova lei regulamentando o impeachment sob as regras gerais da Constituição de 1988.

Na discussão do parecer da comissão especial em plenário, havia pedido de 39 senadores para que se seguisse o "rito urgentíssimo" do regimento interno. O presidente do Senado abriu a possibilidade a outros senadores para subscreverem o pedido de modo que alcançasse o número regimental de 54 senadores exigido. Alertou que, se esse número não fosse alcançado até as 21 horas daquele dia, convocaria sessão extraordinária para a manhã seguinte a fim de que "possamos, já amanhã, às dez horas [...] obter número indispensável à solicitação de urgência requerida na alínea 'b' do Regimento Interno do Senado Federal. [...] A outra alternativa prevista na nossa lei interna estabelece que, requerido pelas lideranças partidárias, terá que fluir um prazo de 48 horas para que a matéria venha à decisão do plenário". O senador Josafá Marinho (PFL-BA) chamou a atenção para a necessidade de atender estritamente às formalidades legais, dada a gravidade da decisão de depor o presidente. "Não subscrevi antes, nem subscreverei o pedido de urgência para a apreciação do parecer da comissão especial, ainda hoje. Não o fiz por entender que a gravidade da matéria impõe que seja apreciada com presteza, mas sem precipitação. [...] É um processo volumoso. [...] É até estranhável que a comissão houvesse oferecido o parecer hoje mesmo."[63] Não parecia haver mais senadores dispostos a apoiar o rito sumaríssimo. Mauro Benevides insistiu que se deveria pelo menos conseguir apoio para o prazo alternativo de 48 horas. "Afora isso, teríamos que deixar tramitar a matéria durante cinco dias no plenário do Senado Federal."[64]

Estava claro que o Congresso não teria o recesso de fim de ano até que fosse julgado o afastamento definitivo do presidente da República. Senadores ligados ao bloco parlamentar que liderou o impeachment e a Itamar Franco mostravam-se descontentes, desde o início, com o rito definido pelo presidente do STF. Entre outras questões, queriam eliminar a possibilidade de que Collor recorresse a ele caso se julgasse prejudicado pela comissão especial em seu direito de defesa. Além disso, reclamavam que os formalismos em excesso do rito prolongariam demais o processo. "Se eu me convencer de que estou enganado, farei modificações", teria respondido Sydney Sanches.[65] No dia 20, o ministro decidiu não alterar o rito e manter os prazos legais, mas observou que a comissão poderia abreviar os seus trabalhos, pois se tratava de limites máximos, não compulsórios. A defesa, porém, teria o direito de usar seus prazos integralmente. Garantiu que evitaria manobras protelatórias.[66]

No dia 26, os advogados entregaram à comissão especial a defesa de Collor.[67] O advogado dele, o criminalista Evaristo de Morais Filho, disse que, "se o processo for jurídico, o presidente tem todas as chances. Se for político, é óbvio que sua absolvição é quase impossível". A defesa arrolou onze testemunhas e não pediu diligências adicionais.[68] O advogado de PC Farias, Antônio Cláudio Mariz de Oliveira, o mesmo que viria a defender Michel Temer em 2017, disse que a defesa do presidente era "fraca" e que a transferência de toda a responsabilidade pelos atos ilícitos para o empresário e ex-tesoureiro da campanha presidencial figurava entre "argumentos típicos de quem não tem defesa".[69] Houve, como era de esperar, enorme polêmica entre políticos e advogados. O renomado criminalista Evandro Lins e Silva, ministro cassado do Supremo Tribunal Federal pela ditadura, atuando em apoio à acusação, disse que a defesa fazia confusão entre crime comum e crime de responsabilidade. Argumentou que "não se julga o impeachment como processo jurídico dentro dos parâmetros do direito penal. É um processo eminentemente político. Não há compromissos doutrinários com a juridicidade dos fatos. Não é julgado por tribunal judiciário, mas pelo Senado, que é tribunal político. Os fatos revelam a incompatibilidade com a chefia do país. Não vamos prendê-lo".[70] Collor se recusou a depor para evitar "transformar o interrogatório num grande espetáculo, num confronto entre o presidente da República e seus opositores".[71]

Não havia dúvida de que o processo observaria o rito sumário desejado pela maioria.[72] Enquanto os procedimentos formais seguiam seu rito e seu ritmo, pela imprensa Pedro Collor continuava a atacar o irmão e a desacreditar sua defesa. Havia uma ira atávica por trás daquela ofensiva obcecada, difícil de explicar. No dia 3 de novembro, começaram os depoimentos das testemunhas.[73] Eles eram curtos. Houve poucas perguntas. O processo correu rápido.[74] A peça de acusação foi entregue à comissão na terça-feira 10, quando passou a contar o prazo da defesa, de quinze dias.[75] Collor voltou a dizer que não renunciaria e que tinha "absoluta confiança em um julgamento isento no Senado, pelo poder judiciário de que a instituição está investida. [...] Acredito que o Senado possa pronunciar um julgamento jurídico".[76] No dia 12, o presidente recebeu novo golpe, com a denúncia formal do procurador-geral, Aristides Junqueira, acusando-o de corrupção e formação de quadrilha. Nesse mesmo dia, o presidente do STF marcou o julgamento de Collor no Senado para 22 de dezembro.[77] Apesar de alertado por aliados de que o julgamento seria político e ele condenado, Collor prosseguiu afirmando que o resultado lhe seria favorável. "Não tenho a menor dúvida. Até porque, acredito que o Senado não queira passar à história como um tribunal de exceção, como um tribunal de inquisição, em que se inculpe sem provas, [...] desatento aos autos."[78] Em 27 de novembro, a comissão do impeachment aprovou, por dezesseis votos a um, o relatório que pedia o afastamento do presidente. No dia 30, os advogados dele entraram com mandado de segurança no STF para anular a votação, alegando a suspeição de 29 senadores e pedindo reabertura do prazo para as alegações finais.[79] O ministro Sydney Sanches adiou a votação do relatório em plenário para 2 de dezembro, para aguardar a decisão do STF. O ministro Carlos Velloso negou a liminar ao mandado de segurança. Alguns dias depois, o Ministério Público se manifestou sobre ele, dizendo que "o julgamento do processo de impeachment [...] é político e jurisdicional". Durante o processo, argumentou o vice-procurador-geral, Moacir Antônio Machado, "o parlamentar não é obrigado a fundamentar as razões de seu convencimento, e por isso o julgamento é político".[80]

O Senado reuniu-se no dia 2, sob presidência do ministro Sydney Sanches, para votar o parecer da comissão. O senador Epitácio Cafeteira (PDC-MA) levantou questão sobre a oportunidade da votação, diante do teor do despacho do ministro Carlos Velloso, o qual dizia que haveria um fundamento de direito, embora não perigo de dano iminente, e que ele poderia reexaminar o pedido até o julgamento final do STF. Sydney Sanches não considerou necessário interromper o processo até a decisão de mérito do STF e definiu que o quórum seria de maioria absoluta para o início da sessão, mas a decisão seria por "maioria simples dentro dessa maioria absoluta". Os dois terços seriam obrigatórios apenas na sessão de julgamento.

O relator, senador Antônio Mariz (PMDB-PB), fez um resumo breve do relatório e disse que "é preciso [...] deixar claro que se trata de um tribunal político; o Senado funciona como órgão judiciário, não há dúvida, pois que ele faz prestação jurisdicional. Mas isso não o descaracteriza como tribunal político". Por "se tratar de crime político, se atribui o tribunal político". Ele terminou seu relatório dizendo

> que há veementes indícios de autoria do senhor presidente da República nos crimes apontados na denúncia. [...] O que fazemos, aqui, é reconhecer a concretude desses crimes, a sua materialidade e os indícios suficientes de autoria para que o presidente seja julgado. Essa é a decisão que está proposta ao Senado e que equivale, na linguagem jurídica, a uma sentença de pronúncia. [...] O que propus à comissão e o que proponho agora ao Senado é que se manifeste [...] pela procedência das acusações contidas na denúncia.

Na etapa de encaminhamento da votação, falaram nove senadores, entre eles o relator, o senador, e relator da CPI, Amir Lando e o líder do governo, Nei Maranhão. Na votação por chamada nominal, votaram "sim" 67 senadores, e "não", três.[81]

No dia seguinte à votação no Senado do parecer da comissão do impeachment, o ministro Ilmar Galvão, do Supremo Tribunal Federal, concedeu liminar no habeas corpus impetrado pelos advogados de Collor, suspendendo a votação, pela Câmara, do pedido de autorização para processá-lo por crime comum.[82] O mérito só seria julgado em 1993.

Votado o relatório, o ministro Sydney Sanches reconheceu que ainda havia indefinições no campo jurídico sobre aspectos formais do rito do julgamento.

Para apressar os trabalhos, a acusação abriu mão de testemunhas.[83] Em 3 de dezembro, ela entregou a Sanches o libelo acusatório contra Collor. A expectativa era de que o julgamento se daria no dia 22. No dia 7, a defesa entregou o contraditório e pediu novas perícias, diligências e a apresentação de novos documentos. O ministro-presidente reconheceu que, se aceitos os requerimentos, o julgamento poderia atrasar. A questão da brevidade parecia mais prioritária do que os ritos processuais. O contraditório alegava que as garantias da defesa haviam sido "mutiladas" e que Collor corria "o risco de ser julgado por um tribunal de exceção". A defesa arrolava cinco novas testemunhas.[84] Evandro Lins e Silva reagiu, dizendo que "o expediente da defesa é puramente protelatório, com o objetivo de esticar o processo e tentar fazer esquecer as acusações contra Collor. [...] Perícias não vão influir em nada na apuração do crime de decoro e falta de dignidade, porque não interessa quanto ele gastou, mas a origem do dinheiro".[85] No dia seguinte, o ministro Sanches negou novas investigações e marcou o julgamento para o dia 22. Segundo ele, a defesa não podia pedir a produção de provas periciais naquela fase do processo, só podia arrolar testemunhas. Collor seria julgado por crimes de responsabilidade e contra a dignidade e o decoro no exercício da Presidência. Por ter permitido e incentivado infrações à lei, por ter aceitado o pagamento de suas despesas por terceiros e por ter mentido que houvesse recebido depósitos fantasmas por meio de sua secretária. Por tráfico de influência, permitindo que seu nome fosse utilizado para o recolhimento de fundos para a campanha de 1990 e propinas para supostos favorecimentos em licitações. Por crime eleitoral, pela aplicação irregular de supostas sobras financeiras da campanha de 1989, que não está entre os crimes de responsabilidade punidos com o impeachment.

O descrédito do presidencialismo aumentava o apoio popular ao regime parlamentarista, sobretudo nas classes médias. Pesquisa Gallup de novembro de 1992 mostrou que 66% eram republicanos, divididos entre o parlamentarismo, 42%, e o presidencialismo, 36%.[86] Em meados de dezembro, pesquisa do Datafolha deu resultados semelhantes, ainda que um pouco mais apertados, 38% eram favoráveis ao parlamentarismo e 35% preferiam o presidencialismo.[87] A revisão constitucional estava marcada para 21 de abril de 1993. Novamente, a crise política se confundia, na narrativa e no imaginário de parte significativa da opinião pública, com crise do presidencialismo. Essa identidade entre a persona e a instituição é um traço persistente da visão coletiva dominante da política brasileira, provavelmente decorrente de nossas profundas raízes paternalistas e patrimonialistas. Contribuíam para a sensação geral de crise das instituições os escândalos paralelos em São Paulo envolvendo Quércia em irregularidades na venda da Vasp e no Banespa. O governador do estado, Luiz Antônio Fleury, por sua vez, ainda enfrentava as sequelas do tenebroso episódio de 2 de outubro, que ficou conhecido como Massacre do Carandiru, quando foram mortos 111 presos na Casa de Detenção de São Paulo.[88] Os ingredientes da crise eram encorpados por uma trajetória errática do governo Itamar Franco, por desentendimentos na coalizão governista no Congresso, por atritos entre auxiliares do presidente e pelo comportamento volátil deste. O quadro, para a população, era de crise generalizada e falência da autoridade presidencial e do próprio presidencialismo.

Antes mesmo do julgamento, no dia 22, os jornais anunciavam para o dia seguinte os preparativos para a posse definitiva de Itamar Franco. A defesa de Cláudio Vieira, ex-auxiliar do presidente, apresentou ao tribunal os originais do contrato da Operação Uruguai pouco antes da decisão do STF sobre o mandado de segurança de Collor. Este, em entrevista ao jornal mexicano *Excelsior*, disse que "contra mim há apenas um amontoado de acusações, sem base nem provas. É contra isto que me insurjo. Estão me negando direitos elementares. Nem na época da ditadura houve algo parecido".[89] O mandado de segurança foi recusado por seis votos a dois. Três ministros se abstiveram. O argumento da maioria dos ministros era que, no julgamento de impeachment, o Senado é um tribunal político, com regras diferentes de um tribunal comum, cujos membros são proibidos por lei de antecipar opiniões a respeito da causa.[90] A decisão se deu na penúltima sessão do tribunal antes do recesso. Havia, ainda, um mandado pendente, contra a negativa de Sanches de permitir novas perícias nas obras da casa do presidente, que teriam sido financiadas com recursos do esquema de PC Farias. A última reunião do STF do ano de 1992 foi tensa. Após um longo debate, os ministros decidiram que o relator do mandado, ministro Carlos Velloso, deveria tomar a decisão autocraticamente, sem levá-la a plenário.[91] Na antevéspera do julgamento no Senado, pesquisa Gallup indicou que 87% não desejavam o retorno de Collor à Presidência.[92]

Collor desconstituiu seus advogados e divulgou manifesto, dizendo que fora "vítima de uma campanha difamatória sem precedentes na história do país", mas havia preferido "conviver com os excessos [...] a criar obstáculos ao exercício pleno das liberdades democráticas: a liberdade de imprensa, a liberdade de manifestação, a liberdade de opinião. Recusei-me a recorrer aos tradicionais instrumentos da prática política brasileira para impedir a ação investigatória sobre meus atos". Segundo ele "tudo foi feito às pressas, numa sucessão de atropelos, onde as mais elementares normas do direito processual foram violadas. [...] Não é assim que se julga um mandato alcançado nas urnas. [...] Resolvi não comparecer, nem pessoalmente nem pelos meus advogados constituídos, ao tribunal instalado no Senado".[93]

Logo que foi notificado, o ministro Sydney Sanches avisou que Collor seria julgado à revelia no dia 29.[94] Depois de ler as cartas em que o presidente dispensava sua defesa, na sessão do Senado, ele relatou as providências que havia tomado e informou que, constatada a ausência do presidente e de seus advogados, nomeava "defensor dativo o professor Inocêncio Mártires Coelho, aqui presente, que já me adiantou que tem condições de preparar a defesa até o dia 29 de dezembro às nove horas, quando será iniciada a sessão de julgamento". Em seguida, considerou intimadas as cinco testemunhas arroladas pela defesa e disse que o presidente do Senado, Mauro Benevides, "garantiu-me que há condições de conseguir um quórum máximo no dia 29 de dezembro, foi por isso que concordei em que essa data fosse adotada para julgamento".[95]

Collor recusou o advogado dativo, dizendo não confiar nele e que constituiria "um novo advogado antes do dia 29. Será uma pessoa que conheça a causa e faça uma defesa política, já que o julgamento é político".[96] No dia 29, nomeou o advogado alagoano José de Moura Rocha, que entrou com mandado de segurança no STF, pedindo mais trinta dias de prazo, mas o ministro de plantão, José Sepúlveda Pertence, deixou a decisão para o ministro Sydney Sanches. Este aceitou a indicação do novo advogado e negou a extensão de prazo. Pertence, diante da deliberação, negou a liminar e o mandado de segurança.

O julgamento de Collor começou às nove horas de 29 de dezembro. O presidente dispensou a leitura dos autos e passou à inquirição de testemunhas. Mal iniciado o interrogatório da primeira testemunha, o advogado José de Moura Rocha interrompeu, pedindo a palavra pela ordem, "para fazer à Casa e à nação, uma comunicação. [...] Acabo de falar, por telefone, com o presidente afastado Fernando Collor de Mello. Sua excelência pediu-me que entregasse ao presidente do Congresso o seu pedido de renúncia ao cargo", e requisitou a extinção do processo. O ministro Sanches solicitou que o presidente do Congresso se manifestasse. Suspendeu a sessão para que fosse convocado o Congresso a fim de tomar conhecimento da renúncia. Em seguida à reunião do Congresso, reabriria a sessão especial de julgamento.[97] O Congresso Nacional tomou conhecimento da renúncia. Mauro Benevides declarou vago o cargo de presidente da República às 11h50. Itamar Franco tomou posse na Presidência da República às 12h30 do dia 29 de dezembro. O Brasil parece condenado a governos de vice-presidentes. Primeiro, Sarney, na assim chamada Nova República, em seguida Itamar e, décadas depois, Michel Temer.

Uma hora após a posse de Itamar, Sydney Sanches reabriu a sessão de julgamento, dizendo que "a defesa levantava uma questão relacionada com a extinção do processo", tendo em vista a renúncia. O advogado pediu que o presidente "tranque a ação e, se for ao mérito, que não se cometa [...] o despropósito de aplicar a pena acessória sem a pena principal", isto é, cassar os direitos políticos de Collor sem que o impeachment houvesse ocorrido. Evandro Lins e Silva defendeu a tese oposta: "não é pena acessória, é pena simultânea, é pena concorrente, é pena autônoma". O criminalista fez uma longa análise da doutrina comparada sobre a conexão entre renúncia e punição no âmbito de processos de impeachment, para concluir: "de uma das sanções, o denunciado pode libertar-se, por iniciativa própria, renunciando ao cargo do qual tem plena disponibilidade. Da outra, não pode livrar-se como consequência automática da renúncia. Só o Senado pode decidir sobre a segunda parte, para condená-lo ou absolvê-lo".[98] A posição de Lins e Silva é relevante, porque, acompanhada por Sanches, criou jurisprudência que seria usada, em sentido contrário, no impeachment de Dilma Rousseff. O debate foi intenso, mas apenas três senadores foram favoráveis a Collor, seu ex-ministro da Justiça, Jarbas Passarinho, o senador Josafá Marinho e o senador Epitácio Cafeteira (PDC-MA). O ministro-presidente desdobrou a questão em duas. A primeira, decidiu pessoalmente, encerrando o processo de impeachment. Remeteu "ao plenário do Senado o julgamento da outra questão, que é a de saber se prossegue ou não o processo contra a segunda pena".[99] E determinou que "a votação dessa questão se fará por maioria simples, num quórum de maioria absoluta. A questão dos dois terços se refere apenas à eventual condenação. [...] A votação é nominal e aberta [por processo eletrônico] como está previsto no Regimento do Senado. Depois, se prosseguir o processo, vamos fazer votação nominal, declarada ao microfone".[100] Sydney Sanches proclamou o resultado, 73 a oito pelo prosseguimento. O julgamento foi reiniciado com a inquirição das testemunhas. A acusação abriu mão de réplica, para evitar a tréplica da defesa e abreviar o processo. Falaram dez senadores e abriu-se a votação. Votaram pela condenação e suspensão dos direitos políticos de Collor 76 senadores e três contra. Terminou dessa forma melancólica o primeiro mandato presidencial da Terceira República conferido pelo voto popular direto.

A interrupção do mandato de Collor revelou a presença de cinco fatores distintivos e determinantes. Primeiro, a coalizão presidencial minoritária, encabeçada pelo PRN, não se mostrou fiel ao presidente, nem tinha força ou liderança suficientes para opor resistência à coalizão que buscava depô-lo. Segundo, além de não ter uma base partidária de apoio fiel, o partido-pivô da coalizão presidencial, o PFL, dava apoio bastante condicionado ao presidente e o abandonou no impeachment. Esse fator foi decisivo para determinar a perda de direitos políticos por oito anos e impedir que se firmasse uma contranarrativa para caracterizar o impeachment como arbítrio. Terceiro, a forte correlação entre a perda de popularidade presidencial e a drenagem de seu apoio político. Quanto mais impopular, maior a fuga de aliados para a oposição. Quarto, num contexto em que a impopularidade gerou a debandada dos aliados, o vice adquire muita força de atração e consegue articular com relativa facilidade uma coalizão de apoio à transição. A existência de uma "coalizão de rescaldo" drenou as chances de retorno do presidente temporariamente afastado. A decisão inicial de autorizar o começo do processo e o afastamento por 180 dias sobredeterminou a decisão final. Afastado, ele já não reunia condições políticas para evitar o impeachment. É mínima a probabilidade de um presidente, em tais condições, se contrapor à maioria de dois terços do Senado para retornar ao cargo. No quadro de coalizões clientelistas, o presidente nada pode, apartado dos instrumentos de alocação fisiológica de recursos e cargos públicos e sofrendo a concorrência do seu vice, já no controle desses instrumentos. Quinto, a ausência de regras claras abriu espaço para decisões discricionárias e o processo andou sempre por rumos incertos. No caso de Collor, esse fator permitiu que o Senado suspendesse seus direitos políticos, apesar da renúncia e extinção do processo, com o beneplácito do presidente do STF, Sydney Sanches. A mesma ausência de clareza das regras, no caso de Dilma Rousseff, permitiu que, por beneplácito do ministro Ricardo Lewandowski, os senadores não suspendessem seus direitos políticos, apesar da decretação do impeachment.

Houve tratamento desigual para os dois presidentes afastados sob a mesma Constituição. Os prazos foram mais curtos para Collor. A ex-presidente Dilma só teve que deixar o cargo após instauração do processo no Senado. Os dois casos foram judicializados, mas a interpretação do STF foi distinta.[101] Faltou a Collor apoio de militância e uma defesa político-parlamentar estruturada, baseada em organizações partidárias fiéis e sólidas. Isso não faria, provavelmente, diferença quanto ao resultado, como se viu no impeachment de Dilma Rousseff. Mas talvez forçasse o Legislativo e o STF a serem mais rigorosos em relação aos procedimentos. O isolamento político reduziu suas chances não apenas de escapar ao impeachment, mas de preservar uma narrativa contraposta à vitoriosa, como aconteceu no caso de Dilma Rousseff. A presidente teve essa defesa todo o tempo e, embora ela não tenha sido suficiente para impedir a interrupção de seu mandato, o foi para livrá-la da suspensão dos direitos políticos e para firmar a contranarrativa apresentando o impeachment como um golpe. O que está claro é que, ou bem as duas deposições por impeachment equivalem a um "golpe parlamentar" contra um mandato legítimo, argumento usado por ambos os presidentes vitimados por elas, ou nenhuma das duas deve ser interpretada como tal.

12. O presidente voluntarioso

Itamar Franco era uma pessoa de personalidade forte, caprichosa. Editorial do *Estado de S. Paulo*, quando de sua morte, em 2011, dizia que "sua determinação se expressou ora como firmeza, ora como teimosia".[1] Turrão, era difícil demovê-lo. Seu comportamento era, às vezes, errático. Em parte por sua obstinada ousadia, em parte por força de circunstâncias, durante seu curto governo foram implementadas grandes mudanças econômicas e institucionais. Começou a carreira política como prefeito de Juiz de Fora, cidade média de Minas Gerais. Tinha experiência parlamentar, exerceu o mandato de senador em duas ocasiões, em 1975-82 e 1983-89. Elegeu-se para o segundo mandato na mesma eleição em que Tancredo Neves foi escolhido governador. No Senado, foi vice-líder do MDB e do PMDB e líder do PL. Foi constituinte. Em agosto de 1986, deixou o PMDB, inconformado com a escolha de Newton Cardoso como candidato a governador. Filiou-se ao PL e candidatou-se contra ele. Perdeu por menos de 1% dos votos, nas "eleições do Plano Cruzado", que geraram o tsunami eleitoral do PMDB, do qual o partido se beneficia até hoje. Itamar Franco nunca deixou de ser um político mineiro provinciano. Não foi uma grande liderança no Congresso. Foi convidado por Collor para ser seu vice, depois da recusa da deputada Márcia Kubitschek, filha do ex-presidente Juscelino. Por esse caminho chegou à Vice-Presidência da República e à Presidência, após o impeachment.

Seu ministério inicial expressava as forças que lideraram o impeachment, com a ausência conspícua do PT, o principal articulador da deposição de Collor. Não fez grandes mudanças no ministério com o qual assumiu temporariamente a Presidência da República, depois do afastamento de Collor por 180 dias. Na ocasião, havia pedido a renúncia de todos os ministros, inclusive os militares. A montagem do ministério provisório não foi fácil. Ele não tinha uma coalizão de governo, era apoiado pela "coalizão de rescaldo". Rescaldo, como se sabe, significa "resgate ou recuperação após um acontecimento traumático ou trágico, cujos efeitos ainda são sentidos". O objetivo central da coalizão era mitigar os danos decorrentes do trauma do impeachment e administrar seus efeitos colaterais continuados no sistema político e na sociedade. Foi preciso que Itamar Franco e Henrique Hargreaves, seu articulador de confiança, negociassem intensamente, para vencer resistências e obter o melhor equilíbrio possível entre o apoio ao governo, a coalizão de rescaldo e a coalizão do impeachment. A esquerda, que liderou a coalizão do impeachment, manteve-se afastada da coalizão de rescaldo e do governo. Na coalizão do impeachment, a liderança mais ativa foi o PT. Foi dele a iniciativa original, que detonou o processo. O PDT foi o último a aderir. O PMDB teve lideranças e ativismo seletivamente no impeachment e no rescaldo. Quércia foi um dos mais vocais contra Collor, até que ele mesmo se emaranhou em escândalos de corrupção e teve que enfrentar sua própria CPI. Jamais se recuperaria politicamente. Naufragou na candidatura à Presidência no fim de 1994. Ainda comandou o PMDB paulista por algum tempo, mas chegou ao fim melancólico da carreira em 2006, quando ficou em terceiro na eleição para governador. No PSDB, Mário Covas foi a liderança com maior ativismo e consistência na coalizão do impeachment. Fernando Henrique Cardoso tentou, de início, fórmulas de compromisso até, finalmente, aderir. O PFL também chegou tarde à coalizão do impeachment, e a maior parte de seu ativismo e liderança foi a favor de Collor, até o rompimento, quando a deposição se mostrou inevitável. Na coalizão de rescaldo, PT e PDT ficaram de fora e adotaram posturas de cooperação vigilante, tentando evitar abalos institucionais sequenciais, mas sem protagonismo na busca de soluções para o governo da transição, sob o comando de Itamar. A liderança da coalizão de rescaldo foi do PSDB e do PFL.

A parte política do ministério de Itamar se apoiou no PSDB, no PFL e no PMDB. O gabinete foi apresentado em parcelas porque a incorporação do PMDB demandou mais negociação. Houve muito improviso e várias surpresas no ministério, que mostraram o lado impulsivo do presidente. O PSDB recebeu Relações Exteriores, entregue ao senador Fernando Henrique Cardoso (PSDB-SP), Minas e Energia, ao mineiro Paulino Cícero (PSDB-MG), e Bem-Estar Social, a Jutahy Magalhães Júnior (PSDB-BA). Paulino Cícero era originário da Arena, com passagem pelo PDS e pelo PFL, tinha ainda trânsito nesses partidos e foi indicado pelo ex-governador Aureliano Chaves, liderança mineira do PFL. Diante das dificuldades para nomear o ministro da Fazenda, o presidente optou pelo deputado Gustavo Krause (PFL-PE), ex-governador, então secretário de Fazenda de Pernambuco. O PFL ficou ainda com o Ministério da Integração Regional, para o senador Alexandre Costa (PFL-MA), do grupo do ex-presidente José Sarney, e com o das Comunicações, para o senador e presidente do partido, Hugo Napoleão (PFL-PI), ex-ministro de Sarney. O PTB ficou com o Ministério da Indústria, Comércio e Turismo, ocupado pelo senador José Eduardo de Andrade Vieira (PTB-PR). O PMDB ficou com os ministérios dos Transportes, para o deputado Alberto Goldman (PMDB-SP), Agricultura, para o deputado Lázaro Barbosa (PMDB-GO), Previdência Social, para o deputado Antônio Britto (PMDB-RS), e Meio Ambiente, para o senador Coutinho Jorge (PMDB-PA). Para o Trabalho, Itamar convocou Walter Barelli, conhecido economista do Dieese, o Departamento Intersindical de Estatística e Estudos Econômicos, e ligado ao PT. Para o Planejamento, chamou o economista mineiro, especialista em planejamento econômico, Paulo Haddad, que havia sido secretário de Planejamento do governo Aureliano Chaves. Para o Ministério de Ciência e Tecnologia nomeou o físico mineiro José Israel Vargas, também indicação de Aureliano. Para o da Cultura, o presidente conseguiu atrair o intelectual e diplomata Antônio Houaiss, vinculado ao PSB. A parte pessoal do gabinete teve o senador Maurício Correia (PDT-DF), na Justiça, com quem ele mantinha relações de amizade, o deputado Jamil Haddad (PSB-RJ), na Saúde, também um amigo pessoal, e o ex--diretor da Faculdade de Filosofia e Letras de Juiz de Fora, Murílio Hingel, na Educação. O núcleo palaciano de Itamar Franco era bastante fechado. O consultor-geral da República era José de Castro Ferreira, e o ministro-chefe da Secretaria-Geral da Presidência, ex-chefe de gabinete na Vice-Presidência, era Mauro Durante, ambos amigos pessoais, desde Juiz de Fora.[2] O chefe do Gabinete Civil era Henrique Hargreaves, o conceituado funcionário da Câmara dos Deputados, que Márcio Moreira Alves definiu na época como "especialista em avaliar os humores do Congresso". Hargreaves, a quem Itamar conhecia do Senado, era primo de sua secretária e amiga pessoal desde a juventude em Juiz de Fora, Ruth Hargreaves, a última componente desse círculo íntimo. No Gabinete Civil, Hargreaves, que tinha a estrita confiança de Itamar, ficou responsável pela articulação parlamentar e pela distribuição de cargos. O ministério de Itamar Franco foi instável todo o tempo.

Itamar teria seis ministros da Fazenda. Logo no início do governo, Gustavo Krause pediu demissão. Durou 76 dias no ministério. Seria substituído pelo ministro do Planejamento, Paulo Haddad, confirmado no cargo após um mês de interinidade. Haddad deixou o ministério 75 dias depois. Para o lugar dele no Planejamento, o presidente nomeou a economista gaúcha Yeda Crusius. Ela mais tarde faria carreira política no PSDB, como governadora do estado e parlamentar. Para desgosto de Lula e de José Dirceu, o presidente aproveitou a mudança no gabinete e convidou a ex-prefeita de São Paulo, Luiza Erundina (PT-SP), para o Ministério da Administração. O PT suspendeu Erundina por um ano, por ter aceitado o convite, e seu Diretório Nacional aprovou, por 38 votos a doze, que seria oposição a Itamar Franco. O presidente também removeu o ministro da Agricultura, Lázaro Barbosa, que foi substituído, após idas e vindas, por Nuri Andraus (PMDB-DF). Quando Haddad pediu demissão, assumiu em seu lugar Eliseu Resende, que ficaria no cargo por 79 dias e seria substituído pelo ministro das Relações Exteriores, Fernando Henrique Cardoso. Quando este se desincompatibilizou para concorrer à Presidência, ficou em seu lugar o embaixador Rubens Ricupero, que seria, ainda, substituído por Ciro Gomes.

Houve várias outras trocas de ministério, mas a rotatividade na Fazenda era o ponto nevrálgico, porque o país vivia imensa crise econômica. Seria pela economia que o governo Itamar Franco encontraria seu rumo e se estabilizaria. A substituição de Eliseu Resende por Fernando Henrique Cardoso no mais poderoso dos ministérios provocou turbulência e reações na coalizão, forçando uma reforma ministerial. A projeção pública de Fernando Henrique e sua capacidade de manter-se sob os holofotes incomodaram as lideranças de outros partidos. Após longa e perturbada negociação, a mudança de gabinete foi concluída em meados de junho de 1993. O substituto de Fernando Henrique nas Relações Exteriores acabou sendo, por uma sequência de circunstâncias, o diplomata Celso Amorim. No mesmo dia em que afastou Eliseu Resende, o presidente demitiu Luiza Erundina, desgostoso com declarações que ela havia feito.

Nomeou para o lugar da petista o general da reserva Romildo Canhim. Enquanto se alongava o imbróglio da reforma ministerial, Fernando Henrique montou uma equipe de primeira linha na Fazenda e começou a estudar a estratégia que levaria ao Plano Real. A maioria dos economistas já era conhecida da imprensa por sua participação no Plano Cruzado e ocupou rapidamente o debate econômico, gerando expectativas muito positivas.

Pesquisa do Datafolha divulgada no final de maio de 1993 mostrou a retomada do otimismo da população: 73% achavam que o Brasil tinha jeito. O governo Itamar era avaliado com expectante indiferença, 50% o achavam regular, 26% desaprovavam e somente 5% aprovavam. A troca de ministros da Fazenda foi considerada boa por 45% e apenas 11% a acharam ruim. Mas 79% não sabiam dizer o nome do ministro. E ele seria eleito presidente, no primeiro turno, dezessete meses depois.[3] No dia 13 de junho, no fechamento do VIII Encontro Nacional do PT, Lula foi reeleito presidente, mas seu grupo perdeu a maioria para a esquerda. José Dirceu interpretou a derrota explicando que "perdemos a maioria porque o partido queria a renovação e também porque cometemos vários erros".[4] Um dos vencedores, o deputado federal Rui Falcão, eleito vice-presidente, viu um impasse interno. O PT vivia uma situação peculiar, "nenhum setor é isoladamente majoritário".[5] No fim, Lula lançou oficialmente sua candidatura à Presidência da República, dizendo que "estou definitivamente muito preparado para esta disputa" e que seus adversários "podem procurar candidatos nos quatro cantos desse país, porque ninguém vai evitar que nós ganhemos as eleições". Para Lula, "somente nós temos condições de tirar o Brasil da situação de caos em que ele se encontra".[6]

A equipe de economistas reunida por Fernando Henrique tinha pouca confiança no presidente Itamar Franco, por causa de seu comportamento temperamental e errático. Ele não tinha intimidade com temas econômicos, mas tinha ideias sobre desenvolvimento, e mostrou certa propensão à intervenção para proteger a economia popular. Naqueles tempos, isso significava, principalmente, ter o dedo no gatilho do congelamento de preços básicos. Itamar tinha fixação, justificável, pelo custo dos remédios, e interferiu várias vezes, seja tabelando preços, seja distribuindo medicamentos gratuitamente. O sucesso político do Plano Cruzado, a despeito de seu fracasso econômico, alimentava as expectativas do presidente. Em conversas com pessoas do círculo palaciano, antes da chegada de Fernando Henrique à Fazenda, fiquei com a clara impressão de que Itamar Franco nutria grande desejo de promover fortes mudanças e criar condições para o desenvolvimento acelerado e sustentado do país. Todavia, ele não tinha uma ideia sensata sequer de como fazê-lo. Algumas noções chegavam a ser extravagantes e exóticas. Qualquer projeto de desenvolvimento para o país, contudo, pressupunha o controle prévio da inflação. Itamar percebia isso a seu modo. O processo hiperinflacionário crônico mascarava investimentos na produção e os resultados operacionais, ligados à atividade econômica central das empresas. Empresas operavam com prejuízo operacional e enormes lucros financeiros. Distorcia o sentido das poupanças e as desviava para aplicações de curtíssimo prazo. Produzia brutais desigualdades e corroía os salários quase instantaneamente, gerando um ambiente permanente de reivindicações salariais. Incentivava comportamentos adaptativos que convalidavam e retroalimentavam a inflação. Havia a demanda na sociedade para debelar a inflação, a intenção no governo de fazê-lo e muita especulação sobre choques, congelamentos e dolarização.[7] Quando o grupo de economistas reunido por FHC apresentou um plano para acabar com a inflação que evitava todos os traumas já vividos e temidos pela população, Itamar o abraçou com obstinada determinação. Nos momentos decisivos, lhe deu apoio e fez as escolhas certas. Não raro, a contragosto, temperava a própria teimosia e aceitava os argumentos de Fernando Henrique sobre as ideias que lhe surgiam.[8] Nos momentos mais difíceis, quase todos em discussões sobre o impacto das medidas nos salários, foi mais custoso manter a concordância do presidente. Bastava, porém, a ameaça de demissão da equipe para ele ceder.

 O presidente e a equipe passaram, entretanto, por um duro teste de estresse, até o plano ganhar as ruas. Nos dez primeiros meses da gestão Fernando Henrique Cardoso na Fazenda, o Congresso enfrentou sua própria crise, com o escândalo dos Anões do Orçamento. Um grupo de deputados e burocratas manipulava emendas ao orçamento para desviar recursos em benefício próprio. O escândalo paralisou a Câmara em numerosas ocasiões. A inflação, que estava em 26,7% em maio de 1993, chegou a 40% em janeiro de 1994. A equipe econômica era acusada de indecisão e insegurança. O presidente se impacientava. O ministro sofria críticas e pressões. Repetia que não haveria pacotes, truques ou sobressaltos. O dinheiro, todavia, como ele gostava de dizer, continuava a derreter como sorvete nas mãos dos assalariados. Para ganhar tempo e se diferenciar dos outros planos, começaram por um aperto fiscal cortando gastos incorporados ao orçamento. Uma proposta do tipo que os políticos não gostam e o povo desconfia. O nome não podia ser pior, PAI, Plano de Ação Imediata. Era um amortecedor, cujo máximo benefício possível seria evitar que a economia descarrilasse, até que se iniciasse a operação principal. Além do corte de gastos públicos, criou o cadastro de empresas inadimplentes, proibidas de participar de licitações públicas, promoveu a segunda fase da abertura comercial e do programa de privatização, e iniciou o ajuste dos bancos públicos. Incluiu a aprovação e regulamentação do "imposto sobre o cheque", que começaria com o nome de IPMF, P de "provisório". Mais tarde, transformado em CPMF, só foi revogado no final de 2007, já no governo Lula, com o voto do PSDB. O IPMF havia sido aprovado pela Câmara, em primeiro turno, com apoio da esquerda, em janeiro. Foi a primeira vitória importante do governo, por 358 votos a 84. Mas faltava o segundo turno na Câmara e a aprovação em dois turnos no Senado. Itamar Franco, em seu discurso de apresentação do PAI, foi duro com o patriciado econômico nacional; ele falou em "elites empresariais alienadas, sem compromisso com o povo, a nação e a História". Disse que era natural que, como chefe de governo e Estado, se mostrasse "impaciente diante da insensibilidade dessas mesmas e presumidas elites, antigas e recentes". Comparou a situação do Brasil à dos Estados Unidos da Grande Depressão, quando a saída só ocorreu depois que o presidente Roosevelt decidiu convocar "o brio nacional e, mediante o audaz programa conhecido como 'New Deal', recuperou a economia, fortaleceu o país e o preparou para a nova guerra, que já se sabia inevitável". E concluiu: "bastou que a sociedade norte-americana se mobilizasse, para que a nação se reerguesse [...]. É o que faremos".[9] Foi essa a visão que captei em conversas com o seu círculo íntimo de assessores. Ela começava a ganhar contornos mais realistas nas pranchetas da equipe de Fernando Henrique.

O momento era complicado. O Congresso estava paralisado, enroscado em sua própria crise. O ministro da Agricultura caiu, por ser réu em processo, no dia seguinte ao anúncio do PAI e dez dias depois de ter tomado posse. Itamar Franco reagiu rápido e nomeou para o seu lugar o secretário de Agricultura de São Paulo, José Antônio Barros Munhoz, aproveitando para consolidar o apoio do governador Fleury e do PMDB. Os partidos disputavam cargos de segundo escalão do governo e estavam insatisfeitos. Enquanto Fernando Henrique esgrimia contra o Congresso, ameaçando com mais cortes de gastos porque os parlamentares adiavam a votação do IPMF, saiu a primeira pesquisa nacional do

Datafolha com intenções de voto para presidente em 1994. A pesquisa confirmou o favoritismo de Lula, com 26%-27% das intenções de voto. O ministro da Fazenda aparecia em quinto lugar, com 9%-11% das escolhas, empatado com Sarney, Maluf e Brizola.[10]

No dia 22 de junho de 1993, o governo teve a segunda vitória na Câmara, que aprovou o IPMF, em segundo turno, por 308 votos a 87. Mas, em seguida, sofreria uma derrota importante. A Câmara aprovou, por 384 a dois, com o apoio da ala paulista do PMDB e de outros setores descontentes com o presidente, o reajuste mensal dos salários, um fator que realimentava a inflação. A equipe econômica pediu três meses de prazo, mas não conseguiu.[11] Pesquisa do Ibope publicada no primeiro dia de julho identificou aumento na confiança em Itamar Franco, que evoluíra de 47%, em maio, para 53%. Fernando Henrique já havia conquistado a confiança de 56%. O otimismo começava a ressurgir, 35% se disseram otimistas, contra 23%, em março. Os pessimistas ficaram em 25%. As expectativas para o país reagiam, 38% achavam que iria melhorar durante os dezoito meses do governo, comparados a 29% em março. Para alegria da equipe econômica, a pesquisa mostrou que 55% achavam que o melhor caminho para arrumar a economia era o equilíbrio das contas públicas, embora 36% preferissem o congelamento de preços, que também rondava a vontade do presidente.[12]

No final de julho, começou a negociação entre governo e Senado para votação do reajuste salarial aprovado pela Câmara. Paralelamente, o presidente assinou medida provisória cortando três zeros da moeda carcomida e renomeando-a "cruzeiro real". Era uma providência prática, para facilitar contas, mas havia, igualmente, a esperança de que, com ela, a equipe ganharia tempo para aprontar medidas realmente eficazes contra a inflação e influenciar os senadores. A negociação não ia bem. O presidente anunciara que vetaria o reajuste mensal de 100% da inflação. A alternativa de limitá-lo a 60% não prosperava no Senado. A tentativa do governo de negociar esse limite com empresários e centrais sindicais também fracassou. Fernando Henrique anunciou uma proposta de conciliação, que estabelecia um aumento progressivo, um gatilho salarial para os setores com renda de até seis salários mínimos, o qual seria ativado toda vez que a inflação superasse 10%. Além disso, a denominada "nova política salarial" anteciparia em um mês o aumento do salário mínimo. A polêmica sobre salários, sempre danosa quando a inflação está subindo, desgastou o governo e o ministro da Fazenda. Pesquisa do Datafolha mostrou queda da popularidade do presidente e na confiança no ministro da Fazenda no início de agosto. A avaliação do governo, pelo Datafolha, que já era negativa, piorou, 15% aprovavam o governo e 34% desaprovavam. Em junho, eram 27%. O único consolo era que a maioria, 52%, seguia na indiferença do meio-termo, avaliando o governo como regular. Uma espécie de "esperar para ver como fica". As expectativas quanto ao bom desempenho de Fernando Henrique na Fazenda caíram de 45% para 42%, e as pessoas que esperavam um mau desempenho subiram de 11% para 31%.[13]

Em meados de agosto, Fernando Henrique teria a oportunidade de reforçar seu time de economistas e finalizar o grupo que faria o Real. Caiu o presidente do Banco Central e Cardoso convocou Pedro Malan, ainda negociador da dívida externa, então envolvido na discussão das moedas que comporiam a cesta para pagamento aos credores. André Lara Resende assumiu o lugar de Malan. Dias depois, o presidente do BNDES pediu demissão e o ministro chamou Pérsio Arida para o seu lugar, depois de convencer Itamar Franco de que, dessa forma, completaria a turma da estabilização. A demissão no BNDES gerou uma crise com o PMDB. O governador Fleury anunciou seu afastamento de Itamar. O líder do governo no Senado, Pedro Simon (PMDB-RS), criticou o presidente e elogiou a atitude do governador. Ia ficando claro que a sustentação política do governo dependia criticamente de ação mais incisiva do ministro Fernando Henrique Cardoso e sua equipe para controlar a inflação. O PMDB discutia seu afastamento do governo. O prefeito de Recife, Jarbas Vasconcelos (PMDB-PE), respeitada liderança no partido, fez uma proposta pela qual o partido daria até dezembro para que o governo baixasse a inflação "sem choques" e definisse uma política de geração de empregos. Pedro Simon recuou das críticas e voltou-se contra Quércia, Fleury e Sarney. Estes, segundo ele, queriam criar problemas para o governo com medo de que o sucesso de Fernando Henrique tornasse o PSDB o provável vitorioso na sucessão presidencial.[14] O risco de racha no partido e a ameaça de que o PFL ocupasse o espaço deixado pelo PMDB no governo, debelaram, finalmente, a crise. O partido, dividido, acabou mantendo o apoio ao governo, em apertada decisão do Conselho Nacional, de 25 votos a 22.[15] Os meses de agosto e setembro foram de turbulência política. Em agosto, massacre de ianomâmis na aldeia Haximu, em Roraima, por garimpeiros levou o presidente a criar o Ministério da Amazônia. Ele pôde, enfim, realizar o desejo de levar para o governo o embaixador Rubens Ricupero. Em meados de setembro, o Supremo Tribunal Federal suspendeu o IPMF, em vigor havia uma semana, obrigando os bancos a estornar o que tinham recolhido. Ao longo dessa turbulência, ficou visível para todos que o presidente recorria cada vez mais aos conselhos de seu ministro da Fazenda para muito além dos temas de sua pasta.

O economista Edmar Bacha, assessor especial do ministro da Fazenda, antecipou em entrevista o que viria a ser, em linhas gerais, o Plano Real. Falou em desindexação da economia, com uma âncora cambial, e estimou que isso seria feito em 1994. Dias depois, Fernando Henrique confirmou a informação de Bacha. Malan levou o economista Gustavo Franco, da Secretaria de Política Econômica, para a Diretoria de Assuntos Internacionais do Banco Central. Do ponto de vista político, essa movimentação reforçou a expectativa de que haveria um plano de estabilização avalizado pela mesma equipe que concebera o Cruzado. O clima esperançoso energizou o trabalho junto às lideranças e permitiu a aprovação da medida provisória com a proposta salarial do governo, em 18 de agosto, por 318 votos a 144. No mesmo dia, o Senado confirmou a decisão da Câmara por 58 a dezoito.[16] As pressões para o controle da inflação cresciam, inclusive com manifestações de rua. O ministro prometeu que, tão logo se equilibrassem as contas e a dívida, a inflação levaria "uma paulada firme". O secretário de Política Econômica, Winston Fritsch, disse que a formação de uma coalizão de sustentação política no Congresso era condição essencial para o combate à inflação.[17] Fritsch falava do sentimento de que não havia alinhamento efetivo entre os partidos no governo e as políticas governamentais consideradas fundamentais. Ele acreditava que essa coalizão deveria se assentar em três partidos, PMDB, PSDB e PFL.

A coalizão multipartidária que apoiava Itamar Franco não era suficiente, na visão mais exigente da equipe econômica, porque não havia um compromisso explícito com as políticas governamentais. Eles imaginavam obtê-la para aprovar a reforma fiscal, o orçamento de 1994 e influenciar na revisão constitucional que, depois de muito conflito no Legislativo, deveria começar dali a dois meses. Não era prático ou realista buscar uma coalizão prospectiva, que se comprometesse com teses programáticas, para apoiar medidas concretas com base numa espécie de "contrato" entre a maioria parlamentar e o presidente. Ela derivava da observação da experiência europeia. Mas, no presidencialismo de coalizão brasileiro, as coalizões têm sido sempre reativas. Vivem de resultados que gerem benefícios para políticos e partidos e de efeitos para a população que aumentem sua popularidade. O apoio prospectivo é precário, é apenas o compromisso de examinar cada ponto da agenda presidencial, com a perspectiva de apoiar, negociando caso a caso. O apoio efetivo depende dos custos presumíveis para os parlamentares do voto em cada medida específica, do valor a ela atribuído pelo governo e das compensações colaterais oferecidas. Medidas, por exemplo, com alto impacto popular positivo foram, em geral, aprovadas sem compensações colaterais em todos os governos da Terceira República. Os projetos ligados a programas de estabilização, diante da demanda clara da sociedade por controle da inflação, foram todos aprovados, sem grandes necessidades de compensações colaterais, sem o popular toma-lá-dá-cá. O seu oposto, medidas de alta rejeição popular, sempre demandou compensações colaterais, que às vezes excedem a capacidade ou a disposição do governo de atendê-las.

O grupo de economistas em torno de Fernando Henrique Cardoso considerava que um programa mais incisivo de combate à inflação só seria possível e desejável após o ajuste fiscal que se pretendia promover na iminente revisão constitucional. Mas Cardoso sabia que, politicamente, era muito difícil que conseguissem aprovar algumas das medidas, como o fim da estabilidade dos funcionários públicos. A pressão por um plano anti-inflacionário era grande. A equipe econômica não teria como resistir. Havia outro fator de pressa, a sucessão de Itamar Franco, em 1994. Naquele quadro de desconforto econômico, com inflação em elevação e desemprego alto, o mais provável era que a oposição ganhasse, fechando a janela de oportunidade para políticas de estabilização, pelo menos até 1998. Para viabilizar um candidato governista, a estabilização era precondição inarredável. A equipe econômica também era pressionada pelo FMI e pelos credores internacionais para adotar alguma modalidade de desindexação da economia, recorrendo à dolarização, à âncora cambial ou a outro método que se revelasse eficaz. A recomendação explícita feita a Pedro Malan, presidente do Banco Central, era de "uma demonstração clara de vontade política de estabilizar a economia".[18] Coincidia com o desejo geral. No final de setembro, era perceptível a deterioração do quadro econômico e as indefinições da política cobravam seu preço em popularidade presidencial. A desaprovação aumentava e a aprovação caía. Pesquisa do Datafolha publicada naqueles dias mostrou que 35% desaprovavam o governo e 15% o aprovavam. A indiferença continuava a dominar, com 46% achando o governo regular, mas já haviam sido 52%. Os seis pontos faltantes foram para a desaprovação do governo, junto com mais dois pontos subtraídos da aprovação. A avaliação "regular" é como se o cidadão estivesse parado na estação do meio, esperando ver como as coisas andariam no futuro próximo. Se bem, ele toma o rumo da estação do bom; se mal, ruma em direção ao ruim.[19]

A aposta geral era de que o movimento seguinte seria a desindexação. Até economistas mais ortodoxos reconheciam que a inflação brasileira não cairia na velocidade política e socialmente necessária, sem alguma forma de desindexação. A maior divergência se dava entre os que defendiam o expediente heterodoxo como "trem de pouso" e os que o viam como parte integrante dos "procedimentos de voo". No primeiro caso, a desindexação só deveria ser implementada após a implantação de novo regime monetário e fiscal, servindo de mecanismo auxiliar, que aceleraria a queda da inflação decorrente da reversão das expectativas. No segundo, ela seria parte integrante do processo de estabilização, em sintonia com a política fiscal e monetária. A política de rendas reduziria a tensão e arrefeceria o conflito distributivo, contribuindo, assim, para criar um ambiente político e social mais propício ao saneamento fiscal e monetário. Era esse o dilema que estava posto e para o qual os economistas no governo estudavam uma saída mais criativa e menos "intervencionista", como o congelamento ou a fixação negociada de preços e salários.

Nem a convergência favorável a alguma forma de desindexação nem a divergência quanto ao timing dela se deviam ao acaso. Havia razões objetivas que levavam a maioria dos especialistas a admitir que fatores políticos e sociais passaram a ser tão decisivos que exigiam certa "flexibilidade técnica". A gravidade da crise tornou inviável a solução gradualista e inexequível um plano tecnicamente ideal. A equipe tentava demonstrar que concordava com a tese da desindexação como "trem de pouso". Tanto o ministro Fernando Henrique quanto o secretário de Política Econômica, Winston Fritsch, insistiam, pública e privadamente, na tese de que a desindexação não funcionaria antes de obtido o ajuste fiscal e aprovadas as reformas planejadas para a revisão constitucional. Nem mesmo aqueles que acreditavam na intenção da equipe de manter a sequência que vinha anunciando — e a ideia de sequência era central, por exemplo, nas análises do assessor especial Edmar Bacha sobre a estabilização — apostavam na possibilidade de cumprir o calendário previamente imaginado. A equipe da Fazenda se mostrava, por dever de ofício, mais otimista do que os analistas e a sociedade em geral. Afirmava crer que as teses que defendia para a revisão constitucional seriam firmemente apoiadas por uma coalizão que estaria em processo de consolidação. As questões centrais seriam a reforma tributária, a reforma do Estado, a redistribuição de encargos no âmbito da federação e a reforma da Previdência. Era difícil justificar esse otimismo diante do impasse visível no Congresso, que aumentava as pressões por adiar a revisão constitucional. A ideia de que já havia uma coalizão "quase pronta", uma agenda basicamente definida e um acordo majoritário não se sustentava. O jogo de interesses ainda não se desdobrara por inteiro, nem os protagonistas tinham se revelado totalmente. A pior aposta da equipe foi na revisão constitucional.

O presidente Itamar Franco manifestava inquietação crescente quanto à possibilidade de que o agravamento da crise comprometesse as eleições. O descontentamento coletivo poderia transbordar e inundar as urnas com votos na oposição, em protesto contra o quadro socioeconômico. Era esse cenário que convencia os agentes econômicos da iminência de um ataque mais rápido à inflação e eles se preparavam para isso. Muitos analistas defendiam a tese de que a equipe de Fernando Henrique seria levada ao choque como decorrência inevitável da crise. Crescia, também, a apreensão com as atitudes impulsivas do presidente, que voltara a falar de economia e a interferir na política econômica. O círculo íntimo de Itamar ainda apoiava FHC, a quem considerava bom político. Mas reclamava insistentemente que ele estava se deixando levar por seus "tecnocratas" e se afastava da linha política que o "palácio" julgava a mais adequada. Via com preocupação o desgaste causado às imagens do ministro e do presidente pelo que avaliava como mau desempenho da equipe. No mercado, no meio político e no setor empresarial, eram claros os sinais de inquietação com o que parecia uma atitude complacente com a inflação.

A proximidade da revisão começava a revelar o verdadeiro grau de conflito de interesses em jogo. Era grande o desentendimento entre os "revisionistas", que desejavam uma reavaliação ampla da Constituição, e os "conservadores", que não a queriam e inclusive procuravam formas de adiá-la. Quando, finalmente, ela foi marcada para 6 de outubro, o ministro Marco Aurélio Mello, do Supremo Tribunal Federal, por liminar, suspendeu-a, por falta de quórum na sessão que tomara a decisão. No dia 7, o STF suspendeu a liminar por oito votos a um e a revisão começou oficialmente. A decisão do STF envolveu aspecto relevante, que estaria presente com maior intensidade no futuro, sobre as relações entre o Judiciário e o Legislativo. Não era habitual o plenário aceitar agravo contra liminar individual de um de seus ministros. O voto majoritário acompanhou o entendimento do ministro Francisco Rezek, que se assentava na separação dos Poderes. No voto, sustentou que

> se houve erro, equívoco, conduta desastrada, não é algo corrigível pelo juiz, mas sim entre os parlamentares. Preservamos o nosso sistema, em que os nossos Poderes são três, autônomos e independentes, no qual o Judiciário tem uma prerrogativa imensa. Não precisamos aumentar essa prerrogativa. O descompasso entre opiniões dos parlamentares não é motivo para o arbítrio do Judiciário. Há de se encontrar solução dentro do Congresso Nacional.

O ministro Carlos Velloso concordou: "a questão diz respeito a interpretação do regime interno, imune à crítica judiciária". O ministro Celso de Mello foi mais enfático: "o mandado pode ser a anulação do próprio Poder Legislativo".[20] Marco Aurélio Mello discordou, dizendo que negava o agravo porque cabia aplicar o regimento do Congresso, não o do Senado. Este último admitia considerar uma proposição lida, mesmo que não houvesse o quórum mínimo previsto, enquanto a norma do Congresso exigia presença mínima de parlamentares. O ministro argumentou que todo tribunal tem que atuar com isenção, de acordo com a consciência, nunca cedendo a pressões da circunstância. Lembrou que, "no processo de impeachment do presidente da República, o STF glosou ato do presidente da Câmara praticado à luz do regimento interno", referindo-se à tentativa do deputado Ibsen Pinheiro de diminuir o prazo de defesa de Collor.[21]

Instalada a revisão, ressurgiram as divisões que haviam marcado a Constituinte. A expectativa de que elas tivessem se diluído com a prática da nova ordem constitucional e as mudanças na sociedade frustrou-se logo nas primeiras horas. O confronto que se dera entre os "contra" e os "revisionistas" agora se dava entre "reformistas", que defendiam uma revisão irrestrita, e "minimalistas", que desejavam apenas ajustes pontuais. No campo temático, enfrentavam-se "liberais" e "nacionalistas", uns querendo retirar da Constituição as proteções às empresas nacionais e outros querendo mantê-las. Além disso, divergiam quanto à abertura da economia ao capital estrangeiro, monopólios estatais e redução do papel do Estado na economia. Como na Constituinte, os corredores do Congresso viraram campo de intensa atividade dos grupos de pressão, de empresários a trabalhadores, de aposentados a funcionários públicos, de prefeitos a organizações indígenas. No governo Itamar, as divisões existentes no Congresso apareciam no ministério. O ministro de Minas e Energia, Paulino Cícero, discordava do ministro da Fazenda, Fernando Henrique Cardoso, que era favorável à privatização de empresas elétricas.

As cisões se deram ainda na preliminar, como ocorrera na Constituinte, na discussão do regimento interno e na fixação de prazos. O centro da discórdia era o rito sumário, definido na proposta de regimento elaborada pelo relator-geral da comissão revisora, deputado Nelson Jobim (PMDB-RS). Por ele, as votações seriam unicamerais, e as mudanças, promulgadas tão logo aprovadas. Mas as atribulações da revisão não ficavam apenas no entrechoque de interesses e visões ideológicas. Ela corria o risco de ser atropelada pela CPI que investigava o escândalo na Comissão de Orçamento. As revelações implicando parlamentares e empreiteiras na definição do orçamento se aprofundavam e paralisavam o Congresso e a revisão. O mês de outubro terminou sem que o processo revisor começasse. O Legislativo, quando enfrenta crise interna, se imobiliza e interrompe o processo decisório. A CPI dos Anões do Orçamento centralizava todas as atenções. No dia 29, a crise chegou ao Planalto. O principal articulador de Itamar, Henrique Hargreaves, chefe da Casa Civil, pediu demissão para responder, na CPI, a denúncias sobre seu envolvimento no caso.

Somente em 10 de novembro, ainda com a CPI em andamento, o Congresso aprovou o regimento interno da revisão, por 307 a quatro, com ausência dos "contra" da esquerda, PT, PDT, PSB, PCdoB e PSTU. A aprovação se deu em ambiente tumultuado, com trocas de acusações relacionadas ao escândalo do orçamento. Objeto de acusações cada vez mais fortes de envolvimento no esquema, Ibsen Pinheiro havia abandonado a função de relator do anteprojeto de regimento. No dia 17, o Congresso encerrou a votação das emendas ao regimento. Os "contra" tentaram negociar uma agenda mínima, com o presidente da Câmara, Inocêncio de Oliveira (PFL-PE), para participar da revisão. O clima de pânico, desconfiança e animosidade entre os parlamentares não era propício a uma agenda complexa, conflitiva e difícil como a da revisão constitucional. A crise atingiu a popularidade presidencial. A desaprovação do governo, medida pelo Datafolha na segunda semana de novembro, subiu seis pontos, para 41%, encostando no "regular", que caiu para 43%. A aprovação caiu para 12%. A rejeição ao Congresso, mergulhado na crise de corrupção no orçamento, subiu dezessete pontos, de 39% para 56%. O apoio à democracia caiu de 59% para 47%.[22]

Eram intensos, naqueles dias, os rumores sobre a iminência de um plano, com criação de nova moeda, de um novo indexador diário e de um Fundo Social de Emergência. Os detalhes eram imprecisos, mas os contornos eram suficientes para que se soubesse que ele seria apresentado dali a alguns dias. Em 29 de novembro, Fernando Henrique Cardoso assinou o acordo definitivo de renegociação da dívida externa com os bancos privados. No dia 7 de dezembro, ele e sua equipe anunciaram os vagos traços do que viria a ser o plano de estabilização. A medida mais concreta era a criação da URV, Unidade Real de Valor, que seria o embrião de uma nova moeda, imunizada contra a inflação que corroía a velha. Fernando Henrique o caracterizou como "um caminho próprio para desinflar a inflação, [...] mais criativo e com o qual se pode pedir o apoio da sociedade".[23] Pérsio Arida explicou que "a sociedade espontaneamente convergirá para este índice".[24] O plano não quebraria contratos, nem congelaria os preços e salários. Mas dependeria da aprovação pelo Congresso do ajuste fiscal, do Fundo Social de Emergência — a primeira versão da DRU, a Desvinculação de Receitas da União, que descarimbava 20% do orçamento — e do aumento de impostos. As especulações sobre a candidatura de FHC aumentavam e criavam arestas desnecessárias no Congresso. Lula criticou o plano e Fernando Henrique rebateu. O bate-boca bastou para que se falasse em primeiro duelo pela Presidência.[25] E era mesmo. As reações iniciais no Congresso foram desfavoráveis. Não se entendia bem o plano. Mas ninguém mostrava disposição para bloqueá-lo. O presidente dava força ao ministro da Fazenda. A pedido deste, demitiu o ministro da Cultura, Jerônimo Moscardo, por criticar o plano publicamente. Dias depois, o líder do governo na Câmara, Roberto Freire (PPS-PE), deixou o posto, por se opor ao plano. "Tentamos evitar que esta política caísse no neoliberalismo, mas caiu", explicou.[26] Itamar Franco reclamou da atitude dele: "temos tido um sobressalto atrás do outro. Hoje mesmo fui surpreendido com o pedido de demissão de Freire".[27] O ponto principal de divergência eram os cortes no orçamento. O procurador-geral da República contestou no Supremo Tribunal Federal reduções unilaterais de verbas para o Ministério Público e conseguiu a liminar suspensiva. Mas o ministro relator, Carlos Velloso, ressalvou que o Congresso tinha o poder de cortá-las. Na mesma sessão, o governo obteve uma vitória importante, quando o STF, no mérito, considerou constitucional a cobrança do IPMF, interrompida por liminar.

No início de janeiro de 1994, a inflação oficial do ano anterior bateu em

2567,46%, a maior da história. O índice ajudava a promover o plano. Com as eleições se aproximando e com o nível intolerável e crescente de inflação, ficar contra o plano seria prejuízo eleitoral na certa. Em meados do mês, Fernando Henrique admitiu, pela primeira vez, que poderia se candidatar a presidente. Foi uma declaração bem a seu estilo, na qual dizia que poderia sair para concorrer, como poderia ficar e apoiar outro candidato. No final do mês, a comissão especial que analisava o plano de estabilização aprovou o pacote tributário, que, entre outras medidas, aumentava impostos. Mas não houve acordo com relação ao Fundo Social de Emergência, que desvinculava verbas orçamentárias. No mesmo dia, o Supremo Tribunal Federal considerou constitucional a imposição de um teto salarial ao funcionalismo público. A CPI da Corrupção recomendou a cassação de dezoito deputados. No plenário, as negociações em torno das MPs do plano econômico estavam difíceis, mas avançavam. No dia 26 de janeiro, o pacote tributário foi aprovado na Câmara por 190 a 111 e, no Senado, por 38 a seis. O próprio Fernando Henrique articulou a aprovação do pacote. Faltava a vitória central para que a URV entrasse em vigor, a aprovação da emenda constitucional que garantia o ajuste fiscal e criava o Fundo Social de Emergência. O quórum obtido para as MPs não era suficiente para a emenda. Mas, por estratégia, ela havia sido incluída na pauta da revisão constitucional, que requeria maioria qualificada e não os 60% regulares. O ministro acenava com a adoção da URV a partir de março, se a emenda fosse aprovada. Contava com a ansiedade do presidente e dos parlamentares, diante da aparente ausência de resultados do plano. O fato era que este ainda não existia na prática. No início de fevereiro de 1994, o Congresso começou a votar a revisão constitucional. A agenda legislativa estava sobrecarregada com o plano, a cassação dos deputados envolvidos no escândalo dos Anões do Orçamento e a revisão constitucional. Não foi fácil. Em cadeia de rádio e TV, no dia 7, Fernando Henrique fez a derradeira tentativa de pressão, dizendo que chegara ao limite nas negociações e que votassem logo e aqueles contra o plano no Congresso que o rejeitassem. No dia seguinte, o plano foi aprovado por 388 a 38.

As negociações para aprovação da emenda constitucional andaram muito devagar e tiveram vários sobressaltos. A equipe econômica trabalhava nas MPs que definiriam o cerne do plano, a criação da URV e a conversão dos salários em URVs. As regras para conversão dos salários, uma questão espinhosa em todos os planos de estabilização, dividiram o governo. Mas Itamar Franco persistiu no apoio ao ministro da Fazenda, forçando os outros a ceder. No último dia de fevereiro, foram assinadas as MPs que faltavam, e a URV foi introduzida sem atropelos. A revisão constitucional avançava, e o Congresso aprovou a redução do mandato presidencial para quatro anos, por 429 a dezessete, e rejeitou a possibilidade de reeleição por 270 a 205. Eram necessários no mínimo 293 votos para mantê-la. Era preciso defender a MP da URV contra mudanças negociadas no Congresso por demanda de setores empresariais e sindicais. Mas fortalecia-se o núcleo do que seria a coalizão de FHC. O PSDB, o PFL e o PMDB garantiam o bloqueio de mudanças e o fluxo da agenda governamental. Foi dessa forma que caiu o relator da MP, deputado Gonzaga Mota (PMDB-CE), quando se mostrou disposto a fazer mudanças na regra salarial por ela definida.

A questão salarial contrapôs o Executivo ao Legislativo e ao Judiciário, provocando tensa crise institucional. O Judiciário reajustou sua folha em desacordo com a regra da MP. A Câmara equiparou os salários dos parlamentares aos dos ministros do STF. Foram vários dias de máxima apreensão, principalmente com o enfrentamento entre o presidente do Supremo Tribunal Federal, Octavio Gallotti, que insistia em aumentar os salários dos ministros, e o presidente Itamar Franco, que determinou o bloqueio do pagamento a maior. No Legislativo, o aumento aprovado pela Câmara para os parlamentares, equiparando seus salários aos dos ministros do STF, foi derrubado no Senado. O ministro Fernando Henrique Cardoso e o procurador-geral da República, Aristides Junqueira, atuaram como mediadores entre Itamar e Gallotti, na busca de uma solução de compromisso por meio de alteração relativamente menor na MP que regulamentava a URV. Diante da irredutibilidade do presidente da República, as lideranças no Congresso, reunindo PMDB, PSDB, PFL, PPS E PPR, negociaram um projeto de lei que esclarecia a regra salarial sob a URV e ajustava a data, preservando os salários de março. A fórmula obteve o apoio do presidente do STF, mas Itamar ainda relutava. Estava travado na posição de que a regra original teria que ser respeitada. Nem isolado cedia. A crise, que já adquirira dimensões institucionais, chegou a inquietar os militares, os quais discutiram a situação em reunião do Alto-Comando e registraram sua preocupação e expectativa de uma saída negociada. Nos bastidores, havia indicações de que apoiavam o presidente da República contra o que julgavam defesa de privilégios pelo STF. Gallotti procurou minimizar as razões da crise que, reconheceu, havia atingido diretamente o Judiciário.[28] Após duas semanas difíceis, Itamar Franco aceitou a fórmula conciliatória de reeditar a MP, mudando a data de conversão dos salários dos três Poderes em URV para o dia 30 de março.[29] O Congresso aprovaria decreto legislativo regularizando o pagamento dos salários do mês de março, que tinham ficado a descoberto com a nova regra. Foi um teste de estresse institucional, em momento relativamente próximo ao trauma do impeachment, que mostrou a resiliência da ordem constitucional. Assim que se deu a distensão, Fernando Henrique Cardoso deixou o Ministério da Fazenda, retornando a suas funções de senador. Era o primeiro ato de sua candidatura à Presidência. Foi substituído pelo ministro Rubens Ricupero, um hábil negociador diplomático, que imediatamente garantiu a permanência da equipe econômica e a continuidade do plano de estabilização. A escolha foi do presidente, frustrando a equipe, que esperava que um dos seus membros assumisse o posto. Mas Ricupero tinha a vantagem do discurso fácil e conseguia explicar as questões sem recorrer ao jargão técnico.

As dificuldades iniciais da MP da URV no Congresso não se deveram a problemas na coalizão parlamentar. A razão primordial foi a falta de esforço do governo para aprová-la. Não era o momento. Ainda havia muita confusão em torno da ferramenta. Os conceitos básicos do Plano Real não tinham sido assimilados. A questão salarial continuava gerando insegurança para a maioria dos assalariados. Assim, no confronto, ainda predominavam as posições dos sindicalistas, a manter acesa a discussão recorrente sobre reposição das perdas. Era a pior etapa do plano, de confusão e quase contradição. Ao contrário dos outros, que foram decretados num dia determinado, esse era de construção progressiva e passava pela conversão, em grande parte voluntária, de ativos financeiros, salários e preços para a URV. Tudo era diferente e por isso causava estranheza. Por um lado, ele reacendia as esperanças de estabilidade, o que permitiria ao país superar a crise em que estava mergulhado fazia mais de uma década e retomar a trajetória de crescimento. Por outro lado, o que se via e sentia era a aceleração da remarcação de preços, o temor de perdas salariais e de desemprego. A lógica do Congresso brasileiro intervinha. Da perspectiva da dinâmica de discussão de projetos com amplas repercussões políticas e sociais, o plano teria inegável impacto eleitoral. Se estivesse indo bem no segundo semestre, ajudaria o candidato do governo e todos aqueles que fossem vistos como responsáveis pelo seu bom desempenho. Se estivesse indo mal, derrotaria o governo e todos que tivessem se comprometido com o plano. O prazo de tramitação da MP era visto por todos, estrategicamente, como de preparação do terreno para a decisão futura. Enquanto as principais questões relativas ao plano e seus efeitos não fossem dirimidas, ele não seria votado. Em dúvida, vota-se contra, mas como votar contra um projeto que alimentava tão poderosas esperanças na sociedade? Restava votar a favor: mas como votar a favor de um plano que a sociedade não havia assimilado e que poderia não dar certo? Então, não votar. Esperar. O governo reeditaria a MP, adicionando esclarecimentos, e, quando o plano apresentasse resultados e obtivesse manifestação mais clara da sociedade, seria aprovado.

Os economistas do PMDB, do PFL e do PPR já haviam informado a seus partidos que o plano, embora arriscado, poderia realmente criar as condições para estabilidade sustentada da moeda. Alertaram que a probabilidade de estar indo bem no período eleitoral era maior do que o risco de dar errado até lá. A oposição era político-ideológica ou corporativista, e isso os parlamentares sabiam identificar. Como sabiam reconhecer na insegurança da sociedade a mistura perplexa de esperança e temor. A indefinição na posição da sociedade, associada a divergências políticas e corporativistas no sistema político, produzia um impasse transitório, deixando o processo legislativo em suspenso. Era diferente das paralisias resultantes da polarização, que equilibrava relativamente os blocos a favor e contra e que não encontrava estímulo externo para se desfazer, diante da indiferença social. Na dúvida, os parlamentares usavam, então, uma tática no fundo simples: criavam obstáculos à aprovação do projeto do governo e propunham mudanças, mas sem votar. O fundamental é que, se o Congresso não consegue avaliar se a sociedade apoia ou não um projeto, ele segue um de dois caminhos: ou atende às demandas de grupos de interesses especiais, de forças organizadas e pressões corporativistas, exigindo elevadas compensações colaterais, ou espera, até que se rompa o silêncio da sociedade e se desfaçam as dúvidas da maioria social. No Plano Real, diante da perplexidade social, era o caso de esperar. Na sociedade, evidências de pesquisa qualitativa com grupos de assalariados indicavam que a URV ainda não tinha sido entendida. Houve problemas de comunicação do plano, a sociedade não entendeu. Havia muita insegurança com relação à ideia de "passar os salários para a URV e deixar os preços livres". Quando as pessoas comuns entendiam que a "urvização" protegia os salários da inflação do mês, passavam a temer por seu emprego. A memória social traumatizada pelas perdas com os choques fracassados não ajudava.

Ainda não passara o abalo com a recessão pós-plano Collor. Achavam que, se elas "ganhassem mais", os patrões perderiam e as demitiriam. Os assalariados só sentiriam conforto quando começassem a usar os novos salários e percebessem que seu poder de compra aumentava ou se sustentava sob as novas regras. As controvérsias em torno da candidatura do ministro da Fazenda pioravam o quadro político-econômico. Embora as dúvidas do ministro fossem naturais e legítimas, aumentavam a incerteza e as desconfianças sobre a sustentabilidade do plano. Os "contra" acusavam o plano de oportunismo eleitoral. Diziam que seria como o Cruzado, eleito FHC, explodiria. Com esse argumento, alimentavam as resistências à sua candidatura. A questão do oportunismo era inevitável. Não havia como afastar definitivamente a acusação. Falava-se em estelionato eleitoral. Enquanto a população permanecesse na dúvida sobre os benefícios do plano ou contra ele, as acusações pegavam. Se estivesse certa de que agora seria diferente, não pegariam. Não há político que não se aproveite do que o beneficia eleitoralmente. Só haveria uma hipótese em que o ministro, no comando de um plano desses, não sairia candidato: se houvesse um político mais forte do que ele, capaz de fazer a campanha do plano, ou se fosse possível a reeleição do presidente.

Para pavimentar a corrida de FHC rumo à Presidência, era preciso chegar à segunda e mais decisiva fase do plano, a transformação da URV em real e a substituição da velha moeda circulante pela nova. Isso teria que acontecer na virada do semestre, a tempo de estar tudo calmo nas eleições. Pesquisa do Ibope no fim de março de 1994 alimentou as esperanças de vitória do situacionismo. Lula estava na frente, como vinha acontecendo em todas as pesquisas desde a queda de Collor, com 37%. Mas Fernando Henrique apareceu em segundo, com 19%, e Brizola em terceiro, com 10%. Na pesquisa de fevereiro, FHC tinha 7%.[30] Poucos dias depois, pesquisa do Datafolha encontrou praticamente os mesmos índices de preferência eleitoral: Lula com 36%, FHC com 20%, e Brizola com 10%.[31]

No Legislativo, o escândalo do orçamento provocou a inédita cassação de mandato de seis deputados, por falta de decoro, inclusive do ex-presidente da Câmara, que comandara a autorização do impeachment de Collor, Ibsen Pinheiro (PMDB-RS). Outros quatro renunciaram para escapar à cassação pelos pares, e oito foram absolvidos. Com a URV em andamento, as cassações na Câmara e a mobilização dos partidos para a sucessão de Itamar Franco e eleições gerais, o país ia se arrumando, após as descontinuidades geradas pelo fracasso do Plano Collor e pelo impeachment do presidente. Em meados de maio, a convenção do PSDB aprovou por 177 a doze a coligação presidencial encabeçada por FHC com o PFL e o PTB.

Finalmente, a terceira versão da MP da URV foi aprovada, após acordo entre o PFL e a bancada ruralista, no dia 19 de maio de 1994, por 281 a 76. A equipe econômica podia preparar a transição para o Real. A aprovação no Senado foi simbólica. O acordo resultou em três concessões a demandas de grupos. Uma, salarial, assegurava reposição de perdas, se ocorressem, na comparação entre os salários convertidos em URV e a correção definida na antiga lei salarial. Outra, sobre o salário mínimo, pelo compromisso de enviar projeto de lei ao Congresso para aumentá-lo. A terceira, à bancada ruralista, o único grupo de interesse cuja representação no Congresso persistiu nas três eras republicanas, pela inclusão de artigo na MP garantindo a equivalência entre a correção dos preços mínimos dos produtos agrícolas e a do crédito rural.[32] No dia 27, pesquisa do Datafolha indicou que Lula havia subido de 37% para 40% na preferência do eleitorado e que Fernando Henrique caíra de 20% para 17%. Era o efeito da ansiedade com o segundo estágio do Real.

Se o plano de estabilização seguia uma trajetória positiva no Legislativo, a revisão constitucional fracassou, após oito meses de impasses.[33] A parcela da agenda revisora associada ao Real obteve aprovação relativamente tranquila, a requerer negociações de intensidade moderada e concessões parcimoniosas. Já, na agenda própria da revisão, dos 51 pareceres do relator Nelson Jobim (PMDB-RS) só catorze foram votados e, desses, nove foram rejeitados. Entre as seis únicas mudanças constitucionais aprovadas, uma dizia respeito ao Plano Real, criando o FSE — Fundo Social de Emergência. Apenas a alteração do artigo 12, que permitia a dupla nacionalidade, não tinha inspiração política conjuntural. Brasileiros que obtivessem outra nacionalidade não mais perderiam a brasileira. As demais mudanças eram políticas. O artigo 55 foi alterado em resposta à renúncia de quatro deputados para escapar à cassação do mandato. Com a emenda, ficava suspensa a renúncia de parlamentar sob processo que levasse à perda de mandato. Outra mudança, no artigo 50, permitia a convocação pelo Congresso de presidentes e diretores de órgãos públicos para prestar informações. Antes, estava autorizada somente a convocação de ministros. O artigo 14 foi mudado para incluir novas condições de elegibilidade de candidatos, e passou a exigir "probidade administrativa" e "moralidade" considerando a vida pregressa do candidato. Nova redação do artigo 82 reduziu o mandato presidencial de cinco para quatro anos, já valendo para aquele que se elegesse em 1994.[34]

A revisão constitucional havia reaberto contenciosos que dividiam, sem formar maiorias. O Plano Real constituía a agenda mais ajustada às aspirações sociais. Isso, em ano eleitoral, significava quase que um imperativo de apoio parlamentar. O destino da candidatura de Cardoso seria determinado pela trajetória das expectativas da população em relação ao Plano Real e à inflação. E essas expectativas responderiam a estímulos derivados das melhoras no conforto econômico produzidas pela política econômica. Pesquisa do Datafolha tentando captar as razões das preferências eleitorais mostrou que 45% dos que diziam preferir Fernando Henrique o faziam "porque fez o Plano Real e vai continuar o plano". No caso de Lula, as preferências se dispersavam em nove quesitos, com diferenças percentuais relativamente pequenas. Do mesmo modo, o maior número dos que diziam não votar em FHC dava como razão que "o Plano Real não está dando certo".[35] Nova rodada Datafolha, em junho, deu Lula com 41% e FHC com 19%. Quércia, o candidato do PMDB, rumava para o ocaso político, com parcos 6% de preferências.[36] O quadro não se alterara substancialmente em relação a maio. A inflação mensal nos três meses que antecederam o lançamento do Plano Real foi de 42,7% em abril, 44,0% em maio e 47,4% em junho. As preferências eleitorais expressavam a aflição com a aceleração inflacionária e a expectativa hesitante com a chegada da nova moeda. Faltavam quatro meses para as eleições, havia nervosismo no mercado financeiro e certa apatia na sociedade. Se o resultado que sairia das urnas não estava dado, o padrão de competição bipolar para a Presidência da República, que se repetiria por vinte anos, estava em consolidação.

Julho começou com uma grande operação logística para assegurar a circulação da nova moeda. Houve reações tumultuadas no mercado, os preços ficaram voláteis, mas o teste popular foi indiscutível. A nova moeda foi bem recebida, "pegou", e garantiu o caminho de FHC até o Palácio do Planalto.[37] Na época, subestimou-se o poder simbólico dessa troca de moedas, de meio circulante, a qual colocava no bolso das pessoas a cédula cujo valor não seria corroído pela hiperinflação que se vivia na velha moeda. A operação intelectual por trás do mecanismo de duplicidade de moedas não era trivial, mas a mensagem simbólica da troca efetiva, física, da moeda velha e desvalorizada pela nova e estável era direta e poderosa. Tal efeito apareceria imediatamente nas pesquisas de opinião. A inflação do primeiro mês com a nova moeda já em vigor foi de 6,8%. Em agosto, caiu para 1,9%. No final de julho, o Datafolha mostrou Lula e Fernando Henrique empatados, o petista caindo de 41% para 32% e o peessedebista subindo de 19% para 29% nas preferências eleitorais. Mais importante ainda, Fernando Henrique subia nas menções espontâneas, de 8% para 14%, e Lula caía de 22% para 17%. Na simulação de segundo turno, um confronto de popularidade um a um, Fernando Henrique superava Lula por sete pontos percentuais, 47% a 40%.[38] No fim de agosto, o Datafolha captou a probabilidade de vitória já no primeiro turno. Fernando Henrique, com 43%, estava vinte pontos percentuais acima de Lula, com 23%, e cinco pontos acima da soma das preferências de todos os candidatos. Na pesquisa espontânea, ele tinha 25%; era mais do que Lula conseguia nas respostas induzidas. O petista tinha 14% de menções espontâneas. A trajetória dessas respostas voluntárias era impressionante. Fernando Henrique partira de 8%, em julho, para 25%, no final de agosto, e Lula, de 22% para 14%.[39] A inflação havia caído de 47% para 7%.

A campanha não foi isenta de turbulência, mas os percalços não estavam na disputa eleitoral, deviam-se aos problemas internos do campo governista. Eles começaram com a troca de vices, quando o primeiro escolhido, o senador Guilherme Palmeira (PFL-AL), se viu envolvido em acusações de irregularidades e renunciou ao posto; em seu lugar entrou o senador Marco Maciel (PFL-PE). No início de setembro, um infeliz incidente com o ministro Ricupero levou o presidente Itamar Franco a afastá-lo do cargo, numa manobra rápida e certeira, substituindo-o pelo governador do Ceará, Ciro Gomes (PSDB-CE). No dia 18 de setembro, o Datafolha mostrou que a vantagem de FHC, com 45%, sobre Lula, com 21%, havia aumentado. A aprovação do Plano Real estava em 77%.[40] Desde que FHC ultrapassou Lula e chegou ao patamar de 45%, no qual ficaria até a boca da urna, as pesquisas indicavam sua vitória no primeiro turno.[41] A inflação continuava caindo, bateu 1,5% no final do mês.

13. O presidente do Real

Fernando Henrique Cardoso tornou-se o segundo presidente eleito da Terceira República e 16º eleito na República, com 54% dos votos, no dia 3 de outubro de 1994. A eleição para a Presidência foi tranquila. Mas para governadores e para renovação do Congresso houve muita disputa e problemas sérios. No Rio de Janeiro, o TRE anulou por irregularidades as eleições proporcionais, que tiveram que ser repetidas em 15 de novembro, juntamente com o segundo turno.

Itamar Franco completou o mandato de Collor de modo emaranhado, misturando momentos de decisão rápida e certeira a surtos de caprichosa teimosia e perigosas reações mercuriais. Esse comportamento provocou situações de considerável tensão. A personalidade irritadiça do presidente criou muitos atritos desnecessários. Sua ligeireza de resposta, mais frequente que seus instantes de indecisão, permitiu, todavia, que resolvesse sem demora as crises no ministério. Nos casos essenciais, fez as escolhas corretas. As substituições na Fazenda, de Eliseu Resende por Fernando Henrique Cardoso, de FHC por Rubens Ricupero e deste por Ciro Gomes, foram certeiras. Ricupero era a melhor pessoa para explicar o plano, no momento de perplexidade geral com o mistério da URV, que não era indexador nem moeda. Quando o sereno embaixador e paciente explicador cometeu um deslize de comunicação e teve que sair, o presidente chamou o aguerrido governador Ciro Gomes. Naquele ponto, o real precisava de um defensor sanguíneo, mais que de um intérprete. A agenda só continha um tópico, que era a inflação e o plano que deveria derrotá-la.

O Plano Real não produziu uma onda eleitoral avassaladora, como o Cruzado, mas gerou resultados muito bons para o governo e para o PSDB, elegendo o candidato do partido para a Presidência. Nas eleições proporcionais o impacto foi moderado. A "eleição do Cruzado" foi um caso isolado; não foi simultânea à eleição presidencial, a estrutura partidária ainda era concentrada e o presidente Sarney usou a máquina pública a favor do PMDB. Já na eleição de 1994, provavelmente o que se teve foi um moderado efeito de arrasto difuso, como argumenta o politólogo André Borges. O efeito da campanha presidencial sobre as eleições parlamentares foi amortecido pelas coligações multipartidárias, que distribuem a influência da campanha presidencial entre o partido do candidato majoritário e os partidos aliados. Esse impacto da candidatura presidencial nas eleições para deputados seria também reduzido pela complexa articulação entre as chapas federais e estaduais. As eleições para governadores exercem efeito de arrasto mais forte que a do presidente. Partidos que não apresentam candidatos a governador para apoiar parceiros de coligação tendem a perder representação na Câmara.[1] Esse seria um dos fatores eleitorais para a fragmentação partidária.[2]

O PSDB cresceu. Tasso Jereissati elegeu-se governador do Ceará no primeiro turno. O PSDB elegeu mais cinco governadores no segundo turno.[3] Ampliou sua bancada, tornando-se a terceira força na Câmara e a quarta no Senado. O número de deputados do partido subiu de 38, em 1990, para 63, 12% das cadeiras. O PMDB manteve-se como a primeira bancada, com 107 deputados, 21% do total. O PFL cresceu: de 83 para 89 deputados, 17% das cadeiras. O PTB, outro partido da coligação de FHC, elegeu 31 deputados (6%). Na renovação de dois terços do Senado, o PMDB elegeu o maior número de senadores, catorze, totalizando 23, e passou a 28% das cadeiras. O PFL elegeu onze, chegando a dezoito senadores, 22%. O PSDB fez nove, chegando a dez, 12%, a quarta maior bancada. O PP, com onze senadores, fez a terceira bancada. O PTB elegeu três senadores.

As diferenciações políticas no âmbito da federação dificultam muito a justaposição perfeita entre as coligações multipartidárias para presidente e para governadores. Como as eleições são simultâneas e há descasamento entre o voto federal e os estaduais, o presidente eleito sempre terá, para compor sua maioria, que ajustar a coalizão governamental à composição efetiva das bancadas no Congresso. As coligações presidenciais não são formadas para obter a maioria parlamentar, mas apenas para eleger o presidente. A negociação da coalizão governamental terá sempre, portanto, um grau a mais de complexidade. O presidente eleito, conhecedor da composição do Congresso saída das urnas, terá que manter seus compromissos com os partidos da coligação que o elegeu e, muito frequentemente, adicionar partidos que estiveram em coligações adversárias, para conseguir a maioria. Seria melhor, para facilitar a formação de maiorias, separar as eleições majoritárias das proporcionais e que as majoritárias fossem realizadas primeiro.

A coligação de Cardoso reunia o PSDB, o PFL e o PTB. Ela conquistou 36% das cadeiras da Câmara e 30% das cadeiras do Senado. A participação do PMDB, que disputou com candidato próprio e perdeu, foi essencial para formar a maioria nas duas Casas. É claro que ao PMDB interessava participar do governo. O partido entrava atrasado na negociação, mas com um cacife forte, a senha para a maioria. Com ele, Fernando Henrique alcançaria 57% dos votos na Câmara e 58% no Senado. Seria uma coalizão enxuta, cujo principal problema residiria em administrar o equilíbrio de forças, tendo por pivôs da coalizão, quase em igualdade de condições, o PMDB e o PFL.

Um dos problemas do sistema partidário brasileiro, além da hiperfragmentação, é a volatilidade das bancadas eleitas. Ela deriva da troca de legendas no Congresso. Esse troca-troca altera a correlação de forças partidárias dada pela eleição, com o jogo em andamento. Em 1994, as bancadas de julho eram bem diferentes das eleitas em 1990. O PMDB, por exemplo, entrou nas eleições daquele ano 12% menor do que saíra das urnas de 1990, e se recuperou, ficando com apenas uma cadeira a menos, na entrada da legislatura de 1995. O PFL, que ganhara adesões entre um pleito e outro, manteve praticamente inalterado o tamanho da bancada de julho de 1994, mas cresceu 10% em relação à eleita quatro anos antes. Os partidos que mais cresceram foram o PT e o PSDB, porém com trajetórias diferentes. O PT não era partido de receber adesões de parlamentares eleitos por outras legendas. Por isso, teve taxas de crescimento muito parecidas com as das eleições de 1990 e a da bancada de julho de 1994, em torno de 40%. O PSDB andou engordando entre eleições, por isso cresceu 66% em relação à bancada que elegeu em 1990, uma eleição particularmente infeliz para o partido. Sua bancada de 1995 foi 31% maior que a de julho do ano anterior.

Uma vantagem importante para Fernando Henrique foi que as eleições produziram um realinhamento partidário, pequeno mas relevante. O Centrão invertebrado deixou de ser majoritário. Centro-esquerda e centro-direita, a primeira liderada pelo PSDB e a segunda pelo PPR (ex-PDS), com apoios no PFL, se equivaliam, trazendo as negociações para um eixo central mais denso. Com as inevitáveis divisões internas por identidades rivais no PMDB e, em menor escala, no PFL, esses partidos teriam poder de fogo equivalente na coalizão. Tudo isso ampliava a força relativa do PSDB unido em torno do presidente. A capacidade de articulação do plenário pela elite parlamentar aumentou. Ela foi parcialmente renovada com a crise dos Anões do Orçamento, e sua composição melhorou da perspectiva do novo governo. Fernando Henrique Cardoso teve espaço para negociar as mudanças que julgava necessárias no quadro institucional do país, tanto à centro-esquerda quanto à centro-direita. E precisou das duas, pois no presidencialismo de coalizão brasileiro não havia então, e continua a não haver hoje, a possibilidade de formar uma única maioria estável para aprovar todas as medidas da agenda reformista presidencial. O que há são maiorias flutuantes, porque as clivagens em torno de cada tema cortam as bancadas partidárias diferentemente, dependendo da questão. Para cada questão controversa, será sempre necessário formar uma coalizão majoritária distinta. As variações são na margem. Elas decorrem de um jogo combinatório dentro da coalizão inicial, o qual afeta as margens de votos, fazendo a diferença entre a vitória e a derrota. É um jogo delicado de artifícios, em que todos os que votarão a favor sabem que o presidente terá que fazer concessões novas para vencer. Logo, todos reveem suas pautas de demandas para tentar dilatar os bônus a serem pagos por seus votos. Sabem que os destinatários principais dessas barganhas de margem são os detentores dos votos que completam a maioria. O presidente e seus articuladores, por seu lado, sabem os votos firmes que têm, e sabem que, para mantê-los, não precisam dar muito mais do que já deram e que podem fazer ofertas parcimoniosas àqueles que precisam conquistar, porque eles sofrerão pressão dos seus pares já convencidos. É uma queda de braço nas bordas da coalizão mas que pode fazer toda a diferença. É sempre um jogo a sério e as jogadas erradas implicam perdas reais, seja para o governo, que não consegue aprovar o que precisa, seja para os parlamentares, cujos bônus dependem dessa aprovação.

    Assim como no plano partidário nacional, as eleições deram ao presidente boa área de manobra para formar alianças na federação. Entre peessedebistas, aliados de primeira hora e aliados condicionais, Fernando Henrique poderia contar com os governadores dos nove grandes estados da federação, representados por 63% da bancada na Câmara dos Deputados. Eles exerciam liderança suficiente para ajudar a desbloquear o processo legislativo. Nos três estados do Sul, os eleitos tinham afinidades com sua agenda. No Rio Grande do Sul, Antônio Britto (PMDB-RS) era aliado de primeira hora. O governador do Paraná, Jaime Lerner (PFL-PR), compartilhava, em grande medida, a visão dominante no PSDB sobre as mudanças necessárias ao país. O de Santa Catarina, Paulo Afonso (PMDB-SC), dera sinais imediatos de que seria cooperativo. Mas o PMDB do estado, que tinha a presidência nacional do partido, era atrasado e poderia ser um dos polos de dificuldades para FHC na bancada partidária. No Sudeste, o PSDB passou a controlar os três maiores estados, com Mário Covas (SP), Marcelo Alencar (RJ) e Eduardo Azeredo (MG). Eles representavam 33% das cadeiras na Câmara. Covas, de longe a mais límpida dessas lideranças do partido, ainda resistia a algumas das teses mais liberais da agenda presidencial. Contudo, homem de fidelidade partidária, compartilhava o projeto político e societário mais amplo de FHC. No Nordeste, o PSDB venceu no Ceará, com Tasso Jereissati. Na Bahia, Antonio Carlos Magalhães (PFL-BA), um aliado de primeira hora, embora de personalidade forte, elegeu-se senador e fez Paulo Souto, um político do seu grupo de fiéis, governador. A principal oposição estava em Pernambuco, que elegeu Miguel Arraes. Mas FHC contava com o apoio de várias lideranças importantes no estado, como seu vice, Marco Maciel (PFL-PE), Jarbas Vasconcelos (PMDB-PE), Gustavo Krause (PFL-PE), e tinha a simpatia "problematizada" de Roberto Freire (PPS-PE).

O polo complicador era o campo fisiológico, cujas figuras centrais eram Jader Barbalho (PMDB-PA) e Iris Rezende (PMDB-GO). O primeiro seria afastado ao longo do mandato de FHC, por conflitos no Senado. O segundo seria neutralizado pelo condomínio de poder que se consolidou no partido, nos anos seguintes, e passou a manter sob seu estrito controle a distribuição dos bônus da coalizão. Em outras palavras, parte do Centrão invertebrado se transformaria num centro clientelista vertebrado por esse condomínio de lideranças e seus seguidores, cujos síndicos eram Michel Temer, Eliseu Padilha, Geddel Vieira Lima, Henrique Eduardo Alves e Wellington Moreira Franco.

Desde a vitória, Fernando Henrique havia iniciado negociações com lideranças do PMDB. O presidente teria que dividir o poder governamental com a parte do PMDB que assumira a responsabilidade de assegurar o sucesso do segundo governo eleito diretamente no regime de 1988. Nas reuniões com o partido, os governadores que contavam mais, por seu peso pessoal e pela relevância dos estados que comandariam, estavam politicamente alinhados ao novo governo e reconheciam a autonomia do presidente na montagem deste. O principal representante de Orestes Quércia (PMDB-SP), Maguito Vilela (PMDB-GO), era político de luz inteiramente reflexa e exagerava nos esforços de atrapalhar. Os dois seriam neutralizados pelo emergente condomínio interno do poder. O presidente do PMDB, Luís Henrique (PMDB-SC), precisava do acordo para valorizar sua precária liderança. A facção paulista, a mais importante na época, estava dividida. Tinha um grupo de parlamentares com visão muito semelhante à de FHC. O grupo de Quércia, em oposição, estava em decadência. Seu ocaso abria o espaço para a formação do novo condomínio do poder por seu rival Michel Temer, que ele havia derrotado várias vezes no passado. Era a revanche de Temer.

Para fechar o ministério e ajustar a coalizão, Fernando Henrique conseguiu limitar as concessões clientelistas. Para ele, era estratégico preservar a equipe econômica da influência partidária. Um dos primeiros ministérios a ser ocupado foi o da Fazenda, entregue ao presidente do Banco Central, Pedro Malan. Para seu lugar, FHC nomeou Pérsio Arida. O BNDES, que teria papel importante na privatização, ficou com Edmar Bacha. José Serra (PSDB-SP) foi para o Planejamento. Apesar de suas divergências em relação ao Plano Real, em particular à âncora cambial, ele seria responsável pelo ajuste fiscal e pela política orçamentária, terreno que dominava com solidez. Bresser-Pereira recebeu a Secretaria de Administração Federal para se encarregar da reforma administrativa. FHC reservou ainda ao PSDB paulista os ministérios das Comunicações, com Sérgio Motta, e da Educação, com Paulo Renato Sousa. Ao PFL, entregou a Previdência, Minas e Energia, e Meio Ambiente, e, ao PMDB, Justiça, Transportes e Políticas Regionais. Para a Justiça e os Transportes, o presidente convocou dois quadros do Rio Grande do Sul, considerados parte da reserva de qualidade minguante do partido, Nelson Jobim e Odacir Klein, respectivamente. Este último, oriundo da fase histórica do MDB e mais à esquerda do que a sua mediana. Além disso, Fernando Henrique fez acordo para a eleição de Luís Eduardo Magalhães (PFL-BA) para a presidência da Câmara. Ele foi eleito por 384 votos a 85, em 2 de fevereiro de 1995. O Senado seria presidido pelo PMDB. Acabou sendo eleito, por articulação própria, o senador José Sarney, que não era confiável. Essa foi, efetivamente, a primeira experiência concreta de formação de uma coalizão majoritária de governo na Terceira República. Era equilibrada — com o PSDB na Presidência da República, o PFL e o PMDB no comando da Câmara e do Senado, respectivamente.

A principal apreensão do novo governo era pela continuidade da política de estabilização. Ele começava cercado de expectativas muito positivas. Pesquisa do Datafolha mostrou que 70% esperavam que fosse ótimo ou bom. O Plano Real tinha amplo apoio na sociedade: 79% achavam que era bom para o país, e 56%, que seriam beneficiados por ele. Só 18% temiam ser prejudicados.[4] O discurso econômico do novo governo foi sintetizado pelos dois ministros da área econômica, Pedro Malan e José Serra, em discursos de posse convergentes. A prioridade continuava sendo a estabilização. O passo indispensável que faltava era o ajuste fiscal. Defenderam a privatização e a necessidade de aprovar a reforma tributária. Serra evitou entrar na questão cambial. Malan disse que era necessário discutir "os regimes monetário e cambial mais adequados a um país que caminha na direção de uma estabilidade duradoura, sustentável e de uma retomada do crescimento e investimento com justiça social". O crescimento com justiça social teve destaque no discurso de posse do presidente.

A agenda de fim de legislatura do Congresso continha duas pendências de risco. Uma era o aumento para o salário mínimo, proposto pela esquerda e aprovado com apoio de uma parcela de votos dos partidos que agora estavam na coalizão de governo. A expectativa era de que o presidente o vetasse. Outra, a anistia ao ex-presidente do Senado e do Congresso, Humberto Lucena (PMDB-PB), cuja candidatura fora cassada pelo Tribunal Superior Eleitoral por ele ter usado a gráfica do Senado para imprimir 130 mil calendários distribuídos entre seus eleitores. Eleito com base em liminar suspensiva, perdeu o mandato e os direitos políticos depois de o Supremo Tribunal Federal julgar improcedente o recurso. Os senadores atrasavam a aprovação do nome de Pérsio Arida para o Banco Central, condicionando-a à atitude presidencial sobre a anistia. Se a negasse, Cardoso contrariaria parte significativa de sua coalizão parlamentar recém-formada, mas teria a opinião pública a seu favor. Se a sancionasse, estaria dando aprovação tácita a que o Congresso modificasse uma decisão do TSE sobre descumprimento da lei eleitoral. Era uma questão institucionalmente crítica, pois confrontava duas visões inteiramente distintas do sistema de "freios e contrapesos", essencial para a democracia republicana e para a eficácia da divisão de poderes no regime presidencialista. O Legislativo considerava legítimo modificar a decisão de outro Poder, sempre que ela dissesse respeito a suas próprias decisões ou a seus membros. Os que eram contra sustentavam que o sistema de freios e contrapesos requer que as decisões de um Poder sejam irretocáveis por outro Poder, sempre que elas sejam tomadas no exercício de mandato constitucional ou legal. A não ser que a Constituição autorizasse expressamente a ação modificadora, em casos específicos, como ocorre, por exemplo, com o veto.

O caso Lucena era emblemático: a população o via como símbolo das práticas políticas que condenava e desprezava. A escolha do presidente Fernando Henrique não era trivial. Qualquer decisão teria custos políticos e institucionais. Ele preferiu encarar o dilema como um simples problema de composição política. Em seu diário, explicou que "a anistia não é ao Lucena, pega uma porção de gente. Pega o Albano Franco, o presidente Sarney, uns trinta senadores e deputados [...]. A solução foi fazer essa dupla cirurgia desagradável, aprovar a anistia ao Lucena e vetar a questão do salário mínimo".[5] Antes mesmo de o presidente decidir sobre a anistia e o veto, sua popularidade caíra pela metade. No final de janeiro de 1995, pesquisa do Datafolha registrou que apenas 36% consideravam seu começo de governo ótimo/bom e que 15% o achavam ruim/péssimo. O apoio ao Real, todavia, continuava forte, 75% o consideravam bom para o país. As escolhas presidenciais haviam contrariado as preferências populares. Para 77%, FHC deveria ter mantido a decisão do Congresso de aumentar o salário mínimo.[6]

A crise do México, inesperada pelas repercussões amplas além das fronteiras do país, aumentou bruscamente a intensidade dos ataques à âncora cambial. O "efeito tequila" assombrou a equipe econômica e ameaçou diretamente o câmbio, o ponto nevrálgico da estabilização brasileira. O México, ao contrário do Brasil, havia iniciado seu plano no último trimestre de 1987, com profunda fragilidade estrutural do balanço de pagamentos. O Brasil fizera um forte ajuste estrutural no balanço de pagamentos para enfrentar a crise da dívida. O México aprofundou sua dependência da economia dos EUA, com os quais tinha 75% de seu fluxo comercial. Economicamente, havia argumentos bons, favoráveis e contrários a mexer na âncora cambial. Mas, nos momentos iniciais do governo, o risco político era mais grave que os riscos econômicos. A crise piorou no começo de março de 1995 e atingiu a economia argentina, gerando apreensão no mercado mundial pela possibilidade de o efeito dominó atingir o Brasil. As pressões por mudança no câmbio ficaram incontornáveis, não apenas por causa das demandas do patriciado industrial paulista por proteção, mas também pela forte pressão do mercado financeiro sobre o Banco Central. O governo subestimou a crise mexicana e seu poder de contágio. Foi surpreendido por ela. Antecipou a flexibilização do câmbio, instituindo um sistema de bandas cambiais, fixando os limites de variação do dólar. Não foi uma decisão fácil. Havia forte divisão na equipe econômica. José Serra, Pérsio Arida e Francisco Lopes defendiam uma desvalorização agressiva do real. José Roberto Mendonça de Barros, um dos que diziam estar o câmbio defasado, achava que não era hora de fazer uma mudança tão drástica. Gustavo Franco era contra mexer no câmbio. Se fosse para mexer, deveria ser muito lentamente. Propôs que se saísse do câmbio fixo para o regime de bandas e explicou aos jornalistas que se tratava de uma "flutuação mitigada". A banda mais larga seria de referência, para dar horizonte ao mercado. Dentro dela, uma banda mais estreita definia a flutuação permitida. Foi uma operação engenhosa, que resultou de um compromisso, mas cuja comunicação se deu de forma desastrada. Em mercado, informação que se passa mal vira problema real. A operação da banda foi atribulada. Em seu diário, Fernando Henrique contou que "houve de fato um pega para capar, dificuldades imensas. O Pérsio me disse que tinha sido obrigado a ir pessoalmente à mesa de operações".[7] Houve uma grande fuga de capitais nos dias seguintes, até que a reação amainou. As cicatrizes permaneceram, na equipe, no mercado e nas expectativas das pessoas. A desvalorização gerou insegurança social com os rumos da inflação. Para o consumidor comum, o real seria estável, enquanto estivesse alinhado ao dólar.

No começo de fevereiro, foi sancionada a Lei de Concessões Públicas, que abria a exploração de serviços como distribuição de energia elétrica e abastecimento de água à iniciativa privada. O governo decidiu negociar as reformas constitucionais. Eram parte do seu projeto político-econômico. Elas estavam focadas no capítulo econômico da Constituição. Fernando Henrique se propunha a fazer, em parte, o que a revisão constitucional não fizera. Em março, o Datafolha mostrou ligeira recuperação da popularidade presidencial, com 40% de aprovação.[8] O apoio ao Real continuava robusto, mas o pessimismo aumentou. No início de maio de 1995, mal vencida a ressaca da crise cambial, veio a primeira vitória. A Câmara aprovou em primeiro turno, por 468 votos a oito, o fim do monopólio estatal na distribuição do gás natural. Na Comissão de Constituição e Justiça da Câmara, foi aprovada a emenda da reforma da Previdência Social, por 29 a dez. Simultaneamente, caiu a cotação do dólar, com a volta do fluxo de entrada de capitais externos. Mas essa vitória e a perspectiva de votação de emenda acabando com o monopólio do petróleo levaram os petroleiros à greve. Eles tiveram a solidariedade da CUT, que convocou greve geral contra as reformas. Decisão do Tribunal Superior do Trabalho considerou a greve abusiva e frustrou o movimento. A paralisação dos petroleiros, ao contrário, prejudicou o suprimento de combustíveis, teve ocupações de refinarias e prosseguiu mesmo depois de ser julgada abusiva pelo TST. Foram trinta dias parados. A greve terminou com uma saída negociada, da qual participaram lideranças do PT, buscando reduzir as punições.

O mês de maio, apesar da instabilidade provocada pelas greves, foi politicamente profícuo. No dia 10, passou, em primeiro turno, a emenda que redefiniu o conceito de empresa nacional, eliminando restrições ao capital estrangeiro, por 369 votos a 103. No dia 16, foi a vez de a emenda do gás canalizado passar em segundo turno, por 373 a 53. No dia 17, foi aprovada, em primeiro turno, na Câmara, emenda acabando com a reserva de mercado na navegação de cabotagem, por 359 votos a 110. No dia 23, a mudança na definição constitucional de empresa nacional foi aprovada em segundo turno, por 349 a 105. No dia seguinte, a Câmara aprovou, em primeiro turno, o fim do monopólio estatal das telecomunicações, por 348 a 140. A emenda que acabou com a reserva de mercado na navegação de cabotagem foi aprovada em segundo turno, por 360 votos a 113, no dia 31. Fechava um mês de impressionante demonstração de eficácia da coalizão de FHC.

A onda favorável continuou em junho, com a aprovação, em segundo turno, no dia 6, do fim do monopólio estatal das telecomunicações, que abriria o caminho para a privatização e a modernização tecnológica do setor, por 357 votos a 136. O setor de telefonia estava atrasadíssimo em relação ao resto do mundo, com uma rede analógica obsoleta, na beira da expansão acelerada da telefonia móvel digital. No dia seguinte, foi aprovada, em primeiro turno, a flexibilização do monopólio estatal do petróleo, permitindo a participação de empresas privadas na exploração e produção, por 364 a 141. Ela foi confirmada, em segundo turno, no dia 20, por 360 a 129. No dia 10, a Câmara aprovou, em primeiro turno, a criação da Contribuição Provisória sobre Movimentações

Financeiras (CPMF), em substituição ao IPMF, como parte do financiamento da Saúde, por 326 votos a 144. O segundo turno da CPMF ocorreu no dia 24 e o projeto foi aprovado por 328 a 123. O P de provisória ficou.

No final do mês de junho, a boa fase para o governo chegou ao Senado. No dia 27, foram aprovadas, em primeiro turno, as emendas sobre conceito de empresa nacional, por 63 votos a catorze, e o fim da reserva de mercado na navegação de cabotagem, por 63 a oito. Em 3 de julho, foi aprovado, em primeiro turno, o fim do monopólio estatal nas telecomunicações, por 62 votos a doze. No dia 8 de agosto, o Senado aprovou, em segundo turno, as emendas sobre gás canalizado, por 61 a sete; conceito de empresa nacional, por 61 a doze; e fim da reserva de mercado na navegação de cabotagem, por 58 a dez. Dois dias depois, foi aprovado, em segundo turno, o fim do monopólio estatal nas telecomunicações, por 65 votos a doze. No dia 15, o presidente do Congresso, senador José Sarney (PMDB-AP), promulgou quatro emendas: distribuição do gás canalizado, navegação de cabotagem, conceito de empresa nacional e telecomunicações. Em 18 de outubro, o Senado aprovou, em primeiro turno, a emenda flexibilizando o monopólio da Petrobras, por 58 votos a dezessete, e a CPMF, por 57 a treze. Em novembro, a Câmara aprovou, em primeiro turno, por 345 a 91, a prorrogação, por mais dezoito meses, do Fundo Social de Emergência, que ganhou denominação mais verdadeira de Fundo de Estabilização Fiscal. Em 8 de novembro, o Senado aprovou, em segundo turno, a flexibilização do monopólio da Petrobras, por sessenta votos a quinze, e a CPMF, por sessenta a doze. Foi aprovada na Câmara, em segundo turno, a prorrogação do Fundo de Estabilização Fiscal por mais dezoito meses, por 345 a 91, no dia 22. O governo queria dois anos, levou dezoito meses.

Em julho, o Plano Real completou um ano com inflação mensal de 2%, 32% em doze meses. A popularidade do presidente, medida pelo Datafolha, havia ficado estável, com 40% de aprovação. O apoio popular ao plano continuava alto, 69% o consideravam bom para o país. O otimismo cresceu e o pessimismo caiu. A força política do governo era inegável. O mutirão de reformas constitucionais quase não afetou os gastos fiscais com a gestão da coalizão. De acordo com os dados levantados por Carlos Pereira e Frederico Bertholini — cedidos gentilmente pelos autores para que eu fizesse estes cálculos —, o custo fiscal médio da coalizão, ou seja, a média do gasto total dos ministérios destinado a partidos políticos, no trimestre referente à aprovação das reformas, foi 7% superior à média do primeiro trimestre de 1995.[9]

A aprovação das reformas ajudou ligeiramente a imagem do presidente. O Datafolha registrou, no começo de outubro, que sua aprovação havia subido para 42%. O apoio ao Real era de 68%. O Plano ia se rotinizando no cotidiano do país. As expectativas para a inflação melhoraram, mas, para o emprego, pioraram e havia razão para tanto.[10]

O governo se preparava para as reformas mais difíceis, a administrativa e a previdenciária.[11] A reforma administrativa proposta por Bresser-Pereira trazia medidas polêmicas que flexibilizavam a estabilidade de funcionários públicos. Além disso, continha inovações organizacionais e gerenciais como a criação de organizações sociais e agências executivas. Foram dois meses de impasse e intensas negociações só na Comissão de Constituição e Justiça. A coalizão governista ficou dividida. Foi um jogo de pressão de lideranças, concessões colaterais, com nomeações de indicados para cargos públicos pelos membros da coalizão na CCJ, liberação de verbas. A proposta mais polêmica era a demissão de funcionários públicos estáveis por necessidade da administração pública. Bresser negociou intensamente e foi capaz de oferecer soluções para as principais objeções dos aliados. O parecer do relator da CCJ, Prisco Viana (PPB-BA), considerou inconstitucionais quase todos os itens sobre o funcionalismo. Bresser, entretanto, fechou um acordo com as lideranças da coalizão de governo e propôs fórmulas de compromisso nos pontos mais difíceis. No fim, a vitória do governo, embora apertada, foi completa. Conseguiram manter praticamente todas as medidas.

Fernando Henrique já havia começado a negociar a emenda que permitiria sua reeleição. Essa iniciativa seria um divisor de águas no seu primeiro mandato. Antes, ele era um presidente popular, ancorado num programa econômico com forte apoio geral. Propunha medidas que estavam associadas ao sucesso do Real. Depois da entrada da reeleição na agenda, passou a ser um presidente que dependia de sua coalizão para realizar o seu projeto político pessoal.[12] O custo das compensações colaterais, na primeira situação, era baixo. Os custos compensatórios da segunda eram altos.[13] Coalizões são um jogo de poder. Poder é sempre um jogo de soma zero. Alguém cede poder, para alguém ganhar poder. Portanto, uma coalizão é uma cessão calculada de poder. O presidente cede estrategicamente poder sobre a alocação de recursos públicos e nomeações para cargos de confiança com poder de decisão e de distribuição. O partido cede estrategicamente poder de veto. No caso brasileiro, a coalizão é um contrato de cessão de poderes a título precário, que precisa ser revisto toda vez que entra em pauta um item da agenda de valor do presidente. É isso que explica esse perde-ganha, mesmo num governo que tem a maioria nominal sob controle de sua coalizão.

A emenda da reeleição já tramitava no Congresso, embora não por iniciativa de Fernando Henrique. O senador Antonio Carlos Magalhães teria sugerido a ele só colocá-la em votação em 1997. Mas tornou público seu apoio, a seu modo, "se o Fernando Henrique for candidato, voto nele. Até a contragosto".[14] A repercussão negativa no Congresso fez com que Magalhães recuasse: "eu não lancei nada [...]. Sou a favor do princípio de uma reeleição em todos os níveis. Mas o momento político não indica um ambiente para se discutir esse assunto agora".[15] No começo de novembro de 1995, ministros ligados a FHC, principalmente Sérgio Motta e Bresser-Pereira, defenderam publicamente a emenda, levando a imprensa a noticiar que iniciariam uma ofensiva no Congresso para apressar a tramitação. Fernando Henrique, em viagem a Buenos Aires, disse que o "Congresso, ao tomar a decisão de reduzir o mandato para quatro anos e não fazer a reeleição, colocou diante de si mesmo uma questão que não deve ser colocada em termos de presidente. Eu não estou pensando nisso. Acho que temos outros problemas que são mais urgentes, como as reformas". O presidente disse, também, que o Congresso deveria tratar do tema "sem nenhuma inibição".[16] FHC preferia o impossível, que tudo fosse discutido em tese, se era bom ou não para o país, mas sem envolvê-lo. Reconhecia, porém, que para ele a aprovação da emenda teria "uma vantagem grande. Segura de imediato a sucessão prematura. Sem que eu me comprometa com a reeleição".[17] A reação na coalizão foi imediata e esperada, os líderes dos dois partidos-pivô, Inocêncio de Oliveira, do PFL, e Michel Temer, do PMDB, não aceitaram discutir a reeleição. Era um sinal de que, para ela entrar realmente na pauta, o governo teria que pagar pedágio. Inocêncio de Oliveira disse que era "uma operação com um risco enorme e fora de ocasião. O momento de tratar desse assunto será quando a opinião pública sobre o governo estiver consolidada".[18] Temer disse que era inoportuna. Fernando Henrique lavou as mãos: "acho que o Congresso deve tomar a decisão que quiser. Mas sem a minha interferência".[19] Duas coisas eram certas. O Congresso não discutiria a reeleição, em tese, como queria FHC, mas discutiria a reeleição dele, estendendo esse direito aos futuros presidentes. Ele pagaria todo o custo da realização de um projeto pessoal. A evocação do tema interferiu na negociação das reformas, que já enfrentavam mais dificuldade do que as anteriores. Em política, como no mercado financeiro, o que deve acontecer no futuro é antecipado para o presente imediato. Os agentes não esperam os eventos que estão no horizonte das possibilidades concretas, agem como se eles já estivessem presentes e criam expectativas imediatas de compensações colaterais e estratégias de ação adaptando-se preventivamente à nova situação. Desde a entrada da reeleição em pauta, o PFL começou a pressionar por aumento de sua participação no governo.

Em dezembro, pesquisa do Datafolha mostrava recuperação da aprovação do Plano Real, para 72%, e permanência da popularidade de Fernando Henrique Cardoso em 41% de aprovação.[20] A inflação continuava em queda, e fechou 1995 em 22%. No ano seguinte fechou em um dígito, patamar no qual tem se mantido com apenas breves interrupções.

O movimento de migração partidária alterou relativamente a correlação de forças entre os parceiros na coalizão de FHC. O PMDB perdeu dez deputados e sua bancada caiu de 107 para 97 deputados. O PFL cresceu de 89 para 95 deputados, equiparando-se ao PMDB. O PSDB cresceu de 63 para oitenta deputados, às custas da coerência interna. Mas adquiriu mais musculatura parlamentar para ombrear-se aos dois pivôs de sua coalizão. Ainda tinha o PTB, cuja representação caiu de 32 para 28 cadeiras.[21]

O resultado da avaliação do Real e do presidente restaurou as forças políticas do governo, abaladas pela entrada precoce da reeleição na pauta e pelos ataques à equipe econômica, principalmente em razão da crise dos bancos. Em janeiro de 1996, apostava-se no acordo fechado entre governo, centrais sindicais e Legislativo para a reforma da Previdência.[22] Mas os partidos da coalizão, especialmente o PMDB, reclamavam do descaso dos ministros com suas demandas e dos cortes de verbas para os ministérios sob seu controle. O acordo com as centrais sindicais esgarçou a relação entre o PT e a CUT. As concessões feitas à CUT, a maior das centrais, incomodaram a Força Sindical. Essas contrariedades adiaram a votação da emenda da reforma previdenciária e provocaram idas e vindas no processo de decisão. Nenhum acordo fora do plenário seria suficiente para garantir o resultado das votações no Congresso. Os desencontros implodiram a comissão especial que deveria examinar a emenda da Previdência, e o presidente da Câmara, Luís Eduardo Magalhães (PFL-BA), decidiu enviar a discussão diretamente ao plenário.[23]

Em fevereiro de 1996, Fernando Henrique teve, novamente, que desautorizar as pressões pela reeleição. O PFL dividia-se sobre a conveniência do tema. Mas não havia mais o que fazer, a questão estava solta nos corredores do poder e assombraria todas as negociações em torno de propostas de reformas ou políticas feitas pelo presidente. No início de março, com a iminência da chegada ao plenário do relatório do deputado Euler Ribeiro sobre a Previdência, o presidente da CUT retirou a central do acordo. Alegou que o governo havia feito "corpo mole" e não manteve no relatório o que fora acertado.[24] A questão dos bancos, em particular do Banco Econômico, provocava, também, divisões e conflitos na coalizão governista. Durante depoimento do presidente do BC, Gustavo Loyola, por exemplo, os senadores Antonio Carlos Magalhães (PFL-BA) e Ney Suassuna (PMDB-PB) se desavieram e o baiano acabou agredindo fisicamente o paraibano. No dia 6 de março, o plenário da Câmara rejeitou o relatório de Euler Ribeiro e o substitutivo por ele apresentado. Antes da votação do parecer, logo na abertura do Grande Expediente, requerimento dos líderes governistas pediu o encerramento da discussão, para votação imediata da matéria. Foi aprovado por 333 votos a 128. O governo tinha número para aprovar o substitutivo. Mas não foi o que ocorreu. Foram 294 votos a 190. Faltaram catorze votos para a maioria necessária de 308.[25] Restava ao governo tentar votar o projeto original, que sofria muita objeção. Reforma da Previdência e um presidente querendo aprovar a reeleição da qual seria o primeiro beneficiário eram uma combinação explosiva. O governo não havia se mostrado disposto a dar compensações compatíveis com a percepção dos parlamentares sobre o valor de barganha da reeleição. A média dos gastos fiscais de gestão da coalizão no primeiro semestre de 1996 foi 8% inferior à média do primeiro semestre de 1995.

Foi a primeira grande derrota de FHC nas reformas. Mas não foi seu único dissabor. O presidente do Senado, José Sarney (PMDB-AP), escalava o confronto com o governo e, por manobra sua, o Senado aprovou CPI para investigar o mercado financeiro. O presidente preocupava-se com as repercussões da CPI sobre o sistema financeiro. Na convenção do PMDB, com o auxílio de governadores e parlamentares fiéis ao governo, ele conseguiu neutralizar as ações do presidente do partido, Pais de Andrade, que queria votar moção contra a reforma da Previdência, e de Sarney propondo que o partido incorporasse a CPI dos Bancos à sua agenda. Não havia jeito. Ou Fernando Henrique se dispunha a dar compensações colaterais, a abrir a temporada do toma-lá-dá-cá, ou perderia de vez a reforma. A derrubada do substitutivo criava uma considerável dificuldade regimental para votar a emenda original, sem parecer. O presidente da Câmara, Luís Eduardo Magalhães, retomou, quinze dias depois, a votação da emenda.[26] Após um intrincado debate regimental, pôs em votação a "emenda aglutinativa substitutiva n. 6". "Como a emenda é substitutiva e se assenta sobre o conjunto da matéria neste momento em processo de votação, antes de passar à sua votação", explicou, teve que designar "para relatá-la em plenário o sr. deputado Michel Temer, em substituição à comissão especial".[27] O condomínio que começava a se formar no PMDB dispunha-se a ajudar FHC. Geddel Vieira Lima era um dos subscritores do substitutivo. Temer, o relator. A emenda tinha todas as marcas do improviso e do afogadilho, inclusive trechos escritos à mão, redigidos de última hora.[28] O parecer foi votado e aprovado por uma margem expressiva, 351 votos a 139.

Durante os quinze dias entre uma votação e outra, o governo cedeu às pressões da coalizão e pôs em movimento os recursos de patronagem de que dispunha. Liberou verbas para obras nos estados dos parlamentares recalcitrantes e nomeou indicados para cargos de segundo e terceiro escalão. O governador do Ceará, Tasso Jereissati, justificou dizendo que "é praticamente impossível, nas circunstâncias atuais, fazer valer alguns projetos sem um pouco dessa prática".[29] No Senado, as compensações também valeram, e a CPI dos Bancos foi arquivada por 48 votos a 24. O presidente, realista, não ficou satisfeito. Em seu diário, registrou: "foi o dia da virada. Ganhamos tudo. Ganhamos na Câmara, uma vitória de Pirro, ou seja, 352 votos contra 134, mas para ganhar o quê? A proposta Michel Temer. Muito pouco avanço. [...] Politicamente vitória estupenda". Sobre a votação na CPI do Senado, avaliou que "a votação foi dois terços a um terço, muito expressiva, deixando o PMDB e o Sarney numa posição extremamente delicada".[30] Em julho e em agosto, a conta bateu. Os gastos médios com a coalizão foram 12% maiores que nos mesmos meses de 1995.

Talvez animado com a margem das vitórias, Fernando Henrique voltou a incentivar a discussão da reeleição. Mas, cada vez que o tema entrava em pauta, mais ele se enfraquecia diante da coalizão e tinha que ceder às pressões clientelistas.[31] Incomodado com as críticas ao toma-lá-dá-cá para aprovar o primeiro turno da Previdência, disse que não desejava "o apoio comprado, mas o apoio espontâneo de quem acredita nas reformas". E exagerou: "este Brasil da fisiologia já acabou".[32] A batalha da Previdência não havia terminado e o risco aumentava, com a proximidade das eleições e a reentrada do tema da reeleição na agenda. No dia 13 de abril, ela foi judicializada. O ministro Marco Aurélio Mello suspendeu a tramitação da emenda Temer, por "desprezo ao processo legislativo", a pedido dos partidos da oposição. Esse recurso ao Supremo Tribunal Federal, que se rotinizava, buscava transformar o tribunal em instrumento de desempate do jogo político. O STF se tornava o árbitro não apenas dos conflitos Legislativo/Executivo, mas também dos desencontros naturais entre governo e oposição no processo legislativo. Seria uma tendência inexorável do presidencialismo de coalizão reformado e se aprofundaria ao longo do tempo.

O governo enfrentava um mau momento. Sua principal reforma estava parada pelo Judiciário. Fernando Henrique enfrentava também o bloqueio estratégico dos parceiros na coalizão governista, à espera de mais compensações colaterais, por uma pauta que incluía a reeleição. No final de abril, numa tentativa de dar respostas mais efetivas em todas essas frentes, ele resolveu promover a reforma do ministério. Foram criados dois ministérios extraordinários. Um para Coordenação Política, destinado a destravar a agenda parlamentar. Foi entregue ao deputado Luís Carlos Santos (PMDB-SP), o qual advogava uma saída que conciliasse a aprovação da reforma da Previdência e da emenda da reeleição, sem que esta prejudicasse aquela. O deputado era daqueles parlamentares jeitosos que conseguem ser amigos de adversários entre si. Dava-se muito bem com Fernando Henrique, Itamar Franco e José Sarney. Se alguém podia assegurar melhores relações com o PMDB, com o menor custo possível, seria ele. O acordo de compensações com o PMDB foi discutido e aprovado por FHC com os três líderes do PFL, Jorge Bornhausen, Luís Eduardo Magalhães e o vice-presidente Marco Maciel.[33] O outro ministério, para Reforma Agrária, foi entregue ao então presidente do Ibama, Raul Jungmann (PPS-PE). Ele visava dar uma resposta mais efetiva e de longo prazo ao massacre de Eldorado dos Carajás, diante da evidente falha de prevenção de uma tragédia anunciada. O massacre de sem-terra pela polícia do estado governado pelo PSDB era um enorme problema para o governo, além dos graves aspectos humanitários, fundiários e sociais envolvidos.

Algumas lideranças fisiológicas se tornam perenes, dado que eternos, humanos não podem ser. A longevidade da influência política desses patronos da patronagem decorre da necessidade que presidentes têm de recorrer ao toma-lá-dá-cá. Operadores experientes desse sistema, em seus respectivos territórios, terminam por manter-se influentes em qualquer governo, independentemente da filiação partidária do presidente. Fernando Henrique, para ampliar sua coalizão de modo a compensar a dissidência dos aliados "naturais", recorreu ao PPB de Paulo Maluf. Para manejar as divisões internas do PMDB, consultou-se com o presidente do Senado, José Sarney. Lula, o adversário histórico de FHC na Terceira República, e Dilma Rousseff recorreriam aos mesmos aliados em seus governos. Nenhum dos dois jamais operou de graça.

Reforma ministerial com o jogo andando é um quebra-cabeça em múltiplas dimensões, que jamais fecha de todo. Independentemente da representatividade das peças colocadas no tabuleiro ministerial e da proporcionalidade que guardem com o peso relativo de cada partido na coalizão, sempre haverá mais insatisfeitos do que recompensados.[34] O PPB não estava totalmente satisfeito porque queria o Ministério da Agricultura, que lhe abria acesso às verbas e às políticas de interesse dos ruralistas. Levou Indústria e Comércio. Evidentemente, sabia que nele podia operar, com dividendos, as demandas do patriciado econômico, boa fonte de financiamento de campanhas. As lideranças do PTB não estavam satisfeitas porque FHC escolheu para a Agricultura o senador Arlindo Porto (PTB-MG) e não uma delas. As mudanças vazam, antes de decididas, provocam boataria e vetos cruzados. O próprio Fernando Henrique, em seus *Diários da Presidência*, foi anotando as complicações, suas avaliações pessoais, pressões e vazamentos. O que não se dizia abertamente mas todos já sabiam, era que essa remexida ministerial já estava entrelaçada com a reeleição. Era assim no Legislativo e era assim nas articulações políticas da Presidência da República.[35]

Praticamente um mês após a liminar que suspendeu a tramitação da reforma da Previdência, o plenário do STF derrubou-a por dez a um. Entretanto, o Congresso estava paralisado pelas expectativas, escaramuças e mágoas em torno da reforma ministerial. Ela era chamada nos corredores do Legislativo de "reforma dos 3/5", três quintos necessários para aprovar a reeleição. Com a finalização das nomeações e a liberação judicial da emenda da Previdência, o jogo recomeçou, confrontando os dois partidos íntimos da coalizão, PFL e PSDB, na discussão de projeto estratégico para o governo, a regulamentação da telefonia celular no Brasil. O relator, deputado Arolde de Oliveira (PFL-RJ), havia feito mudanças no projeto original que a liderança do PSDB considerava um golpe contra seu ministro das Comunicações, Sérgio Motta. A principal mudança a irritar o partido envolvia a agência reguladora do setor, que ganharia independência decisória e autonomia financeira. O partido via nela um esvaziamento do poder do ministro, mas a mudança estava tecnicamente correta. Não faz sentido ter agências reguladoras sem autonomia. O conflito resolveu-se por acordo. Como relatou o deputado José Carlos Aleluia (PFL-BA), os líderes "conduziram a um acordo nesse campo", e "agora teremos [...] uma transição durante três anos. Nesse período, o governo vai poder proteger as empresas de capital brasileiro, como no passado, permitindo-lhes a preparação para uma competição aberta, o que é o ideal".[36] Com o acordo, o substitutivo do relator foi aprovado por 315 votos a 101.

O retorno da reforma da Previdência à agenda ativa da Câmara era praticamente inútil. Ela estava toda desfigurada. Teria pouco efeito. O primeiro teste de votação foi para um destaque para votação em separado, do PT, com o objetivo de impedir a extensão da acumulação de proventos e vencimentos aos parlamentares, governadores e pessoas no exercício de cargos em comissão. Uma proposta contra privilégios. Foi derrotada por 325 a 118. A segunda votação foi de destaque, também da oposição, sobre a paridade de direitos entre aposentados e ativos do serviço público, sobretudo a equiparação salarial e as progressões salariais. Foi derrotada por 309 votos a 146. Margem apertada. Na terceira votação, sobre aposentadoria no serviço público por tempo de serviço e não de contribuição, cabia à oposição obter os 308 votos a favor de seu destaque. Foram 304 votos para manter a proposta do relator e 135 para retirá-la. Sinal de risco para o governo. Foi preciso encerrar a sessão e adiar a votação.

Na retomada, seria um longo processo de votação, apesar da atitude cooperativa da oposição, que retirou numerosos destaques para votação em separado e emendas, focando seu esforço num conjunto bem menor, na expectativa de que parte de suas reivindicações sobre critérios mais progressivos para a aposentadoria entrasse no acordo com o relator. No terceiro dia de votação, os problemas de quórum se transformaram em derrotas para o governo. Foram três seguidas. Na primeira, caiu a idade mínima para aposentadoria dos servidores públicos. O resultado foi de 295 votos pela manutenção e 157 pela supressão; o mínimo necessário era de 308 votos. Na segunda, a oposição conseguiu manter por sete votos a aposentadoria especial para professores universitários. Foram 301 a 148. A terceira derrota se deu na votação de destaque sobre a limitação da paridade entre a remuneração dos trabalhadores ativos e a aposentadoria dos inativos, por 269 a 175. FHC, em seus *Diários*, atribuiu as derrotas muito sérias, que "desfiguraram bastante a reforma da Previdência", a compensações não concedidas. "Já cansamos disso. Luís Eduardo cansou e eu cansei. Não tem cabimento."[37] A derrota desorientou o governo. Uma ala propunha o abandono da reforma, e outra, mudança nas regras do processo legislativo, para conseguir aprová-la, após a recomposição do texto no Senado. Nesse meio-tempo, José Serra decidiu deixar o Planejamento para se candidatar à prefeitura de São Paulo. A saída eliminava uma importante fonte de conflito na equipe econômica. Ele foi substituído por Antônio Kandir (PSDB-SP), uma escolha do próprio presidente, apoiada por Serra.

Fernando Henrique já havia entrado no corpo a corpo pela reeleição desde a virada do semestre. Em agosto, passou a se reunir com parlamentares para discutir o andamento da emenda. Seus argumentos eram sempre institucionais, mas os parlamentares entendiam como demanda pessoal. Tratava-se das duas coisas. O fato concreto era que a estabilização ainda não estava madura, e Fernando Henrique não tinha alternativa para sua sucessão que garantisse a vitória e a manutenção da política. Os custos de gestão da coalizão se achavam em alta moderada. O gasto médio com a coalizão no terceiro trimestre de 1996 foi 23% superior ao do segundo. Mas o gasto médio do primeiro semestre, comparado ao mesmo semestre de 1995, foi 8% inferior. Estava aí a fonte dos problemas de FHC.

No plano social, a distribuição de renda melhorou, a renda dos mais pobres cresceu. O desemprego estava em 5,14% de janeiro a novembro de 1996, e o rendimento médio dos trabalhadores havia crescido 8% entre janeiro e outubro. O ambiente favoreceria o "candidato do Real", se continuasse até o segundo semestre de 1998. Em meados de setembro, pesquisa do Datafolha mostrou que 31% eram favoráveis à emenda da reeleição para valer para FHC, e 16%, para valer para o presidente seguinte. Mas 46% eram contrários. Logo, eram 47% a favor e 46% contra. A opinião pública estava dividida. Nenhum outro peessedebista conseguia desempenho similar ao de FHC nas pesquisas de opinião pública. Era inevitável que ele se dispusesse a batalhar pela reeleição e que sua equipe o pressionasse como única alternativa de continuidade. Sua popularidade se mantinha firme no mesmo patamar de 1995, com 43% de aprovação e 17% de desaprovação. O Plano Real seguia tendo apoio popular, 71% o consideravam bom para o país. Nas pesquisas de preferências eleitorais, FHC estava na frente de Lula.[38] Pesquisa de intenções de voto a dois anos das eleições significa muito pouco. Mas o sistema político prestava atenção nelas e fazia suas apostas de curto prazo, com base no que elas diziam. O futuro nunca é linear.

Nas eleições municipais de 1996, os resultados foram expressivos. No Rio de Janeiro e em São Paulo, os prefeitos Cesar Maia e Paulo Maluf elegeram candidatos sem experiência ou expressão política, Luís Paulo Conde e Celso Pitta, respectivamente. O PMDB e o PFL, as duas grandes máquinas municipalistas, elegeram o maior número de prefeitos no primeiro turno, respectivamente 1286 e 929. O PSDB apresentou um enorme crescimento e elegeu o terceiro maior número de prefeitos, 907, apesar de ter perdido na capital de São Paulo com José Serra. Além disso, o partido teve o segundo maior percentual de votos no primeiro turno, 17,5%, atrás apenas do PMDB, com 20,3%, e um pouco à frente do PFL, com 16,5%.

Passadas as eleições, o caminho não estava ainda todo aplanado, nem para votar a Previdência, nem para votar a reeleição. A disputa sucessória para as Mesas das duas Casas do Congresso ameaçava romper o delicado equilíbrio da coalizão governista. O deputado Pais de Andrade, presidente do PMDB, o primeiro a se colocar na linha sucessória de Luís Eduardo Magalhães, foi afastado numa enredada operação, a qual terminou na escolha de Michel Temer. O condomínio avançava no seu projeto de poder. O PFL, que havia se comprometido com o rodízio entre as duas Casas, fechou com Temer na Câmara, em troca do apoio à candidatura de Antonio Carlos Magalhães, pai de Luís Eduardo, à presidência do Senado. A dobradinha Temer-ACM não desagradava a Fernando Henrique. Mas era preciso articulá-la, em simultâneo, nas duas Casas do Legislativo e de modo a não prejudicar o andamento da emenda da reeleição. A comissão especial que daria início ao processo oficial de deliberação sobre a reeleição estava para ser formada. Fernando Henrique não podia se comprometer, principalmente no Senado, onde o PFL, com Antonio Carlos, e o PMDB, com Iris Rezende, se enfrentariam. Articulava à sua maneira, conversando o máximo e se comprometendo o mínimo. O ideal para o equilíbrio da coalizão seria o PFL no Senado, já que Temer, tudo indicava, presidiria a Câmara. ACM era independente e voluntarioso, mas seria melhor do que ter o PMDB na direção das duas Casas e o PFL descontente. Passada a votação no Congresso, o presidente ainda teria que ajudar a curar as mágoas da sucessão. A concomitância da reeleição e da sucessão levava os partidos a tentar forçá-lo a trocar apoio a seu candidato pelo voto na reeleição. Os dois pivôs da coalizão disputavam, fazendo demandas por apoio mutuamente excludentes. Ou se anulavam ou forçavam FHC a uma escolha perde-ganha. Era uma armadilha. Para sair dela, o presidente manteve-se equidistante, e dizia que o governo não podia tomar um lado. Todos ficavam descontentes e sabotavam a reeleição. Pressão, houve muita. FHC a relatou em seus *Diários*. Compensações também. Certamente houve pedidos escusos de vantagens. Fernando Henrique registrou alguns, anotando que foram rechaçados. Relatou igualmente a romaria de deputados, que descreveu como mais ritualística do que efetivamente para fazer pedidos. Estes eram feitos aos líderes e aos ministros. Havia evidência, tanto nos debates no Congresso quanto nas declarações à imprensa e nas memórias do presidente, de muita intriga, disputa por poder e reivindicações de alocação de verbas em áreas de interesse de parlamentares. Elas apareceram claramente nos gastos médios com a coalizão, que no segundo semestre foram 46% superiores aos do segundo semestre de 1995.

A situação se agravava pelo fato de que o PMDB estava em conflito interno, entre as bancadas da Câmara e do Senado, por causa da sucessão. O acerto entre Temer e Luís Eduardo prejudicava Iris Rezende e ajudava ACM. Uma convenção do PMDB, articulada pela oposição a Fernando Henrique, rejeitou a reeleição. Mas o novo condomínio de poder no PMDB, que precisava da eleição de Temer para a presidência da Câmara, e seus articuladores tinham maior penetração no baixo clero, parlamentares de base, sem liderança, mas numericamente decisivos. A comissão especial aprovou a emenda da reeleição, no dia 15 de janeiro de 1996, por onze a nove, com seis votos do PMDB, após muita negociação e queda de braço. FHC tinha a seu favor a inflação, que atingia índices ineditamente baixos, sobretudo nas capitais, em particular São Paulo e Rio de Janeiro. E o fato de que se dispusera a abrir os cofres. A inflação sustentava sua popularidade, mas ainda não era suficiente para garantir o apoio à reeleição. No final de dezembro daquele ano, pesquisa do Datafolha continuava a registrar empate entre aqueles que não queriam a reeleição e os que a desejavam, inclusive para Fernando Henrique, em 38%. Na pesquisa de preferência eleitoral, ele subiu nas menções espontâneas, de 17% para 20%, e Lula caiu de 11% para 6%. Nas respostas estimuladas, FHC cresceu de 29% para 35%, e Lula desceu de 20% para 18%.[39] Lula pagava o preço da oposição ao Real. Muito provavelmente, a expectativa de que, aprovada a reeleição, Fernando Henrique se reelegeria, influenciou o voto parlamentar a seu favor. Nos debates, muitas acusações ao governo, de agradar setores influentes vendendo barato as estatais, de toma-lá-dá-cá, porém, especialmente, de que o presidente havia parado o país para "cabalar votos" para a reeleição. O Congresso estava, de fato, paralisado, mas em grande parte por causa das divisões em torno da sucessão de sua própria direção. O tema da reeleição impregnou todas as questões em discussão, no entanto não há evidência de que tenha sido a fonte principal do impasse a paralisar as decisões. Houve de tudo, eleições municipais, sucessão das Mesas e reeleição. As eleições nos municípios mobilizam muito a atenção dos parlamentares, porque tratam das relações de poder em suas bases e afetam a posição relativa de seus cabos eleitorais. A sucessão das Mesas é crucial. Não é uma disputa simples. Os presidentes das Casas ganharam muito poder de agenda na Terceira República, e concentram meios relevantes de influência, poder, prestígio e prerrogativas a distribuir. A Primeira-Secretaria maneja poderosos recursos administrativos. Os outros cargos dão prestígio, benefícios, influência e têm carga simbólica. Tudo conta para os parlamentares.

FHC negou a maioria das acusações de fisiologismo divulgadas pela imprensa, na época, embora tenha reconhecido que houve muitos pedidos de verbas públicas e nomeações, alguns dos quais foram encaminhados. Mas ele mesmo oscilava entre a ideia de que muitos dos pleitos são legítimos, relacionados a políticas do governo ou a necessidades objetivas de estados e municípios, e a reclamação contra o fisiologismo. Ao refletir sobre o referendo, cogitado por alguns aliados para facilitar a aprovação da reeleição, nas vésperas da votação em primeiro turno na Câmara, disse: "Eu estou, como já registrei aqui, crescentemente favorável a uma consulta popular, porque dá nojo esse tipo de toma-lá-dá-cá que se estabelece no Congresso nos momentos de decisões de importância nacional".[40] No dia 28 de janeiro de 1997, a reeleição passou, em primeiro turno, na Câmara, por larga margem, 336 votos a dezessete. O custo médio de gestão da coalizão, em 1996, foi 2% maior que o de 1995. A parcimônia em atender aos pleitos dos políticos, durante os três primeiros semestres do seu governo, permitiu a FHC compensar o alto custo médio da aprovação da emenda da reeleição.

No início de fevereiro de 1997, Michel Temer foi eleito presidente da Câmara, e Antonio Carlos Magalhães presidente do Senado. Ambos no primeiro turno. Era o melhor cenário para o governo. A distribuição de poder entre os três partidos da coalizão no Legislativo e no Executivo ficava equilibrada. O PSDB tinha a Presidência da República, o PFL a Vice-Presidência e a presidência do Senado, o PMDB a presidência da Câmara. No dia 25, a Câmara aprovou a emenda da reeleição em segundo turno, por 368 votos a 112. No começo de abril, a Câmara aprovou a versão mitigada da reforma administrativa em primeiro turno, por margem estreita, 309 a 147, apenas um voto a mais que o necessário. O governo perdeu pontos importantes dela na votação dos destaques, porque não conseguiu os 308 votos exigidos para extinguir o regime jurídico único e criar um novo plano de cargos e salários para o funcionalismo; a contratação temporária, sem estabilidade, também caiu. No Senado, foi aprovada, em primeiro turno, por 57 votos a sete, emenda que restringia a edição de medidas provisórias pelo presidente da República, ampliando para noventa dias seu prazo de validade e permitindo apenas uma reedição sem mudanças. As MPS perdiam a validade se não aprovadas em 180 dias. O Poder Executivo ficava, entretanto, autorizado a organizar a administração pública, criar e transformar cargos ou funções por decreto. Quando a votação da reforma administrativa foi retomada, a coalizão governista já havia se rearticulado e conseguiu manter todos os outros tópicos destacados para deliberação em separado.

Em maio de 1997, pesquisa do Datafolha reafirmou a estabilidade da popularidade do presidente, com 42% de aprovação, sustentada por amplo apoio ao Plano Real: 76% o consideravam bom para o país.[41] No dia 13, matéria do jornalista Fernando Rodrigues, para a *Folha de S.Paulo*, baseada em gravações, dizia que um deputado vendera seu voto na reeleição. A compra de votos envolvia o governador do Amazonas, Amazonino Mendes (PFL-AM), e o do Acre, Orleir Cameli (PPR-AC), ambos figuras muito controvertidas. A reportagem e seus desdobramentos deram origem a um escândalo que feriu a imagem do governo e de Fernando Henrique. O escândalo terminaria na renúncia dos deputados implicados, para escapar à cassação. O presidente, em seu diário, não negou a existência do esquema de corrupção no Acre. Negou apenas que nele houvesse alguma participação do seu governo. "Não sei se Orleir deu dinheiro ou não, pode ter dado, pelas histórias que se contam por aí, não sei qual foi o papel do Amazonino, e, de qualquer maneira isso, se foi feito, foi por conta deles, certamente porque Orleir queria mostrar que a sua bancada era favorável à reeleição. Agora, o método usado nunca veio a meu conhecimento."[42] No final do mês, com o escândalo ainda repercutindo, o Senado aprovou a reeleição em primeiro turno por 63 votos a seis. Estourou um caso de corrupção, pelo lado da oposição, envolvendo Roberto Teixeira, advogado e amigo de Lula, que levou o petista a se afastar da direção do partido para, segundo ele, assegurar isenção na apuração das denúncias.

No começo de junho, o Senado aprovou a reeleição em segundo turno e a emenda foi promulgada no mesmo dia. O governo enfrentava idas e vindas na coalizão. Nesse período, perdeu mais uma votação nos destaques da reforma administrativa, na Câmara. Por sete votos não conseguiu número para manter dispositivo que permitia ao Executivo limitar os salários do funcionalismo abaixo do teto federal. Foram 301 votos favoráveis ao dispositivo e 142 contrários. Os números do gasto confirmavam, passo a passo, a dependência crescente da agenda presidencial em relação às compensações fiscais, em virtude da emenda da reeleição. O custo fiscal médio da coalizão no primeiro semestre de 1997 foi 12% superior à média do primeiro semestre de 1996.

No dia 9 de julho, o governo conseguiu manter o fim da estabilidade do servidor por um voto, 309 a 181. Em meados do mês, aprovou a prorrogação do Fundo de Estabilização Fiscal, até 1999, por 362 a 129. Em 7 de agosto, a Comissão de Assuntos Econômicos do Senado aprovou a indicação de Gustavo Franco para presidir o Banco Central. A economia não parava de ajudar. O PIB havia crescido 4,3% no primeiro semestre de 1997. Pesquisa do Datafolha mostrou que a aprovação presidencial estava em 43%. O Plano Real mantinha o percentual de 72% de pessoas que o consideravam bom para o país. Era a âncora da popularidade de FHC. Na pesquisa de preferências eleitorais, a simpatia pelo presidente continuava expressiva. Nas menções espontâneas, ele tinha 24% e Lula 11%. Nas respostas induzidas, ficava com 37% e Lula com 23%.[43]

No final do mês, o Senado aprovou a reforma da Previdência, por 59 votos a doze, mas com cinquenta destaques para votação em separado. No exame dos destaques DVS, o Senado rejeitou a extinção das aposentadorias especiais para parlamentares (IPC) e o dispositivo que submetia os magistrados às mesmas regras de aposentadoria do funcionalismo. A reforma da Previdência murchou de vez.

No dia 28 de outubro de 1997, a crise dos chamados Tigres Asiáticos se globalizou, atingindo Wall Street. Os Tigres eram economias emergentes de crescimento acelerado, como Coreia, Tailândia e Indonésia. A crise começou com o colapso cambial da Tailândia e contagiou as economias vizinhas, principalmente a Coreia do Sul, o Japão e a Indonésia. O estopim foi a decisão do governo tailandês de eliminar a paridade entre o baht e o dólar, produzindo uma explosão do câmbio. Todas as tentativas de controlar a desvalorização de moedas locais ancoradas no dólar fracassariam e terminariam numa hiperdesvalorização, até os mercados se acomodarem. O Plano Real era um desses casos e, naquela altura, parte da equipe econômica, em particular José Roberto Mendonça de Barros, já alertava sobre os riscos da defasagem cambial. O governo preferiu mudar os tetos da banda larga do câmbio e promover uma forte elevação da taxa de juros. Mas a pressão cambial persistiria ao longo de todo o ano de 1998. A confiança no Real e, consequentemente, a popularidade do presidente sofreram com a crise.[44] Nova rodada de quedas nas bolsas mundiais, em novembro, repercutiu seriamente na Bolsa brasileira; a pressão sobre o câmbio e o Banco Central aumentou ainda mais. O governo respondeu com aumento de imposto e de combustível e com um pacote com corte de gastos e limitações ao endividamento das estatais. Um pacote difícil de receber aprovação rápida no Congresso, que precisava ser votado até 31 de dezembro de 1997. A conjuntura abalava a confiança no Real, a viga mestra da popularidade e da ascendência de FHC sobre a coalizão. No fim de novembro, as economias na Ásia iam de colapso em colapso, como um dominó circular. Após cada rodada de quedas, quando começavam a se aprumar, seguia-se uma nova rodada. Os abalos na Ásia reverberaram por toda a economia global, e com força crescente no Brasil, ainda com o câmbio ancorado. O presidente foi forçado a conceder em algumas das medidas do pacote, mas exigia que, com as mudanças negociadas, o esforço fiscal chegasse a 20 bilhões de dólares.

No dia 26 de outubro de 1997, o governo conseguiu uma vitória importante e aprovou o texto final da reforma administrativa por 326 votos a 154. No início de dezembro, aprovou a medida provisória do ajuste fiscal, por 288 a 112, na Câmara, e 48 a onze, no Senado. A aprovação gerou abalos e fricções na coalizão, que teriam que ser suturados, com paciência, pelo presidente e pelas lideranças. A crise fez a aprovação de FHC cair seis pontos percentuais, de 43% para 37%.[45] Fez cair até mesmo o gasto voltado para a coalizão, cuja média no segundo semestre foi 5% inferior à do segundo semestre de 1996. A média do custo fiscal de gestão da coalizão em 1997 ainda foi 2% superior à do ano anterior.

No fim de janeiro de 1998, Fernando Henrique falou, pela primeira vez, como candidato e fez uma promessa que repetiria e não cumpriria, a de que o câmbio não mudaria no seu primeiro nem no seu segundo mandato. Poucos dias antes, o Banco Central antecipara a revisão da banda cambial. No dia 28, o Senado retirou da reforma da Previdência a garantia de aposentadoria integral para juízes, e abriu um contencioso com a Câmara, que exigia o retorno da reforma àquela Casa, em virtude da mudança. O presidente do Senado argumentou que essa garantia já havia caído antes no Senado e que, portanto, a Câmara não poderia tê-la readmitido. Um conflito que, se não resolvido politicamente, terminaria judicializado. Em 11 de fevereiro, a Câmara aprovou em primeiro turno a reforma da Previdência, por 346 votos a 151. Como concessão para a aprovação, o governo retirou da emenda a contribuição dos servidores públicos inativos. A economia fechou 1997 com um crescimento de 3,0%.

Em 8 de março, o PMDB decidiu, em convenção nacional, não apresentar candidato à Presidência. Era a senha para apoiar a candidatura de Fernando Henrique. A decisão do partido levou ao rompimento entre o presidente e seu antecessor, Itamar Franco, que imaginava disputar a Presidência pela legenda. No dia 11, o Senado votou em segundo turno a reforma administrativa, aprovando-a por 56 votos a dezesseis.

Pesquisa do Datafolha mostrou que, com 41% das preferências eleitorais, FHC poderia ganhar no primeiro turno, em outubro.[46] Já em busca de alianças eleitorais, o presidente, aproveitando o pedido de demissão do ministro da Saúde, fez ampla reforma ministerial. Para a Saúde, nomeou José Serra. Para o Ministério do Trabalho, o economista Edward Amadeo, próximo da equipe econômica, e para Indústria e Comércio, o embaixador José Botafogo Gonçalves. O ministro do Trabalho, Paulo Paiva, foi deslocado para o Planejamento. Antônio Kandir retornou à Câmara dos Deputados. Nenhuma concessão política nessa faixa do gabinete. Na faixa de nomeações políticas, o PPB ficou com o Ministério da Agricultura, para o qual foi nomeado Francisco Turra (PPB-RS). O senador Freitas Neto (PFL-PI) assumiu a pasta extraordinária, praticamente simbólica, da Reforma Institucional, criada para acomodar mais um senador do PFL, e Waldeck Ornelas (PFL-BA), a Previdência. A nomeação mais controvertida foi a do senador Renan Calheiros (PMDB-AL) para o Ministério da Justiça. O presidente consumiu mais de um mês nessas articulações. No seu diário encheu páginas de reclamações sobre o jogo duro do que chamava de "pequena política", as pressões desgastantes, o jogo de vaidades e rivalidades.[47]

No final de abril, Fernando Henrique passaria por dois choques com amplas consequências políticas. No dia 19, morreu o ministro Sérgio Motta, amigo pessoal, seu grande conselheiro político e um dos mais importantes estrategistas do PSDB. Menos de dois dias depois, um infarto matou Luís Eduardo Magalhães, com quem FHC tinha estreita relação pessoal e política. Era seu principal aliado no PFL e o articulador do governo na Câmara. O abalo da perda do filho afetaria o desempenho do presidente do Senado, Antonio Carlos Magalhães. Em substituição a Sérgio Motta, Fernando Henrique nomeou Luiz Carlos Mendonça de Barros, então na presidência do BNDES, solução natural, pois ele já trabalhava com o ministro, também seu amigo, na privatização do sistema Telebrás. No BNDES, assumiu o economista André Lara Resende. Na entrada de maio, o Banco Central alargou outra vez as bandas cambiais, deixando o câmbio escorregar mais na desvalorização. André Lara Resende defendia havia meses desvalorização suficiente para compensar a defasagem cambial que se acumulava. José Roberto Mendonça de Barros, também. Aumentava a parcela de auxiliares do presidente que defendiam a medida.

No dia 6, o governo perdeu, por falha de operação, o principal dispositivo da reforma da Previdência, o qual estabelecia idade mínima para aposentadoria de trabalhadores do setor privado que entrassem no mercado após a promulgação da emenda. Por um voto não conseguiu manter o que considerava ser o coração da reforma. Foram 307 votos a 148. O ex-ministro do Planejamento, Antônio Kandir (PSDB-SP), se absteve e o deputado Germano Rigotto (PMDB-RS) votou contra. Vários parlamentares da coalizão governista faltaram. Essa votação foi precedida pelo voto no destaque que limitava a contribuição das empresas estatais e agências públicas, proibindo que excedessem a contribuição do beneficiário. A proibição foi mantida por 322 a 135. Kandir e Rigotto votaram com o governo. Não importa muito qual voto ou não voto levou à derrota governista. O que houve de relevante foi uma sequência de falhas de operação política. De um lado, a gestão da coalizão ainda se achava abalada pelas reações negativas às mudanças no ministério. De outro, a articulação política estava prejudicada, havia algum tempo, por rivalidades entre o PFL e o PMDB. Além disso, não houve esforço para fazer o alinhamento das lideranças para a votação que era tida como estratégica. As lideranças governistas falharam na mobilização de suas bancadas e acabaram surpreendidas pela falta de margem. Esse conjunto de lapsos se relacionava diretamente à perda de foco na gestão da agenda de reformas. Concentrou-se muito esforço na emenda da reeleição e na recomposição da coalizão, para ajustá-la às necessidades da coligação eleitoral que patrocinaria a recandidatura de FHC. Houve erro na decisão sobre o momento da votação. O presidente insistiu que se retomassem logo as votações, mas a coalizão ainda não estava pacificada e arrumada o suficiente. No dia 13, com o comando da coalizão mobilizado pela derrota anterior, o governo conseguiu manter a idade mínima de aposentadoria para os trabalhadores do setor privado já no mercado de trabalho, por 333 a 149.

Diferentemente do momento em que aprovou as mudanças em todo o capítulo econômico da Constituição, Fernando Henrique já não tinha a mesma força, nascida da surpresa e expectativa com o Plano Real e a estabilização da economia. O apelo inicial do plano havia se rotinizado, dissipando, em parte, a energia do apoio social que empurrava a coalizão para mais próximo do presidente. A reforma da Previdência era e continua a ser muito controvertida. A Previdência tem imensa capilaridade social em nosso país. Capilaridade social tem efeito direto e forte no cálculo dos políticos. O tema sobrecarrega e trava a agenda. No caso, a sobreposição da reforma da Previdência à emenda da reeleição não podia ter funcionado. Permitiu que crescesse a rejeição à primeira, enquanto se entregava caro a segunda. A média dos gastos com a coalizão no primeiro semestre foi 2,6% acima da média do mesmo período de 1997. Os custos foram crescentes, ano a ano, mas o maior esforço fiscal com a coalizão, no governo FHC, se deu no segundo semestre de 1996. Exatamente o auge das articulações para aprovar a emenda da reeleição.[48]

Uma agenda cheia não constitui, necessariamente, problema para o fluxo decisório. Importante é saber determinar a sobrecarga da agenda, a associação entre questões com alto grau de conflito e as pressões da conjuntura. A sobrecarga da agenda eleva exponencialmente a probabilidade de impasses que paralisam o processo legislativo. Ela não é uma função simples do número de questões em pauta. Resulta da complexidade dessas questões, do grau de conflitos de interesses que envolvem e do poder dos grupos de pressão ou barganha associados a cada uma delas. Sua gestão depende da capacidade de persuasão, negociação e pressão do governo, da coesão, escopo e eficácia política da coalizão, e da capacidade do governo de assegurar apoio para cada questão isoladamente. No caso, a Previdência tinha poderosos blocos de veto, desde aqueles que defendiam privilégios até os que se sentiam ameaçados de perder direitos com as mudanças. O argumento, que se tornaria recorrente em todos os governos da Terceira República, de que, sem a reforma, haveria mais inflação ou desordem econômica, nunca pegou. Até porque a relação não é imediata. A Previdência é um problema dinâmico e de longo prazo. No curto prazo, o que importa é sua capilaridade social e o volume de descontentamento que pode provocar. No caso de Fernando Henrique, a sobrecarga da agenda decorria da contrariedade entre a emenda, que feria interesses variados e tentava reduzir privilégios do topo, e a reeleição que era percebida — em boa parte com razão — como em benefício próprio.

O quadro conjuntural era pesado. A crise da Ásia, o aumento muito forte nos preços da cesta básica, a elevação continuada do desemprego, declarações infelizes de FHC sobre a Previdência astutamente exploradas pela oposição, seca e saques no Nordeste e incêndios florestais em Roraima vinham abalando a confiança no Real e a popularidade presidencial. Em setembro de 1997, 64% achavam o Plano Real ótimo/bom, segundo o Datafolha. Esse percentual caiu para 54% em dezembro, 51% em março de 1998, e 47% no final de maio. A aprovação do presidente seguiu a mesma tendência, em patamares mais baixos. Ela era de 43% e, em dezembro, havia caído para 37%; em março de 1998, era de 38%; em abril, 35%; e no final de maio, 31%. Pior ainda, a reprovação subiu de 15%, em setembro de 1997, para 24%, em maio. A popularidade líquida já estava bem baixa, em 13%. Mesmo assim, a maior parcela, 43%, estava parada na estação do meio, no "regular".[49] Na pesquisa de preferências eleitorais, Lula encostou em Fernando Henrique pela primeira vez. O presidente tinha 34% de intenções de voto, e Lula 30%.[50]

De qualquer forma, o governo conseguiu aprovar a mutilada reforma da Previdência, em segundo turno, por 331 votos a 137, no início de junho. O PTB deixou formalmente a coalizão governista. Não era uma perda relevante em termos eleitorais, nem alterava muito significativamente o balanço de forças no Legislativo. Mas, no contexto, era mais um fato negativo. No dia 6, o Ibope confirmou a queda de FHC nas pesquisas de intenção de voto captada pelo Datafolha, o presidente estava com 33% e Lula com 28%.

No dia 20 de junho de 1998, Fernando Henrique anunciou sua candidatura e mudou a natureza da preferência eleitoral na avaliação coletiva. Ela se tornou concreta. O eleitor passou a ser provocado a pensar em escolhas reais entre candidatos reais e não cenários hipotéticos. Reavaliou o quadro de opções. O efeito da candidatura foi claro. Dias depois, pesquisa do Datafolha mostrou recuperação geral nos índices de popularidade e preferência eleitoral, acompanhando a recuperação do apoio ao Plano Real. Aqueles que achavam o plano ótimo/bom para o país subiram de 47%, em maio, para 60%. A aprovação do presidente se recuperou um pouco, de 31% para 38%. Melhor ainda, essa recuperação veio quase toda daqueles que o desaprovavam, os quais passaram de

25% para 19%. A popularidade líquida subiu de 13% para 33%. Nas intenções de voto, FHC subiu de 33% para 40%, e Lula caiu de 30% para 28%.⁵¹ Em agosto, as intenções de voto pesquisadas pelo Datafolha para Fernando Henrique apontavam para a vitória no primeiro turno: ele estava com 42% e Lula com 26%. O presidente do PT, José Dirceu, ameaçou retirar o partido da eleição, que estaria sendo "fraudada" e o processo democrático, "corrompido".⁵²

A conjuntura global piorava novamente. A crise da Ásia chegou à Rússia e voltou a abalar os mercados. A defesa da moeda brasileira levou o governo a aumentar fortemente os juros, aprontar novas medidas fiscais e usar as reservas para evitar que a fuga de capitais saísse de controle. Crise é sinônimo de insegurança e perda de popularidade. Nas oscilações, vira uma gangorra. A aprovação do Real caiu de 60%, em julho, para 55%, em agosto; subiu para 59%, no início de setembro, e retornou para 55%, no fim do mês. A aprovação de Fernando Henrique fez a mesma trajetória, 41% em julho, 40% em agosto, 46% no começo de setembro e 41% no final. As intenções de voto, porém, subiram de 40%, em julho, para 42%, em agosto, e 48%, em setembro. Lula estacionou em 25%. No último levantamento de setembro, FHC tinha 35% nas menções espontâneas, e Lula 17%. Outros 35%, nas espontâneas, se diziam indecisos. A insegurança em relação à crise favorecia o presidente em relação a seu principal opositor.⁵³ O ajuste fiscal não impediu, contudo, o aumento dos gastos fiscais de natureza política, mas evitou que acelerassem. O gasto médio com a coalizão do semestre eleitoral foi 2,3% superior à média do segundo semestre de 1997.

No dia 4 de outubro, Fernando Henrique foi eleito no primeiro turno, com 53% dos votos, contra 32% para Lula. Junto com ele, elegeram-se dez governadores aliados. Covas, em São Paulo, ficou para concorrer no segundo turno com Paulo Maluf, que começou a disputa como favorito. Covas venceu, numa campanha de superação, com 55% dos votos. Itamar Franco derrotou o fraco governador de Minas Gerais, Eduardo Azeredo (PSDB), que buscava a reeleição. Itamar seria o pavio do agravamento da crise econômica, ao decretar a moratória da dívida do estado. No Congresso, o resultado foi muito favorável à coalizão de FHC. O PMDB elegeu 82 deputados, num forte recuo, de 107 na legislatura que estava no fim. Passou a ser a terceira maior bancada. O PFL fez a primeira minoria, crescendo de 89 para 105 deputados. O PSDB fez a segunda. Foi o partido que mais cresceu, de 63 para 99 deputados. O PT passou de 50 para 59 deputados. Na renovação de um terço do Senado, o PMDB elegeu onze senadores, o PFL cinco, e o PSDB quatro. O núcleo da coalizão havia conquistado 74% das cadeiras em disputa. Na nova composição, o PMDB ficou com a primeira minoria, de 29 senadores, o PFL com a segunda, vinte, o PSDB com a terceira, quinze. Os três controlavam 79% das cadeiras.

O governo preparava novo ajuste fiscal. Dois dias antes do segundo turno, ele foi anunciado, com aumento de impostos, corte de gastos, investimentos e mudanças nas regras da Previdência, por meio de legislação regulamentando a reforma aprovada. Mas a âncora cambial estava condenada. As expectativas de crescimento da economia em 1999 se dissiparam. Mesmo cientes da gravidade da crise, lideranças e parlamentares da coalizão governista diziam que não seria possível aprovar o pacote sem mudanças. No início de novembro, o governo conseguiu, todavia, vitórias na reforma da Previdência, mantendo a idade mínima, por 346 votos a 131, e o teto para a aposentadoria pública, por 343 a 125. A medida provisória que criava contribuição para aposentados e pensionistas e aumentava a contribuição dos ativos para a Previdência, porém, caiu por 205 votos contra e 187 a favor. Parlamentares do próprio PSDB deram 25 votos contrários. Para compensar as perdas decorrentes e o atraso na votação da medida provisória que subia a CPMF, o governo aumentou impostos que podia alterar sem autorização parlamentar. Com o resultado das eleições e um novo e indigesto pacote fiscal para aprovar, Fernando Henrique anunciou a reforma do gabinete, com fusões e criação de ministérios.[54] A insegurança econômica e turbulências no governo, relativas à privatização das telecomunicações, fizeram a popularidade do presidente descolar da avaliação do Plano Real. A aprovação do plano subiu de 58%, em setembro, para 61%, em dezembro. A avaliação de FHC caiu de 42% para 35%, com a desaprovação em 25%; a popularidade líquida fechou positiva em 17%.[55]

14. FHC 2.0: Administrando crises

No coquetel de sua posse para o segundo mandato, Fernando Henrique, falando à imprensa, disse que não fora "eleito para ser o gerente da crise". O que faria, porém, seria gerenciar crises. Já durante a campanha, havia a decisão de que a moeda deveria ser desvalorizada. A pressão era enorme e a defasagem cambial insustentável. Manter o câmbio exigia taxas muito altas de juros, que estrangulavam a economia. O problema era que fazer a desvalorização antes da eleição poderia ser eleitoralmente fatal. Anunciada, a desvalorização provocaria a antecipação dos mercados, e o ataque especulativo seria inevitável. O presidente poderia ter optado por fazer um alerta mais claro sobre a gravidade da crise e advertir que novas medidas seriam imprescindíveis no início do ano, mas o marketing de campanha limitou o grau de franqueza que podia usar. Havia dificuldades internas também. Quase toda a equipe do Real já estava fora do governo. A mudança do câmbio se encontrava em discussão técnico-política, mas era o eixo central da rivalidade entre Gustavo Franco e Francisco Lopes no Banco Central. Mais que uma divergência sobre política econômica, era uma disputa de poder. Lopes ambicionava o lugar de Franco. Como ele defendia uma saída tecnicamente ininteligível para a maioria, que permitiria, segundo explicou ao presidente, uma variação mais brusca no câmbio e baixar os juros mais rapidamente, acabou vencendo a discussão.[1] Mas se faria a mudança com os mercados muito nervosos e ela seria um desastre.

Em 6 de janeiro de 1999, Itamar Franco, recém-empossado governador, decretou a moratória da dívida de Minas Gerais. Isso provocou grande reação negativa dos mercados. Repercutiu globalmente, acendendo a luz vermelha do risco brasileiro nos painéis dos operadores do capital financeiro globalizado e do FMI. Naquela época, de crises cambiais em dominó, o Fundo Monetário era um agente global estratégico. Hoje não é mais. O capital financeiro globalizado, todavia, permanece hegemônico. A moratória abriu um contencioso entre o governo federal e os estados, o qual se justapôs à crise econômica e gerou fortes turbulências nas primeiras semanas do segundo mandato. No final, o problema com os governadores foi administrado por Fernando Henrique, com auxílio de lideranças da coalizão, e Itamar ficou isolado. O nervosismo tornou inevitável o que já estava decidido. No dia 8, Gustavo Franco fora informado de que não continuaria na presidência do BC e que Francisco Lopes o substituiria. No dia 13, a mudança se fez pública e foi outra tentativa fracassada de desvalorização controlada do câmbio da longa série dessa crise global em dominó. Naquele ambiente de mercados inquietos e alertas, num clima de apreensão com os rumos do país, no início de nova gestão, com governadores imprevisíveis como Itamar Franco, querer controlar tecnicamente os humores do mercado era uma ilusão perigosa. Tratou-se de uma solução duvidosa, operada de forma desastrada. Produziu fuga de capitais e corrida bancária. Houve uma maxidesvalorização, mas não tão grande quanto na crise asiática. A Bolsa brasileira caiu muito, o contágio originou marola global. As sequelas mais significativas se deram nas bolsas latino-americanas. No entanto, os abalos chegaram às bolsas de Nova York, Tóquio, Londres e Frankfurt. No dia 15, o governo foi forçado a abandonar a ideia da banda diagonal endógena e simplesmente deixar flutuar. Houve uma nova maxidesvalorização, dessa vez muito mais pronunciada.

A credibilidade da política econômica brasileira ficou estremecida, a inflação disparou, e a popularidade de Fernando Henrique caiu, para não mais retornar à média do primeiro mandato. Com o repique inflacionário, o governo teve que elevar os juros. Uma reversão incômoda do objetivo que convencera o presidente a decidir pela desvalorização, em primeiro lugar. Com a flutuação do câmbio, os mercados acalmaram momentaneamente, mas os estragos já estavam feitos. Quem apostou que a âncora cambial persistiria sofreu perdas irreparáveis. Dois bancos de investimento estavam nessa situação e quebraram. Para evitar uma crise sistêmica, num momento de pânico, o Banco Central fez operações de salvamento, que se tornariam mais um problema para o governo. Mas o maior problema de todos, naquela situação, foi que as reações à desvalorização, que pareciam ter amainado, continuaram esquentando no subterrâneo da economia, e entrariam em erupção no final de janeiro, num episódio típico de mania e pânico.[2] Janeiro foi um mês inteiro de pesadelo.

Uma das únicas vantagens das crises é que, quando a sociedade entra em surto grave de ansiedade, o sistema político procura fazer tudo o que pareça necessário para acalmá-la. O que político mais teme é a rejeição de seus eleitores e financiadores. Quando a inquietação e o descontentamento se alastram e chegam a seus redutos, são vocalizados por seus cabos eleitorais e operadores políticos locais. No dia 19, o Senado aprovou, por 64 votos a doze, a prorrogação da CPMF. No dia 20, o projeto de lei criando a contribuição dos servidores inativos e o aumento da alíquota dos funcionários ativos, que precisava de maioria simples, passou por 335 a 147, na Câmara. A política econômica que havia caracterizado o Plano Real fora abandonada com o fracasso da banda alternativa. No dia 26, o Senado aprovou, por votação simbólica, o projeto que regulamentou o reajuste da contribuição do servidor na ativa e a criação da contribuição para inativos. A Comissão de Assuntos Econômicos do Senado aprovou o nome de Francisco Lopes para presidir o Banco Central, por 23 a dois. Mas ele não chegaria a ter seu nome votado pelo plenário. Não tinha mais credibilidade para administrar a crise. A Câmara aprovou, no mesmo dia, o projeto que regulamentou a demissão de servidores por excesso de quadros, por 314 a 119.

O mercado não se acalmava, continuava a especular. A saída de dólares persistia alta. O governo foi forçado a aumentar novamente os juros, movendo-se mais na direção oposta da que se propusera e da demanda do Congresso e da sociedade. O Legislativo, depois de entregar algumas vitórias ao governo, impacientou-se, queria ver uma saída para a crise econômica. No começo do mês de fevereiro, pesquisa nacional do Datafolha registrou forte queda na aprovação do presidente, de 37%, na segunda semana de dezembro, para 21%. Esta era superada, pela primeira vez, pela desaprovação, que subiu de 25% para 36%. Em termos líquidos, a popularidade se transformara em rejeição, -26%. O sentimento negativo da população tende a provocar a debandada da coalizão governista. Popularidade atrai. Impopularidade repele.[3]

No início de fevereiro, Fernando Henrique decidiu mudar a direção do Banco Central. Francisco Lopes deixou a presidência, sem ter chegado a assumi-la oficialmente. Para o lugar dele foi convidado Armínio Fraga, economista que já havia passado pelo BC e conhecia por dentro o mercado financeiro global. Seu nome foi mal recebido no Congresso e, em particular, no Senado, por suas ligações com o mercado financeiro e com o megainvestidor especulativo George Soros. Era preciso esperar um pouco, alertou o presidente do Senado, Antonio Carlos Magalhães, antes de submetê-lo à sabatina na Comissão de Assuntos Econômicos. ACM começou a operar politicamente a substituição, e elogiava Armínio Fraga em público, em contraponto às críticas da oposição e de Itamar Franco. Fraga foi sabatinado no final do mês e se saiu muito bem, apesar das perguntas duras e das críticas ácidas que sofreu por parte de senadores da oposição. Após sabatina de sete horas, a comissão aprovou seu nome por 21 votos a seis. Ele e sua diretoria foram aprovados no plenário do Senado, no dia 3 de março, por 57 a vinte, em votação secreta. Como a oposição formal, composta por PT, PDT, PSB e PPS, tinha catorze senadores, houve alguns votos contrários da coalizão governista. A posse de Armínio Fraga interrompeu um período de imensa instabilidade. Ele fora o terceiro presidente do Banco Central, entre dezembro e março. Não podia haver um quarto.[4] Mas a luta pelo reequilíbrio da economia duraria todo o restante do ano, e com pressão crescente dos partidos da coalizão, preocupados em entrar nas eleições municipais de 2000 ainda em crise econômica. O que mais incomodava era a inflação alta e a recessão.

O Legislativo continuou a votar, empurrado pela crise. Em 10 de março, a Câmara aprovou, em primeiro turno, a nova emenda prorrogando e aumentando a CPMF, por margem folgada de 358 votos a 135. No dia 18, confirmaria a aprovação, no segundo turno, por 357 a 125. Com essa votação, encerrava a deliberação sobre o ajuste fiscal. Mas o governo nem pôde respirar, porque, dois dias depois do primeiro turno, um colapso da rede elétrica deixou sem luz dez estados e mais de 70 milhões de pessoas. No mesmo mês, a inflação deu alguns sinais de queda e as expectativas do governo para os juros e o crescimento melhoraram. Enquanto o apagão ainda assombrava o governo, mais um grande problema surgia no Congresso. No início de abril, começaram a funcionar duas CPIS, uma para investigar nepotismo, corrupção e lentidão na Justiça, que irritava o presidente do Supremo Tribunal Federal. Outra, para investigar as operações de salvamento bancário pelo Banco Central, na desvalorização. A CPI do

Judiciário ficaria em banho-maria por muito tempo. A dos bancos evoluiria e levaria à prisão espetaculosa de Francisco Lopes, por determinação parlamentar, diante das câmeras que mostravam seu interrogatório. Além dessa evidente arbitrariedade causada pela excitação dos ânimos, a CPI trouxe muito dissabor ao governo. Provocou um enorme escândalo e inaugurou uma penosa trajetória pessoal para Francisco Lopes, de enfrentamento de acusações e processos na Justiça, que se estenderam por muitos anos após o governo FHC. O presidente teve que pilotar a turbulência da CPI por mais de um mês. Os gastos médios do primeiro semestre de 1999 com a coalizão foram praticamente iguais aos do mesmo período do ano anterior. A reeleição consumada zerava a dependência da agenda presidencial em relação ao Congresso. A crise compelia o Legislativo a aprovar as medidas mais importantes da agenda presidencial para enfrentá-la, sem grandes compensações colaterais.

Enquanto isso, a inflação cedia, os juros iam atrás e caíam, a economia dava ligeiros sinais de reaquecimento. Em maio, terminou oficialmente a recessão, com a divulgação do crescimento de 1% do PIB, no primeiro trimestre de 1999, após três trimestres seguidos de queda. Mas a recuperação seria lenta. A nova equipe do BC anunciou a mudança no paradigma de estabilização, com a adoção do método de metas de inflação, cujo prestígio crescia no mundo todo. Esse método manteve-se depois do governo FHC e, apesar das violações sistemáticas na gestão de Dilma Rousseff na Presidência, foi o mecanismo usado pelo Banco Central para estabilizar a economia em 2017-18. O início do segundo mandato, marcado pela desvalorização, pela queda da popularidade e pela CPI dos Bancos, desarrumou a coalizão. O próprio presidente manifestou preocupação: "essa poluição política pode complicar... Não sei. Sinto que a chamada base do governo desta vez está desmanchada. É verdadeiramente uma luta por espaço político entre os partidos". Em outro trecho, conclui: "agora — não como da vez passada, quando havia a expectativa da minha reeleição — os partidos já começam a se engalfinhar. Vai ser difícil levar os anos que vêm pela frente".[5]

A CPI dos Bancos nem estava ainda superada, quando mais uma turbulência, dessa vez em relação a acusações de favorecimento de um dos grupos na privatização da Telebrás, agitou a conjuntura. A privatização das telecomunicações retirou o país de atraso absurdo, em todos os campos, da telefonia ao uso de satélite e à evolução da internet. Mas falhas de concepção e execução nessa operação geraram dúvidas sobre o governo e ocasionariam várias crises setoriais no futuro. O ambiente tumultuoso e a desconfiança levaram a mais queda na popularidade. Na segunda semana de junho, o Datafolha verificou que a desaprovação do presidente atingira 44% e a aprovação ficara em apenas 16%. A popularidade líquida foi a -47%.[6] FHC entrava no ciclo de fuga do presidencialismo de coalizão, no qual os partidos da coalizão se dispersam.

Em julho, Fernando Henrique fez uma alteração parcial mas significativa do ministério, trocando ministros, criando pastas, deslocando titulares de uma pasta para outra. Irritado, deu declarações fortes à imprensa, provocando a chamada, nos principais jornais, com sua frase de efeito: "os incomodados podem sempre se retirar". E explicou que precisava de um "governo unido e coeso, apoiado incondicionalmente pelos partidos que compõem a base do governo, e não um governo partido em facções".[7] Mas a reforma do ministério aumentava o controle do presidente, descontentava o PMDB, que perdeu espaço, com o fortalecimento do PSDB, e desequilibrou a coalizão. Na Justiça, FHC substituiu Renan Calheiros (PMDB-AL) pelo jurista José Carlos Dias, ligado ao PSDB de São Paulo. Clóvis Carvalho (PSDB-SP) foi deslocado da Casa Civil para o Ministério do Desenvolvimento, Indústria e Comércio Exterior, que continuou no âmbito da influência do PSDB. Pedro Parente deixou o Planejamento para ocupar a Casa Civil, indo para seu lugar Martus Tavares, antes secretário executivo do ministério, assim mantido na área de confiança do ministro da Fazenda, Pedro Malan, que permaneceu no comando da economia. A Agricultura saiu do controle do PTB, indo para o PPB, com o economista Pratini de Moraes (PPB-RS), que iniciou sua carreira governamental na ditadura e fora ministro do governo Collor. A nomeação agradava ao PFL. Havia muito, Pratini vinha advogando os interesses da agricultura junto ao governo, como deputado e como presidente da Associação de Comércio Exterior do Brasil (AEB).[8] Bresser-Pereira deixou o Ministério de Ciência e Tecnologia, sendo substituído pelo embaixador Ronaldo Sardenberg, antes na Secretaria de Assuntos Estratégicos (SAE), que foi extinta. Ovídio de Ângelis (PMDB-GO) deslocou-se da Secretaria de Políticas Regionais, também extinta, para a Secretaria de Políticas Urbanas, criada na mudança. O senador Fernando Bezerra (PMDB-RN) seguiu para a Integração Nacional, criada em substituição à Secretaria de Políticas Regionais porém com mais poderes. A Secretaria-Geral da Presidência, que havia sido extinta, foi recriada e entregue ao deputado Aloysio Nunes Ferreira (PSDB-SP), para fazer a articulação política do governo. A coalizão reduziu, na margem, o número efetivo de partidos e aumentou o controle presidencial sobre áreas de governo, sem alterar significativamente a proporcionalidade dos partidos da coalizão no ministério, mas dando ao PSDB parcela maior do poder real. Não foi uma reforma para resolver problemas na coalizão, foi uma mudança decorrente da insatisfação do presidente com parte do ministério e com a relação de alguns ministros políticos com a coalizão.

No final de agosto, manifestação em Brasília, com o mote "Fora FHC", pedindo CPI sobre a privatização da Telebrás e o impeachment de Fernando Henrique, organizada pela CUT, MST e UNE e pelos partidos de oposição, PT, PSB, PDT e PCdoB, reuniu 75 mil pessoas, segundo a *Folha de S.Paulo*.[9] Não importa o número de participantes, foi uma manifestação significativa de protesto contra o governo. A maior desde o início do primeiro mandato de FHC. Parte da inquietação tinha a ver com a recuperação muito lenta da economia. Havia um claro conflito entre a linha de cautela defendida por Malan e Fraga, a fim de consolidar as condições para a retomada do desenvolvimento sustentado da economia, e os anseios dos setores ligados à indústria e à agricultura, que queriam mais gasto com incentivos. Uma clivagem que marcaria a economia política brasileira até o colapso do governo Dilma Rousseff. O governador Tasso Jereissati (PSDB-CE) defendeu "modificações corretivas no rumo da política econômica". Não ofereceu alternativas, mas disse que sabia "o que não serve. O que está aí é ruim. [...] A economia vai bem se há muita gente empregada". Jereissati afirmou em entrevista à *Folha de S.Paulo* que "o desgaste do governo, que é inegável, precisa ser melhor analisado. O péssimo humor do país é desproporcional à situação geral, que não é tão ruim". Era uma divergência, não um rompimento: "sou do PSDB, [...] vou apoiar o presidente Fernando Henrique até o fim".[10] O ministro Malan deixou sua habitual discrição e, em jantar com senadores da Comissão de Assuntos Econômicos do Senado, no dia 1º de setembro, respondeu às críticas, dizendo que, "se quiserem bolha de crescimento que comprometa a estabilidade, não será comigo. Aí, será preciso arranjar outro, um fazedor de bolhas". Malan ouviu duras críticas sobre a gravidade da situação do Brasil real, que o governo parecia não ver.[11] A demanda subjacente era por mais subsídios. No dia seguinte, em seminário com a presença de Malan, o ministro do Desenvolvimento, Clóvis Carvalho, atacou pesadamente a política econômica, dizendo que "responsabilidade não pode ser sinônimo de timidez nem de conformismo com resultados medíocres de crescimento econômico". E acusou: "o excesso de cautela [...] será outro nome para a covardia".¹² A coabitação dessas duas orientações em ministérios poderosos do mesmo governo era impossível. Fernando Henrique escolheu Malan. Clóvis Carvalho deixou o ministério no dia seguinte e, três dias depois, foi nomeado para seu lugar o ex-vice-presidente do Bradesco, Alcides Tápias. Um ex-banqueiro não se oporia à prioridade para a estabilização defendida por Malan. Mas o episódio não reduziu a pressão política sobre a equipe econômica. Ao contrário, o Legislativo estava em pé de guerra e lançava ultimatos sequenciais ao governo. O descontentamento dos políticos tinha a ver com o desconforto econômico em seus redutos e com as emendas parlamentares não liberadas. A insatisfação geral nascia da frustração das promessas do Plano Real, da campanha eleitoral e da persistência do desconforto econômico. Em conversa com o presidente, logo após sua entrevista à imprensa, diante do argumento de que não se podiam fazer milagres, Tasso Jereissati respondeu: "mas nós prometemos que com a reeleição haveria a bonança".¹³ Não houve, piorou tudo com a desvalorização. A oposição, que não absorvera a emenda da reeleição nem a derrota no primeiro turno das eleições presidenciais, levantou os protestos do "Fora FHC". Os governistas, decepcionados, também se afastavam do presidente.

Esse é o contexto que, em nossa experiência republicana, ameaça o mandato presidencial e a governabilidade. O clima altamente negativo, social e político, batia diretamente na popularidade do presidente, tornando mais difícil a reconciliação com a maioria parlamentar. Em meados de setembro, a avaliação de Fernando Henrique atingiu sua pior marca. Segundo o Datafolha, a negativa foi a 56%, subindo doze pontos em relação a junho, e a positiva caiu para 13%. A popularidade líquida chegou a -62%.¹⁴ Nível de risco muito alto. O desconforto econômico não cederia até o final do ano. O terceiro trimestre registrou ligeira queda no PIB. Na verdade, a economia estava parada e a inflação ainda seguia aos repiques. A pobreza havia aumentado. Em 6 de outubro, o governo conseguiu aprovar na Câmara o projeto de lei que criava o fator previdenciário: mudou o cálculo da aposentadoria inicial, levando em consideração o tempo de contribuição, e o da aposentadoria por idade. Era uma forma de contornar a derrota da idade mínima na reforma da Previdência. O substitutivo da Comissão de Seguridade Social e Família recebeu 301 votos a 157, maioria muito superior à necessária. No dia 22, após reunião com os governadores, que deram apoio unânime à iniciativa, FHC enviou proposta de emenda constitucional permitindo instituir a contribuição dos inativos. A situação começou a melhorar, e em meados de novembro apareceram os sinais concretos dessa melhora. A popularidade reagiu em meados de dezembro, praticamente retornando ao patamar de junho e reduzindo o nível de tensão política. O Datafolha registrou mudança de dez pontos na desaprovação, que passou de 56% para 46%. A aprovação voltou de 13% para 16%. A popularidade líquida passou de -62% para -48%, uma diferença de catorze pontos.[15] Em meados de dezembro, o presidente, em entrevista à *Folha de S.Paulo*, disse que estava chegando ao fim a fase das reformas e que, nos anos seguintes, a partir das últimas votações, em março ou abril, ficaria menos dependente do quórum dos três quintos necessários para aprovar emendas à Constituição. Não romperia com os partidos aliados, mas mudaria sua prioridade. Era um sinal estratégico que alteraria a lógica de ação dos agentes políticos. A política não espera, se antecipa aos acontecimentos para adaptar-se preventivamente à mudança na lógica do movimento da Presidência. Ao fazer isso, afeta a dinâmica política e abre caminhos para eventos inesperados. O difícil ano econômico de 1999 terminou melhor do que se previra. O PIB não ficou negativo, e a inflação anual se manteve alta mas ainda em um dígito. Armínio Fraga conseguira êxito no esforço de reestabilizar a economia com o regime de metas. A média de gasto com a gestão da coalizão foi 2,4% superior no segundo semestre de 1998, em relação ao segundo semestre de 1997.

 O ano 2000 começou com a aprovação, em 12 de janeiro, pela Câmara dos Deputados, em primeiro turno, por 343 votos a 137, da DRU, que substituía o Fundo de Estabilização Fiscal (FEF), liberando para gasto discricionário 20% da receita. A DRU teria validade até 2003. Menos de duas semanas depois, a Câmara aprovou a importante Lei de Responsabilidade Fiscal, por larga margem, não obstante a pressão intensa dos prefeitos contra a sua aprovação, em pleno ano de eleições municipais. Foram 385 votos a favor e 86 contrários. Essas votações indicavam que, apesar de ainda estar com déficit de popularidade, o presidente revertera o processo de dispersão e fuga da coalizão, resguardando seu mandato do ataque da oposição. Mas a disputa entre os partidos da coalizão por poder no Legislativo, na qual Fernando Henrique não quis intervir, provocou a reação do PFL, que ameaçou deixar de apoiar os projetos do governo. O deputado Aécio Neves, líder do PSDB, ambicionava a presidência da Câmara. A fim de conseguir a maioria necessária para ser competitivo, cooptou deputados para a bancada do partido e formou um bloco com o PTB. Obteve, artificialmente, a primeira minoria, de 127 cadeiras, 103 do PSDB e 24 do PTB. O PMDB, com 83 deputados eleitos, em resposta formou bloco com os nanicos PST e PTN, passando a ter a segunda minoria, de 102 cadeiras. O PFL, que havia recebido a garantia do presidente de que ele vetaria a manobra de Aécio, se isolou e perdeu quatro parlamentares no troca-troca, ficando com a terceira bancada, de 101 deputados. Essa manobra de Aécio Neves e do PMDB tinha como objetivo impedir que Inocêncio de Oliveira assumisse a presidência da Câmara. Adicionalmente, deslocaria, pela regra da proporcionalidade, o PFL da presidência da Comissão de Constituição e Justiça, a CCJ. Como efeito colateral, isso desequilibraria a divisão de poderes na coalizão e desestabilizaria o apoio parlamentar de FHC, no exato momento em que ele o recuperava, ainda precariamente. Cardoso diz em seus *Diários* que tentou "evitar o tempo todo que houvesse esse avanço do PSDB, mas não posso impedir que legitimamente um líder, no caso o Aécio, trate de, sem danificar os interesses do governo e sem ferir os interesses dos partidos aliados, aliciar alguns deputados para aumentar a bancada". Mais adiante, informa: "eu não sabia de nada do que foi feito depois, nem sequer que tinha havido uma intensa procura do pessoal ligado à Igreja Universal. Também não sabia absolutamente nada a respeito da aliança com o PTB. A punhalada não foi minha".[16] O problema era que a artimanha de Aécio Neves danificava os interesses do governo, ao romper o delicado equilíbrio e a frágil unidade da coalizão, e feria fundo os interesses do PFL, aliado da primeira hora do presidente. Além de mostrar que FHC vacilava no exercício de sua liderança sobre o partido, também legítima e de ordem superior. Esse episódio marcou o início do esgarçamento da identidade do PSDB e seu deslizamento rumo ao padrão político disforme do qual o PMDB era o paradigma.[17]

O vale-tudo de Aécio Neves provocou, de imediato, o adiamento da votação das principais medidas de interesse do governo, entre elas o segundo turno da DRU e a apreciação pelo Senado da Lei de Responsabilidade Fiscal. A ampliação da rivalidade no interior da coalizão e a relativa liberdade com que o deputado pôde operar seus interesses pessoais tiveram a ver com sinais dados pelo próprio presidente, quando falou de ficar mais livre da coalizão uma vez terminada a fase das reformas. Essa maior independência o levaria a se aproximar mais de seu partido, inclusive para tratar de sua sucessão. Em reação a esses dois movimentos, PFL e PMDB mudaram suas estratégias para revalorizar seu apoio ao governo. A coalizão perdia importância política para FHC, na visão dos aliados. Portanto, o preço do apoio, em compensações colaterais, teria que ser revisto para cima. Mas a coesão da coalizão continuava sendo um fator crítico para governabilidade. Portanto, o rompimento não interessava ao presidente. O PMDB e o PFL precisavam valorizar sua posição na coalizão, descontada da contribuição à governabilidade. Afinal, ninguém quer comprometer a governabilidade, a não ser em última instância. Para isso, tinham que mostrar ao Executivo que o Congresso podia tomar decisões que afetavam os planos governamentais. O cálculo dos partidos é simples. Se o governo se mostra mais arredio porque não necessita do quórum para mudança constitucional, ele redefine seu patamar de apoio para a maioria simples. O ponto de negociação prioritária passa a ser a aprovação dos projetos de lei de iniciativa do Executivo e as MPs.

O teste da nova lógica de relacionamento seria na votação, sempre controvertida, da medida provisória fixando o novo valor do salário mínimo. A popularidade presidencial continuava negativa, mas melhorava incrementalmente. Em março, pesquisa do Datafolha verificou que a avaliação negativa do presidente passara de 46%, em dezembro, para 43%. A positiva tinha variado de 16% para 18%. A popularidade líquida saiu de -48% para -41%. O PFL, aproveitando a pressão da oposição liderada pelo PT, apoiou um valor muito mais alto do que aquele proposto pelo governo para o mínimo. O partido manteve essa posição por cem dias. O governo só conseguiu aprovar a MP, após negociações intensas e compensações colaterais, no dia 10 de maio, por 301 votos a 185, na Câmara, e por 47 a vinte, no Senado. A ambição de Aécio Neves saiu cara. O gasto fiscal médio com a coalizão no primeiro semestre de 2000 foi 10,3% superior ao do primeiro semestre de 1999.

Na virada do semestre, Fernando Henrique enfrentaria severa crise, com denúncias de tráfico de influência no governo pelo ex-secretário-geral da Presidência, Eduardo Jorge. Foi um caso controvertido e que gerou muita carga negativa contra o presidente na mídia. Eduardo Jorge acompanhava Cardoso desde o Senado. Havia passado pelos ministérios das Relações Exteriores e da Fazenda, até chegar à Secretaria-Geral da Presidência. A acusação se referia ao período posterior à sua saída desse cargo. A mais grave delas era de envolvimento no superfaturamento nas obras do Tribunal Regional do Trabalho, por sua amizade com o empresário e senador Luiz Estevão, este comprovadamente envolvido nas falcatruas.[18] Seu depoimento, de quase oito horas, na subcomissão da CPI do Judiciário que investigou o episódio, deu início ao esvaziamento político do escândalo.[19] Mas haveria muitos desdobramentos ainda, políticos, judiciais e pessoais, até que tudo fosse superado, no que podia ser superado. Após lenta tramitação na Justiça, o caso se resolveu com a condenação à pena de prisão do juiz que presidia o tribunal na época, Nicolau dos Santos Neto, de Luiz Estevão e de dois outros empresários. Luiz Estevão teve o mandato cassado pelo Senado, por sua participação no esquema. Eduardo Jorge foi inocentado de todas as acusações e processou, com sucesso, por danos morais vários veículos de imprensa que então o acusaram das ilegalidades.[20]

No domingo 1º de outubro, o primeiro turno das eleições municipais foi muito desfavorável ao governo. A oposição ganhou cinco capitais e classificou-se para o segundo turno em outras dez. Em São Paulo, o candidato do PSDB, o vice-governador Geraldo Alckmin, foi derrotado por Marta Suplicy (PT) e Paulo Maluf (PPB), que disputaram o segundo turno. Na Câmara de Vereadores, entre os vinte mais votados, oito foram do PT, quatro do PSDB e três do PMDB. O vereador mais votado foi o petista José Eduardo Cardozo, o qual havia presidido a CPI que investigou a máfia da propina na gestão de Celso Pitta, homem de Paulo Maluf, na prefeitura. No segundo turno, o avanço da oposição se confirmou. O PT venceu em São Paulo e em cinco outras capitais: Aracaju, no primeiro turno, Porto Alegre, Recife, Goiânia e Belém. Das dezesseis cidades em que disputou o segundo turno, o PT venceu em treze. Em Belo Horizonte, reelegeu-se o prefeito Célio de Castro (PSB), cujo vice era do PT. A oposição venceu no Brasil urbano-industrial. O PFL foi o maior derrotado, inclusive no Rio de Janeiro, onde seu candidato perdeu a reeleição para Cesar Maia (PTB), principal responsável pela vitória de Luís Paulo Conde (PFL) na eleição anterior.

Em compensação, o presidente veria sua popularidade se recuperar bastante embora ainda se mantivesse no negativo. O Datafolha verificou, depois do primeiro turno das eleições, que a avaliação negativa havia caído de 41%, em junho, para 37%, em outubro, praticamente o mesmo resultado que o regular, que ficou em 38%. A avaliação positiva subiu de 19% para 23%. A popularidade líquida resultante foi de -37% para -23%.[21] A economia crescia mais forte, 4,2% no terceiro trimestre, o desemprego era o menor desde 1997. Foi, do ponto de vista econômico, o melhor ano do segundo mandato. O fantasma da impopularidade de setembro de 1999 começava a ser exorcizado, mais de um ano depois.

O vento eleitoral, todavia, soprava em direção oposta, rumo ao PT. As pesquisas mostravam que mais de 50% dos eleitores apoiavam a oposição para a Presidência, com Lula na frente.[22] O afastamento em relação ao centro presidencial ocorria também na coalizão. No final do ano, a movimentação de Aécio Neves chegava à sua conclusão, com a candidatura do mineiro à presidência da Câmara. Ele recebeu o apoio do governador Itamar Franco, havia mais de um ano um dos mais ácidos opositores de Fernando Henrique.

A popularidade presidencial avançou um pouco mais na redução das perdas, em dezembro, com maior otimismo sobre a economia. A avaliação negativa variou de 37% para 35% e a positiva de 23% para 24%. A popularidade líquida foi de -23% para -18%.[23] Com a dispersão da coalizão e a expectativa de vitória da oposição, o gasto médio com a coalizão do segundo semestre foi 11,3% superior ao do ano anterior.

O ano de 2001, embora sem eleições, seria marcado pelas movimentações políticas já se pensando na sucessão. A política se antecipa sempre. A agenda presidencial estava esvaziada. A popularidade seguia negativa, ainda que melhorando. As notícias negativas não cessavam. Mário Covas teve que pedir afastamento do governo de São Paulo por recomendação médica. Ele se tratava de um câncer. Os problemas na coalizão presidencial se agravariam com o lançamento, pelo PMDB, do controvertido senador Jader Barbalho (PMDB-PA), inimigo pessoal de Antonio Carlos Magalhães (PFL-BA), para sucedê-lo na presidência do Senado. O PFL, pivô original da coalizão de FHC, era confrontado nas duas Casas do Legislativo por partidos da coalizão. Na Câmara, presidida pelo PMDB, o acordo original era que Michel Temer fosse sucedido por um deputado do PFL. O candidato mais forte era Inocêncio de Oliveira. Foi contestado por Aécio Neves, do PSDB, que realizava seu projeto solo. No Senado, o PMDB sucederia o PFL, mas ACM se sentiu afrontado com a candidatura de Barbalho. A resposta do PFL não tardou. No último dia de janeiro, na Câmara dos Deputados, Inocêncio de Oliveira declarou-se na oposição e atraiu 76 dos 103 votos de seu partido para, junto com o PT e demais partidos da oposição, derrubar, por 223 a 216, a medida provisória do governo que autorizava o pagamento do funcionalismo do Executivo até o dia 5 do mês seguinte. Dessa forma, o PFL mostrava, na prática, ao governo, o quanto valia um pivô. Fez a diferença entre a vitória e a derrota. Mas o presidente preferiu apoiar o projeto pessoal do deputado Aécio Neves e deu ultimato ao PFL para que entregasse os cargos, se fosse ficar em contrariedade.

O confronto paralisou o Congresso. O desequilíbrio na distribuição institucional de forças entre os três partidos da coalizão, com o alijamento do PFL do comando das duas Casas do Legislativo, era uma decisão de alto risco e danosa à governança. O desequilíbrio gerou instabilidade na coalizão, com a resultante perda de qualidade da governança. Sem o apoio garantido da maioria de um dos grandes partidos, o presidente passaria a correr os dois riscos principais do presidencialismo de coalizão: o risco de primeiro grau, de paralisia do processo decisório, com a oposição, aliada ao ex-parceiro, capaz de bloquear qualquer votação relevante. Assim, o governo ficaria incapacitado de aprovar qualquer medida importante de política ou promover qualquer reforma. E o risco de segundo grau, de aprovação pelo Legislativo de medidas que conflitem com as políticas governamentais ou as comprometam em grau variável de gravidade.

O primeiro risco, o presidente enfrentou em vários momentos tumultuados de relacionamento com os parceiros de sua coalizão. O exemplo mais claro do segundo mandato foi a derrubada da MP dos salários do funcionalismo público. Esses riscos aumentam significativamente quando o presidente está, como Fernando Henrique estava, no ciclo de dispersão e fuga, no relacionamento entre Presidência e coalizão. O embate entre PSDB e PFL provocado por Aécio Neves elevou consideravelmente a probabilidade de ruptura da coalizão e de uma crise endêmica de governança que podia condenar o governo ao imobilismo nos seus dois últimos anos, com reflexos negativos para o quadro sucessório de 2002. Coalizões tripartites como a de FHC são intrinsecamente instáveis. Primeiro, porque, se as forças se equivalem, os três partidos são partidos-pivô, portanto indispensáveis ao sucesso do processo decisório. A falta de qualquer um deles derrota o governo. Segundo, porque, sempre que um dos parceiros se torna mais poderoso ou dá essa impressão, os dois desgostosos têm um forte estímulo para se aliarem contra ele. Era o que explicava a aliança PSDB--PMDB contra o PFL na sucessão no Congresso. PSDB, PMDB e PFL eram, e continuam a ser, partidos rivais, no plano regional, e complementares, no plano nacional.

Na Bahia, o caso mais importante para a crise que FHC enfrentava, o PFL era fortemente dominante, com quase 50% dos votos. A segunda força era o PT, com 14%. PSDB e PMDB vinham em seguida, com 11% e 8%, respectivamente. Juntos, na disputa presidencial, comandariam um potencial de mais de 65% do eleitorado baiano. Os dois partidos menores confrontavam a hegemonia de ACM no estado, e o PMDB vinha buscando cooptar quadros do partido, na esperança de que carregassem com eles parte dos votos do PFL. O mais provável, porém, era que parte desses votos fossem controlados diretamente por ACM, como liderança pessoal. O assédio do PMDB acossava ACM menos pelo risco de perder o controle, mais pelo ataque direto à sua liderança pessoal, por isso a convivência com o partido na coalizão o incomodava tanto.

Fernando Henrique contribuiu para a crise da coalizão ao optar por manobrar nos bastidores, com operadores políticos comprometidos com um dos lados do conflito. Eles não eram isentos, nem tinham o desprendimento necessário para atuarem como representantes do chefe do Executivo. A preferência pelas sombras dos corredores do poder, de enorme atratividade, sempre traz com ela os riscos inerentes às conspirações e alimenta o descrédito e a desconfiança. É um jogo em que as vitórias tendem a ser efêmeras e os custos permanentes. O senador Antonio Carlos Magalhães, por sua vez, superestimou suas chances no confronto com Jader Barbalho e não buscou viabilizar uma alternativa negociada quando ainda era tempo. Preferiu a escalada do confronto. A reação do PFL provocaria uma nova mudança institucional, com a aprovação de emenda constitucional para limitar a edição de medidas provisórias. O governo considerava a emenda, apoiada por ACM, um desastre que levaria ao caos na economia. O confronto havia escalado com acusações de que a troca de deputados do PFL para o PMDB envolvera até suborno e teria sido articulada por peemedebistas aliados do governo. Nessas transações apareciam parlamentares e ex-parlamentares, pertencentes ao condomínio do PMDB, em pleno processo de consolidação, como Geddel Vieira Lima (PMDB-BA) e Eliseu Padilha (PMDB-RS). O conflito resvalou em intrigas, acusações de suborno, fitas gravadas, recursos judiciais, enfim, ingredientes que açularam o PT a pedir mais uma CPI e que transformavam as rivalidades em disputas intratáveis. Não adiantava muito tentar enfrentar a paralisia com mais gasto fiscal com a coalizão. Até porque a crise limitava a capacidade fiscal do governo.

A sucessão no Congresso foi um divisor de águas que marcaria o declínio da força do governo e a progressão do PT rumo à vitória, em 2002. No dia 14 de fevereiro de 2001, Aécio Neves (PSDB-MG) foi eleito presidente da Câmara, com o apoio de seu antecessor, Michel Temer (PMDB-SP), com 283 votos, contra 117 para Inocêncio de Oliveira. No Senado, Jader Barbalho foi eleito com apoio do PSDB por 41 votos. Politicamente, o PFL estava fora da coalizão governista, mesmo que, por conveniência partidária e/ou pessoal, aceitasse manter ou ampliar sua participação no primeiro e no segundo escalão do governo. Isso ficou mais claro, em março, com a reforma ministerial. O mundo político viu esse acordo entre PSDB e PMDB como uma aliança que perduraria até a boca da urna e que beneficiava o ministro da Saúde, José Serra, como candidato à sucessão. Fernando Henrique não convenceu os ex-aliados de que havia se mantido neutro na disputa. O detonador da crise fora o PSDB. O partido, na verdade, estava praticamente sem liderança e com sua cúpula política muito desfalcada. Ele vivia o seu ocaso precocemente. Era uma missão quase impossível refazer a coalizão e eleger o sucessor de FHC. O PSDB não queria a continuidade, e a continuidade era o único ativo que tinha a oferecer. O governo estava muito seguro de que o desempenho da economia dissiparia as dificuldades políticas. Mas a economia, embora seja o móvel dominante do voto no Brasil, não faz milagre. Era provável que a maioria, em 2002, demandasse mudança, ainda que sem violar os fundamentos da estabilidade econômica.[24]

O PSDB, apesar de ter levado a presidência da Câmara, não tinha musculatura para montar uma estrutura de poder no Legislativo. O PMDB, por sua vez, consolidou uma estrutura de controle político no Congresso que, além de hostil ao PFL, não dava muitas garantias de lealdade ao governo. Era o partido com maior capacidade de fogo, em comparação ao PSDB e ao PFL. O novo condomínio de síndicos do poder já estava solidamente plantado no Congresso, com Jader Barbalho na presidência do Senado, Renan Calheiros liderando a bancada no Senado e Geddel Vieira Lima no comando da bancada na Câmara. Essas lideranças não prestavam ao governo Fernando Henrique, como de resto a nenhum governo, mais que um apoio condicional, de conveniência. Ainda fazia parte do condomínio o ex-presidente da Câmara, Michel Temer, seu síndico superior, que manteria muita influência residual durante a presidência estruturalmente fraca de Aécio Neves. Renan Calheiros se aproximara de Jader Barbalho havia tempos. Ele pertencia ao tipo "ricochete" da política, sempre pulando de lado. A união entre Geddel Vieira Lima e Jader Barbalho se baseava na transitividade política: Barbalho era adversário de Antonio Carlos Magalhães no Senado e na política nacional; Geddel era adversário de ACM na Bahia; logo, Jader e Geddel eram aliados. O novo condomínio do poder peemedebista atacava, inclusive, os setores do próprio partido que poderiam confrontá-lo e fazer-lhe concorrência interna ou na relação com o governo. No primeiro caso, Michel Temer fez o trabalho de isolamento e captura de território político local, em São

Paulo, contra Orestes Quércia, de quem sempre foi adversário. No segundo, o ministro Eliseu Padilha atacou e neutralizou o ex-governador Antônio Britto e o senador Pedro Simon, no Rio Grande do Sul. Ambos tiveram o apoio logístico e político de todos os parceiros condominiais.

O PFL, lutando pela própria sobrevivência e sofrendo o cerco do PMDB, não tinha como contrastar o poder do condomínio. O dilema do partido era intrincado. ACM, sua liderança de maior visibilidade e popularidade, pedia o afastamento do governo dos peemedebistas Moreira Franco e Eliseu Padilha, ambos síndicos do condomínio que ele considerava os principais artífices do ataque ao partido, em associação com Barbalho, Calheiros e Vieira Lima. O presidente não cedeu. Tudo era efeito colateral não antecipado de ações políticas da sucessão legislativa. A lógica individualista dos partidos e facções partidárias prevalecera sobre a lógica multipartidária da coalizão governista. O presidente permitiu que tais iniciativas prosperassem e se recusou a intervir, no exercício da chefia do governo e da coalizão, no momento em que elas ultrapassaram o limite de segurança política. A confusão estava longe de terminar. Até porque a política brasileira tem uma cultura de sussurros nos corredores do poder e conversas desabridas na privacidade dos gabinetes. O que se sussurra nos corredores ou se confidencia nos gabinetes e nas residências de Brasília acaba sendo de conhecimento geral, nem sempre em versões totalmente fidedignas. Não é o que se diz à imprensa que causa as reações mais intensas, são esses gritos e sussurros privados, que invariavelmente chegam ao "lado de lá". Essa cultura estava a alimentar a lógica da escalada.

Com sua coalizão partidária em frangalhos, o Planalto apostava numa nova agenda legislativa, para reaglutinar apoios. Era um movimento arriscado num ambiente assim. A agenda era necessária, para dar novo foco e consistência ao processo legislativo e criar um ponto substantivo de referência para a agregação da coalizão e para o relacionamento entre o Executivo e o Legislativo. Mas dificilmente constituiria incentivo suficiente para reparar as fraturas políticas expostas. O caminho passaria, porém, por uma ampla e total reforma do gabinete político, que permitiria a Fernando Henrique reequilibrar a correlação de forças partidárias desfeita no Legislativo, pelo menos no âmbito do governo. Ao mesmo tempo, afastaria ministros muito fortemente ligados aos grupos em confronto antagônico, tanto do PFL quanto do PMDB, para distensionar a coalizão. Não era da índole do presidente fazer movimentos dessa amplitude, que implicavam impor sua vontade como chefe de governo às conveniências, preferências e afiliações faccionais dos três partidos de sua coalizão. Era um quadro delicado, que não tinha solução simples nem natural. No âmbito do PSDB, o "retorno dos cardeais" podia pavimentar uma via de compromisso interno e restabelecer o equilíbrio entre as facções que estavam se formando no partido, para a negociação do processo sucessório de 2002. No âmbito do PFL, a situação era muito difícil. Não havia espaço para o partido na oposição.[25] A ideia de FHC era dar mais força ao vice, Marco Maciel, dividindo o PFL. Mas Maciel não tinha a estatura política de Antonio Carlos Magalhães, e seu estilo discreto dificultava exercer liderança mais musculada. A crise cresceu de volume. Um escândalo no Senado envolvendo quebra de sigilo de votação que cassou o senador Luiz Estevão, com participação de ACM, deu a Jader Barbalho a oportunidade para se livrar de seu adversário. Acusações de corrupção na Sudam, que atingiam Barbalho, alimentaram movimento da oposição, com apoio forte de ACM, para criação de uma CPI da Corrupção.[26] O escândalo avançou e comprometeu inapelavelmente o recém-eleito presidente do Senado. Evidências em relação a desvios também na Sudene envolviam o ministro Fernando Bezerra, da Integração Nacional, que foi demitido e retomou o mandato de senador. O outro caso rumoroso, da violação da votação, fez crescer o movimento de senadores dispostos a cassar ACM e o senador José Roberto Arruda (PSDB-DF), líder do governo no Senado, igualmente envolvido. Esse imbróglio terminou mal para todos os implicados. No final de maio, Antonio Carlos Magalhães renunciou ao mandato para não ser cassado. No dia 20 de julho, Jader Barbalho decidiu se licenciar da presidência do Senado, para evitar a cassação de seu mandato. Mas a pressão sobre ele continuou e, no início de outubro, ele também renunciou ao cargo de senador.

Nesse entremeio, o governador Mário Covas, ícone da resistência ao regime militar, da Constituinte e fundador do PSDB, no qual liderou a ala mais à esquerda, morreu, vitimado pelo câncer que o afastara do governo. O PSDB, que já perdera Franco Montoro, ficava sem lideranças estruturadoras.

O presidente, apesar da crise, e ajudado pelo desempenho da economia, continuava a recuperar-se da enorme perda de popularidade resultante da desvalorização do real. No final de março, o Datafolha registrou mais uma queda na desaprovação, de 35%, em dezembro, para 30%, e aumento da aprovação, de 24% para 26%, praticamente zerando o déficit de popularidade líquida, que caiu de -18% para -7%.²⁷ O gasto médio com a coalizão no primeiro semestre foi 4% superior ao do mesmo período de 2000.

Diante da pressão crescente na opinião pública contra a corrupção, Fernando Henrique resolveu criar a Corregedoria-Geral da União (CGU). Para corregedora, com status de ministra, nomeou a subprocuradora aposentada Anadir de Mendonça Rodrigues.

Mas a fortuna estava contra o governo. Novo apagão, de muito maiores proporções que o anterior, gerou grande apreensão e estigmatizou o governo FHC. O presidente criou uma força-tarefa, comandada pelo chefe da Casa Civil, Pedro Parente, para administrar a crise e enfrentar as deficiências técnicas e gerenciais do sistema elétrico do país. O apagão forçou o governo a decretar um tarifaço para coibir o consumo de energia, com impacto na inflação. Também o obrigou a determinar o racionamento de eletricidade, que afetaria dramaticamente a recuperação da economia.

A reação da população à crise de energia foi extraordinária. Entendeu o problema, seguiu os conselhos para economizar energia, inclusive desligando os aparelhos ociosos, a fim de reduzir o consumo residual, muito elevado no agregado. Rapidamente, a maioria chegou a uma redução de 20%, que resultava em bônus para abatimento de parte do sobrepreço oriundo do grande aumento das tarifas e evitava aumentos punitivos na conta de luz. Mas o povo não perdoou o governo nem o presidente pelo desconforto. Não bastasse o apagão, nova crise argentina provocou outro surto de desequilíbrio cambial no Brasil. As duas crises juntas pioraram, novamente, a popularidade presidencial, ao ameaçar o país com mais inflação e recessão. A desaprovação subiu doze pontos, no fim de junho, de 30% para 42%, e a aprovação caiu sete, de 26% para 19%. A popularidade líquida piorou 31 pontos, indo de -7% para -38%. Um estrago de grandes proporções.²⁸

O Banco Central administrava a crise do câmbio, e o ministro Pedro Parente a crise de energia. Cardoso tentava interromper o avanço da candidatura à Presidência de Itamar Franco, que havia se filiado ao PMDB. A candidatura de Itamar se somaria às de Lula e de Ciro Gomes, formando uma frente de oposição que se tornaria imbatível, pelo menos no segundo turno. Para abortá-la no início, era preciso tomar a presidência do partido de Maguito Vilela e seu grupo, que eram favoráveis ao ex-presidente. Para isso, foi necessário mobilizar o condomínio de poder, pronto para prestar esse tipo de serviço e, de resto, pronto para aumentar sua influência no governo e assumir de vez o controle do partido. Michel Temer foi eleito presidente na convenção, em setembro, com 411 votos, contra 244 para Maguito Vilela. Mas, apesar da vitória do condomínio, e talvez com seu beneplácito, o PMDB manteve a decisão de ter candidatura própria à Presidência da República. Era uma arma de pressão contra o governo. O atentado a Nova York, em 11 de setembro, aumentaria a pressão sobre a economia global e, consequentemente, a brasileira. Espantoso foi o resultado da reação da população ao chamamento para economizar energia. Ele mitigou os efeitos do tarifaço e do racionamento e reduziu o desconforto econômico. O estupor com o ataque às Torres Gêmeas, em Nova York, seus desdobramentos econômicos globais e a erupção de uma nova e indesejável guerra fizeram crescer a cautela geral. A desaprovação de FHC, pelo Datafolha, caiu de 42%, em junho, para 36%, em setembro, e a aprovação subiu de 19% para 22%. A popularidade líquida passou de -38% para -24%.[29]

    A queda da impopularidade não era suficiente para interromper o ciclo de dispersão e fuga, que enfraquecia a coesão da coalizão governista. A paralisação do Legislativo era seletiva. No início de novembro, a Câmara aprovou, por exemplo, em primeiro turno, emenda constitucional que reduzia a imunidade parlamentar, restringindo-a a palavras, opiniões e votos proferidos no exercício do mandato, por 412 a nove. O que a sociedade quer, o Congresso acaba fazendo, mais ainda perto de eleição. Se a emenda fosse aprovada na Câmara e no Senado, cairia a necessidade de pedir licença às Casas do Congresso para processar parlamentares por crimes desvinculados do mandato. Logo em seguida, o governo foi derrotado na CCJ da Câmara, que aprovou correção de 35% na tabela do imposto de renda, congelada desde 1996. Alertado de que nem seu partido deixaria de votar a correção da tabela, Fernando Henrique cedeu e negociou uma correção menor, de 15%. Perdeu, novamente, e os partidos votaram, na CCJ e no plenário, reajuste de 17,5%. A medida beneficiava o contribuinte, aumentando o piso de isenção e reduzindo a incidência sobre os rendimentos mais baixos, contrariando o governo e frustrando a arrecadação. Algumas semanas depois, o Senado aprovou o projeto, contra a orientação explícita do governo, ajustando o salário mínimo.[30] O governo havia proposto 5% e teve que aceitar 11%.

    No fim do ano, o PFL estava eufórico. A governadora do Maranhão, Roseana Sarney (PFL-MA), crescia vertiginosamente nas pesquisas eleitorais para 2002, parecendo que seria a única candidatura capaz de vencer Lula. Pesquisa do Datafolha mostrou que ela estava em segundo lugar, com 19%, e Lula em primeiro, com 31%. No confronto um a um, simulando segundo turno, Roseana Sarney ficava com 46% e Lula com 44%. A pesquisa registrava preferências em queda para Anthony Garotinho (PSB-RJ), 11%, e Ciro Gomes (PPS-CE), 10%. Itamar Franco (PMDB-MG) e José Serra (PSDB-SP) empatavam na retaguarda, com 6-7%.

A média do gasto com a gestão da coalizão do segundo semestre foi 4,2% superior à de 2000. A pressão pré-eleitoral era maior. Mas, em 2002, com a anemia das candidaturas governistas, o governo se esforçou apenas para manter a governabilidade, numa situação de esvaziamento político progressivo, diante da expectativa de vitória oposicionista.

Em janeiro de 2002, Roseana Sarney apareceu com 21% e Lula com 30%.[31] Mas a pré-candidatura da filha de José Sarney era muito frágil. Acusações de irregularidades e de financiamento ilegal mostrariam que não passava de fumaça pré-eleitoral. Em meados do mês, José Serra (PSDB-SP) anunciou formalmente sua candidatura, indicando que procuraria o PMDB como principal aliado. Começou com um discurso dúbio, sem defender a continuidade das políticas do governo, mas também sem atacá-las abertamente. Durante toda a campanha não seria capaz de definir uma identidade clara para sua candidatura.

Os dissabores para o governo estavam longe de terminar. No final do mês, um novo apagão, de grandes proporções, atingiu os estados do Sul, Sudeste e Centro-Oeste. As explicações da agência reguladora eram vexatórias, de tão ridículas. O sistema se achava evidentemente em colapso, e até o ano de 2018 continuaria obsoleto, mantendo o mesmo esquema de emergência com termelétricas poluentes e caras montado como solução temporária por Pedro Parente. A economia, já debilitada pela crise global, desacelerava. O crescimento de 2001 foi decepcionante, de 1,5%.

A bolha pefelista parecia real; pesquisa Datafolha, no fim de fevereiro de 2002, mostrou Roseana Sarney com 23%, empatada com Lula, que caíra para 26%. Serra havia passado de 7% para 10%, Anthony Garotinho para 13%, e Ciro caíra para 8%. No confronto um a um, Roseana batia Lula por 56% a 39%.[32] Fernando Henrique, finalmente, zerou seu déficit de popularidade. O Datafolha mediu desaprovação de 29%, seis pontos percentuais abaixo da marca anterior, de 35%, e aprovação de 31%, sete pontos superior à anterior, de

24%. A popularidade líquida variou fortemente, de -24% para +3%, saindo do vermelho.³³ A bolha Sarney estourou logo depois, quando a Justiça Federal, ainda no âmbito do inquérito das irregularidades na Sudam, ordenou busca e apreensão no escritório de uma consultoria, a qual se revelaria pertencer ao marido da governadora. A partir daí, o escândalo evoluiu, até que a descoberta de dinheiro vivo no cofre, de fonte indeterminada, apareceu no *Jornal Nacional* e a pré-candidatura foi abandonada. Antes disso, porém, o affair abriu novo conflito entre o PFL e o governo. Roseana Sarney acusou José Serra de estar por trás da ação da Polícia Federal e pediu que o partido deixasse o governo. A Polícia Federal agia por ordem judicial. O irmão de Roseana, José Sarney Filho (PFL-MA), saiu do Ministério do Meio Ambiente. Mas acabava o sonho do PFL de disputar a Presidência. José Sarney (PMDB-AP) pressionou o partido e este terminou por deixar formalmente a coalizão do governo. Apesar das turbulências, a Câmara aprovou, em março, nova prorrogação da CPMF, por 384 votos a 55. O PT, com a perspectiva de ser governo, não fez a mesma oposição que das outras vezes. O atraso na votação, a prorrogação ainda precisava passar no Senado, causaria a interrupção da arrecadação, porque ela teria que observar noventa dias de intervalo entre a promulgação e a validade.

O TSE, presidido por Nelson Jobim — e por inspiração dele —, promoveu intervenção nas regras eleitorais, excedendo em muito o escopo de ação do Tribunal, ao determinar que as coligações eleitorais deveriam ser as mesmas, em todos os níveis. Ou seja, se dois partidos se coligassem, no plano nacional, para a disputa presidencial, teriam que manter a mesma aliança na disputa para governadores. A vinculação das coligações provocou forte descontentamento nos partidos. Alguns viam na manobra uma forma de favorecer o PSDB e José Serra, a quem Jobim era ligado. Se foi, não ajudou o suficiente. A decisão era arbitrária. Mudava as regras do jogo, com a pré-campanha na rua, alterando em todos os níveis o cálculo estratégico dos partidos. Era o lado arbitrário e politizado da judicialização da política.³⁴ No final de março, mais uma mudança quebrou completamente a necessária isonomia de tratamento entre partidos. Ela autorizou partidos que não apresentassem candidato à Presidência da República a participarem livremente de coligações, em todos os níveis. A judicialização pouco judiciosa se politiza facilmente, trocando o espírito da lei por uma agenda política. A decisão, por seis votos a um, teve a liderança ativa de Jobim. O único ministro a votar contra foi Sepúlveda Pertence. Houve recurso ao Supremo Tribunal Federal contra a verticalização, e a regra foi mantida por sete votos a quatro. A regra não duraria mais de uma eleição. Mas afetou o pleito de 2002, com uma alteração que, pela Constituição, não se podia fazer a menos de um ano das eleições.

O presidente sabia que não governaria sem o PFL, partido-pivô que lhe foi mais confiável do que o PMDB. A coalizão remanescente não tinha unidade suficiente para enfrentar um bloqueio da oposição reforçada pelo apoio do PFL. A participação do PMDB na chapa de Serra, com a Vice-Presidência, segurava o partido na coalizão, mas não suturava as divisões internas. O condomínio de poder apoiava o governo e o seu candidato. Ainda assim, Itamar Franco e José Sarney trabalhavam contra. O governo precisou do PFL para aprovar na Câmara a medida provisória que estabelecia uma taxa extra nas contas de eletricidade, a fim de compensar as perdas das distribuidoras com o racionamento. O PFL aceitou cooperar e a MP foi aprovada por 275 votos a 144, no dia 10 de abril. O partido fazia campanha contra Serra e pedia sua substituição por Tasso Jereissati. Enquanto isso, Lula avançava rumo ao favoritismo e deixava apreensivo o mercado financeiro. Em meados de maio, segundo o Datafolha, ele estava isolado como favorito, com 43% das preferências, e Serra, Garotinho e Ciro Gomes empatados, com 17%, 15% e 14%, respectivamente.[35] Os três candidatos pela esquerda somavam 72% das simpatias do eleitorado. Mesmo que a eleição não se resolvesse no primeiro turno, os votos que sobrariam para disputar no segundo estavam na oposição. José Serra transformara-se no candidato "nem nem", nem governo, nem oposição. Maio terminava quando ele finalmente definiu que sua vice seria Rita Camata (PMDB-ES).

A economia piorava. O PIB foi ligeiramente negativo no primeiro trimestre de 2002. O problema era que também havia sido negativo no quarto trimestre de 2001. O apagão, somado à crise argentina, cobrava seu preço. A única notícia boa se referia à recuperação da economia dos Estados Unidos. Não era um ambiente eleitoral promissor para o governo. Apesar disso, a popularidade do presidente mostrava alguma resiliência. O Datafolha registrou, em junho, aprovação de 31% e desaprovação de 28%. A popularidade líquida melhorava um pouco mais, de +3% para +5%.[36]

José Serra, com a campanha na rua e chapa completa, distanciou-se ligeiramente dos demais candidatos, gerando a expectativa de que a eleição seria decidida entre ele e Lula. No Datafolha de junho, tinha 21% das preferências, e

Lula 40%. Garotinho tinha 16%, e Ciro Gomes 11%.[37] Mas Ciro Gomes cresceu e ameaçou a posição de Serra, levando-o a mudar a campanha. Lula, por sua vez, ameaçado por Ciro e Serra, também mudou seu discurso econômico, para aproximar-se da classe média e para acalmar o mercado financeiro. Ele fechou sua chapa, tendo o senador e empresário têxtil mineiro José Alencar (PL-MG) por vice. O acordo foi celebrado com o notório Valdemar Costa Neto (PL-SP).

No final de junho, o Datafolha registrou Lula com 38%, Serra com 20%, e Ciro com 18%. Lula divulgou a famosa "Carta aos brasileiros", na qual, embora fizesse duras críticas à política econômica de Fernando Henrique, comprometeu-se, pela primeira vez, a manter o combate à inflação. Seus onze parágrafos iniciais eram de afirmação do ideário petista. Os sete seguintes desviavam-se do pensamento partidário e dirigiam-se aos mercados, com garantias de que haveria uma política econômica respeitosa dos fundamentos macroeconômicos. Os três subsequentes comentavam criticamente a política econômica de FHC. No 22º parágrafo, Lula reconheceu que teria margem estreita de manobra na política econômica no curto prazo.[38] Mais adiante, assumiu compromisso com a responsabilidade fiscal.

> Vamos preservar o superávit primário o quanto for necessário para impedir que a dívida interna aumente e destrua a confiança na capacidade do governo de honrar os seus compromissos. Mas é preciso insistir: só a volta do crescimento pode levar o país a contar com um equilíbrio fiscal consistente e duradouro. A estabilidade, o controle das contas públicas e da inflação são hoje um patrimônio de todos os brasileiros. Não são um bem exclusivo do atual governo, pois foram obtidos com uma grande carga de sacrifícios, especialmente dos mais necessitados.[39]

A carta tinha dois endereços diferentes, o público interno, que não podia se sentir traído pela mudança de atitude, e o mercado financeiro, para acalmá-lo.

Em julho, Ciro Gomes, com 28% das preferências eleitorais, superou José Serra, que caiu para 16%, e se aproximou de Lula, que caiu para 33%. A popularidade de FHC, com a crise econômica e as confusões de campanha, piorou bastante. A desaprovação subiu para 34%, e a aprovação caiu para 25%. A popularidade líquida voltou ao negativo, -15%.[40]

O mercado global estava, novamente, nervoso, com as bolsas em queda, em típico movimento de contágio. O Brasil teve que fazer um acordo preventivo com o FMI, para evitar que o quadro financeiro doméstico entrasse em colapso. Houve fuga de capitais e muita volatilidade cambial. No começo de agosto ocorreu a maior saída de dólares do país, desde a desvalorização, em 1999. No mercado financeiro aumentava o nervosismo com o cenário que se antevia para o governo Lula.[41] O gasto com a coalizão já era, praticamente, de manutenção. A média do primeiro semestre cresceu apenas 1,8% em relação à do primeiro semestre do ano anterior. Em gesto inédito, Fernando Henrique chamou os três candidatos da oposição para informá-los sobre o acordo com o FMI e obter deles o compromisso de que o respeitariam. Lula e Ciro Gomes afirmaram que o fariam. Garotinho recusou-se. No final do mês, a economia deu sinais fracamente positivos. Declarações desastradas de Ciro fizeram refluir a onda que o levara a ser, por breve tempo, o segundo com maior intenção de votos.

O primeiro turno confirmou o favoritismo da oposição. Lula foi o mais votado; com 46% dos votos, teria que disputar o segundo turno, com vantagem praticamente insuperável. Serra, com 23%, dificilmente conseguiria capturar, em volume suficiente, votos dados a candidatos antigoverno. Garotinho teve 18%, e Ciro Gomes 12%. Lula foi eleito com 61% dos votos. Serra ficou com 39%.

O gasto médio com a coalizão no último semestre do segundo mandato de Fernando Henrique cresceu 2,4% em relação ao mesmo semestre de 2001. O custo médio da coalizão em 2002 foi 2,2% superior ao do ano anterior. O segundo mandato de FHC teve um custo médio de gestão da coalizão 15,5% mais alto do que o primeiro.[42]

Antonio Palocci, o porta-voz do presidente eleito e que conduziria a equipe de transição, tinha a missão de firmar os pontos da "Carta aos brasileiros". Ainda era preciso acalmar os mercados. Ele garantiu o cumprimento dos contratos e assegurou que, eleito, Lula respeitaria o superávit primário e tomaria todas as medidas necessárias para normalizar a economia. Condicionou a política econômica do novo governo às metas fiscal e de inflação. Começava a mudança de discurso e rumo, que faria de Lula o continuador da política econômica de Fernando Henrique Cardoso. No governo de FHC, a globalização do capital financeiro se manifestou como crise e contágio. No governo Lula, embora viessem a ocorrer crises financeiras globais, o capital financeiro globalizado concretizou-se como hegemonia. Forçou o candidato eleito pela esquerda, mas com o voto decisivo da classe média e do pequeno capital, a adotar uma política econômica estranha ao programa e às crenças do partido.

O PT foi o grande vitorioso das eleições de 2002. Além de eleger o presidente, aumentou significativamente suas bancadas. No Senado, mais que dobrou o número de senadores, de oito para catorze (17%), passando a ser a terceira bancada. PMDB e PFL fizeram o mesmo número de senadores, dezenove (23%) cada. O PSDB passou a ser a quarta bancada, vendo sua representação diminuir de catorze para onze senadores. Na Câmara, o PT fez a maior bancada, elegendo 91 (18%) deputados, 33 a mais do que na eleição anterior. A bancada do PSDB murchou de 94 para setenta cadeiras. A representação do PMDB diminuiu de 87 para 75 deputados, ficando com a terceira minoria. O PFL perdeu catorze cadeiras, ficando com 84 deputados e a segunda bancada. Os partidos da coligação de Lula, mais o PDT e o PPS, de Ciro Gomes, controlavam apenas 37% das cadeiras. Seria preciso trazer partidos adversários para formar a coalizão de governo. O candidato óbvio era o PMDB, o pivô central do clientelismo parlamentar, com seu sólido condomínio de poder já instalado no comando do partido e pronto para entrar no governo. Foi com ele o primeiro acordo político de Lula, para compartilhar o comando do Congresso. O PT apoiaria o candidato do PMDB à presidência do Senado e o PMDB ajudaria a eleger um deputado do PT para presidir a Câmara. Era o início da grande coalizão lulista. Mas ela passaria por vários tropeços antes de se consolidar.

Para todos os efeitos, o governo FHC terminou no dia 27 de outubro de 2002. A vitória de Lula foi um fato grande demais, para permitir que o governo ainda se sobrepusesse na mídia e na sociedade. Os corações e mentes estavam tomados pela explosão de emoções contraditórias que sua vitória provocou. Mas, sobretudo, o país sentia orgulho e esperança. Orgulho de ser uma democracia que elege um militante sindical para ser o 17º presidente da República escolhido pelo voto direto. Esperança de que um governo mais próximo das aspirações populares enfrentasse as desigualdades e carências que enodoavam a história do país. Foi um momento histórico em muitas dimensões. A mobilidade social e política levou Lula à Presidência. A democracia avançou. Pela primeira vez, desde o distante 1961, 41 anos antes, um presidente eleito terminava o mandato e passava a faixa para outro presidente eleito.

15. Lula presidente

A posse de Lula na Presidência da República foi um fenômeno de massa. O presidente eleito foi recebido por ruas cheias, com milhares de bandeiras vermelhas, mas também por volumoso contingente de pessoas sem as cores do PT. Nascia, naquele cortejo, o lulismo, que se tornou um fenômeno distinto e maior que o petismo. O júbilo de seus eleitores com a vitória mostrou o tamanho e a popularidade que ele havia alcançado e que estavam expressos nas urnas. Com o discurso calmante de Antonio Palocci, o mercado financeiro amansou e ficou em modo mais positivo de expectativa. Palocci foi indicado ministro da Fazenda, agradando ainda mais ao mercado. Lula aumentou o ministério, de 26 pastas, incluindo as secretarias com status ministerial, para 29. Dos ministros, dezesseis eram filiados ao PT e quatro tinham notórias ligações com o partido. Quase todo o restante do ministério foi entregue a partidos da oposição a FHC: Ciro Gomes (PPS-CE) na Integração Nacional, Miro Teixeira (PDT-RJ) nas Comunicações, Gilberto Gil (PV-BA) na Cultura, Roberto Amaral (PSB-RJ) na Ciência e Tecnologia, Agnelo Queiroz (PCdoB-DF) no Esporte. De partidos fora do eixo da antiga oposição, Lula convocou apenas quatro pessoas. Anderson Adauto (PL--MG) foi para o Ministério dos Transportes, e Walfrido dos Mares Guia (PTB-MG) para o Turismo. Ambos eram ligados ao vice-presidente, José Alencar. Roberto Rodrigues, na Agricultura, ex-presidente da vetusta Sociedade Rural Brasileira, ex-secretário de Agricultura de São Paulo no governo de Luiz Antônio Fleury (PMDB-SP), representava os ruralistas. Luiz Fernando Furlan, no Desenvolvimento, Indústria e Comércio Exterior, empresário do setor alimentício, não tinha vinculações políticas particulares. Chegara a ser falado na imprensa como provável substituto de Clóvis Carvalho, nesse mesmo ministério, no governo FHC. Para o Banco Central, Lula atraiu Henrique Meirelles (PSDB-GO), que acabara de ser eleito deputado federal por Goiás, com o apoio do governador Marconi Perillo (PSDB-GO), após longa carreira de executivo no setor bancário. Não era uma composição ministerial que desse liga para formar uma coalizão parlamentar majoritária. As maiores bancadas estavam fora do ministério, que representava desproporcionalmente o partido do presidente e partidos menores da esquerda e do Centrão. Parecia uma mudança de paradigma na relação entre Executivo e Legislativo, mas, na prática, se revelaria um problema que teria a pior solução possível.

José Dirceu, poderosa liderança do partido, que ocupou o Gabinete Civil, tentou uma aliança com o presidente do PMDB, Michel Temer. Mas Lula queria garantia de apoio integral. Não obteve, e o acordo não se confirmou. Os ministérios oferecidos ao PMDB não correspondiam ao peso do partido no Legislativo. Mas a clara má vontade, de parte a parte, nessa primeira fase de conversas refletia o fato de que os dois partidos se antagonizavam desde o início da Terceira República, em praticamente todos os estados. Além disso, o PMDB se dividia, então, entre a ala que havia apoiado José Serra e a ala que, embora não simpatizasse com o PT, era lulista, liderada pelo senador José Sarney. O primeiro problema do governo não seria, porém, com o PMDB. Apesar de não haver uma coalizão parlamentar, o acordo para dividir o controle do Congresso foi suficiente para começo de jogo. O problema imediato foi com o próprio PT, cujas alas mais à esquerda se revoltaram com a guinada na política econômica anunciada por Palocci, estrangeira ao ideário do partido. As posições eram irreconciliáveis. O ministro da Fazenda, para honrar os compromissos assumidos de manter os principais parâmetros da política herdada do governo anterior, recrutou uma equipe estranha aos quadros técnicos e simpatizantes do partido. O secretário de Política Econômica, o economista Marcos Lisboa, foi uma peça-chave não apenas na estabilidade desses parâmetros, como na viabilidade de algumas políticas que marcariam o governo Lula. Era o único com capacidade de formulação de políticas na equipe. O custo dessa opção era controlar as alas descontentes do PT. O governo teria que escalar nos cortes de gastos e na ênfase em reformas hostilizadas pelo partido, como a da Previdência. Pior, teria que manter juros altos, porque a reação dos mercados, a saída de capitais e a volatilidade do câmbio ameaçavam o precário equilíbrio da economia. O que Palocci tentava explicar aos petistas era que a instabilidade se agravava e era preciso estancá-la para que o governo pudesse tocar qualquer outra política, principalmente o combate à fome, a prioridade de Lula. O ano fechou com inflação de 12,53%, por causa do nervosismo dos mercados com o que consideravam o "risco Lula".

O governo entrou na nova legislatura com uma coalizão grande e minoritária. Após a migração e fusão de legendas, tinha dez partidos, 254 deputados controlando 49,5% das cadeiras na Câmara e 31 senadores ocupando 38% das cadeiras no Senado. Na Câmara, a coalizão era formada por PT (91), PL (34), partido do vice-presidente, PSB (28), PDT (dezoito), PPS (21), PCdoB (doze), PTB (41), PV (seis), PMN (dois) e PSL (um). No Senado, reunia seis partidos: PT (catorze), PL (três), PDT (quatro), PTB (quatro), PSB (três) e PPS (três). PSDB (63), PFL (76), PPB (43), na oposição, e PMDB (setenta), fora da coalizão e mantendo-se como fiel da balança, somavam 252 deputados e 49% das cadeiras. As restantes eram controladas por dois pequenos partidos, Prona (seis) e PSC (um), que se declararam independentes. No Senado, os quatro grandes fora da coalizão tinham cinquenta senadores, 61% dos votos. Na Câmara, havia uma situação paralisante de empate. No Senado, o governo era minoria.

O acordo para as Mesas, contudo, funcionou. O senador José Sarney, com o apoio do PT e um amplo acordo com a oposição, foi eleito presidente do Senado por 76 votos e tomou posse defendendo a agenda de Lula. O deputado João Paulo Cunha (PT-SP) foi eleito presidente da Câmara por 434 votos. Geddel Vieira Lima (PMDB-BA), um dos síndicos do condomínio do poder peemedebista, foi eleito para o poderoso cargo de primeiro-secretário por 264 votos, contra 169 dados ao deputado José Pinotti (PMDB-SP), que se estranhava com Michel Temer, em São Paulo. O acordo para a sucessão no Congresso foi bancado por José Dirceu (PT-SP) com Michel Temer (PMDB-SP), presidente do partido e do condomínio, e Jader Barbalho (PMDB-PA), eleito deputado, depois de renunciar ao Senado, e do segundo escalão do condomínio. A negociação assegurou ao PT a direção da Câmara, e ao condomínio do poder que controlava o PMDB, o comando sobre recursos no Legislativo que lhe garantiam o domínio no partido.

Lula inovou, na abertura da legislatura, indo pessoalmente ao Congresso para falar aos parlamentares. Um hábito que deveria ter se institucionalizado, o presidente da República comparecer, na abertura dos trabalhos da legislatura, para falar ao Congresso e ao país sobre como vê o estado da nação e o que pretende ao longo do ano. Como ocorre nos Estados Unidos, onde o discurso do presidente sobre o estado da nação é um momento cerimonial de abertura do ano político, com grande repercussão na sociedade e na mídia. Lula disse aos parlamentares que, "desde o início do meu governo, há apenas 48 dias, estamos fazendo enorme esforço para conduzir o país por uma transição criteriosa e segura, compromisso que assumi na 'Carta ao povo brasileiro'". Afirmou que se vivia um período de grandes incertezas e agravamento da situação internacional, "o que está produzindo consequências dolorosas para a economia mundial". Reconheceu que a "estabilidade da moeda nacional encontra-se ameaçada. As pessoas assistem inquietas à diminuição do poder de compra de seus salários, com a alta de muitos preços. O vírus da inflação voltou a ser, desde o final do ano passado, uma ameaça real para o organismo econômico brasileiro". Assegurou que, "conscientes dos compromissos que assumimos durante a campanha, vamos fazer o que é preciso ser feito para recolocar a economia nacional no caminho da estabilidade e do desenvolvimento". E concluiu: "afinal, combater a inflação, reduzir a nossa dívida, gerar empregos e distribuir a renda são objetivos permanentes do meu governo".[1]

Nos dias seguintes, o discurso se manifestaria na prática. Como preparação para reunião que teria com os governadores, Lula divulgou sua proposta de reforma da Previdência, que taxava servidores inativos e alterava o cálculo para acabar com a aposentadoria precoce integral. O Banco Central elevou a taxa de juros em um ponto percentual e ela passou a ser a mais alta desde 1999. Aumentou também o compulsório dos bancos, para reduzir a liquidez do sistema. A inflação começou a ceder em março. A primeira avaliação da popularidade de Lula foi bastante positiva, 43% de aprovação e 10% de desaprovação, uma popularidade líquida de 62%. A melhor avaliação inicial de todos os presidentes da Terceira República. A de Collor fora 33%, a de Itamar Franco 34%, e a de Fernando Henrique Cardoso 39%.[2]

Lula lançou o programa que era sua prioridade pessoal, o Fome Zero, inspirado no obsoleto programa americano de Food Stamps. Não tinha como dar certo. Ainda mais num país como o Brasil. Os problemas logísticos eram insuperáveis, e as possibilidades de desvio e corrupção, enormes. Diante do impasse evidente e do risco de ver fracassar o objetivo central do governo — acabar com a fome e reduzir a pobreza e as desigualdades —, Antonio Palocci recorreu a seu secretário de Política Econômica. Marcos Lisboa era um dos coautores da chamada Agenda Perdida, trabalho de economistas independentes, que continha a proposta de programa focalizado de transferência de renda para os mais pobres, inspirado no Bolsa Escola, um programa já experimentado. A agenda havia sido pensada originalmente para ser oferecida a Ciro Gomes. O Bolsa Família tinha mais escopo e alcance que o Fome Zero. Era a saída de que Lula precisava. O Fome Zero foi substituído, e o nome foi retido como marca para o marketing político do governo e do presidente.

No início de abril, o governo colheu a primeira vitória na Câmara dos Deputados: a aprovação de sua proposta de emenda constitucional alterando o artigo 192, que trata do sistema financeiro nacional, permitindo que ele possa ser regulamentado por várias leis complementares, e não apenas uma, como estava. O resultado foi quase unânime, 442 votos a treze. O PDT, partido da coalizão governista, encaminhou o voto pela abstenção. Os outros partidos de esquerda do governo alertaram em suas declarações de voto que não apoiariam a autonomia do Banco Central. A emenda era considerada o primeiro passo para o BC chegar à autonomia.

No dia 30 de abril, Lula e 22 de seus ministros foram a pé até o Congresso para entregar aos parlamentares os projetos de emenda à Constituição com as reformas tributária e da Previdência do funcionalismo público. Era outro ineditismo. Uma forma de pressão importada do movimento sindical. Uma semana depois, em novo gesto inédito, o presidente indicou um negro para o Supremo Tribunal Federal, Joaquim Barbosa, que seria protagonista do primeiro grande julgamento de empresários e políticos por corrupção no país, a ação penal 470, que julgou o mensalão. Nesse período, o governo enfrentava séria crise na bancada do PT no Congresso, por inconformidade com a agenda "neoliberal" do presidente. Simultaneamente, o PP, ex-PPB, herdeiro direto da Arena, anunciou sua adesão formal ao governo, elevando a bancada governista para 370 deputados. A coalizão de Lula ficava maior, mais heterogênea e ideologicamente mais contraditória.

Apesar dos dissabores com a ala esquerda de seu partido, o governo conseguiu vitórias significativas na Câmara dos Deputados. Em 6 de maio, foi aprovada a medida provisória que aumentava a Cofins para os bancos e a Contribuição Social sobre o Lucro Líquido (CSLL) para prestadores de serviços, por 241 votos a 209. Mas PFL, PMDB e PSDB se dispunham a barrar a medida no Senado, onde tinham a maioria. No dia 15, a Câmara aprovou, em segundo turno, a PEC do sistema financeiro nacional. Nas declarações de voto, os partidos da esquerda da coalizão governista refizeram declarações criticando a autonomia do BC. Foram 368 votos favoráveis e treze contrários.

Os primeiros meses de Lula já haviam demonstrado pelo menos três pontos críticos para a governança. Um, que sua política econômica não precisava ser defendida junto aos aliados de centro e centro-direita. Eles compartilhavam essa agenda. Quem precisava ser convencida era a subcoalizão de esquerda, liderada pelo partido do presidente. Outro, que o estilo de governança de Lula era personalíssimo. Ele não gostava de gabinete nem de entrevistas à imprensa. Preferia governar por pronunciamentos e fazer a negociação política em reuniões mais informais. E o último, que ele precisava do PMDB para governar. Por isso, José Dirceu e Michel Temer negociaram o apoio do partido que, para ser aprovado pela Executiva Nacional, necessitava atender a demanda das bancadas por participação no governo. Como o partido estava fora do ministério, Temer negociou cargos de terceiro escalão, escolhidos a dedo. O interesse era, principalmente, o Ministério dos Transportes, que o PMDB controlara nos dois mandatos de FHC, com um dos síndicos do condomínio do poder no partido, Eliseu Padilha. Conheciam a máquina e sabiam os cargos que geravam dividendos políticos. Nos Transportes, o alvo eram as diretorias regionais do DNER e as superintendências regionais da Infraero. Mas era necessário atender Newton Cardoso (PMDB-MG) e José Sarney, mais interessados em Furnas, Eletrobrás e Eletronorte. Na Caixa e na Sudene, o partido abocanhou diretorias regionais. O ex-senador cearense Sérgio Machado, que trocara o PSDB pelo PMDB, ganhou a presidência da Transpetro, a subsidiária de transportes da Petrobras. Acertou-se, também, que na reforma ministerial o partido teria participação no gabinete.

O quadro econômico ainda era bastante adverso, com inflação, desemprego muito alto e crescente, PIB parado. Com esse acordo e incentivos governamentais, coordenados por José Dirceu, para a migração de parlamentares de legendas da oposição para as governistas, o governo conseguiu alcançar a maioria na Câmara e no Senado. A coalizão, com o processo intenso de cooptação, chegou aos onze partidos e 370 cadeiras na Câmara, 72%, e sete partidos e

53 cadeiras, 65%, no Senado.³ No começo de junho, a estratégia parecia estar dando certo, e o governo aprovou a reforma da Previdência dos servidores na CCJ da Câmara por 44 votos a treze. No primeiro semestre, as compensações aos partidos foram dadas em ministérios e cargos. Os gastos médios de gestão da coalizão no primeiro semestre do governo Lula foram 3% inferiores aos do mesmo semestre do último ano de Fernando Henrique.

Com seis meses de governo e a economia "na UTI", como definiu o ministro da Fazenda, Antonio Palocci, a popularidade de Lula se mantinha. Segundo o Datafolha, a aprovação estava em 42% e a desaprovação em 11%, resultando em robusta popularidade líquida de 58%.⁴ No plano social, Lula contava com a aprovação da população, mas enfrentava forte tensão com o MST, parte da rede de movimentos sociais sob o guarda-chuva do PT. Na reforma da Previdência, o governo enfrentava protestos de magistrados e da CUT, e foi forçado a fazer concessões na comissão especial. A aprovação dependeu de concessões no texto da reforma, nomeações para cargos públicos, que haviam sido acertadas mas não efetivadas, e liberação de verbas para emendas parlamentares. Finalmente, no dia 5 de agosto, a emenda da Previdência pública, logo depois de passar na comissão especial, foi aprovada em primeiro turno na Câmara, por 358 votos a 126. Entre os votos contrários, houve 56 da coalizão governista. Os dois partidos com mais votos contra foram o PMDB, com dezoito, e o PP, com treze. O PT deu três votos contra, e teve oito abstenções e uma ausência. Na oposição, o PFL ficou dividido: 33 a favor e 36 contra, e o PSDB, 29 a 28. Dos 358 votos, 62 foram da oposição. Ou seja, sem os votos oposicionistas favoráveis, a reforma não teria passado. Ela teve apenas 296 votos governistas, doze a menos que os 308 necessários. Nos destaques, o governo conseguiu nova vitória, mantendo a contribuição dos inativos, por 326 a 163.

No fim do mês, o Datafolha mostrou que, embora a economia continuasse em recessão, a aprovação de Lula aumentava. Seu estilo de governo vocal dava certo. A aprovação foi para 45% e a desaprovação para 10%, popularidade líquida de 64%.⁵ Melhor que no primeiro mês de governo. Presidente forte na sociedade tem força no Congresso. No início de setembro, a Câmara aprovou em primeiro turno o relatório da reforma tributária, por 378 votos a 53. Ele unificava a legislação do ICMS, reduzindo o número de alíquotas de 44 para cinco. Também incluía a prorrogação da CPMF e da DRU, considerada essencial pelo governo para levar adiante sua política econômica. Tanto a CPMF quanto a

DRU haviam sofrido oposição hostil do PT no governo de Fernando Henrique. O PMDB, depois de assegurar que receberia dois ministérios, votou em peso com o governo. Dos 378 votos favoráveis, 335 foram da coalizão. Dessa vez, os 43 votos oposicionistas foram excedentes. Nas votações dos destaques, as lideranças governistas fizeram acordo com os governadores do PSDB Geraldo Alckmin (SP) e Aécio Neves (MG), e aceitaram uma emenda aglutinativa que incluiu regras mais favoráveis a São Paulo e Minas Gerais, descontentando os governadores do PFL. A emenda foi aprovada por 370 a 44. No acordo com o PSDB, passou o Super Simples. O governo conseguiu manter a mudança na cobrança do ICMS, por 346 a 97, e prorrogar a CPMF, por 334 a 82. Sustentou todos os itens da reforma, inclusive a DRU, mas perdeu o imposto progressivo sobre herança. Embora o imposto fosse prioridade da esquerda, os governistas não deram os 308 votos necessários para mantê-lo no texto. O resultado foi 280 votos favoráveis a 137 contrários, e 45 deputados da coalizão governista, entre eles cinco da esquerda, votaram contra o governo. Parte dos parlamentares do condomínio de poder do PMDB também votou contra o governo.

O saldo foi muito favorável ao projeto reformista do governo do PT na Câmara, com a Previdência e a tributária a caminho do Senado. Para completar o ciclo positivo, Lula lançou o programa Bolsa Família, que unificava os programas sociais, inclusive o fracassado Fome Zero, que pôde, dessa forma, desaparecer sem necessidade de interrupção formal. A unificação de programas sociais já existentes, para sua posterior expansão sob o conceito organizador de transferências de renda focalizadas para os mais pobres, era mais eficiente, mais eficaz e encaixava-se mais organicamente no projeto político de Lula com ênfase no combate à miséria e à fome. Essa aprovação serial de projetos controvertidos, muitos dos quais haviam sido rechaçados pelo PT no passado, quando comparada à reforma acelerada do capítulo econômico da Constituição, no início do primeiro governo de Fernando Henrique, mostra como o primeiro ano é decisivo. É nele que o presidente tem força para aprovar seu projeto central. Foi assim, também, no governo Collor.

O bom momento deu resiliência à popularidade presidencial, que, no começo de novembro, se mantinha nos patamares iniciais. A aprovação escorregou de 45% para 42% e a reprovação oscilou de 10% para 11%, a popularidade líquida resvalou de 64% para 59%. As expectativas em relação ao governo continuavam muito favoráveis, 71% achavam que seria ótimo ou bom dali para a frente; embora 47% dissessem que até ali ele havia feito menos do que esperavam, 48% diziam que havia feito o esperado.⁶ Lula estava em pleno ciclo de atração das forças políticas. Menos com o MST e as organizações de trabalhadores do campo, que não lhe deram trégua por todo o ano. No fim de 2003, o presidente reuniu-se com as lideranças do MST, da Confederação Nacional dos Trabalhadores na Agricultura (Contag) e da Pastoral da Terra, para pedir lealdade. Que só o julgassem no final do mandato. Foi, também, dar seu apoio a Palocci, a quem os movimentos culpavam por impedir, em aliança com o ministro da Agricultura, Roberto Rodrigues, que a reforma agrária avançasse.

Nos últimos dias de novembro, após longa discussão, o Senado aprovou o relatório da reforma da Previdência do funcionalismo em primeiro turno, por 55 votos a 25. Mas apenas 42 dos votos favoráveis foram dados pela coalizão. O governo precisou de treze votos da oposição para chegar aos 49 requeridos. Foi necessário um artifício de negociação para aprovar a reforma. Os senadores exigiram tantas mudanças, que os governistas acertaram uma "PEC paralela", outra emenda constitucional, depois da aprovação da reforma original. Foi uma vitória dura, ambígua e significativa, com aprovação das principais peças da reforma lulista, como a contribuição dos servidores inativos, o teto salarial para o funcionalismo e o desconto na aposentadoria integral para os que se aposentassem sem cumprir os requisitos mínimos. Faltavam algumas batalhas importantes, porém, e todo o segundo turno. Na votação de destaques, o governo foi fazendo acordos de plenário e conseguiu derrubar todos, menos um. Caiu o artigo que devolvia à União o pagamento de seguros de acidentes de trabalho nos setores público e privado. O governo não obteve os votos necessários e o resultado ficou em 39 a 33. Dos votos contra, onze foram do PMDB. Fizeram a diferença entre a vitória e a derrota. É isso que caracteriza o partido-pivô. O segundo turno, com tudo já negociado, foi tranquilo, e o Senado aprovou a reforma da Previdência pública por 51 a 24, resultado apertado mas suficiente.

No entanto, eram claras as dificuldades de gestão de uma coalizão ideologicamente heterogênea. Era complicado pedir apoio para uma agenda da qual a ala ideológica mais próxima do presidente não estava convencida. A reforma tributária foi votada em primeiro turno, no dia 11 de dezembro. Mas acordo no Senado transfigurou a proposta. O que foi votado, por 67 a quatro, tinha pouquíssima correspondência com o que havia saído da Câmara. A unificação da legislação do ICMS, talvez a mais importante cláusula da reforma, caiu. O que ficou da PEC original, que podia ser promulgado de imediato, era, todavia, crucial para o governo, a prorrogação da DRU e da CPMF. Ficou, também, a partilha da Cide (contribuição sobre a venda de combustíveis), que interessava aos governadores. Essa blitz parlamentar fez com que a média dos gastos de gestão da coalizão crescesse 16,8% do primeiro para o segundo semestre, mas eles ainda foram 2,7% inferiores aos gastos médios do último semestre de FHC. A média anual dos gastos com a coalizão foi 2,8% inferior à de 2002, ano de saída de Fernando Henrique. A coalizão, ao que tudo indica, tem custos de gestão menores no ano inaugural dos governos.

O presidente fechou o ano com boa popularidade, 42% de aprovação no levantamento do Datafolha, em dezembro, e 15% de desaprovação. A popularidade líquida escorregou um pouco, de 59% para 47%.[7] A demora da recuperação da economia fez a expectativa com o bom prosseguimento do governo resvalar de 71% para 63%. O que estava pegando era o desemprego, 41% achavam que era o maior problema do país e 72% que Lula ainda não havia conseguido reduzi-lo. A inflação ia muito bem, os preços da cesta básica variavam abaixo do índice geral, mas o desemprego e a informalidade subiam. Essa combinação retardava a recuperação da renda real disponível e alimentava insegurança e desconforto econômico. Lula fez as reformas, como podia, não como queria. Estava na hora de pagar as promessas ao PMDB e se preparar para as eleições municipais. Logo no começo de janeiro, Lula e José Dirceu mexeram no difícil tabuleiro das posições ministeriais. Seis ministros foram demitidos, entre eles Cristovam Buarque, da Educação. Vários petistas foram remanejados para abrir duas casas para o PMDB, Comunicações, ocupada por Eunício Oliveira (PMDB-CE), do condomínio liderado por Temer, e a Previdência, por Amir Lando (PMDB-RO). Miro Teixeira deixou o ministério, abrindo a vaga nas Comunicações, e Ricardo Berzoini foi deslocado para o Trabalho, abrindo a vaga para Lando. Tarso Genro mudou da Secretaria Executiva do Conselho de Desenvolvimento Econômico e Social para o Ministério da Educação, vago com a demissão de Cristovam Buarque. Jaques Wagner saiu do Trabalho e o substituiu no CDES. Foram demitidos ainda Benedita da Silva e José Graziano, ambos do PT, unificando suas pastas para criar o Ministério do Desenvolvimento Social, entregue a Patrus Ananias (PT-MG). Na Ciência e Tecnologia, saiu Roberto Amaral (PSB-RJ) e entrou Eduardo Campos (PSB-PE). Sobre a entrada do PMDB, já o partido-pivô de seu governo, agora formalmente na coalizão, Lula disse que significava o reencontro dos dois partidos: "quase todos os militantes históricos do meu partido um dia pertenceram ao velho Partidão, é motivo de orgulho, pois muitos de nós um dia fomos militantes do PMDB. Eu acho que pouquíssima gente não esteve no PMDB em algum momento".[8] Lula era uma dessas poucas. Ele rejeitou todas as pressões por mudança na política econômica, reforçando a posição de Palocci e descartando aventuras que comprometessem a credibilidade do país.

Em meados de fevereiro de 2004, um escândalo dentro do ministério mais poderoso, o Gabinete Civil, comandado pelo homem forte do PT, José Dirceu, abriu um capítulo novo na trajetória política do governo. Um vídeo mostrava Waldomiro Diniz, subchefe de Assuntos Parlamentares, um dos assessores de confiança de Dirceu, negociando com um bicheiro favorecimento em licitações em troca de propina e dinheiro de campanha. A ação era de 2002, quando ele presidia a Loterj. Em discurso, no 24º aniversário do PT, Lula alertou que o partido não podia "errar no comportamento ético". Como de hábito, o movimento por uma CPI cresceu rapidamente no Congresso, e o governo iniciou negociações com o PMDB, o PSDB e o PFL para bloqueá-la. Desde o trauma com a CPI que terminou no impedimento de Collor, o padrão passou a ser o de tentar evitar CPIs cujas investigações cheguem muito próximo do governo. Era preferível deixar a investigação a cargo da CGU e do Ministério Público. A oposição estava dividida. No PSDB, havia senadores coletando assinaturas para a CPI e senadores contrários. No PFL, também.

Era a abertura do ano legislativo, momento da mensagem presidencial. Lula inovara no primeiro ano, indo pessoalmente ao Congresso. A tradição é que vá o chefe do Gabinete Civil. José Dirceu foi. A coalizão lhe preparou uma recepção de chefe de governo. Foi recebido por um séquito de parlamentares, que subiram a rampa do Congresso, coberta com o tapete vermelho, em sua companhia. Foi recebido efusivamente pelos presidentes do Congresso, José Sarney (PMDB-AP), e da Câmara, João Paulo Cunha (PT-SP), e por lideranças da oposição como o senador Antonio Carlos Magalhães (PFL-BA). No Congresso, José Dirceu entregou a mensagem do presidente e fez um pronunciamento, dizendo que "não foi apontada nenhuma irregularidade durante o atual governo", que teria agido "imediatamente, exonerando o subchefe de Assuntos Parlamentares e mandando a autoridade competente instaurar inquérito policial". O PT acusava José Serra (PSDB-SP), presidente do partido de oposição, de articular a

CPI como revanche por ter perdido as eleições para Lula. Atacar sempre foi a atitude do PT, quando acuado. A estratégia belicosa tinha o poder de produzir uma narrativa que construía um inimigo, da perspectiva do narrador, e promovia a polarização.

No caso, a polarização reduziu as divergências internas no PSDB, e senadores que de início eram contrários à CPI passaram a apoiá-la. Essa estratégia, embora possa criar uma narrativa socialmente poderosa, não funciona no Legislativo. O empenho do governo em abafar a CPI provocou a imediata reação dos partidos da coalizão. Nos "ideológicos" provocou a demanda por mudança na política econômica. Nos "fisiológicos", por mais benefícios. O governo Lula não escapou à regra. Presidente que precisa do Legislativo para se livrar de dissabores ligados à corrupção ou para obter mudanças das quais é diretamente beneficiário vira refém do plenário e tem que pagar o resgate. Foi o caso de FHC com a reeleição; de Lula, com as CPIs; de Temer, com a autorização para ser processado no STF por crimes graves.

O esforço do governo de impedir que a CPI fosse protocolada fracassou. Eram necessárias 27 assinaturas e o requerimento colheu 36, treze das quais da coalizão do governo.[9] Foi uma derrota importante. O líder do governo, Renan Calheiros (PMDB-AL), ao deixar o Palácio do Planalto após reunião com José Dirceu e Aldo Rebelo para acertar a estratégia política, disse que não se pode "transformar o Congresso num palanque para a oposição desconstruir o governo". O condomínio político que dominava o PMDB fechou uma aliança com o PT, que duraria até o início do segundo mandato de Dilma Rousseff. Nesse episódio, o PT começou a se acomodar ao padrão político do PMDB, partido-pivô da coalizão lulista.

O escândalo e o desemprego tiraram um naco apreciável da popularidade do presidente. No princípio de março, o Datafolha registrou queda na aprovação de 42% para 38% e piora na desaprovação de 15% para 17%. A popularidade líquida derrapou de 47% para 38%.[10] Mas o programa social do governo era reconhecido como seu ato mais promissor. O Bolsa Família começou a render dividendos políticos, além de contribuir para melhorar o conforto econômico dos mais pobres. Contudo, o gasto médio do primeiro trimestre com a coalizão foi 5% acima daquele do mesmo trimestre de 2003.

A coalizão, porém, já sofrera uma fissura irreparável. Os partidos fora do eixo ideológico polarizado pelo PT, inclusive setores do PMDB, demandavam cargos e verbas. José Dirceu, na Casa Civil, e Aldo Rebelo, no Ministério da Coordenação Política, se tornaram alvos de ataques e reclamações. Dirceu, antes todo-poderoso, tinha um flanco vulnerável, com o escândalo. Rebelo não tinha musculatura política nem liderança. O condomínio dominante no PMDB se inquietava e fazia propostas que não passavam de demandas embrulhadas em envoltório de políticas públicas. Michel Temer, presidente do partido e do condomínio, advertiu: "se ao longo do tempo o governo não atender a nenhuma dessas ponderações, é claro que não há razão para apoio partidário". O caso Waldomiro Diniz não morreu. Acuado, José Dirceu, em entrevista a Merval Pereira, colunista de *O Globo*, atacou duramente o senador Tasso Jereissati e o PSDB, acusando-os de oposição irresponsável. "Queriam me derrubar, queriam desestabilizar o governo." Atacou os investigadores: "eu quero colocar os pingos nos is nesse negócio do Ministério Público no Brasil. Não vou deixar isso barato não. O Ministério Público vem fazendo violências legais a todo momento".[11] Deu também uma coletiva, na qual negou que o governo estivesse paralisado e afirmou que foi "investigado, devassado, [e] o governo também". Disse ainda que "este é um governo que não tem uma denúncia de corrupção. Não rouba e não deixa roubar". Dirceu estava certo de que ainda tinha o mesmo poder que exercera no início do governo. Mas esse poder estava em declínio, e ele na berlinda. Suas declarações produziram muito ruído na coalizão governista no Senado e agitaram a oposição. No final do mês, numa fita que mostrava o subprocurador da República, José Roberto Santoro, negociando com um empresário cópia de gravação incriminando Waldomiro Diniz, ele dizia que queria "ferrar" José Dirceu, "o homem mais poderoso do governo, [...] para derrubar o governo Lula".[12] Comprovava a tese de perseguição política e ilicitude no MP. O procurador-geral, Cláudio Fonteles, considerou aquilo uma falta funcional grave e abriu procedimento interno contra Santoro.

Paralelamente, o governo atendeu parte das demandas da coalizão e conseguiu aprovar a MP dos Bingos na Câmara por 295 votos a 73, que estava relacionada a toda essa crise. Mas, em maio de 2004, o Senado derrubou a MP por 33 votos a 31. Os impasses no Legislativo se sucediam. A votação da emenda constitucional que permitia a reeleição dos membros das Mesas Diretoras da Câmara dos Deputados e do Senado Federal interessava ao governo. Ela estava na Câmara. Permitiria reeleger o deputado João Paulo Cunha (PT-SP) na Câmara e o senador José Sarney (PMDB-AP), no Senado. Porém, dividia a coalizão, porque afetava o interesse das lideranças que pretendiam os cargos de direção no Legislativo. No Senado, Renan Calheiros, apoiado pelo condomínio do PMDB, queria substituir Sarney. Os deputados ligados a ele ficaram contra a emenda. Mesmo no PT, a questão não era pacífica. O deputado José Eduardo Cardozo (PT-SP), por exemplo, mostrava-se contrariado com a emenda: "não estamos debatendo a tese da reeleição. Se a estivéssemos discutindo, o correto seria [...] que essa emenda dissesse respeito à próxima legislatura. Aí, sim, estaríamos tratando de teses, princípios ou posturas". Reconhecia que estava em discussão não a tese, "mas a possibilidade de se modificar a Constituição da República para que os atuais presidentes da Câmara dos Deputados e do Senado Federal possam ser reconduzidos". Levantava dúvida que ele mesmo respondia: "a Casa estará dando uma lição correta para o povo brasileiro em torno dos princípios e fundamentos da democracia? Não creio".[13]

O PFL era favorável à emenda. O partido tinha mais afinidade com José Sarney do que com o condomínio dominante no PMDB. Sarney se filiara por conveniência ao PMDB, mas sempre teve uma conexão pefelista forte. O curioso é que a polêmica centrava-se toda na sucessão no Senado. A reeleição de João Paulo Cunha era menos controversa. O deputado Antônio Carlos Magalhães Neto (PFL-BA), cujo avô, Antonio Carlos Magalhães (PFL-BA), era o principal aliado de Sarney no Senado, rebateu a argumentação de Cardozo:

> o Poder Legislativo do Brasil vive literalmente a reboque da vontade do Poder Executivo. Estamos discutindo um tema que é, genuína e legitimamente, do Poder Legislativo, que diz respeito ao funcionamento da nossa Casa. Sou a favor da reeleição. Não estou aqui discutindo a reeleição do Presidente João Paulo, tampouco a do Presidente José Sarney; estamos discutindo uma tese.[14]

O líder do PT na Câmara, Arlindo Chinaglia (PT-SP), encaminhou requerimento pedindo o fim da discussão. O deputado José Pimentel (PT-CE) lembrou que o impedimento da reeleição fora introduzido pela ditadura militar na Constituição de 1969, "por isso, para aqueles que entendem que devemos resgatar nossa tese republicana, devemos garantir o direito de as Mesas Diretoras poderem se reeleger".[15] O tema cortava as bancadas, porque confundia interesses de facções diferentes. O PT encaminhou o voto a favor, mas vários parlamentares do partido se manifestaram contra. O PDT, da coalizão governista, fechou questão contra. O PSB, também da coalizão, encaminhou o voto "sim". O PPS liberou a bancada. O PMDB, igualmente. PL, PP, PTB e PV encaminharam voto a favor. O PCdoB orientou o voto contra. Na oposição, o PSDB encaminhou voto "não", o PFL liberou a bancada. A emenda foi derrubada por 303 votos a 127. O resultado criou um problema para o governo. O Planalto preferia manter João Paulo Cunha à frente da Câmara, porque tinha certeza de o reeleger. Preferia Sarney a Renan no Senado. Teria que negociar um novo nome para a Câmara e aceitar Renan Calheiros no Senado, e com ele acertar os termos de convivência.

A fixação do salário mínimo, tema que sempre foi controvertido em todos os períodos presidenciais, mostrou que os problemas no Senado eram maiores do que na Câmara. Os deputados aprovaram, no começo de junho, o valor fixado por Lula, com um aumento real de 1,2%, por 266 votos a 167. Foi uma negociação difícil. A oposição embarcou na proposta de aumento maior feita pela ala esquerda da Câmara. Lula tentou negociar, inclusive, a desvinculação das aposentadorias do INSS do salário mínimo, que a parcela esquerda de sua coalizão rejeitava fortemente. Para conseguir o apoio do setor fisiológico da coalizão, o presidente liberou valor expressivo em emendas parlamentares. Em meados do mês, o Senado aumentou o mínimo, por 44 a 31, com forte participação de senadores do PFL e do PSDB, tendo à frente Antonio Carlos Magalhães, aos quais se aliaram senadores da esquerda dissidente. Foram doze votos da coalizão contra o governo, três do PT. O empenho do governo, a liberação de emendas e a mediação de ministros não funcionaram no Senado. O governo teria que articular nova votação na Câmara, onde se originou o processo, o que lhe custaria mais caro. A divisão da articulação política entre José Dirceu e Aldo Rebelo, como era de esperar, não funcionava. Não dá para ter duplo comando. A divisão de uma responsabilidade indivisível e que é delegação do presidente, se transforma em disputa entre os ministros e dá sinais ambivalentes para a coalizão. No final de junho, em votação nervosa e tumultuada na Câmara, com muitos confrontos de plenário, o governo conseguiu restaurar o valor original do salário mínimo, por 272 a 172. O PMDB e o PL garantiram a vitória do governo. Ainda assim, a coalizão carece de consistência. Dos 172 votos contrários, 72, ou 42%, vieram dela, entre os quais nove do PT, 25 dos demais partidos da esquerda e 23 do PMDB.

No Senado, o projeto de reforma do Judiciário, em tramitação por doze anos, foi aprovado em primeiro turno por quase unanimidade, 62 votos a dois.

Ele previa o controle externo da magistratura pelo Conselho Nacional de Justiça, a súmula vinculante e a repercussão geral. O Senado, entretanto, ampliou os casos de foro privilegiado, em relação à emenda votada pela Câmara, e o tema, junto com outros de menor relevância, teria que retornar à Casa de origem, após o segundo turno. Este ocorreu uma semana depois, com aprovação por 57 a um. A parte mais significativa da reforma poderia ser promulgada. O governo fechou o semestre gastando em média 6% a mais com a coalizão do que gastara no primeiro semestre de 2003.

Na economia, começava a melhor fase de Lula: no segundo semestre o crescimento foi de mais de 4%. Era o prenúncio de um ciclo longo, ancorado na expansão da economia global e na elevação da renda interna. O ganho continuado de renda, junto com o Bolsa Família, levou a uma importante redução da pobreza e à ascensão de camadas significativas à classe média baixa.

Nas eleições municipais, o governo sofreu duas derrotas relevantes. Em São Paulo, José Serra (PSDB-SP) tomou a prefeitura de Marta Suplicy (PT-SP), que tentava a reeleição. Em Porto Alegre, talvez a mais bem-sucedida experiência do PT com o orçamento participativo, Raul Pont (PT-RS) foi derrotado por José Fogaça (PPS-RS). No total, o PT elegeu 411 prefeitos. Nas capitais, passou de oito para nove prefeituras, entre elas a de Belo Horizonte. O PMDB mostrou a força de sua máquina local, elegendo o maior número de prefeitos, 1057. O PSDB elegeu 871 e o PFL 790. O PSDB passou de três para cinco prefeituras de capitais. O PMDB elegeu apenas dois prefeitos de capitais. No balanço, o que se viu foi o crescimento do controle das maiores cidades pelo PT e pelo PSDB, e o recuo do PMDB, do PFL e do PP para o interior.

A política econômica de Palocci era contestada de dentro, embora a economia mostrasse vigor. A política de juros era fonte permanente de estresse político interno. A pressão vinha de José Dirceu e de aliados no Legislativo. O presidente do BNDES, o economista Carlos Lessa, criticava dura e sistematicamente as escolhas de Palocci e sua equipe. Lula resolveu demitir Lessa e substituí-lo pelo ministro do Planejamento, Guido Mantega. A mudança era uma oportunidade para consolidar um verdadeiro governo de coalizão. O que ele tinha era um governo do PT em aliança com alguns partidos. No Congresso, na ausência de uma coalizão, a sustentação do governo era precária e tensa. O PMDB, dividido, tomou uma decisão ambígua, em convenção muito contestada, de deixar o governo. A moção aprovada dizia que os membros do partido no governo já não eram representantes do partido. Mas que o PMDB, por seus quadros, sustentaria a governabilidade, apoiando os projetos do governo coincidentes com o programa e os interesses do partido. Como o partido nunca foi programático, prevaleceriam os seus interesses. Não era exatamente um rompimento, era manifestação de insatisfação com a hegemonia petista no governo que deveria ser de coalizão. O PPS, também dividido, decidiu igualmente deixar o governo, e Ciro Gomes entregou o cargo de ministro da Integração Nacional a Lula, que não aceitou sua saída. Mas o presidente tinha um problema político sério a resolver e manifestava pessoalmente e por meio do líder do governo no Senado, Aloizio Mercadante (PT-SP), que desejava articular um governo de coalizão, com divisão mais proporcional do poder no ministério com os partidos que a integrassem. A recuperação da economia melhorava a popularidade de Lula. O Datafolha verificou, em dezembro, que a aprovação subira dez pontos, de 35%, em agosto, para 45%. A desaprovação havia caído quatro, de 17% para 13%. A popularidade líquida avançou várias casas, de 35% para 55%.[16]

Mas as divisões internas no governo e as contrariedades na coalizão elevavam o custo médio de gestão, que foi 4,6% maior que no segundo semestre de 2003. Em 2004, o custo da coalizão, média contra média, foi 5,2% maior do que no ano anterior.

A nova legislatura começou com os problemas de sucessão. Na Câmara, em fevereiro, o candidato do PT, Luiz Eduardo Greenhalgh, em princípio o candidato natural à presidência da Casa por representar a maior bancada, foi derrotado no segundo turno por Severino Cavalcanti (PP-PE), por trezentos votos a 195. Cavalcanti era o candidato do baixo clero. O PT entrou na disputa dividido em duas candidaturas, Greenhalgh e Virgílio Guimarães (PT-MG). Os dois juntos somaram 324 votos. No segundo turno, o candidato petista foi abandonado pelos aliados do governo. A derrota alertava para o perigo de dissolução da coalizão. Foi uma sucessão de erros. Greenhalgh foi imposto, e não tinha liderança na bancada petista nem trânsito entre os partidos aliados. O governo imaginou que ganharia no primeiro turno, mas foi surpreendido pela dissidência de Guimarães e não soube abortar sua candidatura. Não articulou o segundo turno. Severino Cavalcanti representava a vitória do chamado baixo clero, por omissão e imperícia dos cardeais. Lula a classificou como "a revolta dos bagrinhos". O governo errou feio no processo.

O presidente tampouco conseguia dividir o poder no gabinete, para articular uma coalizão mais sólida. Decidiu não mexer no ministério. Apenas ocupou a vaga deixada por Mantega no Planejamento com o petista Paulo Bernardo (PT-PR), e trocou, na Previdência, Amir Lando (PMDB-RO) por um dos síndicos do condomínio peemedebista, Romero Jucá (PMDB-RR). Mas isso não resolvia o impasse, que fazia prever mais derrotas na Câmara. Forçado pela reação da opinião pública a abrir mão de aumento no imposto de renda, o governo não deu conta de derrubar sua própria MP. Foi forçado a editar uma nova medida provisória, revogando a anterior. Retirou o aumento que viu rejeitado pela população e que a oposição ameaçava aprovar e manteve apenas a correção na tabela, de 10%. No fundo, era só uma queda de braço para ver até onde o presidente resistiria sem incorporar de forma mais equilibrada os partidos da coalizão ao ministério. Três meses depois, o nome proposto pelo governo para compor o Conselho Nacional de Justiça, Sérgio Renault, secretário nacional de Reforma do Judiciário, perdeu a indicação para o secretário de Justiça do estado de São Paulo, Alexandre de Moraes, apadrinhado de Michel Temer e Severino Cavalcanti, por 154 votos a 183. Cavalcanti também emplacou, como representante da Câmara dos Deputados no Conselho, Francisco Maurício de Albuquerque Silva, advogado pernambucano e pai de seu secretário particular, por 294 votos. O governo, desarticulado, nem sequer tinha todos os deputados do PT em plenário para votar. O fracasso do ministro da Coordenação Política, Aldo Rebelo (PCDOB-SP), era evidente. José Dirceu nunca dividiu a articulação política com ele. Nem poderia, Rebelo não tinha capacidade para exercer a função. Dirceu dividia mesmo era seu tempo entre a política de bastidores no Legislativo e a consolidação de seu controle sobre as políticas de governo. Embora disfuncional, a coalizão ainda custou em média, nesse trimestre, 5,2% a mais que no primeiro trimestre de 2004.

Em meados de maio de 2005, emergiu um delicado problema, que parecia localizado mas se alastraria e abalaria seriamente o governo. A oposição queria abrir uma comissão de inquérito para investigar corrupção de indicados do PTB nos Correios. Fitas e vídeos comprometedores deixavam pouca dúvida sobre a existência de tráfico de influência pago com propina. O PT e o governo diziam que o caso já estava sob investigação. O escândalo evoluiu e revelou que o esquema era controlado pelo presidente do partido, o deputado Roberto Jefferson (PTB-RJ). O movimento pela CPI se fortaleceu e fez o governo acelerar as investigações da Polícia Federal. Mas a CPI teve apoio para ser instalada, inclusive por parte de catorze deputados do PT e seis do PCdoB. Lula atribuiu essa agitação ao clima pré-eleitoral. Para ele, no Brasil, o debate eleitoral é sempre antecipado para o ano anterior ao pleito. O governo resolveu contestar a constitucionalidade da CPI em plenário e se preparou para controlá-la, ocupando sua presidência e escolhendo o relator. Mas, ameaçado pelo cerco das investigações da PF e pela instalação da CPI, o deputado Roberto Jefferson deu uma entrevista que abalou o governo. No dia 6 de junho de 2005, falando à jornalista Renata Lo Prete, da *Folha de S.Paulo*, ele afirmou que o tesoureiro do PT, Delúbio Soares, pagava propina mensal de 30 mil reais a parlamentares do PP e do PL em troca de apoio no Congresso. Estourava o escândalo do mensalão, que originou a ação penal 470. Na entrevista, Jefferson disse que, depois que contou a Lula sobre o mensalão, este fora interrompido e a insatisfação tinha se tornado brutal. Explicou que o PT escolhera essa via porque era "mais barato pagar o exército mercenário do que dividir o poder".[17] Se a versão de Roberto Jefferson era apenas retaliação, suas criações expressavam algo que era de conhecimento geral e visível aos observadores da conjuntura política da época. O estranhamento ideológico entre o PT e seus aliados era evidente. O desconforto da coabitação na coalizão era notório. Era enorme a resistência do partido a dividir o poder com os associados, e ela se refletia na composição do ministério e no domínio petista em todos os escalões de poder do Executivo. O ministro da Coordenação Política, Aldo Rebelo (PCdoB-SP), confirmou à imprensa que Lula havia, de fato, recebido a denúncia "genérica" do deputado sobre o mensalão e pedira informação a auxiliares, os quais lhe disseram tratar-se de "denúncia velha", já investigada pela Câmara e arquivada por falta de provas. O ministro da Integração Nacional, Ciro Gomes, confirmou que o deputado Jefferson lhe falara do esquema. O escândalo dos Correios aumentou a frustração com Lula e reduziu sua popularidade. No início de junho, o Datafolha registrou queda de dez pontos na aprovação, de 45%, em dezembro, para 35%. A desaprovação subiu cinco pontos, de 13% para 18%, fazendo a popularidade líquida deslizar de 55% para 32%.[18]

A CPI era inevitável e se mostrou incontrolável, mesmo com os cargos de presidente e relator sob influência do governo. A presidência ficou com o senador Delcídio do Amaral (PT-MS), que seria condenado no escândalo da Petrobras, eleito por dezessete votos a quinze, dados ao senador César Borges (PFL-BA). A relatoria ficou com o deputado Osmar Serraglio (PMDB-PR), um ruralista. Mas o escândalo já havia se avolumado por fora da CPI e ganhara dinâmica própria. Dez dias após a entrevista de Roberto Jefferson, José Dirceu deixou o cargo e voltou à Câmara dos Deputados. Lula o substituiu por Dilma Rousseff e iniciou uma reforma ministerial, oferecendo mais pastas ao PMDB. Nas Minas e Energia, no lugar de Rousseff, entrou Silas Rondeau (PMDB-MA), que presidia a Eletrobrás. O Ministério das Comunicações permaneceu com o PMDB, mas seu titular passou a ser Hélio Costa (PMDB-MG). A Saúde passou do PT para o PMDB, sendo nomeado Saraiva Felipe (PMDB-MG). No Ministério das Cidades, Olívio Dutra (PT-RS) foi trocado por Márcio Fortes, indicado pelo presidente da Câmara, Severino Cavalcanti (PP-PE). Na Previdência Social, Romero Jucá (PMDB-RO) foi substituído por Nelson Machado, que era secretário executivo de Guido Mantega no Planejamento. Mais uma vez, na história do presidencialismo de coalizão um presidente acuado por uma crise de grandes proporções recorre à reforma do ministério para tentar amainá-la. Como sempre, sem resultado. Essa gestão perturbada da coalizão no primeiro semestre fez seu custo fiscal médio crescer 4,2% em relação aos primeiros seis meses de 2004.

No bojo da mudança, Tarso Genro (PT-RS) deixou o Ministério da Educação, que foi ocupado por Fernando Haddad (PT-SP), e assumiu a presidência do PT, após a queda de José Genoino e de Sílvio Pereira, secretário-geral do partido, nos desdobramentos do mensalão. Genro era dissidente do grupo liderado por José Dirceu e tinha a tarefa de resgatar o partido que naufragava. O mensalão, contudo, já havia se espalhado endemicamente, com a descoberta do esquema, montado pelo publicitário mineiro Marcos Valério, de desvio de recursos para financiamento de campanhas e pagamento de propinas. O esquema era amplo, envolvia vários partidos, empresas e bancos. Foi fazendo baixas no governo, no PT, e agitando o Legislativo, paralisado pela crise.

Em julho, o Datafolha detectou resiliência da popularidade do presidente. A aprovação permanecia em 35%, mas a desaprovação escorregou para 23%, fazendo a popularidade líquida derrapar de 32% para 21%.[19] Lula começou a tentar se imunizar. Primeiro, forçou a saída da cúpula do PT, toda envolvida em acusações. Em seguida, disse que "o PT só fez o que é feito sistematicamente no Brasil". Em discurso mais incisivo, afirmou que "não vai ser a elite brasileira que vai me fazer baixar a cabeça" e que, "neste país de 180 milhões de brasileiros, pode ter igual, mas não [...] tem nem mulher, nem homem, que tenha coragem de me dar lição de ética, de moral e de honestidade".[20] Segundo ele, o povo queria resultados e sairia de seu governo melhor do que saiu da administração de seu antecessor. Mas as evidências se avolumavam e já não havia como negar a existência do esquema de circulação ilegal de recursos estatais e privados. Lula antecipou a campanha e passou a defender, a si e ao seu governo, em palanques. O país veria que era esse o seu estilo. Diante de uma ameaça grave, montar palanques e neles se defender. Em comício em Teresina, disse que devia sua eleição "ao povo deste país, que acreditou e que votou. E é a ele que eu prestarei contas".[21] O cerco no Congresso apertava. Valdemar Costa Neto, presidente do PL, renunciou para evitar a cassação do mandato. A situação de José Dirceu se complicou com novos depoimentos de testemunhas e envolvidos, inclusive do marqueteiro da campanha, Duda Mendonça. O conflito entre Dirceu e Tarso Genro tornou-se aberto no Diretório Nacional do PT. A popularidade de Lula escorregou para 31% em agosto. A desaprovação subiu para 26%, puxando a popularidade líquida para 9%.[22]

Na abertura de reunião ministerial, transmitida em cadeia de rádio e TV, Lula disse: "com toda a franqueza, eu me sinto traído. Traído por práticas inaceitáveis das quais nunca tive conhecimento. Estou indignado pelas revelações que aparecem a cada dia, e que chocam o país. O PT foi criado justamente para fortalecer a ética na política". Afirmou que, "se estivesse ao meu alcance, já teria identificado e punido exemplarmente os responsáveis por esta situação". Admitiu: "eu não tenho nenhuma vergonha de dizer ao povo brasileiro que nós temos que pedir desculpas. O PT tem que pedir desculpas. E o governo, onde errou, tem que pedir desculpas". Sobre os que estavam no governo e envolvidos no escândalo, disse que, "mesmo sem prejulgá-los, afastei imediatamente os que foram mencionados em possível desvio de conduta para facilitar todas as investigações". Segundo o presidente, "isso só não basta. O Brasil precisa corrigir as distorções do seu sistema partidário eleitoral, fazendo a tão sonhada reforma política".[23]

O escândalo chegou ao Ministério da Fazenda, com acusações contra Antonio Palocci. Daí poderia se propagar pela economia, o trunfo de Lula para disputar a reeleição. Enquanto o caso Palocci se desenvolvia, Tarso Genro, em total contrariedade ao governo, teve que abandonar a candidatura à presidência do PT, cedendo lugar a Ricardo Berzoini, afinado com o Planalto. O Conselho de Ética recomendou por catorze votos a zero a cassação de Roberto Jefferson. No início de setembro, foi a vez de o presidente da Câmara, Severino Cavalcanti, ser alvo de acusações de corrupção na própria administração da Casa legislativa.

Com o presidente da Câmara em situação precária, com o mandato ameaçado, Jefferson foi cassado pelo plenário por 313 a 156, três meses e catorze dias após sua entrevista explosiva.

Uma semana depois, Severino Cavalcanti renunciou à presidência da Câmara e ao mandato de deputado federal, para evitar a cassação inevitável. Foi substituído por Aldo Rebelo (PCdoB-SP), que havia deixado a articulação política na reforma do ministério. Lula trabalhou pessoalmente a favor de Rebelo, eleito por 258 votos a 243, dados a José Thomaz Nonô (PFL-AL). A Câmara estava polarizada. Dos dezenove deputados acusados, chamados pela imprensa e pelos políticos de "cassáveis", sete eram do PT, incluindo José Dirceu e o ex-presidente da Câmara, João Paulo Cunha. As investigações acabaram por revelar que a gênese do esquema do publicitário Marcos Valério estava num mecanismo regional do PSDB mineiro, criado para beneficiar o senador Eduardo Azeredo (PSDB-MG), presidente do partido e ex-governador. Azeredo renunciou à presidência do partido. Com a descoberta desse mecanismo em Minas Gerais, o PSDB, que se mostrava aguerrido na CPI e mirava o presidente Lula, recuou.

A popularidade do presidente continuou a cair. Em outubro, o Datafolha registrou popularidade líquida zero, com empate de 28% entre aprovação e desaprovação. A aprovação havia caído três pontos, e a desaprovação subira dois.[24] No fim do mês, o ministro Eros Grau, do Supremo Tribunal Federal, em decisão monocrática, mandou que fosse refeito o relatório do deputado Júlio Delgado (PSB-MG) ao Conselho de Ética pedindo a cassação de José Dirceu. A decisão anulou a votação do Conselho, que havia recomendado ao plenário da Câmara a cassação do deputado por treze votos a um. Lula admitiria claramente, de público, sua candidatura à reeleição em meados de novembro. No dia 4 desse mês, o Conselho de Ética da Câmara aprovou, novamente por treze votos a um, o parecer pedindo a cassação de José Dirceu por quebra de decoro parlamentar. Em carta aos deputados, ele disse que sofria processo injusto e contestou diversos pontos do relatório do Conselho de Ética. Mas, no primeiro dia de dezembro, a Câmara dos Deputados cassou o seu mandato e suspendeu seus direitos políticos por dez anos, por 293 a 192. O custo de gestão da coalizão foi 4,1% maior no segundo semestre, comparado ao mesmo período de 2004.

Lula teria que fazer mais que uma campanha pela reeleição. Teria que usá-la para recuperar sua credibilidade e sua popularidade que, pela primeira vez, estava negativa. Em dezembro, o Datafolha registrou desaprovação de

29%, acima da aprovação, que ficou em 28%. A popularidade líquida chegou a -2%.[25] O Legislativo, em particular a Câmara, fechou o ano com indicadores evidentes de paralisia decisória. A crise ameaçava a governabilidade. Lula abandonou a defesa da política econômica de Palocci, que achava exagerada na dose, e a atitude defensiva em relação ao mensalão. Já com o tom de campanha, em reunião do Mercosul no Uruguai, disse que seus "adversários estão [...] tentando fazer golpismo".[26]

O ano eleitoral abriu com o governo colecionando indicadores moderadamente positivos na economia — crescimento de 2,3% em 2005 —, enfrentando sua pior crise política, e com o PT sem José Dirceu, seu maior estrategista e articulador da sua militância. Em janeiro, Lula assinou medida provisória aumentando o salário mínimo em 13% e corrigindo a tabela do imposto de renda em 8%, após reunião com as centrais sindicais. Começou ali a ação da campanha pela reeleição, cuidando primeiro de sua base. A Câmara, também de olho no voto, estendeu, contra a vontade do governo, o aumento aos beneficiários do INSS que ganhavam acima do salário mínimo. No fim do semestre, o Senado confirmou a decisão da Câmara, em votação simbólica. Lula, já em plena campanha, vetou o aumento. A presença mais agressiva nos palanques, todavia, ajudou-o a recuperar parte de sua base popular de apoio.

Em fevereiro, sua popularidade líquida já voltara para o positivo. O Datafolha registrou aprovação de 37%, nove pontos acima da anterior, e desaprovação de 22%, sete pontos abaixo. A popularidade líquida saltou de -2% para +25%.[27] O TSE manteve a verticalização das coligações, mas Renan Calheiros (PMDB-AL), presidente do Senado, pretendia promulgar emenda constitucional aprovada pelo Congresso, para permitir a desvinculação. No PSDB, como sempre, os paulistas disputavam a candidatura à Presidência. Serra, melhor nas pesquisas, queria enfrentar Lula novamente. Alckmin, atrás nas pesquisas, julgava-se com direito a tentar essa disputa, baseado no bom desempenho no governo do estado. Ele ficaria com a candidatura para perder para Lula, e Serra se elegeria governador de São Paulo. A CPI dos Bingos, que estivera em banho-maria durante o auge da CPI do Mensalão, passou a incomodar o governo, atingindo o ministro da Fazenda, Antonio Palocci. Ele foi abatido pelo que ficou conhecido como "escândalo do caseiro", que revelou a existência de uma casa em Brasília para encontros impróprios, na maioria ilegais. O presidente resistiu o quanto pôde, mas terminou tendo que afastá-lo do ministério, isso no dia 27 de março. Nomeou Guido Mantega para comandar a equipe econômica. Lula foi o favorito nas pesquisas até a eleição. José Serra, em São Paulo, também, e aparecia vencendo o petista Aloizio Mercadante no primeiro turno. Em Minas Gerais, acontecia o mesmo com Aécio Neves (PSDB-MG). No Rio, despontou como favorito Sérgio Cabral (PMDB-RJ). A popularidade de Lula manteve-se estável ao longo do primeiro semestre. Em julho, sua aprovação era de 38% e a desaprovação de 21%. A popularidade líquida chegou a 29%.[28] O custo fiscal médio de gestão da coalizão subiu 3,4%, no primeiro semestre, em relação ao mesmo período de 2005. Os gastos com a coalizão vinham crescendo trimestre a trimestre.

Na campanha, o presidente continuou a dar suas explicações para a corrupção política que ia se revelando sistêmica e havia contaminado seu partido e seu governo. "Não pensem que o erro de cada um é individual ou partidário. O que acontece são os acúmulos de deformações que vêm da estrutura política do nosso país", disse em comício em Olinda.[29] O contato direto com suas bases, na campanha, recuperou sua popularidade. Seu maior talento se revelava sempre nos improvisos de palanque.[30] No início do segundo semestre, período decisivo das eleições, Lula havia recuperado integralmente a popularidade perdida, e marchava firme para a reeleição, como favorito absoluto. A aprovação do presidente, em agosto, no Datafolha foi de 45%. A desaprovação caíra para 18%. A popularidade líquida subiu catorze pontos, para 43%.[31] O efeito campanha na popularidade era impressionante: catorze dias depois, a aprovação havia passado para 52% e a desaprovação para 16%. A popularidade líquida saltou para 53%.[32]

O indiciamento pela Polícia Federal do ministro da Saúde de Lula, Humberto Costa (PT-PE), e do ex-tesoureiro do PT, Delúbio Soares, entre outras quarenta pessoas, por fraudes em licitações, abalou um pouco essa popularidade sem precedentes, que caiu, dias depois, para 48%, porém a desaprovação não mudou. A popularidade líquida ficou em robustos 50%.[33]

Mas os escândalos de corrupção rondavam Lula. Havia acusações de que o PT comprara dossiê falso contra Serra, envolvendo o presidente do partido, Ricardo Berzoini, quando era ministro do Trabalho. Berzoini chefiava a campanha de Lula. As investigações mostraram que ele tinha conhecimento da fraude e suas explicações não satisfizeram ao presidente, que o substituiu na campanha por Marco Aurélio Garcia, sociólogo e seu assessor de confiança. Sua popularidade oscilou, mas não se abalou. O escândalo, que Lula, depois de reconhecer o comportamento irregular de auxiliares, passou a atribuir à imprensa, tirou-lhe a vitória quase certa já no primeiro turno. Ele teve 48,61% dos votos, e Geraldo Alckmin 41,64%. Alckmin perdeu votos na segunda rodada e ficou com 39,17%. Lula foi reeleito com 60,83% dos votos no segundo turno, aonde chegou com a maior popularidade de todo o seu mandato. O efeito campanha elevou sua aprovação a 53% no final de outubro. A desaprovação ficou em 15%. A popularidade líquida, em 56%. Os bons resultados do governo e seu excepcional desempenho nas ruas mantiveram Lula no poder.[34]

Na Câmara, o PMDB fez a maior bancada, com 89 cadeiras, ou 17%. O PT elegeu 83 deputados e ficou com a segunda bancada, controlando 16% das cadeiras. O PSDB e o PFL elegeram 65 deputados cada, ficando com 13% das cadeiras. Os quatro maiores controlavam 59% da Câmara, uma divisão que dificultava a formação por Lula de uma coalizão majoritária enxuta. Cinco partidos fizeram em torno de vinte deputados cada. Três à esquerda do centro — PSB 27, PDT 24, PPS 21 —, controlando 14% das cadeiras. Dois à direita do centro — PL 23, PTB 22 —, com 9% dos votos. Logo, se o PT conseguisse incluir os cinco em sua coalizão, faria 52%, com sete partidos, dos quais quatro à esquerda do centro e três do centro para a direita, todos com vocação clientelista como a do PMDB. A divisão dessa coalizão seria, portanto, 155 deputados na centro-esquerda, com 30% das cadeiras da Câmara e 54% da coalizão. A outra banda, centro-clientelista, teria 134 deputados, 26% das cadeiras e 46% dos votos da coalizão. Situação bastante delicada para gerenciar. A fim de alargar a maioria e ter maior margem de manobra e barganha, Lula teve que ampliar sua coalizão para a direita clientelista, alcançando o PP, que fez a quinta bancada, com 42 deputados, 8% das cadeiras. Resultou, novamente, numa coalizão ideologicamente disforme, com domínio clientelista, pois o centro clientelista passou a ter 53% e a centro-esquerda 47% dos votos da coalizão. Um cenário que refletia a hegemonia do padrão clientelista cujo pivô central era e é o PMDB.

No Senado, o quadro possibilitou uma coalizão mais enxuta, de seis partidos, cinco à esquerda do centro e o PMDB no centro clientelista. Dos 27 eleitos, apenas dois eram do PT, que ficou com a quarta bancada, de dez senadores (12%). O PFL elegeu seis senadores e ficou com dezoito. Mesmo tamanho da bancada do PMDB, ambos com 21%. O PSDB fez a terceira, com treze senadores (16%). PT e PL tinham treze senadores, 16% dos votos. Agregando o PMDB, a coalizão chegava a 38%. Para fazer a maioria, Lula teve que agregar os onze senadores à esquerda do centro — cinco do PDT, três do PSB, dois do PCdoB e um do PPS — para alcançar os 52%. Se ampliasse mais à direita, agregaria menos votos que heterogeneidade. Os demais partidos do centro clientelista tinham bancadas pequenas. O melhor candidato era o PTB, com quatro senadores.

Nos estados, dezessete governadores foram eleitos no primeiro turno. Quatro deles eram do PT, entre os quais Jaques Wagner na Bahia e Marcelo Déda em Sergipe. O PSDB também elegeu quatro no primeiro turno, entre eles José Serra em São Paulo e Aécio Neves em Minas Gerais. O PMDB teve igual número de vitórias diretas, entre elas Paulo Hartung no Espírito Santo e Eduardo Braga no Amazonas. O PFL elegeu apenas um governador no primeiro turno, o controvertido José Roberto Arruda, ex-PSDB, no DF, que deixaria o cargo preso por corrupção. O PPS, em marcha acelerada para a centro-direita, elegeu dois governadores no primeiro turno, o grande produtor de soja Blairo Maggi no Mato Grosso e Ivo Cassol em Rondônia. O PDT elegeu Cid Gomes no Ceará. No segundo turno, o PSDB elegeu a governadora do Rio Grande do Sul, Yeda Crusius, que venceu Olívio Dutra, do PT, e, na Paraíba, Cássio Cunha Lima. O PMDB elegeu raspando Roberto Requião no Paraná, Luís Henrique em Santa Catarina e, com larga vantagem, Sérgio Cabral no Rio de Janeiro. Cabral seria coprotagonista, com políticos ligados ao governo federal e seus apadrinhados, do maior escândalo de corrupção da história do país, com desvios bilionários da Petrobras, da Eletrobrás e da Nuclebrás. Além disso, tinha sua própria rede de propinas com empreiteiras que operavam no estado. O esquema funcionou nos governos Lula e Dilma.[35] O PT elegeu Ana Júlia no Pará. O poder estadual estava dividido e, embora o PSDB controlasse dois dos quatro maiores estados, os governadores não representariam obstáculo ao governo Lula II. O governo Lula I terminou com a melhor avaliação dos governos da Terceira República. O Datafolha registrou, em meados de dezembro, aprovação de 52% e desaprovação de 14%. Uma popularidade líquida de 58%.[36] O presidente fechou o último semestre, eleitoral, com custos médios de gestão da coalizão 5,5% superiores aos do mesmo semestre do ano anterior. A média anual dos gastos com a coalizão em 2006 foi 4,6% superior à de 2005.

16. Lula 2.0: O grande eleitor

Lula começou 2007 com vários ministros interinos e outros demissionários, entre eles o ministro da Justiça, Márcio Tomás Bastos, e o da Cultura, Gilberto Gil. Desde o início do segundo mandato, o presidente resolveu amadurecer a possibilidade de que Dilma Rousseff fosse a candidata em 2010. Essa perspectiva aumentou o poder da ministra-chefe da Casa Civil no governo.

As articulações para a sucessão no Legislativo já haviam começado, e o PMDB decidiu apoiar a candidatura do PT à presidência da Câmara, indicando preferência majoritária por Arlindo Chinaglia. O acordo, acertado com o presidente do partido, Michel Temer, e os síndicos do condomínio intrapartidário, levou à vitória do petista, por 261 votos a 243 dados a Aldo Rebelo (PCdoB-SP). No Senado, também como resultado do pacto PT-PMDB, foi reeleito Renan Calheiros (PMDB-AL), por 51 votos a 28 para Agripino Maia (PFL-RN). Lula procurava não cometer os mesmos erros no Legislativo que levaram à desastrosa derrota para Severino Cavalcanti. O presidente ia costurando o novo ministério com dificuldades no PMDB e no PT. O condomínio peemedebista garantiu a pasta da Integração Nacional para um de seus síndicos, Geddel Vieira Lima (PMDB-BA), e ocupou o Ministério da Agricultura, com Reinhold Stephanes, e o da Saúde, com José Gomes Temporão (PMDB-RJ), indicado por Sérgio Cabral. Além disso, manteve políticos de fora do seu núcleo duro que já ocupavam a pasta das Comunicações, Hélio Costa, e a de Minas e Energia, Silas Rondeau. O PR, resultado da fusão do PL, do vice Alencar, com o Prona, ficou com o Ministério dos Transportes, entregue a Alfredo Nascimento (PR-AM). Mas a montagem do gabinete não foi fácil. Houve muita resistência dos ruralistas ao nome de Stephanes. Lula só conseguiu fechar o quebra-cabeça no fim de março. O PT ficou com a Casa Civil, a Justiça, com Tarso Genro, a Comunicação Social, com Franklin Martins, e o Turismo, ocupado pela ex-prefeita de São Paulo, Marta Suplicy. Walfrido dos Mares Guia, ligado ao vice-presidente José Alencar, foi transferido do Turismo para as Relações Institucionais. Ficou encarregado da articulação política, tarefa que Dilma Rousseff, no Gabinete Civil, era incapaz de realizar. A Secretaria de Portos, com status de ministério, cobiçada pelo PR, ficou com Pedro Brito (PSB-CE). O Ministério do Trabalho ficou com Carlos Lupi, presidente do PDT. Era, finalmente, um ministério mais equilibrado e proporcional.

Uma das patologias da política brasileira tem a ver com o recurso a esquemas sistêmicos de corrupção para complementar, "por fora", as compensações colaterais pelo apoio político-parlamentar e para financiar campanhas. Mesmo quando a coalizão divide o poder de forma relativamente proporcional, abrindo aos partidos acesso aos benefícios associados ao orçamento e aos cargos, eles buscam a via ilegal. No governo Lula I, claramente não estavam dadas essas condições de acesso, e o mensalão supriu as deficiências da coalizão com domínio hegemônico do PT. No governo Lula 2.0, ainda que o poder decisório fosse centralizado na Casa Civil, por Dilma Rousseff, os partidos tinham amplo acesso aos canais de influência e recursos dos ministérios que controlavam. Não obstante, o saque da Petrobras e outras estatais prosperou nesse governo e atingiu seu ápice no governo Dilma Rousseff. As condições objetivas de governabilidade eram muito favoráveis. A economia crescia a 6%, a inflação estava em 4,4%, no centro da meta, o Banco Central baixava os juros. Na política, a coalizão era a melhor que Lula podia montar; a diversidade ideológica era inevitável, a hegemonia moral do partido-pivô também. Mas a coalizão era coerente o bastante para lhe dar sustentação, e sua popularidade continuava alta. No final de março, a avaliação positiva de Lula era de 48% e a negativa de 14%, segundo o Datafolha. A popularidade líquida estava na marca de +55%.[1]

O primeiro problema que Lula enfrentou ficou conhecido como "motim aéreo". Os controladores de tráfego aéreo, militares da Aeronáutica, entraram em greve e pararam os aeroportos do país, forçando a interrupção dos voos nacionais e desviando para outros países os internacionais. Mesmo após a prisão de cinquenta controladores amotinados, a paralisação continuou. Lula foi surpreendido pelo motim, havia embarcado para os Estados Unidos na noite anterior. O vice, no exercício da Presidência, ficou retido em Belo Horizonte. A chefe do Gabinete Civil, Dilma Rousseff, e o ministro da Justiça, Tarso Genro, em Porto Alegre. Com a cúpula do governo fora de Brasília, o ministro da Defesa, Waldir Pires, não foi capaz de negociar uma solução. A negociação foi iniciada pelos ministros do Planejamento, Paulo Bernardo, da Comunicação Social, Franklin Martins, ex-combatente da resistência ao regime militar, e pelo secretário-geral da Presidência, Gilberto Carvalho. A crise quase se transformou em problema militar e levou à saída de Waldir Pires da Defesa. Mas, antes que ela se resolvesse, houve mais problemas e dois graves acidentes aéreos. Lula substituiu Pires por Nelson Jobim (PMDB-RS). A solução final foi positiva. Desmilitarizou o controle de tráfego aéreo no Brasil. O projeto de desmilitarização encontrou resistência na Aeronáutica, mas terminou muito bem-sucedido.

Em maio, outra crise se resolveu rapidamente. O ministro de Minas e Energia, Silas Rondeau, foi envolvido num escândalo de corrupção e forçado a deixar o governo. Assumiu interinamente o secretário executivo do ministério, Nelson Hubner, ligado a Dilma Rousseff. Lula não conseguiu articular um nome definitivo para o cargo. Isso só ocorreria em meados de janeiro do ano seguinte, com a nomeação de Edison Lobão (PMDB-MA), uma espécie de alter ego de José Sarney. Logo depois, Renan Calheiros, presidente do Senado, foi o epicentro de nova crise, acusado de receber favores da empreiteira Mendes Júnior. Outro senador do PMDB, Joaquim Roriz (DF), acusado de receber propinas, renunciou ao cargo para evitar a cassação. Renan Calheiros estava sob ameaça de ser processado pelo Conselho de Ética do Senado. O presidente do Conselho, Edison Lobão, com conexões no condomínio de poder partidário do qual Renan era parte, usou de todos os poderes que lhe dava o regimento para evitar ou protelar o processo. Mas, mesmo com todos os aliados no Conselho trabalhando para ajudá-lo, o processo de cassação foi aberto. A situação do senador na presidência do Senado tornou-se insustentável. Ele teve que desistir de presidir a sessão para votação da Lei de Diretrizes Orçamentárias. O custo semestral médio de gestão da coalizão continuou crescendo, foi 5% superior ao do primeiro semestre de 2006, um ano eleitoral.

No começo de setembro de 2007, o Conselho de Ética recomendou ao plenário a cassação de Renan Calheiros, por onze votos a quatro. Simultaneamente, outra investigação da Polícia Federal descobriu um esquema de corrupção e fraude na Petrobras envolvendo uma das maiores financiadoras do PT. Em agosto, o procurador-geral da República pediu ao Supremo Tribunal Federal para investigar as acusações contra Renan. Nesse mesmo mês, a ação penal 470, do mensalão, no STF, relatada pelo ministro Joaquim Barbosa, pronunciou os primeiros réus do caso, empresários, entre eles Marcos Valério, e lideranças do PT, José Dirceu, Luís Gushiken, ex-secretário de Comunicação Social de Lula, João Paulo Cunha, ex-presidente da Câmara, e Sílvio Pereira, ex-secretário-geral do partido. Quarenta réus ao todo. O julgamento mobilizou o país e tornou o ministro relator uma celebridade nacional. Para o governo, a coincidência de eventos não podia ser pior. O melhor era preservar Renan Calheiros. Com o trabalho articulado entre o Planalto — tendo à frente Walfrido dos Mares Guia, ministro das Relações Institucionais, e a senadora Ideli Salvatti, líder do PT — e o condomínio peemedebista, por intermédio de Romero Jucá (PMDB-RO), líder do governo no Senado, Renan foi absolvido por quarenta votos a 35. Mas sua liderança como presidente da Casa ficou abalada, e havia, ainda, outros processos em curso contra ele. O governo se deu conta de que Renan Calheiros se tornara um estorvo, e participou do movimento que o isolou e acabou forçando-o a se licenciar.

A presidência do Senado passou a ser exercida pelo senador Tião Viana (PT-AC). As crises políticas concentravam-se, todas, em casos de corrupção e mobilizavam o governo no seu melhor momento. Como FHC, Lula estava condenado a gerenciar crises no segundo mandato, com a diferença de que o ambiente econômico era agora muito mais favorável. Era necessário romper a paralisia e tocar projetos indispensáveis à continuidade do desempenho macroeconômico. Um deles consistia, outra vez, na prorrogação da CPMF. Ela foi aprovada em primeiro turno na Câmara, no fim de setembro, por 338 votos a 117. O segundo turno ocorreu no dia 9 de outubro, e a aprovação se deu por 333 a 113. O Supremo Tribunal Federal, em consulta do DEM (ex-PFL), sobre fidelidade partidária, deliberou, por oito votos a três, que os mandatos pertencem aos partidos e não aos deputados, admitindo a punição com a perda de mandato daqueles que trocassem de legenda. A punição valeria para o troca-troca a partir de 27 de março de 2007, quando o TSE respondeu a essa consulta, com o mesmo teor da resposta definitiva do STF ao recurso. A medida agitou o Congresso e ampliou a paralisia do Legislativo, somente rompida com muito esforço por parte das lideranças da coalizão governista para temas de grande urgência. A aprovação da CPMF no Senado exigiu que o governo negociasse com o PSDB o arquivamento do processo contra o senador Eduardo Azeredo (PSDB-MG). A Mesa do Senado, presidida por Tião Viana (PT-AC), não hesitou em fazê-lo. Somente vinte anos depois, Azeredo seria condenado e passaria a cumprir pena de prisão. A comissão especial aprovou a CPMF em meados de novembro. Antes, Lula teve que trocar o ministro encarregado da articulação política. Walfrido dos Mares Guia e Eduardo Azeredo foram denunciados pelo procurador-geral da República no processo sobre o mensalão mineiro. No lugar de Walfrido, assumiu José Múcio (PTB-PE). Para complicar ainda mais o final do ano político, Renan Calheiros fez acordo no Senado de renunciar à presidência da Casa para não ser cassado. Conseguiu, foi novamente inocentado por 48 votos a 29. O governo não conseguia negociar a CPMF, e adiou o primeiro turno para não perder. Na segunda tentativa, foi derrotado. Não alcançou 49, ficando em 45 a 34. A CPMF caiu com votos do PSDB, por cujo governo fora criada. No mesmo dia, decidiu-se a sucessão de Renan Calheiros, a qual se complicara. O governo inclinou-se pelo retorno de José Sarney, mas o senador maranhense pelo Amapá recusou. Foi eleito o senador Garibaldi Alves Filho (PSDB-RN), por 68 votos a oito. A média do custo de gestão da coalizão no segundo semestre foi 5,5% superior à do mesmo período do ano anterior. A média anual foi 5,2% maior que a de 2006.

Apesar das dificuldades no Legislativo, Lula mantinha sua popularidade e, portanto, sua influência no Congresso. A aprovação do presidente, no Datafolha, no final de novembro, era de 50% e a desaprovação de 14%. A popularidade líquida continuava robusta, em 56%.[2] Depois da CPMF, Lula estava bem. Precisava pouco do Congresso e, com a economia cada vez mais forte, seria o definidor das eleições municipais que se aproximavam. Usaria sua alta popularidade e a máquina governamental para ajudar àqueles que aderissem ao seu projeto político. Este atuava como um ímã, atraindo para a órbita presidencial até velhos adversários. As descobertas de óleo e gás na camada do pré-sal, em 2007, levavam todos a contar com um dinheiro que não viria, e o que veio financiou mais corrupção do que progresso. No começo de 2008, Lula nomeou ministro de Minas e Energia Edison Lobão (PMDB-MA), ligado a Sarney. No fim do primeiro trimestre, a popularidade de Lula era maior que nos anos anteriores de governo.

A aprovação de seu governo medida pelo Datafolha chegou a 55% e a desaprovação a 11%. A popularidade líquida atingiu 67%.³ Ele estava blindado.

O ministro do Trabalho, Carlos Lupi, foi acusado de beneficiar irregularmente, com verbas públicas, ONGs ligadas ao PDT. A descoberta de gastos pessoais excessivos e impróprios com os cartões corporativos de ministros provocou a queda de uma ministra, a instalação de uma CPI no Congresso e queda de braço entre governo e oposição. A formação de um dossiê por assessora de confiança de Dilma Rousseff, com os gastos pessoais do ex-presidente Fernando Henrique e de Ruth Cardoso, pôs a chefe da Casa Civil na berlinda e engrossou o escândalo. Mas nada afetava a popularidade de Lula. Esquentando as máquinas para as eleições municipais, ele usava o lançamento de obras do Programa de Aceleração do Crescimento (PAC) como palanque.⁴ Como sempre, com sua personalidade eleitoral, antecipava a campanha e, dois anos antes, mirava a própria sucessão.⁵ Era parte da luta política por controle da narrativa em torno do mensalão e do escândalo dos cartões, e para preservar Dilma Rousseff, sob ataque da oposição por causa do dossiê. Esta foi apresentada, oficialmente, como candidata à sua sucessão alguns meses depois, ainda no ano de 2008. Em maio, isolada por Dilma e pelos ministros do PAC, e enfrentando fortes restrições da parte da chefe da Casa Civil à implementação da política ambiental, Marina Silva se demitiu do Ministério do Meio Ambiente. Foi substituída por Carlos Minc (PT-RJ), que negociou com Lula sua margem de manobra no cargo para aceitar.⁶

Lula entrou na fase definitiva da campanha municipal com um cacife invejável. Na segunda semana de setembro, sua aprovação, de acordo com o Datafolha, bateu todas as marcas anteriores e chegou a 64%. A desaprovação ficou em 8%. A popularidade líquida atingiu inéditos 78%.⁷ Em novembro, nova rodada do Datafolha mostrou que a popularidade ainda subia. A aprovação passou para 70% e a desaprovação para 7%. A popularidade líquida bateu em espantosos 82%.⁸ A economia crescia exuberante, parecia imune à crise que se alastrava dos Estados Unidos para a Europa, com o colapso das subprime.⁹

Desde o lançamento do PAC, Lula começou a afrouxar os limites de gasto impostos pela meta de superávit primário. Com o forte crescimento da arrecadação, o risco de déficit nominal era pequeno, mas progressivo. Ele havia descoberto a fórmula político-econômica que lhe possibilitaria, enquanto as condições do ambiente econômico fossem favoráveis, manter a população e os políticos satisfeitos com gastos altos e inflação baixa. Aliou o estrito conservadorismo monetário, dando autonomia ao Banco Central para definir os juros, e liberalidade fiscal, executada por Guido Mantega. A fórmula permitia gerar um ciclo econômico-eleitoral favorável, com baixo risco de desequilíbrio no curto e médio prazo. O custo fiscal com a coalizão no primeiro semestre de 2008 foi moderado, apenas 1,3% superior ao de igual período do ano anterior. A maior parte da turbulência foi no próprio Legislativo, e o mensalão atingia a toda a coalizão.

O primeiro turno das municipais de 2008 teve resultados favoráveis à coalizão de governo nas principais capitais. Em São Paulo, o grande derrotado foi Geraldo Alckmin (PSDB-SP), ex-governador e pouco antes batido na corrida presidencial. Ele ficou atrás do prefeito Gilberto Kassab (DEM-SP) e da ex-prefeita Marta Suplicy (PT-SP), que disputaram o segundo turno. No Rio de Janeiro, Eduardo Paes (PSDB-RJ) foi para o segundo turno com Fernando Gabeira (PV-RJ). Em Belo Horizonte, Márcio Lacerda (PSB-MG), apoiado pelo governador Aécio Neves (PSDB-MG) e pelo prefeito Fernando Pimentel (PT-MG), disputaria com Leonardo Quintão (PMDB-MG). Uma decepção para os dois, que esperavam vencer no primeiro turno. Em Porto Alegre, o prefeito José Fogaça (PMDB-RS) enfrentaria Maria do Rosário (PT-RS). Em Salvador, João Henrique (PMDB-BA) e Walter Pinheiro (PT-BA) iriam para o segundo turno. Em cinco capitais, a eleição se decidiu no primeiro turno: Curitiba com Beto Richa (PSDB-PR), Fortaleza com Luizianne Lins (PT-CE), Goiânia com Iris Rezende (PMDB-GO), Recife com João Costa (PT-PE), e Vitória com João Coser (PT-ES). Eram muito claras as rivalidades locais entre PT e PMDB, o partido-pivô da coalizão lulista. No segundo turno, Kassab venceu em São Paulo, vitória atribuída ao governador José Serra (PSDB-SP), de quem ele fora vice na prefeitura. No Rio, Eduardo Paes se elegeu com 1,6% de diferença, 50,8% a 49,2%.

O resultado geral confirmou o favoritismo da máquina local do PMDB, que elegeu 1202 prefeitos. De vinte prefeitos de capitais que tentaram a reeleição, dezenove venceram — alguns não tentaram porque já estavam em segundo mandato. O PSDB ficou em segundo em número de prefeitos, mas sua máquina municipal diminuiu de tamanho, de 883 eleitos, em 2004, para 786. O PT, em terceiro, cresceu, de 411 para 557 prefeitos. O DEM, que, apesar de vencer em São Paulo, seria logo abandonado por Kassab, perdeu muito, saiu de 790 para 496 prefeituras. Nas cidades com mais de 200 mil habitantes, o PT passou a controlar 21 prefeituras, o PMDB dezessete, o PSDB treze, e o DEM cinco.

Lula teria que se voltar para a administração da crise mundial, que se agravava, com Barack Obama no governo dos Estados Unidos. Ele tivera ótimo relacionamento com o direitista George Bush, e não encontraria dificuldades com Obama, um negro, saído da organização de militância de base em Chicago e progressista nos costumes e na política social, como Lula. No Brasil, mesmo com toda a popularidade, o presidente enfrentou pequenos dissabores com o Congresso. O presidente do Senado, Garibaldi Alves (PMDB-RN), devolveu medida provisória anistiando milhares de entidades filantrópicas ameaçadas de perder a isenção fiscal, muitas das quais envolvidas em irregularidades. Usou o regimento interno, que lhe dava o poder monocrático de impugnar proposições contrárias à Constituição. Isso só havia acontecido uma vez, em 1989. O presidente Lula decidiu não entrar em confronto e mandou seu porta-voz dizer que ele tinha feito sua parte. O problema era do Congresso.

O governo encarou o risco de contágio da economia brasileira pela crise americana com maior liberalidade fiscal. Procurou amenizar o impacto econômico aumentando o financiamento subsidiado das obras do PAC e mitigar seus efeitos sociais expandindo o alcance do Bolsa Família e estendendo a merenda escolar aos alunos do ensino médio. Sua maior preocupação era a onda de demissões.

No Legislativo, a rivalidade PMDB/PT se expressou na sucessão para a direção das duas Casas. No Senado, José Sarney ganhou a presidência, vencendo Tião Viana, por 49 votos a 32. Na Câmara, Michel Temer venceu fácil, no primeiro turno, com 304 votos, Ciro Nogueira (PP-PI), apoiado pelo baixo clero, que teve 129 votos, e Aldo Rebelo (PCdoB), com 76. O resultado não desagradou a Lula, mas descontentou a banda esquerda de sua coalizão. No Senado, a derrota do PT foi recebida com amargura e a líder do partido, Ideli Salvatti (PT-SC), considerou-a uma traição. Para Lula, Sarney derrotado pelo PT seria um enorme problema, pois ele operaria contra o governo nos bastidores, como era de seu feitio. Na Câmara, o comando do condomínio de poder do PMDB, que vinha lhe dando apoio, era garantia de que teria margem de barganha suficiente para evitar adversidades e conseguir o que fosse essencial à agenda presidencial. Enfim, um tropeço para o PT, mas não necessariamente para o lulismo.

No auge da popularidade, Lula elegeria presidente o candidato que ele escolhesse. Ao escolher Dilma, tornou-se o *queenmaker* disposto a eleger a primeira mulher presidente. Mas o espectro da crise econômica assombrava o seu sucesso. O que ele dissera que seria apenas uma marolinha, em outubro de 2008, começou a virar um problema bem maior, para cujo enfrentamento o presidente não tinha capacidade instalada na equipe econômica. O quarto trimestre de 2008 já foi recessivo. O PIB teve uma queda de -3,6%, embora, no ano, tenha crescido 5,1%. A indústria caiu, o consumo também, e o desemprego aumentou. Lula e Dilma apostavam num primeiro trimestre difícil, todavia já melhor que o anterior, e em recuperação plena no segundo semestre. A crise agravada abriu conflito sobre a taxa de juros. O Banco Central havia decidido por uma queda de 1,5 ponto, a maior em muito tempo, mas José Serra, governador de São Paulo, as centrais sindicais, o próprio Lula e Dilma Rousseff achavam que fora tarde demais. O PSDB pressionava pela politização dos juros e demandava que o próprio presidente passasse a arbitrar a taxa.[10] A situação se complicava, porque, com a perda de receita tributária, a queda dos juros e o aumento do gasto levaram ao afrouxamento da meta de superávit fiscal. Movimentos justificáveis como resposta à crise. Similares aos que os governos, independentemente de persuasão ideológica, faziam nos Estados Unidos e na Europa. A crise interrompeu o movimento de crescimento da popularidade de Lula, mas não a afetou de forma significativa. Em março, a aprovação passou de 70% para 65%, e a desaprovação de 7% para 8%. A popularidade líquida ficou em 78%.[11] O desempenho do primeiro trimestre de 2009 foi muito ruim também. Já eram dois trimestres consecutivos de retração. Porém, o resultado final do início de 2009 indicava que o impulso recessivo arrefecia. O PIB caiu -0,8%. Lula, sim, era imune à crise. Em maio, sua popularidade voltou a subir, de 65% para 69%, e a desaprovação ficou em meros 6%. A popularidade líquida fechou em 84%.[12]

Lula enfrentou dissabores também na política. A descoberta de fraudes na folha de salários no Senado e de outras inúmeras irregularidades pôs José Sarney na berlinda, e gerou uma crise entre PMDB e PT que ameaçou gravemente a coalizão lulista. O presidente saiu em defesa de Sarney, dizendo que ele tinha história suficiente para não ser tratado como uma pessoa comum. Um estranho argumento, para uma liderança comprometida com o combate às desigualdades e aos privilégios da elite, mas perfeitamente compreensível diante do seu pragmatismo. As descobertas e denúncias se aprofundaram ao longo das semanas, e a posição de Sarney ficou muito delicada. PSDB, DEM e PDT pediram sua saída da presidência do Senado. Senadores petistas sugeriram o afastamento temporário, já que as investigações eram sobre a conduta da Mesa do Senado.

Lula discordava, dizendo que afastamento temporário vira permanente. A história lhe dava razão. Foi assim no impeachment de Collor. (Seria assim no impeachment de Dilma.) O partido-pivô da coalizão lulista, vendo-se isolado na defesa de Sarney e sem poder articular uma alternativa naquelas circunstâncias, precisava que o PT desse respaldo ao senador. Diante da reticência da bancada petista, a liderança do PMDB ameaçou deixar a coalizão governista e a candidatura de Dilma Rousseff. A bancada do PT, muito dividida, só poderia ser convencida por Lula. Com o PMDB fora do governo e fazendo-lhe oposição, a CPI da Petrobras seria destravada. Seria muito mais difícil eleger Dilma Rousseff e dar-lhe condições de governabilidade. Coube a Renan Calheiros, líder do PMDB no Senado, indicar o caminho da barganha. "Essa crise aproximou o PT do PMDB. Agora, é o PT que vai decidir o que vai acontecer. [...] A posição do PMDB é contra a CPI da Petrobras. Por isso, não indicou o nome para relatoria. Como criar uma CPI contra aqueles que apoiamos?"[13] Em jantar com a bancada do seu partido, Lula e Dilma conseguiram persuadir os senadores petistas, inclusive a maioria dos cinco mais recalcitrantes.[14] Coube ao senador Aloizio Mercadante relatar o resultado do jantar: "Lula reafirmou que é questão de Estado a governabilidade e que o governo precisa e quer a aliança com o PMDB". Dilma Rousseff disse que não concordava em "demonizar Sarney". Internamente, a solução era simples. A sindicância isentou de responsabilidade os senadores que compunham a Mesa Diretora e culpou dois diretores. Os dois foram afastados, e Sarney resolveu o problema de apoio do DEM, com o qual sempre teve afinidades, nomeando um funcionário indicado pelo partido para uma das diretorias. No entanto, com o indiciamento de um dos filhos de Sarney pela Polícia Federal e o acúmulo de acusações, a bancada do PT voltou a atacá-lo. Ficou difícil para Lula conter o partido. O Senado estava paralisado. O governo não se entendia com sua bancada. Lula e Dilma relativizavam as acusações contra Sarney. Mas, com o aumento de intensidade da oposição a ele na opinião pública, o presidente resolveu se desassociar do caso. Em entrevista durante visita à Fiesp, disse: "não é problema meu. Não votei no Sarney para ser presidente do Senado nem votei para ele ser senador no Maranhão". A confusão do presidente era natural, Sarney era, de fato, o oligarca do Maranhão, mas formalmente eleito senador pelo Amapá, onde mantinha domicílio eleitoral pró-forma. Os defensores do senador partiram para a ofensiva, tendo à frente os senadores Renan Calheiros e Fernando Collor, atacando e ameaçando seus críticos. Lula instruiu o ministro

José Múcio (PTB-PE), da Coordenação Política, a reiterar o apoio do governo a Sarney, contudo evitou novas declarações pessoais em defesa do aliado. Sarney terminou sendo processado pelo Conselho de Ética e absolvido por nove votos a seis. Os dois votos petistas no Conselho, de Delcídio do Amaral e João Pedro, foram a seu favor. Em reação ao apoio do PT a Sarney, dois senadores deixaram o partido, Marina Silva, que sairia candidata a presidente pelo PV, e Flávio Arns, que migraria para o PSDB. Essas turbulências no Legislativo provocaram mais crescimento no gasto médio com a gestão da coalizão, de 6,4,% em relação ao primeiro semestre de 2008.

Se a política era fonte de dissabores para Lula, a economia começava a dar sinais de recuperação e representaria seu grande trunfo em 2010. Esse seria o ano do boom econômico, e ele teria a tarefa de eleger Dilma Rousseff, seu "terceiro mandato", como diziam várias lideranças petistas. O pré-sal e o PAC eram os dois programas-placa de Dilma a serem usados na campanha. No último dia de agosto, Lula lançou controvertido marco regulatório para exploração do pré-sal, com novas regras, ao lado de José Sarney e Dilma Rousseff.

A campanha eleitoral já estava nas ruas. O Congresso aprovou novas regras eleitorais, liberando as doações diretas aos partidos sem identificação dos candidatos beneficiados, um forte incentivo à corrupção pela via do financiamento de campanha. Lula, com o objetivo de expor Dilma Rousseff no palco de decisões internacionais, a enviou como chefe da delegação brasileira à reunião da Convenção do Clima em Copenhague, a COP-15. Uma convenção cercada de grandes expectativas. Em Copenhague, durante a primeira semana da reunião, Dilma teve um comportamento vexaminoso. O Brasil foi salvo por Lula que, ao chegar para o encontro de chefes de governo, na segunda semana, mostrou seu prestígio internacional e sua capacidade de negociação. Observei o desempenho dos dois pessoalmente, na COP-15.[15]

Os desencontros políticos do governo cobraram um preço alto. O gasto médio com a coalizão no segundo semestre de 2009 foi 4,8% maior em relação ao mesmo período do ano anterior. O crescimento anual da média de gasto com a gestão da coalizão foi de 5,4%.

O PAC vinha enfrentando muitos problemas. Muitas obras emperradas. Era uma vitrine com vidros trincados. O pré-sal era mais vistoso, até porque era mais esperança do que realidade. Em novembro, um apagão deixou dezoito estados sem luz por três horas. O ministro de Minas e Energia atribuiu a falha a um temporal. Dilma Rousseff, já orientada pelo marqueteiro João Santana, disse que o sistema elétrico não estava imune a blecautes, isso só aconteceria com um nível altíssimo de investimentos. Era a forma de renovar as promessas do PAC. Embora o PIB de 2009 tivesse fechado ligeiramente no negativo, -0,2%, todos os sinais eram de recuperação forte da economia. O estímulo ao consumo e a expansão do crédito começavam a dar dividendos. A renda das classes C e D subia e já correspondia a quase metade da renda contabilizada.

A popularidade recorde de Lula e o crescimento econômico alavancariam a trajetória de Dilma Rousseff rumo à Presidência. Ela teria como vice o presidente do PMDB, Michel Temer, síndico principal do condomínio que controlava o poder no partido. A aprovação do governo Lula chegou a 72%, em dezembro de 2009. A desaprovação foi de 6%. A popularidade líquida era de 82%. O nome de Dilma começava a pegar. As pesquisas de intenção de votos do Datafolha mostravam que ela, com 26%, polarizava com José Serra, o nome que despontava como candidato do PSDB, com 40%. Em fevereiro, com 28%, já encostava em Serra, com 32%, ancorada na popularidade de seu patrono. José Serra assumiu a candidatura em março de 2010. Daí em diante, seria a gangorra típica das campanhas eleitorais. Mas Dilma iria se consolidando como a favorita. A aprovação de Lula chegou a 73% e a desaprovação a 5%. A popularidade líquida batia em 87%.[16] Poucos dias após o anúncio da candidatura de Serra, a popularidade do presidente bateu novo recorde. A aprovação passou para 76% e a desaprovação caiu a desprezíveis 4%. A popularidade líquida em 90% mostrava que ele era, naquele momento, unanimidade no país.[17] O crescimento do custo médio de gestão da coalizão no primeiro semestre de 2010, sobre o mesmo período de 2009, ainda foi alto, chegando a 4%.

A trajetória da popularidade de Lula não tem paralelo na história republicana brasileira. Sua enorme capacidade de comunicação e seu talento invulgar para o palanque, associados aos resultados concretos de seu governo para a população, lhe deram força no Congresso e a faculdade de eleger quem quisesse para sucedê-lo. Na macropolítica, ele estava blindado e era incontrastável na sociedade. Na micropolítica, conseguia neutralizar os problemas do dia a dia. Os mais graves, como os escândalos de corrupção, ele minimizava, usando seu poder social na macropolítica. Da perspectiva desse desempenho, não creio que Lula venha a ter um similar ou que esse particular sucesso social venha a se repetir.

Em junho de 2010, a proibição de candidaturas de condenados em segunda instância virou lei, a chamada Lei da Ficha Limpa. A economia estava a pleno vapor. O PIB do primeiro trimestre já indicava que 2010 teria um crescimento espetacular. Realmente, o ano fecharia com expansão de 7,5%. Mas nem tudo era positivo. Com o crescimento muito acelerado, a inflação subia. O gasto público aumentou muito, levando junto a dívida pública. Muitas obras estavam sendo iniciadas para alimentar a campanha, e aumentava a parcela de subsídio estatal nos investimentos. A troca de acusações entre Dilma e Serra, o jogo bruto, prejudicou o desempenho dos dois e reduziu, já na metade final da campanha, a ampla vantagem da petista. Com o desgaste dos dois ponteiros, cresceu a candidatura de Marina Silva, garantindo que haveria segundo turno.

Dilma, de qualquer forma, teve quase 47% dos votos no primeiro turno, Serra quase 33%, e Marina 19%. A coalizão lulista, que deveria apoiar Dilma Rousseff, ficou majoritária no Senado e na Câmara. No Senado, com a renovação de dois terços, o PMDB ficou com a maior bancada, vinte senadores. A segunda bancada foi do PT, com catorze, seis a mais. O PSDB fez a terceira, com onze, mas com cinco cadeiras a menos. O DEM fez sete senadores, perdeu sete cadeiras, e o PTB seis, uma a menos. A coalizão governista passou de 43 para 59 senadores. Na Câmara, a maior bancada foi a do PT, com 88 deputados, nove cadeiras a mais. O PMDB ficou com a segunda, 79 cadeiras, onze a menos. O PSDB com a terceira, 53 cadeiras, seis a menos. O DEM fez a quarta, com 43 deputados, treze a menos. Ficou muito perto do PP e do PR, ambos com 41 deputados. A coalizão governista passou de 357 deputados para 372. O PSDB elegeu três governadores em estados importantes no primeiro turno, Geraldo Alckmin em São Paulo, Antonio Anastasia em Minas Gerais, e Beto Richa no Paraná. O PT elegeu Jaques Wagner na Bahia, Tarso Genro no Rio Grande do Sul, Marcelo Déda em Sergipe, e Tião Viana no Acre. O PMDB elegeu no primeiro turno Sérgio Cabral no Rio de Janeiro, Roseana Sarney no Maranhão, André Puccinelli no Mato Grosso do Sul, e Silval Barbosa no Mato Grosso. O PSB elegeu Eduardo Campos em Pernambuco, Cid Gomes no Ceará, e Renato Casagrande no Espírito Santo.

No segundo turno, Dilma Rousseff, com 56% dos votos, tornou-se a 18ª presidente da República eleita pelo voto direto e a primeira mulher a ocupar o cargo. Nos estados, o PT elegeu mais um governador — Agnelo Queiroz, no Distrito Federal —, totalizando cinco governadores eleitos. O PSDB elegeu mais quatro — Marconi Perillo em Goiás, Teotonio Vilela em Alagoas, Simão Jatene no Pará, e José de Anchieta em Roraima —, somando oito governadores. Foi o partido a assumir o comando do maior número de estados. O PSB fez o segundo maior número de governadores ao eleger mais três, Camilo Capiberibe no Amapá, Ricardo Coutinho na Paraíba, e Wilson Martins no Piauí, chegando a seis estados sob seu comando. O PMDB elegeu mais um, Confúcio Moura em Rondônia, fechando com cinco governadores. O custo médio de gestão da coalizão no segundo semestre foi 2,7% superior ao mesmo semestre do ano anterior. O crescimento da média anual foi de 3,2% em relação a 2009.

A transição de Lula para Dilma seria conduzida por Antonio Palocci, para os assuntos de governo, e por José Eduardo Dutra, presidente do PT, para a articulação da coalizão de governo. Na parte governamental, a transição foi tranquila, até porque de continuidade. Dilma manteve Guido Mantega na Fazenda. Na política, a passagem já começou atravessada. A primeira reunião da equipe de transição incluiu apenas petistas, provocando reação imediata e irritada do PMDB. Como resposta, Dilma convidou seu vice a participar da coordenação da transição. Mas Dutra nem sequer conseguia explicar que função teria Temer. Primeiro, disse que ele próprio conversaria com os partidos, que Palocci cuidaria da parte mais técnica e que "o Temer, vamos conversar com ele". Com a insistência dos repórteres em saber o que, exatamente, Temer faria, disse: "como ele é vice-presidente, vai na prática coordenar esse processo". Além do descarte inicial do PMDB da divisão de responsabilidades políticas, o que incomodava o condomínio era a perda de espaço no ministério. O partido queria manter suas sete pastas; aceitava algumas mudanças de posição, porque desejava que um de seus síndicos, Moreira Franco, ocupasse o Ministério das Cidades, que estava sob controle do PP.[18] Havia, também, uma fricção em relação ao comando da Câmara dos Deputados. O PMDB estava frustrado por ter perdido a primeira bancada e a preferência para comandar a Casa. Planejava manter o controle sobre Câmara e Senado. Mas o PT havia feito a maior bancada. A discreta queda de braço entre os dois era preventiva, cada um tentando evitar que o outro formasse um bloco com partidos menores e assegurasse a si a primazia no comando da Casa. As expectativas em relação ao governo Dilma, na opinião pública, eram bastante favoráveis: 83% achavam que seu governo seria igual ao de Lula, e 73% que seria ótimo/bom.[19] Dilma Rousseff teria disposição inicial favorável no Congresso, desde que soubesse montar uma coalizão equilibrada e com divisão de poderes razoavelmente compatível com as expectativas dos aliados. Não foi bem assim que começou a problemática articulação para sua coalizão de governo.

17. A Presidência tensa

A montagem do ministério foi uma demonstração de que as relações entre a presidente e os partidos aliados seriam tensas. O centro do governo, naturalmente ocupado por pessoas do círculo presidencial ou partidário, era todo petista, com Antonio Palocci (PT-SP) na Casa Civil, Gilberto Carvalho (PT-SP) na Secretaria-Geral da Presidência, Luiz Sérgio (PT-RJ) nas Relações Institucionais, Guido Mantega (PT-SP) na Fazenda, Miriam Belchior (PT-SP) no Planejamento, e José Eduardo Cardozo (PT-SP) na Justiça. Muitos deles se tornariam objeto de controvérsia e problemas graves. Essa armação era obstáculo no relacionamento com a coalizão. O núcleo duro sempre foi controlado pelo partido do titular da Presidência, mas o controle do PT foi muito além, alcançando ministérios usualmente à disposição de composições para a coalizão. No total, o partido controlava dezessete postos de primeiro escalão, entre ministérios e secretarias com status ministerial, no primeiro gabinete de Dilma Rousseff. Entre os ministérios mais cobiçados, o PT ficou com Educação, entregue a Fernando Haddad (PT-SP), Saúde a Alexandre Padilha (PT-SP), Comunicações a Paulo Bernardo (PT-PR), e Desenvolvimento, Indústria e Comércio Exterior a Fernando Pimentel (PT-MG). Além disso, recebeu Desenvolvimento Social com Tereza Campello (PT-RS), Desenvolvimento Agrário com Afonso Florence (PT-BA), e Meio Ambiente com Izabella Teixeira, e as secretarias da Igualdade Racial, com Luiza

Bairros (PT-BA), das Mulheres com Iriny Lopes (PT-MG), dos Direitos Humanos com Maria do Rosário (PT-RS), e Pesca com Ideli Salvatti (PT-SC). O PMDB perdeu espaço e não gostou. Ficou com seis ministérios, Integração Nacional para Fernando Bezerra (PMDB-CE), Agricultura para Wagner Rossi (PMDB-SP), Previdência para Garibaldi Alves Filho (PMDB-RN), Minas e Energia para Edison Lobão (PMDB-MA), Defesa para Nelson Jobim (PMDB-RS), e Turismo para Pedro Novais (PMDB-MA); a Secretaria de Assuntos Estratégicos foi entregue a Moreira Franco (PMDB-RJ), que desejava o Ministério das Cidades. O PDT ficou com a Controladoria-Geral da União (CGU) para Jorge Hage (PDT-BA), Trabalho para Carlos Lupi (PDT-RJ), e a Secretaria de Portos para Leônidas Cristino (PDT-CE). O PP levou Cidades, com Mário Negromonte (PP-BA). O PR ficou com o Ministério dos Transportes, entregue a Alfredo Nascimento (PR-AM). O PCdoB ficou com o Ministério do Esporte, para Orlando Silva (PCdoB-BA). O Ministério da Cultura foi entregue a Ana de Hollanda, que era da área, não tinha filiação partidária, mas era simpatizante do PT, do mesmo modo que a jornalista Helena Chagas, do ramo, que ocupou a Comunicação Social. Henrique Meirelles não aceitou permanecer no Banco Central e foi substituído por Alexandre Tombini, um quadro técnico. O PMDB quis compensar suas perdas na negociação dos cargos de segundo escalão e entrou em atrito com a presidente recém-eleita, ameaçando retaliar no Congresso.

Dilma Rousseff tomou posse para administrar um legado muito bom, mas cheio de problemas em amadurecimento. Não soube fazê-lo. Nos oito anos de governo Lula, a economia cresceu bem em seis deles. No primeiro, ainda de rescaldo da crise do ano anterior, cresceu pouco. O penúltimo, como resultado da crise da subprime, foi de recessão. No ano em que Dilma foi eleita, o crescimento, forçado por muito subsídio, gasto, crédito facilitado e favorecimento do consumo, foi de 7,5%. A inflação, porém, foi a maior em seis anos, 5,9%.

Para evitar um confronto com o PMDB na sucessão das duas Casas do Legislativo, no primeiro dia de fevereiro de 2011 a presidente autorizou acordo de rotatividade na Câmara. O PT elegeria, com apoio do PMDB, Marco Maia (PT-RS), com o compromisso de que o partido ajudaria na eleição do deputado Henrique Eduardo Alves (PMDB-RN), líder do partido na Casa, para o biênio seguinte. Maia foi eleito por 375 votos. No Senado, José Sarney foi eleito pela quarta vez, embora não consecutiva, com setenta votos. O vice-presidente Michel Temer reconheceu, durante a sessão de eleição da nova Mesa na Câmara, que havia uma "briga política" entre PMDB e PT pelo controle das estatais, mas que "logo começará a haver rearrumação de cargos e isso se soluciona". Um dos centros da contrariedade entre os dois partidos era o controle de Furnas sob comando do PMDB, que estava mergulhada num escândalo de corrupção. A presidente pensava trocar toda a diretoria. O confronto se dava entre o grupo ligado ao deputado Eduardo Cunha (PMDB-RJ) e o PT. Os petistas aceitariam ceder ao PMDB a presidência de Furnas, desde que não fosse a um indicado dele. Cunha, discutindo as acusações que lhe faziam de corrupção em Furnas, disse que, "dentro da política, você pode fazer o que quiser. Desde que negociado. O que você não pode é dar curso a calúnias apócrifas, de fatos inexistentes. Eu não sou santo, mas também não sou esse monstro". Sobre a substituição da diretoria de Furnas, pensava que "a presidente tem todo o direito de nomear e demitir quem quiser. Só queríamos que eles definissem a regra do jogo. [...] Não tenho nada contra mudança. O PMDB não vai ficar com Furnas? Tudo bem, vai dar Chesf, outra coisa. [...] O PMDB vai levar nomes técnicos para o governo. A indicação de Furnas nunca foi minha. Foi da bancada como um todo". Havia, para o deputado, um problema de representação do partido no governo: "acho que o PMDB perdeu substância na representação. Isso é uma unanimidade".[1] Cunha seria posteriormente preso e condenado por corrupção no quadro geral da Lava Jato, e odiado pelo PT como um dos artífices do impeachment de Dilma. Havia também ameaça de cortes das emendas parlamentares, como parte do ajuste fiscal anunciado pelo governo, para tentar deter a aceleração inflacionária. Temer reconheceu que "há essa perspectiva, mas ainda não há nenhuma definição. Se cortes houver, será o mínimo possível". O vice não acreditava em rebelião da coalizão, porque "será fruto do diálogo com os líderes, com os partidos, não haverá dificuldades em relação a isso". Nesse ponto, havia concordância entre o PMDB e o PT. O ministro das Relações Institucionais, deputado Luiz Sérgio (PT-RJ), disse que as emendas "são instrumentos dos parlamentares que terão que ser considerados. Não sou defensor de cortar, isso dinamitaria a ponte com o Parlamento". Com relação à disputa pelas estatais, ele informou que a determinação da presidente é ter cautela.[2]

A primeira queda de braço entre o PMDB e a chefe do Executivo foi na discussão, sempre complicada, do novo valor do salário mínimo. O partido ameaçou trabalhar por um valor superior ao proposto pelo governo. O deputado Eduardo Cunha (PMDB-RJ) chegou a anunciar que proporia emenda nesse sentido. A presidente ameaçou vetar. Ganhou o confronto inicial, enquadrou o PMDB, deixando claro que uma derrota logo na primeira votação representaria a ruptura da coalizão. O ex-presidente Lula entrou em campo para conversar com as centrais sindicais, inconformadas com o valor do salário mínimo. O relator do projeto do governo foi o deputado Vicentinho (PT-SP), ex-presidente da CUT. Foi aprovado em votação simbólica. O governo havia incluído a previsão de regras para elevação automática do mínimo, a serem definidas em lei, e o valor seria definido por decreto presidencial, não mais por medida provisória. Era uma forma de evitar esse recorrente pugilato na Câmara. O valor definido pelo governo foi mantido por 361 votos a 120, na votação de emenda em destaque, que propunha valor maior. O PMDB votou fechado a favor do governo. No PT, houve dois votos contrários.

Dilma fechou o primeiro trimestre de governo com popularidade firme, 47% de aprovação e 7% de desaprovação. Sua popularidade líquida, após noventa dias de governo, era de fartos 74%.³ O custo fiscal médio de gestão da coalizão no primeiro trimestre de 2011 foi 2,1% maior que no primeiro trimestre de 2010, último ano do governo Lula.

Maio foi um mês de dissabores para a presidente. A inflação ultrapassou ligeiramente o teto da meta, ficando em 6,51%. A marcha forçada no governo Lula produziu um sistema de pressões macroeconômicas que iria requerer cuidado do novo governo e, sobretudo, parcimônia. Dilma optou por controlar a inflação reprimindo preços, a começar pela gasolina. Uma ação anti-inflacionária com aperto monetário e fiscal não era tarefa condizente com o modelo mental e ideológico da presidente. Suas convicções econômicas refletiam visão desenvolvimentista, que não admitia limites macroeconômicos, sistêmicos ou ambientais. Ela preferiu pôr mais pressão no sistema.⁴ Curiosamente, a primeira derrota do governo foi no campo ambiental, na votação do novo Código Florestal, iniciativa de interesse da poderosa bancada ruralista. O projeto foi relatado pelo deputado Aldo Rebelo (PCdoB-SP), que se tornou aliado fiel dos ruralistas, e continha muitos retrocessos nos campos fundiário e ambiental. Foi aprovado por 410 votos a 63. Apesar de fazer numerosas concessões aos ruralistas, o governo não conseguiu evitar que eles aprovassem anistia para desmatadores até 2008. O líder do PT na Câmara, Cândido Vaccarezza (PT-SP), na discussão da emenda disse que trazia "mensagem da presidente: ela considera que essa emenda [...] é uma vergonha para o Brasil".

Rebelo, o relator, interpelou o líder, irritado com a declaração, fazendo coro com o oposicionista ACM Neto (DEM-BA). Mas, não obstante o encaminhamento contrário do PT e do governo, a emenda da anistia foi aprovada por 273 a 182, com orientação favorável da liderança do PMDB, o partido-pivô da coalizão governista.[5] O maior problema da presidente, nesse mês de maio de 2011, todavia, não estava na economia nem no Legislativo. O ministro-chefe da Casa Civil, Antonio Palocci, enfrentava suspeitas de enriquecimento ilícito e sonegação de informações sobre seu patrimônio, as quais era obrigado a dar ao ser nomeado ministro. O governo teve que mobilizar toda a sua força política e convocar a ajuda do ex-presidente Lula para proteger Palocci. No fim do mês, o Ministério Público decidiu investigar os ganhos do ministro. Foram várias semanas de crise, tendo no centro o chefe da Casa Civil, que deu explicações pouco convincentes. O estranhamento entre ele e a presidente aumentou. Apesar do arquivamento do inquérito contra Palocci pelo procurador-geral da República, Roberto Gurgel, por falta de indícios de crimes, e do apoio de Lula, o ministro foi demitido por Dilma no dia 7 de junho e substituído pela senadora Gleisi Hoffmann (PT-PR). Diante das falhas evidentes de articulação política, a presidente decidiu por uma troca de ministros. Transferiu Luiz Sérgio (PT-RJ) das Relações Institucionais para a Secretaria da Pesca, e moveu Ideli Salvatti (PT-SC) para o lugar dele. Nem a inflação, nem a crise com Palocci afetaram a popularidade de Dilma Rousseff. Sua aprovação, em junho, foi de 49% e a desaprovação de 10%, popularidade líquida de 66%.[6]

A presidente teve que demitir o ministro dos Transportes, alvo de denúncias de corrupção no Departamento Nacional de Infraestrutura de Transportes (Dnit), promovida por ele e pelo notório deputado Valdemar Costa Neto. O arranjo envolvia pessoas indicadas por Costa Neto e pelo então senador Blairo Maggi (PR-MT). A crise se arrastou, e a presidente afastou outros diretores do Dnit que também faziam parte do esquema, inclusive um indicado pelo PT. Ela precisava ainda substituir o ministro e a diretoria do Dnit, cargos dos mais cobiçados no centro clientelista do Congresso. Diante do assédio político, Dilma decidiu efetivar no cargo o interino, que era o secretário executivo do ministério, Paulo Sérgio Passos, recém-filiado ao PR da Bahia.

No plano econômico, a inflação só subia. A presidente disse que não a controlaria com crescimento zero. Para espantar essa ameaça, ela imaginava ter um arsenal de subsídios, a começar pelo "carro nacional" — todos os carros no

Brasil são montados por empresas estrangeiras —, a gasolina e o álcool. A crise da subprime chegou à Europa e, para evitar que o Brasil fosse afetado, o governo adotou medidas que alimentavam a inflação, sem conseguir deter a desaceleração do crescimento. Acabou contratando as duas pragas econômicas que derrubam presidentes, carestia e paradeira econômica.

Os problemas nos ministérios estavam longe de terminar. Em agosto de 2011, outro escândalo derrubou o secretário executivo do Ministério da Agricultura, um reduto de indicados do PMDB, sobretudo de Renan Calheiros e Henrique Eduardo Alves. Antes que pudesse resolver as questões na Agricultura, Dilma Rousseff se desentendeu com o ministro Nelson Jobim (PMDB-RS), da Defesa, que criticou publicamente as duas ministras da ponta de ataque do governo, Gleisi Hoffmann e Ideli Salvatti, mais afinadas com Dilma do que ele. O problema dela com Jobim era de incompatibilidade de gênios. Além disso, ele e a presidente tinham posições políticas muito diferentes. As declarações do ministro soaram como um pretexto para uma carta de demissão que parecia já estar pronta. Para o seu lugar, Dilma nomeou o ex-chanceler de Lula, Celso Amorim. A popularidade da presidente resistia a tudo. Sua aprovação, no início de agosto, foi de 48%. A desaprovação, de 11%. A popularidade líquida estava em 63%.[7]

Em meados de agosto, a crise na Agricultura derrubou o próprio ministro, Wagner Rossi (PMDB-SP). Para o seu lugar, o PMDB indicou o deputado Mendes Ribeiro (PMDB-RS). Também foi demitido o diretor financeiro da Conab (Companhia Nacional de Abastecimento), Oscar Jucá Neto, irmão do senador Romero Jucá (PMDB-RO). Outro escândalo, já em curso, no Turismo, derrubou o ministro Pedro Novais (PMDB-MA), substituído por Gastão Vieira (PMDB-MA), indicado pelo presidente do Senado, José Sarney. Em menos de dois meses, o partido perdia três de seus seis ministros, e dois deles por corrupção.

As políticas de desvalorização cambial, para proteger exportadores, de subsídios, para promover empresas, e de ampliação do crédito, para estimular o consumo, anularam qualquer efeito dos juros na inflação. Esta ultrapassou em muito o teto da meta em setembro, batendo em 7,33%. Os custos fiscais médios de gestão da coalizão aumentaram 3,2% sobre o trimestre anterior.

Em outubro, também sob acusações de propina, caiu o ministro do Esporte, Orlando Silva (PCdoB-SP). Assumiu seu lugar o deputado Aldo Rebelo (PCdoB-SP). No início de dezembro, o ministro Carlos Lupi (PDT-RJ), do Trabalho, foi demitido, depois de resistir a 28 dias de controvérsias e acossado pela

Comissão de Ética da Presidência da República, que pediu seu afastamento. Em seu lugar ficou, interinamente, o secretário executivo, Paulo Roberto Pinto.

Desconfortável com as pressões dos partidos da coalizão, a presidente, em café da manhã com um grupo de jornalistas, em meados de dezembro, afirmou:

> vou, cada vez mais, exigir que os critérios de governança internos do governo sejam critérios internos do governo: que nenhum partido político interfira nas relações internas do governo. [...] Uma coisa é a governabilidade, e é importante que os partidos participem, possam indicar nomes, mas, a partir do momento em que o nome for indicado, ele presta contas ao governo e não presta contas a mais ninguém.[8]

A presidente tinha a percepção correta de que há uma diferença entre a garantia da governabilidade, e no limite do mandato presidencial, pela coalizão e a governança, a formulação e implementação das políticas de governo e manejo dos recursos orçamentários. No entanto, a divisão que procurou fazer contrariava a própria lógica da coalizão. A governabilidade é de interesse geral, mas interessa, em particular, a quem exerce o mandato presidencial. A governança também pode ser de interesse geral, mas interessa, em particular, aos partidos. Era no controle das políticas e recursos públicos que se dava a inconformidade dos objetivos da governante com os da coalizão. O ano terminou com elevação da média de gasto fiscal com a coalizão. No primeiro semestre, ela foi 2% superior à do mesmo semestre do ano anterior. No segundo, foi 1% superior ao mesmo período no fim do governo Lula, quando o gasto foi alto porque era semestre eleitoral. No total, foi 1,5% maior que em 2010.

Janeiro de 2012 começou afogado nas águas de verão, com enchentes graves em vários estados, entre eles Rio de Janeiro, Minas Gerais e Pernambuco. As chuvas trariam perdas para a população e mais contrariedades para a presidente. Ficou logo claro que o Ministério da Integração Nacional privilegiara Pernambuco, estado natal do ministro Fernando Bezerra, na distribuição dos recursos contra enchentes. Um exemplo claro dos efeitos distributivos negativos da alocação clientelista dos recursos públicos. Dilma decidiu demitir as diretorias dos órgãos subordinados ao ministério responsáveis pela distribuição direcionada dos recursos. Foi apoiada por Bezerra, determinado a sobreviver no cargo. Antes disso, ela substituiu o ministro Fernando Haddad (PT-SP) na Educação, que precisava sair para poder disputar a prefeitura de São Paulo, apadrinhado por Lula. Para seu lugar, foi nomeado Aloizio Mercadante (PT-SP), até então na pasta da Ciência e Tecnologia, para a qual a presidente nomeou um quadro técnico.

Os seis meses de crise no ministério, durante os quais Dilma Rousseff demitiu seis ministros e uma apreciável quantidade de detentores de cargos de segundo escalão, numa atitude que ela mesma definiu como de "tolerância zero com malfeitos", fizeram bem à sua popularidade. Seu apoio popular subiu dez pontos nesse período. A aprovação de seu primeiro ano de governo foi de 59% e a desaprovação de apenas 6%. Uma excelente popularidade líquida de 82%.[9]

A ciranda dos ministros parecia não ter fim. O único que a presidente não demitiu, acusado de receber valores inesperados em sua consultoria — caso semelhante ao que derrubou Antonio Palocci —, foi Fernando Pimentel (PT-MG), do Desenvolvimento. Mas a Comissão de Ética Pública decidiu investigá-lo. No início de fevereiro de 2012, o ministro das Cidades, Mário Negromonte (PP-PE), entregou sua carta de demissão. Ele enfrentava denúncias de irregularidades desde o ano anterior. Esses indícios já tinham levado à demissão de seu chefe de gabinete. Para seu lugar, Dilma Rousseff nomeou o deputado Aguinaldo Ribeiro (PP-PB), ex-líder do partido. O presidente da Casa da Moeda, acusado de receber propina de fornecedores, também foi demitido, criando muita reação no Congresso contra a administração de Guido Mantega na Fazenda. O ministro acabou reconhecendo que havia cedido a fortes pressões do PTB. A ministra da Secretaria Especial de Políticas para Mulheres, Iriny Lopes, saiu para disputar a prefeitura de Salvador. Para seu lugar, Dilma nomeou uma companheira de longa data, com militância na área, a socióloga Eleonora Menicucci (PT-SP). A fim de agradar à bancada evangélica, desgostosa com a nomeação de uma defensora do aborto para a Secretaria de Políticas para Mulheres, a presidente nomeou o bispo da Igreja Universal e senador Marcelo Crivella (PRB-RJ) para a da Pesca.

Com o início das negociações para as candidaturas às eleições municipais, as primeiras que seriam submetidas à Lei da Ficha Limpa, voltaram ao proscênio as contrariedades entre o PT e o PMDB. Os dois partidos se enfrentariam em pelo menos catorze capitais, fora as numerosas cidades médias e grandes. Na primeira semana de trabalho do Congresso, os problemas para o governo na Câmara começaram pelo PT. O presidente da Casa, deputado Marco Maia, descontente com a decisão de Dilma de não nomear um indicado seu para a diretoria do Banco do Brasil, atrasou a votação do projeto que criava o fundo de previdência complementar do servidor público. O projeto acabou sendo aprovado no dia 28 de fevereiro, por 318 votos a 134. Na votação dos destaques, governo e oposição fecharam acordo para que apenas três deles fossem votados nominalmente. O texto do relator foi mantido nas três votações. No Senado, todavia, descontente com a forma como o PT vinha conduzindo a estratégia para as eleições municipais, o PMDB comandou o voto pela rejeição do nome de confiança da presidente, Bernardo Figueiredo, para o cargo de diretor-geral da Agência Nacional de Transportes Terrestres (ANTT), por 36 a 31. A resposta de Dilma, trocando as lideranças de governo, atiçou ainda mais os senadores descontentes, a começar por José Sarney, presidente do Senado, e Renan Calheiros, líder do PMDB. Romero Jucá (PMDB-RO), uma espécie de líder permanente do governo no Senado, posto que ocupou nas gestões de Fernando Henrique e Lula, foi substituído pelo senador Eduardo Braga (PMDB-AM). O novo líder era parte de um grupo de insatisfeitos com o controle do Senado pelo condomínio que domina o PMDB. Rejeitavam, em particular, a articulação entre Sarney e Calheiros para que este último retornasse à presidência da Casa. Renan Calheiros, como líder do partido, indicou Romero Jucá para o cargo-chave de relator do orçamento. Na Câmara, a troca de líderes se deu dentro do PT; a presidente destituiu o deputado Cândido Vaccarezza (PT-SP) e indicou Arlindo Chinaglia (PT-SP) como novo líder. Chinaglia, ao comentar as fricções continuadas entre a Presidência e sua coalizão parlamentar, disse que "faz parte do processo uma tensão entre o Executivo e o Legislativo, é até bom que seja assim".[10] Dilma respondeu dizendo que os partidos insatisfeitos da coalizão precisavam entender que a correlação de forças havia mudado, referindo-se ao menor poder de fogo do PSDB e do DEM.[11] O que não mudara, porém, fora a posição do PMDB de partido-pivô da coalizão. O PR também não se conformava de ter perdido o Ministério dos Transportes. No PT, um bloco de quarenta deputados, desgostoso com a saída de Vaccarezza, fazia reuniões para discutir uma pauta de votação independente da orientação do novo líder. Os descontentes suspenderam votações importantes, entre elas a da Lei Geral da Copa, deixando os líderes governistas preocupados com a dispersão da coalizão. Nas comissões, o governo foi surpreendido pela aprovação de depoimentos de vários ministros sobre diversos problemas no Executivo. Uma prática normal nas democracias, no Brasil sempre encarada como ameaça. Todos os governos da Terceira República buscaram evitar convocações de ministros para prestar esclarecimentos a comissões parlamentares.

Em abril de 2012, pesquisa do Datafolha mostrou que a aprovação da presidente não parava de crescer. Ela foi para 64%. A desaprovação ficou em ralos 5%. O resultado era uma popularidade líquida de 86%.[12] Esse apoio popular a blindava na macropolítica, impedindo ações de parlamentares que pudessem abalar seu governo, e minimizava suas perdas na micropolítica das decisões pontuais no Legislativo. Dilma só perdia quando a intensidade dos interesses em jogo prevalecia sobre o cálculo eleitoral. O custo fiscal médio de gestão da coalizão no primeiro trimestre de 2012 foi 1,5% superior ao do mesmo período do primeiro ano de governo. Havia outras compensações políticas a fazer. A presidente finalmente atendeu aos pedidos do PDT e nomeou Brizola Neto (PDT-RJ) para o Ministério do Trabalho, sob gestão interina desde a queda de Carlos Lupi por irregularidades.

Dilma Rousseff se preocupava com a demora da economia em retomar o crescimento. Sua prioridade era evitar a recessão, importando-se menos com os efeitos inflacionários de suas políticas. A crise europeia mordia a economia global, fazendo os mercados sangrarem. A presidente pressionou o Banco do Brasil e a Caixa para que baixassem os juros e, a partir daí, forçassem os bancos privados a baixarem os seus. Para isso, a taxa de referência, a Selic, do Banco Central precisava cair. A pressão presidencial voltou-se para o BC, que cedeu e reduziu os juros, num momento que recomendava precaução com a aceleração da inflação. O emprego e a renda ainda resistiam à paradeira econômica e a esperança era reverter a estagnação, antes que ela afetasse a renda real e, em decorrência, a popularidade presidencial. A economia, entretanto, parecia imune aos estímulos governamentais e permanecia parada. A redução extemporânea dos juros, com seus efeitos adversos, assombraria o governo Dilma Rousseff até o seu último dia.

No Congresso, foi instalada, no final de abril, a primeira CPI relevante do governo Dilma, para investigar corrupção política tendo como centro do esquema a empreiteira Delta, do empresário Fernando Cavendish, e o notório Carlinhos Cachoeira, que já aparecera envolvido em irregularidades no caso do então assessor de José Dirceu na Casa Civil, Waldomiro Diniz. O processo implicava dois governadores, o do DF, Agnelo Queiroz (PT-DF), e o de Goiás, Marconi Perillo (PSDB-GO), vários parlamentares e o subchefe de Assuntos Federativos da Presidência da República. A CPI era mista e dividia o PT. Uma das áreas de atuação do empreiteiro era o Comperj, complexo petroquímico no estado do Rio, de responsabilidade da Petrobras. O PMDB indicou para a presidência o senador Vital do Rêgo (PMDB-PB). O governo conseguiu fazer relator o deputado Odair Cunha (PT-MG), que tinha a confiança do presidente da Câmara, Marco Maia (PT-RS), e do líder do governo, Arlindo Chinaglia (PT-SP). Em maio, acordo entre o PT, o PMDB e o PSDB limitou drasticamente o escopo das investigações, concentrando-as exclusivamente na subsidiária do Centro-Oeste e deixando de lado a matriz, no Rio de Janeiro. Isso poupou, entre outros políticos, o governador do Rio, Sérgio Cabral (PMDB-RJ), cujos interesses no Comperj e amizade com Fernando Cavendish eram conhecidos. A imprensa, na época, divulgou a abertura dos cofres para irrigar com recursos públicos os votos na CPI. Os custos fiscais médios com a coalizão no segundo trimestre foram 4,7% mais altos que no primeiro, um aumento expressivo. E foram também 3,1% superiores aos do segundo trimestre do ano anterior. Os gastos médios com a coalizão do primeiro semestre foram 2,3% superiores ao mesmo período de 2011. Uma indicação razoável de que os custos de gestão da coalizão estavam mesmo em elevação e haviam se concentrado no segundo trimestre.

O PR, sob a liderança de Valdemar Costa Neto, em retaliação pela perda do Ministério dos Transportes, apoiou a candidatura de José Serra (PSDB-SP) à prefeitura de São Paulo. Costa Neto era réu no processo do mensalão, que começaria a ser julgado no Supremo Tribunal Federal dali a pouco menos de dois meses. No PT, a aliança com Paulo Maluf (PP-SP), a favor de Haddad, provocou forte crise interna.

O segundo semestre foi marcado por eventos externos às relações entre Executivo e Legislativo, embora sobre elas tivesse impacto: greves, campanha eleitoral e o julgamento da ação penal 470, do mensalão. Em agosto, o Supremo Tribunal Federal condenou o primeiro dos réus, João Paulo Cunha (PT-SP), primeiro deputado do partido a presidir a Câmara. Por causa da campanha eleitoral, o Congresso suspendeu os trabalhos da "CPI do Cachoeira" até o final do primeiro turno. Em setembro, o STF condenou Valdemar Costa Neto e o ex-deputado Roberto Jefferson (PTB-RJ). Em outubro, o PT recebeu um duro golpe: foram condenados José Dirceu, José Genoino, Delúbio Soares e Marcos Valério, o publicitário articulador privado do mensalão. No mês seguinte, saiu a condenação de Kátia Rabello, controladora do Banco Rural, que operou o esquema. No fim de novembro, 37 réus na ação penal 470 haviam sido julgados e 25 deles condenados.

Os resultados das eleições foram positivos para o PT, que elegeu o prefeito de Goiânia e aumentou o número de prefeituras sob seu controle, de 557 para 638. Conquistou quatro capitais. O PMDB conservou o poderio de sua máquina municipalista. Embora tenha caído de 1202 eleitos para 1021, continuou com o maior número de prefeituras. Mas a única vitória expressiva no eixo das capitais políticas do país foi a reeleição de Eduardo Paes (PMDB-RJ), no Rio de Janeiro. O PSDB caiu de 786 prefeituras para 695 e fez os prefeitos de quatro capitais. O DEM manteve-se em seu processo de declínio, caiu de 496 para 266. O PSB subiu de 310 para 440 prefeituras e elegeu cinco prefeitos de capitais, três das quais relevantes capitais políticas, Belo Horizonte, Recife e Fortaleza. O PSD, do ex-prefeito de São Paulo, Gilberto Kassab, fez 461 prefeitos, na primeira eleição que disputou. No segundo turno, o PT ganhou na principal capital política, São Paulo, com a eleição de Fernando Haddad com 55,6% dos votos. José Serra teve 44,4%.

O segundo semestre, de crise econômica, julgamento da ação criminal 470 no STF e campanha eleitoral, paralisou o Congresso e contribuiu para reduzir as tensões entre Executivo e Legislativo. O custo médio fiscal da gestão da coalizão caiu 4,8% em relação ao segundo semestre de 2011. Mas a média de gastos com a coalizão em 2012 foi 5% superior à do ano anterior. O único problema para o Executivo, no semestre, foi a aprovação pelo Senado, em votação simbólica, de projeto que redistribuía os royalties do petróleo, reduzindo a parcela dos estados produtores e da União. O governo ainda tentou negociar, mas não conseguiu. Tratava-se de um claro conflito interfederativo. O projeto foi aprovado na Câmara, também contra o desejo da presidente e dos governadores do Rio de Janeiro e do Espírito Santo, por 286 votos a 124. Dos 124 votos contrários, 48 vieram das bancadas desses dois estados, que votaram integralmente não. A bancada de São Paulo, um estado com alto potencial de produção, se dividiu praticamente ao meio, 28 a favor e 26 contra. A presidente vetou extensamente o projeto, no início de dezembro.

O presidente do Congresso, José Sarney, convocou reunião para deliberar sobre a urgência do exame do veto presidencial às mudanças na distribuição dos royalties em prejuízo do Rio de Janeiro. A urgência foi aprovada por 408 votos a 91. Os estados produtores recorreram ao STF porque havia vetos anteriores pendentes, que podiam se contar aos milhares. O ministro Luiz Fux suspendeu o exame dos vetos, em decisão liminar, dizendo que os vetos recebidos e não apreciados em tempo impedem que se delibere sobre aqueles que os sucederem. Para ele, não haveria, "diante da Lei Maior, vetos mais ou menos urgentes".[13] Os presidentes das duas Casas do Congresso reagiram. Para eles, o ministro entrara em questão interna corporis, pois a urgência conferida aos vetos dos royalties havia sido regimental.[14] Defendiam o direito do Legislativo a uma velha manobra política, a de só examinar vetos que fossem de sua conveniência, deixando outros, que não interessavam, numa fila perpétua. Em agravo contra a decisão do ministro Fux, o senador Sarney disse que a decisão "usurpa prerrogativa do Poder Legislativo e o deixa de joelhos frente a outro Poder". Paralelamente, numa manobra clara para elidir a liminar, o presidente do Congresso convocou sessão para examinar sumariamente os 3060 vetos pendentes ao longo de doze anos que, pela decisão do Judiciário, tinham precedência sobre o veto que eles realmente desejavam votar.[15] Mas o Planalto, temeroso de ter vetos estratégicos derrubados no atacado, conseguiu evitar a sessão.

A grande agitação daqueles dias, porém, tinha a ver com um marco histórico na luta contra a corrupção política no Brasil. O Supremo Tribunal Federal, em sessão de 17 de dezembro de 2012, decidiu por cinco votos a quatro cassar os direitos políticos e, portanto, o mandato dos três parlamentares condenados. A cassação deveria se consumar após o exame de todos os recursos. O ministro Celso de Mello, que deu o voto de desempate, alertou que "a insubordinação legislativa ou executiva ao comando de uma decisão judicial, não importa se do STF ou de um magistrado de primeiro grau, revela-se comportamento intolerável, inaceitável e incompreensível".[16] Chegava ao fim o julgamento, na Suprema Corte, dos 37 réus na ação penal 470, do mensalão, após 53 sessões que mantiveram a atenção de todo o país. O deputado Marco Maia (PT-RS), presidente da Câmara, reagiu dizendo que o alerta de Celso de Mello era "uma tentativa de intimidar a Câmara".[17] Diante da confirmação pelo presidente do STF, ministro Joaquim Barbosa, que relatou a ação penal 470, de que estava examinando emitir ordem de prisão contra os parlamentares, Marco Maia bravateou que "quem nomeia e cassa ministro do Supremo é o parlamento". A ameaça teve resposta imediata. Barbosa retrucou: "em primeiro lugar, eu acredito que o deputado Marco Maia não será a autoridade do Poder Legislativo que terá a incumbência de dar cumprimento à decisão do Supremo. Portanto, o que ele diz hoje não terá nenhuma repercussão no futuro, ou no momento adequado da execução das penas". Mas advertiu que "a proposição de uma medida dessa natureza, de receber condenados numa das Casas do Congresso, é uma das violações mais graves à Carta da República". Com relação à ameaça de Maia, disse que "não há espaço para qualquer tipo de ameaça. Eu acho que se trata, na verdade, de desconhecimento puro do funcionamento das instituições. Não é o Parlamento que nomeia, é o presidente da República, que ouve o Senado".[18]

Os vetos ao projeto dos royalties seriam, finalmente, apreciados no dia 6 de março de 2013. Antes disso, em 27 de fevereiro, o STF derrubou a liminar do ministro Luiz Fux, por seis votos a quatro. O Congresso rejeitou todos os vetos. A questão seria judicializada, com recurso do estado do Rio de Janeiro ao Supremo Tribunal Federal arguindo a inconstitucionalidade da lei. Mas 2013 foi o ano do cumprimento dos acordos no Legislativo. Na Câmara, foi eleito presidente, como acertado entre PT e PMDB em 2011, o deputado Henrique Eduardo Alves (PMDB-RN). Ele hoje está preso por envolvimento em crimes investigados pela Lava Jato. No Senado, como previsto, retornou à presidência, com apoio inclusive do PSDB, Renan Calheiros, que fora forçado a renunciar no escândalo rumoroso implicando amante e empreiteira. Ele estava acusado em três processos penais. Henrique Eduardo Alves, logo ao assumir a direção da Câmara, tomou posição no confronto com o STF sobre a cassação dos deputados condenados. Para agradar ao PT, defendeu os mandatos de João Paulo Cunha (PT-SP) e José Genoino (PT-SP), e sustentou que essa era uma decisão da Câmara. Mas, depois de reunir-se com o ministro Joaquim Barbosa, mudou de posição. Sua palavra final era que "não há hipótese de não se cumprir a decisão do Supremo. O Supremo vai cumprir o seu papel, [...] discutir os embargos, vai publicar os acórdãos, e nós só vamos fazer aquilo que o nosso regimento determina que façamos: finalizar o processo. Uma coisa complementa a outra. Não há confronto".[19] Persistia alguma dúvida sobre o procedimento a adotar. O vice-presidente da República, Michel Temer (PMDB-SP), dizia que o procedimento deveria ser o mesmo adotado para cassação determinada pelo Tribunal Superior Eleitoral. A Câmara dá direito de defesa aos parlamentares, mas não examina o mérito, homologa a cassação judicial. Quem tem o poder de homologar é a Mesa Diretora e não o plenário. O relator do processo na Mesa é o corregedor da Câmara.[20]

Mesmo com as complicações se multiplicando na relação com o Legislativo, o custo fiscal médio de gestão da coalizão em 2012 foi 2% inferior ao do ano anterior.

Em fevereiro de 2013, Lula, como é de seu feitio, antecipou a corrida presidencial e lançou Dilma Rousseff como candidata do PT à reeleição. Dilma não abria mão da candidatura. Lula cedeu e aproveitou para mover-se para o campo no qual excede. Era um gesto com consequências sem retorno. Lançada, a presidente teria que adotar a atitude de candidata e transformar o governo em palanque. Essa antecipação repercutiu na coalizão governista, gerando desagregação. Na oposição, a resposta foi imediata, e Aécio Neves (PSDB-MG) partiu para o ataque. Condenou a adoção pelo governo da lógica da reeleição e disse da tribuna do Senado que, com Dilma, "o Brasil parou. Os pilares da economia estão em deterioração". A polarização já estava dada. Com os olhos na campanha, Dilma Rousseff reabilitou o grupo de Carlos Lupi (PDT-RJ), presidente do PDT, e nomeou aliado seu para o Ministério do Trabalho, no lugar de Brizola Neto (PDT-RJ). Também mexeu na Agricultura, nomeando Antônio Andrade (PMDB-MG), que era aliado do PT em seu estado. Ainda no PMDB, Moreira Franco (PMDB-RJ) foi transferido da Secretaria de Assuntos Estratégicos para a mais robusta Secretaria de Aviação Civil.

As dificuldades que assombrariam Dilma na campanha seriam a economia e o início de investigações sobre irregularidades com empreiteiras, que desaguariam na Operação Lava Jato. Na economia, um PIB que se arrastava e uma inflação que corria eram seus principais problemas. A boca do jacaré ia se abrindo, com a curva da inflação para cima e a do PIB para baixo. Se continuasse assim, uma hora devoraria seu mandato. O emprego havia resistido bem à desaceleração de 2012. A renda dos trabalhadores subira 4%, apesar do crescimento mínimo e da inflação alta. Era o que dava resiliência à popularidade da presidente.

Em março de 2013, com a inflação aumentando de 6,3%, em fevereiro, para 6,6%, a presidente persistia desprezando a instabilidade da moeda. Em entrevista, falou sobre o manejo dos juros na política de metas de inflação: "esse receituário que quer matar o doente em vez de curar a doença é [...] uma política superada. Agora, isso não significa que o governo não está atento e acompanha diuturnamente essa questão da inflação. Nós não achamos que a inflação está fora de controle".[21] Difícil saber o que Dilma consideraria, naquela época, "fora de controle", com a inflação bem acima do teto da meta, tendo subido, de março a março, de 5,2% para 6,6%. Essa diferença de 1,4 ponto em doze meses não é trivial, representa uma aceleração ponto a ponto de 27%. Uma progressão muito forte, que projetava uma trajetória rumo a dois dígitos, se nada fosse feito.

Tudo passou a ser judicializado na Terceira República. Todo conflito entre Executivo e Legislativo, entre facções no Congresso, gerava recurso à Suprema Corte. Foi por essa via que o Rio de Janeiro, à beira do colapso fiscal, teve uma esperança temporária. No dia 18 de março, a ministra Cármen Lúcia, do STF, concedeu liminar na ação direta de inconstitucionalidade impetrada pelos estados produtores, suspendendo a vigência da lei que redistribuía os royalties. Mas não seria isso que geraria confronto entre o Legislativo e o STF. O problema maior, que ficaria sem solução até hoje, seria o fato de que, pela primeira vez, o Supremo investigava e punia parlamentares no exercício do mandato. Embora o processo do mensalão tenha demorado muito para ser levado a julgamento, ele ainda alcançou políticos na ativa. Os atritos se repetiriam, com o início do processo que ficou conhecido como Lava Jato e que revelaria a extensão e as inter-relações entre o mensalão e as redes de corrupção político-empresarial que operavam na Petrobras, Eletrobrás e Nuclebrás, unindo partidos, políticos e empresários na garimpagem predatória e criminosa de recursos públicos.

Outra fonte de confronto, esta envolvendo os três Poderes, era o projeto de lei que impunha barreiras à criação de partidos, impedindo seu acesso aos recursos do fundo partidário e ao horário compulsório de rádio e TV. O projeto foi aprovado pela Câmara por 240 votos a trinta. Ele prejudicava candidatos à Presidência contra Dilma Rousseff, como Marina Silva, que pretendia se candidatar por uma nova legenda, a Rede. Sua tramitação foi sustada por medida liminar concedida pelo ministro Gilmar Mendes, em ação direta de inconstitucionalidade (Adin) impetrada pelo PSB. A decisão teve a reação imediata dos presidentes da Câmara e do Senado. Renan Calheiros (PMDB-AL) avisou que entraria com embargo regimental contra a medida: "da mesma forma que nunca influenciamos as decisões do Judiciário, não aceitamos que o Judiciário influa nas decisões legislativas. De modo que consideramos isso uma invasão, e vamos entrar com agravo regimental, sobretudo para dar uma oportunidade ao Supremo de fazer uma revisão dos seus excessos".[22] Não seria a primeira nem a última vez que o senador Calheiros investiria contra decisões da Suprema Corte.

A judicialização politiza inevitavelmente as relações entre os três Poderes republicanos. Contudo, ela se tornou o único instrumento, constitucional e legítimo, de mediação de conflitos institucionais. Claro que tem havido exageros. Mas o fato é que a extensa constitucionalização das políticas públicas abre vias largas de acesso à Suprema Corte, como última instância para processar contrariedades e evitar retrocessos constitucionais. A judicialização termina por politizar o próprio processo judiciário e não apenas a interação entre os Poderes.

A presidente continuava a ter apoio na sociedade, apesar da piora nas condições econômicas. Em março, o Datafolha registrou o melhor índice de aprovação do seu governo desde abril de 2012. A avaliação positiva ficou em 65% e a negativa em 7%, popularidade líquida de 81%.[23]

Em maio, numa sessão tensa na Câmara, o PT e o líder do PMDB, Eduardo Cunha (PMDB-RJ), se desentenderam na discussão e votação da medida provisória 595, a MP dos Portos. Após a aprovação do texto básico, por 266 votos a 23, a maioria, orientada pelo governo, derrubou emenda aglutinativa de Cunha por 270 a 172. Ele considerou a rejeição uma traição ao acordo penosamente costurado na residência oficial do vice-presidente, Michel Temer, e disse que passaria a apoiar apenas os projetos do governo que tivessem o consenso na bancada do PMDB. O PMDB, por sua própria natureza fracionado, raramente fechava consensos unânimes. No Senado, porém, a MP dos Portos teve tramitação tranquila e expressa, foi aprovada dois dias depois por 53 votos a sete. A medida era controvertida, tratava desigualmente novos e velhos investidores, e beneficiava grupos econômicos específicos. Michel Temer seria, posteriormente, implicado em inquérito por sua participação na aprovação da MP.

No final de maio, com a aposentadoria compulsória do ministro Ayres Britto, a presidente preencheu a vaga aberta no Supremo Tribunal Federal nomeando o advogado Luís Roberto Barroso.

O mês de junho de 2013 seria difícil para Dilma. Logo no início, a persistência da inflação alta e a deterioração das expectativas econômicas reduziram a sua popularidade em oito pontos. A aprovação do governo caiu para 57%. A desaprovação foi de 9%. A popularidade líquida foi para 73%, mesmo assim um sólido índice de apoio popular.[24] Uma queda modesta mas que prenunciava um movimento ainda subterrâneo de inquietação social. No dia 15, o imprevisto ganharia as ruas do país. O que havia começado como protesto contra o aumento das tarifas de ônibus em São Paulo alastrou a insatisfação pelas redes sociais. No dia 16, na estreia do Maracanã na Copa das Confederações, com o jogo entre as seleções da Itália e do México, uma multidão de jovens protestou na porta do estádio contra os gastos com a Copa e foi reprimida pela polícia. A brutalidade da repressão policial em São Paulo e a truculência da PM no estádio carioca provocaram manifestações de indignação e solidariedade, no dia 17, pelas ruas de onze capitais, com mais de 300 mil pessoas mobilizadas pelas redes sociais. Em São Paulo, o número de pessoas na rua saltou de 6 mil, no dia 13, para 65 mil, no dia 17. A pauta de demandas era difusa: inflação, aumento de tarifas de ônibus, corrupção, tentativas de cercear o poder de investigação do MP, gastos com a Copa. A presidente foi vaiada na abertura da Copa das Confederações por todas as torcidas reunidas no Maracanã. Sua popularidade caiu 27 pontos em pouco mais de vinte dias. A aprovação despencou para 30%. A desaprovação decolou para 25%. A popularidade líquida murchou de 73% para 9%.[25] A inquietação das ruas continuava, em espasmos. Surtos de protestos contra o aumento das tarifas de ônibus, contra os gastos com a Copa, ou por outras razões, encheriam as ruas nos meses seguintes várias vezes. Mas ficavam cada vez mais violentos. A violência irrompia de bandos infiltrados para provocar desordem e desbaratar as manifestações, de grupos que se denominavam "black blocs" e da própria polícia, que intensificava a repressão.

Acossada pela indignação popular, no final do mês a Câmara rejeitou a PEC 37, que limitava os poderes de investigação do Ministério Público, por 430 votos a nove. Na mesma sessão, aprovou, por acordo e simbolicamente, projeto que destinava 75% dos royalties do petróleo para a Saúde e 25% para a Educação. As perturbações que abalavam o Congresso e a insatisfação das ruas permitiram que os custos médios de gestão da coalizão ficassem estáveis, subindo apenas 1% em relação ao mesmo período do ano anterior. Na primeira semana de agosto de 2013, o Datafolha verificou razoável recuperação da popularidade presidencial, ainda que sem melhora na economia. A aprovação subiu para 36% e a desaprovação caiu para 22%. A popularidade líquida aumentou para 24%.[26]

Também no início de agosto, o Supremo Tribunal Federal terminou a análise dos recursos interpostos pelos condenados na ação penal 470, em meio a muito desentendimento mas, no geral, mantendo as decisões originais. Nesse processo inédito de punição de parlamentares considerados culpados por crimes de corrupção, a decisão pelo STF sobre a cassação do mandato de parlamentares condenados gerou uma contradição, que se estenderia por muitos meses, e até hoje, a rigor, não foi equacionada. Ao sentenciar à prisão o senador Ivo Cassol por fraudes em licitações, o Supremo decidiu que caberia ao Senado deliberar sobre a cassação de seu mandato, diferentemente do que fizera com os deputados condenados antes dele. Era a primeira vez que o STF condenava um senador. A mudança de posicionamento foi determinada pela substituição dos ministros aposentados Ayres Britto e Cezar Peluso. Os dois novos ministros, Luís Roberto Barroso e Teori Zavascki, alteraram, com seus votos, o entendimento anterior. Barroso disse que o poder de cassar foi dado ao Legislativo pela Constituição. Zavascki admitiu haver incongruências na Constituição, mas corrigi-las não era problema da Suprema Corte. A decisão criava uma incoerência real. Parlamentares condenados poderiam, eventualmente, ter o mandato protegido pelo Congresso e exercê-lo da cadeia. No fim do mês, o juiz Ademar Vasconcelos, da Vara de Execuções Penais de Brasília, autorizou o deputado Natan Donadon (sem partido-RO) a deixar a penitenciária da Papuda, onde cumpria pena, para defender seu mandato em plenário. O relatório da Comissão de Constituição e Justiça da Câmara, recomendando a cassação, de autoria do deputado Sergio Zveiter, não foi aprovado. Foram 233 votos pela cassação, 131 contrários e 41 abstenções, mas eram necessários 257. O presidente da Câmara, reconhecendo-se em constrangedora posição, teve que declarar o afastamento do deputado e a convocação do suplente, porque, "em razão do cumprimento de pena em regime fechado, o deputado Natan Donadon encontra-se impossibilitado de desempenhar suas funções".[27] O ministro do STF Luís Roberto Barroso suspendeu, por liminar, a decisão, argumentando que caberia à Mesa decretar a perda de mandato do deputado, automaticamente. "Quando se tratar de deputado cujo prazo de prisão [...] exceda o período que falta para a conclusão de seu mandato, a perda se dá como resultado direto e inexorável da condenação, sendo a decisão da Câmara dos Deputados vinculada e declaratória", disse.[28] Essa situação confusa decorria das falhas institucionais que mantinham intacto o mandato de parlamentar condenado, até que fosse cassado por seus pares. Não é uma regra democrática, é um privilégio oligárquico. Antes mesmo do julgamento em plenário do caso Donadon, no dia 5 de setembro de 2013, o Supremo retornou ao tema no exame dos embargos de declaração impetrados pelo deputado João Paulo Cunha (PT-SP). Os ministros decidiram, por unanimidade, que a decisão de cassar, no caso de condenação de parlamentares, é do tribunal. Mas a Mesa Diretora da Câmara é que declara a perda do mandato, sem submetê-la a voto no plenário. No final de novembro, o Congresso acabou com a votação secreta em decisões sobre cassação de mandatos e exame de vetos presidenciais. No começo da nova legislatura, em fevereiro de 2014, a Câmara cassou o deputado Donadon por 467 votos a zero.

Há fissuras surreais na Constituição brasileira, e nem o Legislativo nem o Judiciário parecem dispostos a eliminá-las. Mas esse tema continuou a rondar o STF, que mudaria de posição, mais de uma vez, adaptando-se à conjuntura política. O maior risco da judicialização da política é a politização da decisão judicial, tornando-a errática e atrelando-a à conveniência do momento. Não tenho elementos empíricos para sustentar a suposição de que, sem a arbitragem de conflitos pela judicialização de questões políticas, talvez a estabilidade constitucional por trinta anos não se verificasse. Porém, estou convencido, pela observação dos eventos políticos desde a Constituinte, de que o controle constitucional pela Suprema Corte tem sido um fator fundamental, embora muito falho, na preservação da ordem constitucional e democrática no país. Falho sobretudo por causa da inconstância das decisões.

Em outubro, em decisão controvertida, o Tribunal Superior Eleitoral rejeitou o pedido de registro da Rede, o partido criado por Marina Silva e um grupo de ambientalistas e militantes, com adesão de parlamentares que se dispunham a trocar de legenda para filiar-se a ele. Em consequência, premida pelo calendário eleitoral, a candidata à Presidência, que aparecia como a segunda nas preferências eleitorais, foi forçada a registrar-se no PSB. Os parlamentares simpatizantes do programa da Rede dispersaram-se por outros partidos. Ao filiar-se ao PSB, Marina associou seu projeto político ao do governador Eduardo Campos (PSB-PE), principal liderança do partido. As dificuldades no Congresso, a pressão da coalizão, encurralada pelas investigações de corrupção e pela necessidade de dar cobertura política a parlamentares condenados, bateram nos gastos de gestão política. A média de recursos fiscais com os partidos da coalizão aumentou 8% em relação ao segundo semestre de 2012, e a média do ano de 2013 foi 5% superior à do ano anterior.

Dilma Rousseff preparava-se para entrar no ano eleitoral, em meio a muita controvérsia e um tiroteio intenso entre PT e PSDB, mas com a popularidade em recuperação. No fim de novembro, pesquisa do Datafolha registrou aprovação de 41% e desaprovação de 17%. A popularidade líquida aumentou para 41%.[29]

No começo de março, o governo sofreu uma derrota que prenunciava dificuldades crescentes com a coalizão, ao tentar barrar a criação de comissão para acompanhar investigações sobre pagamento de propinas na Petrobras. A comissão foi criada por 267 votos a 28, apesar do empenho do chefe da Casa Civil, Aloizio Mercadante (PT-SP), e do vice-presidente, Michel Temer (PMDB-SP). Essa dissidência acabava por interessar, também, aos que se mantinham ao lado do governo, porque aumentava seu poder de barganha. Abria-se no episódio a animosidade entre Dilma Rousseff e Eduardo Cunha que teria impacto decisivo na perda do mandato presidencial. As mudanças ministeriais, principalmente para desincompatibilização dos ministros que disputariam mandato eletivo, descontentaram o PMDB, e formou-se no partido uma facção mais hostil ao governo.

No dia 13 de março de 2014, o julgamento da ação penal 470 chegou oficialmente ao fim, tendo condenado 24 dos 37 réus. Mas as investigações que levariam à Operação Lava Jato e desvendariam um esquema de corrupção política ainda mais extenso já estavam avançadas. Sete dias depois, a Polícia Federal prendeu Paulo Roberto Costa, ex-diretor da Petrobras, por suspeita de participação no superfaturamento da venda da refinaria de Pasadena, no Texas, e de lavagem de dinheiro. No entanto, seu envolvimento na rede de corrupção montada dentro da estatal se revelaria muito maior. No Senado, a oposição conseguiu as assinaturas necessárias à criação de comissão parlamentar de inquérito para investigar corrupção na Petrobras. Logo em seguida, seria demitido Nestor Cerveró, diretor financeiro da BR Distribuidora. Ele havia comandado a compra da usina de Pasadena, quando no cargo de diretor internacional da Petrobras. Sua prisão mostraria outra ramificação do esquema de corrupção em investigação pelo Ministério Público e pela Polícia Federal. Na outra ponta, no julgamento do mensalão mineiro, a renúncia do deputado Eduardo Azeredo (PSDB-MG), para mudar de foro, gerou os resultados por ele esperados. O STF decidiu enviar o seu processo para a primeira instância em Minas Gerais. O procedimento adiou sua sentença, e ele só passaria a cumprir pena em 2018. Em abril, o vice-presidente da Câmara, André Vargas (PT-PR), renunciou ao cargo na Mesa e, no final do mês, se desligou do PT. Era investigado pela força-tarefa que apurava a corrupção na Petrobras e fora processado pelo Conselho de Ética da Casa.

A popularidade da presidente foi abalada pelos escândalos na Petrobras e pelas manifestações de protesto contra a Copa. Era algo inédito ver, no país do futebol, as ruas tomadas por pessoas insatisfeitas com os gastos para o campeonato mundial. Em abril, embora a aprovação do governo se mantivesse estável, em 41%, a desaprovação chegou a 25%, e a popularidade líquida caiu para 24%. Um mês depois, a aprovação caiu para 35% e a desaprovação subiu para 26%, levando a popularidade líquida a 15%.[30] Em junho, puxada pelo pessimismo com a economia, a popularidade da presidente caiu mais. A aprovação foi para 33% e a desaprovação para 28%. A popularidade líquida derrapou para 8%.[31] Em julho, houve um pequeno alívio. A aprovação ficou em 35%, a desaprovação em 26%, e a popularidade líquida em 15%.[32] Essa volatilidade da popularidade presidencial era característica de uma conjuntura de insatisfação econômica e aquecimento da campanha, cada vez mais orientada pelo marketing. A economia marchava para a recessão, com inflação muito alta. O governo escalava nos estímulos ao consumo, mas a renda das famílias estava em queda. Os estímulos atuavam apenas como combustível inflacionário, agravando a crise. Contudo, o marketing eleitoral competente de Dilma Rousseff amortecia o impacto desse quadro na popularidade.

Com a campanha presidencial ainda na fase de aquecimento, um desastre aéreo matou o candidato do PSB, Eduardo Campos (PSB-PE), que seria substituído na cabeça de chapa por Marina Silva. O deputado Beto Albuquerque (PSB-RS) foi escolhido para concorrer a vice. A comoção colocou Marina em segundo lugar nas pesquisas e ameaçou a candidatura de Dilma. Mas a popularidade da presidente, ajudada pela campanha profissional, melhorava, a despeito da crise econômica. Em meados de agosto, a aprovação foi de 38%, pelo Datafolha, e a desaprovação de 23%, elevando a popularidade líquida para 25%.[33]

Enquanto corria a campanha, as investigações na Petrobras, já sob o apelido de Operação Lava Jato, avançavam e pressionavam muito o governismo. O ex-diretor da empresa, Paulo Roberto Costa, fez acordo de colaboração premiada e apontou outros envolvidos no esquema. O doleiro Alberto Youssef, também por meio de colaboração premiada, revelou a extensão da rede de extração de propinas e o volume das operações de lavagem de dinheiro. O custo médio com a coalizão subiu 8,9% no primeiro semestre de 2014 sobre o mesmo período de 2013.

O ponto central da campanha de Dilma, com apoio de aparições de Lula na TV, era de um governo melhor, com crescimento econômico e bem-estar no segundo mandato. O que a presidente dizia não batia com a realidade cotidiana. No final de agosto, as pessoas ficaram mais pessimistas com o governo e a aprovação escorregou para 35%, a desaprovação escalou para 26%, e a popularidade líquida retornou aos 15% de julho. Com a ameaça de Marina Silva nas pesquisas, a campanha de Dilma Rousseff voltou-se agressivamente contra a adversária, com um ataque certeiro e calunioso para desqualificá-la. Sem reação suficiente, a candidata do PSB cedeu espaço para a polarização PT versus PSDB. Dilma Rousseff e Aécio Neves, no enfrentamento, ganhavam resiliência contra os ataques recíprocos. O marketing eleitoral agressivo ajudou. No fim de setembro, a popularidade líquida da presidente voltou para a casa dos 25%, com a aprovação em 37% e a desaprovação em 22%.[34] Com a queda de Marina e a polarização com Aécio, o candidato subiu nas pesquisas, até o empate técnico com Dilma. Estava dado mais um segundo turno com PT versus PSDB, Dilma Rousseff com 41,6% e Aécio Neves com 33,6%. Eram onze candidatos, mas apenas três competitivos. Marina Silva terminou com expressiva votação de 21,3%. Seu apoio a Aécio, porém, não transferiu votos suficientes para que ele chegasse aos 51%. O resultado final foi apertado. Dilma Rousseff foi reeleita com 51,6% dos votos. Aécio Neves teve 48,4%.

A eficácia do marketing eleitoral ofensivo foi além da vitória eleitoral. Ajudou Dilma a recuperar sua popularidade. Na véspera da votação para o segundo turno, a aprovação do governo medida pelo Datafolha foi de 42% e a desaprovação de 20%. A popularidade líquida de 35% era dez pontos mais alta que no início da campanha.[35] As promessas da propaganda eleitoral melhoraram as expectativas da população para a economia. A esperança de queda na inflação aumentou nove pontos, entre setembro e outubro. O temor de que a inflação subisse mais caiu dezenove pontos. O medo do desemprego caiu dez. A aposta na queda do desemprego aumentou oito. O otimismo com a situação econômica do país no novo governo subiu doze pontos, e o pessimismo caiu dez.[36] Essa reversão de expectativas conseguida a golpes de publicidade contribuiu para reeleger Dilma, mas promoveu seu rápido divórcio com a opinião pública. A criação de falsas esperanças alimenta a frustração e a decepção com a pessoa eleita, e corrói rapidamente a popularidade conquistada. Aconteceu com Fernando Henrique Cardoso em 1999, com a inesperada e desastrada desvalorização do real. Aconteceu com Dilma Rousseff, logo no começo de seu governo, com o tarifaço na energia e a eliminação de controles que pretendiam mitigar os efeitos da crise econômica. A frustração das expectativas derrubou sua popularidade irremediavelmente.

O resultado eleitoral foi muito favorável ao governismo. Ou pelo menos assim parecia. Além de reeleger a presidente, o PT conquistou, novamente, a maior bancada na Câmara, com 70 deputados. O PMDB, partido do vice-presidente, Michel Temer, ficou com a segunda, elegendo 66 deputados. Mas os dois não chegaram nem perto da maioria necessária, somando só 26% dos votos. O PSDB ficou com a terceira bancada, de 54 deputados, 11% das cadeiras. Olhando-se em retrospectiva, fica claro o declínio da força parlamentar de PMDB, PT, PSDB e DEM, ao longo das eleições da Terceira República. A questão é saber se estamos passando apenas pela degradação do sistema partidário ou se se trata do prenúncio de um realinhamento partidário.

Os demais partidos da coalizão dividiram-se em dois grupos polares. O grupo da direita e centro-direita, com seis partidos, elegeu 175 deputados, controlando 34% das cadeiras. O grupo da esquerda elegeu 34 deputados, apenas 7% das cadeiras. Portanto, a subcoalizão de centro-esquerda, desfalcada do PSB, agora na oposição, e encabeçada pelo PT, tinha somente 20% das cadeiras. A subcoalizão de centro-direita, encabeçada pelo PMDB, tinha sete partidos, controlava 241 votos, ou 47% das cadeiras. No Senado, a situação não era diferente. O PMDB continuava com a primeira bancada, com dezenove senadores, 23%. O PT elegeu a segunda, com treze senadores, 16%. O PSDB permaneceu com a terceira bancada, de dez senadores, 12%. A subcoalizão de centro-esquerda no Senado tinha, além das cadeiras do PT, sete do PDT, somando vinte senadores, 25% do total. A subcoalizão de centro-direita ficou com dezessete senadores, além do PMDB, somando 36 cadeiras, ou 44% do total. Politicamente, a hegemonia na coalizão de Dilma era de centro-direita. Ela estava, mais que nunca, nas mãos do PMDB, partido-pivô de sua coalizão. Um desencontro irreparável com esse grupo, e sua governabilidade ficaria seriamente ameaçada. A presidente jamais entendeu a equação que tornava seu governo e seu mandato dependentes do PMDB.

Nos estados, o PMDB elegeu o maior número de governadores, inclusive em dois dos maiores colégios eleitorais, Rio de Janeiro e Rio Grande do Sul, que tomou do PT. O PT elegeu cinco governadores, três de estados politicamente relevantes, Minas Gerais, que tomou do PSDB, Bahia, que já governava, e Ceará, onde o candidato Camilo Santana, apoiado por Ciro Gomes e seu irmão Cid

Gomes, então governador, venceu Eunício Oliveira, do PMDB. O PSDB também elegeu cinco governadores, três em estados politicamente significativos que já governava, São Paulo, Paraná e Goiás.

O avanço das investigações da Lava Jato e as revelações explosivas das colaborações premiadas fizeram Dilma Rousseff reagir. Em coletiva à imprensa, no dia 18 de outubro, no Palácio do Planalto, a presidente, em campanha para a reeleição, disse que faria "todo o meu possível para ressarcir o país. Se houve desvio de dinheiro público, nós queremos ele de volta. Se houve, não. Houve, viu?".[37] Embalada pela vitória, Dilma insistiu numa reforma política por plebiscito e assinou decreto regulamentando a participação social como método de governo. O decreto tinha alguns exageros e alguns méritos, mas era tratado como a criação de conselhos populares e visto pela centro-direita como ameaça esquerdista à democracia. Do mesmo modo que o plebiscito para a reforma política. A Câmara aprovou, logo depois das eleições, projeto sustando o decreto presidencial, em votação simbólica, com apoio de todos os partidos menos PT, PCdoB e PSOL.

No final de 2014, a Lava Jato cresceu e apareceu. O volume de ações e evidências era significativo. A Petrobras, ao reconhecer o impacto da corrupção sobre suas contas, não pôde fechar seu balanço. As novas evidências levaram à prisão, fato inédito na história do país, os presidentes e diretores das maiores empreiteiras do Brasil. Para assombro geral, uma fração grande do PIB nacional e parte maior do gasto e do investimento públicos estavam na prisão.

O quadro no Congresso, com a legislatura nos seus últimos dias, era difícil. Em 26 de novembro, foram aprovados 38 vetos presidenciais que trancavam a pauta, mas não a Lei de Diretrizes Orçamentárias que autorizava o governo a descumprir a meta fiscal. Descumprida, a meta estava fazia muito tempo. Mas, sem autorização, constituía uma ilegalidade. Era efeito das forças dispersivas atuando na coalizão. Apesar da liberação de emendas e de negociações para o novo ministério, não estava fácil articular a maioria parlamentar. A votação da LDO foi adiada várias vezes, em meio a intenso tumulto. Os nervos do Congresso achavam-se à flor da pele. A Lava Jato estava em cima de dezenas de parlamentares envolvidos na rede de corrupção. Cada sessão era uma barafunda. No dia 10 de dezembro, com muito nervosismo, a Câmara cassou o deputado André Vargas, ex-PT, por 359 votos a um.

A popularidade da presidente claudicava. Sua aprovação mantinha-se em

42%, mas a desaprovação subiu para 24%, levando a popularidade líquida a recuar para 27%.[38] A tendência não era favorável, pois o quadro econômico piorava e as medidas adotadas pelo governo açulavam a inflação.

Para tentar acalmar o PMDB, Dilma entregou seis ministérios ao partido, dando-lhe o controle sobre a infraestrutura; Minas e Energia ficou com Eduardo Braga (PMDB-AM), Aviação Civil com Eliseu Padilha (PMDB-RS), um dos síndicos do condomínio do poder no partido, e Portos com Edinho Araújo (PMDB-SP). Além disso, o partido recebeu o Ministério da Agricultura, entregue a Kátia Abreu (PMDB-TO), Pesca para Helder Barbalho (PMDB-PA), filho de Jader Barbalho, e Turismo para Vinicius Lages (PMDB-AL).

Os indicadores econômicos estavam todos em deterioração no final de 2014. A recessão e a inflação puseram em risco o programa de maior sucesso do primeiro governo de Dilma Rousseff, o Brasil sem Miséria, lançado em junho de 2011. Sua parte mais bem-sucedida era a de garantia de renda para alívio imediato da situação de extrema pobreza. O número de domicílios nessa condição, segundo o Ipeadata, caiu de 3,3 milhões, em 2009, para 2,3 milhões, em 2014. Uma queda de 30%, 1 milhão de pessoas fora da pobreza extrema. Em 2013, com o agravamento da crise, esse número subiu para 3 milhões, quase anulando os ganhos do programa, e levou o governo a reforçar seu empenho ao longo de 2014, conseguindo reverter uma parcela da perda. O gasto público do governo nesse ano de esforço anticíclico sem efeito elevou brutalmente o déficit fiscal. A maior contribuição para o rombo veio das transferências para os ricos, e não dos programas para os muito pobres. Diante da degradação econômica e sob pressão de todos os lados, a presidente substituiu Guido Mantega, na Fazenda, pelo economista Joaquim Levy. Este assumiu anunciando meta fiscal definida para os três anos seguintes. Não teria êxito. O custo médio de gestão da coalizão, estressada por tendências de dispersão, aumentou explosivamente, 42,6% no segundo semestre sobre o mesmo período no ano anterior. Esse custo em 2014 foi 32% superior ao de 2013.

18. Dilma: a presidente interrompida

Dilma Rousseff tomou posse prisioneira de uma conjuntura irremediável. Adotou a estratégia de palanque, que dava certo para Lula. Para ela, não tinha chance. Desviou dos problemas, atribuiu todas as mazelas do momento a forças nacionais e internacionais externas a seu governo. Com a inflação represada, sob irresistível pressão ascendente, e um quadro fiscal deplorável, a presidente reeleita disse que seu primeiro governo havia se definido pela centralidade do controle da inflação e pelo imperativo da disciplina fiscal. A inflação sempre esteve acima da meta, e os resultados fiscais de sua administração foram desastrosos.

Com a nova equipe econômica, a escalada dos juros acelerou forte. Foram três aumentos, desde a eleição. Pela primeira vez desde 1997, as contas do Tesouro fecharam no negativo. Em meados de janeiro, o governo passou a retirar o subsídio das tarifas de energia elétrica e, mais adiante, acabou com o congelamento do preço dos combustíveis. Era o começo do fim.

Na sucessão para as direções do Congresso, em fevereiro, Dilma teve a primeira e significativa derrota. O deputado Eduardo Cunha (PMDB-RJ) foi eleito presidente da Câmara, com 267 votos, contra 136 dados ao candidato do PT e de Dilma, Arlindo Chinaglia. Júlio Delgado (PSB-MG) recebeu cem votos. O PT ficou fora da Mesa Diretora da Câmara dos Deputados. Isso significava menor poder de barganha com os pares. No Senado, venceu o aliado Renan Calheiros (PMDB-AL), com 49 votos, contra 31 para Luís Henrique (PMDB-SC). Eduardo Cunha assumiu em atitude de desafio ao governo, detalhando sua agenda para o ano legislativo, com vários projetos indesejados pelo Planalto. A presidente ainda ensaiou uma tentativa de pacificar o relacionamento com ele, mas fracassou. Ela não estava disposta a ceder o suficiente para ter o apoio do novo presidente da Câmara.

Na mensagem ao Congresso, sobre o quadro de estagflação, Dilma reconheceu: "atingimos um limite". Mas continuou a semear esperanças vãs, dizendo que promoveria o equilíbrio fiscal de forma gradual, sem promover recessão e retrocessos. Na real, só ampliou o déficit fiscal, perdeu controle da inflação, levou a economia à recessão e ao desemprego, e abriu espaço para vários retrocessos, inclusive na distribuição de renda.

Poucos dias depois de a presidente completar um mês do segundo mandato, a impopularidade chegou para ficar. Dilma Rousseff pagava o preço da frustração com as promessas vazias de sua campanha. Seus erros na economia deram munição à oposição, que a acusou de mentira eleitoral, e descontentaram parte da esquerda que a apoiava. O Datafolha registrou queda de dezenove pontos na sua aprovação, que foi para 23%, na primeira semana de fevereiro. A desaprovação aumentou vinte pontos, indo para 44%. A popularidade líquida despencou para -31%.[1] Esse conjunto inicial de sinais adversos era um mau augúrio. A presidente, ao longo do primeiro governo, havia demonstrado não ter as aptidões e o traquejo necessário para resolver impasses políticos.

Impopular e incapaz de comandar seu próprio partido, Dilma não encontraria via desbloqueada no Legislativo. Os problemas começaram logo, nas duas medidas provisórias com as quais ela e sua equipe econômica pretendiam fazer o primeiro ajuste fiscal. Os partidos da coalizão, inclusive o PT, inconformados com o teor das MPs, providenciaram centenas de alterações que desfiguraram os planos do governo. Das mais de 437 emendas à medida que mudava as regras para pensões e auxílio-doença, 66 eram do PT. A senadora Gleisi Hoffmann (PT-PR) cuidou de descaracterizar a alteração no cálculo das pensões.

No Judiciário, os inquéritos sobre o esquema de corrupção político-empresarial na Petrobras e em outras estatais avançavam, produzindo mais evidências contra lideranças dos partidos da coalizão. Ameaçavam, cada vez mais, a cúpula do PT. O presidente do Senado, Renan Calheiros (PMDB-AL), foi incluído em lista de 54 nomes de políticos suspeitos de corrupção que foi divulgada pelo procurador-geral da República, Rodrigo Janot. As investigações indiciaram doze senadores, 22 deputados federais, de seis partidos distintos, da coalizão governista e da oposição. Muitos peemedebistas desconfiavam que o governo incentivara o PGR, para enfraquecer o partido. Uma conjectura sem fundamento, porém com sérias consequências políticas. Provocava a reação enraivecida de Eduardo Cunha e Renan Calheiros. Este, em retaliação, devolveu, sem exame, medida provisória do ajuste fiscal que aumentava alíquotas do imposto de renda.

O ambiente político estava, a cada dia, mais nervoso e mais hostil à presidente. Criara-se um nexo entre o avanço das investigações de corrupção e a crise política pelo qual todo novo ato das autoridades judiciárias alimentava o estresse entre o Legislativo e o Executivo. Não importava que o PT e suas principais figuras também fossem alvos dos processos. Lula já era réu em Curitiba. José Dirceu e vários outros líderes petistas estavam condenados. Muitas outras lideranças do partido estavam indiciadas e prestes a se tornarem rés. O grau de desconfiança na presidente era tal, que uma das principais razões para aprovação da emenda constitucional que aumentava a idade da aposentadoria compulsória de ministros do STF para 75 anos era evitar que ela nomeasse novos titulares para a Corte. Os parceiros da coalizão temiam que fossem escolhidas pessoas propensas a punir políticos dos partidos do centro alinhados com o governismo. Ficou conhecida como a PEC da Bengala.

Nos corredores do Poder Legislativo, já se ouvia a palavra "impeachment" ser sussurrada nas conversas informais. Em política, são essas as conversas que mais consequências têm. A presidente falou à população, em rede de rádio e TV, para defender seu governo. O que a mídia e as redes sociais registraram de seu pronunciamento foram as imagens de panelaços e vaias dos opositores. Os governistas atribuíram tais manifestações desairosas a setores de elite e classe média alta. Mas a impopularidade de Dilma caminhava para níveis que ultrapassavam, em muito, esses segmentos sociais. Ela estava mesmo é perdendo apoio na sociedade. Aí morava o perigo para o mandato presidencial. O quadro tóxico na opinião pública começava a engrossar o burburinho do impeachment.

A presidente, perguntada sobre essa possibilidade, disse que "há que caracterizar razões para o impeachment", e alertou que "terceiro turno das eleições para qualquer cidadão brasileiro não pode ocorrer a não ser que se queira uma ruptura democrática". O ex-presidente Fernando Henrique Cardoso opôs-se à ideia da deposição. O conflito, que começava a agitar o Legislativo e dividi-lo em duas bandas irreconciliáveis, foi para as ruas. Manifestações a favor do impeachment de Dilma Rousseff, marcadas por organizações da sociedade civil de corte liberal ou de centro-direita, fizeram organizações ancilares do PT, como a CUT e o MST, convocar a militância para ação preventiva. Em 13 de março de 2015, centenas de milhares de pessoas saíram às ruas de 23 estados e do Distrito Federal com camisetas e bandeiras vermelhas. Portavam cartazes que já traziam a narrativa para o impeachment como uma revanche golpista dos perdedores das eleições de 2014. Um deles, por exemplo, dizia: "derrotados nas urnas, atacam a democracia. Não ao golpe!".[2] No dia 16, mais de 1 milhão de pessoas pintadas de verde-amarelo, vestindo roupas e levando bandeiras com essas cores ocuparam as ruas de 26 estados e do Distrito Federal. O tema básico era "Fora Dilma", um grito de guerra política que o PT havia usado e popularizado contra Collor e FHC. Pode-se afirmar que, muito provavelmente, a partir desse ponto de polarização político-parlamentar e social, já eram bastante escassas as possibilidades de uma solução de compromisso e conciliação. As contas sobre número de pessoas em manifestações são sempre imprecisas e disputadas.

Sentindo o peso do descontentamento das ruas, a presidente reconheceu, com certa relutância, que podia ter cometido alguns erros na economia. "É possível que a gente possa ter até cometido algum erro de dosagem", disse. Insistiu estar aberta ao diálogo, mas com posições firmes. "O governo tem obrigação de abrir o diálogo. [...] Obviamente, de um lado, uma postura humilde, porque, [...] para você dialogar, você tem que aceitar o diálogo. [...] Ao mesmo tempo, o governo tem de ter uma postura firme naquilo que ele acha que é importante e que, muitas vezes, está coerente com o que as manifestações querem e, algumas vezes, não." Dilma minimizou os casos de corrupção e advertiu para a busca de desestabilizar o governo.[3]

O índice de pessoas insatisfeitas com o governo estava registrado no aumento da impopularidade. O Datafolha verificou, logo após as manifestações, nova queda forte da aprovação, para 13%. A desaprovação subiu bruscamente para 62%. A popularidade líquida chegou ao ponto de alto risco para o mandato, -65%.[4] Com esse grau de desaprovação social, era previsível que Dilma enfrentasse crescentes dificuldades para manter sua coalizão. Em 18 de março, o ministro da Educação, Cid Gomes (PROS-CE), desentendeu-se com o presidente da Câmara, Eduardo Cunha (PMDB-RJ), que anunciou sua demissão antes mesmo da decisão oficial da presidente da República. O desentendimento derivou da inconformidade do ministro com o excesso de pressão do PMDB e de outros partidos da coalizão por mais ministérios, que manifestou em termos fortes e nada protocolares. No dia 24, a Câmara aprovou em votação sumária, por 389 votos a zero, projeto que obrigava a União a reduzir o passivo dos estados e municípios, que Dilma dissera não ter condições de fazer sem comprometer o ajuste fiscal. À frente dessa insurreição estavam os prefeitos Fernando Haddad (PT-SP) e Eduardo Paes (PMDB-RJ), dos dois partidos centrais da coalizão governista. A criação de novo partido por Gilberto Kassab (PSD-SP), ex-prefeito de São Paulo e ministro das Cidades, irritou o PMDB. Lideranças puxadas pelo deputado Eduardo Cunha acusaram a presidente de manobrar nos bastidores para enfraquecer o partido, diminuindo seu papel na coalizão. O ministro negou que estivesse no comando do processo para criação de nova sigla partidária.

Com o agravamento do contencioso com o PMDB, a presidente pediu ao ministro da Aviação Civil, Eliseu Padilha (PMDB-RS), síndico do condomínio de poder no partido, que substituísse Pepe Vargas (PT-RS) na Secretaria de Relações Institucionais, encarregada da articulação política. A cúpula do condomínio enfrentava problemas com o deputado Eduardo Cunha, que liderava facção própria no partido. Eles já tinham sido mais próximos, mas então andavam se estranhando. Havia, também, fricções com Renan Calheiros. Em ambos os casos, o problema maior era que os síndicos do condomínio não se empenhavam para proteger os interesses dos dois e blindá-los contra o célere avanço das investigações de corrupção. Padilha recusou. Dilma Rousseff, então, convocou o vice-presidente, Michel Temer, síndico superior do condomínio, para fazer a articulação política. Temer aceitou, desde que essa função fosse incorporada à estrutura da Vice-Presidência da República e que a Secretaria de Relações Institucionais fosse extinta. Além disso, insistiu na nomeação do deputado Henrique Eduardo Alves (PMDB-RN), hoje preso por corrupção, para o Ministério do Turismo. O líder do PT na Câmara, José Guimarães (PT-CE), apoiou a indicação, dizendo que "é uma medida fundamental, uma sinalização política da maior relevância na relação com o Congresso, que vai para além do PMDB, porque todos sabemos o papel e a respeitabilidade que Temer tem".[5] A primeira medida do vice foi anunciar que o governo daria início às nomeações para o segundo escalão, de grande interesse dos partidos, pois incluía estatais e agências com amplo poder de gasto ou capacidade regulatória. Nesse entrementes, Dilma sofreu nova derrota na Câmara, com a aprovação da ampliação dos casos de terceirização por 324 votos a 137.

A gestão de Michel Temer na articulação política começou com uma vitória importante do governo. Mas não seria a solução para gestão da coalizão estressada. Ao contrário, seria o início do afastamento terminal entre presidente e vice. Temer conseguiu pacificar minimamente o PMDB, pelo menos para aprovar parte do ajuste fiscal, inclusive negociando cargos para aliados. As lideranças petistas, com apoio de Lula, conseguiram obter a disciplina do PT. O resultado foi a aprovação da medida, considerada central pelo governo, que mudava as regras para concessão de seguro-desemprego e para o abono salarial, por 252 votos a 227. Resultado apertado. A desconfiança em relação ao governo, porém, levou à cobrança de compensações imediatas, para que a coalizão continuasse a lhe dar apoio. No exame das emendas, a mais relevante, que procurava anular as regras mais rigorosas para concessão de seguro-desemprego, foi rejeitada por 258 votos a 195. No dia 12 de maio, Edson Fachin foi aprovado pelo Senado para o Supremo Tribunal Federal.

Onde o governo enfrentou mais problemas, como seus antecessores, foi na aprovação de mudanças na Previdência. Em 13 de maio, o texto da medida provisória foi aprovado por 277 votos a 178. Na votação das emendas, o governo colheu resultados mistos. Aprovou restrições à concessão de pensões por morte, mas a Câmara reescreveu as mudanças no fator previdenciário, por 232 votos a 210, e no auxílio-doença, por 229 a 220. No Senado, a MP foi aprovada, no dia 26, por 39 votos a 32, inclusive a mudança aprovada pela Câmara no fator previdenciário. A presidente vetou a alteração no fator previdenciário, em 17 de junho, e prometeu uma nova proposta, mais ajustada aos objetivos fiscais do governo.

A tensão permanente com o Congresso e a desconfiança recíproca na relação entre a coalizão e a presidente provocaram o aumento do custo de gestão da coalizão. A aprovação caiu para 10% e a desaprovação aumentou para 65%, levando a popularidade líquida à inédita marca de -73%.[6] A escalada inflacionária contribuía significativamente para a erosão do apoio social ao governo.

O Tribunal de Contas da União encontrou irregularidades nas contas de 2014 de Dilma Rousseff e pediu explicações a ela. Era o começo da contestação da gestão heterodoxa das contas públicas adotada pelo governo. A presidente negou, em alentada resposta ao TCU, a desobediência à Lei de Responsabilidade Fiscal, que ficou conhecida como "pedalada fiscal", mas as operações estavam registradas, documentadas e em volume muito substancial. Não tinha precedentes dessa magnitude e prazo nas gestões fiscais de Fernando Henrique Cardoso e Lula da Silva.

Em meados de julho, mais um dissabor político prenunciava a dissolução da coalizão governista. O presidente da Câmara dos Deputados, Eduardo Cunha (PMDB-RJ), acuado por acusações que o levariam à prisão e inconformado com o fato de que o governo nada fazia para inibir as investigações, rompeu formalmente com a presidente. Abriu uma dissidência que se ampliaria progressivamente, até a ruptura da coalizão. Usando seus poderes como presidente da Mesa, passou a criar problemas colocando parlamentares de oposição no comando de CPIs e comissões especiais sensíveis para o governo. Em agosto, já se falava intensamente nos bastidores do Congresso em impeachment de Dilma, e havia rumores de que muitas dessas conversas eram estimuladas por Cunha.[7] O resto de apoio social da presidente se esfumava. A desaprovação do governo chegou a 71%, em agosto, e a aprovação ficou em apenas 8%. A popularidade líquida já era de -80%. Pior, 66% achavam que o Congresso devia abrir processo de impeachment contra Dilma Rousseff, e só 28% eram contra. A maioria, de 53%, já acreditava que ela seria afastada da Presidência, e somente 38% acreditavam na sua permanência no exercício do mandato.[8]

As relações entre o governo e o presidente do Senado eram mais amistosas, e Dilma cometeu o erro de estabelecer uma aliança com ele, para fazer contrapeso a Cunha, sob a justificativa de enfrentar a crise. Contrariou muitos setores de sua frágil maioria na Câmara. Nem Cunha nem Calheiros agiam por motivações politicamente legítimas. Ambos buscavam o que consideravam a melhor proteção para si contra o avanço da Lava Jato.[9] Renan Calheiros, também presidente do Congresso, bloqueava o exame das contas fiscais da presidente. Fazê-lo, dizia, seria "colocar fogo no país". Articulou com senadores do seu grupo um pacote para supostamente superar a crise econômica, ao qual denominou Agenda Brasil. Esta continha declarações de boas intenções que serviam de cobertura para medidas concretas e controvertidas. Atendiam a interesses bastante específicos, dos ruralistas que desejavam a revisão do marco legal das terras indígenas, de mineradoras e ruralistas, que buscavam tornar a regulação e o licenciamento ambientais mais permissivos. Com a denúncia por corrupção contra Eduardo Cunha pela Procuradoria-Geral da República ao Supremo Tribunal Federal, o deputado escalou. Passou a falar mais abertamente em impeachment. Caberia a ele aceitar um entre dezenas de pedidos para dar início ao processo.

Em 16 de agosto, centenas de milhares de pessoas novamente pintaram as ruas de verde-amarelo, para protestar contra Dilma e apoiar a Lava Jato. Embora tenha alcançado perto de duzentas cidades de todos os estados do país, a manifestação não foi tão grande como a anterior. Ainda assim, era uma manifestação expressiva de indignação contra o governo. No dia seguinte, Fernando Henrique Cardoso abriu mão do potencial pacificador que todo ex-presidente tem, e disse em sua conta no Facebook: "se a própria presidente não for capaz do gesto de grandeza (renúncia ou a voz franca de que errou e sabe apontar os caminhos da recuperação nacional) assistiremos à desarticulação crescente do governo e do Congresso, a golpes de Lava Jato".[10] No dia 20, as ruas se encheram de camisetas e bandeiras vermelhas, quando centenas de milhares protestaram contra o impeachment. As ruas estavam polarizadas e enraivecidas.

A sociedade mobilizada sabia contra o que protestava, de um lado e de outro, mas não dava caminhos para o futuro. O Congresso, polarizado e paralisado. O Executivo, acuado. O Judiciário, pressionado. Um delicado quadro institucional se armou, com alta probabilidade de ruptura, política ou institucional. Por "ruptura institucional" entendo ações bem-sucedidas contra a ordem constitucional.

O governo estava imerso na crise fiscal, com a coalizão já em frangalhos e atritos crescentes entre os políticos e a equipe da Fazenda. O custo médio com a gestão da coalizão no primeiro semestre de 2015 subiu 46%, em relação ao mesmo período de 2014. Esse espantoso aumento não parecia ter muita eficácia na pacificação da coalizão.

O vice-presidente Michel Temer resistiu apenas quatro meses na articulação política. Ele e Dilma não se entendiam. Eram personalidades políticas incompatíveis. Havia maior potencial de contrariedade entre eles do que entre PMDB e PT. A presidente nunca deu ao vice a autonomia que sua vaidade e seus interesses políticos demandavam para obter sucesso na delicada tarefa de articular a fragmentada coalizão governista. Ela se esquivava até mesmo de fazer gestos deferenciais, como dar-lhe tratamento diferenciado em jantar com as cúpulas dos partidos da coalizão. Temer jamais teve acesso ao núcleo presidencial, e enfrentava a desconfiança hostil dos ministros petistas. Um de seus parceiros no condomínio peemedebista, Moreira Franco, tentou explicar o rompimento dizendo que "o cristal foi quebrado". O vice declamava sua insatisfação nos bastidores, que a vazavam para a imprensa, praticamente desde que assumiu. Não conseguia liberar verbas para aliados, nomear escolhidos em consultas entre ele e lideranças dos partidos do Centrão governista, sentia-se "desprestigiado". No princípio de agosto de 2015, após encontro com líderes na Câmara e no Senado, Temer falou com a imprensa e reconheceu a gravidade da crise. O ponto de rompimento se deu quando ele disse que a crise política e econômica era grave e que "é preciso que alguém possa, tenha capacidade de reunificar a todos, de unir a todos, de fazer esse apelo, e eu estou tomando essa liberdade de fazer este pedido porque caso contrário podemos entrar numa crise desagradável para o país. [...] Acima dos partidos, acima do governo e acima de toda e qualquer instituição está o país".[11] Tratava-se de uma declaração forte, que continha subjacente a ideia de que Dilma Rousseff não tinha essa capacidade. Bateu nos ouvidos petistas como a senha da conspiração para derrubá-la. Era certamente o lançamento da candidatura de Temer a unificador. Ao anunciar a Dilma que deixaria a articulação política, reclamou das "intrigas e fofocas" em relação às declarações que fizera à imprensa.[12] Era uma forma oblíqua de dizer que o haviam incomodado as afirmações de lideranças e políticos do PT de que a declaração era parte do golpe que ele tramava contra a presidente. O episódio marcou o início da dispersão irremediável da coalizão, cujos partidos gravitariam rumo a outras lideranças.

Dilma Rousseff ficou sem possibilidade de recompor a maioria, negociando troca de alianças ao centro. O condomínio do poder do PMDB afastou-se dela. Todos os indícios, a partir desse rompimento, eram de que estava em curso um entendimento para votar o impeachment. É pouco provável que a deposição ocorra, pela via constitucional, sem a participação do vice na validação política do processo. Aconteceu com Itamar e Collor, estava acontecendo com Temer e Dilma. Em palestra a empresários, no começo de setembro, Temer prenunciou a queda de Dilma. Referindo-se à baixa aprovação do governo, disse que "ninguém vai resistir três anos e meio com esse índice baixo". Presidentes impopulares têm, realmente, imensas dificuldades de manter o mandato no sistema político brasileiro. Sintomaticamente, perguntado sobre o que fazer a respeito, o vice concluiu de forma oracular: "não posso antecipar. O que vou dizer? O que vou fazer?".[13] Diante da questão que se impunha, sobre como se daria o fim do mandato da presidente impopular, renúncia, impeachment ou cassação da chapa, ele concluiu que Dilma Rousseff era "guerreira, não me parece que ela seja, digamos, renunciante".[14] O governo, acuado, reagiu com moderação às suas declarações. Nos corredores de Brasília e por todo o país falava-se de articulações para depor a presidente. Michel Temer desmentiu, por nota de sua assessoria, portanto na terceira pessoa, que fizesse parte dessas articulações: "não são poucas as teorias divulgadas de que suas atitudes podem levar à ideia de conspiração. [Temer] repudia-a. Seu compromisso é com a mais absoluta estabilidade das instituições nacionais".[15]

Os inquéritos da Lava Jato chegavam ao coração do governo. O ministro relator dos processos autorizou a abertura de inquéritos contra o chefe do Gabinete Civil, Aloizio Mercadante (PT-SP), e contra o ministro da Comunicação Social, Edinho Silva (PT-SP), que fora o tesoureiro da campanha de Dilma Rousseff. O quadro, na altura de setembro de 2015, era agônico. O governo, paralisado, não conseguia administrar a crise política que se aprofundava. A economia só piorava. O clima social era de indignação e polarização. O Legislativo estava paralisado e polarizado. O Judiciário funcionava, mas o que tinha a atenção da sociedade e consequências na política era o avanço das providências judiciais na Operação Lava Jato. Em cerimônia em Presidente Prudente (SP) para entregar unidades do programa Minha Casa Minha Vida, operação concebida pela assessoria permanente de marketing político da presidente, ela falou diretamente em golpe: "usar a crise como mecanismo para chegar ao poder é uma versão moderna do golpe". Em 17 de setembro, o presidente da Câmara dos Deputados recebeu o pedido de impeachment, por crime de responsabilidade fiscal, preparado pelos advogados Hélio Bicudo e Miguel Reale Jr. Em decisão incomum, no dia 7 de outubro o Tribunal de Contas da União, por unanimidade, recomendou ao Congresso a rejeição das contas de Dilma Rousseff do exercício de 2014.

O cerco ao mandato da presidente se fechava. Acuada, ela e o PT partiram para o confronto. Eduardo Cunha parecia um adversário frágil, diante das provas abundantes de corrupção contra ele. Mas o problema era que Dilma também estava em situação de extrema fragilidade política. Entrincheirar-se em minoria não lhe daria mais que compensações subjetivas e a possibilidade de protagonizar uma narrativa forte, para manter o espírito da militância. Não se tratava mais, naquela altura, de salvar o governo perdido, e sim da luta política pela narrativa. Subsidiariamente, a presidente tentava reconquistar o PMDB e outros partidos aliados, oferecendo mais cargos, por meio de uma nova reforma ministerial. Porém, esse recurso, em si limitado, não era suficiente para romper impasses, diante da expectativa de ter a própria Presidência da República. O país viveu situação anômala, no último trimestre do ano. O mandato do presidente da Câmara estava por um fio. O da presidente da República também. O do presidente do Senado, sob risco iminente. A mesma coalizão que deporia Dilma sacrificaria Cunha. No final de outubro, Temer tinha até programa de governo, intitulado Ponte para o Futuro, com proposta oposta à da presidente para a economia. As investigações atingiam adversários do PT, mas um dos seus braços alcançava a cúpula do partido, inclusive o ex-presidente Lula e seus familiares. Em novembro, o senador Delcídio do Amaral foi preso.

Após muitas idas e vindas, incluindo manobras procedimentais barradas pelo STF, em 2 de dezembro o presidente da Câmara, Eduardo Cunha, aceitou o pedido de impeachment contra Dilma Rousseff, protocolado pelos advogados paulistas. Um deles, Hélio Bicudo, era um dos fundadores do PT, pelo qual concorreu ao cargo de senador por São Paulo, em 1986, mas desfiliara-se do partido em 2005, quando estourou o mensalão. O outro, Miguel Reale Jr., era notoriamente ligado ao PSDB. No dia 7, em carta tardia mas que oficializava a entrada do vice-presidente na articulação do impeachment, Michel Temer rompeu com Dilma Rousseff. A terceira era a, até então, desconhecida Janaína Paschoal, do Departamento de Direito Penal da USP.

Na carta, em tom de lamento pouco convincente, após cinco anos de parceria Temer dizia: "sempre tive ciência da absoluta desconfiança da senhora e do seu entorno em relação a mim e ao PMDB. Desconfiança incompatível com o que fizemos para manter o apoio pessoal e partidário ao seu governo". Vaidoso, registrava que "tenho mantido a unidade do PMDB apoiando seu governo, usando o prestígio político que tenho, advindo da credibilidade e do respeito que granjeei no partido. Isso tudo não gerou confiança em mim, gera desconfiança e menosprezo do governo". Depois de listar episódios em que ele e seus parceiros, como Eliseu Padilha, foram desrespeitados pela presidente, além dos votos que conseguiu na coordenação política, ele terminava a carta em claro tom de alerta. O "PMDB tem ciência de que o governo busca promover a sua divisão, o que já tentou no passado, sem sucesso".[16] Em reunião com empresários, praticamente lançou-se à Presidência, ao dizer que o documento de seu grupo condominial para o PMDB, Ponte para o Futuro, era uma "ponte que começa a se delinear agora. [...] Uma ponte para já. Temos que pensar nisso imediatamente. Precisamos reunificar o país". Temer estava no centro das articulações, não mais para que Cunha aceitasse o pedido de impeachment, mas para a deposição de Dilma. Os nomes do ministério Temer já circulavam na imprensa, e seriam confirmados quando o vice assumiu provisoriamente a Presidência. Ponte para o Futuro era o programa para a transição de poder, o Plano Temer era seu apelido entre os síndicos do condomínio por ele liderado. Michel Temer se propunha a fazer algo que não estava a seu alcance, reunificar e pacificar o país.[17] Seria o símbolo da desunião e o ponto central da polarização, expressos no "#foratemer".

A decisão de Cunha de aceitar o pedido de impeachment abriu contencioso público entre ele e o presidente do Senado, Renan Calheiros, sobre o papel de cada uma das Casas no processo. Para Cunha, deveria valer o rito observado no impeachment de Collor. Uma vez aprovado o pedido no plenário da Câmara, a presidente deveria ser afastada por até 180 dias, para ser processada pelo Senado. Para Renan, o afastamento só deveria se dar se e quando a presidente fosse pronunciada ré pelo Senado. Tanto Renan Calheiros quanto a defesa de Dilma levaram pareceres ao STF opondo-se à interpretação de Cunha. Em 8 de dezembro de 2015, liminar do ministro Edson Fachin suspendeu a instalação da comissão para apreciação do pedido de impeachment, eleita por 272 votos a 199. Atendeu a uma arguição do PCdoB quanto à constitucionalidade do voto secreto e de uma chapa pró-impeachment. O despacho de Fachin dizia que se devia esperar o julgamento pelo plenário do Supremo, para evitar atos que viessem a ser posteriormente invalidados. No dia 17, o plenário decidiu mudando partes relevantes do rito utilizado para depor Collor. A Câmara deveria formar nova comissão especial, com voto aberto, proporcional às bancadas partidárias, sem candidaturas avulsas. Na verdade, o STF transferiu aos líderes partidários o poder de constituir a comissão, pois determinou que só podiam concorrer deputados indicados por eles. Não era eleição, era referendo. Decidiu, também, que Dilma Rousseff só seria afastada temporariamente se o plenário do Senado aceitasse a denúncia contra ela por crime de responsabilidade, por maioria simples. Era uma boa notícia para Dilma, que imaginava poder contar com Renan Calheiros para barrar o impeachment no Senado. Mas o Supremo cristalizava tratamento desigual a dois presidentes da República eleitos sob a mesma Constituição e processados com base na mesma lei.

No meio dessa tempestade, Joaquim Levy deixou o Ministério da Fazenda, incapaz de implementar as medidas que defendeu. Nelson Barbosa o substituiu. A inflação de 2015 foi a maior desde 2002, 10,67%. Não ajudava a presidente junto ao povo. O Datafolha apurou uma oscilação na desaprovação do governo para 65%, em dezembro. A aprovação aumentou para 12%. Em decorrência, a popularidade líquida foi para -69%. O apoio ao impeachment era de 60%. Em novembro, havia sido de 65%. Para 56%, o ideal seria que Dilma Rousseff renunciasse.[18] Temer também era impopular: aprovação de 18% e desaprovação de 32%, popularidade líquida de -28%. A maioria não tinha esperança de que ele fosse dar jeito no país, 58% achavam que seria igual a Dilma ou pior que ela, na Presidência.[19]

Cunha perdia terreno em outra frente. Seriamente envolvido nas investigações sobre corrupção, ele manobrava para evitar sua cassação pelo Conselho de Ética da Câmara. Usava os amplos poderes da Mesa a fim de protelar o exame do pedido de cassação de seu mandato. A Comissão estava pronta para julgar o pedido, mas o vice-presidente da Mesa, Waldir Maranhão, preposto de Cunha, aceitou recurso para que o relator fosse trocado. Em 15 de dezembro, desdobramento da Lava Jato promoveu busca e apreensão na residência oficial do presidente da Câmara, acusado de obstrução de justiça e corrupção. A operação incluiu outros investigados, entre eles políticos do PMDB, como o ministro do Turismo, Henrique Eduardo Alves (PMDB-RN), ligado ao condomínio liderado por Temer, e o da Ciência e Tecnologia, Celso Pansera (PMDB-RS), próximo de Cunha. Além deles, foram alvo da operação o senador Edison Lobão (PMDB-MA), do grupo do ex-presidente José Sarney, e o ex-presidente da Transpetro, Sérgio Machado (PMDB-CE), próximo de Renan Calheiros. No mesmo dia, o Conselho de Ética aprovou por onze votos a nove o parecer que recomendava a cassação de Cunha. No dia seguinte, o procurador-geral da República, Rodrigo Janot, pediu ao relator da Operação Lava Jato, no Supremo Tribunal Federal, o afastamento de Eduardo Cunha das funções de deputado. Ele estaria usando o cargo de presidente para obstruir a justiça e para práticas ilícitas em benefício próprio. O PGR acentuou a continuidade delitiva no seu comportamento. Pesquisa do Datafolha indicou que 82% queriam sua cassação.[20] Dilma e Cunha empenharam seus recursos de poder e persuasão na disputa pela liderança do PMDB na Câmara. Venceu o deputado Leonardo Picciani (PMDB-RJ), apoiado pela presidente, por 37 votos a trinta, dados ao deputado Hugo Motta (PMDB-PB), apoiado por Eduardo Cunha.

Essas vitórias parciais da presidente eram ilusórias. No Congresso, sua coalizão já estava dissolvida. A maioria migrava para a coalizão do impeachment. O PDT dava sinais de divisão. O apoio a Dilma se restringia, cada vez mais, ao PT e a pequenos partidos ancilares de esquerda. No Judiciário, a Lava Jato avançava sobre as principais lideranças do PMDB e do PT. No dia 23 de fevereiro, o juiz Sergio Moro decretou a prisão do marqueteiro de Lula e Dilma, João Santana, e de sua sócia, Mônica Moura.

O ano de 2015 fechou com balanço claramente negativo para Dilma Rousseff, em todas as áreas — econômica, política, social e judicial. A economia estava em retração com aquecimento da inflação. A confiança dos investidores se esvaíra. Em fevereiro, o país perdeu o último grau de investimento e passou ao nível de risco nas três maiores agências de avaliação. Na sociedade, a impopularidade presidencial oscilava em torno de 65%, havia três meses. No final de fevereiro, o Datafolha registrou: 64% de desaprovação, 11% de aprovação, popularidade líquida de -71%. O impeachment tinha o apoio de 60%, e 58% achavam que a presidente devia renunciar. No conjunto, podia-se prever que o quadro era irreversível. Dilma e seu governo viviam crise terminal. O governo já estava paralisado, e a governabilidade por um fio.

O esforço fiscal para manter sua coalizão não havia sido pequeno. Contudo, sua eficácia fora decrescente. O ano já fechou com um custo médio de gestão da coalizão 5% menor em relação a 2014. No segundo semestre, de crise, paralisia e desagregação da coalizão governista, com a retirada progressiva dos partidos de centro, ele caiu muito, 72%, sobre o segundo semestre de 2014. Mas a média anual foi superior à de 2013, em 28%, à de 2012, em 32%, e à de 2011, em 31%. O pico do gasto fiscal com a coalizão se deu no segundo semestre de 2014, cresceu 42% sobre o mesmo período de 2013, e no primeiro semestre de 2015 cresceu 46% sobre o primeiro de 2014.

Os eventos se sucediam muito rapidamente. O amadurecimento das investigações e o agravamento da crise aceleraram o andamento da história do presente. Em fevereiro, o relator da Lava Jato, ministro Teori Zavascki, relaxou a prisão do senador eleito pelo PT, Delcídio do Amaral, após 85 dias. Delcídio se dispôs a voltar ao Senado, o que levaria à sua cassação. Zavascki liberou a denúncia contra Eduardo Cunha para ser julgada no plenário do Supremo Tribunal Federal. Sob pressão de lideranças do PT, o ministro da Justiça, José Eduardo Cardozo (PT-SP), pediu demissão. Mas foi nomeado por Dilma para a Advocacia-Geral da União, de onde faria sua defesa no processo de impeachment. Em março, o ex-presidente Lula da Silva foi denunciado no primeiro processo, pelo qual terminaria sendo preso em 2018, num triste momento da história do país. O STF, por seis votos a cinco, aceitou a denúncia contra Cunha, que se tornou réu por crime de corrupção. Marcelo Odebrecht, um dos maiores estrategistas do nódulo de empreiteiras da rede de corrupção político-empresarial, foi condenado por crimes de corrupção, lavagem de dinheiro e organização criminosa. Trechos do depoimento de Delcídio do Amaral aos procuradores, que implicavam Dilma e Lula, vazaram, complicando a situação política da presidente. O Ministério Público de São Paulo pediu a prisão de Lula, e a juíza Maria Priscilla Veiga Oliveira remeteu a decisão para o juiz Sergio Moro, encarregado do processo. Dilma resolveu convidar o ex-presidente para ocupar a chefia de seu Gabinete Civil, o que lhe daria privilégio de foro, retirando-o da alçada de Moro. Controvertida divulgação, pelo juiz Sérgio Moro, de gravação de conversa entre Lula e Dilma, sobre essa nomeação, acirrou mais a crise. A posse de Lula foi suspensa por liminar do ministro Gilmar Mendes.

Na Câmara, a presidente sofreu a primeira derrota decisiva. A comissão especial, com 65 membros, foi eleita por 433 votos a um, para ser presidida pelo deputado Rogério Rosso (PSD-DF), que já se aproximava do vice Michel Temer. O relator seria o deputado Jovair Arantes (PTB-GO), ligado ao presidente da Câmara, Eduardo Cunha, e simpático a Temer. Em meados de março, grande manifestação contra Dilma Rousseff e pelo impeachment ocupou as ruas de 211 cidades e 25 capitais, inclusive o DF, reunindo mais de 2 milhões de pessoas. Alguns dias depois, manifestações a favor de Dilma encheram as ruas em todos os estados. Em São Paulo, o ato de apoio à presidente juntou perto de 100 mil pessoas na avenida Paulista. No final do mês, novo ato pró-Dilma reuniu milhares de pessoas em todos os estados e no DF. As manifestações revelaram polarização da sociedade que não houve no impeachment de Collor.

O ingrediente decisivo do povo nas ruas estava presente e, embora a sociedade estivesse dividida, o lado pró-impeachment se mostrou mais numeroso. A pesquisa de opinião pública confirmava essa maioria. O Datafolha divulgou, no dia 20 de março, que a impopularidade da presidente havia aumentado bastante. A desaprovação era de 69% e a aprovação de 10%. A popularidade líquida era de -75%. Apoiavam o impeachment 68% dos entrevistados, e 65% achavam que Dilma devia renunciar. O seu índice de impopularidade estava abaixo do de

Collor às vésperas do impeachment. Mas era devastador. Temer não melhorava sua imagem junto à população, com a piora da imagem de Dilma. O vice continuava impopular. As expectativas para seu desempenho na Presidência eram negativas, 60% achavam que seria igual a Dilma Rousseff ou pior que ela.[21] No fim do mês, o PMDB rompeu com o governo. Já estava mobilizado para ser o pivô do governo Temer.

Em 4 de abril, o advogado-geral da União, José Eduardo Cardozo, protocolou a defesa da presidente na comissão especial. De viva voz disse que, "se todos os pressupostos [constitucionais] forem obedecidos, impeachment não será golpe, será uma situação extraordinária e excepcionalíssima. Mas se esses pressupostos não forem atendidos [...], sem uma ação dolosa, se essa ação não for tipificada, a tentativa de impeachment é golpe de Estado sim".[22] No dia 6, o deputado Jovair Arantes leu seu relatório, que concluía: "os atos praticados pela denunciada, se confirmados, representam condutas gravíssimas e conscientes de desrespeito a um Poder da República. [...] A magnitude e o alcance das violações praticadas pela presidente, em grave desvio dos seus deveres funcionais [...], justifica a abertura do excepcional mecanismo presidencialista do impeachment". Viu, ainda, "sérios indícios de conduta pessoal dolosa da presidente da República que atentam contra a Constituição Federal".[23]

No dia 11, o governo já sabia que perderia na comissão especial, mas ainda tinha a esperança de barrar o impeachment no plenário da Câmara. Na véspera da votação do relatório na comissão especial, o PSB anunciou que votaria a favor. Os partidos do centro anunciavam a retirada da coalizão governista e o apoio ao impeachment. Em reunião tensa e tumultuada, o relatório foi aprovado por 38 votos a 27.

Temer foi flagrado, por uma gravação para uma rede no WhatsApp, treinando o que dizer quando a presidente fosse afastada.

O advogado-geral da União entrou com pedido no Supremo Tribunal Federal para sustar a tramitação do processo. Alegou cerceamento do pleno direito de defesa, pois o relatório mencionava fatos estranhos aos crimes de responsabilidade. "A ampliação do objeto fere de morte esse processo. De quais fatos está sendo acusada a presidente? Só os da denúncia? Nós defendemos. Se são outros, está se discutindo fatos para os quais não fui chamado a defender", disse José Eduardo Cardozo. Por oito votos a dois, os ministros não viram razão para invalidar o processo, com o argumento de que seria votada a denúncia e não o inteiro teor do relatório. O STF decidiu, também, pedido do PCdoB para que o voto fosse intercalado entre um deputado do Norte e outro do Sul. O temor era de que o placar inicial contaminasse os votos seguintes. A evidência sobre esse tipo de contágio em votações parlamentares abertas é controvertida. Já sobre o viés introduzido por regras específicas de votação há evidências mais claras. O Supremo considerou válida a regra regimental de chamada por bancadas alternadamente do Norte para o Sul e, em cada bancada, por ordem alfabética. Foi assim na votação do impeachment de Collor. A primeira bancada a votar seria a de Roraima, a segunda, a do Rio Grande do Sul, e assim por diante. A sessão extraordinária do STF na qual os ministros tomaram essas decisões foi confusa e pouco edificante. Boa parte da discussão escapou ao terreno do controle constitucional, para se tornar puramente político-ideológica. Era a politização do Judiciário se aprofundando. Só iria piorar. Exemplar desse desvio de atenção foi a declaração do ministro Gilmar Mendes de que "a titular do cargo não tem mais condições de ser presidente. [...] Para jogador ruim, até as pernas atrapalham".[24] Naquele momento, a titular do cargo reunia todas as condições constitucionais de ser presidente, e não estava em tela de juízo a qualidade de seu governo ou sua competência para governar.

O resultado na Câmara estava anunciado de véspera. Era possível determinar a perda de votos necessários para evitar a autorização pelas defecções dos partidos da chamada "base do governo". O ministro Gilberto Kassab, político de preciso oportunismo, antecipou o desembarque. O PSD, seu partido, já estava à sua espera na coalizão do impeachment. Mas resultado esperado não dispensa a observância das formalidades e dos formalismos, sem os quais a democracia não prospera. Dilma Rousseff não se rendeu, nem o PT a abandonou, como aconteceu com Collor, abandonado pelo partido que criou. A presidente continuou tentando virar votos a seu favor, em reunião permanente com lideranças políticas e deputados. Além disso, articulava no Senado, para tentar reverter o quadro, já irreversível na Câmara. O advogado-geral da União, que tinha experiência parlamentar, fez uma defesa dura, jurídico-política no plenário da Câmara. A luta de Dilma e seus aliados se dava em duas frentes. Uma, política, tentava impedir a deposição. Outra, ideológica, buscava uma vitória moral, com a prevalência da narrativa do golpe. Na luta política, perdeu. Na ideológica, ganhou. A presidente, em artigo na *Folha de S.Paulo*, no dia anterior à votação na Câmara, dizia:

vivemos tempos que colocam em risco o direito do povo escolher, por eleição direta, quem deve governar o nosso país. [...] Vivemos sob a ameaça de um golpe de Estado. Um golpe sem armas, mas que usa de artifícios [...] como a fraude e a mentira, na tentativa de destituir um governo legitimamente eleito, substituindo-o por um governo sem voto e sem legitimidade.[25]

Uma afirmação era indiscutível, o governo Temer seria, mesmo, sem voto e sem legitimidade. Exageros à parte, a narrativa se tornou moeda corrente na esquerda, abraçada, inclusive, em setores da academia. Nem toda deposição é golpe, embora toda deposição seja institucional e politicamente traumática. Fratura a convivência democrática. O impeachment é uma forma de deposição constitucional-legal e legítima, porém traumática. Leva a um lapso institucional. O governo do vice, por pior que fosse, seria também constitucional. Ele foi escolha de Lula, Dilma e do PT, em combinação com o PMDB. Na luta político-ideológica, a disputa por uma narrativa que assegure a posição de herói vitimado para o seu lado e transfira para o outro lado a posição de agressor impiedoso é legítima e parte integrante do jogo pela hegemonia moral.

A sessão da Câmara dos Deputados do dia 17 de abril de 2016 foi histórica e vexaminosa. A Câmara concedeu autorização para que a presidente da República, Dilma Rousseff, fosse processada por crime de responsabilidade, por 367 votos a 137. Ela perdeu a batalha por 25 votos. Teve de tudo naquela sessão, menos comportamento cívico, ou o que chamam de decoro. Um voto dessa natureza só pode ser circunspecto e sem júbilo. Foram votos disparatados, ao longo de quase seis horas e meia, sem noção de sua gravidade ou de suas consequências. O espetáculo desairoso do plenário contribuiu para fortalecer a narrativa de que ali se praticou um ato ilegítimo. O vice assistiu, pela TV, sorridente, ao início da derrocada da titular de sua chapa eleitoral. Enquanto isso, articulava seu governo, antecipando-se ao resultado do processo. As cartas do jogo já estavam dadas, e a ausência quase total de incerteza ajudava a reforçar a narrativa que negava legitimidade ao processo. Ao contrário de Collor, obrigado a se afastar após a decisão da Câmara, Dilma manteve acesso aos recursos da Presidência até a autorização do Senado. No entanto, exatamente por ter uma defesa política e jurídica muito mais coerente e organizada, conseguiu dar mais cor à ideia de que se praticava uma arbitrariedade contra ela. Tanto Collor quanto Dilma fizeram a equivalência do processo de impeachment a um terceiro turno provocado pelos inconformados com o resultado das urnas. Mas, sem dúvida, Dilma pôde marcar melhor o protagonismo de Aécio Neves na articulação de sua deposição do que Collor a liderança de Lula no seu impeachment.

O quadro político-econômico continuava a se deteriorar. O desemprego atingiu 10%, o maior índice da série da Pnad contínua, iniciada em 2012. A renda real caiu 4%, na média de dezembro a fevereiro sobre o mesmo período anterior. A inflação chegou a 9,3%. O governo tentava emplacar a narrativa de que ela se devia a fatores externos e ao bloqueio da oposição. No caso, porém, as evidências eram incontornáveis. A crise econômica era produto das decisões do governo Dilma Rousseff, e parte — pequena — dessas decisões sustentou o pedido de impeachment por crime de responsabilidade fiscal.

A comissão especial do Senado para analisar o pedido de impeachment fez sua primeira sessão, sob a presidência do senador Raimundo Lira (PMDB-PB), no dia 26 de abril de 2016, e confirmou o senador Antonio Anastasia (PSDB-MG) como relator do pedido. Os governistas reagiram. Era nome do PSDB e notoriamente ligado a Aécio Neves. Alheio aos procedimentos formais, Michel Temer negociava o ministério e, antes mesmo da confirmação da autorização da abertura do processo contra Dilma Rousseff, os nomes que comporiam o novo governo já eram quase todos conhecidos. O ex-presidente Fernando Henrique Cardoso disse, em entrevista à *Folha de S.Paulo*, que "o PSDB tem responsabilidade política pelo que está acontecendo, porque apoiou o impeachment. […] Eu sou propenso a entrar [no governo] desde que as condições sejam explicitadas. Entrar como partido, indicando nomes, porque a situação do Brasil é mais grave do que parece". Mas tomou o cuidado de registrar que "Temer não é presidente ainda. Sendo presidente, tem que dizer o que quer".[26]

Em 5 de maio, o ministro Teori Zavascki tomou a decisão inédita de afastar o deputado Eduardo Cunha da presidência da Câmara e da função parlamentar, por estar usando o cargo para intimidar testemunhas e obstruir a justiça. A decisão foi confirmada pelo plenário do STF por onze votos a zero.

No dia 6, a comissão especial do Senado, em clima de alta tensão, aprovou o relatório do senador Anastasia por quinze votos a cinco, recomendando a autorização para abertura do processo de impeachment por haver indícios de crime de responsabilidade por parte de Dilma Rousseff. Para completar os vexames da Câmara, em manobra ridícula o presidente em exercício, Waldir Maranhão (PP-MA), anulou a votação que havia autorizado o impeachment. Para seu constrangimento, foi ignorado pelo presidente do Senado, Renan Calheiros (PMDB-AL), que deu prosseguimento ao processo. Militantes dos partidos e das organizações sociais ocuparam o Palácio do Planalto em ato de apoio a Dilma. O local passou a ser palco de manifestações até o afastamento da presidente para ser julgada.

Antes da votação em plenário, os senadores aprovaram por unanimidade, 74 votos a zero, a recomendação do Conselho de Ética para que fosse cassado o mandato do senador Delcídio do Amaral. Nas ruas de dezessete estados e do Distrito Federal, houve protestos intensos, promovidos por organizações da base social de apoio a Dilma Rousseff. O advogado-geral da União entrou com habeas corpus no STF pedindo a anulação do processo contra a presidente. "Vamos judicializar até o fim, até a última questão, se for necessário", explicou.[27]

Às 6h34 de 12 de maio de 2016, por 55 votos a 22, em sessão de vinte horas de duração, o Senado autorizou a abertura do processo de impeachment contra a presidente Dilma Rousseff e ela foi afastada temporariamente da Presidência da República, por até 180 dias. Ao contrário do que ocorreu na Câmara, o Senado adotou atitude de maior decoro e respeito à gravidade do que acontecia no país. Mas foi possível notar, junto ao microfone coletivo, no plenário, senadores do PMDB e um dos síndicos do condomínio do poder partidário, Romero Jucá (PMDB-RO), comemorando a decisão. Este assumiria, por breve tempo, o Ministério do Planejamento do governo provisório de Michel Temer. O ex-presidente Collor aproveitou a sessão para relembrar o processo que o afastou, mais rápido e sumário.

O custo médio de gestão da coalizão no período janeiro-abril mostrou que o próprio governo já não se animava a liberar recursos na tentativa de reverter o quadro. Ele foi 78% inferior ao de 2015, nesses primeiros quatro meses do ano. O grande esforço fiscal para manter a coalizão governista se deu no fim de 2014 e no início de 2015.

Cinco horas após a votação, Dilma Rousseff deixou o Palácio do Planalto, em emocionada despedida, ao lado do ex-presidente Lula, cercada de auxiliares, amigos, companheiros de partido e militantes. Em seu pronunciamento, disse: "posso ter cometido erros, mas não cometi crimes. Estou sendo julgada injustamente por ter feito tudo o que a lei me autorizava a fazer".[28] A julgar pelo que acontecera a Collor, pelo que se dizia nos corredores do Senado e pelas declarações de voto, Dilma Rousseff não voltaria ao governo. Esse é outro aspecto discutível do impeachment. O primeiro afastamento é o decisivo, todavia os procedimentos constitucionais até aí são insuficientes para determinar a deposição de presidentes.

Enquanto Dilma deixava o Planalto, demonstrando força junto à militância, Michel Temer era notificado, no Palácio do Jaburu, de que devia assumir a Presidência da República. Estava preparadíssimo para fazê-lo. Pouco mais de seis horas depois, rodeado de homens brancos vestindo ternos escuros, tomaria posse e faria seu primeiro discurso como presidente interino. "É urgente fazermos um governo de salvação nacional. Partidos políticos, lideranças e entidades organizadas e o povo brasileiro hão de emprestar sua colaboração para tirar o país dessa grave crise em que nos encontramos", disse. Mas Temer não poderia contar nem com organizações da sociedade civil nem com o povo, pois, e muito rapidamente, se tornaria mais impopular que Dilma. Na primeira formação de seu ministério, estavam todos os síndicos do condomínio de poder que ele liderava, Eliseu Padilha na Casa Civil, Geddel Vieira Lima na Secretaria de Governo, Romero Jucá no Planejamento, Moreira Franco na Secretaria do Programa de Parcerias de Investimentos, criada para ele, e Henrique Eduardo Alves no Turismo. Além deles, havia herdeiros de velhas e novas oligarquias, como Sarney Filho (PV-MA), no Meio Ambiente, Helder Barbalho (PMDB-PA), na Integração Nacional, Fernando Bezerra Coelho Filho (PSB-PE), em Minas e Energia, e Leonardo Picciani (PMDB-RJ), nos Esportes. Sem sinal de constrangimento, Gilberto Kassab (PSD-SP), desembarcado na undécima hora do Ministério das Cidades de Dilma Rousseff, aparecia aboletado no Ministério de Ciência, Tecnologia, Inovações e Comunicações. O gabinete era uma galeria de investigados e réus em processos de corrupção política e eleitoral. Alguns seriam presos dali a pouco tempo, como Geddel Vieira Lima e Henrique Eduardo Alves, ou afastados do governo, como Romero Jucá. Gravações feitas pelo ex-presidente da Transpetro, Sérgio Machado, implicavam diversos ministros e políticos da proximidade de Michel Temer. Elas relatavam articulações para barrar as investigações de corrupção que ameaçavam a cúpula do PMDB e várias de suas oligarquias. Diálogos gravados com o ex-presidente José Sarney e com os senadores Romero Jucá e Renan Calheiros eram reveladores, e tiveram grande repercussão. Jucá deixou o ministério, doze dias depois de nomeado, retornando ao Senado para atuar como líder do governo.[29]

Temer não tinha um programa de interinidade. Tinha um programa de governo. Logo ele e seu ministro da Fazenda, Henrique Meirelles, anunciaram muitos projetos, alguns de longa duração, como o teto constitucional para os gastos públicos. Falavam como se fossem ficar pelo restante do mandato.

A presidente afastada montou seu QG no Palácio da Alvorada. Como a Operação Lava Jato atingia mais o PMDB do que o PT, Dilma Rousseff adicionou a tentativa de abafar as investigações como motivação para seu impeachment. Ela e o PT mudariam a versão à medida que as operações se aproximassem da cúpula do partido. Inverteriam a narrativa, incorporando os procuradores e juízes da chamada Lava Jato na "conspiração" para derrubá-la e tirar o PT do cenário político-eleitoral. Dilma sustentava que os diálogos gravados por Sérgio Machado "mostram que a causa real para o meu impeachment era a tentativa de obstrução da Operação Lava Jato por parte de quem achava que, sem mudar o governo, a 'sangria' continuaria". Perguntada se o impeachment foi apenas uma tentativa de barrar a Lava Jato, respondeu que "foi para isso e também para colocarem em andamento uma política ultraliberal em economia e conservadora no resto".[30]

Eduardo Cunha, o alvo principal de Dilma, estava prestes a ter o mandato cassado, perder o privilégio de foro e ser preso. As operações anticorrupção apertavam o cerco contra as lideranças do PMDB. Dias depois, o procurador-geral pediu a prisão de José Sarney, Romero Jucá, Renan Calheiros, presidente do Senado, e Cunha, por obstrução de justiça. Os pedidos de prisão dividiram o Supremo Tribunal Federal. O ministro Gilmar Mendes, próximo do governo Temer, mudou de posição e passou a atacar o Ministério Público e a Operação Lava Jato. Atitude que escalaria ao longo do tempo.[31] Em 13 de junho, o relator da Lava Jato, Teori Zavascki, enviou o inquérito sobre o ex-presidente Lula da Silva, com base em delações de empreiteiros relacionadas a supostas vantagens envolvendo uma cobertura triplex no Guarujá e um sítio em Atibaia, para o juiz Sergio Moro, da 13ª Vara Federal do Paraná, em Curitiba. No mesmo ato, o ministro invalidou gravação divulgada da conversa entre a então presidente e Lula sobre sua nomeação para a Casa Civil. Ela não poderia ser usada como prova de tentativa de obstrução de justiça. Zavascki enviou também para Curitiba os inquéritos sobre três importantes lideranças do PT e ex-ministros, sem privilégio de foro, Jaques Wagner, Ideli Salvatti e Edinho Silva. As investigações ampliavam o alcance partidário e aumentavam sua oposição no meio político e jurídico. No dia 14, após muito tumulto e muitas reviravoltas, manobras protelatórias, intrigas e conflito, o Conselho de Ética da Câmara aprovou o pedido de cassação de Eduardo Cunha, por onze votos a nove. No dia 16, o ministro Henrique Eduardo Alves (PMDB-RN) deixou o governo, derrubado por acusações de corrupção que o levariam à prisão. As revelações de depoimentos de colaboração premiada abriam o leque dos implicados na vasta rede de corrupção político-empresarial que ia sendo desvendada e chegaram a Temer, presidente ainda interino. No dia 22, o STF aceitou, por unanimidade, denúncia contra Eduardo Cunha por ocultação de contas milionárias na Suíça, e ele se tornou réu pela segunda vez.

A comissão do impeachment continuava seus trabalhos, com muito som e fúria todo o tempo. No final de junho, laudo de peritos do Senado, pedido pela comissão, indicou ato direto da presidente afastada na liberação de créditos suplementares sem autorização do Congresso, o que feria a Constituição e configuraria crime de responsabilidade. A defesa dizia que os decretos tiveram base legal e técnica e que não haviam alterado o limite global de gastos, constituindo, por isso, mero remanejamento de despesas. Com relação às "pedaladas", pagamento por bancos públicos de despesas orçamentárias da União sem pronto ressarcimento, proibido pela Lei de Responsabilidade Fiscal, os peritos não encontraram ato direto de Dilma Rousseff, pois elas independiam de autorização presidencial por escrito.

No início de julho, o presidente interino Michel Temer, em conversa com o presidente afastado da Câmara, Eduardo Cunha, sugeriu-lhe que renunciasse ao cargo. Temer estava convencido de que o impeachment seria aprovado pelo Senado e se preocupava com a armação política no Congresso.[32] Até aquele momento, a coalizão que o apoiava era a mesma que apoiava o impeachment. Depois, seria outro jogo. Passados dois dias, Cunha renunciou. Assim, seria possível resolver um problema que inquietava a todos. A Câmara era dirigida de forma errática e imprevisível pelo notório Waldir Maranhão (PP-MA), indicado por Cunha, cujas trapalhadas perturbavam o já intrincado ambiente político. Cunha esperava costurar acordo para livrar-se da cassação. Na sua carta-renúncia, lida na abertura da sessão do dia 7, dizia:

> ao completar dezessete dos 24 meses do meu mandato de presidente, dois meses de afastamento do cargo [...] resolvi ceder aos apelos generalizados dos meus apoiadores. É público e notório que a Casa está acéfala, fruto de uma interinidade bizarra, que não condiz com o que o país espera de um novo tempo após o afasta-

mento da presidente da República. Somente a minha renúncia poderá pôr fim a esta instabilidade sem prazo.³³

Mas a sucessão na Câmara, no clima de ânimos exaltados, com o processo de impeachment em andamento e número crescente de parlamentares ameaçados pelas investigações de corrupção, não foi processo simples. O número de candidatos potenciais era alto. Temer anunciou neutralidade. Mas pôs o condomínio peemedebista em ação. Neutralizou a candidatura do ex-ministro do governo Dilma Rousseff, Marcelo Castro, que contava com o apoio de uma parcela da esquerda. Fortaleceu os dois candidatos do centro, Rodrigo Maia (PFL-RJ) e Rogério Rosso (PSD-DF), representante do Centrão, que presidira a comissão do impeachment. Ambos eram parte da coalizão do impeachment, porém Maia tinha mais liderança. Foi eleito para a presidência da Câmara por 285 votos, contra 170 dados a Rosso.

Os primeiros sinais de melhora da economia deram alento às expectativas da população. Pesquisa do Datafolha, em 14 e 15 de julho, verificou que havia caído de 44% para 30% a parcela dos que temiam que a situação econômica do país piorasse. Aumentara de 28% para 38% o percentual dos que esperavam que a situação melhorasse. Era boa notícia para Temer, mas não melhorou sua aprovação, medida pela primeira vez, que ficou em 14%. Sua desaprovação ficou em 31%. A popularidade líquida era negativa, de 38%. O único consolo era que 42% o consideravam regular. O melhor sinal era que 50% achavam que era melhor que ele continuasse na Presidência, contra 32% que desejavam a volta de Dilma. O mau sinal estava na avaliação do principal problema do país, que para 32% era a corrupção. Praticamente igual à soma dos que achavam que era a saúde, 17%, ou o desemprego, 16%. A corrupção alcançaria Temer, em breve, e derrubaria sua popularidade. O desemprego se mostraria resiliente e contribuiria para neutralizar os efeitos da melhora da economia na sua popularidade.³⁴

Em 4 de agosto, após 101 dias e mais de duzentas horas de sessões, quando foram ouvidos longamente mais de quarenta depoentes, dos quais 36 testemunhas e dois informantes arrolados pela defesa, a comissão do impeachment aprovou por catorze votos a cinco o relatório do senador Antonio Anastasia denunciando Dilma Rousseff por crime de responsabilidade. Em comparação ao impeachment de Collor, não só o número de testemunhas foi muito maior como elas foram inquiridas por muitos parlamentares, com muitas perguntas.

No dia 10, o Senado aceitou a denúncia, por 59 votos a 21, e Dilma passou à condição de ré. A sessão foi aberta pelo senador Renan Calheiros, que transferiu a presidência ao ministro Ricardo Lewandowski, presidente do Supremo Tribunal Federal. A sessão transcorreu com ânimos quentes, aguerridos, trocas de palavras fortes, tentativas desesperadas de interromper o processo arguindo questões de procedimento e forma. Na abertura, o ministro-presidente anunciou as regras e procedimentos que adotaria. A deliberação do plenário "constituirá juízo de pronúncia e, em função dela, a senhora presidente da República será submetida ou não a julgamento por crime de responsabilidade, nos termos do art. 51, inciso I, da Constituição Federal". Além disso, disse que o relator falaria primeiro, em seguida o relatório seria discutido, e as manifestações seriam de dez minutos e apenas uma vez por senador. Encerrada a discussão do parecer, falariam a acusação e a defesa pelo prazo de até trinta minutos. Então se passaria à votação. As conclusões do parecer poderiam ser destacadas para votação em separado, a requerimento de bancada de partido, "em tantos quantos forem os crimes ou fatos que se julguem devam ser objeto da sessão do julgamento". Mas cada bancada de partido tem um número prefixado para oferecimento de destaques, e esse seria o critério para aceitá-los ou não. Para encaminhar a votação dos destaques, falariam por cinco minutos dois oradores favoráveis e dois oradores contrários, "que deverão se ater, unicamente, ao texto destacado do parecer".

O roteiro para deposição da presidente ia ficando claro. Terminados os encaminhamentos, a votação seria nominal e aberta, pelo painel eletrônico, não sendo permitida a orientação de votação pelos líderes de partidos. Terminadas todas as votações e havendo sido aprovada a pronúncia, a defesa e a acusação seriam intimadas, na sessão, para oferecerem, no prazo de até 48 horas, o libelo acusatório e a contestação da defesa, nos limites do que houvesse sido aprovado, juntamente com, no máximo, "seis testemunhas, sendo as cinco previstas no Código de Processo Penal e uma, essa numerária — que é aquela que é a testemunha do presidente, tanto na sessão do impeachment quanto na sessão do júri —, em conformidade, inclusive, com o decidido na reunião de líderes, havida no último dia 4 de agosto". Uma vez recebidas as peças de acusação e defesa, "a sessão de julgamento será agendada e as partes notificadas com antecedência de dez dias".[35]

Na abertura, após longas horas de questões de ordem formuladas pelo lado da defesa da presidente, sempre julgadas improcedentes, o senador Anastasia, na leitura do relatório, deu seu entendimento sobre a natureza do processo de impeachment: "não tem o impeachment qualquer conotação penal. [...] O que se procura no impeachment não é punir a autoridade, [...] mas proteger a Constituição mediante o afastamento de um presidente que coloca em risco seus valores fundamentais". Segundo ele, "a porção jurídica deste processo, por sua vez, é ponto de partida, e não de chegada. Isso porque é essencialmente jurídico-político o julgamento num processo de impeachment". Como no processo contra Collor, o entendimento dominante era de que o impeachment, embora siga procedimentos juridicamente regulados e requeira a demonstração de crime de responsabilidade, é uma decisão fundamentalmente política.

Em seguida, o relator preocupou-se em demonstrar a desobediência aos preceitos constitucionais sobre a execução orçamentária e à Lei de Responsabilidade Fiscal. "O que se comprovou, ao longo da instrução, é que três dos quatro decretos questionados comprometeram a meta vigente em 1,7 bilhão de reais" e "as dotações suplementadas por dois decretos foram empenhadas em montantes superiores aos valores originais da Lei Orçamentária". Notou que foram identificadas "33 ações com empenho superior e quinze ações com pagamento superior à dotação original da Lei Orçamentária, distribuídas por todos os decretos questionados". Disse ainda que, "por qualquer ângulo em que se analise a questão, conclui-se [...] que não apenas se alterou o Orçamento sem autorização do Congresso, como também se executaram despesas não autorizadas, fato tipificado, inclusive, como crime comum e como crime de responsabilidade autônomo, mas pelo qual a presidente não responde, por não ser objeto deste processo". Com relação às chamadas "pedaladas", Anastasia registrou "que se comprovou a partir da prova documental e pericial [...] que o Tesouro Nacional acumulara passivos, no Plano Safra, [...] que se tornaram exigíveis em 2015. Os passivos de 2014, por sua vez, tinham origem em obrigações que estavam em atraso e que remontavam a 2008". No seu entender, o Poder Executivo adotou interpretação contrária à Lei de Responsabilidade Fiscal de que não haveria irregularidade no financiamento de despesas primárias por bancos públicos, pois não estaria caracterizada operação de crédito. Na sua interpretação, a reiteração da inadimplência ao longo dos anos, na ausência de qualquer medida para impedir o crescimento das dívidas do Tesouro com o Banco do Brasil, caracterizaria operação de crédito, com pagamento de juros. Concluiu que houve "usurpação das prerrogativas do Congresso Nacional, a manipulação dos bancos públicos e a fraude às contas públicas. Pela gravidade de que se revestem, essas condutas são, de fato, e por justo motivo, tipificadas como crimes de responsabilidade, razão pela qual estamos aqui a propor o julgamento da senhora presidente afastada".[36]

Após o sumário do relator, sucederam-se pronunciamentos, a favor e contra, todos de fundo político, com escassas referências ao relatório em si. Era, visivelmente, a parte política que dominava o processo. Os pronunciamentos a favor do impeachment insistiam na gestão fiscal irresponsável e em muitos argumentos estranhos ao relatório. Os pronunciamentos contra o impeachment afirmavam a honestidade da presidente afastada, a ausência de atos diretos de irresponsabilidade fiscal, que ela respondia por atos que seus antecessores também tinham praticado e argumentos estranhos ao relatório, mais ligados à narrativa de golpe. Havia, na narrativa dos que apoiavam a presidente afastada, duas vertentes do mesmo enredo. Uma que considerava o impeachment um golpe e atacava o que via como reedição atualizada do moralismo udenista, com deposição por golpe. A senadora Lídice da Mata (PSB-BA) argumentou que "a farsa do impeachment sem crime de responsabilidade comprovado [...] é um golpe [...] e nos oferece um futuro de incerteza e de instabilidade política". Ela atribuiu o impulso golpista a um "evidente gesto de vendeta" de Eduardo Cunha, "este comprovadamente corrupto, que até hoje não foi cassado pelos seus pares, apesar da sanha anticorrupção que tomou conta daquela Casa".[37] A outra versão também via o impeachment como golpe, mas oferecia como solução para a grave crise política a antecipação das eleições gerais. O senador Randolfe Rodrigues (Rede-AP), por exemplo, disse não pedir "o retorno da presidente Dilma. Eu estou advogando uma proposta [...] de se fazerem novas eleições para presidente da República".[38] Alguns admitiam a verdade de boa parte dos fatos que vinham sendo revelados pelas investigações de corrupção. Houve, ainda, uma polaridade clara e irredutível com relação ao ritmo das discussões. Um lado fez todo o esforço regimental e político para prolongar o processo. O outro queria acelerar os trabalhos e, para isso, a maioria dos senadores do PSDB abriu mão da palavra.

O senador Fernando Collor (PTC-AL) falou a favor do impeachment da presidente Dilma; fez questão de definir o que sabia na prática: "o juízo do impeachment é político, preventivo, incontrastável e irrecorrível". Continuou: "sofri processo análogo e conheço os infortúnios, as amarguras, a solidão e o desgosto de um governante nessa situação. Condenaram-me politicamente.

Penalmente, fui absolvido pela Suprema Corte. Reconheço o quão prejudicial ao país é um processo como este".[39]

O advogado Miguel Reale Jr., da acusação, fez um discurso inflamado, no qual entrelaçou o argumento jurídico com fortes emoções políticas. Não se ateve aos termos da acusação e condenou a política fiscal do governo no seu conjunto.

> Desconheceu-se absolutamente qualquer prudência, qualquer cuidado com as finanças públicas. E desconheceu-se esta Casa como uma casa de controle. Em contrapartida a esta clareza, a esta luz que significa a Lei de Responsabilidade Fiscal e o controle orçamentário a ser realizado pelo Congresso Nacional, existe a obscuridade, existe a mentira. [...] A mentira significou uma política fiscal eleitoreira. Significou gastos e gastos e gastos que foram sendo escondidos. [...] Significou o Tesouro financiar o BNDES em quantidades fabulosas [...] que financiaram grandes empresas e não pequenas empresas. Empresas essas, a maioria delas, que estão envolvidas na Lava Jato.[40]

O advogado de defesa, José Eduardo Cardozo, não perdeu a oportunidade e rebateu: "ao contrário do que efetivamente acontece nos regimes parlamentares, um presidente da República não pode ser afastado [...] pelo conjunto da obra. Quem afasta um presidente pelo conjunto da obra é o povo, nas eleições. No presidencialismo, é necessário que existam pressupostos jurídicos somados a uma avaliação política para que um presidente da República possa ser afastado". De acordo com a defesa, a análise dos autos inocentaria a presidente. Cardozo argumentou que

> todos os fatos invocados pelos acusadores estavam fora do mandato da presidente da República. Eduardo Cunha sabia disso, e por isso abriu o processo em relação a duas acusações que foram muito pouco referidas pelo meu *ex adverso*. Acusou que foram firmados decretos de abertura de créditos suplementares. Eram seis, na origem. Hoje, pelo relatório do Anastasia, são três. Afirmou que houve atrasos no pagamento das subvenções do Plano Safra, em 2015. Esses são os fatos em discussão no processo.

Para ele, Miguel Reale Jr. "fugiu desse debate [...] porque não poderia enfrentá-lo. O senador Anastasia o enfrentou no relatório, mas o fez, sinceramente, dominado [...] pela paixão partidária".[41]

A tese persistente da defesa era de que o jurídico deveria prevalecer sobre o político, e que os favoráveis ao impeachment colocavam o político acima do jurídico. Exatamente como no caso de Collor. Esse contencioso polarizado no processo de impeachment, que se repetia com Dilma Rousseff, é tecnicamente insolúvel. Sempre haverá uma forma de recombinar o argumento jurídico e a razão política, para demonstrar a validade de uma ou de outra posição. Principalmente nos crimes de responsabilidade que, mais que os crimes de corrupção, são interpretativos. No caso Collor, a denúncia era de corrupção. Ainda assim, ele perdeu o cargo e os direitos políticos, no tribunal político, mas ganhou a causa nos tribunais judiciais.

A votação foi complicada. Primeiro, houve destaque para as preliminares da defesa, que, se aprovadas, poriam fim ao processo. As preliminares invertiam a ordem regimental que mandava votar o relatório e, em seguida, os destaques. O ministro-presidente Ricardo Lewandowski, diante do inusitado, recorreu ao Código de Processo Penal, que manda decidir primeiramente as preliminares. Elas diziam respeito à constitucionalidade do artigo 11 da lei n. 1079, de 1950, que trata dos crimes contra "a guarda e legal emprego dos dinheiros públicos", que inclui entre eles os empréstimos sem autorização legal, as "pedaladas". A segunda preliminar dizia que a presidente não podia ser julgada por aqueles crimes antes do julgamento das contas presidenciais de 2015 pelo Tribunal de Contas e pelo Congresso Nacional. A terceira arguia a suspeição do relator, por ser do PSDB, partido com o qual signatários da denúncia teriam ligações. As regras de destaque são sempre confusas. Quem destaca um texto, deve votar "não" para seu próprio destaque, para retirá-lo da decisão final. Quem deseja manter o inteiro teor do relatório, vota "sim" para o destaque. As quatro preliminares foram afastadas por 59 votos a 21, 58 a 22, 58 a 22, e 59 a 21. A obviedade do resultado definitivo anunciado nesses votos exaltou mais os ânimos e provocou seguidos tumultos em plenário. Dessa forma picotada, por estratégia dos defensores de Dilma Rousseff, na madrugada de 10 de agosto de 2016, ela se tornou ré e entrou no corredor inevitável do impeachment. O ministro-presidente informou: "encerradas as votações e tendo sido aprovada a denúncia, fica, desde logo, a acusação intimada para oferecer, no prazo de até 48 horas, o libelo acusatório, bem como o rol de testemunhas, nos termos do que foi aprovado neste plenário".[42] Dilma Rousseff precisava de pelo menos 28 votos no Senado para evitar o impeachment. As votações na sessão de pronúncia indicavam que ela contava no máximo 22, numa divisão de forças já cristalizada. A reiteração do voto nos destaques serviu para reforçar essa consolidação dos blocos.

A sessão de julgamento foi longa. Começou às 9h33 de 25 de agosto de 2016 e terminou às 2h27 da madrugada do dia 31. Toda a manhã do primeiro dia foi consumida, novamente, com questões de ordem dos opositores do impeachment. Foram dez. Todas indeferidas pelo ministro-presidente.

Lewandowski abriu a sessão e fez questão de reiterar que "o presidente do Supremo Tribunal Federal, neste processo de impeachment, não tem qualquer função judicante, limitando-se apenas a zelar para que as regras procedimentais e regimentais sejam observadas de modo a preservar a isonomia entre as partes e o direito de defesa da acusada". Mas o esclarecimento do ministro não resolvia a disputa de narrativas que contrapunha o processo legítimo, com participação do STF, ao golpe parlamentar. O processo seguia a Constituição e a lei. O rito fora definido pelo Supremo Tribunal Federal. O ministro-presidente havia dirimido todas as dúvidas processuais e estabelecido, de comum acordo com as partes envolvidas, com participação do presidente do Senado, o roteiro e os procedimentos a serem seguidos, em relação a questões de ordem, pedidos de destaque e outros elementos formais do processo. A decisão, como mandava a Constituição, era do plenário do Senado e constituía um juízo político sobre os autos do processo. Basta ser um juízo político, portanto discricionário, para dar espaço à controvérsia em torno das motivações e bases de qualquer processo de impeachment. Ele será sempre discutível e contestável.

No primeira sessão, foi ouvido um informante e inquirida uma testemunha, ambos da acusação.[43] Na segunda, no dia 26, foi ouvido um informante e inquiridas três testemunhas da defesa.[44] Na terceira sessão, dia 27, foram inquiridas as duas últimas testemunhas da defesa.[45] No domingo 28, todos descansaram, para retomar o julgamento na segunda-feira.

A quarta sessão, em 29 de agosto, foi histórica. Pela primeira vez, uma pessoa no exercício da Presidência da República, ainda que dela afastada temporariamente, compareceu a uma sessão do Senado funcionando como órgão judiciário, para se defender e ser inquirida. Dilma Rousseff, ao contrário de Collor, escolheu confrontar-se com seus juízes. Pouco antes das dez horas da manhã daquele dia, a presidente afastada fez um pronunciamento político, em sua defesa, para registro histórico. Nele, disse: "ouvi [...] críticas duras ao meu governo, a erros que foram cometidos e a medidas e políticas que não foram adotadas. Acolho essas críticas com humildade, até porque, como todos, tenho defeitos e cometo erros. Entre os meus defeitos não está a deslealdade e a covardia. Não traio os compromissos que assumo, os princípios que defendo ou os que lutam ao meu lado". O endereço dessas palavras duras era claro, o novo ocupante do Palácio do Planalto e os líderes da coalizão e ministros de seu governo, todos alinhados na aliança pelo impeachment. Dilma Rousseff afirmou: "é por ter a minha consciência absolutamente tranquila em relação ao que eu fiz, no exercício da Presidência da República, que venho pessoalmente à presença dos que me julgarão [...] para olhar diretamente nos olhos de v. ex.[as] e dizer [...] que não cometi nenhum crime de responsabilidade; não cometi os crimes dos quais sou acusada injusta e arbitrariamente". Alertou, como fizera seu advogado:

> no presidencialismo, [...] na nossa Constituição, não basta a eventual perda de maioria parlamentar para afastar um presidente. Há que se configurar crime de responsabilidade. E está claro que não houve tal crime. Não é legítimo, como querem os meus acusadores, afastar o chefe de Estado e de governo por não concordarem com o conjunto da obra. Quem afasta o presidente pelo conjunto da obra é o povo — e só o povo — nas eleições.

E terminou: "faço um apelo final a todos os senadores: não aceitem um golpe que, em vez de solucionar, agravará a crise brasileira. Peço que façam justiça a uma presidente honesta, que jamais cometeu qualquer ato ilegal, na vida pessoal ou nas funções públicas que exerceu. Votem sem ressentimento". No mais, defendeu seu governo e identificou o impeachment a golpe das "forças oposicionistas" que encontraram em "Eduardo Cunha o vértice da sua aliança golpista.[46] Articularam e viabilizaram a perda da maioria parlamentar do governo". Forças que ganharam musculatura quando a elas se juntaram os que desejavam paralisar as investigações por corrupção.

A presidente cometeu exageros e imprecisões em sua defesa. Tinha esse direito. Defendia-se. Duas incorreções merecem registro. A primeira, ao afirmar que "assegurei a autonomia do Ministério Público". A autonomia é constitucional e legal, não está ao alcance da autoridade presidencial assegurá-la ou retirá-la, e esse foi um avanço fundamental na direção da transparência da democracia brasileira. No que Dilma Rousseff tinha razão e continua a ter razão é que há no topo do governo que a sucedeu e no Legislativo, em associação com algumas autoridades do Judiciário, um bloco que deseja e opera para interromper as investigações, anular os inquéritos e reverter as penas já aplicadas. É, no momento, a maior ameaça ao Estado democrático de direito no país. A segunda imprecisão, a presidente cometeu ao dizer que seus opositores investiam contra "a conquista da estabilidade que busca o equilíbrio fiscal, que busca o controle da inflação", a qual teria obtido. A fatal combinação de recessão, inflação e colapso fiscal decorrente das políticas econômicas por ela implementadas esteve entre as causas principais de sua impopularidade, que estimulou a dissolução de sua coalizão e a articulação do impeachment.

Outro momento histórico e inédito, nessa sessão de julgamento do Senado, foi que a presidente afastada respondeu a perguntas de 48 senadores do seu lado e da oposição, ou com eles debateu, por onze horas e 35 minutos, com dois intervalos de uma hora, totalizando praticamente catorze horas de sessão. No debate, a presidente se defendeu com firmeza e usou argumentos políticos próprios da visão de seu bloco. Em determinado ponto, tratou com precisão um dos problemas que ameaçam a governabilidade no presidencialismo de coalizão:

> Durante o governo Fernando Henrique Cardoso, três partidos faziam a maioria simples, quatro partidos faziam a maioria de dois terços. No governo do presidente Lula, foram oito e onze. No meu governo, passou a ser — e aí há um problema muito sério —, para maioria simples, às vezes, quatorze partidos e, para maioria de dois terços, vinte partidos. Esse é um processo de fragmentação partidária responsável por uma forte crise política que afeta o Brasil, que afeta a governabilidade.[47]

A quinta sessão de julgamento foi a mais longa, começou às 10h26 de 30 de agosto de 2016 e terminou às 2h27 da madrugada do dia 31. Nela se travou um extenuante, agressivo e repetitivo debate sobre a denúncia, num plenário irredutível e polarizado. O clima político foi pesado e tóxico todo o tempo. Pura tensão. Falaram os advogados da acusação, Miguel Reale Jr. e Janaína Paschoal, o advogado de defesa, José Eduardo Cardozo, e 66 senadores, fora as intervenções "pela ordem" e os bate-bocas.

A sexta e última sessão de julgamento foi aberta pelo ministro-presidente, Ricardo Lewandowski, às 11h15 do dia 31 de agosto de 2016. Logo no início, o senador Vicentinho Alves (PR-TO) requereu destaque para votação em separado da expressão "ficando, em consequência, inabilitada para o exercício de qualquer função pública pelo prazo de oito anos". Diante do inevitável impeachment, os aliados da presidente afastada articulavam a preservação dos seus direitos políticos. Ocorria o inverso do que acontecera na sessão de julgamento do ex-presidente Collor de Mello, quando, diante da unilateral e irreversível renúncia, seus opositores articularam para cassar seus direitos políticos, dado que não podiam mais votar seu impeachment. Após alentado e exasperado debate regimental e negociações laterais, Lewandowski fez uma longa explanação para aceitar a questão de ordem e admitir o destaque. O senador Fernando Collor relembrou que a questão era controvertida e havia sido judicializada, num mandado de segurança em seu nome. O julgamento do mandado de segurança 21689 é um dos julgamentos históricos do Supremo Tribunal Federal, talvez porque tenha sido muito atípico. Nele, dois ministros se julgaram impedidos, Marco Aurélio Mello e Sydney Sanches, e um, Francisco Rezek, esteve ausente. Houve empate de votos, quatro a quatro. Para desempatar a decisão, foram convocados três ministros do Superior Tribunal de Justiça, José Dantas, Torreão Brás e William Patterson. O presidente do STF na ocasião, ministro Octavio Gallotti, disse:

> a convocação de ministros, primeiramente do Tribunal Federal de Recursos, depois do Superior Tribunal de Justiça, é um velho e uniforme procedimento, assentado pelo Regimento em seu art. 40 e, pela praxe do Supremo Tribunal Federal. O mesmo já ocorrera antes. [...] Sem levar mais longe essa pesquisa, tenho em mãos atas de pelo menos oito sessões deste Tribunal [...] onde se reiterou este critério, sem a mais leve objeção.

Com os três votos, o mandado foi indeferido por sete a quatro, mantida a decisão do Senado.

Preliminarmente, discutiu-se se o STF tinha competência para fazer o controle judicial de uma decisão do Senado, atuando como órgão judicial. A interpretação que prevaleceu foi a do relator, ministro Carlos Velloso, de que sim, a Suprema Corte podia exercer esse controle. Ele seguiu decisão anterior liderada pelo ministro Sepúlveda Pertence, a dizer que, "embora a autorização prévia para a sua instauração e a decisão final sejam medidas de natureza predominantemente política — cujo mérito é insusceptível de controle judicial — a esse cabe submeter a regularidade do processo de impeachment, sempre que, no desenvolvimento dele, se alegue violação ou ameaça ao direito das partes". O ministro Paulo Brossard defendeu a tese contrária, de que "o Senado, quando julga o presidente da República, não procede como órgão legislativo, mas como órgão judicial, exercendo jurisdição recebida da Constituição, e de cujas decisões não há recurso para nenhum tribunal".[48] Matéria controvertida, portanto, sobre a competência do STF e o mérito da decisão de separar as duas sanções, deposição do cargo e cassação dos direitos políticos. Ela voltaria à Suprema Corte para deliberar sobre manutenção dos direitos da presidente deposta, e o STF decidiria que a decisão do Senado não era passível de controle judicial.

A votação começou em meio a muita confusão e conflito, e Dilma Rousseff foi destituída do cargo de presidente da República por 61 votos a vinte. Antes da votação do destaque que visava preservar os direitos políticos de Dilma Rousseff, o presidente do Senado, Renan Calheiros, pediu a palavra para uma comunicação: "já que decidimos o quesito anterior, queria aproveitar, em um segundo, a oportunidade, para comunicar às sras. e aos srs. parlamentares que está convocada sessão solene do Congresso Nacional, a realizar-se hoje, quarta-feira, às 16h, no plenário do Senado Federal, destinada a dar posse ao excelentíssimo senhor Michel Temer, como presidente da República". E deu a senha do acordo: "meu voto é contrário à inabilitação". Seguiu-se um período de intensa agitação, durante o qual o ministro-presidente pôs o destaque em votação e anunciou o resultado, 42 votos favoráveis à cassação, 36 contrários e três abstenções. Não alcançando o mínimo de 54 votos, não se aprovou a cassação dos direitos políticos por oito anos da ex-presidente. Em seguida, o ministro Lewandowski leu a resolução que dizia ter sido julgada procedente a denúncia por crime de responsabilidade contra Dilma Rousseff com a consequente perda do cargo de presidente da República.[49] Foi o desfecho de um enredo anunciado. Mas que ninguém se engane. A deposição de Collor, a partir de seu afastamento temporário, depois que a Câmara autorizou o processo de impeachment, também seguiu um caminho anunciado. O fato histórico é que o afastamento temporário retira de qualquer presidente os recursos políticos para se defender num processo que é eminentemente político e controvertido. Os três presidentes afastados temporariamente, em nossa história republicana, foram definitivamente removidos do cargo. Café Filho, cujo afastamento se deu por doença, foi impedido de reassumir o cargo por decretação do seu impeachment, imposta pelos militares. Fernando Collor e Dilma Rousseff, afastados para serem julgados, não retornaram. O ponto crítico do processo não é o julgamento, mas a autorização que afasta. O restante tem sido um jogo com final predeterminado.

Se Dilma Rousseff achava mesmo que o principal articulador da trama para seu impeachment havia sido Eduardo Cunha, foi vingada, no dia 12 de setembro, quando o mandato do deputado foi cassado. Ocorreu menos de duas semanas após a votação do impeachment, mas 336 dias após a entrada do pedido de cassação pelo PSOL e pela Rede no Conselho de Ética e após 314 dias de processo. Isso mostra o poder de protelação de quem está na presidência da Câmara. Mas, sem os recursos de manipulação de bônus e ônus, afastado da presidência por ordem judicial e, finalmente, fora dela em definitivo por renúncia, Cunha viu-se repentinamente parte do baixo clero, um deputado de classe comum. O resultado foi a perda do mandato por 450 votos a dez. Quase unanimidade. Como Dilma Rousseff, ele teve o dissabor de ver no painel eletrônico o nome de antigos aliados e deputados por ele beneficiados votando por sua deposição. Em 19 de outubro, 37 dias após sua cassação, Eduardo Cunha foi preso e levado para Curitiba.

O PRESIDENTE INDESEJADO

Michel Temer tornou-se o segundo vice-presidente confirmado no cargo de presidente da Terceira República após a deposição do titular por impeachment. Ele foi presidente interino durante 112 dias e tomou posse definitiva às 16h51 de 31 de agosto de 2016, na presença de Renan Calheiros, presidindo o Congresso, e Ricardo Lewandowski, presidente do Supremo Tribunal Federal. Viajou, poucos dias depois, para a China. Esperava que a viagem fixasse a imagem de estadista que se esforçava para construir.

O governo de Michel Temer dividiu-se em três fases distintas. Na primeira, Temer teve uma coalizão de rescaldo, nascida na articulação do processo de impeachment, em situação similar à de Itamar Franco entre o impeachment de Collor e o Plano Real. Essa particular coalizão de rescaldo tinha um diferencial político significativo. Embora o PMDB fosse o seu partido-pivô, como em todas as outras coalizões, pela primeira vez o presidente era do partido. Finalmente, o condomínio de poder do PMDB ocupava a Presidência da República. Nunca antes.

A segunda fase do governo Temer começou em 17 de maio de 2017, quando estourou o escândalo da gravação da conversa entre o presidente e Joesley Batista, um dos donos do grupo JBS. A conversa não deixava margem a muita dúvida. Realizada em local e hora impróprios, era indecorosa e comprometia seriamente o presidente. Temer se apoiou, a partir daí, num acordo de conivência, mais que numa coalizão. Um conluio político para blindá-lo, ao ser denunciado por corrupção. Ele montou uma aliança de salvação coletiva de mandatos, sob direção do condomínio peemedebista, que temporariamente o livrou, e a vários parlamentares, entre eles o senador Aécio Neves (PSDB-MG), do alcance da Justiça. Essa aliança deu início a uma ação concertada, nos três Poderes, para neutralizar a Lava Jato. Contou com o apoio solidário e firme do PSDB, partido que, aliás, esteve em papel de destaque, de coliderança nas coalizões do impeachment e de rescaldo. No momento em que Temer precisou do Congresso para manter seu mandato, a coalizão de rescaldo chegou ao fim e ele se tornou refém do plenário da Câmara. Endividou-se politicamente e perdeu a capacidade de liderar uma coalizão efetiva.

A terceira e derradeira fase Temer é a pré-eleitoral, em 2018. Refém desse acordo de conivência, o presidente tentou articular uma coalizão de governo para aprovar reformas como a da Previdência e fracassou. A coalizão desgarrou-se, Temer ficou cada vez mais isolado, e o Congresso cada vez mais paralisado.

Não vou me deter na análise do governo Temer, porque ainda é um governo em andamento. Sua terceira fase está inconclusa quando escrevo. Passarei apenas, brevemente, pelos fatos mais reveladores das duas primeiras.

Houve três decisões importantes, que refletem bem a natureza de cada uma das fases e a dinâmica que assumiu o presidencialismo de coalizão nessa situação específica. Na primeira fase, a aprovação da emenda constitucional que fixou teto para o gasto público. Na segunda, as duas votações nas quais a Câmara blindou o presidente e o pôs fora do alcance do Supremo Tribunal Federal, impedindo que fosse processado por corrupção, obstrução de justiça e participação em organização criminosa.

Michel Temer voltou da China com força política. A coalizão de rescaldo e o novo governo precisavam mostrar resultados para superar o trauma e o peso do impeachment. No dia 11 de outubro, a Câmara aprovou em primeiro turno, por 366 votos a 111, a emenda à Constituição que estabelecia teto para os gastos do governo, por vinte anos, a ser revisto em dez anos. Era a prioridade de Temer. Na sequência, prometia uma proposta de reforma da Previdência. O presidente envolveu-se diretamente no corpo a corpo para aprovar a emenda, em jantar com mais de duzentos deputados, na véspera da votação.

Era o que ele e os seus articuladores sabiam fazer. O condomínio estava em plena operação. É fato que Dilma Rousseff havia legado uma situação fiscal calamitosa. Nem a crise externa com queda forte dos preços das commodities nem a recessão interna eram capazes de explicar um déficit daquela magnitude. O estímulo ao combustível fóssil, pela via do congelamento do preço interno, contribuiu, junto com a queda dos preços das commodities, para exaurir o superávit externo. Mas o vermelho nas contas públicas derivou de megassubsídios, inférteis, à gasolina, que fizeram o governo abrir mão da receita da Cide, a projetos caríssimos e de baixa qualidade e prioridade, como as hidrelétricas, e ao BNDES, para financiar empresas que quebraram, ou investiram no exterior, sem gerar sequer um novo emprego no país. O déficit público deixado por Dilma foi quase todo produzido para beneficiar setores parasitários do capital. Para os ricos. A solução imaginada pela equipe econômica de Temer era, porém, pouco engenhosa, mas o governo precisava aprová-la. O déficit não cairia com velocidade suficiente para justificá-la. Mas, nos meses seguintes, o governo seria capaz, pelo menos, de estancar seu crescimento. Faltava, no entanto, para aprovar o teto, uma segunda votação na Câmara e duas no Senado. Temer tinha pressa. Quinze dias depois, a Câmara aprovou a PEC do teto de gasto em segundo turno por 359 votos a 116.

Faltava o Senado, que estava em pé de guerra. O presidente da Casa, Renan Calheiros, batia de frente com o Judiciário, criando conflito inusual entre os dois Poderes. Irritado com uma operação de busca e apreensão nas dependências do Senado e nas residências de senadores, emitida pelo juiz da 10ª Vara Federal de Brasília, Vallisney de Souza Oliveira, no final de outubro, e que terminou com a prisão do diretor da Polícia do Senado, homem da confiança de Calheiros, o senador investiu contra o juiz. Seus impropérios tiveram pronta resposta da recém-empossada presidente do Supremo Tribunal Federal, ministra Cármen Lúcia. Em reunião do Conselho Nacional de Justiça (CNJ), ela advertiu: "onde um juiz for destratado, eu também sou. Qualquer um de nós juízes é. Exigimos o mesmo e igual respeito para que a gente tenha democracia fundada nos princípios constitucionais".[50] Em 3 de novembro, a maioria do STF vedou réus na linha de substituição do presidente da República. O ministro Dias Toffoli pediu vista, e o encerramento do julgamento foi adiado. Mas o conflito com o Judiciário, que em situações normais paralisaria o Senado, não prejudicou o avanço da PEC. Renan precisava, como Temer, apresentar resultados na agenda positiva, para ficar fora dos holofotes da Lava Jato. Os dois, todavia, ainda enfrentariam muitas contrariedades com a Justiça e, no caso de Temer, com associados do condomínio peemedebista. No dia 17, o ministro da Cultura renunciou, acusando o chefe da Secretaria de Governo, Geddel Vieira Lima, de pressioná-lo para favorecer projeto imobiliário irregular em Salvador. Apesar dos esforços de Temer, Geddel caiu uma semana depois. Em 1º de dezembro, por oito votos a três, o STF aceitou denúncia contra Renan Calheiros, que se tornou réu num dos doze processos a que respondia. No dia 5, o ministro Marco Aurélio afastou-o do cargo de presidente do Senado, em virtude da vedação de que réu esteja na linha de substituição do presidente da República. O senador, porém, ao contrário de Eduardo Cunha, insurgiu-se contra a decisão judicial e, com apoio de seu grupo, recusou-se a cumprir a ordem. Passados dois dias, o plenário do Supremo, acuado, manteve-o na presidência, embora não na linha de substituição da Presidência da República. Decisão inédita, distinta daquela tomada em relação a Cunha. Alguns ministros, por inusitado acordo interno, mudaram os votos anteriores para ajustá-los a essa anomalia. O ocupante do cargo tem entre suas atribuições substituir o titular da Presidência da República, em caso de impedimento deste ou do presidente da Câmara dos Deputados. O réu não pode exercer a atribuição constitucional de substituir o presidente, mas pode exercer todas as outras atribuições que, diga-se, não são de menor responsabilidade ou relevância.

Mesmo nesse turbilhão, e em sessão conflituosa em 29 de novembro, a PEC foi aprovada em primeira votação por 61 votos a catorze. O governo conseguiu rejeitar textos destacados, que poderiam desfigurar a emenda, por 51 a quinze e 52 a dezesseis. Embora ainda forte junto ao Legislativo, Temer ficava mais impopular na sociedade. No início de dezembro, o Datafolha mostrou que sua aprovação havia caído para 10%. A desaprovação aumentou vinte pontos, para 51%. A popularidade líquida estava muito negativa, em -67%, na linha de risco muito alto para o mandato.[51] Em 13 de dezembro, em votação difícil, o Senado aprovou a PEC do teto de gasto, em segunda votação, por 53 votos a dezesseis, quatro além do necessário.

No dia 23 de setembro, o ministro Teori Zavascki havia autorizado apuração inicial sobre a participação de Temer no esquema de corrupção político-empresarial, que poderia levar a uma denúncia contra ele. As investigações avançavam sobre a elite política de forma avassaladora. O governador do Rio de

Janeiro, um dos principais aliados de Lula e Dilma, Sérgio Cabral (PMDB-RJ), foi preso. José Yunes, assessor especial de Temer e homem de sua intimidade, envolvido nas investigações de corrupção relacionadas ao presidente, teve que sair do governo. A história brasileira corria acelerada e por caminhos imprevistos e dramáticos. Em janeiro de 2017, o relator da Lava Jato, Teori Zavascki, morreu em acidente de avião em Paraty, deixando o país em suspense. No começo de fevereiro, o ministro Edson Fachin assumiu o comando das investigações de corrupção em seu lugar. Após poucos dias, Temer, depois de passar por diversas tentações maliciosas, nomeou seu ministro da Justiça, Alexandre de Moraes, um constitucionalista, para a vaga aberta no Supremo Tribunal Federal. A crise era profunda e as instituições funcionavam. Um quadro complexo e repleto de contradições. Embora fosse grande o estresse, o aparato institucional da Terceira República, posto a teste inédito, continuava a funcionar. Ao mesmo tempo, partes dele mostravam grau nada desprezível de fadiga institucional, e iam se revelando, também, disfuncionalidades em várias de suas partes. Nenhum sistema, de qualquer natureza, consegue manter-se íntegro com partes em fadiga e outras em disfunção.

O país não parava de ser surpreendido por revelações escabrosas, retiradas da garimpagem metódica dos atos de corrupção e desmando pelos investigadores da Polícia Federal e do Ministério Público. Em 17 de maio de 2017, veio à luz gravação feita por Joesley Batista, dono da JBS, uma das empresas mais beneficiadas pelo Tesouro Nacional nos governos Lula e Dilma, que comprometia definitivamente a credibilidade de Michel Temer. A gravação registrava diálogo entre Temer e o empresário no subsolo do Palácio do Jaburu, sua residência oficial, na calada da noite. Uma conversa indecorosa para um presidente da República.[52] Paralelamente, a PF filmava outro assessor especial e homem de confiança de Temer recebendo uma mala de propina. As revelações abriram nova senda para a crise política que poria fim à primeira fase da Presidência de Temer.

Os eventos se sucediam vertiginosos. Em 18 de maio, o ministro Edson Fachin determinou o afastamento de Aécio Neves (PSDB-MG) das funções de senador. Aécio também havia sido captado em conversa comprometedora nas gravações de Joesley Batista. No dia 19, o Ministério Público foi autorizado por Fachin a abrir inquérito formal para investigar o presidente Michel Temer por crimes de corrupção, obstrução de justiça e organização criminosa. No início de junho, Aécio Neves foi denunciado ao Supremo Tribunal Federal pelo Ministério Público, por corrupção e obstrução de justiça. Presidente do PSDB, seria tratado com leniência pelo partido. Quase em simultâneo, o ex-assessor de Temer flagrado com a mala de dinheiro, Rodrigo Rocha Loures, foi preso. O Tribunal Superior Eleitoral retomou, em 6 de junho, o julgamento da chapa Dilma-Temer, por financiamento ilegal de campanha, com uma nova composição e dois ministros oriundos da advocacia nomeados por Temer. No dia 9, após contundente relatório do ministro Herman Benjamin, representante do Superior Tribunal de Justiça junto ao TSE, pedindo a cassação, o tribunal absolveu Dilma Rousseff e Michel Temer, descartando as provas e apesar do reconhecimento da existência de crimes eleitorais. A decisão foi por quatro a três, com voto de desempate de Gilmar Mendes, então presidente do TSE. O ministro mudou sua atitude nos julgamentos com a chegada de Temer à Presidência. A decisão do TSE revelou a falência da institucionalidade para controle judicial do processo eleitoral e evidentes disfunções no seu exercício.[53] Em 26 de junho de 2017, o presidente Michel Temer foi formalmente denunciado pelo procurador-geral, Rodrigo Janot, por crime de corrupção. No último dia do mês, o ministro Marco Aurélio Mello, do STF, interrompeu o afastamento de Aécio Neves das funções de senador, e o ministro Edson Fachin mandou soltar Rocha Loures. Na madrugada de 3 de julho, o ex-ministro de Temer e um dos síndicos do condomínio de poder do PMDB, Geddel Vieira Lima, foi preso por ordem do juiz Vallisney de Souza Oliveira, da 10ª Vara Federal de Brasília. Na Câmara dos Deputados, a Comissão de Constituição, Justiça e Cidadania (CCJ) começou a examinar o pedido de autorização do STF para processar o presidente da República. O relator escolhido, Sergio Zveiter (PMDB-RJ), não agradou a Temer e seus aliados. Era independente demais. O presidente podia esperar um relatório juridicamente sólido e politicamente negativo.

Com o pedido de autorização correndo na CCJ sem controle do presidente, o único caminho para o governo era manobrar na comissão, trocando membros recalcitrantes por outros fiéis, por mais ilegítimo que fosse, para garantir o resultado favorável. O contundente e preciso relatório do deputado Sergio Zveiter na CCJ deferindo o pedido de abertura de processo contra Michel Temer comprometeu seriamente o presidente. Foi rigorosamente técnico e equilibrado.[54] Após o relatório, Temer deixou de agir nos bastidores para preservar o mandato. Passou a fazer de tudo, às claras, para continuar na Presidência. Os custos dessa busca desenfreada por votos suficientes a fim de bloquear a autorização para ser processado só aumentaram. Ele se tornou refém da Câmara e, como tal, estaria fadado a pagar indefinidamente e cada vez mais, apenas para obter o mesmo benefício.⁵⁵ Com as trocas de titulares na CCJ, Temer conseguiu, em jogo aberto e desmoralizador, derrubar o parecer de Zveiter por 41 votos a 24, em 13 de julho. Dessa forma, virou o jogo no plenário. Daí em diante, os que quisessem autorizar o processo teriam que mobilizar 342 votos. O pedido de autorização, com um improvisado parecer contrário, só foi a plenário no dia 2 de agosto, após muita manobra protelatória do governo e do presidente da Câmara, Rodrigo Maia (PFL-RJ). A autorização foi negada por 263 a 227. Resultado positivo para os objetivos de Temer, mas indicativo de que a coalizão de rescaldo havia se dissipado. Restava-lhe, agora, a colusão dos ameaçados e dos interessados em aproveitar a fraqueza presidencial para elevar seus bônus colaterais. Foi a primeira blindagem de Michel Temer.

Temer tentava manter o seu poder de agenda, mas estava com ele hipotecado ao plenário do Congresso, particularmente ao baixo clero da Câmara. Um presidente na defensiva, no presidencialismo de coalizão, é um presidente que enfrenta a dispersão dos aliados e se torna refém da sua base. Precisará dela sempre só para sobreviver no cargo. Temer teve uma coalizão de rescaldo, de alta eficácia e baixo custo fiscal, antes do escândalo. Depois, passou a ter uma aliança de proteção recíproca, de baixa eficácia e alto custo. A agenda presidencial depende de sua liderança sobre uma coalizão majoritária de parlamentares. Se dependesse da liderança de Temer, nada de muito relevante passaria. Ele já não a tinha.

Era previsível que o procurador-geral, às vésperas de deixar o cargo, apresentasse uma nova denúncia, por obstrução de justiça. No final de agosto, Temer passou a agir preventivamente, demitindo indicados de deputados que lhe foram infiéis na barragem da primeira autorização. No início da segunda semana de setembro, Geddel Vieira Lima voltou a ser preso, pilhado com caixas de dinheiro num apartamento. No dia 12, o ministro Luís Roberto Barroso autorizou a abertura de outro inquérito contra Temer, em novo escândalo, também com seu fiel companheiro, Rocha Loures, por beneficiar ilicitamente empresa que atua no porto de Santos. No dia 20, o STF começou o julgamento da segunda denúncia contra Michel Temer, dessa vez por obstrução de justiça e participação em organização criminosa. Com dez votos favoráveis e um voto divergente do ministro Gilmar Mendes, em favor de Temer, o Supremo decidiu pedir nova autorização à Câmara dos Deputados para processar o presidente da República. A denúncia começou a tramitar em 26 de setembro. Nesse mesmo dia, a Primeira Turma do STF decidiu, por três votos a dois, suspender o mandato do senador Aécio Neves (PSDB-MG) e determinar seu recolhimento noturno, proibindo-o de manter contato com outros investigados nos inquéritos por corrupção. Havia indícios de uso do cargo para obstrução da justiça.

A coincidência de ações judiciais levou a uma desconcertante ação concertada a favor do senador, reunindo Temer, que articulava com lideranças no Senado, o PT, que em nota chamou o Senado a "repelir essa violação de sua autonomia", e o ministro Gilmar Mendes, que atacou a decisão da Primeira Turma, dizendo não haver respaldo para ela na Constituição. Operaram também, nesse acerto, os senadores Renan Calheiros (PMDB-AL) e Eunício Oliveira (PMDB-CE), na presidência do Senado.[56] Um relator submisso, ligado a Aécio, Bonifácio de Andrada (PSDB-MG), julgou improcedente a denúncia contra o senador e recomendou ao plenário que negasse autorização para que ele fosse afastado. Diante da certeza de que o plenário aceitaria a recomendação encomendada, o STF, dividido e contaminado pelo clima político, decidiu por seis votos a cinco que o Congresso precisava dar aval a medidas judiciais que afetassem o exercício do mandato parlamentar. Transformou a anunciada afronta do Senado em ação consentida. Um caso evidente em que o estresse institucional levou a um lapso no controle judicial, parte central do sistema de freios e contrapesos do presidencialismo. Em 17 de outubro, como esperado, o Senado determinou o retorno de Aécio Neves ao cargo, por 44 votos a 26. Na véspera, o PT havia recuado e seus senadores votaram contra ele.

No dia 18 de outubro, a CCJ da Câmara dos Deputados aprovou, por 39 votos a 26, o relatório rejeitando a autorização para que o presidente da República fosse processado pela segunda denúncia aceita pela Suprema Corte. No dia 25, sem necessidade de protelação, o plenário da Câmara rejeitou a autorização por 251 a 233. Consumava-se a segunda blindagem de Michel Temer. A prerrogativa de foro, que permite ao presidente, com denúncia por crime comum aceita pelo Supremo Tribunal Federal, livrar-se do processo por recusa da Câmara a autorizá-lo, frustra a expectativa republicana de que todos sejam iguais perante a lei. Essas proteções ao mandato presidencial são justificadas como salvaguardas para que não se manobre politicamente por sua deposição. Mas sua amplitude sujeita a defesa da sociedade às manobras fisiológicas da Presidência.

Esse decorrer dos fatos praticamente prescinde de análise. Revela por si mesmo, nas idas e vindas das decisões judiciais, nos conflitos entre Executivo, Legislativo e Judiciário, o fato de as instituições estarem funcionando no limite, aos soluços, afogadas em crises que se superpõem e se sucedem em vertiginosa progressão. Está exposta a céu aberto uma intrincada e extensa rede de corrupção político-empresarial, na qual se enredou parcela muito significativa da elite política brasileira, de todos os principais partidos, e da elite empresarial e financeira. É difícil explicar as bases para a negação em que ainda insiste parte da sociedade informada. Houve, no processo, lapsos institucionais e falhas que distorcem a democracia republicana e o funcionamento do presidencialismo. As instituições estão operando em situação de permanente estresse. Nesse ecossistema, a emergência de múltiplos pontos de fadiga institucional é muito provável e, a exemplo do que ocorre com a fadiga de materiais, a proliferação de pontos de fadiga pode levar à ruptura ou colapso do sistema. A prevalência da impunidade e do clientelismo é uma evidente e real ameaça à democracia, pelo descrédito e deslegitimação das instituições republicanas.

Com a decisão da Câmara, o governo Temer entrou em sua terceira fase, que pode manter-se até o seu fim, em 1º de janeiro de 2019, se não surgirem mais ameaças a ele. Para isso, é necessário que as duas dezenas de pedidos de impeachment na gaveta do presidente da Câmara, Rodrigo Maia, sejam definitivamente arquivadas e que o Ministério Público não ofereça novas denúncias contra Temer ao Supremo Tribunal Federal, derivadas de inquéritos em estágio avançado de andamento. É a fase de declínio, talvez acelerado, de uma presidência muito impopular e indesejada, à medida que se aproximam as eleições de outubro de 2018.

III
BREVE BALANÇO

19. Dilemas do presidencialismo de coalizão

Esse exame narrativo de nossa política republicana revela padrões recorrentes de comportamento político e outros de descontinuidade. Creio que as regularidades são tão importantes quanto as descontinuidades para que se possa compreender a dinâmica da política brasileira. A resiliência do poder oligárquico e o domínio da conveniência política sobre a observância das regras constitucionais me parecem decisivos para o entendimento dos dilemas e problemas de nossa vida política. O presidencialismo de coalizão não é inexoravelmente instável, nem promove a ingovernabilidade crônica ou cíclica. Mas, por suas singularidades, principalmente a dependência da Presidência da República para com uma grande coalizão, com graus irredutíveis de heterogeneidade, ele requer mecanismos muito ágeis de mediação institucional e resolução de conflitos entre os poderes políticos da República. Mecanismos que não estão presentes no nosso processo legislativo, nem nas regras eleitorais. Esse tipo de mediação está também fora do escopo do poder moderador razoável do Judiciário. Já ficou claro, com três décadas de funcionamento ininterrupto e várias crises, que o presidencialismo de coalizão no Brasil é governável, tem capacidades institucionais bastante robustas, porém tem déficits que estão se aprofundando. Institucionais, na resolução de crises de impasse polarizado entre Executivo e Legislativo. De qualidade, coerência e persistência das políticas públicas que produz. De representatividade do sistema partidário e de qualidade da democracia. A crise da democracia representativa é global, como tentei demonstrar em ensaio sobre os imprevistos da grande transição do século XXI. Mas a nossa tem acentos particulares.

A reeleição introduziu novos problemas no nosso modelo político. Mudou a lógica das decisões do primeiro mandato. O "ciclo político-econômico", que leva presidentes a manejar a política macroeconômica para influenciar as eleições, agrava-se muito quando há reeleição, sobretudo quando dominam as coalizões clientelistas. Nunca fui simpatizante da reeleição. Ao longo do tempo, reforcei meu convencimento de que não se trata de um bom mecanismo institucional. O exame das experiências americana e francesa mostra que raramente ela dá bons resultados. No Brasil, só o segundo mandato de Lula foi de melhor desempenho que o primeiro, porque colheu os frutos das políticas econômicas do FHC II e do Lula I. Mas foi a exceção para demonstrar a regra. No final do seu período, para eleger uma candidata dificílima, Lula promoveu um desajuste fiscal, que Dilma aprofundou, criando um gigantesco problema para os anos que se seguiram ao seu breve segundo mandato. O ciclo político-econômico também ocorre quando não há reeleição. Todavia, ele tende a ser mais longo, mais intenso, e seu impacto fiscal negativo muito maior, quando há. Principalmente quando um mesmo partido elege e reelege presidentes em sucessão. Claro que os efeitos da reeleição podem ser mitigados, como nos Estados Unidos, com a proibição de exercer mais de dois mandatos presidenciais, consecutivos ou não. O fato é que, na política sul-americana, a tendência caudilhista de retorno de ex-presidentes ao cargo e de reeleição recorrente tem se revelado bastante negativa, em todas as dimensões da vida. A reeleição reforça exponencialmente as tendências oligárquicas de nossa cultura política. Produz evidente esgotamento das energias criativas do governo. A rotatividade no cargo e a renovação da liderança presidencial oxigenam a democracia e criam a oportunidade para mudanças de estilo e orientação das políticas públicas. A reeleição inibe o surgimento espontâneo de novas lideranças e permite ao presidente produzir um sucessor. A alternância tende a encorajar o respeito por experiências bem-sucedidas dos antecessores.

O aumento sistemático no custo do segundo mandato reforça minha convicção de que a reeleição foi a pior iniciativa de Fernando Henrique Cardoso.[1] Seu segundo mandato foi politicamente mais instável, e a gestão de sua coalizão custou mais em termos fiscais e concessões clientelistas do que no primeiro. Esse custo se elevou a partir da introdução da reeleição na agenda presidencial. No segundo mandato de Lula da Silva, a manutenção da coalizão também custou mais caro. Sem considerar os custos da rede de corrupção político-empresarial e seus efeitos nos preços das obras públicas. Teve, contudo, maior sucesso nos resultados e junto à população. O segundo mandato de Dilma Rousseff começou em crise e terminou em impeachment, com custos fiscais com a coalizão explosivos, particularmente no último semestre de 2015 e no primeiro de 2016. A reeleição só gerou custos e crises para o país. Há o desgaste natural, pelo tempo, do vigor político do presidente no segundo mandato. Uma espécie de fadiga da coalizão, que reduz a popularidade e a força de atração presidencial.

O presidente consegue aprovar as medidas que considera essenciais para realizar seu projeto de governo, principalmente no primeiro ano do primeiro mandato. Independentemente da discussão sobre o conteúdo das medidas, se neoliberais, reformistas, redistributivistas ou modernizantes. Esse é outro debate, substantivo, que tem a ver com a força relativa dos interesses na sociedade brasileira. Os que defendem o presidencialismo de coalizão têm razão em afirmar que sim, ele permite ao presidente aprovar as medidas que considera essenciais. Collor, mesmo sem uma coalizão funcional, aprovou seu brutal programa de estabilização, promoveu a abertura da economia brasileira, aprovou o programa de privatização, fechou uma série de autarquias que não passavam de enclaves de oligarquias empresariais e políticas no aparelho de Estado. Propôs e aprovou a Lei Rouanet de incentivo à cultura. Itamar Franco aprovou todas as proposições relativas ao Plano Real, a emenda constitucional que criou o antecessor da DRU, o Fundo Social de Emergência, uma medida de ajuste fiscal. Fernando Henrique alterou radicalmente o capítulo econômico da Constituição, abrindo caminho para o aprofundamento da privatização. Privatizou a mineração, a siderurgia, parte da energia e as telecomunicações. Eliminou monopólios e entraves à navegação de cabotagem. Criou agências regulatórias. Aprovou a Lei de Responsabilidade Fiscal. Lula aprovou a reforma da Previdência do setor público. Conseguiu prorrogar a CPMF e a DRU. Aprovou mudanças na legislação trabalhista, flexibilizando a CLT para criar o programa Primeiro Emprego e permitindo a contratação de pessoas jurídicas. Aprovou a Lei Geral da Micro e Pequena Empresa e a Lei de Falências. Fez o extraordinário programa Bolsa

Família. Dilma Rousseff, apesar da fraqueza política de seu governo, aprovou mudanças no pagamento de pensões às viúvas jovens e regulamentou a reforma da Previdência pública aprovada por Lula e a regra 85/95. Por ela, a soma da idade do trabalhador e do tempo de contribuição, para a aposentadoria integral, teria que ser 85, para as mulheres, e 95, para os homens. Fez o importante programa Brasil sem Miséria, com transferência de renda direta, o Água para Todos, programa de cisternas, o Pronatec, para educação profissional e tecnológica, todos focalizados na linha de miséria.

O outro ponto crítico do presidencialismo de coalizão tem a ver com a governabilidade, a estabilidade do mandato presidencial e o funcionamento pleno das instituições, quando há conflito entre Executivo e Legislativo. Com dois impeachments em trinta anos, entre quatro presidentes eleitos, tenho sérias dúvidas se é mesmo possível falar num regime institucional totalmente funcional. Impeachments são processos traumáticos, rupturas políticas graves, nada triviais. Espera-se que rupturas políticas dessa magnitude sejam raras. Evitaram mal maior, alguns diriam. Talvez, se avaliamos a olhar pelo retrovisor. Da perspectiva do colapso da Segunda República no autoritarismo militar. Não me parece um argumento bom, no balanço da Terceira República e olhando para a frente.

Como ocorreu com o PSD na Segunda República, o PMDB foi o partido-pivô de todas as coalizões de governo. Mas, ao contrário do PSD, jamais conquistou o governo em eleições. Só chegou a ele com o impeachment de Dilma. Isso, a despeito de ser a maior máquina partidária do país até o momento. Em 2016, o PMDB estava aboletado em 19% das prefeituras. Essa malha municipal de prefeitos e vereadores lhe deu a certeza de sempre estar entre as três maiores bancadas na Câmara e no Senado e de ser, portanto, parceiro indispensável na formação de coalizões majoritárias. Com a polarização PT versus PSDB e a consequente impossibilidade de uma coalizão de centro-esquerda, ele se tornou o parceiro inevitável das coalizões de governos dos dois e introduziu nelas o vírus das trocas clientelistas, esvaziando-as do conteúdo programático com que os presidentes assumiram. É por essa proximidade quase inevitável com o PMDB e pela flexibilidade do padrão moral da política do PSDB e do PT que se pode dizer que os dois se "peemedebizaram". Ao optarem pela rivalidade entre si, sem possibilidade de acerto, entregaram-se, ambos, como reféns voluntários, ao PMDB. Formou-se, a partir do governo Fernando Henrique Cardoso, um condomínio para controle do poder no PMDB, que se fortaleceu nos governos de Lula da Silva e Dilma Rousseff, para chegar, pela primeira vez, com seu síndico principal, à Presidência da República.

Nossa história recente mostra que, não obstante a maior estabilidade da Terceira República e a eficácia dos mecanismos de estabilização institucional, há problemas e falhas graves no perfil do presidencialismo de coalizão reformado de 1988. O mais visível deles é a hiperfragmentação partidária, pois afeta diretamente a formação de coalizões, o seu tamanho e a probabilidade de serem estáveis, além de propiciar terreno fértil para o clientelismo e a corrupção. A fragmentação reflete o aumento excessivo do número de partidos com poder de veto e impõe coalizões mais extensas e heterogêneas, mesmo que o presidente se contentasse com uma coalizão natural, de maioria simples. Este é um problema maior, porém, por causa da necessidade de emendas recorrentes à Constituição, que torna praticamente obrigatório ter coalizões que excedem em demasia a maioria simples. A coalizão excedente da maioria simples será sempre excessivamente heterogênea para ser manejada com baixos custos políticos e fiscais. Esse quadro abre brechas à corrupção como forma de satisfazer parceiros clientelistas em número elevado.

Na legislatura atual, o índice de fragmentação na Câmara, medido pelo número de partidos efetivos, chegou a dezessete com o troca-troca de partidos, e no Senado a nove, como se vê no gráfico 1 abaixo. Uma diferença nada desprezível.[2] Com tal grau de fragmentação na Câmara, o manejo razoável e eficiente de uma coalizão é praticamente impossível. A única esperança é que as eleições parlamentares reduzam essa fragmentação, na contracorrente do que aconteceu nas eleições anteriores.

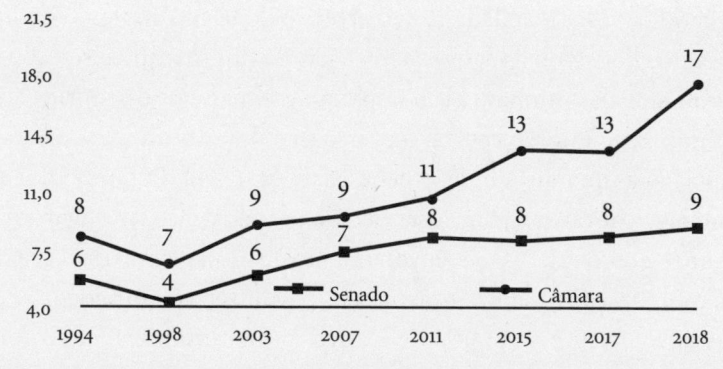

GRÁFICO 1 – FRAGMENTAÇÃO PARTIDÁRIA CÂMARA E SENADO (NEP)

Equilibrar, com alguma proporcionalidade, essas forças díspares, distribuindo poder e participação no gabinete, de modo a satisfazer, ao mesmo tempo, os "partidos da Câmara" e os "partidos do Senado", envolve análises combinatórias mais complexas. Tem sido usual ler na imprensa que determinada concessão presidencial, nas negociações para acomodar os interesses da coalizão, atende à "base" na Câmara mas não atende à "base" no Senado, e vice-versa.

Com a ampliação do número de pedintes, é impossível conceder a todos, em tudo, apenas com cargos e recursos fiscais legais. A cooptação como método de formação de coalizões leva à preferência por benefícios materiais e, como o mensalão e a Lava Jato indicaram, pode incentivar o uso de propinas para partidos e pessoas, como bônus de participação na coalizão, em detrimento de aspirações programáticas. Partidos e lideranças oportunistas, sem barreiras morais, num quadro em que predomina um padrão de comportamento político-institucional permissivo demais, são os que mais facilmente se adaptam a esse ecossistema político-institucional e nele prosperam. A Lava Jato criou a possibilidade de que aumentem os desincentivos e as contramedidas capazes de conter a corrupção. Mas esses instrumentos se acham sob ataque do Legislativo e do Executivo, com alianças estratégicas no Judiciário, visando a neutralizá-los. Tais esforços de neutralização das investigações está politizando aceleradamente o Judiciário, sobretudo o Supremo Tribunal Federal.

As campanhas caríssimas, exclusivamente de marketing, sem conteúdo programático algum e sem regulação, são outra evidente disfuncionalidade de nosso sistema. Iludem o eleitor e o impedem de fazer escolhas concretas entre prioridades para o país, além de liberarem os partidos da necessidade de definir afinidades programáticas. Substituem o contato direto com o eleitor e a exposição dos candidatos à sociedade, sem o artifício do teleprompter, pela declamação dos textos lidos, sob a maquiagem enganosa dos marqueteiros. Pior ainda, atores profissionais dominam a cena, aparecendo mais que o próprio candidato, substituindo-o no esforço central de persuasão dos eleitores. Essa deformação está associada a uma distribuição generosa e excessiva do tempo de televisão subsidiado, em horário nobre, a serviço da perpetuação das oligarquias e em detrimento da renovação. O desenvolvimento de mecanismos de recrutamento direto, a mobilização e o envolvimento dos partidos na comunidade se tornam desnecessários ao sucesso político-eleitoral. A mercantilização, transformação de partidos e candidatos em mercadorias, promovida por esse padrão de campanha na TV e no rádio, distorce a relação entre eles e os eleitores, transformando os últimos em meros consumidores de promessas produzidas pelo marketing. Os eleitores nos redutos dos candidatos e seus financiadores tornam-se clientes, daí a preferência por coalizões clientelistas sobre coalizões programáticas. O acesso à mídia subsidiada e ao fundo partidário, mais recentemente, ao fundo eleitoral, com a proibição do financiamento empresarial de campanhas, tem como resultado a reprodução do statu quo e a oligarquização dos partidos e da política. Criou-se, no Brasil, um estigma do "novo", colado na imagem estilizada de Collor, como o aventureiro, enganador, causador de crises políticas, que só beneficia as oligarquias políticas à direita e à esquerda. O tempo de TV subsidiado, nas campanhas e fora delas, é excessivo. Gera um "mercado de segundos" altamente pernicioso e com elevado potencial de corrupção. Incentiva a mercantilização da política, a hegemonia do marketing e a reprodução do statu quo. Em outras palavras, torna-se obstáculo poderoso à renovação política. O critério de distribuição desse tempo é prejudicial ao surgimento de novas lideranças, mais conectadas com a sociedade e com mais visão sobre as necessidades do país e dos eleitores.

Qual o problema com o novo? Nenhum, me dizem, desde que ele esteja integrado aos partidos com capacidade de governar. Ou seja, nenhum desde que ele passe pela seleção das oligarquias. O "novo", que corra por fora das estruturas oligárquicas, é a única possibilidade de romper o controle férreo das oligarquias e promover um efetivo realinhamento partidário.

Hoje, com o crowdfunding e outros mecanismos ágeis de financiamento e de fiscalização do financiamento, pode-se pensar em modelos muito mais eficazes e seguros para a democracia. Mas os critérios de distribuição não podem ser feitos com base no desempenho passado. Isso é o que querem os que já têm poder, para bloquear o acesso dos que não têm poder. A burocratização, o formalismo e a lentidão da Justiça Eleitoral convalidam esse sistema deformado e ajudam a mantê-lo. Custo a ver necessidade para os tribunais eleitorais.

Mesmo com essas falhas, as sucessões na Terceira República têm se dado sem crises institucionais, em eleições bastante regulares e tranquilas, a despeito das distorções promovidas por nosso estilo de campanha. Recentemente, surgiram evidências robustas de corrupção eleitoral crescente com poder de afetar os resultados. Isso, só se poderá enfrentar se a aliança para bloquear as investigações da rede de corrupção político-empresarial for contida. Essa normalidade das transições e a regularidade das eleições mostram que não existe risco em haver maior rotatividade na Presidência. Em outras palavras, mostram que não precisamos de reeleição e que nos bastariam mandatos de cinco anos. Vendo a influência longeva e nada positiva do ex-presidente Sarney, eu me convenci de que cargos políticos públicos, eletivos ou não, devem ser vedados a ex-presidentes.

Temos tido, até agora, mecanismos institucionais suficientes para evitar crises políticas disruptivas nas sucessões. Há quem argumente que a insatisfação com o resultado de 2014 provocou o pedido de impeachment da presidente Dilma Rousseff. Pode ser e pode não ser. Todavia, a probabilidade de impeachment no ciclo de fuga do presidencialismo de coalizão, quando a coalizão se dispersa, é muito alta, sempre. Na nossa exígua experiência, os dois casos de impeachment que chegaram ao afastamento definitivo dos presidentes ocorreram no auge de ciclos de fuga, com presidentes com avaliação de mais de 65 pontos negativos. Nos governos de Fernando Henrique Cardoso e de Lula da Silva, também houve pedidos de impeachment, mas não prosperaram, porque não havia o grau necessário de rejeição popular dos governantes.

20. Impeachment não é voto de desconfiança

Dois impeachments em sete mandatos presidenciais não podem ser vistos como um fato trivial. Merecem detida reflexão. O presidente eleito pelo voto direto e geral dos cidadãos é vulnerável aos humores do eleitorado, que determinam sua popularidade com base em seu desempenho. A observação sistemática dos acontecimentos políticos na história republicana pós-1945 indica que a popularidade está associada ao desempenho macroeconômico, principalmente à renda real, logo inflação e desemprego, e à percepção do comportamento moral do presidente. Essa associação histórico-concreta entre tragédia econômica e crise política é observável. Fernando Collor se elegeu na onda anti-Sarney e anti-PMDB provocada pela frustração do Plano Cruzado. Teve o mandato interrompido na onda anti-Collor provocada pelo malogro de seu plano de estabilização, que levou à recessão e à hiperinflação. Dilma Rousseff teve seu mandato interrompido após a frustração de sua política de contenção artificial de preços de energia, com a decorrente ressurgência inflacionária e a longa recessão. A tradução em impopularidade do desconforto econômico inesperado de campanhas insinceras como a de FHC, em 1998, que omitiu a crise e a necessidade de desvalorizar, e a de Dilma, em 2014, que omitiu a necessidade do tarifaço, mostrou-se, num caso, prejudicial e, no outro, fatal. Fernando Henrique soube reagir mais rapidamente, mudar a política econômica e estabilizar a economia. Lula e o PT tentaram se aproveitar da decepção popular e iniciaram a campanha "Fora FHC". Posteriormente, investiram numa narrativa que, por vitoriosa, congelou a impopularidade de Fernando Henrique até o final de seu segundo mandato e elegeu Lula presidente. Dilma não teve o desejo, a presteza e nem a oportunidade para mudar sua política econômica a tempo de reverter a frustração com a campanha enganosa. Perdeu o mandato, vítima de aguda impopularidade, com o impeachment arquitetado no interior de sua própria coalizão. Do mesmo modo, o sucesso econômico vitamina a governabilidade. Fernando Henrique se elegeu e reelegeu com a popularidade que lhe trouxe o sucesso do Plano Real. Perdeu popularidade e confiança na desastrosa desvalorização do real, no começo de 1999, logo após sua reeleição.

Como o Legislativo tem o ouvido colado no eleitorado e o ouve cada vez mais à medida que se aproximam as eleições, a popularidade se torna um fator crucial para a coesão da coalizão presidencial. Popularidade atrai, impopularidade repele. Mas não é fator capaz de romper isoladamente as condições de governabilidade. Impopularidade, isto é, rejeição acima de 50%, tem levado a crises na coalizão e abalos na Presidência.[1] Ela põe em risco a coalizão governista, iniciando um ciclo de fuga do centro ocupado pelo presidente, de afastamento, que tende a levar à paralisia decisória e provoca tentativas de restauração da coalizão por meio de reformas de ministério, sempre problemáticas. Como se viu na narrativa acima, em todos os momentos de queda forte de popularidade surgiram iniciativas que ameaçavam o mandato presidencial, entre elas pedidos de impeachment. Quando altos índices de impopularidade se deram num ambiente de grande desconforto econômico, com recessão e inflação e expectativas pessimistas, o risco para a governabilidade foi sempre muito elevado. Em ambientes como esse ocorreram os dois impeachments da Terceira República. O impeachment é um processo traumático. É uma decisão especialíssima, que se funda na conveniência das forças políticas. A implicação lógica da tese de Sampaio Dória, utilizada por Nelson Jobim no seu parecer para o caso Collor, é que a conveniência pode determinar tanto a interrupção do mandato de um presidente cuja culpa não tenha ficado evidente quanto a manutenção do mandato de um presidente cuja culpa tenha ficado comprovada. A tese tem esses dois termos: deposição sem culpa e permanência com culpa. O impeachment é um processo político. Gera uma ruptura política e uma descontinuidade institucional. Ruptura política porque muda o balanço do poder, muda a natureza da coalizão dominante, na articulação para depor o presidente. Uma descontinuidade, um lapso, institucional, porque invalida a expectativa institucional de estabilidade do mandato presidencial. Não é a dimensão judicial que explica a decisão de remover o presidente. É a política.

O impeachment surge como reação à perda da maioria social que elegeu a pessoa na Presidência e da dissolução de sua coalizão parlamentar. Mas é um instrumento inadequado para essa finalidade. Suas características complexas, traumáticas, e as agressões que permite a princípios de justiça, sobretudo de tratamento desigual para iguais em casos semelhantes, o desqualificam como saída apropriada para as crises na relação entre Executivo e Legislativo e de perda de popularidade e legitimidade presidencial. Não se pode, também, ter apenas a renúncia, ato unilateral, como forma de resolver esse tipo de impasse.

Não há, no Brasil, regras estáveis e claras para o processo de impeachment. Os dois afastamentos se deram com base numa lei obsoleta e parcialmente inconstitucional, analogias com o Código de Processo Penal, acórdãos do Supremo Tribunal e aplicações ad hoc dos regimentos internos da Câmara e do Senado. Na ausência de regras definidas e específicas para o procedimento de deposição, o processo foi fortemente desigual entre os dois casos. O tratamento ocasional, caso a caso, de procedimento tão central e violento no funcionamento da democracia presidencialista não é compatível com os fundamentos político-constitucionais de uma ordem republicana madura. Na ausência de lei regulamentar que tipifique clara e exaustivamente os crimes de responsabilidade, e defina com precisão os ritos e os procedimentos processuais específicos, ele sempre será discricionário. A dissociação entre a destituição do cargo e a suspensão dos direitos políticos agride a lógica.

Os impeachments de Collor e Dilma tiveram três traços relevantes em comum. O primeiro foi a alta e indiscutível impopularidade presidencial, ausência aguda de apoio social, rejeição majoritária. A decorrência inevitável da impopularidade sustentada por meses é a perda de credibilidade e legitimidade do presidente. Essa impopularidade derivou dos erros e fracassos das políticas econômicas implementadas pelos dois governos, com alta inflacionária e recessão com grave desemprego, e das frustrações das expectativas criadas pelas promessas dos candidatos. Condições agravadas pela presença concomitante de grandes escândalos de corrupção. A ideia de depor os dois presidentes só se firmou quando a desaprovação deles já estava acima de 60% e a aprovação no limiar de um dígito.

O segundo traço foi a falta de apoio parlamentar. Os dois lidaram mal com o jogo parlamentar. Collor tinha alguma experiência política, adquirida numa carreira principalmente majoritária. A experiência política de Dilma era incipiente, e ela revelava transparente inapetência para o jogo político-parlamentar. Ambos perderam a chance de ficar no cargo quando o partido-pivô de suas coalizões mudou de lado. Collor nunca teve apoio partidário sólido e majoritário. Seu partido não era sério, efetivo e fiel. Tinha uma legenda vazia, criada por ele, que encheu de áulicos em busca da proximidade do poder. Dilma teve apoio dos partidos, mas reticente, e foi abandonada pelo centro e centro-direita de sua coalizão, que lhe davam a maioria parlamentar. Ficou restrita à sua base fiel, ancorada no PT. Mas não tinha liderança no partido. Só cresceu ao ser ameaçada. Teve, contudo, o apoio da estrutura partidária e da militância, que evitou que ela caísse em isolamento como Collor. Essa diferença entre os dois explica a ausência de uma contranarrativa a favor de Collor e a força da contranarrativa a favor de Dilma e contra seu impeachment.

Ficou claro, em terceiro lugar, que a expectativa de compartilhamento do poder por parte das forças parlamentares que articularam a deposição aumentou a propensão ao impeachment. A deposição só se consuma se houver essa articulação política para interromper o mandato presidencial. É uma questão de conveniência política da maioria. Tentou-se usar o impeachment como arma política em todos os governos da Terceira República, embora apenas os pedidos contra Collor e Dilma tenham prosperado. Foram 29 pedidos contra Collor; quatro contra Itamar Franco; dezessete contra Fernando Henrique Cardoso; 34 contra Lula da Silva; 48 contra Dilma Rousseff; e treze contra Michel Temer.[2]

Nos casos de Collor e Dilma, a deposição prosperou porque a articulação política prévia no Congresso foi conduzida por lideranças capazes de realizar a expectativa de compartilhamento no novo esquema de poder. E o impeachment só se viabilizou após a adesão dos vice-presidentes, que abriram a discussão sobre a possível composição do futuro ministério. Não por acaso, Itamar e Temer qualificaram seus governos de "parlamentaristas". O mandato deles nasceu do voto pela deposição do titular. Itamar defendeu a antecipação do plebiscito e declarou que aceitaria ter um primeiro-ministro. Temer classificou seu governo de "semipresidencialista" e defendeu a adoção do modelo em definitivo.

Um ponto de diferenciação entre os dois processos de impeachment tem muita importância para o republicanismo democrático. A maioria do STF, no caso Dilma, votou pelo rebaixamento da Câmara dos Deputados. Os ministros não cuidaram de examinar as consequências político-institucionais dessa interpretação da letra constitucional que reduziu a autorização a uma mera delegação de poderes ao Senado. A decisão deu ao Senado mais poder e limitou severamente o papel da Câmara no processo político mais relevante na ordem constitucional do presidencialismo, que é o impeachment. Do ponto de vista democrático, o mais apropriado é a divisão equânime de poderes, na qual a Câmara é o tribunal de pronúncia, como ocorreu no caso Collor, determinando, a partir da decisão por dois terços dos deputados, o afastamento temporário do presidente da República. O Senado julga o presidente, a quem a Câmara pronunciou como réu por crime de responsabilidade. É mais apropriado porque as duas Casas do Legislativo têm funções de representação e formas de composição de bancadas muito diferentes. A Câmara eleita pelo voto proporcional é a representação da sociedade, em tese. O Senado, majoritário, com o mesmo número de senadores para todos os estados, é a "Casa da Federação", o garantidor da União, de representação igual entre os estados. A hipótese de que a autorização da Câmara vincula o Senado é a única que respeita os princípios da teoria republicana da divisão harmônica dos poderes na democracia constitucional. A separação hierárquica entre uma Câmara Baixa e uma Câmara Alta é inteiramente estrangeira à teoria republicana da democracia presidencialista. Pode aqui e ali ter sido usada como força de expressão retórica. Mas não pode ser tomada como princípio doutrinário. Coube a Alexander Hamilton, ainda nos debates para a instalação da Constituinte americana, mostrar o valor do equilíbrio entre as duas Casas do Legislativo, na mais delicada de todas as questões, que é a do impeachment. A solução, segundo ele, seria a "combinação parcial" entre os dois Poderes. As duas câmaras, autônomas entre si, dividem o poder de impeachment com equanimidade: uma institui o processo, a outra julga.[3]

O processo contra Collor seguiu rito sumário. Durou 122 dias. Ele foi afastado temporariamente, 28 dias após o despacho do presidente da Câmara admitindo o pedido de impeachment e submetendo-o à deliberação do plenário. Perdeu o mandato definitivamente noventa dias após sua saída temporária. O processo de Dilma seguiu rito longo e durou 273 dias. Ela foi afastada 162 dias após o despacho do presidente da Câmara e perdeu o mandato 111 dias após o afastamento temporário.

Não se pode dar como boa uma institucionalidade que permite tratamento desigual a presidentes, sob a mesma ordem constitucional, numa decisão tão grave como a interrupção do mandato. Nada impede que um próximo impeachment, regulado por outra composição do STF, siga um terceiro caminho processual. Não importam as razões do impeachment, a personalidade dos presidentes, nem a concordância ou não com a decisão política final. Importa a questão moral, da justiça dos procedimentos. O tratamento tem que ser igual para todos. Não se trata apenas de seguir as regras, ou os preceitos da Constituição. Mesmo rigorosamente constitucional e legal, o processo de impeachment se dá num quadro de anomalia político-institucional.

A interrupção deliberada do mandato presidencial é um processo objetiva e subjetivamente distinto da interrupção do mandato do primeiro-ministro. A saída do primeiro-ministro decorre da perda de maioria e constitui uma simples descontinuidade política, porque seu mandato pertence originalmente ao parlamento, não à sociedade. Não há frustração ou falha institucional, porque a expectativa constitucional é de que o mandato do primeiro-ministro dure enquanto durar a confiança da maioria do parlamento. O mandato presidencial é constituído pelo voto majoritário direto e nominal dos cidadãos. O mandato do primeiro-ministro é constituído pelo voto majoritário da bancada parlamentar. Se um partido alcança a maioria parlamentar na eleição, seu líder se torna o primeiro-ministro. Se não houver maioria e o partido fizer apenas a maior bancada, seu líder tem a prerrogativa de negociar com outros partidos uma coalizão e, se tiver sucesso, passar a exercer o mandato de primeiro-ministro, enquanto perdurar a coalizão. O caso de governos de minoria, como se sabe, é um exemplo extremo e precário, que nasce da indefinição eleitoral. A rigor, não existem presidentes minoritários. Principalmente quando há dois turnos. Seu mandato é, por definição, majoritário. Para chegarem à Presidência, eles necessariamente tiveram o voto da maioria. Há presidentes em minoria parlamentar porque seu partido não conseguiu fazer a maioria no Congresso. Essa é uma especificidade do presidencialismo. Nos Estados Unidos, situação similar define um "governo dividido" (*divided government*). No nosso caso, de presidente forte e Congresso com poder de veto, a ausência de maioria parlamentar tem consequências significativas e, não raro, estressantes no relacionamento entre Executivo e Legislativo, e ameaça a continuidade do mandato presidencial.

A apartação entre um presidente de base urbana difusa e um Legislativo de base local concentrada tem produzido, historicamente, grande distanciamento entre a agenda presidencial e a agenda legislativa. Este tem resultado em conflito, paralisia e crises institucionais. Se o presidente precisa de maioria para ter condições de governabilidade, como ocorre no presidencialismo de coalizão brasileiro, ele terá que buscar uma coalizão majoritária. Se conseguir, a coalizão definirá a maioria parlamentar do presidente, não a natureza majoritária do mandato presidencial. Esta só lhe pode ser dada pelo eleitorado. Um primeiro-ministro se torna majoritário porque o partido que lidera alcançou a maioria, ou porque logrou formar a maioria parlamentar, com base num programa negociado de governo. A negociação de uma nova agenda governamental busca precisamente ajustar a agenda do primeiro-ministro à dos partidos em sua coalizão. A natureza majoritária do mandato do primeiro-ministro é sempre indireta, outorgada pela maioria parlamentar e não pelos eleitores. O mandato decorre, portanto, da confiança da maioria parlamentar e não da vontade direta do eleitor. A precariedade é inerente ao mandato do primeiro-ministro. Sua duração, mesmo quando tenha um prazo máximo constitucionalmente definido, é dada pela confiança parlamentar. Basta um voto de desconfiança, para que ele seja interrompido. O mandato presidencial, não. Sua duração é constitucional e só pode ser interrompida em condições extremas, excepcionais, e mediante um processo específico e exclusivo de impeachment. A estabilidade é, portanto, inerente ao mandato presidencial. Quando ocorre a interrupção, dá-se uma descontinuidade institucional, embora não uma ruptura. Promove-se uma excepcionalidade prevista na lei, que gera um lapso na vigência da regra da estabilidade, o qual contraria o prazo constitucional de esgotamento do mandato. A expectativa constitucional de duração do mandato pelo prazo determinado na Constituição é frustrada por uma decisão política majoritária especialíssima do Congresso. Por isso, ela só pode se dar em casos de crime de responsabilidade, jamais por simples perda da confiança da maioria parlamentar. É por causa dessas condições especiais do impeachment que ele é, e sempre será, controvertido e traumático. Sempre recoberto por tensão e crise. Sempre envolto em dúvidas e alegações de que não teve base legal. Sempre marcado pela suspeita de que a oposição que se tornou majoritária usou de pretexto infundado e conspirou para interrompê-lo. O impeachment não é, e jamais será, um substituto funcional ou mecanismo equivalente ao voto de desconfiança no parlamentarismo. São procedimentos de natureza institucional e política muito diferentes.

O equivalente, no presidencialismo, ao voto de desconfiança parlamentar seria o referendo popular, o recall, que dá ao eleitor a possibilidade de demitir o presidente com o qual esteja insatisfeito. E o adequado seria que ele se desse por autorização da maioria qualificada das duas Casas do Congresso, determinando o afastamento temporário do presidente e do vice-presidente, sem campanha de marketing, ficando a Presidência da República a cargo do presidente do Supremo Tribunal Federal, para minimizar o uso das máquinas do Executivo ou do Legislativo na obtenção de votos no referendo.

21. A economia política do presidencialismo de coalizão

A centralização federativa complicou ainda mais esse jogo, porque tornou governadores e prefeitos também agentes demandantes diante da União. O principal recurso que eles têm para obter concessões presidenciais são seus deputados e senadores. Além disso, há os interesses empresariais e corporativos incrustados no orçamento e no Estado, que também veem nos parlamentares recursos políticos para pressionar o governo. São muitos os agentes e os interesses envolvidos. As demandas se cruzam e se contradizem, dividindo a coalizão governista. Os pontos de veto se multiplicam e, se há demandas cruzadas, em contrariedade, haverá pontos de veto que se opõem. Um processo sempre sujeito a paralisias decisórias, que consome tempo, energia, recursos e produz resultados subótimos. A multiplicação de pontos de veto tem a virtude de assegurar a permanência e estabilidade das políticas.[1] É um bom resultado em tempos normais, mas péssimo quando a continuidade está visceralmente atrelada ao atraso e ao domínio oligárquico e se precisa mudar. Daí o fracasso de todas as reformas.

A fragmentação partidária e a exacerbação de outros elementos do presidencialismo de coalizão reforçam e agravam esse jogo. O ponto nevrálgico não está no sistema partidário, nem no processo eleitoral, está no excesso de concentração de poderes e recursos na União e na Presidência da República. Não é só um problema institucional. Há, também, um problema estrutural. Como tudo na política brasileira é enrijecido, para ser flexibilizado, por negociação entre Executivo e Legislativo, o orçamento autoriza, mas não impõe, os gastos e investimentos aprovados. O presidente não é obrigado a executar o orçamento. Não pode gastar fora das rubricas nele definidas sem autorização do Congresso. Pode não gastar. Ele é administrado "na boca do caixa", a conta-gotas. Gotas gigantes às vezes. A maior parte das barganhas se dá para liberação dos gastos contidos no conta-gotas presidencial. O empenho e o gasto da verba prometida aos parlamentares se tornam moeda de troca pelo voto em matérias de interesse do presidente. A maioria dos senadores e deputados federais passou a se dedicar prioritariamente à função de intermediação entre a União e as unidades federativas para obtenção de recursos. As demais funções dos membros do Legislativo são calibradas por essa predominância da intermediação (*brokerage*). A hipercentralização da capacidade fiscal, tributária e regulatória no governo federal é um dos elementos essenciais da disfuncionalidade da democracia e do presidencialismo de coalizão. Como a política do governo é um compromisso entre o presidente e sua coalizão e, dadas a inércia e a estrutura de poder, o manejo do gasto público sempre favorece os setores politicamente mais fortes, com as clientelas mais poderosas e extensas. Eu chamaria essa política de "cumulativa" e não de "distributiva", porque ela acumula as demandas e as atende desigualmente.[2] Por isso, também, todo ajuste fiscal acaba sendo difícil, doloroso, baseado em cortes lineares e, portanto, distributivamente injusto.

Como o orçamento é o centro da disputa, esse engessamento o retira da competição democrática aberta. É a discussão prévia sobre critérios de alocação que define democraticamente as identidades programáticas e ideológicas. Força os partidos a levarem a sério suas prioridades e suas bases eleitorais. E, para isso, o orçamento teria que ser impositivo. O presidente teria que executá-lo como ele foi definido politicamente. Nesse Brasil ideal, seria mais ou menos assim, de forma muito simplificada: conservadores querem alocar mais recursos para os ricos, progressistas preferem gastar mais com os mais pobres, verdes concordam mais com os progressistas mas querem uma fatia para conservação da natureza e projetos de sustentabilidade. Os partidos montam seus planos eleitorais com suas respectivas propostas de alocação de recursos, e os eleitores prestarão mais atenção neles, sabendo que é para valer, porque eles escreverão um novo orçamento ajustado às preferências da maioria eleita. Os eleitores votarão na proposta de alocação dos impostos que julgarem mais conveniente para seus interesses. Não é o que acontece no Brasil real, como sabemos. O que se vê na propaganda eleitoral é que todos são a favor de educação, saúde, segurança pública e honestidade. Todo mundo sabe que não é verdade, porque nunca apresentam um programa claro de políticas a serem implementadas para avançar nesses campos. Os gastos serão definidos na barganha de bastidores, no cabo de guerra entre coalizão e governo, na boca do caixa. Sem transparência e sem critério algum de justiça distributiva.

Mas a descaracterização do processo orçamentário não para no carimbo de verbas. Ele vai adiante, inerciando boa parte do que não está carimbado. Subsídios variados, quase todos ao capital, se repetem automaticamente, quase sempre em valores corrigidos a maior, sem muita discussão. É uma troca interna de favores. As bancadas ligadas aos setores subsidiados apoiam a permanência das cotas de subsídio umas das outras. Embute-se uma inércia no gasto com subsídios, jamais debatido na sua necessidade, justiça e eficácia. Não se faz avaliação de desempenho de gasto, porque afloraria imenso conflito de interesses implícito no orçamento. Pior ainda, como não há interesse em olhar para esses subsídios, o melhor é criar uma rubrica opaca para eles, tornando-os invisíveis aos olhos da população e dos não iniciados na barganha orçamentária.

Esse quadro sustenta um sistema partidário ideológica e programaticamente amorfo. Quando o PT chegou ao poder com preferências ideológicas e programáticas diferentes das preferências dominantes, terminou por aderir à pauta inercial e focalizou suas prioridades na capacidade residual de manejo livre do orçamento. Foram governos que mantiveram praticamente intocada a estrutura de privilégios. Governos mais do patriciado industrial e bancário do que dos pobres. Distribuíram e ampliaram os incentivos e subsídios aos mesmos setores do capital que vêm sendo beneficiados pelo Estado desde a ditadura militar, e usaram a folga residual de recursos para programas de qualidade de transferência de renda para os mais pobres, como o Bolsa Família. Mas a diferença diz tudo, mais recursos públicos em programas de má qualidade para os ricos do que em programas de qualidade para os pobres. Uns, sem retorno social compatível. Outros, de alto retorno social. Uma lógica de cabeça para baixo.

A inércia político-burocrática desencoraja a definição de visões concorrentes para o país e sua oferta ao eleitorado por partidos de correntes opostas de pensamento. Daí a histórica ausência de um partido autenticamente liberal e a consistente preservação dos privilégios e subsídios do patriciado empresarial pelos partidos autodenominados social-democratas, trabalhistas ou de esquerda. A esquerda parece incapaz de se mover do centro conservador, e a direita impotente para defender, de fato e com legitimidade, a pauta do Estado mínimo. Mesmo os mais bem-intencionados e com orientação ideológica mais bem definida se tornam reféns desse centro conservador e oligárquico, que mantém um orçamento engessado e frustra qualquer tentativa de mudar de forma mais profunda e extensa as orientações do gasto público. Esse centro foi ocupado, após o impeachment de Dilma, pelo condomínio de poder interno no PMDB, que hoje governa o país.

Nesse contexto sociológico, é muito difícil acomodar demandas e resolver conflitos. Tradicionalmente, o atendimento de demandas e a resolução de conflitos tiveram uma única saída política que foi a inflação. Durante décadas a solução inflacionária dos conflitos teve ampla aceitação coletiva. Ela casava bem com o clientelismo que exigia largueza fiscal. Um orçamento elástico o suficiente para acomodar, ainda que de forma desigual, todas as demandas dos grupos associados aos partidos com acesso à partilha fiscal.

Havia nos fundamentos da economia política brasileira fatores que exerciam forte pressão inflacionária e fiscal e um elemento estruturalmente regressivo, que sempre distribuiu mais recursos públicos para o topo do que para a base da sociedade. Como havia demandas em excesso e muitas contraditórias entre si, para manter a legitimidade e a capacidade de governo, o presidente precisava maximizar o atendimento a essas demandas, ainda que pelo mínimo e com perdas de qualidade e eficiência. A inflação permitia acomodar mais demandas do que a capacidade real do sistema asseguraria. O custo era a depreciação da moeda e a consequente perda de renda real. Além disso, a inflação torna o orçamento opaco em termos reais, disfarçando e compensando o déficit público.

Mas como manter esse sistema, diante da inflação cada vez mais acelerada, rumando rápido para a hiperinflação? Adotando o mais amplo e generalizado sistema de indexação monetária possível.[3] A indexação era necessária para a adaptação dos agentes sociais ao ambiente hostil da inflação e, ao mesmo tempo, era uma ferramenta que habilitava os mais fortes a se protegerem dela e os predadores a ganharem com ela. A correção monetária possibilitava aos mais capacitados financeira e gerencialmente proteger suas rendas da corrosão inflacionária. A velocidade da desvalorização criava espaços para movimentos de especulação que permitiam ganhos ultrarrápidos, e com eles prosperaram as espécies mais especulativas do sistema financeiro. Os mais robustos, adaptados e oportunistas conseguiram sobreviver à estabilização, que secou quase instantaneamente essas fontes de extralucro puramente financeiro, obtido com a manipulação de ferramentas de especulação com a indexação em prazos curtíssimos. Os outros desapareceram. O governo estava, em parte, entre os mais capacitados, porque tinha o poder de indexar suas receitas, protegendo-as mas deixando relativamente desprotegidos os pagamentos dos setores que não tinham como se defender: assalariados, pensionistas, pequenos capitalistas, às vezes até grandes fornecedores, acumulando passivos gigantescos.

O resultado foi uma brutal concentração de renda. O sacrifício continuado da maioria terminou por gerar generalizada rejeição à inflação. Consolidaram-se as bases sociais para a estabilização monetária. Somente depois que se formou essa forte coalizão social pela estabilidade é que se venceu a inflação na política. Collor caiu porque a hiperinflação e a frustração de expectativas e demandas levaram à sua rejeição social e política. Só aí foi deposto politicamente. No caso de Dilma, a volta da inflação de dois dígitos, a recessão, a frustração de expectativas e demandas a tornaram tão impopular, que se pôde aprovar politicamente seu impeachment.

A saída pela inflação tem, portanto, limites técnicos e sociopolíticos. É certo que os empurramos o mais para a frente possível. Mas, com as perdas cada vez mais pesadas, principalmente para os assalariados, e a perda de tempo e esforço apenas na atividade febril de se defender da inflação, criou-se avassaladora demanda coletiva pela estabilização. O início das mudanças que levariam à grande transição global também limitou a viabilidade desse sistema e a capacidade fiscal dos Estados nacionais.

Com a estabilidade, a pressão voltou-se inteira para o orçamento público e a política de gasto. A estabilização provocou a primeira crise fiscal, com a revelação de déficits "invisíveis", na época chamados "esqueletos", trazidos à luz do orçamento formal. A mais profunda crise fiscal foi causada pela largueza orçamentária dos governos federais do PT e pela imprevidência de governos estaduais. Terminou por produzir mais inflação que o tolerável, a maior recessão da história republicana recente e uma grave instabilidade político-institucional. No plano federativo, viu-se o colapso fiscal de estados como Rio de Janeiro e Rio Grande do Sul. No Rio de Janeiro, deu-se o clássico "paradoxo da abundância", típico dos produtores de petróleo. Ele se caracteriza pelo desperdício suntuário das receitas do petróleo e pelo descaso com as necessidades sociais e com a cobertura dos períodos de escassez. O caso do Rio foi ainda mais grave, porque gastou para além do disponível os recursos derivados dos royalties do petróleo, e o fez valendo-se de quimérica receita futura dos megacampos do pré-sal, bem como se desperdiçaram recursos públicos com o superfaturamento da corrupção.

A dinâmica do sistema político não é a única fonte de pressões fiscais e inflacionárias. A heterogeneidade e o desenvolvimento desigual geram demandas na sociedade além da capacidade corrente do Estado e do mercado para satisfazê-las. A ação organizada das elites no mercado é uma causa central desse jogo de pressões. Elas atuam na estrutura de preços, no mercado, e na estrutura de incentivos, no Estado, para manter seus privilégios. Esse é um ponto importante, porque se presume, na discussão político-econômica brasileira, que uma reforma das regras políticas, principalmente eleitorais e partidárias, resolveria nosso paradoxo fiscal. Mas uma reforma assim apenas levaria à adaptação dos agentes políticos e econômicos às novas regras, para preservar interesses e privilégios cujas raízes são sociais. Além disso, a histórica aliança nacional-desenvolvimentista, que contrapôs o capital estrangeiro, agente do imperialismo, ao capital nacional, supostamente aliado nessa luta, criou um patriciado oportunista, dependente do Estado, o qual defende, com todos os meios, os subsídios e incentivos que o protegem e lhe permitem sobreviver com baixíssima produtividade e escassa capacidade competitiva. O bloqueio histórico e sistemático da reforma agrária levou à dominância política do setor agropecuário pelo ruralismo atrasado de alto custo fiscal, social e ambiental, embora o país tenha uma agricultura de precisão, que demonstra a viabilidade econômica de um padrão avançado de produção. Esse componente da sociologia política brasileira tem estado ausente das análises recentes do presidencialismo de coalizão.

22. A rotinização do constitucionalismo e a judicialização da política

A versão do presidencialismo de coalizão da Terceira República padece de grande instabilidade constitucional, que já levou a número desconfortável de emendas modificativas. Como a realidade cotidiana é dinâmica, a Constituição, muito extensa, e a correlação social e política de forças varia bastante, surge a necessidade de emendar seguidamente a Constituição. Nos trinta anos de existência da Carta de 1988, foram aprovadas 105 emendas à Constituição. Quase quatro emendas por ano de vida da Constituição.[1] Essa emendação sem fim apequena a Constituição, colocando-a no patamar da legislação ordinária, apenas com quórum mais qualificado para aprovação. Resulta em maior dificuldade e instabilidade do presidencialismo de coalizão. O presidente precisa de votos suficientes não só para aprovar as emendas necessárias ao sucesso de seu governo, mas também para bloquear iniciativas de reformas que julgue prejudiciais. Daí a elevação da maioria necessária à governança efetiva pelo presidente para três quintos de cada Casa do Congresso. As coalizões suficientes, ou mínimas, de 51% se tornam insuficientes. A coalizão suficiente para normalidade política tem que alcançar o número de votos necessários à aprovação de emendas constitucionais.[2] Com a hiperfragmentação, esse imperativo resulta em coalizões enormes, dificílimas de manejar, como lamentou a ex-presidente Dilma Rousseff em sua defesa junto ao Senado.

É clara a inconformidade social com o modelo político brasileiro, o que compromete seriamente sua legitimidade. O politólogo Jairo Nicolau registra que foram aprovadas pelo Legislativo catorze mudanças no sistema eleitoral e partidário, além de haver um debate permanente sobre reforma política no Congresso e na opinião pública.[3] O trauma histórico do regime militar consolidou entre nós a ideia de que o principal fator de resiliência institucional e indicador determinante do "bom" funcionamento das instituições é que crises políticas graves e eventos traumáticos como os impeachments não terminam em golpe militar. Mas esse é, digamos, o risco extremo. Entre a normalidade institucional e o golpe militar, há vários pontos de descontinuidade ou insuficiência institucional muito relevantes, que podem não afetar a ordem constitucional e a vigência do Estado democrático de direito, porém determinam o funcionamento subótimo, a baixa qualidade do sistema político e da democracia.

Nos momentos de plena compatibilidade entre a agenda majoritária de demandas da sociedade e a agenda de políticas do governo, como vimos no caso dos planos de combate à inflação, o sistema é capaz de funcionar bem e gerar boas políticas. São os momentos de dominância programática. Mas esse é um caso excepcional. Nos períodos "normais", as políticas são alteradas, mitigadas ou deformadas pelo clientelismo, contribuindo para aumentar as desigualdades por meio da alocação enviesada de recursos públicos e implementação diferenciada das políticas públicas. O quadro institucional brasileiro não gera, como regra, políticas públicas de qualidade, não garante a alocação equânime de recursos e serviços públicos, nem oferece ao cidadão continuidade das políticas públicas, ou estabilidade de regras e procedimentos. Os efeitos são visíveis no quadro educacional de baixíssima qualidade, no sistema de saúde pública disfuncional e nas falhas evidentes do sistema de segurança pública. Para não falar dos escândalos recorrentes de corrupção em escala crescente de disseminação e grandeza dos valores desviados dos cofres públicos. Esse resultado geral compromete gravemente a qualidade de nossa democracia e bloqueia o desenvolvimento sustentado e sustentável do país. Não é possível desprezar o fato de que, sem exceção, todos os presidentes da Terceira República se empenharam para fazer "reformas". A próxima pessoa a se eleger presidente prometerá fazer e se empenhará em fazer "reformas". "Reforma" se transformou numa entidade permanente e quase mítica da política brasileira. É parte obrigatória das promessas de campanha e da agenda dos governos. Se ainda são necessárias tantas e tão profundas reformas, significa que o sistema institucional e político não funciona nada bem.

A intervenção do Judiciário em questões políticas virou rotina no Brasil. No nosso modelo político, o conflito entre Executivo e Legislativo é comum e decorre da instabilidade das coalizões, principalmente se o sistema partidário é muito fragmentado. O presidencialismo de coalizão é bastante afetado pela mudança nos humores dos partidos na coalizão. Isso pode acontecer em todo regime no qual o governo depende de uma aliança multipartidária majoritária. Mas o dano é muito maior onde a coalizão é um imperativo da governabilidade. A probabilidade de choques paralisantes entre Executivo e Legislativo aumenta quando é necessário um grande número de partidos para formar a maioria suficiente para garantir a governabilidade. Nesses casos, aumenta também a probabilidade de contrariedades entre governo e oposição no Congresso. O centro se esvazia e deixa de ser amortecedor de crise, permitindo ao presidente trocar alianças. Há, ainda, divergências entre as unidades federativas e a União, agravadas pela extrema concentração fiscal e regulatória na União. Ao contrário dos regimes parlamentaristas, nosso modelo não dispõe de mecanismos políticos ágeis para enfrentar impasses previsíveis entre o Executivo e o Legislativo, entre partidos governistas e oposicionistas ou entre a União e as unidades da federação. Essa falta de mecanismos propriamente políticos para resolução de conflitos leva a impasses, crises políticas e paralisia decisória. O único recurso é a judicialização.

Há uma conexão entre o alargamento dos poderes do Legislativo e do Executivo e a ampliação do papel do Judiciário na intermediação de conflitos e no controle constitucional. O poder do Congresso se avulta por nossa tradição legiferante. Na nossa cultura político-institucional, tudo tem que estar na lei. Como a aplicação das leis sempre foi perturbada pelo patrimonialismo, pelo nepotismo, por privilégios e prerrogativas excludentes, como o privilégio de foro, a confiança nelas é baixa. A própria legitimidade das leis é baixa, fato expresso nos argumentos recorrentes de conveniência particular, tipo "é legal, mas não é legítimo", para justificar a desobediência a leis e regulamentos. Essa desconfiança nas leis ordinárias, associada a uma cultura de transgressão, criou a demanda de garantia adicional de direitos, privilégios, prerrogativas e interesses pela Constituição. A própria Constituição é fonte de incerteza e dúvidas, porque muitos de seus artigos permanecem sem regulamentação apropriada.

Além disso, e talvez até mais importante, a Carta é extensa demais e regula aspectos que estariam mais bem localizados na legislação ordinária. A extensão da Constituição dá muito espaço para controle de constitucionalidade de grande quantidade de decisões próprias da legislação ordinária, ampliando demasiadamente o papel do Judiciário.[4] Dessa forma, a Constituição, que deveria ser a carta de fundamentos, foi rotinizada, banalizada.

Embora no Brasil o presidente da República seja mais forte do que é nos Estados Unidos, nosso Congresso também tem muitos poderes. O modelo de presidencialismo adotado pela Constituição de 1988, da maneira como operacionalizou a separação e interdependência entre os Poderes, prevê a cooperação, mas também estimula o conflito entre eles. A Constituição fortaleceu o Legislativo, ampliando sua capacidade de fiscalizar e controlar o Executivo, no entanto, ao mesmo tempo, deu ao Executivo o poder de legislar por meio de medidas provisórias. Após sucessivas modificações, as medidas provisórias que não forem votadas em 120 dias perdem a eficácia. Ainda assim, é clara a ampliação de poderes presidenciais na segunda experiência com o presidencialismo de coalizão, e ela aumentou a responsabilidade do Judiciário na mediação política entre os dois, e aumentou o escopo do controle constitucional dos atos legislativos e de governo. O modelo adotado imprimiu "uma face fortemente política ao Judiciário".[5] Essa persona política da instituição é reforçada pela estrutura monocrática da Suprema Corte, que confere ampla autoridade pessoal aos ministros, com ampla autonomia para tomar decisões liminares. A concessão de liminares na função de controle de constitucionalidade de decisões do Legislativo e do Executivo é muito vulnerável a controvérsias de natureza política, preferências subjetivas do magistrado, e podem se transformar ainda em fonte de conflito interinstitucional. A disputa política passou a ter como palco não apenas os plenários do Congresso, como também varas e tribunais de Justiça.[6] A Lava Jato foi uma clara demonstração dessa politização, e colocou no centro de ataques políticos juízes de primeira instância, como Sergio Moro, o Ministério Público, em particular o procurador-geral da República, e a Suprema Corte. Contudo, não creio que se possa, com realismo, eliminar a judicialização da política para evitar que ela leve à politização do Judiciário.[7]

O fracionamento do poder no interior do Legislativo leva a compromissos, na feitura das leis, que geram mais controvérsias e conflitos do que soluções. Não há mecanismos funcionais, no processo legislativo, que removam os impasses que afastam as decisões do ponto ótimo. Por isso, eles se deslocam para o ponto mediano, que pode ser subótimo. Resta, como recurso, a revisão judicial. A própria possibilidade da revisão judicial tende a dar certa disciplina ao processo legislativo evitando que este se afaste, pelo menos de forma óbvia, da legalidade constitucional. A lógica da ação política em parte se judicializa pela expectativa de que possa haver revisão judicial.[8]

O fato de que a judicialização é, em parte, a busca do Judiciário como árbitro final de conflitos institucionais, políticos ou sociais, indica que o sistema institucional não cumpre bem essa função, sobretudo na instância mais apropriada, que é a parlamentar.[9] Aqui aparecem em relevo os fundamentos do lado positivo da judicialização, que teria a propriedade de aumentar a credibilidade do aparato constitucional do Estado democrático de direito, como argumentam os politólogos Marcus André Melo e Carlos Pereira sobre a consolidação de mecanismos contramajoritários, com ampla autonomia relativa na imposição de freios e contrapesos à ação do Executivo e do Legislativo.[10]

O controle constitucional é, na prática, um processo de interpretação, realizado por uma comunidade de magistrados que compartilham poder político e buscam conjuntamente definir o que a Constituição permite ou requer em circunstâncias determinadas.[11] Portanto, não deixa, também, de ser uma atividade política, ou jurídico-política. Daí porque é preciso levar em consideração como foi feita a Constituição, como suas normas ganharam aceitação, e como reteve legitimidade em meio aos embates políticos que a ela se seguiram. É preciso examinar a constitucionalidade considerando suas consequências para o sistema político e a vida pública. Interpreto esse exame das consequências como comportando uma avaliação política e moral do impacto das interpretações normativas sobre a qualidade da democracia. Se elas reforçam os valores democráticos de justiça e igualdade ou se acomodam à cultura de privilégios e prerrogativas patrimonialistas remanescentes na nossa cultura política. Como tentei mostrar, a nossa Constituição nasceu de um compromisso do qual nenhuma das partes estava inteiramente convencida.

O papel acrescido da Suprema Corte nessa função intermediadora escapa do âmbito dos mecanismos de vigilância e fiscalização, os freios do sistema (*checks*). Enquadra-se no plano dos mecanismos de contrapeso democrático (*balance*), os fatores de equilíbrio entre os Poderes.[12] Essa dimensão política da ação do Judiciário tem legitimidade restrita, alto potencial para controvérsias, e se dá nos limites da democracia. Os ministros não são eleitos, podem agir monocraticamente, isto é, tomar decisões solitárias, com alto grau de subjetividade. Mas, embora eles tenham margem relativamente ampla de interpretação do texto legal, principalmente ao decidirem questões políticas, o fazem sob o mesmo rito de procedimentos e com a mesma lógica decisória que utilizam na função judicial, de controle da constitucionalidade. Numa situação de contencioso, decidem no mérito quem ganha e quem perde. É o que chamamos de solução de soma zero. Uma das partes ganha e a outra perde a disputa. Na política, o que se busca o mais das vezes é uma solução ganha-ganha, na qual cada uma das partes cede para se chegar a uma decisão em que todas têm seu interesse satisfeito em alguma medida. A busca da solução mediana não se enquadra nos procedimentos judiciais. Ao decidir quem ganha e quem perde em questões estritamente políticas, o STF interfere no curso, na substância e, eventualmente, no resultado do conflito político.

O trânsito do procedimental para o substantivo é regulado pelos limites constitucionais da ação do Judiciário. Mas esses limites não são inequívocos, nem absolutos. Deixam margem de discrição interpretativa ao Supremo Tribunal Federal, que termina por criar normas, em lugar de somente julgar a validade das normas. Essa preocupação tem sido manifestada por politólogos, juristas e políticos, e tem também frequentado as sessões do STF. Vários ministros vêm mostrando, em votos e debates, que têm consciência do dilema posto à sua ação nesse espaço que se poderia chamar, apenas por analogia, de "uso do poder moderador".

23. Não é só a política

Estou convencido de que mudanças num conjunto apenas de regras políticas não trarão nenhum dos resultados esperados. Aspectos fundamentais de nosso processo político estão enraizados em nossa sociologia política. Nas relações de poder na sociedade, na cultura patrimonialista que legitima a apropriação do Estado ou na visão de que os direitos existem sem contrapartida em deveres, e não em relações contratuais recíprocas entre iguais. As desigualdades brasileiras, associadas à diversidade de situações, fragmentam a sociedade e alimentam diferenciações políticas regionais que levam ao multipartidarismo fragmentado. A comparação entre as eleições presidenciais e as proporcionais ilustra bem essa propensão. Nas disputas presidenciais, temos tido entre três e quatro partidos realmente competitivos. Nas proporcionais, em torno de dez, na média agregada, que vem crescendo. Em geral, as soluções isoladas para o problema da fragmentação aumentam a oligarquização da política e reduzem a representatividade do sistema partidário. Pior a emenda.

Atribuir todas as nossas aflições a falhas ou impropriedades de nosso sistema político não ajuda na busca de soluções estruturais para velhos problemas. A política não é sobredeterminada pela economia e pela sociedade, tem um amplo espaço de autonomia e autodeterminação. Mas achar que mudanças do presidencialismo para o parlamentarismo, ou alterações nas regras eleitorais, de financiamento de campanhas e de criação de partidos, sejam suficientes para dar resposta às nossas aflições com o rumo geral do país corresponderia a apostar que a troca de telhas, sem atacar os outros problemas estruturais de um edifício, resolveria todas as falhas e eliminaria o risco de desabamento. A experiência republicana brasileira não mostra nem sequer uma mudança nas regras constitucionais da política que tenha resolvido a crise que imaginavam que resolveria. Mudança legal não resolve problema estrutural.

Há uma interação histórica entre política, economia e sociedade que precisa ser considerada. Ela gera uma estrutura de incentivos que está na base do predomínio de práticas clientelistas e de patronagem na política brasileira. É parte da explicação das coalizões fisiológicas, em lugar das almejadas coalizões programáticas ou ideológicas. A propensão ao clientelismo e à patronagem, por sua vez, explica por que temos problemas que nos parecem insolúveis e que foram resolvidos por outros países em estágios muito anteriores de seu desenvolvimento. As regras móveis definidas pelos próprios políticos deram-lhes um grau de controle oligárquico da política difícil de enfrentar por reformas tópicas. Por causa disso, o Brasil carrega consigo um enorme legado de atrasos sociais e econômicos que convivem com avanços extraordinários. Essa simbiose entre arcaísmos e vanguardismos gera contradições e contrariedades que aguçam os conflitos sociais e políticos. É intolerável a parcela de pessoas que ainda vivem sem esgoto e água tratada no Brasil urbano. É impressionante que continue a haver conflitos sangrentos pela posse de terra no Centro-Oeste, no Norte, em regiões de Minas Gerais e nos estados do Nordeste. Temos uma imensa questão fundiária, rural e urbana, irresolvida, alimentando jagunçagem, violência e destituição na segunda década do século XXI. A discriminação ainda existente entre pobres — quase todos negros — e classes média e rica nos sistemas de educação e saúde no Brasil é, além de odiosa, incompatível com os progressos em nossa pesquisa médica e em nossa produção acadêmica de excelência. Poderia escrever um livro com o inventário de nossas agruras e outro com o repertório de nossos avanços. Não é o caso. Ambos têm contribuição importante da política, que não funcionou num caso e funcionou no outro. Mas suas raízes estão em outras dimensões de nossa vida coletiva, que também explicam em boa medida esse desempenho trôpego de nosso sistema político.

O Brasil não pode ficar prisioneiro por mais tempo nessa armadilha da baixa qualidade geral, idas e vindas nas políticas públicas, uma elite econômica parasitária, décadas a fio recebendo transfusão de recursos públicos, enquanto aumenta a desigualdade e persiste a pobreza. Nosso sistema político-econômico encontrou no presidencialismo de coalizão os instrumentos para reprodução do domínio oligárquico. Por meios mais ou menos legítimos, mais ou menos lícitos, as oligarquias partidárias se perpetuam no poder e mantêm o fluxo de subsídios que alimenta a oligarquia empresarial. Seja nos governos do PSDB, seja nos governos do PT, a maior fatia da renda pública foi transferida para os mais ricos, os capitalistas, via BNDES, BB, Caixa, Receita e outros dutos subsidiários. Além disso, são beneficiados por tarifas protecionistas, que distorcem a matriz de preços dos produtos no mercado interno e contribuem para a sua baixa qualidade. Os bancos jamais foram chamados a explicar os spreads de mais de duzentos pontos cobrados aos que buscam crédito. A agropecuária politicamente é dominada pela bancada ruralista, sempre atrasada e com o olhar de curto prazo, que desmata, polui e desperdiça. O predomínio das culturas solteiras, nas quais o tempo de utilização da terra é muito pequeno e o balanço de energia negativo. Algumas culturas e a pecuária estão devastando o cerrado, segundo maior manancial das águas brasileiras. O uso abusivo de agrotóxicos contamina o solo, envenena as águas e os alimentos. Essa máquina de reprodução ampliada do statu quo, que preserva o poder dos poderosos e a riqueza dos ricos, cobra da sociedade um preço muito alto, na carga tributária elevada que não gera benefício coletivo proporcional, na baixa produtividade e competitividade da economia, na baixíssima qualidade dos serviços públicos e de numerosos produtos e serviços privados, no colapso da regulação, nos déficits de saúde, saneamento e educação, em desigualdade e pobreza, em violência, desmando e corrupção.

Temos conflitos em torno de questões historicamente datadas mas que entre nós não foram superadas. Os conservadores têm conseguido manter, na economia, na sociedade e na política, elementos absolutamente obsoletos contra os quais os progressistas gastam mais tempo e recursos do que seria justificável. A esquerda trabalha para preservar benefícios a uma estrutura de classes que está em desaparecimento e, no governo, transferiu mais renda pública para os capitalistas e setores já protegidos das classes médias e trabalhadoras do que para os pobres. Na ordem de dez vezes mais renda para os ricos do que para os pobres. Esse permanente ajuste de contas com e no passado impede que nossos agentes políticos, sociais e econômicos olhem para a frente, para o futuro.

Boa parte do embate entre conservadores e progressistas na Constituinte de 1988 se deu por causa de temas do passado e não de desafios do futuro. Nosso presente tem muito mais passado que futuro. Esse volume desproporcional de passado em nosso presente ocupa o espaço que deveria estar sendo preenchido por doses de futuro. O futuro-presente é essencial para guiar a marcha da sociedade rumo ao futuro-futuro. Mas estamos, no Brasil, atolados no passado-presente.[1]

Mudar só a política, ou melhor, somente as regras da política, jamais nos permitirá eliminar de nosso presente esse passado invasor e dar espaço para nossos projetos plurais de futuro. Parte significativa dos incentivos que impedem a superação dos conflitos enraizados no passado e a renovação de nossas agendas sociais e políticas, sejam conservadoras, sejam progressistas, está em outros pontos de nosso macrossistema sociopolítico. A excessiva concentração de poderes discricionários na Presidência da República — legislativos e fiscais — é um elemento essencial de estímulo ao clientelismo e à patronagem, ao toma-lá-dá-cá. Especialmente porque está combinado a uma brutal centralização política e financeira de nossa federação. Esses dois legados autoritários, concebidos na prancheta dos gurus econômicos do regime militar, todos convenientemente convertidos à democracia representativa, metamorfoseiam o Congresso em poder pedinte e o Executivo em poder concedente. Ora, se um pede e o outro concede, cria-se um ambiente propício à barganha e à chantagem recíproca, que tende a eliminar ou elidir relações de confiança, afinidade programática ou convencimento ideológico. Para pedir, não resta aos componentes da coalizão governamental outro recurso senão condicionar seu apoio a proposições legislativas de interesse do Executivo, à transferência de recursos e ao acesso a cargos que têm poder de gestão sobre o orçamento. Se o Executivo é o poder concedente, o mais eficiente recurso a seu dispor para obter o apoio de sua coalizão é condicionar a concessão de verbas e poder ao apoio a suas proposições. Ambos exercem, em última instância, poder de veto. Todo o esforço de ambos dedica-se, portanto, a negociar a remoção do veto do outro. É racional que façam assim, argumentam vários politólogos. Infelizmente, o que é racional — ou seja, atende ao interesse dos agentes em particular — não é necessariamente bom do ponto de vista coletivo. Nem é sempre a forma mais eficiente de decidir. Certamente não é a forma mais igualitária de distribuir renda pública.

Essa hipertrofia de poderes não se confunde com instrumentos de indução da responsabilidade fiscal. Imaginar que somente o governo federal é capaz de administrar com responsabilidade é um útil preconceito tecnocrático. Tampouco ela se representa uma ferramenta insubstituível para a gestão presidencial de coalizões, cuja eliminação poderia comprometer a governabilidade. O sistema de incentivos embutidos nessa relação tremendamente assimétrica no sistema tributário e fiscal do país merece ser objeto de profundo debate crítico.

A interdependência gera várias dificuldades que ao mesmo tempo prolongam e reduzem a eficácia do processo decisório. Perde-se a visão de conjunto, a perspectiva programática de largo prazo. Tudo é negociado caso a caso. Dá-se uma queda de braço entre os vários partidos da coalizão e entre a coalizão e o presidente por cotas das concessões presidenciais. Cada lado busca conceder o mínimo possível, para ter o que oferecer a cada rodada subsequente de negociações. Mas isso não é bom para a sociedade.

Não é possível considerar inteiramente bom um sistema socioeconômico e político que gerou os resultados sociais, políticos e econômicos acumulados até agora pela Terceira República. É indiscutível que permitiu muito avanço. É inegável que contribuiu para consolidar enorme atraso. Não é possível considerar de qualidade uma democracia com esse padrão de desempenho. Não é possível dizer que a versão de 1988 do presidencialismo de coalizão vai bem só porque tem conseguido evitar o destino trágico do presidencialismo de coalizão de 1945, ou porque tem produzido mais decisões relevantes.

Estou convencido de que o Brasil precisa ir muito além das reformas políticas. Não vejo outro caminho senão uma Assembleia Reconstituinte. Precisamos romper o cerco oligárquico por meio de amplo realinhamento das forças políticas e do sistema partidário. Não existe lei ou regra eleitoral que promova isso. Reforma político-institucional que se preze é construção coletiva e não se resume a mudar leis e regras, ou mesmo emendar a Constituição. O que realinha a sociedade são as escolhas coletivas, da própria sociedade mobilizada para esse fim. Um processo mais amplo de debate com o objetivo de rever nossa constitucionalidade.

Não parece demais prever a necessidade de uma assembleia revisora exclusiva, separada do Congresso ordinário e com mandato definido temporal e tematicamente. Uma Assembleia Reconstituinte. Nossa democracia e nosso modelo político precisam ser reconsiderados e reconstituídos em conjunto, como um todo íntegro. Não dá para fazer isso na base de uma sequência descontínua e desintegrada de emendas constitucionais, não raro incoerentes entre si. Essa verdadeira "reconstitucionalização" só será legítima se for realizada por uma assembleia revisora. Uma Reconstituinte, cuja única finalidade seja a revisão de nosso ordenamento político-constitucional. Uma Reconstituinte não precisa, talvez não deva, espelhar o Congresso ordinário. Deveria, certamente, ser isolada dele. Poderia ser menor, unicameral e mais proporcional, com regras internas que prevenissem a oligarquização. É possível imaginar salvaguardas para a sociedade, como uma quarentena não inferior a oito anos, ou dois ciclos eleitorais, para que os reconstituintes possam disputar cargos eletivos. O Brasil precisa livrar-se da obsessão por reformas e pela emendação, para começar a resolver estruturalmente os problemas que nos impedem de avançar no século XXI, com mais qualidade e maior capacidade de enfrentar os imprevistos desafios da grande transição que atravessamos.[2]

Permiti-me cair nessa breve tentação normativa para resgatar o debate que se perdeu sobre uma revisão constitucional ampla, geral e irrestrita. Escrever sobre política sempre envolve uma dimensão normativa. E isso não significa afirmar certezas absolutas. Que minha última palavra seja de dúvida. Não tenho certeza de que uma Reconstituinte vá resolver nossos problemas institucionais. Sobretudo neste momento de extrema polarização política, de carência de lideranças e um debate que ainda teima em olhar pelo retrovisor, sem olhar para o horizonte mais longo à frente. Não sei se ela não ficará imobilizada por impasses superpostos, como ficou paralisada a revisão constitucional. Não sei se terminará num compromisso meio mambembe, como a Constituinte de 1988.

Não estou entre aqueles que esperam que um modelo que deu certo em outras culturas políticas chegue ao mesmo resultado na nossa. O que tenho é o forte sentimento de que precisamos buscar soluções mais ousadas, mais inovadoras, mais disruptivas para nossos impasses e dilemas, porque temos que começar a desenhar nosso futuro, em lugar de ficar dando voltas entre nosso passado e nosso presente.

Notas

O PRESIDENCIALISMO DE COALIZÃO E A SOCIEDADE BRASILEIRA [pp. 9-16]

1. Sérgio Abranches, "Presidencialismo de coalizão: O dilema institucional brasileiro", *Dados: Revista de Ciências Sociais*, Rio de Janeiro, v. 31, n. 1, pp. 5-32, 1988.
2. Decidi por uma definição bastante restrita de nossas fases republicanas: a Primeira República, da Constituição de 1889 a 1930; a Segunda República, da Constituição de 1946 ao golpe de 1964; a Terceira República, da Constituição de 1988 aos nossos dias. Entre 1930 e 1945, vivemos a era Vargas e nela, a partir de 1937, o Estado Novo. Entre 1964 e 1985, tivemos o regime militar, uma ditadura rotatória, em que generais-presidentes se alternaram no poder. Entre 1985 e 1988, vivemos a Nova República, um regime de transição, durante o qual tivemos a Constituinte.
3. Está além do escopo deste ensaio inventariar a riquíssima literatura sobre o presidencialismo de coalizão, que se seguiu a meu artigo inicial. Não teria o espaço, o tempo e a base acadêmica para fazer justiça a todo o esforço de reflexão e pesquisa a ele dedicado nesses trinta anos.
4. "Os ciclos do presidencialismo de coalizão", *Ecopolítica Ensaios*, 2014: <https://www.academia.edu/6411308/Os_Ciclos_do_Presidencialismo_de_Coalizão>, e "Crises políticas no presidencialismo de coalizão", *Ecopolítica Ensaios*, 2015: <https://www.researchgate.net/profile/Sergio_Abranches4/project/Presidencialismo-de-coalizao/attachment/58ab255882999c7becd7ff23/AS:463889251999748@1487611224658/download/Crises+pol%C3%ADticas+no+presidencialismo+de+coalizão.pdf?context=ProjectUpdatesLog>.
5. Falando mais tecnicamente, os atributos do modelo que analisei eram os do modelo de 1946 e não estavam todos presentes, do mesmo modo, no modelo de 1988. Portanto, era grande a probabilidade de que a dinâmica dos modelos seria distinta, como de fato tem sido até agora.

6. Detalho essa transição em *A era do imprevisto: A grande transição do século XXI* (São Paulo: Companhia das Letras, 2017).

7. Sérgio Abranches, "A democracia brasileira vai bem, mas requer cuidados", em João Paulo dos Reis Velloso (Org.), *Como vão o desenvolvimento e a democracia no Brasil?* (Rio de Janeiro: José Olympio, 2001), pp. 231-50. Curiosamente, para que se veja o andar dos tempos no Brasil, nessa mesma coletânea havia um artigo do empresário Emílio Odebrecht com o título "Uma empresa brasileira de projeção global". Hoje, uma empresa globalmente conhecida como agente de um dos maiores escândalos de corrupção política da história da democracia (cf. pp. 205-12).

8. Idem, *A era do imprevisto*, op. cit.

9. Há uma vasta literatura acadêmica sobre qualidade da democracia e uma longa tradição de estudos sobre a relação entre legitimidade democrática e resultados estruturais. O filósofo marxista Antonio Gramsci tratou dessa relação nos seus *Cadernos do cárcere*, inaugurando, na minha visão, a linha estruturalista de tais análises. Ele escreveu que a hegemonia político-cultural (em outros momentos, fala de hegemonia moral) — a qual corresponde à noção liberal de legitimidade — depende de convencimento e de que o governo dê soluções estruturais para as necessidades do povo. Lipset inaugurou a linha liberal, estabelecendo a relação entre a legitimidade simbólica e a legitimidade instrumental. Antonio Gramsci, *Quardeni del carcere* (Turim: Enaudi, 1977); há tradução, publicada em seis volumes, *Cadernos do cárcere* (Rio de Janeiro: Civilização Brasileira, 1999-2000). Seymour Martin Lipset, *Political Man: The Social Bases of Politics* (Nova York: Doubleday, 1960).

10. Desenvolvo longamente esses desafios da transição em *A era do imprevisto*, op. cit.

11. Discuto essa distinção entre desigualdade e diferença em *A era do imprevisto*, op. cit. Uma referência importante é Pierre Rosanvallon, *La Société des égaux* (Paris: Seuil, 2011).

I. RAÍZES SOCIAIS E POLÍTICAS DO PRESIDENCIALISMO DE COALIZÃO

1. A REPÚBLICA OLIGÁRQUICA E A "ABSORÇÃO" DO MULTIPARTIDARISMO [pp. 21-28]

1. Esta análise se baseia no capítulo II, "O Legislativo na República Velha", de minha tese de mestrado *O processo legislativo: Conflito e conciliação na política brasileira* (Brasília: UnB, 1973), pp. 21-52: <https://www.academia.edu/35989197/O_Processo_Legislativo_-_conflito_e_conciliação_na_pol%C3%ADtica_brasileira.pdf>.

2. José Murilo de Carvalho, *Os bestializados: O Rio de Janeiro e a República que não foi* (São Paulo: Companhia das Letras, 1987). Ver também *Pontos e bordados: Escritos de história e política* (Belo Horizonte: Editora UFMG, 1998), p. 104.

3. Devo a explicitação desse ponto a preciso comentário da historiadora e politóloga Heloisa Starling. A leitura cuidadosa e os comentários de Heloisa Starling me ajudaram a aclarar este e numerosos outros pontos desta narrativa.

4. Recorro a expressões de dois clássicos críticos da democracia nos Estados Unidos, Elmer E. Schattschneider, *The Semisovereign People: A Realist's View of Democracy in America* (Nova

York: Holt, Reinhart, and Winston, 1960), e Peter Bachrach, *The Theory of Democratic Elitism: A Critique* (Boston: Little Brown, 1967).

5. "A proposta federalista, por sua vez, organizava o novo regime em bases descentralizadas, dando às antigas províncias, agora transformadas em estados, maior autonomia e controle fiscal, e jogava por terra a crença no centralismo monárquico como agente de coesão nacional." Lilia M. Schwarcz e Heloisa M. Starling, *Brasil: uma biografia* (São Paulo: Companhia das Letras, 2015), p. 320.

6. Victor Nunes Leal, *Coronelismo, enxada e voto: O município e o regime representativo no Brasil* (Rio de Janeiro: Forense, 1949).

7. Detectei o efeito do que chamei de "eixo federativo" em minha tese de mestrado, *O processo legislativo*, op. cit. Observei, como analista político profissional, numerosas instâncias em que a predominância dos interesses federativos dissolveu as fronteiras entre partidos e entre governo e oposição. Foi o caso, por exemplo, de inúmeras tentativas de reforma tributária. As clivagens passam a ser determinadas pelos interesses dos estados e não pelas orientações dos partidos. Não encontrei razões para descartar essa interpretação.

8. James L. Sundquist, *Dynamics of the Party System: Alignment and Realignment of Political Parties in the United States* (Washington: Brookings Institution, 1983).

9. Richard Hofstadter, *The Age of Reform: From Bryan to F.D.R.* (Nova York: Alfred A. Knopf, 1956).

10. James L. Sundquist, *Dynamics of the Party System*, op. cit., p. 38.

11. José Murilo de Carvalho, *A construção da ordem: Teatro de sombras* (Rio de Janeiro: Civilização Brasileira, 2003), cap. 8.

12. Idem, ibidem, p. 206.

13. Idem, p. 210.

14. Idem, *Os bestializados*, op. cit., pp. 84 ss.

15. Nos Estados Unidos, as colônias buscavam a independência e a possibilidade de ter um Estado-Nacional que não as engolisse. Theda Skocpol, "A Society without a 'State'? Political Organization, Social Conflict, and Welfare Provision in the United States", *Journal of Public Policy*, Cambridge, v. 7, n. 4, pp. 349-71, out.-dez. 1987.

16. José Murilo de Carvalho analisa em detalhe o papel do positivismo na fundação da República, em *A construção da ordem*, op. cit., e, em especial, em *A formação das almas: O imaginário da República no Brasil* (São Paulo: Companhia das Letras, 1990).

17. *Annaes do Congresso Constituinte da Republica* (2. ed. rev., Rio de Janeiro: Imprensa Nacional, v. I, 1924), p. 162. Citado daqui em diante como *ACCR*.

18. Apud Maria do Carmo Campello de Souza, "O processo político-partidário na Primeira República", em Carlos Guilherme Mota (Org.), *Brasil em perspectiva* (São Paulo: Difusão Europeia do Livro), p. 165. Também em Afonso Arinos de Melo Franco, *Curso de direito constitucional brasileiro: Formação constitucional do Brasil* (Rio de Janeiro: Forense, 1960), v. II, p. 118.

19. Ver, por exemplo, Angela Alonso e Heloisa Espada (Orgs.), *Conflitos: Fotografia e violência política no Brasil, 1889-1964* (Rio de Janeiro: IMS, 2018), livro-catálogo da extraordinária exposição com o acervo fotográfico, impressionante iconografia dos conflitos sociais no Brasil, com a participação das historiadoras Heloisa Starling e Angela de Castro Gomes.

20. Wanderley Guilherme dos Santos, "O sistema oligárquico representativo da Primeira República", *Dados: Revista de Ciências Sociais*, Rio de Janeiro, v. 56, n. 1, pp. 9-37, jan.-mar. 2013.

21. José Murilo de Carvalho, *A cidadania no Brasil: O longo caminho* (Rio de Janeiro: Civilização Brasileira, 2001) e *O pecado original da República: Debates, personagens e eventos para compreender o Brasil* (Rio de Janeiro: Bazar do Tempo, 2017).

22. Pereira da Costa, *ACCR*, op. cit., v. III, p. 154.

23. Brício Filho, discutindo a conveniência ou não do adiamento da sessão legislativa, para que Floriano Peixoto pudesse governar sem impedimentos, prorrogado o estado de sítio, disse: "Creio mais interpretar com fidelidade o pensamento de todos vós, fazendo a declaração de que as medidas que pelo primeiro magistrado do paiz forem reputadas de necessidade, de urgência, não só medidas de ordem política como de ordem financeira, terão andamento com a máxima celeridade, serão discutidas e aprovadas com presteza, porque nós nutrimos o desejo de ver o Chefe do Estado finalizar gloriosamente o brilhante período dentro do qual tanto aniquilou os assaltos e os planos dos inimigos das nossas instituições. [...] Não posso alistar-me nas fileiras dos que combatem pelo adiamento, porque estou convencido de que um Congresso que se adia em uma legislatura como esta, que não sabe atravessar as quadras dificultosas, que não sabe vencer as ephocas anormaes, que foge nas oportunidades em que sua presença é indispensável, é um Congresso que se nullifica, que aliena de si todas as sympatias, que perde o prestígio para nas ocasiões solemenes fazer valer a sua autoridade e os seus méritos. [...] Podeis ganhar a batalha! Mas a bandeira de vossa Victoria há de tremular sobre a ruína do Congresso e a ruína de um Congresso Republicano é a ruína da própria República". *Anais da Câmara dos Deputados*, v. III, jul. 1894, pp. 164-7. Citado daqui em diante como *ACD*. Mais à frente se verá que Floriano, por muitos reputado como um presidente forte, ditatorial, por sua atitude repressiva com "os de fora", lançou as bases para que Campos Sales pudesse consolidar a "política dos governadores". A força do Executivo saía da mesma fonte que a do Legislativo: do poder dos estados.

24. Exatamente como está na análise do sistema coronelista em Victor Nunes Leal, *Coronelismo, enxada e voto*, op. cit.

25. Ver a análise do funcionamento dos partidos da Primeira República, vinculado ao recrutamento político e às comissões executivas, no trabalho de David Fleischer, *O recrutamento político em Minas Gerais, 1890-1918: Análise dos antecedentes sociais e das carreiras políticas de 151 deputados federais* (Belo Horizonte: Editora da Revista Brasileira de Estudos Políticos, 1971), passim. O autor pesquisa a fundo a Comissão Executiva do Partido Republicano Mineiro, a "Tarasca".

26. Até a Revolução de 1930, os governadores de estados da federação eram denominados "presidentes". O status de governador foi ratificado pelas Constituições de 1934 e 1946. Em 1930-34 e 1937-45, o Executivo dos estados foi chefiado por interventores.

27. Francisco Glicério, *ACD*, v. III, jul. 1894, pp. 157-8.

28. Junqueira Aires, *ACD*, v. III, jul. 1894, p. 198.

29. Como ocorreu, por exemplo, na questão da distribuição dos royalties do petróleo, após a descoberta do pré-sal.

30. Maria do Carmo Campello de Souza, "O processo político-partidário na Primeira República", op. cit., p. 175.

31. Apud Edgard Carone, *A República Velha: Evolução política* (São Paulo: Difusão Europeia do Livro, 1971), p. 43.

32. Marvin G. Weinbaum diz que a história legislativa é a história desse conflito entre Legislativo e Executivo, em artigo que já é um clássico, "Classification and Change in Legislative Systems: With Particular Application to Three Middle East Nations", apresentado à Shambaug Conference on Legislative Systems in Developing Countries, em 1971, e posteriormente publicado como "Classification and Change in Legislative Systems: With Particular Application to Iran, Turkey, and Afghanistan", em R. Boynton e Chong L. Kim (Orgs.), *Legislative Systems in Developing Countries* (Durham: Duke University Press, 1975), pp. 31-68.

33. Esse ponto está definitivamente demonstrado por Winston Fritsch, "Apogeu e crise na Primeira República, 1900-1930", em Marcelo de Paiva Abreu (Org.), *A ordem do progresso: Dois séculos de política econômica no Brasil* (2. ed. rev., Rio de Janeiro: Elsevier, 2014), pp. 45-79.

2. MOMENTOS CONSTITUINTES [pp. 29-31]

1. Uso "momentos constituintes" com sentido adaptado da noção de Jason Frank, como aqueles que fundam um poder político que transcende a própria organização legal do Estado. Ver Jason Frank, *Constituent Moments: Enacting the People in Postrevolutionary America* (Durham: Duke University Press, 2010).

2. Campos Sales, *Da propaganda à Presidência* (Lisboa: Typographia A Editora, 1908), pp. 66-7.

3. Apud Edgard Carone, *A República Velha: Evolução política*, op. cit., p. 46. No manifesto em que anunciava a dissolução do Congresso, dizia Deodoro que "formaram-se desde logo no Congresso Constituinte grupos radicais e intransigentes, para o fim de introduzir na obra constitucional ideias e princípios que transferissem para o Poder Legislativo a mais vasta soma de atribuições, embora diminuindo e absorvendo muitas das que são da essência e natureza do Poder Executivo". Mais adiante, mostrava sentir-se atacado diretamente pelos parlamentares, dizendo que, "contra a autoridade que devia exercer o presidente da República, recaíam os maiores golpes, justamente porque se acreditava que o ditador que havia fundado a República sem efusão de sangue e assegurado a ordem sem o emprego da tirania, pensava em transferir-se desta para aquela posição". Em Edgard Carone, *A Primeira República: Texto e contexto* (São Paulo: Difusão Europeia do Livro, 1969), pp. 18-9.

4. Campos Sales, *Da propaganda à Presidência*, op. cit., pp. 95-6.

5. Apud Edgard Carone, *A Primeira República: Texto e contexto*, op. cit., p. 20.

6. Discurso de posse, *Floriano Peixoto: Memórias e documentos*, v. IV (Rio de Janeiro: Ministério da Educação, 1939).

7. Marechal Floriano Peixoto, *Mensagem dirigida ao Congresso Nacional pelo vice-presidente da República dos Estados Unidos do Brasil em 18 de dezembro de 1891* (Rio de Janeiro: Imprensa Nacional, 1891), p. 5.

3. CAMPOS SALES E A "POLÍTICA DOS ESTADOS" [pp. 32-4]

1. Edgard Carone, *A República Velha: Evolução política*, op. cit., p. 172, e Joseph Love, *A locomotiva: São Paulo na federação brasileira (1889-1937)* (Rio de Janeiro: Paz e Terra, 1982), p. 194.

Love falava de São Paulo, mas sua observação pode ser generalizada para o sistema de poder que dominava no país como um todo e era a marca do governo federal sob a "política dos governadores".

2. Adriano Codato, "Classes dirigentes e fórmula política: Afinidades eletivas entre o liberalismo e o autoritarismo no Brasil", em Manuel Carlos Silva e João Valente Aguiar (Orgs.), *Classes, políticas e culturas de classe: Capital, trabalho e classes intermédias* (Vila Nova de Famalicão: Húmus, 2013), pp. 183-220, e "Uma ideia no lugar: O discurso político oligárquico e sua afinidade com o pensamento político autoritário", trabalho apresentado ao Seminário Temático 9: Nacionalismo e Autoritarismo, no VII Congresso Internacional de Estudos Ibero-Americanos (Porto Alegre, 2008).

3. Francisco Silviano de Almeida Brandão (1848-1902). Foi deputado geral por Minas Gerais no Império, no período de 1880-81. Voltou à Câmara em 1889, mas, com a proclamação da República, não pôde assumir o mandato. Na República, foi senador no Congresso Constituinte mineiro de 1891 a 1895. Assumiu a Secretaria de Interior e Justiça do estado no governo de Afonso Pena (1892-94). Reeleito senador em 1895, presidiu o Senado mineiro e, em 1898, renunciou ao mandato para tomar posse como presidente de Minas, de 7 de março de 1898 a 7 de setembro de 1902, sucedendo a Bias Fortes. Ao deixar o governo, elegeu-se vice-presidente da República na chapa do paulista Rodrigues Alves, porém não chegou a tomar posse, já que morreu em 25 de setembro de 1902. Seu lugar foi ocupado por Afonso Pena.

4. Apud Maria do Carmo Campello de Souza, "O processo político-partidário na Primeira República", op. cit., p. 183.

5. Idem, ibidem, p. 184.

6. Idem, p. 185.

7. Lilia M. Schwarcz e Heloisa M. Starling, *Brasil: uma biografia*, op. cit., e Victor Nunes Leal, *Coronelismo, enxada e voto*, op. cit.

8. Maria do Carmo Campello de Souza, "O processo político-partidário na Primeira República", op. cit.

4. O SISTEMA AMEAÇADO [pp. 35-8]

1. Wanderley Guilherme dos Santos, "O sistema oligárquico representativo da Primeira República", op. cit.

2. José Murilo de Carvalho, *O pecado original da República*, op. cit., pp. 14-6.

3. Sobre as greves, ver Lilia M. Schwarcz e Heloisa M. Starling, *Brasil: uma biografia*, op. cit., pp. 334-6; Francisco Foot Hardman e Victor Leonardi, *História da indústria e do trabalho no Brasil: Das origens aos anos 1920* (São Paulo: Ática, 1991); e Boris Fausto, *Trabalho urbano e conflito social (1890-1920)* (São Paulo: Difel, 1977). Para o movimento tenentista, ver Pedro Doria, *Tenentes: A guerra civil brasileira* (Rio de Janeiro: Record, 2016), e José Murilo de Carvalho, "As Forças Armadas na Primeira República: O poder desestabilizador", em idem, *Forças Armadas e política no Brasil* (Rio de Janeiro: Zahar, 2005), publicado originalmente em Boris Fausto (Dir.), *História geral da civilização brasileira: Sociedade e instituições (1889-1930)* (São Paulo: Difel, 1977), t. III, v. 2, pp. 183-234.

4. Afonso Arinos de Melo Franco, *Curso de direito constitucional brasileiro: Formação constitucional do Brasil*, op. cit., p. 161.

5. Para maior clareza dos cortes institucionais relevantes, prefiro reconfigurar a história política do Brasil em oito grandes ciclos: Colônia (Colônia até o Reino Unido de Portugal, Brasil e Algarves); Império (com suas várias fases: Primeiro Reinado (subfases: Independência 1822-23, fase constitucional 1824 à abdicação), Regência, Segundo Reinado); Primeira República; Estado Novo; Segunda República; regime militar; Nova República (1985-88); Terceira República (1988-).

6. Com "resposta conservadora" não quero dizer resposta reacionária. Não houve nenhuma tentativa de impor um retorno a fórmulas passadas. Ao contrário, nesse aspecto o governo Vargas pode ser considerado reformista. Foi conservador, e com ele venceu, na Constituinte, a fórmula de atender às reivindicações de participação política tratando, ao mesmo tempo, de manter relativamente intacto o sistema de poder.

5. PRESIDENCIALISMO DE COALIZÃO, VERSÃO ORIGINAL [pp. 39-43]

1. Ver Sérgio Abranches, *O processo legislativo*, op. cit., cap. III: "O Legislativo e a crise de hegemonia", p. 58, quadro III.

2. Cf. Olavo Brasil de Lima Júnior, *Os partidos políticos brasileiros: A experiência federal e regional: 1945-1964* (Rio de Janeiro: Graal), pp. 37-58.

3. Ver, o pioneiro, Luís Silva, "Implicações políticas do desenvolvimento industrial em Barroso", *Revista Brasileira de Estudos Políticos*, Belo Horizonte, n. 9, pp. 234-51, 1960.

4. Fabiano Santos, "A República de 46: Separação de poderes e política alocativa", em Carlos Ranulfo Melo e Manuel Alcântara Sáez (Orgs.), *A democracia brasileira: Balanço e perspectivas para o século 21* (Belo Horizonte: Editora UFMG, 2007), pp. 39-72.

5. Octavio Amorim Neto e Fabiano Santos, "A conexão presidencial: Facções pró e antigoverno e disciplina partidária no Brasil", *Dados: Revista de Ciências Sociais*, Rio de Janeiro, v. 44, n. 2, 2001. Esse argumento foi esboçado, pela primeira vez, por Celso Furtado em "Os obstáculos políticos ao crescimento econômico no Brasil", *Revista Civilização Brasileira*, Rio de Janeiro, n. 1, pp. 129-45, 1965.

6. Sérgio Abranches, *O processo legislativo*, op. cit., pp. 71-2.

7. Oswaldo Trigueiro, "A crise legislativa e o regime presidencial", *Revista Brasileira de Estudos Políticos*, Belo Horizonte, n. 7, pp. 46 ss., nov. 1959.

8. Sobre o papel dos militares na Segunda República, continua sendo fonte indispensável o clássico estudo de Alfred Stepan, *The Military in Politics: Changing Patterns in Brazil* (Princeton: Princeton University Press, 1971) (há tradução, *Os militares na política: Mudanças de padrões na política brasileira*, Rio de Janeiro: Artenova, 1975, mas não conheço sua qualidade).

9. Sérgio Abranches, *O processo legislativo*, op. cit.

6. OS GOVERNOS DA SEGUNDA REPÚBLICA [pp. 44-63]

1. Estou contando apenas os presidentes eleitos pelo voto direto dos eleitores, independentemente da regra eleitoral. Deodoro e Floriano não foram eleitos dessa forma. O primeiro foi Prudente de Morais. Rodrigues Alves, na segunda eleição, morreu antes da posse. Júlio Prestes foi eleito e deposto pelo golpe de 1930, merece ser contado. Foi o décimo eleito. Nilo Peçanha e Delfim Morei-

ra eram vices de Rodrigues Alves e Afonso Pena, respectivamente. Jango era vice, embora a votação fosse separada. Optei por não contá-lo, para ser rigorosamente fiel ao princípio. Aliás, foi o caso, também, de Café Filho. Logo, Dutra foi o 11º, Getúlio o 12º, JK o 13º, Jânio o 14º, Collor o 15º, FHC o 16º, Lula o 17º, e Dilma a 18ª. Os generais não foram eleitos, por suposto, nem Tancredo ou Sarney. Tampouco Itamar Franco ou Temer. Não é uma questão de mérito, mas de fato.

2. Ver Dulce Pandolfi, *Camaradas e companheiros: História e memória do PCB* (Rio de Janeiro: Relume-Dumará, 1995).

3. Lira Neto, *Getúlio (1945-1954): Da volta pela consagração popular ao suicídio* (São Paulo: Companhia das Letras, 2014).

4. Cf. idem, ibidem.

5. Este é o ponto central do ensaio-reportagem de Míriam Leitão, *Saga brasileira: A longa luta de um povo por sua moeda* (Rio de Janeiro: Record, 2011).

6. Sérgio Abranches, *O processo legislativo*, op. cit., p. 88.

7. Sobre os vários papéis desempenhados pela UDN e pelo "udenismo" na Segunda República, ver Maria Victoria Benevides, *A UDN e o udenismo: Ambiguidades do liberalismo brasileiro (1945-1965)* (Rio de Janeiro: Paz e Terra, 1981).

8. Uma análise completa da "cristianização" está em Lucia Hippolito, *De raposas e reformistas: O PSD e a experiência democrática brasileira (1945-64)* (Rio de Janeiro: Paz e Terra, 1985).

9. Ver o obrigatório estudo de Maria Celina D'Araujo, *O segundo governo Vargas (1951--1954): Democracia, partidos e crise política* (Rio de Janeiro: Zahar, 1982); Lucia Hippolito, "Vargas e a gênese do sistema partidário brasileiro", *Anos 90*, Porto Alegre, v. 11, n. 19-20, pp. 21-47, jan.-dez. 2004, e seu estudo essencial para entender o PSD, *De raposas e reformistas*, op. cit., bem como Lira Neto, *Getúlio (1945-1954)*, op. cit.

10. Ver Maria Celina D'Araujo, *O segundo governo Vargas (1951-1954)*, op. cit.

11. Idem, ibidem, p. 127.

12. Apud Lira Neto, *Getúlio (1945-1954)*, op. cit.

13. Idem, ibidem, p. 142.

14. Idem, ibidem.

15. Idem, ibidem, cap. 17.

16. Sobre a breve experiência ortodoxa de Gudin no governo Café Filho, ver a análise de Demósthenes Madureira Pinho Neto, "O interregno Café Filho", em Marcelo de Paiva Abreu (Org.), *A ordem do progresso: Dois séculos de política econômica no Brasil* (2. ed. rev., Rio de Janeiro: Elsevier, 2014), pp. 143-57, onde é possível encontrar boas análises para toda a política econômica da Segunda República. Para uma análise muito interessante da concepção ortodoxa de Gudin, ver André Lara Resende, *Juros, moeda e ortodoxia* (São Paulo: Companhia das Letras, 2017).

17. *Diário do Congresso Nacional*, 12 nov. 1955, p. 8373. Citado daqui em diante como *DCN*.

18. Idem, p. 8382. Ver, para mais detalhes, Sérgio Abranches, *O processo legislativo*, op. cit., e *DCN*, 12 nov. 1955, pp. 8373-85.

19. Pela Constituição de 1946, o vice-presidente da República presidia o Senado. Com o suicídio de Vargas e a posse de Café Filho, passou a presidir o Senado seu vice-presidente, Nereu Ramos.

20. Apud Ruy Santos, *O Poder Legislativo: Suas virtudes e seus defeitos* (Brasília: Senado Federal, 1972), p. 193.

21. Idem, ibidem, p. 198.

22. HC 33908 de 22 nov. 1955, acórdão de 21 dez. 1955.

23. MS 3557 de 22 nov. 1955, acórdão de 7 nov. 1956.

24. Dou os detalhes desses eventos em *O processo legislativo*, op. cit. Ver também Jorge Ferreira e Lucilia de Almeida N. Delgado (Orgs.), *O Brasil republicano: O tempo da experiência democrática (1945-1964)* (Rio de Janeiro: Civilização Brasileira, 2003).

25. Maria Victoria Benevides, *O governo Kubitschek: Desenvolvimento econômico e estabilidade política 1956-1961* (Rio de Janeiro: Paz e Terra, 1976) e "O governo Kubitschek: A esperança como fator de desenvolvimento", em Angela de Castro Gomes (Org.), *O Brasil de JK* (Rio de Janeiro: Editora FGV; Cpdoc, 1991), pp. 9-22, e Celso Lafer, *The Planning Process and the Political System in Brazil: A Study of Kubitschek's Target Plan*, em Dissertation Series, n. 16, Latin American Studies Program, Ithaca: Cornell University, 1970.

26. Pelo artigo 61 da Constituição de 1946, o vice-presidente da República presidia o Senado e as sessões conjuntas do Congresso, o que lhe conferia papel parlamentar e na gestão política da coalizão. A emenda parlamentarista, que discuto adiante, acabou com o cargo de vice-presidente da República. Com o presidencialismo, o cargo de vice-presidente foi restaurado, mas esse preceito do artigo 61 não foi restabelecido.

27. Maria Victoria Benevides, *O governo Kubitschek: Desenvolvimento econômico e estabilidade política 1956-1961*, op. cit., pp. 16 ss.

28. Celso Lafer, *The Planning Process and the Political System in Brazil*, op. cit.

29. Ver Sérgio Abranches, *O processo legislativo*, op. cit., cap. III: "O Legislativo e a crise de hegemonia", pp. 53-127, e Daniel Aarão Reis, *Ditadura e democracia no Brasil: Do golpe de 1964 à Constituição de 1988* (Rio de Janeiro: Zahar, 2014).

30. Para a tipologia das inflações que prevalecia nos anos 1960-70, ver Fred Hirsch e John H. Goldthorpe (Orgs.), *The Political Economy of Inflation* (Cambridge: Harvard University Press, 1978).

31. Milton Campos, o candidato da UDN na chapa de Jânio, teve 39% dos votos.

32. *ACD*, v. XIX, ago. 1961, p. 473.

33. *DCN*, ago. 1961, seção IV, p. 6191.

34. Idem.

35. *ACD*, 26 ago. 1961, pp. 563-4.

36. *ACD*, 27 ago. 1961, pp. 743-4.

37. *DCN*, 29 ago. 1961, p. 6290.

38. Apud Mário Victor, *Cinco anos que abalaram o Brasil: De Jânio Quadros ao marechal Castelo Branco* (Rio de Janeiro: Civilização Brasileira, 1965), p. 337.

39. *DCN*, 29 ago. 1961, p. 167.

40. Idem, p. 170.

41. *ACD*, v. XX, ago. 1961, p. 38.

42. Pela Câmara dos Deputados, foram indicados Ulysses Guimarães (PSD-SP), Oliveira Brito (PSD-BA), que seria o relator, Elói Dutra (PTB-DF), Geraldo Freire (UDN-MG), Paulo Lauro (PSP-SP), Manuel Novais (PR-BA), Plínio Salgado (PRP-SP) e Barbosa Lima Sobrinho (PSB-PE). Pelo Senado, compuseram a comissão Jefferson de Aguiar (PSD-ES), escolhido para presidi-la, Alô

Guimarães (PSD-PR), Paulo Fernandes (PSD-RJ), Heribaldo Vieira (PST-SE), Padre Calazans (UDN-SP), Argemiro de Figueiredo (PTB-PB), Nogueira da Gama (PTB-MG) e Novais Filho (PSD-PE).

43. *DCN*, 30 ago. 1961, p. 167.
44. Idem, 2 set. 1961, p. 1897.
45. Idem, 31 ago. 1961, pp. 6-7.
46. *ACD*, 1º set. 1961, pp. 362-453.
47. *DCN*, 31 ago. 1961, p. 12.
48. Foram 45 do PTB; quatro do PSD; seis do PSP; dois do PSB; um do PR; um do PRT; e um do PTN. Foram contra a emenda 85% dos votos do PTB. A pequena bancada do PSB se dividiu, dois se opuseram à emenda e quatro a apoiaram. *ACD*, 2 set. 1961, pp. 517-20.
49. *Diário do Senado Federal*, n. 147, 3 set. 1961, sessão 2 set. 1961, p. 1923.
50. *DCN*, 9 set. 1961, p. 197.
51. Para uma análise do período, ver Alberto Carlos Almeida, *Presidencialismo, parlamentarismo e crise política no Brasil* (Niterói: Eduff, 1998).
52. O episódio mais polêmico envolveu a remuneração da estiva e paralisou os portos. Para os detalhes, ver idem, ibidem, e, para a perspectiva dos sindicatos, João Batista de Oliveira, *O estivador no sindicalismo* (Rio de Janeiro: Alves Pereira, 1999).
53. Apud Alberto Carlos Almeida, "O período parlamentarista republicano: Instituições híbridas e oposição ao sistema de governo", *Revista de Sociologia e Política*, Curitiba, n. 4-5, p. 135, 1995.
54. Marcelo Badaró Mattos, "Greves, sindicatos e repressão policial no Rio de Janeiro (1954-1964)", *Revista Brasileira de História*, São Paulo, v. 24, n. 47, pp. 241-70, 2004.
55. Ver Alberto Carlos Almeida, "O período parlamentarista republicano: Instituições híbridas e oposição ao sistema de governo", op. cit., pp. 109 ss.
56. A análise clássica da crise dos mísseis em Cuba é a de Graham T. Allison e Philip Zelikow, *Essence of Decision: Explaining the Cuban Missile Crisis* (Nova York: Longman, 1971).
57. Moura Andrade não era, exatamente, um homem de partido; pertenceu à UDN, ao PDC, ao PTB, ao PTN e, por fim, ao PSD.
58. *O Globo*, 3 ago. 1962, p. 6.
59. A carta foi reproduzida na íntegra pelo jornal *O Globo*, 5 jul. 1962, p. 6.
60. *ACD*, v. XIV, 4 ago. 1962, p. 690.
61. Idem, pp. 734-9.
62. *Jornal do Brasil*, 10 jul. 1962, p. 3, e *O Globo*, 9 jul. 1962, p. 5.
63. *Jornal do Brasil*, 10 jul. 1962, p. 3, e *O Globo*, 10 jul. 1962, p. 6.
64. O ministério de Brochado da Rocha: Cândido de Oliveira Neto (Justiça), Roberto de Lira Tavares (Educação), Hermes Lima (Trabalho), Walter Moreira Salles (Fazenda), Afonso Arinos de Melo Franco (Relações Exteriores), Marcolino Candau (Saúde), Hélio de Almeida (Viação), João Mangabeira (Minas e Energia), Renato Costa Lima (Agricultura), José Ermírio de Morais (Indústria e Comércio), general Nelson de Melo (Exército), almirante Pedro Paulo Suzano (Marinha) e brigadeiro Reinaldo de Carvalho (Aeronáutica). Os ministros pertenciam à ala nacionalista das Forças Armadas.
65. *O Globo*, 11 e 12 ago. 1962, e *Jornal do Brasil*, 11, 12 e 14 ago. 1962.
66. Sobre esse ponto, ver Alberto Carlos Almeida, *Presidencialismo, parlamentarismo e crise política no Brasil*, op. cit., pp. 113 ss.

67. *Jornal do Brasil*, 13 set. 1962, p. 1.

68. Carlos Castello Branco, "Almino e Goulart desautorizam acordo firmado por Brochado", *Jornal do Brasil*, 12 set. 1962, p. 3.

69. Idem, ibidem.

70. *Anais do Senado Federal*, 1962, p. 228.

71. Idem, pp. 268-73.

72. *ACD*, 14 set. 1962, p. 393.

73. Muitas delas transcritas em Alberto Carlos Almeida, *Presidencialismo, parlamentarismo e crise política no Brasil*, op. cit., pp. 122 ss.

74. Idem, ibidem, p. 127.

75. O resultado do voto de confiança do gabinete Hermes Lima está em *ACD*, 29 nov. 1962, pp. 641 ss. Com a dissolução do gabinete e a restauração do presidencialismo, Lima foi mantido ministro das Relações Exteriores, acumulando com o posto de chefe do Gabinete Civil e do Conselho de Ministros. Nomeado ministro do Supremo Tribunal Federal em junho de 1963, exerceu a magistratura até 16 de janeiro de 1969, quando foi compulsoriamente aposentado pelo Ato Institucional n. 5 (AI-5).

76. A população brasileira era de 78,85 milhões de pessoas, em 1963, de acordo com o IBGE. O eleitorado, segundo o TSE, era de 18,5 milhões. Foram computados 12,3 milhões de votos, sendo 9,46 milhões "não", 2,1 milhões "sim", e 800 mil nulos e brancos.

77. Ver também Alberto Carlos Almeida, *Presidencialismo, parlamentarismo e crise política no Brasil*, op. cit., cap. 4.

7. O COLAPSO DA SEGUNDA REPÚBLICA [pp. 64-7]

1. Ver também Maria Victoria Benevides, *A UDN e o udenismo*, op. cit., primeira parte.

2. Ver Gláucio Soares, *Sociedade e política no Brasil* (Rio de Janeiro: Difel, 1973) e *A democracia interrompida* (Rio de Janeiro: Editora FGV, 2001); Jairo Nicolau, "Partidos na República de 1946: Velhas teses, novos dados", *Dados: Revista de Ciências Sociais*, Rio de Janeiro, v. 47, n. 1, 2004, pp. 85-129, tabela 3. Ver também Sérgio Abranches, *O processo legislativo*, op. cit.

3. Jairo Nicolau, "Partidos na República de 1946: Velhas teses, novos dados", op. cit.

4. Os dados e a análise desse pacto político e do decorrente comportamento do Legislativo estão em Sérgio Abranches, *O processo legislativo*, op. cit.

5. Um bom exemplo do papel mais ativo do Legislativo no toma-lá-dá-cá fiscal, na Segunda República, está em Celso Lafer, *The Planning Process and the Political System in Brazil*, op. cit.

6. Sérgio Abranches, *O processo legislativo*, op. cit., pp. 83-4.

7. *Jornal do Brasil*, 1º jan. 1963, p. 3.

8. Idem, 15 fev. 1963, p. 4.

9. Idem, 22 jan. 1963, p. 4.

10. Idem, 20 jan. 1963, p. 6.

8. O ATO FINAL: O GOVERNO JANGO E O GOLPE [pp. 68-74]

1. Carlos Castello Branco, *Jornal do Brasil*, 25 jan. 1963, p. 4.
2. Falo adiante dos efeitos da distribuição desproporcional de postos ministeriais na funcionalidade da coalizão. O melhor tratamento da proporcionalidade entre a força parlamentar e o número de ministérios é de Octavio Amorim Neto, "Gabinetes presidenciais, ciclos eleitorais e disciplina legislativa no Brasil", *Dados: Revista de Ciências Sociais*, Rio de Janeiro, v. 43, n. 3, pp. 479-519, 2000.
3. *O Globo*, 1º fev. 1963, p. 3. Sobre o episódio, ver Lucia Hippolito, op. cit.
4. *Jornal do Brasil*, 8 fev. 1963, e *O Globo*, 6, 7 e 8 fev. 1963.
5. *O Globo*, 6 abr. 1963, p. 7.
6. *Jornal do Brasil*, 6 abr. 1963, p. 3.
7. Relativa a Fidel Castro, não a "ser fiel".
8. Da extensa bibliografia sobre o golpe civil-militar de 1964, destaco: René Armand Dreifuss, *1964, a conquista do Estado: Ação política, poder e golpe de classe* (Petrópolis: Vozes, 1981); Heloisa Starling, *Os senhores das Gerais: Os novos inconfidentes e o golpe de 1964* (Petrópolis: Vozes, 1986); Jorge Ferreira e Angela de Castro Gomes, *1964: O golpe que derrubou um presidente, pôs fim ao regime democrático e instituiu a ditadura militar no Brasil* (Rio de Janeiro: Civilização Brasileira, 2014); Argelina Figueiredo, *Democracia ou reformas? Alternativas democráticas à crise política: 1961-1964* (Rio de Janeiro: Paz e Terra, 1993); Maria Celina D'Araujo, Celso Castro e Gláucio Ary Dillon Soares, *Visões do golpe: A memória militar sobre 1964* (Rio de Janeiro: Relume-Dumará, 1994); João Roberto Martins Filho, *O golpe de 1964 e o regime militar: Novas perspectivas* (São Carlos: EdUFSCar, 2006); Alfred Stepan, *The Military in Politics: Changing Patterns in Brazil*, op. cit.; Elio Gaspari, *A ditadura envergonhada* (reed. rev. e ampl., Rio de Janeiro: Intrínseca, 2014).
9. *Jornal do Brasil*, 8 maio 1963, p. 8.
10. *DCN*, 9 maio 1963, pp. 2169 ss.
11. *O Globo*, 10 maio 1963, pp. 1 e 6.
12. Idem, 6 jul. 1963, p. 6.
13. Os dados são de 1962 e estão em Werner Baer, *A economia brasileira* (São Paulo: Nobel, 1979).
14. *O Globo* e *Jornal do Brasil*, 28 jul. 1963 a 15 ago. 1963.
15. Cf. Lucia Hippolito, *De raposas e reformistas*, op. cit., pp. 238-41.
16. *DCN*, 22 nov. 1963, p. 9103.
17. "Coluna do Castello", *Jornal do Brasil*, 1º fev. 1964, p. 4. *O Globo*, jan. a mar. 1964. *Jornal do Brasil*, jan. a mar. 1964.
18. Magistralmente retratado no filme de Serguei Eisenstein, *O encouraçado Potemkin*, de 1925.
19. O almirante Cândido Aragão, comandante do Corpo de Fuzileiros Navais, acabaria por ser o único elemento do dispositivo militar de Jango a tentar reagir ao golpe. Foi preso, torturado e, quando o soltaram, já em agosto de 1964, exilou-se na embaixada do Uruguai.

9. A CONSTITUINTE E O RETORNO DO PRESIDENCIALISMO DE COALIZÃO [pp. 75-89]

1. Argelina Figueiredo e Fernando Limongi, "Instituições políticas e governabilidade: Desempenho do governo e apoio legislativo na democracia brasileira", em Carlos Ranulfo Melo e Manuel Alcântara Sáez (Orgs.), *A democracia brasileira: Balanço e perspectivas para o século 21*, op. cit., pp. 147-98, especialmente p. 151.

2. A Carta autoritária de 1967 passou a uma versão ainda mais autoritária com a redação dada pela emenda constitucional n. 1 de 1969, outorgada autocraticamente já na vigência do AI-5.

3. O voto é proporcional e nominal, em lista aberta, e coletado em todo o estado para cada candidato, mesmo que os eleitos tenham seus votos concentrados num pequeno número de municípios.

4. Muitos insucessos e alguns sucessos não são captados nessas análises agregadas, porque não chegam à votação nominal, que é a base desses estudos quantitativos.

5. Adrián Albala, "Coalition Presidentialism in Bicameral Congresses: How does the Control of a Bicameral Majority Affect Coalition Survival?", *Brazilian Political Science Review*, São Paulo, v. 11, n. 2, 2017: <http://www.scielo.br/scielo.php?script=sci_arttext&pid=S1981-38212017000200204&lng=en&nrm=iso>, e "Bicameralism and Coalition Cabinets in Presidential Polities: A Configurational Analysis of the Coalition Formation and Duration Processes", *The British Journal of Politics and International Relations*, Londres, v. 19, n. 4, pp. 735-54, 2017. Ver também Pedro Neiva, *Estudo comparado de câmaras altas: Os poderes e o papel dos senados nos sistemas presidencialistas* (Rio de Janeiro: Iuperj, 2004, tese de doutorado em Ciência Política), e Paulo Magalhães Araújo, "Bicameralismo e Poder Executivo no Brasil: Revisão de projetos presidenciais entre 1989-2010", *Opinião Pública*, Campinas, v. 20, n. 1, pp. 67-95, abr. 2014.

6. Pedro Neiva e Márcia Soares, "Senado brasileiro: Casa federativa ou Casa partidária?", *Revista Brasileira de Ciências Sociais*, São Paulo, v. 28, n. 81, pp. 97-115, fev. 2013.

7. Ainda mais que parte do senadores havia sido eleita anteriormente, não tendo recebido o mandato constituinte. Ver Adriano Pilatti, *A Constituinte de 1987-1988: Progressistas, conservadores, ordem econômica e as regras do jogo* (Rio de Janeiro: Lumen Juris, 2008), e Rogério Bastos Arantes e Cláudio Gonçalves Couto, "A Constituição sem fim", em Sérgio Praça e Simone Diniz (Orgs.), *Vinte anos de Constituição* (São Paulo: Paulus, 2008), pp. 31-60. Em decisão sobre os procedimentos constitucionais para o impeachment da então presidente Dilma Rousseff, o Supremo Tribunal Federal ampliou os poderes do Senado, restaurando uma parcela das prerrogativas típicas da "Câmara Alta" e reduzindo fortemente o papel da casa popular nessa decisão.

8. Ver, a esse respeito, a análise, ligeiramente diferente, do politólogo Carlos Pereira em "Todo presidente serve a dois senhores — o eleitor e o legislador", *Folha de S.Paulo*, 9 nov. 2017, p. A6.

9. David Fleischer, "Perfil socioeconômico e político da Constituinte", em Milton Guran, *O processo constituinte 1987-1988* (Brasília: Agil, 1988), pp. 29-40.

10. Ver Adriano Pilatti, *A Constituinte de 1987-1988: Progressistas, conservadores, ordem econômica e as regras do jogo*, op. cit., e Rodrigo Martins, *O processo decisório na Assembleia Nacional Constituinte de 1987-1988: A escolha do sistema de governo* (São Paulo: FFLCH-USP, 2013, tese de mestrado em Ciência Política).

11. Marta Arretche, *Democracia, federalismo e centralização no Brasil* (Rio de Janeiro: Editora FGV; Fiocruz, 2012), pp. 77-116.

12. Ver Adriano Pilatti, *A Constituinte de 1987-1988: Progressistas, conservadores, ordem econômica e as regras do jogo*, op. cit., e cf. Carlos Ranulfo, "Sistema partidário, presidencialismo e reforma política no Brasil", tabela 2, p. 162, em Gláucio Ary Dillon Soares e Lucio R. Rennó (Orgs.), *Reforma política: Lições da história recente* (Rio de Janeiro: Editora FGV), pp. 157-75.

13. O índice de inflação chegou a ter valores negativos, com a desindexação combinada ao congelamento de preços, e contou com forte apoio popular.

14. Partido Liberal (PL), sete; Partido Democrata Cristão (PDC), seis; Partido Comunista Brasileiro (PCB), três; Partido Comunista do Brasil (PCdoB), três; Partido Socialista Brasileiro (PSB), dois; Partido Social Cristão (PSC), um; e Partido Municipalista Brasileiro (PMB), um. O PMDB elegeu 22 governadores, 38 dos 49 senadores, e 260 dos 487 deputados federais.

15. Adriano Pilatti, *A Constituinte de 1987-1988: Progressistas, conservadores, ordem econômica e as regras do jogo*, op. cit.

16. Ver, sobre esse ponto, Sérgio Praça e Simone Diniz, "As duas faces da Constituição", em idem (Orgs.), *Vinte anos de Constituição*, op. cit., pp. 7-18.

17. Rogério Bastos Arantes e Cláudio Gonçalves Couto, "A Constituição sem fim", em Sérgio Praça e Simone Diniz (Orgs.), *Vinte anos de Constituição*, op. cit. Ver também Fernando Limongi, "O Poder Executivo na Constituição de 1988", em Ruben George Oliven, Marcelo Ridenti e Gildo Marçal Brandão (Orgs.), *A Constituição de 1988 na vida brasileira* (São Paulo: Hucitec, 2008), pp. 23-56, e Bolívar Lamounier, "A Comissão Arinos e os debates constituintes", em Sérgio Praça e Simone Diniz (Orgs.), *Vinte anos de Constituição*, op. cit., pp. 19-28.

18. Rogério Bastos Arantes e Cláudio Gonçalves Couto, "A Constituição sem fim", em Sérgio Praça e Simone Diniz (Orgs.), *Vinte anos de Constituição*, op. cit.

19. Marcus André Melo e Carlos Pereira, *Making Brazil Work: Checking the President in a Multiparty System* (Nova York: Palgrave Macmillan, 2013).

20. Maria Tereza Sadek, "Poder Judiciário: Conservação e mudanças", em Sérgio Praça e Simone Diniz (Orgs.), *Vinte anos de Constituição*, op. cit., pp. 61-94.

21. Carlos Alexandre de Azevedo Campos, *Dimensões do ativismo judicial do STF* (Rio de Janeiro: Forense, 2014), caps. IV e V, faz a análise do ativismo judicial no Brasil da perspectiva da teoria constitucional.

22. Idem, ibidem, pp. 257-74.

23. Maria Tereza Sadek, "Poder Judiciário: Conservação e mudanças", em Sérgio Praça e Simone Diniz (Orgs.), *Vinte anos de Constituição*, op. cit., e Carlos Alexandre de Azevedo Campos, *Dimensões do ativismo judicial do STF*, op. cit.

24. Na versão aprovada pela subcomissão do Poder Judiciário e do Ministério Público, relatada por Plínio de Arruda Sampaio, o PGR seria eleito e não havia hipótese de afastamento. Na versão negociada com o Centrão, contrário à autonomia do MP, que entrou no texto constitucional definitivo, ele passou a ser nomeado pelo presidente da República entre os membros da carreira e aprovados pela maioria absoluta do Senado. Seu afastamento se daria mediante decisão da maioria absoluta do Senado. Cf. Fábio Kerche, "O Ministério Público na Constituição de 1988: Uma nova instituição", em Sérgio Praça e Simone Diniz (Orgs.), *Vinte anos de Constituição*, op. cit., pp. 95-114.

25. Maria Tereza Sadek, "Ministério Público: A construção de uma nova instituição", em

Ruben George Oliven, Marcelo Ridenti e Gildo Marçal Brandão (Orgs.), *A Constituição de 1988 na vida brasileira*, op. cit., pp. 110-29.

26. José Eduardo Faria, *Direito e economia na democratização brasileira* (São Paulo: Malheiros, 1993). Há uma nova edição, pela Saraiva, de 2013.

27. Jairo Nicolau, *Representantes de quem? Os (des)caminhos do seu voto da urna à Câmara dos Deputados* (Rio de Janeiro: Zahar, 2017), pp. 119-37.

28. Argelina Figueiredo e Fernando Limongi estudaram intensivamente esses mecanismos institucionais que diferenciam as duas versões do presidencialismo de coalizão; ver, por exemplo, seus artigos: "Mudança constitucional, desempenho do Legislativo e consolidação institucional", *Revista Brasileira de Ciências Sociais*, São Paulo, 10(29), pp. 175-200, 1995; "O Congresso e as medidas provisórias: Abdicação ou delegação?", *Novos Estudos Cebrap*, São Paulo, 47, pp. 127-54, 1997; e "Bases institucionais do presidencialismo de coalizão", *Lua Nova*, São Paulo, n. 44, pp. 81-106, 1998. Os politólogos Bruno Wanderley Reis, "Sistema eleitoral e financiamento de campanhas no Brasil: Desventuras do Poder Legislativo", em Ruben George Oliven, Marcelo Ridenti e Gildo Marçal Brandão (Orgs.), *A Constituição de 1988 na vida brasileira* (São Paulo: Hucitec, 2008), pp. 57-90; Fabiano Santos, "A República de 46: Separação de poderes e política alocativa", em Carlos Ranulfo Melo e Manuel Alcântara Sáez (Orgs.), *A democracia brasileira: Balanço e perspectivas para o século 21*, op. cit., pp. 39-72, *O Poder Legislativo no presidencialismo de coalizão*; Fabiano Santos e Acir Almeida, *Fundamentos informacionais do presidencialismo de coalizão* (Curitiba: Appris, 2011); Octavio Amorim Neto e Fabiano Santos, "O segredo ineficiente revisto: O que propõem e o que aprovam os deputados brasileiros", *Dados: Revista de Ciências Sociais*, Rio de Janeiro, v. 46, n. 4, pp. 661-98, 2003; e Marcus André Melo, "Controle do Poder Executivo e presidencialismo de coalizão", *Cadernos Aslegis*, Brasília, 40, pp. 55-77, maio-ago. 2010, agregam elementos novos mais balanceados sobre a dinâmica política do presidencialismo de coalizão.

29. Sérgio Praça, "Processo orçamentário: Antecedentes, debates constituintes e mudanças após 1988", em idem e Simone Diniz (Orgs.), *Vinte anos de Constituição*, op. cit., pp. 115-35.

30. Ver, por exemplo, Argelina Figueiredo e Fernando Limongi, "O Legislativo e a âncora fiscal", em Fernando Rezende e Armando Cunha (Orgs.), *O orçamento público e a transição do poder* (Rio de Janeiro: Editora FGV, 2003), pp. 55-90; e idem, "Processo orçamentário e comportamento legislativo: Emendas individuais, apoio ao Executivo e programas de governo", *Dados: Revista de Ciências Sociais*, Rio de Janeiro, v. 48, n. 4, pp. 737-76, 2005; e Sérgio Praça, "Processo orçamentário: Antecedentes, debates constituintes e mudanças após 1988", em idem e Simone Diniz (Orgs.), *Vinte anos de Constituição*, op. cit.

31. Márcia Soares e Pedro Neiva, "Federalism and Public Resources in Brazil: Federal Discretionary Transfers to States", *Brazilian Political Science Review*, São Paulo, v. 5, n. 2, pp. 94-116, 2011.

32. Márcia Soares e Bruno Melo, "Condicionantes políticos e técnicos das transferências voluntárias da União aos municípios brasileiros", *Revista de Administração Pública*, Rio de Janeiro, v. 50, n. 4, pp. 539-61, jul.-ago. 2016.

33. Ver, por exemplo, interpretação um pouco distinta, mas conforme, em Rogério Bastos Arantes e Cláudio Gonçalves Couto, "A Constituição sem fim", em Sérgio Praça e Simone Diniz (Orgs.), *Vinte anos de Constituição*, op. cit.

10. O ESTRANHO DE DENTRO DO NINHO [pp. 93-120]

1. Luciano Martins, "A autonomia política do governo Collor", *Revista Brasileira de Economia*, Rio de Janeiro, v. 45, n. especial, pp. 27-33, jan. 1991.
2. Cf. Lilia M. Schwarcz e Heloisa M. Starling, *Brasil, uma biografia*, op. cit., p. 492.
3. Perdeu mais rapidamente o apoio das classes médias que dos setores populares, com seus fracassos econômicos, como mostrou Brasilio Sallum Jr., *O impeachment de Fernando Collor: Sociologia de uma crise* (São Paulo: Editora 34, 2015), pp. 267-8.
4. Medido da mesma forma usada para medir os partidos efetivos, como em Markku Laakso e Rein Taagepera, "'Effective' Number of Parties: A Measure with Application to West Europe", *Comparative Political Studies*, Londres, v. 12, n. 1, pp. 3-27, abr. 1979.
5. Victor Garcia Miranda, "Padrões de competição política nas eleições democráticas para a Presidência da República no Brasil (1945-1960 e 1989-2014): Uma descrição histórica", *Século XXI: Revista de Ciências Sociais*, Santa Maria, v. 6, n. 2, pp. 249-84, jul.-dez. 2016.
6. A análise mais completa desse realinhamento está em Jairo Nicolau, *Multipartidarismo e democracia: Um estudo sobre o sistema partidário brasileiro (1985-1994)* (Rio de Janeiro: Editora FGV, 1996).
7. Luciano Martins, "A autonomia política do governo Collor", *Revista Brasileira de Economia*, op. cit.
8. Guilherme Stolle Paixão e Casarões, *A economia política do governo Collor: Discutindo a viabilidade de governos minoritários sob o presidencialismo de coalizão* (São Paulo: FFLCH-USP, 2008, tese de mestrado em Ciência Política: DOI:10.11606/D.8.2008.tde-20032009-154749). Ver também a análise sobre a dinâmica partidária de autoria de Rachel Meneghello, *Partidos e governos no Brasil contemporâneo (1985-1997)* (Rio de Janeiro: Paz e Terra, 1998), cap. 5.
9. Expressões de seu discurso de posse. Cf. Marco Antonio Villa, *Collor presidente: Trinta meses de turbulências, reformas, intrigas e corrupção* (Rio de Janeiro: Record, 2016), p. 30.
10. Jairo Nicolau, *Multipartidarismo e democracia*, op. cit.
11. Analisei as circunstâncias eleitoral e parlamentar em "Strangers in a Common Land: Executive/Legislative Relations in Brazil", em Siegfried Marks (Org.), *Political Constraints on Brazil's Economic Development. Rio de Janeiro Conference, Proceedings and Papers*, New Brunswick: Transaction, North-South Center Press; University of Miami; Fundação Getulio Vargas; Universidade de São Paulo, 1993, pp. 105-31.
12. A narrativa mais completa do Plano Collor, seus rebatimentos e efeitos socioeconômicos brutais na população, e da crise provocada pelo fracasso da estabilização, que condenaram Collor na sociedade e pavimentaram a crise de governabilidade, está em Míriam Leitão, *Saga brasileira*, op. cit.
13. MP 168 de 15 mar. 1990, modificada pela MP 172 de 17 mar. 1990 e pela MP 174 de 23 mar. 1990, foi convertida na lei n. 8024 de 20 abr. 1990.
14. Mário Henrique Simonsen, "Aspectos técnicos do Plano Collor", *Revista Brasileira de Economia*, Rio de Janeiro, v. 45, n. especial, pp. 113-28, jan. 1991.
15. A expressão é do sociólogo Fernando Henrique Cardoso, em *O modelo político brasileiro e outros ensaios* (São Paulo: Difel, 1972).
16. MP 151/1990, complementada pelo decreto 99 186 de 17 mar. 1990 e modo de aplicação

definido pelo decreto 99192 de 21 mar. 1990. Foi posteriormente convertida pelo Congresso, com modificações, na lei n. 8029 de 12 abr. 1990.

17. *Folha de S.Paulo*, 18 mar. 1990, pp. A1 e B1: <http://acervo.folha.uol.com.br/fsp/1990/03/18/2//4083397>.

18. Ver Sérgio Abranches, "Os ciclos do presidencialismo de coalizão", *Ecopolítica Ensaios*, op. cit., e Aline Melquíades Silva, "Os ciclos do presidencialismo de coalizão e seus determinantes político-econômicos", trabalho apresentado no 41º Encontro Anual da Anpocs, GT18, O Presidencialismo de Coalizão Brasileiro, Caxambu, 23-27 out. 2017: <http://www.anpocs.com/index.php/papers-40-encontro-2/gt-30/gt18-26/10765-os-ciclos-do-presidencialismo-de-coalizao-e--seus-determinantes-politico-economicos/file>.

19. Marco Antonio Villa, *Collor presidente*, op. cit., p. 47.

20. Idem, ibidem.

21. Idem, p. 45.

22. Sobre esse efeito, ver Carlos Pereira, Timothy Power e Lucio Rennó, "Under What Conditions Do Presidents Resort to Decree Power? Theory and Evidence from the Brazilian Case", Chicago, *The Journal of Politics*, v. 67, n. 1, pp. 178-200, 2005.

23. A emenda constitucional n. 32 de 2001 mudou também regras e prazos de aprovação. O prazo para aprovação da medida provisória passou a ser de 120 dias, incluída uma prorrogação e sem contagem de prazo no recesso. A partir do 45º dia, ela tranca a pauta na Casa onde está tramitando.

24. Helen Letícia Grala Jacobsen, *Interação estratégica entre os poderes Executivo e Legislativo: As medidas provisórias editadas nos mandatos de Lula e Dilma (2003-2014)* (Pelotas: Instituto de Filosofia, Sociologia e Política, Universidade Federal de Pelotas, 2016, tese de mestrado em Ciência Política: <http://repositorio.ufpel.edu.br:8080/handle/prefix/3105>).

25. É esse cálculo estratégico que sustenta a hipótese levantada por Argelina Figueiredo e Fernando Limongi segundo a qual a hierarquia das preferências leva a maioria parlamentar, ao fim e ao cabo, a aprovar as MPs, mesmo quando sua primeira preferência é pela rejeição da medida. Em outras palavras, preferem rejeitar a aprovar a MP, mas, diante dos custos de reversão de seus efeitos, preferem evitar o ônus de legislar sobre eles; logo, preferem tolerar a MP. Cf. Argelina Figueiredo e Fernando Limongi, "Bases institucionais do presidencialismo de coalizão", em *Executivo e Legislativo na nova ordem constitucional* (Rio de Janeiro: Editora FGV, 1999), pp. 19-40, e "O Congresso e medidas provisórias: Abdicação ou delegação?", em ibidem, pp. 125-56. Essa vantagem foi posteriormente afetada pela mudança de regras, que alterou a natureza do cálculo estratégico dos parlamentares.

26. Atualmente, as MPs deixam de valer se não forem apreciadas no prazo de 120 dias, mesmo com a pauta trancada, reduzindo, em parte, os custos de rejeição. Essa mudança deu maior poder de barganha ao Congresso, e alterou o cálculo estratégico dos parlamentares e do presidente. Ao mesmo tempo, aumentou o custo da procrastinação legislativa, porque a MP perde validade e cessam seus efeitos, se não for examinada em tempo hábil.

27. Gabriel L. Negretto, "Government Capacities and Policy Making by Decree in Latin America: The Cases of Brazil and Argentina", *Comparative Political Studies*, Londres, v. 37, n. 5, pp. 531-62, jun. 2004.

28. Cf. Míriam Leitão, *Saga brasileira*, op. cit., p. 155.

29. *Folha de S.Paulo*, 23 jun. 1990, p. A1: <http://acervo.folha.uol.com.br/fsp/1990/06/23/2//4910759>.

30. Cf. Paulo Magalhães Araújo, "Bicameralismo e Poder Executivo no Brasil", *Opinião Pública*, op. cit.

31. Um relato bem escrito sobre os dilemas da política econômica quando a Guerra do Golfo estourou é de Bob Woodward, *Maestro: Greenspan's Fed and the American Boom* (Nova York: Simon and Schuster, 2000), especialmente caps. 3-5.

32. *Folha de S.Paulo*, 15 jan. 1991, pp. A6 e B6.

33. Ver Míriam Leitão, *Saga brasileira*, op. cit., p. 203, e Marco Antonio Villa, *Collor presidente*, op. cit., pp. 127-43.

34. Marco Antonio Villa, *Collor presidente*, op. cit., pp. 138-42.

35. "Romance com Zélia derruba Cabral", *O Globo*, 14 out. 1990, p. 1.

36. Marco Antonio Villa, *Collor presidente*, op. cit., p. 154; *Folha de S.Paulo*, 25 maio 1991, p. 1-5; *O Globo*, 24 e 25 maio 1992, e *Jornal do Brasil*, 24 maio 1992.

37. "Marcílio estuda a revisão da política salarial", *Folha de S.Paulo*, 20 maio 1991, p. 1-6.

38. *Folha de S.Paulo*, 24 ago. 1991, pp. 1-6.

39. Cristiana Lôbo e Tereza Cruvinel, "Collor pede a Tasso nomes para governo", *O Globo*, 6 set. 1991, p. 3.

40. Marco Antonio Villa, *Collor presidente*, op. cit., p. 171.

41. "Collor chama de 'covardes' empresários que demitem", *Folha de S.Paulo*, 26 out. 1991, p. 1-4, e "Empresário chama Collor de 'moleque'", *Folha de S.Paulo*, 26 out. 1991, pp. 1-5.

42. Cf. o clássico de Robert Louis Stevenson, *The Strange Case of Dr. Jekyll and Mr. Hyde*; há várias edições e também traduções para o português.

43. "Presidente admite antecipação de plebiscito", *O Globo*, 6 set. 1991, p. 3.

44. *Diário do Senado Federal*, n. 151, 24 out. 1991, sessão 23 out. 1991, pp. 7280-3.

45. Idem, p. 7285.

46. "Governo tenta apressar reforma agrária", *Folha de S.Paulo*, 29 out. 1991, pp. 1-4.

47. Essas declarações estão registradas no *Diário do Senado Federal*, n. 160, 7 nov. 1991, sessão 6 nov. 1991, pp. 7810-5.

48. Idem.

49. Cf. Marco Antonio Villa, *Collor presidente*, op. cit., p. 178.

50. Raquel Ulhôa, "Ministro se diz 'preocupado'", *Folha de S.Paulo*, 7 nov. 1991, pp. 1-6.

51. "Collor chama Lula de 'meliante'", *Jornal do Brasil*, 8 nov. 1991, p. 2.

52. Christiane Samarco, "O protesto da bancada parlamentarista: Governo derrota emenda, mas perde credibilidade", *Jornal do Brasil*, 8 nov. 1991, p. 2.

53. "Collor chama Meneguelli e Lula de 'meliantes'", *O Estado de S. Paulo*, 8 nov. 1991, p. 4; "A entrevista do presidente", *Folha de S.Paulo*, 8 nov. 1991, p. 1-7; *Jornal do Brasil*, 8 nov. 1991, p. 2.

54. "Presidente agradece 'apoio' de Brizola", *Folha de S.Paulo*, 9 nov. 1991, pp. 1-5.

55. Hugo Studart, "Arestas entre Quércia e PSDB travam acordo", *Folha de S.Paulo*, 3 nov. 1991, pp. 1-4.

56. Gustavo Krieger e Tales Faria, "Presidente resiste a alianças no Congresso", *Folha de S.Paulo*, 3 nov. 1991, pp. 1-4.

57. "Quércia não exclui impeachment de Collor", *Folha de S.Paulo*, 4 nov. 1991, pp. 1-7.

58. *DCN*, seção I, 29 nov. 1991, p. 25025.

59. Josias de Souza e Luiz Antônio Novaes, "ACM quer demissão na pasta de Alceni", *Folha de S.Paulo*, 12 dez. 1991, pp. 1-6.

60. Teodomiro Braga, "Brasilianista prevê 'impeachment'", *Jornal do Brasil*, 2 dez. 1991, p. 2.

61. Brasilio Sallum Jr., *O impeachment de Fernando Collor: Sociologia de uma crise*, op. cit., p. 159.

62. A popularidade líquida é medida pela fórmula PL = [(OB-RP)/ (OB+RP)]*100. OB = ótimo/bom, RP= ruim/péssimo.

63. Josias de Souza, "Popularidade de Collor despenca para 8%", *Folha de S.Paulo*, 22 dez. 1991, pp. 1-8.

64. Carlos Pereira, Marcus Melo e Frederico Bertholini, "Coalition Management Under Divided/Unified Government", ago. 2016: <http://bibliotecadigital.fgv.br/dspace/bitstream/handle/10438/17793/Coalition_Management_Under_Divided_Unified_Government.pdf?sequence=1&isAllowed=y>.

65. O hábil comentarista político Carlos Castello Branco escreveu a respeito dessa desimportância do debate acerca da autoria das ideias no artigo "Sobre a autoria dos artigos de Collor", *Jornal do Brasil*, 10 jan. 1992, p. 2.

66. Marco Rodrigo Almeida, "Merquior, o conformista combativo", *Folha de S.Paulo*, 23 ago. 2015, Ilustríssima, pp. 4-5. Segundo Carlos Castello Branco, "Sobre a autoria dos artigos de Collor", *Jornal do Brasil*, op. cit., Merquior e Collor mantiveram notórios contatos depois da eleição e o presidente eleito o teria convidado para a Secretaria de Cultura. Desses encontros teria surgido o texto.

67. Fernando Collor, "Agenda para o consenso: Uma proposta social-liberal (I)", *Jornal do Brasil*, 5 jan. 1992, p. 11.

68. Idem, "O papel do Estado (II)", *Jornal do Brasil*, 6 jan. 1992, p. 13.

69. Idem, "Democracia, reforma política e direitos humanos (III)", *Jornal do Brasil*, 7 jan. 1992, p. 11.

70. Idem, "O modelo econômico: Capitalismo democrático (IV)", *Jornal do Brasil*, 8 jan. 1992, p. 11.

71. Idem, "A revolução educacional (V)", *Jornal do Brasil*, 9 jan. 1992, p. 13.

72. "ACM diz que governo não pode ditar regras e Ciro vê isolamento", *Folha de S.Paulo*, 6 jan. 1992, pp. 1-8.

73. "Collor ganha apoio de governadores", *Jornal do Brasil*, 8 jan. 1992, p. 2.

74. Brasilio Sallum Jr., *O impeachment de Fernando Collor: Sociologia de uma crise*, op. cit., p. 163.

75. Ver a análise de Brasilio Sallum Jr., ibidem, pp. 161-78.

76. Marco Antonio Villa, *Collor presidente*, op. cit., p. 201.

77. Em, por exemplo, "Gabinetes presidenciais, ciclos eleitorais e disciplina legislativa no Brasil", *Dados: Revista de Ciências Sociais*, op. cit.

78. Rachel Meneghello, *Partidos e governos no Brasil contemporâneo*, op. cit., faz uma boa análise da coalizão minoritária de Collor, cap. 5, pp. 109-20.

79. Ver idem, ibidem, e Brasilio Sallum Jr., *O impeachment de Fernando Collor: Sociologia de uma crise*, op. cit.

80. O politólogo Carlos Ranulfo Melo revelou que, nas duas legislaturas do governo Collor, as migrações partidárias foram sempre de fuga do governo para fora. Carlos Ranulfo Melo, *Retirando as cadeiras do lugar: Migração partidária na Câmara dos Deputados (1985-2002)* (Belo Horizonte: Editora UFMG, 2004).

81. "Brizola quer reeditar 'Cadeia da Legalidade' para defender Collor", *Folha de S.Paulo*, 27 maio 1992, p. 1-7.

82. Ariosto Teixeira, "CPI envolve a sucessão presidencial", *Jornal do Brasil*, 7 jun. 1992, p. 3; Andrew Greenlees, "Oposição se une contra 'inércia' do governo", *Folha de S.Paulo*, 4 jun. 1992, pp. 1-5.

83. Fernando Henrique Cardoso, "Congresso em julgamento", *Folha de S.Paulo*, 4 jun. 1992, p. 1-2.

84. Apesar de ser uma comissão mista, portanto uma CPMI, a imprensa e os políticos continuaram a falar em CPI. Seguirei o uso da época — adotando a sigla CPI, em lugar de CPMI —, para não conflitar com as matérias e declarações a que me refiro no texto.

85. "PT pressionará CPI com comícios", *Jornal do Brasil*, 10 jun. 1992, p. 6.

86. Collor não aceitou se mudar para o Palácio da Alvorada, ficando em sua própria residência, a Casa da Dinda.

87. Josias de Souza, "Collor nomeia comissão de ministros para reagir à crise", *Folha de S.Paulo*, 29 jun. 1992, p. 1-5; "Collor pede 48 horas para responder a acusações", *O Estado de S. Paulo*, 29 jun. 1992, p. 4.

88. Christiane Samarco, "PFL se divide sobre saída do ministério", *Jornal do Brasil*, 30 jun. 1992, p. 3.

89. Todas as declarações recolhidas pela *Folha de S.Paulo*; "Para Ibsen, discurso do presidente não convenceu", *Folha de S.Paulo*, 1º jul. 1992, pp. 1-6.

90. "Maioria quer afastamento ou renúncia", *Folha de S.Paulo*, 1º jul. 1992, pp. 1-7.

91. "Collor usa rede nacional para explicar acordo", *O Globo*, 10 jul. 1992, p. 22.

92. "Collor acusa montadoras e PT de integrar 'sindicato do golpe'", *O Estado de S. Paulo*, 10 jul. 1992, p. 1-4; "Collor ataca cartel do cimento e PT", *Folha de S.Paulo*, 10 jul. 1992, p. 1-9; e "Collor: Cartéis e PT tentam 'desestabilizar'", *O Globo*, 10 jul. 1992, p. 3.

93. Carlos Castello Branco, "Da pocilga, dos porcos e dos pecados da língua", *Jornal do Brasil*, 12 jul. 1992, p. 2. "Collor compara adversários a porcos", *Folha de S.Paulo*, 11 jul. 1992, p. 1-8; e Brasilio Sallum Jr., *O impeachment de Fernando Collor: Sociologia de uma crise*, op. cit., pp. 231-4.

94. Tales Faria, "PFL já não vê como poupar Collor", *Folha de S.Paulo*, 22 jul. 1992, p. 1-6.

95. Marta Salomon, "Deputado dissidente deve deixar PFL hoje", *O Estado de S. Paulo*, 23 jul. 1992, p. 8.

96. Andrew Greenlees, "Oposição tenta atrair grupos do PFL", *Folha de S.Paulo*, 28 jul. 1992, pp. 1-10.

97. "Goldemberg se demite do ministério", *O Globo*, 4 ago. 1992, p. 7.

98. "Lula pede uma vacina contra corrupção", *Jornal do Brasil*, 11 ago. 1992, p. 2.

11. O MANDATO INTERROMPIDO — O PRIMEIRO IMPEACHMENT DA TERCEIRA REPÚBLICA
[pp. 121-47]

1. Regina Alvarez, Vivaldo de Sousa e Sônia Mossri, "Para Bornhausen, impeachment é inevitável e saída é abrir o cofre", *Folha de S.Paulo*, 1º ago. 1992, p. 1-4; Marta Salomon, "Concessões de rádio e TV viram arma anti-CPI", *O Estado de S. Paulo*, 1º ago. 1992, p. 7.

2. "Ofensiva do PFL racha ministério Collor", *Folha de S.Paulo*, 6 ago. 1992, p. 1-1, e Eumano Silva, "ACM ameaça e exige que Marcílio mude 'métodos'", p. 1-7, e "Marcílio garante que permanece", *O Globo*, 6 ago. 1992, p. 3.

3. Josias de Souza e Gilberto Dimenstein, "Militares pedem a Borja que permaneça", e Sônia Mossri e Regina Alvarez, "Forças Armadas pressionam Marcílio para obter reajuste", *Folha de S.Paulo*, 6 ago. 1992, pp. 1-8.

4. "Quércia e Lula se aliam para pedir o 'impeachment' nas ruas", *O Globo*, 13 ago. 1992, p. 4; Andrew Greenlees, "Oposição faz frente pró-impeachment", *Folha de S.Paulo*, 13 ago. 1992, pp. 1-8.

5. "Collor quer luta contra impeachment", *Folha de S.Paulo*, 14 ago. 1992, pp. 1-6.

6. "Joaquim Francisco rompe e pede renúncia de Collor", *Folha de S.Paulo*, 15 ago. 1992, pp. 1-4.

7. Josias de Souza, "70% querem o afastamento de Collor", *Folha de S.Paulo*, 16 ago. 1992, pp. 1-7.

8. "Multidões vestem luto nas capitais", *O Globo*, 17 ago. 1992, pp. 1 e 3 a 9; "Collor derrotado no teste das cores", *O Estado de S. Paulo*, 17 ago. 1992, pp. 1 e 4 a 6; "Fracassa apelo verde-e--amarelo de Collor", *Folha de S.Paulo*, 17 ago. 1992, pp. 1-1 e 1-5 a 1-8.

9. Pamela Nunes e Rosângela Bittar, "Juristas preparam impeachment", *O Estado de S. Paulo*, 13 ago. 1992, p. 7.

10. "Planalto recebe parecer de jurista", *O Estado de S. Paulo*, 13 ago. 1992, p. 7.

11. Marco Antonio Villa, *Collor presidente*, op. cit., p. 276.

12. Idem, ibidem, pp. 276-8.

13. Sônia Mossri e Gustavo Krieger, "BB distribui verbas a parlamentares", *Folha de S.Paulo*, 13 ago. 1992, pp. 1-5.

14. Analisei esse tipo de contágio, propiciado pela TV e que, no futuro, seria fortalecido pelas redes sociais, em *A era do imprevisto*, op. cit., pp. 85-96.

15. João Domingos, "Relatório indica punições para Collor", *O Estado de S. Paulo*, 25 ago. 1992, pp. 4 a 13; "Lando aponta culpa de Collor", *O Globo*, 25 ago. 1992, pp. 3-13; "Conclusões da CPI levam a pedido de impeachment", *Folha de S.Paulo*, 25 ago. 1992, pp. 1-4 a 1-17 e caderno especial, contendo a íntegra do relatório.

16. "Conclusões da CPI levam a pedido de impeachment", *Folha de S.Paulo*, 25 ago. 1992, p. 1-4.

17. "Ibsen adianta que só aceitará pedido da ABI e da OAB", *O Globo*, 25 ago. 1992, p. 3.

18. "Collor critica conteúdo 'político' do relatório", *O Estado de S. Paulo*, 25 ago. 1992, p. 5.

19. "PFL afasta deputado favorável ao relatório", *O Estado de S. Paulo*, 25 ago. 1992, p. 7, e Eumano Silva, "Oposição conta com treze votos para aprovar relatório final", *Folha de S.Paulo*, 25 ago. 1992, pp. 1-4.

20. "Ministros defendem governabilidade", *O Globo*, 26 ago. 1992, p. 3, e "Ministros garantem que ficam até o impeachment", *Folha de S.Paulo*, 26 ago. 1992, pp. 1-4.

21. "'Não há por que renunciar', diz Collor", *O Estado de S. Paulo*, 27 ago. 1992, p. 6.

22. Lei n. 1079/1950.

23. Todos esses eventos estão relatados nos jornais do dia 28 de agosto de 1992. A declaração de Ulysses está na página 4 de *O Globo*.

24. Otto Sarkis e Flávia de Leon, "Itamar se prepara para tomar posse", *Folha de S.Paulo*, 30 ago. 1992, p. 1-10.

25. "Corpo a corpo", *O Globo*, 30 ago. 1992, p. 4.

26. "Os verdadeiros patriotas estarão ao meu lado", *O Globo*, 31 ago. 1992, p. 4.

27. "Planalto quer 'impeachment' de Ibsen", *O Globo*, 2 set. 1992, p. 3.

28. "Ibope revela que maioria quer saída de Collor", *O Estado de S. Paulo*, 2 set. 1992, p. 4.

29. Alon Feuerweker, "75% do país defendem impeachment", *Folha de S.Paulo*, 6 set. 1992, pp. 1-8.

30. Andrew Greenlees, "54% preferem sistema parlamentarista", *Folha de S.Paulo*, 7 set. 1992, pp. 1-5.

31. Gilberto Dimenstein e Márcia Marques, "Ibsen tenta dar um 'golpe', diz Collor", *Folha de S.Paulo*, 9 set. 1992, pp. 1-7.

32. "Collor deve entrar hoje com mandado no STF", *O Estado de S. Paulo*, 9 set. 1992, p. 4.

33. "Ibsen oferece a Collor defesa em plenário", *O Estado de S. Paulo*, 11 set. 1992, p. 5.

34. "Presidente do STF quer evitar choque com Câmara", *Folha de S.Paulo*, 16 set. 1992, pp. 1-4.

35. "Collor chama Ibsen de canalha golpista", *O Globo*, 18 set. 1992, p. 1.

36. Gutemberg de Souza, "STF define voto e mantém prazo", *Folha de S.Paulo*, 24 set. 1992, pp. 1-6.

37. "Supremo rejeita o recurso de Collor", *O Estado de S. Paulo*, 24 set. 1992, p. 4.

38. Flávia de Leon, "Para Gilmar, Supremo preferiu 'lavar as mãos'", *Folha de S.Paulo*, 25 set. 1992, pp. 1-4.

39. Lucio Vaz, "Comissão acata processo por 32 votos contra um", *Folha de S.Paulo*, 25 set. 1992, pp. 1-4.

40. *DCN*, "143ª Sessão, em 25 de setembro de 1992", 26 set. 1992, pp. 21943-53.

41. "PT e PDT dividem o palanque no Rio", *O Globo*, 26 set. 1992, pp. 1 e 10.

42. "Deputados escondem o rosto", *O Globo*, 26 set. 1992, p. 8.

43. "Collor quer retomar pacto após votação", *O Globo*, 26 set. 1992, p. 8.

44. "Impeachment de Collor tem apoio de 74%", *O Estado de S. Paulo*, 27 set. 1992, p. 4.

45. João Batista Natali, "80% querem afastamento de Collor no Congresso", *Folha de S. Paulo*, 29 set. 1992, pp. 1-16.

46. "Reunião define nomes para um eventual governo Itamar Franco", *Folha de S.Paulo*, 28 set. 1992, pp. 1-9.

47. "Borja e Lafer coordenam demissão coletiva", *O Estado de S. Paulo*, 29 set. 1992, p. 8.

48. Todas as referências estão na ata da sessão, em *DCN*, "144ª sessão, em 28 de setembro de 1992", 29 set. 1992, pp. 21989-2051.

49. *DCN*, "144ª sessão, em 28 de setembro de 1992", 29 set. 1992, pp. 21989-2051.

50. Idem, p. 22034.

51. Idem, 30 set. 1992, p. 22083.

52. Idem, p. 22089.

53. Idem, p. 22022.

54. Há uma longa discussão sobre a influência da ordem de chamada regional das bancadas sobre o voto dos parlamentares, supondo-se que haja diferenciação regional significativa. O temor é de que haja um efeito manada e que, se surgirem muitos votos numa determinada direção, estes contaminem os demais. Foi um debate importante no impeachment de Dilma Rousseff. Fabio Murakawa, Raphael Di Cunto e Thiago Resende, "Com medo de 'efeito manada', governistas questionam ordem de votação", *Valor Econômico*, 13 abr. 2016: <http://www.valor.com.br/politica/4522935/com-medo-de-efeito-manada-governistas-questionam-ordem-de-votacao>.

55. *DCN*, "144ª sessão, em 28 de setembro de 1992", 29 set. 1992, pp. 22105-6.

56. Idem, p. 22119.

57. "Impeachment! Câmara depõe Collor em decisão histórica; presidente respeita o resultado e Itamar assume hoje", *Folha de S.Paulo*, 30 set. 1992, p. 1-1.

58. "Collor está fora do poder", *O Globo*, 30 set. 1992, p. 1.

59. "Collor fora", *O Estado de S. Paulo*, 30 set. 1992, p. 1.

60. "Itamar Franco assume governo hoje", *O Globo*, 2 out. 1992, p. 5.

61. Villas-Bôas Corrêa, "Um interino que veio para ficar", *Jornal do Brasil*, 3 out. 1992, p. 3.

62. *DCN*, "Ata da 193ª sessão, em 30 de setembro de 1992", 1º out. 1992, pp. 7858-62.

63. Idem, "194ª sessão, em 1º de outubro de 1992", pp. 7880-2.

64. Idem, p. 7883.

65. "Sanches admite mudar o rito do impeachment", *O Globo*, 9 out. 1992, p. 4.

66. "Sanches decide manter prazos do processo", *Folha de S.Paulo*, 21 out. 1992, pp. 1-11. "Julgamento de Collor deve acabar em janeiro", *O Estado de S. Paulo*, 21 out. 1992, p. 5. Essas decisões foram objeto de discussão em plenário, *DCN*, "211ª sessão, em 20 de outubro de 1992", p. 8279.

67. "Collor apresenta hoje defesa ao Senado", *O Estado de S. Paulo*, 26 out. 1992, p. 5.

68. "Senado vai intimar hoje Collor a depor", *Folha de S.Paulo*, 27 out. 1992, pp. 1-10.

69. "Mariz ataca texto de defesa", *Folha de S.Paulo*, 27 out. 1992, pp. 1-10.

70. Aziz Filho, "Julgamento será político, diz Lins e Silva", *Folha de S.Paulo*, 28 out. 1992, pp. 1-9.

71. Kátia Cubel, "Presidente afastado se recusa a depor", *Folha de S.Paulo*, 28 out. 1992, pp. 1-9.

72. "Julgamento de Collor pode ser antecipado", *O Estado de S. Paulo*, 29 out. 1992, p. 9.

73. "Acusação desiste de ouvir PC no Senado", *O Globo*, 5 nov. 1992, p. 3.

74. "Testemunhas de defesa não ajudam Collor", *O Globo*, 6 nov. 1992, p. 3, e "Estevão: Presidente negociou 'Operação Uruguai'", *O Globo*, 7 nov. 1992, p. 3, e "'Avalistas' não ajudam Collor", *Folha de S.Paulo*, 7 nov. 1992, pp. 1-8.

75. "Defesa tenta protelar julgamento de Collor", *O Globo*, 11 nov. 1992, p. 3.

76. Kátia Cubel, "Collor reafirma que não renunciará", *Folha de S.Paulo*, 11 nov. 1992, pp. 1-6.

77. "Collor será julgado no dia 22 de dezembro", *Folha de S.Paulo*, 13 nov. 1992, pp. 1-8.

78. "Não há nenhuma prova que possa me incriminar", *O Estado de S. Paulo*, 23 nov. 1992, p. 7.

79. "Advogado de Collor recorre ao Supremo", *O Estado de S. Paulo*, 1º dez. 1992, p. 4.

80. "Parecer contesta mandado", *O Estado de S. Paulo*, 8 dez. 1992, p. 7.

81. *DCN*, "Ata circunstanciada da sessão do Senado Federal como órgão judiciário, realizada em 2 de dezembro de 1992", pp. 2258-98.

82. Ediana Balleroni, "Supremo suspende abertura de processo", *Folha de S.Paulo*, 4 dez. 1992, pp. 1-8.

83. Wilson Silveira, "Julgamento de Collor será longo, diz Sydney Sanches", *Folha de S. Paulo*, 6 dez. 1992, pp. 1-7.

84. As testemunhas seriam o ex-presidente do Banco Central Francisco Gros, o ex-secretário da Receita Federal Luiz Fernando Wellisch, o ex-diretor da Polícia Federal Romeu Tuma, o perito grafotécnico Tito Lívio Ferreira Gomide, que havia periciado o contrato da Operação Uruguai, e o conselheiro da República Tales Ramalho. "Defesa de Collor pede novas investigações", *O Estado de S. Paulo*, 8 dez. 1992, p. 7.

85. Idem.

86. "Parlamentarismo tem 42% dos eleitores", *O Estado de S. Paulo*, 6 dez. 1992, p. 8.

87. "Sistema de governo divide os eleitores", *Folha de S.Paulo*, 27 dez. 1992, pp. 1-6.

88. Nesse episódio, Michel Temer assumiu a Secretaria de Segurança Pública de Fleury, em substituição a Pedro Franco de Campos, que autorizou a ação de repressão contra a rebelião no pavilhão 9.

89. "Collor ataca Pedro, chama PC de 'repugnante' e reclama de complô", *O Estado de S. Paulo*, 16 dez. 1992, p. 6.

90. "Supremo nega mandado que pedia mais prazo para defesa", *Folha de S.Paulo*, 18 dez. 1992, pp. 1-12.

91. "STF deixa para relator decisão sobre Collor", *O Estado de S. Paulo*, 19 dez. 1992, p. 4.

92. "Condenação de Collor tem apoio de 87%", *O Estado de S. Paulo*, 21 dez. 1992, p. 5.

93. "Manobra de Collor adia julgamento", *O Estado de S. Paulo*, 22 dez. 1992, p. 4. "Manobra da defesa adia julgamento", *O Globo*, 22 dez. 1992, p. 3.

94. "Manobra da defesa adia julgamento", *O Globo*, 22 dez. 1992, p. 3.

95. *Diário do Senado Federal*, "Ata circunstanciada da sessão do Senado Federal como órgão judiciário, realizada em 22 de dezembro de 1992", n. 219, 23 dez. 1992, pp. 2477-94.

96. "Collor não confia no advogado nomeado", *O Globo*, 23 dez. 1992, p. 4.

97. *Diário do Senado Federal*, "Ata circunstanciada da sessão do Senado Federal como órgão judiciário, realizada em 29 de dezembro de 1992", n. 219, 23 dez. 1992, pp. 2727-3021.

98. Idem, pp. 2777-80.

99. Idem, p. 2812.

100. Idem, pp. 2812-3.

101. "Dilma afastada", *O Globo*, 12 maio 2106, p. 1, e Sérgio Abranches, "Os limites da judicialização da política", *Ecopolítica Ensaios*, 2 jul. 2016: <https://www.academia.edu/26929929/Os_limites_da_judicializa%C3%A7%C3%A3o_da_pol%C3%ADtica>.

12. O PRESIDENTE VOLUNTARIOSO [pp. 148-71]

1. "Um político singular", *O Estado de S. Paulo*, 4 jul. 2011, p. 3.

2. Márcio Moreira Alves, "Nova equipe ministerial deve sair de composição política", *O Estado de S. Paulo*, 30 set. 1992, p. 12.

3. "Reforma não muda imagem do governo", *Folha de S.Paulo*, 30 maio 1993, pp. 1-6.

4. "Esquerda faz maioria na direção nacional", *Jornal do Brasil*, 14 jun. 1993, p. 3.

5. Lucio Vaz, "Tese aprovada dificulta mas admite alianças", *Folha de S.Paulo*, 14 jun. 1993, p. 1-9.

6. "Lula reeleito diz que ganhará em 94", *Jornal do Brasil*, 14 jun. 1993, p. 3.

7. Analisei esses comportamentos adaptativos em ambientes inflacionários em "A sociologia política da inflação", em José Ribas Barbosa Vieira, Lívia N. de Holanda, Luis Carlos D. Prado, Maria Antonieta Leopoldi e Maria Celina D'Araujo (Orgs.), *Na corda bamba: Doze estudos sobre a cultura da inflação* (Rio de Janeiro: Relume-Dumará, 1993), pp. 63-94.

8. O desenrolar do Plano Real, de sua articulação e concepção à sua implementação, está muito bem narrado em Míriam Leitão, *Saga brasileira*, op. cit., pp. 251-99.

9. "Itamar ataca 'elite alienada'", *O Globo*, 15 jun. 1993, p. 20.

10. Carlos Eduardo Alves, "Lula lidera contra FHC e peemedebistas", *Folha de S.Paulo*, 20 jun. 1993, pp. 1-18.

11. "Câmara aprova reajuste mensal dos salários" e "Votações revelam insatisfação no Congresso", *Folha de S.Paulo*, 24 jun. 1993, p. 1-6; Itamar Garcez e Christiane Samarco, "Câmara aprova aumento mensal de salário" e "Peemedebistas se vingaram", e Franklin Martins, "Cálculo político e demagogia", *Jornal do Brasil*, 24 jun. 1993, p. 3.

12. "Plano de Cardoso reduz pessimismo no país", *O Estado de S. Paulo*, 1º jul. 1993, p. 5; "Confiança: Itamar perde para FH" e "Maioria acha que país não vai melhorar", *O Globo*, 1º jul. 1993, p. 7.

13. Josias de Souza, "Diminui aprovação a Fernando Henrique", *Folha de S.Paulo*, 8 ago. 1993, pp. 1-8.

14. Lucio Vaz, "PMDB se articula para pôr fim à crise com o Planalto", *Folha de S.Paulo*, 17 set. 1993, p. 1-4, e Tales Faria, "PMDB não pode criticar o governo, afirma Simon", idem, pp. 1-5.

15. "PMDB vota por manter o apoio ao governo", *Jornal do Brasil*, 22 set. 1993, p. 3

16. "Medida dos salários é aprovada facilmente", *Jornal do Brasil*, 19 ago. 1993, p. 3. Os detalhes desses dias, da perspectiva de Cardoso e da equipe de economistas, está em Míriam Leitão, *Saga brasileira*, op. cit.

17. "Cardoso anuncia 'paulada firme' na inflação", *Jornal do Brasil*, 20 ago. 1993, p. 3; "A condição essencial", *Jornal do Brasil*, 21 ago. 1993, p. 3.

18. Míriam Leitão, "FMI quer desindexação", "Panorama Econômico", *O Globo*, 24 set. 1993, p. 17.

19. "Itamar perde para Sarney e Figueiredo", *Folha de S.Paulo*, 26 set. 1993, pp. 1-16.

20. "Argumentos que anularam a liminar", *O Estado de S. Paulo*, 8 out. 1993, p. 25.

21. "Ministro cita impeachment no despacho", *Folha de S.Paulo*, 8 out. 1993, pp. 1-14.

22. Clóvis Rossi, "Crise reduz prestígio da democracia", *Folha de S.Paulo*, 21 nov. 1993, pp. 1-11.

23. "Plano de estabilização fica agora nas mãos do Congresso", *O Globo*, 8 dez. 1993, p. 21.

24. Míriam Leitão, "Questão de fé", "Panorama Econômico", *O Globo*, 8 dez. 1993, p. 21.

25. "Debate sobre plano antecipa disputa entre Lula e FHC", *Folha de S.Paulo*, 9 dez. 1993, pp. 1-4.

26. "Divergências com FH levam Freire a deixar liderança", *O Globo*, 15 dez. 1993, p. 21.

27. "Itamar dá apoio a Fernando Henrique", *O Globo*, 15 dez. 1993, p. 22.

28. Joyce Russi e Cristiana Lôbo, "A Constituição dá mecanismos para chegarmos a uma

solução", *O Estado de S. Paulo*, 27 mar. 1994, p. 12, e José Casado, "Forças Armadas voltam ao centro das decisões", idem, p. 7.

29. "Presidente cede e concorda em mudar o texto da MP", *Folha de S.Paulo*, 30 mar. 1994, pp. 1-4.

30. "Ibope: FH já aparece em segundo", *O Globo*, 1º abr. 1994, p. 3.

31. Clóvis Rossi, "Lula sobe e FHC consolida o segundo lugar", *Folha de S.Paulo*, 10 abr. 1994, p. 1-10.

32. Aldo Renato Soares, "Acordo faz Congresso aprovar MP da URV", *O Estado de S. Paulo*, 20 maio 1994, p. 4.

33. Sobre a revisão constitucional, recomendo a análise de Marcus André Melo, *Reformas constitucionais no Brasil* (Rio de Janeiro: Revan, 2002).

34. Antonio Marcello, "Congresso Revisor termina em fracasso", *O Estado de S. Paulo*, 1º jun. 1994, p. 6, e Raquel Ulhôa, "Termina a revisão; última sessão não obtém quórum", *Folha de S.Paulo*, 1º jun. 1994, pp. 1-4.

35. "As razões do voto e da rejeição", *Folha de S.Paulo*, 5 jun. 1994, pp. 1-8.

36. Clóvis Rossi, "Disputa tende a ficar só entre Lula e FHC", *Folha de S.Paulo*, 17 jun. 1994, pp. 1-7.

37. A narrativa desse ponto de virada na luta contra a inflação, que definiria o rumo das eleições, está em Míriam Leitão, *Saga brasileira*, op. cit., pp. 279-99.

38. Clóvis Rossi, "FHC encosta em Lula no primeiro turno", *Folha de S.Paulo*, 28 jul. 1994, pp. 1-8.

39. Fernando Rodrigues, "Com 43%, FHC supera em cinco pontos a soma de todos os seus adversários", *Folha de S.Paulo*, 23 ago. 1994, Supereleição, p. 1.

40. "FHC amplia vantagem sobre Lula", *Folha de S.Paulo*, 18 set. 1994, p. 1-1, e "77% apoiam o plano de estabilização", idem, pp. 1-10.

41. Os resultados do Datafolha estão nas edições de 29 set. 1994 e 3 out. 1994 da *Folha de S.Paulo*. Os do Ibope, nas edições de 28 set. 1994 e 3 out. 1994 de *O Globo*.

13. O PRESIDENTE DO REAL [pp. 172-203]

1. André Borges, "Bases institucionais da fragmentação: Eleições majoritárias e proporcionais simultâneas e estratégias partidárias no Brasil", Ipol-UnB, 2017; idem e Mathieu Turgeon, "Presidential Coattails in Coalitional Presidentialism", *Party Politics*, Londres, 6 abr. 2017: <https://doi.org/10.1177/1354068817702283>, cuja versão atualizada e revista, ainda não publicada, é "Razões da fragmentação: Coligações e estratégias partidárias na presença de eleições majoritárias e proporcionais simultâneas", Ipol-UnB, nov. 2017. André Borges, "Nacionalização partidária e estratégias eleitorais no presidencialismo de coalizão", *Dados: Revista de Ciências Sociais*, Rio de Janeiro, v. 58, n. 3, pp. 651-88, 2015; idem e Ryan Lloyd, "Presidential Coattails and Electoral Coordination in Multilevel Elections: Comparative Lessons from Brazil", *Electoral Studies*, Londres, 43, pp. 104-14, set. 2016.

2. André Borges associa essa dinâmica das coligações à fragmentação. Uma análise do efeito das regras de criação, financiamento, migração e desempenho partidários na fragmentação está

em Ana Lúcia Henrique Teixeira Gomes, *Rebeldes com causa? Investigando o multipartidarismo e a fragmentação partidária na Câmara dos Deputados sob a Nova Lei Orgânica dos Partidos* (Goiânia: Faculdade de Ciências Sociais-UFG, 2016, tese de doutorado em Sociologia).

3. Os governadores eleitos pelo PSDB foram Mário Covas em São Paulo, Marcelo Alencar no Rio de Janeiro, Eduardo Azeredo em Minas Gerais, Almir Gabriel no Pará e Albano Franco em Sergipe. Também pode ser atribuída ao favoritismo do governo a eleição de Antônio Britto (PMDB-RS), ex-ministro da Previdência e aliado de FHC e de Itamar Franco, no Rio Grande do Sul.

4. Clóvis Rossi, "Maioria tem esperança no governo FHC", *Folha de S.Paulo*, 1º jan. 1995, Anos FHC, p. 7.

5. Fernando Henrique Cardoso, *Diários da Presidência: 1995-1996* (São Paulo: Companhia das Letras, 2015).

6. João Batista Natali, "Popularidade de FHC cai; eleitor ainda acredita no real", *Folha de S.Paulo*, 1º fev. 1995, pp. 1-4.

7. Fernando Henrique Cardoso, *Diários da Presidência: 1995-1996*, op. cit., pp. 76-9, 89-92. A citação está na página 89. Míriam Leitão analisa os bastidores da banda cambial em *Saga brasileira*, op. cit., pp. 344-7.

8. Josias de Souza, "Maioria é pessimista, mas confia em FHC", *Folha de S.Paulo*, 1º abr. 1995, pp. 1-7.

9. Agradeço a Carlos Pereira e Frederico Bertholini a gentileza de me cederem os dados para que eu pudesse fazer essa análise mais pontual. Evidentemente a responsabilidade pela análise e pelas conclusões é exclusivamente minha. Para os detalhes metodológicos e a análise abrangente e a interpretação dos autores, ver Carlos Pereira e Frederico Bertholini, "Pagando o preço de governar: Custos de gerência de coalizão no presidencialismo brasileiro", *Revista Brasileira de Administração Pública*, Rio de Janeiro, v. 51, n. 4, pp. 528-50, jul.-ago. 2017.

10. Josias de Souza, "Cresce rejeição a Real; FHC mantém apoio", *Folha de S.Paulo*, pp. 1-8.

11. Sobre essas reformas, ver Marcus André Melo, *Reformas constitucionais no Brasil*, op. cit.

12. A respeito de compensações colaterais, Carlos Pereira e Bernardo Mueller têm uma explicação muito pertinente, aplicada ao orçamento, principalmente na explicitação da lógica e da estratégia da negociação entre a coalizão e o governo: "Comportamento estratégico em presidencialismo de coalizão: As relações entre Executivo e Legislativo na elaboração do orçamento brasileiro", *Dados: Revista de Ciências Sociais*, Rio de Janeiro, v. 45, n. 2, pp. 265-301, 2002. Em estudo recente, bastante interessante, "Pork Is Policy: Dissipative Inclusion at the Local Level", *Governance*, pp. 1-20, jan. 2018: <http://dx.doi.org/10.1111/gove.12331>, Frederico Bertholini, Carlos Pereira e Lucio Rennó analisaram o impacto social das compensações clientelistas aos parlamentares no plano local. O impacto é positivo. O artigo mostra que há uma eficácia relativa local na alocação desses recursos, ainda que dissipada pela ineficiência. Mostra, também, que o efeito é maior para os parlamentares com voto concentrado, porque estes podem focalizar melhor suas "clientelas" eleitorais. Faz, assim, a demonstração da razão estratégica dessas demandas por parte dos parlamentares. Reforça minha convicção de que, por isso mesmo, como critério de distribuição de verbas públicas contribui para aumentar as desigualdades regionais e intermunicipais. Em outras palavras, municípios "com parlamentares" na coalizão governista que se beneficiam de emendas ficam em melhor situação que municípios "sem parlamentares", ainda que o benefício para os "com" seja mitigado pela ineficiência alocativa e gerencial.

13. É preciso observar que os custos de gestão da coalizão de Cardoso foram os mais baixos comparados às coalizões de Lula e Dilma, como mostraram Carlos Pereira e Frederico Bertholini, "Pagando o preço de governar: Custos de gerência de coalizão no presidencialismo brasileiro", *Revista Brasileira de Administração Pública*, op. cit. Mas tais custos variam de acordo com a agenda e o cacife com que cada presidente entra na negociação.

14. Gilberto Dimenstein, "'Voto em Fernando Henrique', diz ACM", *Folha de S.Paulo*, 24 out. 1995, pp. 1-6.

15. Carlos Eduardo Lins da Silva, "Senador nega lançamento de nome", *Folha de S.Paulo*, 24 out. 1995, pp. 1-6.

16. Clóvis Rossi, "FHC diz que governo não discutirá reeleição", *Folha de S.Paulo*, 7 nov. 1995, p. 1-5; "Emenda da reeleição começa a ganhar impulso", *O Estado de S. Paulo*, 7 nov. 1995, p. A4; Mônica Gugliano e Tales Faria, "Reeleição ameaça reforma", e Marco Antônio Moreira, "Motta retorna e já articula eleição de 2002", *O Globo*, 7 nov. 1995, p. 3.

17. Fernando Henrique Cardoso, *Diários da Presidência: 1995-1996*, op. cit., pp. 291-2.

18. "Planalto desiste de votar já reeleição do presidente", *O Globo*, 8 nov. 1995, p. 3.

19. Emanuel Neri, "FHC diz que mudança é com o Congresso", *Folha de S.Paulo*, 8 nov. 1995, pp. 1-8.

20. "Real sustenta aprovação a FHC", *Folha de S.Paulo*, 31 dez. 1995, p. 1-1.

21. Lucio Vaz, "Reforma partidária já ocorreu em 95", *Folha de S.Paulo*, 31 dez. 1995, p. 1-8.

22. Carlos Alberto Sardenberg, "Malan recupera fôlego com pesquisa e vendas de Natal", *Folha de S.Paulo*, 7 jan. 1996, p. 1-4. Shirlei Emerick e Denise Madueno, "Reforma da Previdência vira só ajuste e sai acordo", e Valdo Cruz, "Governo FHC cedeu e afastou políticos", *Folha de S. Paulo*, 16 jan. 1996, p. 1-4; João Domingos, "Centrais aceitam proposta para aposentadoria", *O Estado de S. Paulo*, 16 jan. 1996, p. A4; "Governo recua e o acordo sai", *O Globo*, 16 jan. 1996, p. 3.

23. João Domingos e Cláudia Carneiro, "Bate-boca e renúncia impedem votação", *O Estado de S. Paulo*, 9 fev. 1996, p. A4; "Comissão não vota e dedica o dia a troca de acusações", *Folha de S.Paulo*, 9 fev. 1996, p. 1-4; Isabel de Paula e Maria Lima, "Luís Eduardo dissolve comissão", *O Globo*, 9 fev. 1996, p. 3.

24. Maria Lima e Lydia Medeiros, "CUT rompe acordo sobre Previdência", *O Globo*, 6 mar. 1996, p. 3.

25. "Governo sofre a sua maior derrota", *O Globo*, 7 mar. 1996, p. 3.

26. *Diário da Câmara dos Deputados*, 21 mar. 1996, pp. 07416-8.

27. Idem, p. 07442.

28. Idem, p. 07534.

29. Vandeck Santiago, "Governo fez troca de favores, diz Tasso", *Folha de S.Paulo*, 26 mar. 1996, p. 1-6; Angela Lacerda, "Governador do Ceará admite que Planalto recorreu ao fisiologismo", *O Estado de S. Paulo*, 26 mar. 1996, p. 4; Letícia Lins, "Tasso admite que governo usou fisiologismo", *O Globo*, 26 mar. 1996, p. 3.

30. Fernando Henrique Cardoso, *Diários da Presidência: 1995-1996*, op. cit., pp. 503-4. Em nota, os números da votação foram corrigidos.

31. Fernando Rodrigues, Marta Salomon e Kennedy Alencar, "FHC volta a incentivar os aliados a aprovar reeleição", *Folha de S.Paulo*, 28 mar. 1996, pp. 1-5.

32. Augusto Gazir e Emanuel Neri, "FHC afirma que o fisiologismo acabou", *Folha de S.*

Paulo, 30 mar. 1996, p. 1-6; João Domingos, "FH promete estudar obra no São Francisco", *O Estado de S. Paulo*, 30 mar. 1996, p. 8.

33. Fernando Henrique Cardoso, *Diários da Presidência: 1995-1996*, op. cit., p. 547.
34. A proporcionalidade é um fator decisivo no sucesso das coalizões, como demonstrou fartamente Octavio Amorim Neto, "Gabinetes presidenciais, ciclos eleitorais e disciplina legislativa no Brasil", *Dados: Revista de Ciências Sociais*, op. cit.
35. Fernando Henrique Cardoso, *Diários da Presidência: 1995-1996*, op. cit., pp. 542-64.
36. *Diário da Câmara dos Deputados*, 15 maio 1996, p. 13654.
37. Fernando Henrique Cardoso, *Diários da Presidência: 1995-1996*, op. cit., p. 595.
38. Clóvis Rossi, "Maioria aprova FHC, mas rejeita reeleição", *Folha de S.Paulo*, 29 set. 1996, pp. 1-10.
39. "Sobe apoio à disputa da reeleição por FHC", *Folha de S.Paulo*, 29 dez. 1996, p. 1-11.
40. Fernando Henrique Cardoso, *Diários da Presidência: 1997-1998* (São Paulo: Companhia das Letras, 2016), p. 64. O relato das romarias dos deputados e das articulações para a sucessão no Congresso está nas páginas 29-79.
41. João Batista Natali, "Aprovação ao governo FHC é de 42%", *Folha de S.Paulo*, 11 maio 1997, pp. 1-7.
42. Fernando Henrique Cardoso, *Diários da Presidência: 1997-1998*, op. cit., p. 188.
43. Carlos Eduardo Alves, "FHC mantém liderança, mas enfrentaria segundo turno", *Folha de S.Paulo*, 18 set. 1997, pp. 1-4.
44. Pesquisa do Datafolha na cidade de São Paulo captou esse efeito. "Crise reduz confiança no Real", *Folha de S.Paulo*, 2 nov. 1997, pp. 1-1, 1-14 e 1-16.
45. Clóvis Rossi, "Aprovação a FHC cai seis pontos em três meses", *Folha de S.Paulo*, 4 jan. 1998, p. 1-6.
46. Idem, "Sem o PMDB, FHC ganha seis pontos", *Folha de S.Paulo*, 14 mar. 1998, p. 1-6. A matéria se referia à diferença entre simulação com Itamar Franco pelo PMDB e outra sem ele.
47. Fernando Henrique Cardoso, *Diários da Presidência: 1997-1998*, op. cit., pp. 516-45.
48. Embora essa seja minha interpretação pessoal — e que considero sustentável à luz dos fatos e dos dados —, nunca é demais ressaltar a importância do insight que levou à pesquisa de Carlos Pereira e Frederico Bertholini, para que ela fosse possível. Sem essa combinação entre a mente criativa e a pesquisa quantitativa demonstrada pelos autores, não teria a medida de custo de gestão da coalizão que me permitiu verificar a pontualidade entre o processo legislativo e o gasto fiscal dos ministérios para a coalizão.
49. "Avaliação do presidente volta ao pior nível", *Folha de S.Paulo*, 30 maio 1998, p. 1-6. Sobre o cálculo da popularidade líquida, ver nota 62 do capítulo 10.
50. José Roberto de Toledo, "FHC cai sete pontos e fica com 34%; Lula sobe seis e encosta", *Folha de S.Paulo*, 30 jun. 1998, pp. 1-4.
51. Fernando Rodrigues, "FHC sobe e retoma dianteira sobre Lula", *Folha de S.Paulo*, 12 jul. 1998, p. 1-10, e "Eleitor começa a perdoar frase de FHC", idem, pp. 1-11.
52. Carlos Eduardo Alves, "PT ameaça não aceitar resultado da eleição", *Folha de S.Paulo*, 17 ago. 1998, pp. 1-10.
53. José Roberto de Toledo, "Avaliação de FHC cai, mas ele é ainda líder", *Folha de S.Paulo*, 20 set. 1998, Especial Eleições, p. 3.

54. Nomeou Celso Lafer para Indústria e Comércio; Pimenta da Veiga (PSDB-MG) para Comunicações; Rodolfo Tourinho (PFL-BA) para Minas e Energia; Rafael Greca (PFL-PR) para Esportes e Turismo; Sarney Filho (PFL-MA) para Meio Ambiente; Bresser-Pereira para Ciência e Tecnologia; Élcio Álvares (PFL-ES) para Defesa; Ovídio de Ângelis (PMDB-MG) para Políticas Regionais (novo ministério); Francisco Dornelles (PPB-RJ) para Trabalho. Os demais foram mantidos. FH criou, ainda, seis secretarias de Estado, entregues a técnicos ou pessoas de sua confiança, para cuidarem de temas específicos. Uma forma de conciliar nomeações políticas e controle sobre determinadas questões. A lista completa está em *O Globo*, 24 dez. 1998, p. 3.

55. Clóvis Rossi, "Às vésperas do segundo mandato, cai a popularidade de FHC", *Folha de S.Paulo*, 27 dez. 1998, pp. 1-4 e 1-5.

14. FHC 2.0: ADMINISTRANDO CRISES [pp. 204-29]

1. Fernando Henrique registra em seus *Diários* que Francisco Lopes lhe deu o paper em que defendia a impronunciável "banda diagonal endógena", dizendo que "as linhas gerais eu entendi, mas as técnicas, não". O presidente tinha noção do risco da mudança feita daquela maneira. "Não sei se fará bem. Vamos ver. Mas acho que precisamos mudar, acho que chegamos ao limite de sustentar essa política de juros altos e, realmente, sem mexer um pouco na taxa de câmbio será quase impossível mudar." Fernando Henrique Cardoso, *Diários da Presidência: 1999-2000* (São Paulo: Companhia das Letras, 2017), p. 38.

2. Toda vez que me deparo com uma dessas crises no mercado financeiro, percebo que, para mim, continua a valer a análise de Charles P. Kindleberger em *Manias, Panics, and Crashes: A History of Financial Crises* (Nova York: Basic Books, 1978), embora para muitos economistas existam explicações melhores. Tecnalidades à parte, do ponto de vista da economia política e da sociologia do efeito dominó, efeito cascata, efeito manada ou contágio, o que se queira, a lógica de movimento dissecada por Kindleberger é plenamente suficiente.

3. Sérgio Abranches, "Os ciclos do presidencialismo de coalizão", *Ecopolítica Ensaios*, op. cit.

4. Os detalhes dessa crise e seus bastidores estão reconstruídos por Míriam Leitão, *Saga brasileira*, op. cit., pp. 367-96, e contados, da perspectiva do Planalto, por Fernando Henrique Cardoso, *Diários da Presidência: 1999-2000*, op. cit., pp. 44-93.

5. Fernando Henrique Cardoso, *Diários da Presidência: 1999-2000*, op. cit., p. 163.

6. José Roberto de Toledo, "FHC volta a bater recorde de rejeição", *Folha de S.Paulo*, 20 jun. 1999, pp. 1-12.

7. Adriana Vasconcelos e Cristiane Jungblut, "Os incomodados podem sair", *O Globo*, 17 jul. 1999, p. 3, e Augusto Gazir e William França, "Os incomodados podem sair, diz FHC", *Folha de S.Paulo*, 17 jul. 1999, pp. 1-5.

8. Ao deixar o governo, no final do mandato de FHC, Pratini de Moraes ocupou a presidência da Associação Brasileira das Indústrias Exportadoras de Carne (Abiec). Foi consultor do grupo JBS-Friboi.

9. A estimativa da PM foi de 60 mil pessoas, e a do governo de Brasília, 40 mil.

10. Josias de Souza, "Tasso propõe mudar modelo econômico", *Folha de S.Paulo*, 29 ago. 1999, pp. 1-12 e 1-13.

11. Tereza Cruvinel, "Crescimento virá sem canetaço", *O Globo*, 2 set. 1999, p. 3.

12. Catia Seabra, Mônica Gugliano e Adriana Vasconcelos, "FH defende Malan mas poupa Clóvis", *O Globo*, 3 set. 1999, p. 3, e Míriam Leitão, "Um dos dois", "Panorama Econômico", *O Globo*, 3 set. 1999, p. 23.

13. Fernando Henrique Cardoso, *Diários da Presidência: 1999-2000*, op. cit., pp. 301-2.

14. "FHC tem reprovação recorde", *Folha de S.Paulo*, 19 set. 1999, pp. 1-12 e 1-13.

15. José Roberto de Toledo, "Diminui rejeição a FHC, diz Datafolha", *Folha de S.Paulo*, 23 dez. 1999, pp. 1-6.

16. Fernando Henrique Cardoso, *Diários da Presidência: 1999-2000*, op. cit., p. 474.

17. Sérgio Abranches, "Tudo que é líquido pode virar geleia", op. cit.

18. Na época, senador (PMDB-DF) e proprietário do Grupo OK.

19. No plano judicial, o caso prosseguiria. O Ministério Público instaurou inquérito no final de agosto, para apurar suspeitas de conduta irregular durante sua participação no governo.

20. Nos processos já concluídos, saiu vitorioso, e os veículos acusados por danos morais tiveram que publicar retratações e lhe pagar indenizações. Há processos tramitando até hoje.

21. "Desaprovação a FHC cai de 41% para 37%", *Folha de S.Paulo*, 16 out. 2000, p. A5.

22. Clóvis Rossi, "Lula mantém liderança para Presidência", *Folha de S.Paulo*, 24 dez. 2000, p. A9.

23. "Cresce otimismo com futuro da economia", *Folha de S.Paulo*, 25 dez. 2000, p. A7.

24. Baseei essa interpretação nas minhas seguintes análises de conjuntura: "A crise da coalizão: Análise e avaliação", *Risco Político*, 5 fev. 2001; "A lógica das coalizões", *Risco Político*, 19 fev. 2001; "A lógica das coalizões: A correlação de forças entre os três grandes da coalizão de FHC II", *Risco Político*, 20 fev. 2001; "As contradições do PSDB", *Risco Político*, 21 fev. 2001.

25. Com base na minha análise de conjuntura em "Crise da sucessão do Congresso não tem solução fácil, nem imediata", *Risco Político*, 22 fev. 2001.

26 Em 24 de agosto de 2001, Fernando Henrique extinguiu a Sudam, por medida provisória, e criou a Agência de Desenvolvimento da Amazônia.

27. "Reprovação ao presidente diminui cinco pontos", *Folha de S.Paulo*, 25 mar. 2001, p. A4.

28. Marta Salomon, "Crise cambial afetou mais FHC que apagão", *Folha de S.Paulo*, 1º jul. 2001, p. A11.

29. José Roberto de Toledo, "Diminui a desaprovação ao governo FHC", *Folha de S.Paulo*, 23 set. 2001, p. A12.

30. As votações foram simbólicas; certa da derrota, a liderança do governo não pediu verificação. Esse é um dos problemas das análises quantitativas de votações nominais. Muitas votações importantes para o desempenho da coalizão não são verificadas. A única forma de tornar o comportamento legislativo plenamente transparente seria proibir votações simbólicas e restringir as secretas às indispensáveis para proteção do voto.

31. Plínio Fraga, "Lula lidera e Roseana sobe entre tucanos", *Folha de S.Paulo*, 6 jan. 2002, p. A11.

32. "Roseana vai a 23%; Lula cai a 26%", *Folha de S.Paulo*, 24 fev. 2002, p. A1.

33. "FHC tem melhor avaliação do segundo mandato", *Folha de S.Paulo*, 24 fev. 2002, p. A9.

34. Sérgio Abranches, "Meios maus e fins trocados", *Risco Político*, mar. 2002.

35. "Lula vai a 43%, três disputam o segundo lugar", *Folha de S.Paulo*, 15 maio 2002, p. A1.

36. "FHC repete melhor avaliação do segundo mandato", *Folha de S.Paulo*, 9 jun. 2002, p. A9.

37. "Serra se isola em segundo; Lula tem 40%", *Folha de S.Paulo*, 9 jun. 2002, p. A1.

38. "Não importa a quem a crise beneficia ou prejudica eleitoralmente, pois ela prejudica o Brasil. O que importa é que ela precisa ser evitada, pois causará sofrimento irreparável para a maioria da população. Para evitá-la, é preciso compreender que a margem de manobra da política econômica no curto prazo é pequena." Luiz Inácio Lula da Silva, "Carta ao povo brasileiro", São Paulo, 22 jun. 2002: <http://www1.folha.uol.com.br/folha/brasil/ult96u33908.shtml, acesso 22/2/2018>.

39. Sílvio Bressan, "Lula assume meta fiscal para acalmar mercado", *O Estado de S. Paulo*, 23 jun. 2002, p. 9. Sérgio Abranches, "Carta de Lula tem dois endereços diferentes", *Risco Político*, 24 jun. 2002.

40. "Ciro, 28%, se aproxima de Lula, 33%", *Folha de S.Paulo*, 31 jul. 2002, p. A1.

41. Na época, fiz várias palestras sobre a conjuntura política; numa delas, havia sido antecedido por dois porta-vozes econômicos de Lula, Guido Mantega e Aloizio Mercadante. A plateia estava em pânico. Todas as perguntas, naquela altura irrespondíveis, giravam em torno de quem comporia a equipe econômica de Lula e qual seria sua política econômica. Tempos depois, Lula colocou Antonio Palocci como porta-voz, após uma palestra com um grupo que acabara de conversar com ele; estavam todos calmos, mas insistiam em querer saber qual seria a política econômica de Lula. Dei a única resposta possível: "Depende de quem será o formulador da política e isso ninguém sabe, nem o Lula".

42. Como demonstraram Carlos Pereira e Frederico Bertholini, "Pagando o preço de governar: Custos de gerência de coalizão no presidencialismo brasileiro", *Revista Brasileira de Administração Pública*, op. cit.

15. LULA PRESIDENTE [pp. 230-55]

1. "Vírus da inflação voltou a ser ameaça real", *Folha de S.Paulo*, 18 fev. 2003, p. A8.

2. Plínio Fraga, "Lula tem aprovação inicial recorde", *Folha de S.Paulo*, 9 abr. 2003, p. A9.

3. Fernando Rodrigues, "Base de Lula aumenta 63% com troca-troca partidário", *Folha de S.Paulo*, 1º jun. 2003, p. A4.

4. Plínio Fraga, "Lula completa seis meses aprovado por 42%", *Folha de S.Paulo*, 29 jun. 2003, p. A6.

5. Rafael Cariello, "Apesar da crise, aprovação a Lula sobe de 42% para 45%", *Folha de S. Paulo*, 31 ago. 2003, p. A4.

6. Fernando Rodrigues, "Aprovação de Lula oscila de 45% para 42%", *Folha de S.Paulo*, 2 nov. 2003, p. A10.

7. Idem, "Lula mantém aprovação em 42%, mas expectativa piora", *Folha de S.Paulo*, 21 dez. 2003, p. A4.

8. Bernardo de la Peña, Cristiane Jungblut e Gerson Camarotti, "Cristovam cai por telefone", *O Globo*, 24 jan. 2004, p. 3.

9. *O Globo*, 5 mar. 2004, p. 3. As articulações estão relatadas em Lydia Medeiros e Adriana Vasconcelos, "PT barra CPI dos Bingos", idem; Rosa Costa e Cida Fontes, "Governo vai barrar CPI

dos Bingos no Senado", *O Estado de S. Paulo*, 5 mar. 2004, p. 4; e Eliane Cantanhêde e Fernanda Krakovics, "Tropa de choque de Lula manobra e aniquila a CPI", *Folha de S.Paulo*, 5 mar. 2004, p. A4.

10. Flávia Marreiro, "Cresce a preocupação com desemprego na gestão Lula", *Folha de S. Paulo*, 8 mar. 2004, p. A4.

11. Merval Pereira, "Os pingos nos is", e Ricardo Galhardo e Flávio Freire, "Este é um governo que não rouba e não deixa roubar, afirma Dirceu", *O Globo*, 23 mar. 2004, p. 4.

12. "Depoimento para 'derrubar o governo'", *O Globo*, 31 mar. 2004, p. 3, e "Subprocurador negociou fita com Cachoeira", *Folha de S.Paulo*, 31 mar. 2004, p. A5.

13. *Diário da Câmara dos Deputados*, 20 maio 2004, p. 23010.

14. Idem, p. 23012. Reproduzi o essencial, suprimindo trechos repetitivos da retórica parlamentar.

15. Idem, pp. 23014-5.

16. "Aprovação a Lula sobe dez pontos em quatro meses", *Folha de S.Paulo*, 26 dez. 2004, p. A1.

17. Renata Lo Prete, "Jefferson denuncia mesada paga pelo tesoureiro do PT", *Folha de S. Paulo*, 6 jun. 2005, pp. A5 e A6.

18. Fernando Rodrigues, "Aprovação a Lula cai dez pontos em cinco meses", *Folha de S. Paulo*, 5 jun. 2005, p. A10.

19. "Crise abala PT, Congresso e governo e já atinge Lula", *Folha de S.Paulo*, 24 jul. 2005, p. A4.

20. "Lula: 'A elite não vai me fazer baixar a cabeça'", *O Globo*, 23 jul. 2005, pp. 1 e 3; "Elite não me fará baixar a cabeça, diz Lula", *Folha de S.Paulo*, 23 jul. 2005, pp. A1, A4 e A5; "Lula: Ataques da elite não me farão baixar a cabeça", *O Estado de S. Paulo*, 23 jul. 2005, pp. A1 e A12.

21. Fábio Guibu e Ana Flor, "'Vão ter que me engolir', diz Lula, em tom exaltado", *Folha de S.Paulo*, 4 ago. 2005, pp. A1 e A4.

22. Fernando Canzian, "63% descartam, mas 29% defendem o impeachment", *Folha de S.Paulo*, 12 ago. 2005, p. A4.

23. Íntegra do pronunciamento em *Folha de S.Paulo*, 13 ago. 2005, p. A6.

24. Fernando Canzian, "Governo mantém queda, mas disputa contra Serra se acirra", *Folha de S.Paulo*, 23 out. 2005, p. A4.

25. "Serra passa Lula no primeiro turno; Alckmin alcança petista no segundo", *Folha de S.Paulo*, 15 dez. 2005, p. A4.

26. A declaração saiu em todos os jornais no dia 10 de dezembro.

27. Vinicius Torres Freire, "Lula sobe e supera Serra por cinco pontos no segundo turno", *Folha de S.Paulo*, 22 fev. 2006, p. A4.

28. Malu Delgado, "Heloísa sobe e chega a 10%; cresce a chance de segundo turno", *Folha de S.Paulo*, 19 jul. 2006, p. A4.

29. Pedro Dias Leite e Fábio Guibu, "Lula culpa sistema pela corrupção", *Folha de S.Paulo*, 24 jul. 2006, pp. A1 e A4.

30. Em qualquer palanque, mesmo em auditórios formais. Relato um episódio em que Lula, falando a contragosto, pela segunda vez, em reunião de governantes globais, na Convenção do Clima (COP-15), em Copenhague, fez um improviso inspirado, aplaudido até mesmo pelos

jornalistas na sala de imprensa, pouco dados a aplausos, em meu livro *Copenhague: Antes e depois* (Rio de Janeiro: Civilização Brasileira, 2010), pp. 214-8.

31. "Aprovação de Lula sobe e volta a seu maior nível", *Folha de S.Paulo*, 9 ago. 2006, p. A7.

32. Fernando Canzian, "Lula tem avaliação positiva recorde e reforça favoritismo", *Folha de S.Paulo*, 23 ago. 2006, p. A4.

33. Idem, "Lula atinge 50% e vence no primeiro turno após doze dias de TV", *Folha de S. Paulo*, 30 ago. 2006, p. A4.

34. Gláucio Soares e Sonia Luiza Terron, "Dois Lulas: A geografia eleitoral da reeleição (explorando conceitos, métodos e técnicas de análise geoespacial)", *Opinião Pública*, Campinas, v. 14, n. 2, pp. 269-301, nov. 2008.

35. A gênese da Lava Jato está bem registrada em Vladimir Netto, *Lava Jato: O juiz Sergio Moro e os bastidores da operação que abalou o Brasil* (Rio de Janeiro: Sextante, 2016).

36. Fernando Canzian, "Pesquisa aponta Lula como melhor presidente do país", *Folha de S.Paulo*, 17 dez. 2006, p. A4.

16. LULA 2.0: O GRANDE ELEITOR [pp. 256-69]

1. Fernando Canzian, "Violência explode como o principal problema do país", *Folha de S.Paulo*, 25 mar. 2007, p. A4.

2. "Lula tem apoio de 50%; aprovação de mais ricos sobe", *Folha de S.Paulo*, 2 dez. 2007, p. A12.

3. Ranier Bragon, "Aprovação a Lula atinge 55% e bate recorde desde Collor", *Folha de S. Paulo*, 31 mar. 2008, p. A6.

4. O Programa de Aceleração do Crescimento (PAC) era um conjunto volumoso, heterogêneo e controverso de obras de infraestrutura rodoviária, energética e urbana. Muitas delas eram necessárias, outras nem tanto. Algumas, como a da hidrelétrica de Belo Monte, foram retiradas do baú de obras vultosas, econômica, financeira e tecnicamente falhas, planejadas e não executadas pelo regime militar. Várias terminaram objeto das investigações dos esquemas de corrupção montados com as maiores empreiteiras do país, de longe suas maiores beneficiárias.

5. Letícia Lins, "Lula: Faremos sucessor para continuar governando", *O Globo*, 27 mar. 2008, p. 9.

6. Analiso o conflito em torno do tema ambiental, com foco na Amazônia, na época o epicentro dos confrontos, a queda de Marina Silva e a chegada de Carlos Minc em "The Political Economy of Deforestation in Brazil and Payment-for-Performance Finance", *CGD Climate and Forest Paper Series #10*, Center for Global Development, 2014: <https://www.academia.edu/9202064/The_Political_Economy_of_Deforestation_in_Brazil_and_Payment-for-Performance_Finance>.

7. Fernando Canzian, "Pela primeira vez, Lula é aprovado por todos segmentos sociais", *Folha de S.Paulo*, 12 set. 2008, p. A4.

8. "Aprovação de Lula bate novo recorde", *Folha de S.Paulo*, 5 dez. 2008, pp. A1 e A4.

9. Analiso a crise das subprime em *A era do imprevisto*, op. cit., pp. 126-58.

10. Míriam Leitão, "Juros não salvam", *O Globo*, 12 mar. 2009, p. 20.

11. "Com crise, cai aprovação de Lula", *Folha de S.Paulo*, 20 mar. 2009, pp. A1 e A4.

12. "Terceiro mandato de Lula divide o país", *Folha de S.Paulo*, 31 maio 2008, pp. A1 e A8.

13. Adriana Vasconcelos e Gerson Camarotti, "Ameaça de PMDB dá fôlego a Sarney", *O Globo*, 3 jul. 2009, p. 3.

14. Christiane Samarco, Eugênia Lopes e Denise Madueño, "Em nome de 2010, Lula impõe ao PT apoio a Sarney no Senado", *O Estado de S. Paulo*, 3 jul. 2009, p. 4, e Andreza Matais, "Enquadrado, PT faz defesa de Sarney por 'governabilidade'", *Folha de S.Paulo*, 3 jul. 2009, p. A4.

15. Narro em detalhes a atuação de Dilma Rousseff e do presidente Lula na COP-15 em *Copenhague: Antes e depois*, op. cit.

16. Malu Delgado, "Lula mantém aprovação recorde, com 73% de ótimo/bom", *Folha de S.Paulo*, 28 fev. 2010, p. A10.

17. Fernando Canzian, "A nove meses de sair, Lula tem aprovação recorde de 76%", *Folha de S.Paulo*, 28 mar. 2010, p. A4.

18. Merval Pereira, "Cotoveladas", *O Globo*, 3 nov. 2010, p. 4; Edna Simão, "Dilma age para acalmar PMDB e Temer vira coordenador político da transição", *O Estado de S. Paulo*, 3 nov. 2010, p. 4; Maria Lima e Isabel Braga, "PT cede e inclui Temer na transição", *O Globo*, 3 nov. 2010, p. 3; Natuza Nery e Ranier Bragon, "PMDB reclama e Temer ganha coordenação", *Folha de S.Paulo*, 3 nov. 2010, p. A8.

19. Silvio Navarro, "Governo Dilma será melhor ou igual ao de Lula para 83%", *Folha de S.Paulo*, 22 dez. 2010, p. A4.

17. A PRESIDÊNCIA TENSA [pp. 270-295]

1. Julia Duailibi e Vera Rosa, "Entrevista: Eduardo Cunha, deputado (PMDB-RJ)", *O Estado de S. Paulo*, 2 fev. 2011, p. 8.

2. Cristiane Jungblut, "Temer: Segundo escalão definido até o dia 25", *O Globo*, 2 fev. 2011, p. 9.

3. Fernando Canzian, "Aprovação de Dilma resiste à sua primeira crise política", *Folha de S.Paulo*, 12 jun. 2011, p. A5.

4. Alertas não faltaram, mas o que era análise das limitações da conjuntura e dos erros de política econômica foi recebido pela presidente e seu partido como pura manifestação ideológica. Ver Míriam Leitão, *A verdade é teimosa* (Rio de Janeiro: Intrínseca, 2017).

5. *Diário da Câmara dos Deputados*, 25 maio 2011, pp. 25713-66 e 25795-823.

6. Fernando Canzian, "Aprovação de Dilma resiste à sua primeira crise política", *Folha de S.Paulo*, 12 jun. 2011, p. A5.

7. "Crise em ministérios não altera avaliação de Dilma", *Folha de S.Paulo*, 7 ago. 2011, p. A9.

8. Luiza Damé e Chico de Gois, "A entrevista da presidente: 'Nada a ver com meu governo'", *O Globo*, 17 dez. 2011, p. 3; Valdo Cruz e Flávia Foreque, "Dilma rechaça interferência de partidos em seu governo", *Folha de S.Paulo*, 17 dez. 2011, p. A4.

9. "Aprovação do primeiro ano de Dilma bate recorde de Lula", *Folha de S.Paulo*, 22 jan. 2012, p. A1.

10. "Dilma alimenta tensão no Congresso ao trocar líderes", *Folha de S.Paulo*, 14 mar. 2012,

p. A4; Cristiane Jungblut, Chico de Gois e Catarina Alencastro, "PMDB dá o troco em Dilma", *O Globo*, 14 mar. 2012, p. 3; Christiane Samarco, Eugênia Lopes, João Domingos e Vera Rosa, "Troca de líderes no Congresso incendeia PMDB e deixa alas da base descontentes", *O Estado de S. Paulo*, 14 mar. 2012, p. 4.

11. Conforme apuração de Cristiane Jungblut, Chico de Gois e Catarina Alencastro, "PMDB dá o troco em Dilma", *O Globo*, 14 mar. 2012, p. 3.

12. Fernando Rodrigues, "Dilma tem aprovação recorde, mas Lula é favorito para 2014", *Folha de S.Paulo*, 22 abr. 2012, p. A4.

13. Breno Costa, "Fux barra votação do veto de Dilma a projeto dos royalties", *Folha de S.Paulo*, 18 dez. 2012, p. A14.

14. André de Souza, Danilo Fariello e Fernanda Krakovics, "Veto mantido... por ora", *O Globo*, 18 dez. 2012, p. 23.

15. André de Souza, "Sarney: Decisão 'deixa Legislativo de joelhos frente a outro Poder'", *O Globo*, 19 dez. 2012, p. 32.

16. Idem e Carolina Brígido, "Celso de Mello: Desobediência da Câmara será intolerável", *O Globo*, 18 dez. 2012, p. 4.

17. André de Souza e Isabel Braga, "Maia reage a Celso de Mello: 'É tentativa de intimidar a Câmara'", *O Globo*, 19 dez. 2012, p. 4.

18. Fernanda Krakovics, André de Souza e Carolina Brígido, "Conflito acirrado", *O Globo*, 21 dez. 2012, p. 3.

19. Carolina Brígido, Cristiane Jungblut e Isabel Braga, "Será um processo rápido", *O Globo*, 7 fev. 2013, p. 3.

20. Isabel Braga e Cristiane Jungblut, "Rito deve seguir padrão adotado em julgamentos do TSE", *O Globo*, 7 fev. 2013, p. 3.

21. Tatiana Farah, Daniel Haidar e Ronaldo D'Ercole, "Curto-circuito no mercado", *O Globo*, 28 mar. 2013, p. 19.

22. "Declarações acirradas", *O Globo*, 26 abr. 2013, p. 3.

23. Ver nota seguinte.

24. "Aprovação de Dilma tem a primeira queda, de oito pontos, e vai a 57%", *Folha de S. Paulo*, 9 jun. 2013, pp. A1 e A4.

25. "Popularidade de Dilma cai 27 pontos após protestos", *Folha de S.Paulo*, 29 jun. 2013, p. A4.

26. Mario Cesar Carvalho, "Dilma recupera seis pontos de popularidade, diz Datafolha", *Folha de S.Paulo*, 10 ago. 2013, p. A4.

27. *Diário da Câmara dos Deputados*, 29 ago. 2013, pp. 36981-92.

28. "STF suspende decisão que livrou deputado de cassação", *Folha de S.Paulo*, 3 set. 2013, p. A4.

29. Fernando Rodrigues, "Aprovação de Dilma sobe para 41%, mas 66% pedem mudança", *Folha de S.Paulo*, 1º dez. 2013, p. A8.

30. "Aécio ganha quatro pontos, e chance de segundo turno é maior", *Folha de S.Paulo*, 9 maio 2014, p. A1.

31. "Dilma continua em queda, e cresce indefinição do eleitor", *Folha de S.Paulo*, 6 jun. 2014, p. A4.

32. Ricardo Mendonça, "Com Copa, humor do país melhora e Dilma cresce", *Folha de S. Paulo*, 3 jul. 2014, p. A4.

33. Idem, "Aprovação à gestão Dilma sobe seis pontos", *Folha de S.Paulo*, 18 ago. 2014, p. A6.

34. "Aprovação do governo se mantém, mas reprovação oscila para baixo", *Folha de S.Paulo*, 27 set. 2014, p. A6.

35. Mauro Paulino e Alessandro Janoni, "Economia e educação impulsionam Dilma", *Folha de S.Paulo*, 21 out. 2014, Eleições 2014, p. 2.

36. Ricardo Mendonça e Mariana Carneiro, "Otimismo com economia aumenta e ajuda Dilma na disputa eleitoral", *Folha de S.Paulo*, 22 out. 2014, Eleições 2014, p. 1.

37. A entrevista foi televisionada, transmitida pelo rádio e publicada em todos os jornais no dia 19 de outubro de 2014.

38. "Datafolha mostra que 68% responsabilizam Dilma por corrupção", *Folha de S.Paulo*, 7 dez. 2014, p. A4.

18. DILMA: A PRESIDENTE INTERROMPIDA [pp. 296-338]

1. Marcelo Leite, "Corrupção em estatal e crise econômica fazem popularidade de Dilma despencar", *Folha de S.Paulo*, 8 fev. 2015, p. A8.

2. "Atos defendem Dilma, mas criticam governo", *Folha de S.Paulo*, 14 mar. 2015, p. A1.

3. Luiza Damé, Catarina Alencastro e Simone Iglesias, "Humildade no dia seguinte", *O Globo*, 17 mar. 2015, p. 3.

4. "62% reprovam governo Dilma", *Folha de S.Paulo*, 18 mar. 2015, p. A1.

5. Simone Iglesias e Luiza Damé, "Desarticulação política", *O Globo*, 8 abr. 2015, p. 3.

6. "Rejeição a Dilma atinge nível de Collor pré-impeachment", *Folha de S.Paulo*, 21 jun. 2015, p. A1.

7. Ranier Bragon, Andréa Sadi e Aguirre Talento, "Cunha discute fórmula para fazer avançar impeachment", *Folha de S.Paulo*, 5 ago. 2015, p. A4.

8. "Dilma passa a ser presidente mais impopular, diz Datafolha", *Folha de S.Paulo*, 6 ago. 2015, p. A1.

9. Quando me refiro à Lava Jato, uso o termo como uma espécie de apelido para o conjunto de dezenas de operações de investigação de corrupção político-empresarial, como se tornou habitual, na sociedade brasileira.

10. Daniela Lima, "FHC diz que renúncia seria 'ato de grandeza' de Dilma", *Folha de S.Paulo*, 18 ago. 2015, p. A4.

11. "O apelo de Temer", *O Globo*, 6 ago. 2015, p. 3; Lisandra Paraguassu, Rafael Moraes Moura e Erich Decat, "Crise na base leva Temer a fazer apelo", *O Estado de S. Paulo*, 6 ago. 2015, p. 8; Marina Dias e Natuza Nery, "Temer diz que alguém precisa unir o país", *Folha de S.Paulo*, 6 ago. 2015, p. A6.

12. Simone Iglesias e Fernanda Krakovics, "Em rota de colisão", *O Globo*, 22 ago. 2015, p. 3; "Temer se afasta de Dilma que fala em mudar governo", *Folha de S.Paulo*, 25 ago. 2015, p. A4; Vera Rosa, "Temer decide deixar articulação política", *O Estado de S. Paulo*, 22 ago. 2015, p. 5.

13. Thiago Herdy e Stella Borges, "Temer: Com popularidade baixa Dilma não resiste três anos e meio", *O Globo*, 4 set. 2015, p. 4.

14. Daniela Lima e Thais Arbex, "É difícil o governo resistir com prestígio tão baixo, diz Temer", *Folha de S.Paulo*, 4 set. 2015, p. A5.

15. Simone Iglesias, "Vice nega conspiração", *O Globo*, 7 set. 2015, p. 3.

16. "Íntegra da carta", *O Globo*, 8 dez. 2015, p. 3.

17. Valmar Hupsel Filho e Ana Fernandes, "A empresários, Temer se apresenta como 'ponte' para país voltar a crescer", *O Estado de S. Paulo*, 8 dez. 2015, p. 4.

18. Ricardo Mendonça, "Datafolha mostra pequena recuperação da presidente", *Folha de S.Paulo*, 20 dez. 2015, p. A4.

19. Idem, "Para 58%, Temer seria pior ou igual a Dilma", *Folha de S.Paulo*, 20 dez. 2015, p. A5.

20. Idem, p. A4.

21. Fernando Canzian, "Apoio a impeachment de Dilma cresce e chega a 68%", *Folha de S.Paulo*, 20 mar. 2016, p. A4.

22. Ranier Bragon, Isabel Fleck e Rubens Valente, "Impeachment é 'viciado' e 'nulo', diz defesa de Dilma", *Folha de S.Paulo*, 5 abr. 2016, p. A4.

23. Idem, "Relator vê indício de violação à Constituição", *Folha de S.Paulo*, 7 abr. 2016, p. A7, e Eduardo Bresciani e Evandro Éboli, "Relator vê conduta dolosa", *O Globo*, 7 abr. 2016, p. 3.

24. Carolina Brígido, Vinicius Sassine e Jailton de Carvalho, "Apelação rejeitada", *O Globo*, 15 abr. 2016, p. 3, e "STF derrota Dilma e rejeita adiar voto do impeachment", *Folha de S.Paulo*, 15 abr. 2016, p. A4.

25. Dilma Rousseff, "Democracia: O lado certo da história", *Folha de S.Paulo*, 16 abr. 2016, p. A8.

26. Fábio Zanini e Natuza Nery, "PSDB deve indicar nomes para o governo de Temer", *Folha de S.Paulo*, 26 abr. 2016, p. A4.

27. Carolina Brígido e Renata Mariz, "Dilma tenta a última cartada com novo recurso ao Supremo", *O Globo*, 11 maio 2016, p. 4.

28. Fernanda Krakovics, Catarina Alencastro e Eduardo Barreto, "Dilma acusa Temer de ameaçar conquistas", *O Globo*, 13 maio 2016, p. 20.

29. Ver Rubens Valente, "Em diálogo, Jucá fala em pacto para deter avanço da Lava Jato", *Folha de S.Paulo*, 23 maio 2016, p. A4; "Governo Temer tem a primeira baixa com doze dias de vida", *Folha de S.Paulo*, 24 maio 2016, p. A4; e Rubens Valente, "Em áudio, Sarney promete ajudar aliado na Lava Jato", *Folha de S.Paulo*, 26 maio 2016, p. A4.

30. Mônica Bergamo, "Cunha manda e governo Temer terá que se ajoelhar", *Folha de S. Paulo*, 29 maio 2016, p. A10. Dilma se referia a diálogos gravados com José Sarney, Romero Jucá e Renan Calheiros, entregues ao Ministério Público como parte de sua colaboração premiada, nos quais discutem formas de paralisar as investigações de corrupção que ameaçavam o grupo. Ver Rubens Valente, "Em diálogo, Jucá fala em pacto para deter avanço da Lava Jato", *Folha de S.Paulo*, 23 maio 2016, p. A4, e "Governo Temer tem a primeira baixa com doze dias de vida", *Folha de S.Paulo*, 24 maio 2016, p. A4.

31. "Janot pede prisão de cúpula do PMDB e provoca reação", *Folha de S.Paulo*, 8 jun. 2016, p. A4; Cristiane Jungblut, Simone Iglesias e Eduardo Bresciani, "Perplexidade e autoproteção", e

Carolina Brígido, "Gilmar diz que divulgação de pedidos é abuso de autoridade", *O Globo*, 8 jun. 2016, p. 3.

32. Míriam Leitão, "Conselho de Temer", *O Globo*, 6 jul. 2016, p. 3.

33. *Diário da Câmara dos Deputados*, "Ata da 173ª sessão da Câmara dos Deputados, não deliberativa de debates, vespertina, da 2ª sessão legislativa ordinária, da 55ª Legislatura, em 7 de julho de 2016", 8 jul. 2016, p. 9.

34. "Cresce otimismo com a economia, diz Datafolha", *Folha de S.Paulo*, 17 jul. 2016, p. A1.

35. *Diário do Senado Federal*, "123ª sessão, deliberativa extraordinária, em 9 de agosto de 2016", 10 ago. 2016, pp. 8-10.

36. Idem, pp. 39-44.

37. Idem, pp. 104-9.

38. Idem, pp. 75-6.

39. Idem, pp. 76-9.

40. Idem, pp. 118-22.

41. Idem, pp. 122-7.

42. Idem, p. 148.

43. Idem, "Ata da 133ª sessão deliberativa extraordinária, em 25 de agosto de 2016, sessão julgamento da presidente da República, Dilma Vana Rousseff, por suposto crime de responsabilidade, nos termos da denúncia n, 1/2016", 26 ago. 2016.

44. Idem, "Continuação da ata da 133ª sessão deliberativa extraordinária, em 26 de agosto de 2016, sessão julgamento da presidente da República, Dilma Vana Rousseff, por suposto crime de responsabilidade, nos termos da denúncia n. 1/2016", 27 ago. 2016.

45. Idem, "Continuação da ata da 133ª sessão deliberativa extraordinária, em 27 de agosto de 2016, sessão julgamento da presidente da República, Dilma Vana Rousseff, por suposto crime de responsabilidade, nos termos da denúncia n. 1/2016", 28 ago. 2016.

46. Idem, "Continuação da ata da 133ª sessão deliberativa extraordinária, em 29 de agosto de 2016, sessão julgamento da presidente da República, Dilma Vana Rousseff, por suposto crime de responsabilidade, nos termos da denúncia n. 1/2016", 30 ago. 2016.

47. Idem, "Continuação da ata da 133ª sessão deliberativa extraordinária, em 30 de agosto de 2016, sessão julgamento da presidente da República, Dilma Vana Rousseff, por suposto crime de responsabilidade, nos termos da denúncia n. 1/2016", 31 ago. 2016.

48. Mandado de segurança 21689, DF, inteiro teor do acórdão, Supremo Tribunal Federal, 16 dez. 1993.

49. *Diário do Senado Federal*, "Continuação da ata da 133ª sessão deliberativa extraordinária, em 31 de agosto de 2016, sessão julgamento da presidente da República, Dilma Vana Rousseff, por suposto crime de responsabilidade, nos termos da denúncia n. 1/2016", 1º set. 2016.

50. Gabriel Mascarenhas, Valdo Cruz e Marina Dias, "Cármen Lúcia rebate Renan e exige respeito aos juízes", *Folha de S.Paulo*, 26 out. 2016, p. A5.

51. Thais Bilenky, "Reprovação a gestão Temer dispara, mostra Datafolha", *Folha de S.Paulo*, 11 dez. 2016, p. A4.

52. Lauro Jardim, "'Tem que manter isso aí viu?'", *O Globo*, 18 maio 2017, pp. 3-4.

53. Analisei o julgamento em "O julgamento do TSE e as complexidades do presidencialismo de coalizão", 7 jun. 2017: <http://sergioabranches.com.br/politica/136-o-julgamento-do-tse-e-

-as-complexidades-do-presidencialismo-de-coalizao>, e "Falência institucional", 10 jun. 2017: <http://sergioabranches.com.br/politica/138-falencia-institucional>.

54. Sérgio Abranches, "Parecer de Zveiter compromete seriamente posição de Temer", 10 jul. 2017: <http://sergioabranches.com.br/politica/152-parecer-de-zveitter-compromete-seriamente-posicao-de-temer>.

55. Idem, "O governo perdido de Temer e a insensatez dominante na política brasileira", 11 jul. 2017: <http://sergioabranches.com.br/politica/154-o-governo-perdido-de-temer-e-a-insensatez-dominante-na-politica-brasileira>.

56. Maria Lima, Patricia Cagni e Carolina Brígido, "PT ataca STF por afastar Aécio do Senado", *O Globo*, 28 set. 2017, p. 6. Talita Fernandes e Letícia Casado, "Senado desafia STF e deve barrar afastamento de Aécio", *Folha de S.Paulo*, 28 set. 2017, p. A4.

III. BREVE BALANÇO

19. DILEMAS DO PRESIDENCIALISMO DE COALIZÃO [pp. 341-48]

1. Frederico Bertholini e Carlos Pereira, "Pagando o preço de governar: Custos de gerência de coalizão no presidencialismo brasileiro", *Revista Brasileira de Administração Pública*, op. cit.

2. A fragmentação no gráfico é medida pelo número de partidos efetivos, NEP. NEP = $1/\sum pi^2$, em que pi = proporção de cadeiras de cada partido. Os índices da Câmara são de Jairo Nicolau, *Representantes de quem?*, op. cit., p. 94, gráfico 13. Os índices do Senado foram calculados pelo autor.

20. IMPEACHMENT NÃO É VOTO DE DESCONFIANÇA [pp. 349-56]

1. Que implica, também, redução muito forte da zona de indiferença medida por respostas como regular ou nem confia/nem desconfia. Outra forma de verificar a impopularidade é desconsiderar as respostas intermediárias e descontar as positivas das negativas. A maneira mais simples é apenas deduzir as negativas das positivas. Particularmente, prefiro o índice de popularidade líquida: PL= ((OB-RP)÷(OB+RP))x 100, em que PL é "popularidade líquida", OB, ótimo/bom, RP, ruim/péssimo. Ele é mais significativo quando o "regular" é ≤ 20%.

2. "Além de Collor e Dilma, Sarney, Itamar, FH e Lula sofreram pedidos de impeachment", *O Globo*, 5 maio 2016: <http://acervo.oglobo.globo.com/fatos-historicos/alem-de-collor-dilma-sarney-itamar-fh-lula-sofreram-pedidos-de-impeachment-19242217>; Carlos Madeiro, "De 132 pedidos de impeachment desde Collor, ação contra Dilma é segunda aceita", 3 dez. 2015: <https://noticias.uol.com.br/politica/ultimas-noticias/2015/12/03/de-132-pedidos-de-impeachment-desde-collor-acao-contra-dilma-e-2-aceita.htm>; André Gonçalves, "Após Collor, país teve 61 tentativas de destituir presidentes", *Gazeta do Povo*, 22 nov. 2014.

3. *The Federalist Papers*, várias edições: <http://www.let.rug.nl/usa/documents/1786-1800/

the-federalist-papers/>, <http://avalon.law.yale.edu/subject_menus/fed.asp> e: <https://www.congress.gov/resources/display/content/The+Federalist+Papers>.

21. A ECONOMIA POLÍTICA DO PRESIDENCIALISMO DE COALIZÃO [pp. 357-62]

1. George Tsebelis, *Veto Players: How Political Institutions Work* (Princeton: Russell Sage Foundation; Princeton University Press, 2002).

2. Uma análise recente importante dessa questão, ainda que com objetivo distinto, é a de Fabiano Santos e Acir Almeida, "Inequality and Democratic Consolidation: Redistributive Policy and Political Instability in Latin America after the Left Turn", texto preliminar apresentado ao VIII Congresso Latino-Americano de Ciência Política, Lima, 22-24 jul. 2015.

3. Analiso esse processo, interrompido com o Plano Real, em "A sociologia política da inflação", José Ribas Barbosa Vieira, Lívia N. de Holanda, Luis Carlos D. Prado, Maria Antonieta Leopoldi e Maria Celina D'Araujo (Orgs.), *Na corda bamba: Doze estudos sobre a cultura da inflação*, op. cit.

22. A ROTINIZAÇÃO DO CONSTITUCIONALISMO E A JUDICIALIZAÇÃO DA POLÍTICA [pp. 363-68]

1. Marcus André Melo mostra que temos a maior taxa de emendamento da Constituição do mundo. Cf. Marcus André Melo, *Reformas constitucionais no Brasil*, op. cit., p. 190.

2. Idem, ibidem.

3. Jairo Nicolau, *Representantes de quem?*, op. cit., pp. 119-37.

4. Marcus André Melo também trata desse ponto, em *Reformas constitucionais no Brasil*, op. cit., pp. 196-7.

5. Maria Tereza Sadek, "Judiciário: Mudanças e reformas", *Estudos Avançados*, São Paulo, v. 18, n. 51, pp. 80-1, 2004. Ver, também, Marcus André Melo, "Mudança constitucional no Brasil, dos debates sobre regras de emendamento na Constituinte à megapolítica", *Novos Estudos Cebrap*, 97, São Paulo, pp. 187-206, nov. 2013, e "Controle do Poder Executivo e presidencialismo de coalizão", *Cadernos Aslegis*, op. cit.

6. Maria Tereza Sadek, "Judiciário: Mudanças e reformas", *Estudos Avançados*, op. cit.

7. Ver, por exemplo, John Ferejohn, Frances Rosenbluth e Charles Shipan, "Comparative Judicial Politics", em Carles Boix and Susan Stokes (Orgs.), *The Oxford Handbook of Comparative Politics* (Oxford: Oxford University Press, pp. 727-51), e John Ferejohn, "Judicializing Politics, Politicizing Law", *Law and Contemporary Problems*, Durham, v. 65, n. 3, pp. 41-68.

8. John Ferejohn, "Judicializing Politics, Politicizing Law", op. cit., pp. 41-2.

9. Pillar Domingo, "Judicialization of Politics or Politicization of the Judiciary?", *Democratization*, Londres, v. 11, n. 1, pp. 104-26, 2004, e "Judicialization of Politics: The Changing Political and Social Role of the Judiciary in Mexico", artigo apresentado no seminário Judicialization of Politics, no Institute of Latin American Studies, Universidade de Londres, 17-19 mar. 2004.

10. Marcus André Melo e Carlos Pereira, *Making Brazil Work*, op. cit.

11. John Ferejohn, Jack N. Rakove e Jonathan Riley (Orgs.), *Constitutional Culture and Democratic Rule* (Cambridge: Cambridge University Press, 2001), Introdução, pp. 1-37.

12. Os politólogos Carlos Pereira e Marcus André Melo têm estudado com profundidade a institucionalização no Brasil desses mecanismos de vigilância democrática, na expressão do historiador Pierre Rosanvallon. Marcus André Melo e Carlos Pereira, *Making Brazil Work*, op. cit.

23. NÃO É SÓ A POLÍTICA [pp. 369-74]

1. O uso de diferentes camadas de passado, presente e futuro é inspirado na análise de Koselleck, em Reinhart Koselleck, *Estratos do tempo: Estudos sobre história* (Rio de Janeiro: Contraponto; Editora PUC-Rio, 2014). Utilizei esses estratos do tempo em *A era do imprevisto*, op. cit.

2. Grande transição que analisei em *A era do imprevisto*, op. cit.

Índice remissivo

11 de setembro, atentados de (Nova York, 2001), 223

abolicionistas, 24
Abreu, Kátia, 295
Ação Democrática Parlamentar, 66
ação direta de inconstitucionalidade (Adin), 285
ACM *ver* Magalhães, Antonio Carlos
Acordo Interpartidário, 44
Acre, 58, 195, 268
açúcar (economia açucareira), 23, 67, 97
Adauto, Anderson, 230
Advocacia-Geral da União, 84, 309-10
Aeronáutica, 72, 257-8
Afonso, Almino, 53, 56-7, 66-7
Afonso, Paulo, 176
Agência Nacional de Transportes Terrestres (ANTT), 278
Agenda Perdida (proposta de programa de transferência de renda), 234
agricultura, 71, 209-10, 362
Agripino Maia, José, 256

Aires, Junqueira, 27
Alagoas, 93, 103, 111, 268
Albala, Adrián, 77
Albuquerque, Beto, 291
Alckmin, Geraldo, 95, 215, 237, 252, 254, 262, 268
Aleluia, José Carlos, 190
Alencar, José, 227, 230, 257
Alencar, Marcelo, 176, 401n
Alkmin, José Maria, 68
Almeida, Hélio de, 384n
Almeida, José Américo de, 46
Álvares, Élcio, 404n
Alves, Henrique Eduardo, 176, 271, 275, 283, 300, 308, 316, 318
Alves, Moreira, 128, 150
Alves, Rodrigues, 33, 381-2n
Alves, Vicentinho, 327
Alves Filho, Garibaldi, 260, 263, 271
Amadeo, Edward, 198
Amado, Jorge, 45
Amapá, 260, 265, 269
Amaral Peixoto, Ernâni do, 61, 68, 72

Amaral, Delcídio do, 248, 266, 306, 309-10, 315
Amaral, Roberto, 230, 239
Amazonas, 109, 195, 255
Amazônia, 156
Amorim, Celso, 151, 275
Amorim Neto, Octavio, 41, 115
Ananias, Patrus, 239
Anastasia, Antonio, 268, 314, 319, 323
Anchieta, José de (governador de RR), 268
âncora cambial, 157-8, 177, 179, 203, 205
Andrade, Auro de Moura, 53-4, 60, 73
Andraus, Nuri, 151
Ângelis, Ovídio de, 209, 404n
Anões do Orçamento, escândalo dos (1993), 153, 162, 164, 175
Anselmo, cabo, 73
apagão, 207, 222, 224, 226, 266
árabes, países, 119
Arábia Saudita, 102
Aragão, Cândido, 386n
Aranha, Osvaldo, 46
Arantes, Jovair, 310-1
Araújo, Edinho, 295
Arena (Aliança Renovadora Nacional), 80-1, 150, 234
Argentina *ver* crise argentina (anos 1990)
Arida, Pérsio, 156, 163, 177-8, 180
Arinos, Afonso, 49, 55-6, 384n
Arns, Flávio, 266
Arraes, Miguel, 67, 176
Arretche, Marta, 80
Arruda, José Roberto, 221, 255
Ásia, crise da *ver* crise asiática (1997)
assalariados, 40, 114, 153, 166-8, 361
Associação Brasileira de Imprensa (ABI), 124-5
Associação de Comércio Exterior do Brasil (AEB), 209
Associação dos Marinheiros e Fuzileiros Navais, 73
Atibaia, sítio em, 317
autoritarismo, 21-2, 30, 344
Ayres Britto, Carlos, 286, 288

Azeredo, Eduardo, 176, 202, 251, 260, 290, 401n

Bacha, Edmar, 157, 159, 177
Bahia, 28, 32, 36, 98, 121, 176, 217, 219, 255, 268, 274, 293
Bairros, Luiza, 270-1
Baleeiro, Aliomar, 47
Banco Central, 104, 118, 156-8, 177, 180, 186, 196-7, 199, 204-8, 222, 231, 233-5, 257, 262, 264, 271, 279, 398n
Banco do Brasil, 107, 124, 278-9, 321, 371
Banco Econômico, 186
Banco Mundial, 118
Banco Rural, 281
Bandeira, Manuel, 120
banqueiros, 118, 211
Barbalho, Helder, 295, 316
Barbalho, Jader, 176, 216, 218-9, 221, 232, 295
Barbosa, Joaquim, 234, 259, 282-3
Barbosa, Lázaro, 150-1
Barbosa, Nelson, 308
Barbosa, Rui, 28
Barbosa, Silval, 268
Barelli, Walter, 150
Barros, Ademar de, 45, 47, 73
Barroso, Luís Roberto, 286, 288, 336
Bastos, Celso, 123
Bastos, Márcio Tomás, 123, 256
Batista, Joesley, 330, 334
Belo Monte, hidrelétrica de (PA), 408n
Benevides, Maria Victoria, 51
Benevides, Mauro, 102, 126, 137-9, 144-5
Benjamin, Herman, 335
Bernardes, Artur, 28-9, 36
Bernardo, Paulo, 247, 258, 270
Bertholini, Frederico, 17, 182
Berzoini, Ricardo, 239, 250, 253
Bezerra, Fernando, 209, 221, 271, 276, 316
Bias Fortes, 380n
bicameralismo, 77, 87
Bicudo, Hélio, 305-6

bipartidarismo, 22-4, 34, 36-7, 40, 73, 94; *ver também* multipartidarismo
"black blocs", 287
BNDES (Banco Nacional de Desenvolvimento Econômico e Social), 107, 156, 177, 199, 245, 323, 332, 371
Bolsa brasileira, 197, 205
Bolsa Escola, programa, 13, 234
Bolsa Família, programa, 13, 234, 237, 241, 245, 263, 343-4, 359
Borges, André, 173, 400n
Borges, Mauro, 53
Borja, Célio, 104, 115, 117, 122, 132
Bornhausen, Jorge, 115, 117, 121, 126, 188
BR Distribuidora, 290
Bradesco, 211
Braga, Eduardo, 255, 278, 295
Brandão, Silviano, 33, 380n
Brant, Celso, 60
Brasil sem Miséria, programa, 295, 344
Brasília, 17, 70, 72, 107, 119, 123, 210, 220, 252, 258, 288, 305, 332, 335
Bresser-Pereira, Luiz Carlos, 118, 177, 183-4, 209, 404n
Brício Filho, Jaime, 378n
Brito, Oliveira, 61-2
Britto, Antônio, 150, 176, 220, 401n
Brizola, Leonel, 52-3, 69, 71-2, 81-2, 93-4, 105-6, 109, 113, 117, 120, 123, 128, 131, 155, 168
Brizola Neto (Carlos Daudt Brizola), 279, 284
Brossard, Paulo, 328
Buarque, Cristovam, 239
Bush, George H. W. (pai), 102, 112
Bush, George W. (filho), 263

cabotagem, navegação de, 181-2, 343
Cabral, Bernardo, 103
Cabral, Sérgio, 123, 253, 255-6, 268, 280, 334
Cachoeira, Carlinhos, 279
Cadernos do cárcere (Gramsci), 376n
café (economia cafeeira), 23, 97
"café com leite", política do, 33, 36
Café Filho, João, 45, 47-50, 329

Caixa Econômica, 235, 279, 371
Calheiros, Renan, 103, 198, 209, 219, 241, 243-4, 252, 256, 258-60, 265, 275, 278, 283, 285, 297-8, 300, 302, 307-8, 315-7, 320, 329-30, 332-3, 337, 412n
Câmara dos Deputados, 12, 49-50, 52-3, 58, 69, 76-8, 95-6, 101, 110, 116, 121, 125, 127, 129-30, 134, 138, 155, 176-8, 180-2, 193-4, 196-8, 206-7, 212, 216, 219, 223, 232, 234-6, 242-4, 247, 249, 251, 254, 268-9, 273, 278, 280, 283, 287-8, 294, 296, 302, 305, 308, 310, 312-3, 331, 333, 335-7, 351, 353
Camata, Rita, 226
Cameli, Orleir, 195
Campello, Tereza, 270
Campos Sales, Manuel Ferraz de, 22, 24, 29-33, 36, 45, 80
Campos, Bernardino de, 27, 30
Campos, Carlos Alexandre, 83
Campos, Eduardo, 239, 268, 289, 291
Campos, Pedro Franco de, 398n
Campos, Roberto, 127
Camus, Albert, 49
Candau, Marcolino, 384n
Canhim, Romildo, 152
Capanema, Gustavo, 53, 62
Capiberibe, Camilo, 269
capitalismo democrático, 112
capitalistas, 94, 361, 371
Cardoso, Fernando Henrique, 17, 85, 88, 95, 98-100, 106, 108-10, 117, 120, 132, 149-60, 162-6, 168-77, 179-81, 183-205, 207-14, 216-24, 227-31, 233, 235-7, 239, 241, 259, 261, 278, 292, 299, 302-3, 314, 327, 342, 344, 348-50, 352, 402n, 404n
Cardoso, Newton, 148, 235
Cardoso, Ruth, 261
Cardozo, José Eduardo, 215, 243, 270, 311, 323, 327
"Carta ao povo brasileiro" (Lula), 233, 406n
Carvalho, Clóvis, 209-11, 231
Carvalho, Gilberto, 258, 270
Carvalho, José Murilo de, 24

419

Carvalho, Reinaldo de, 384*n*
Casa Civil, 67, 150-1, 162, 209, 222, 231, 240, 242, 256-8, 261, 270, 274, 279, 290, 305, 310, 316-7, 385*n*
Casa da Moeda, 277
Casagrande, Renato, 268
Cassol, Ivo, 255, 288
Castello Branco, Carlos, 67-8, 119
Castro, Marcelo, 319
caudilhismo, 342
Cavalcanti, Severino, 246, 249-51, 256
Cavendish, Fernando, 279-80
Ceará, 113, 171, 173, 176, 187, 255, 268, 293
centralização do poder, 22, 24-5, 27, 75, 357, 372; *ver também* descentralização
Centrão, 81-3, 85-7, 175-6, 231, 304, 319, 388*n*
centro, 14, 66-7, 72, 235, 254-5, 298, 304, 309, 311, 319, 352, 360, 365
centro-direita, 45, 81, 93, 95-6, 112, 175, 235, 254-5, 293-4, 299, 352; *ver também* direita
centro-esquerda, 81, 95, 111, 114, 175, 254-5, 293, 344; *ver também* esquerda
Centro-Oeste (região do Brasil), 224, 280, 370
Cerveró, Nestor, 290
CGU (Corregedoria-Geral da União), 222, 240, 271
Chagas, Helena, 271
Chaves, Aureliano, 150
China, 52, 330-1
Chinaglia, Arlindo, 243, 256, 278, 280, 296
Cícero, Paulino, 150, 162
Cide (contribuição de intervenção no domínio econômico), 239, 332
classe(s) média(s), 51-2, 93-4, 96, 98, 142, 227-8, 245, 298, 370-1
clientelismo, 9-10, 12-3, 16, 21-3, 40, 76, 82, 87-8, 93, 121, 146, 176-7, 229, 254-5, 274, 276, 338, 342-5, 347, 360, 364, 370, 372
Clinton, Bill, 102
Clube de Paris, 118
Clube Militar, 71
CNI (Confederação Nacional da Indústria), 106

coalizões, 9, 23, 34, 41-2, 48, 60, 64-6, 68-70, 76-8, 87-9, 95, 101, 146, 157, 217, 330-1, 342, 344-7, 352, 363, 365, 370, 373; *ver também* presidencialismo de coalizão
Código de Processo Penal, 320, 324, 351
Código Florestal, 273
Coelho, Inocêncio Mártires, 144
Cofins (Contribuição para o Financiamento da Seguridade Social), 235
Collor de Mello, Fernando, 11, 74, 79, 93-129, 131-2, 134-7, 139-49, 161, 168, 172, 209, 233, 237, 240, 265, 299, 304, 307, 310-5, 319, 321-2, 324-5, 328-30, 343, 347, 349-53, 361, 394*n*
Collor de Mello, Pedro, 111-2, 116
Comício da Central do Brasil (1964), 72-3
Comissão de Sistematização, 81-2, 86
Comitês Executivos, 27-8
Comperj (complexo petroquímico do estado do Rio de Janeiro), 280
comunismo, 47
Conab (Companhia Nacional de Abastecimento), 275
Conde, Luís Paulo, 192, 215
Congresso Nacional, 10, 14, 22, 25, 30-4, 37-8, 41-2, 44, 46-7, 49-58, 60-3, 65-6, 68-71, 73, 76-8, 82, 88, 95-8, 100, 102-3, 107-8, 110-4, 116-8, 127, 137-9, 143-5, 148, 151, 153-4, 157, 160-7, 169, 172, 174, 178-9, 182, 184-5, 189, 192, 194, 197, 202, 206-8, 214, 217-9, 223, 229, 231-4, 236, 240-1, 245, 248, 250, 252, 259-61, 263, 266-7, 269, 271, 274, 277, 279-83, 285, 287-9, 294, 296-7, 300-3, 305, 309, 318, 321, 323-4, 329-31, 336-7, 352, 354-6, 358, 363-6, 372-4, 378*n*, 383*n*, 391*n*
Conselho de Ética da Câmara, 251, 317
Conselho de Ministros, 57-8, 60, 62, 385*n*
Conselho Nacional de Justiça, 84, 245, 247, 332
conservadorismo, 43, 94
Constituição americana (1787), 108
Constituição brasileira de 1891, 29, 36

Constituição brasileira de 1934, 39, 87, 378n
Constituição brasileira de 1946, 10, 22, 37, 39, 82, 87, 378n, 383n
Constituição brasileira de 1967, 75, 80, 82-3
Constituição brasileira de 1969, 243
Constituição brasileira de 1988, 9-10, 77, 81-3, 85-7, 138, 363, 366
Constituinte de 1890, 25-6, 29-30
Constituinte de 1934, 38
Constituinte de 1946, 39
Constituinte de 1987-88, 11, 13, 75, 76, 80-3, 85-6, 108, 161-2, 221, 289, 372, 374
Consultoria-Geral da República, 84
Confederação Nacional dos Trabalhadores na Agricultura (Contag), 238
Contribuição Social sobre o Lucro Líquido (CSLL), 235
Convenção do Clima em Copenhague (COP-15, 2009), 266, 407-8n
Copa das Confederações (2013), 287
Copa do Mundo (2014), 287, 291
Coreia do Sul, 196
Correia, Maurício, 132, 150
Correios, 247-8
corrupção, 9-10, 12, 15, 51, 85, 89, 94, 105, 111, 115, 120, 123, 127, 132, 140, 149, 162, 195, 207, 221-2, 234, 241-2, 247, 250, 253, 255, 257-60, 266-7, 272, 274-5, 279, 282, 285, 287, 289-90, 294, 297-300, 303, 305, 308, 310, 316, 318-9, 322, 324, 326, 331, 333-5, 337, 343, 345-8, 351, 362, 364, 371
Coser, João, 262, 280
Costa, Alexandre, 150
Costa, Hélio, 249, 257
Costa, Paulo Roberto, 290-1
Costa Lima, Renato, 384n
Costa Neto, Valdemar, 227, 250, 274, Coutinho, Lafaiete, 124
Coutinho, Ricardo, 269
Covas, Mário, 93, 105, 149, 176, 202, 216, 221, 401n
CPMF (Contribuição Provisória sobre Movimentação Financeira), 154, 182, 203, 206-7, 225, 236-7, 239, 259-60, 343
crime de responsabilidade fiscal, 305, 314
crimes eleitorais, 335
crise argentina (anos 1990), 179-80, 222, 226
crise asiática (1997), 196-7, 201-2, 205
crise das subprime (2008), 261, 271, 275
crise de energia *ver* apagão
crise dos mísseis (Cuba, 1962), 59
crise mexicana (1994), 179-80
crises políticas, 10, 30, 42, 47, 59, 74, 89, 107, 114, 117, 119, 130, 142, 252, 259, 298, 304-5, 322, 327, 334, 347-9, 365
Cristino, Leônidas, 271
Crivella, Marcelo, 277
Crusius, Yeda, 151, 255
Cuba, 59
Cunha, Eduardo, 272, 286, 290, 296-8, 300, 302-3, 305-10, 314, 317-8, 323, 326, 330, 333
Cunha, Flores da, 49
Cunha, João Paulo, 232, 240, 242-4, 251, 259, 280, 283, 288
Cunha, Odair, 280
Cúpula da Terra *ver* Eco-92
CUT (Central Única dos Trabalhadores), 109, 119, 181, 185-6, 210, 236, 273, 299

D'Araujo, Maria Celina, 46-7
Dantas, José, 328
Dantas, San Tiago, 59-60, 71
Datafolha, 94, 98, 101-2, 106, 111, 118, 123, 127, 131, 142, 152, 155-6, 158, 162, 168-71, 178-80, 182-3, 185, 191, 193, 195-6, 198, 201-2, 206, 209, 211-2, 214-5, 221, 223-4, 226-7, 236, 239, 241, 246, 248-9, 251, 253, 255, 257, 260-1, 267, 279, 286-7, 289, 291-2, 297, 299, 308-10, 319, 333
Déda, Marcelo, 255, 268
Delgado, Júlio, 251, 296
Delta (empreiteira), 279
DEM (Democratas), 259, 262, 264-5, 268, 274, 278, 281, 293; *ver também* PFL

democracia, 9-16, 21-2, 24, 39, 80, 84, 89, 112, 127, 131-2, 137, 162, 179, 229, 243, 294, 299, 312, 326, 332, 338, 342, 347, 351, 353, 358, 364, 367-8, 372-3
descentralização, 21, 24, 28
desemprego, 104, 111, 158, 166, 191, 201, 215, 239, 241, 264, 292, 297, 314, 319, 349, 351
desenvolvimentismo, 51, 86, 273
desindexação da economia, 157-9
desvalorização cambial, 275
Diários da Presidência (FHC), 189-90, 193, 213
Dias, Etevaldo, 131
Dias, José Carlos, 123, 209
Dieese (Departamento Intersindical de Estatística e Estudos Socioeconômicos), 150
Diniz, Waldomiro, 240, 242, 279
Dirceu, José, 135-6, 151-2, 202, 231-2, 235, 239-42, 244-5, 247, 249-52, 259, 279-80, 298
direita, 10, 12-3, 49, 55, 81, 85-6, 96, 98, 115, 117, 254-5, 263, 293, 347, 360
Distrito Federal, 150-1, 221, 230, 255, 258, 268, 279, 299, 310, 315, 319
ditadura militar (1964-85), 10, 37, 75, 78, 80-1, 83, 86, 93, 103, 118-9, 122, 127, 209, 243, 258, 364, 408*n*
Departamento Nacional de Infraestrutura de Transportes (Dnit), 274
dolarização, 153, 158
Donadon, Natan, 288
Dornelles, Francisco, 404*n*
DRU (Desvinculação de Receitas da União), 163, 212-3, 236-7, 239, 343
Durante, Mauro, 150
Dutra, Eurico Gaspar, 44
Dutra, José Eduardo, 269
Dutra, Olívio, 249, 255

Eco-92 (Cúpula da Terra das Nações Unidas), 94, 112, 117, 119
economia brasileira, 210-1, 224, 236, 246, 261, 263, 268, 291, 306, 343, 349-50; *ver também* Ministério da Economia/Fazenda; política econômica

economia global, 197, 223, 245, 279
economia política, 210, 357, 360
educação pública, 13
"efeito tequila" (da crise mexicana), 179
Eldorado dos Carajás, massacre de (Pará, 1996), 188
eleições, 12, 23, 28, 30, 33, 45, 48, 57, 61, 73, 81, 93, 95-6, 101, 127, 148, 152, 160, 164, 168, 170, 172-5, 187, 191-2, 194, 203, 207, 211-2, 215-6, 226, 229, 239, 241, 245, 253, 260-1, 277-8, 281, 293-4, 298-9, 322-3, 326, 338, 344-5, 347-8, 350, 369, 400*n*; *ver também* sistema eleitoral
Eletrobrás, 235, 249, 255, 285
Eletronorte, 235
empresários, 103, 107, 114, 119, 155, 215, 234, 259, 285, 304, 306
Erundina, Luiza, 151
escravidão africana, 24
Espírito Santo, 255, 268, 281
esquerda, 10, 12, 67, 72, 81, 85-6, 96, 98, 101, 111, 114, 116-7, 131, 149, 152, 154, 162, 177-8, 226, 228, 231, 234-5, 237, 244, 254-5, 263, 293, 297, 309, 313, 319, 347, 360, 371
Estado de S. Paulo, O (jornal), 137, 148
Estado Novo, 37, 39, 46, 375*n*
Estados Unidos, 23, 25, 46, 102, 112, 154, 226, 233, 258, 261, 263-4, 342, 354, 366
Estevão, Luiz, 214-5
Europa, 102, 261, 264, 275
evangélica, bancada, 277
Executivo, 9, 26-31, 36, 42, 49-50, 61, 66, 75, 77, 78-9, 82-4, 88, 95, 100-1, 115-6, 125-6, 165, 188, 194-6, 214, 216, 218, 220, 231, 243, 248, 272, 278, 280-1, 285, 298, 303, 321, 338, 341, 344, 346, 351, 354, 356, 358, 365-7, 372, 378-9*n*

Fachin, Edson, 301, 307, 334-5
Fagundes, Miguel Seabra, 48
Falcão, Rui, 152
Faoro, Raymundo, 125
Farias, Augusto, 111

Farias, José Eduardo, 86
Farias, Paulo César (PC), 111, 116-20, 123, 139, 143
Fed (Federal Reserve System), 102
federalismo, 10, 14, 21-4, 29, 80, 87
Ferreira, José de Castro, 150
Ferreira Filho, Manoel Gonçalves, 123
FHC *ver* Cardoso, Fernando Henrique
Fiesp (Federação das Indústrias do Estado de São Paulo), 107, 265
Figueiredo, Argelina, 75, 87, 391*n*
Figueiredo, Bernardo, 278
Figueiredo, João Batista, 82
fisiologismo, 121, 146, 176, 188, 194, 241, 244, 338, 370
Fiúza, Ricardo, 98, 115, 117, 121
Fleischer, David, 80
Fleury Filho, Luiz Antônio, 132, 143, 154, 156, 231, 398*n*
Fogaça, José, 245, 262
Folha de S.Paulo (jornal), 109, 117, 137, 195, 210, 212, 248, 312, 314
Fome Zero, programa, 233-4, 237
Fonseca, Deodoro da, 25, 27, 29-30, 38, 379*n*, 381*n*
Fonseca, Hermes da, 28
Fonteles, Cláudio, 242
Food Stamps (programa americano), 233
Força Sindical, 185
Forças Armadas, 37, 46, 54, 384*n*
foro privilegiado, 245
Fraga, Armínio, 207, 210, 212
Francisco, Joaquim, 105, 113, 123, 132
Franco, Albano, 106, 179, 401*n*
Franco, Gustavo, 157, 180, 196, 204-5
Franco, Itamar, 99, 106, 119-20, 124-6, 132, 137-9, 143, 145, 148-54, 156-8, 160, 162-5, 168, 171-2, 188, 198, 202, 205, 207, 216, 222, 224, 226, 233, 304, 330, 343, 352
Frankfurt, 205
Freire, Roberto, 163, 176
Freitas Neto, Antônio de Almendra, 198
Frente Parlamentar Nacionalista, 66, 71

Fritsch, Winston, 157, 159
funcionalismo, 75, 164, 183, 195-6, 216, 217, 234, 238
Fundo de Desenvolvimento Comunitário, 124
Fundo de Estabilização Fiscal, 182, 196, 212
Fundo Social de Emergência, 163-4, 169, 182, 343
Furlan, Luiz Fernando, 231
Furnas (Centrais Elétricas), 235, 272
Fux, Luiz, 282-3

Gabeira, Fernando, 262
Gabriel, Almir, 401*n*
Gallotti, Octavio, 128, 165, 328
Gallup, 131, 142-3
Galvão, Ilmar, 128, 141
Garcia, Marco Aurélio, 253
Garotinho, Anthony, 224, 226-8
gás natural, 181-2
gasolina, 102, 273, 275, 332
Gazeta de Alagoas (jornal), 111
Geisel, Ernesto, 82
Genoino, José, 106, 135, 249, 280, 283
Genro, Tarso, 239, 249-50, 257-8, 268
Gil, Gilberto, 230, 256
Glicério, Francisco, 27, 32
globalização, 85, 94, 119, 228
Globo, O (jornal), 69, 71, 137, 242
Goiás, 53, 231, 268, 279, 294
Goldemberg, José, 109, 120
Goldman, Alberto, 150
golpe militar (1964), 44, 70-1, 73, 86, 386*n*; *ver também* ditadura militar (1964-85)
Gomes, Cid, 255, 268, 293-4, 299
Gomes, Ciro, 113, 132, 151, 171-2, 222, 224, 226-30, 234, 246, 248, 293
Gomes, Eduardo, 47, 94
Gomide, Tito Lívio Ferreira, 398*n*
Gonçalves, José Botafogo, 198
Goulart, João, 46-7, 49, 51-63, 65-74, 79, 86, 386*n*
governadores, 22, 27, 30, 41-2, 72, 105, 108, 132, 172-3, 176-7, 190, 205, 211, 225, 233, 237, 255, 268-9, 279, 281, 293-4, 357

Gramsci, Antonio, 376*n*
Grande Depressão, 154
Grau, Eros, 251
Graziano, José, 239
Greca, Rafael, 404*n*
Greenhalgh, Luiz Eduardo, 246
Greenspan, Alan, 102
greves, 25, 42, 46, 58, 70, 71, 103, 105, 181, 280
Gros, Francisco, 118, 398*n*
Guanabara, estado da, 58, 60-1, 69-70
Gudin, Eugênio, 48
guerra civil americana (1861-65), 23
Guerra de Canudos (1896-7), 25
Guerra do Contestado (1912-6), 25
Guerra do Golfo (1991), 101-2
Guerra Fria, 59, 69
Guimarães, José, 300
Guimarães, Napoleão de Alencastro, 48
Guimarães, Ulysses, 93, 125
Guimarães, Virgílio, 246
Gurgel, Roberto, 274

Haddad, Fernando, 249, 270, 276, 280-1, 300
Haddad, Jamil, 150
Haddad, Paulo, 150-1
Hage, Jorge, 271
Hamilton, Alexander, 353
Hargreaves, Henrique, 149-50, 162
Hargreaves, Ruth, 151
Hartung, Paulo, 255
Haximu (aldeia em RR), 156
Henrique, João, 262
Henrique, Luís, 177, 255, 297
Hingel, Murílio, 150
Hoffmann, Gleisi, 274-5, 297
Hollanda, Ana de, 271
Houaiss, Antônio, 150
Hubner, Nelson, 258
Humberto, Cláudio, 109

ianomâmis, índios, 109, 156
Ibama (Instituto Brasileiro do Meio Ambiente e dos Recursos Naturais Renováveis), 188

Ibope (Instituto Brasileiro de Opinião Pública e Estatística), 126, 155, 168, 201
ICMS (Imposto sobre Circulação de Mercadorias e Serviços), 236-8
Igreja Universal, 213, 277
impeachments, 9, 12, 47, 73, 77, 89, 94, 110-1, 114, 116-7, 120-40, 142-9, 161, 166, 168-9, 210, 265, 272, 298-9, 302-22, 324-31, 338, 343-4, 348-55, 360-1, 364, 387*n*
Império do Brasil, 21, 23-5, 36, 38, 40, 380*n*
Imposto Territorial Rural, 108
índios, 109, 156, 162, 302
Indonésia, 196
industrialização, 23, 35, 40, 43, 71
inflação, 12-3, 43, 45-6, 51-2, 58, 61, 71, 74, 81, 94, 97-102, 104-5, 110-2, 114, 119, 153, 155-60, 163-4, 167, 170-1, 173, 180, 182-3, 185, 193, 200, 207-8, 211-2, 222, 227-8, 232-3, 235, 239, 257, 261, 268, 271, 273-5, 279, 284, 286-7, 291-2, 295-7, 308-9, 314, 327, 349-50, 360-1, 364, 400*n*
Infraero (Empresa Brasileira de Infraestrutura Aeroportuária), 235
INSS (Instituto Nacional do Seguro Social), 244, 252
internet, 208
IPMF (Imposto Provisório sobre Movimentação Financeira), 154-5, 157, 163, 182
Iraque, 102
IstoÉ (revista), 117, 119
Itália, 111, 287

Jaguaribe, Hélio, 115
Jango *ver* Goulart, João
Janot, Rodrigo, 298, 308, 335
Japão, 196
Jatene, Adib, 115
Jatene, Simão, 268
JBS, grupo, 330, 334
Jefferson, Roberto, 124, 129, 247-51, 280
Jereissati, Tasso, 106, 110, 117, 120, 173, 176, 187, 210-1, 226, 242
JK *ver* Kubitschek, Juscelino

Jobim, Nelson, 127-30, 136, 162, 169, 177, 225, 258, 271, 275, 350
Jorge, Coutinho, 150
Jorge, Eduardo, 132, 214-5
Jornal do Brasil, 67, 70, 119
Jornal Nacional (telejornal), 225
Jucá, Romero, 110, 247, 249, 259, 275, 278, 315-7, 412n
Jucá, Teresa, 131
Jucá Neto, Oscar, 275
Judiciário, 9, 26, 33, 47, 83, 85, 137, 160-1, 165, 188, 208, 215, 244, 247, 282, 285, 289, 297, 303, 305, 309, 312, 326, 332, 338, 341, 346, 365-8, 388n
Júlia, Ana, 255
Jungmann, Raul, 188
Junqueira, Aristides, 140, 165
Jurema, Abelardo, 69
juros, taxas de, 102, 197, 202, 204-8, 232-3, 245, 257, 262, 264, 275, 279, 284, 296, 321
justiça social, 96, 112, 178

Kandir, Antônio, 191, 198-9
Kassab, Gilberto, 262, 281, 300, 312, 316
Klein, Odacir, 177
Krause, Gustavo, 150-1, 176
Kruel, Amauri, 67, 71
Kubitschek, Juscelino, 48-9, 51-2, 58-9, 64-5, 72, 86, 94, 148
Kubitschek, Márcia, 148
Kuwait, 102

Lacerda, Carlos, 46-8, 58, 61, 71-2
Lacerda, Márcio, 262
Lafer, Celso, 51, 104, 115, 132, 404n
Lages, Vinicius, 295
Lando, Amir, 124, 141, 239, 247
Lavenère, Marcello, 133
LBA (Legião Brasileira de Assistência), 104
Leal, Victor Nunes, 22, 72
Legislativo, 9, 26-30, 33-4, 36-40, 42, 44-5, 47, 49-52, 58, 62, 65-6, 69, 73-5, 78-9, 85, 88, 95, 100, 102, 110, 113-5, 125-6, 147, 157, 160-2, 165, 168-9, 179, 185, 188-9, 194, 201, 206-8, 211-2, 216-7, 219-20, 223, 231-2, 241-3, 245, 247, 249, 252, 256, 260, 262-3, 266, 274, 278-83, 285, 288-9, 297-9, 305, 326, 333, 338, 341, 344, 346, 350-1, 353-4, 356, 358, 364-7, 379n
Lei da Ficha Limpa, 268, 277
Lei de Concessões Públicas, 180
Lei de Diretrizes e Bases da Educação, 42, 58
Lei de Diretrizes Orçamentárias, 258, 294
Lei de Falências, 343
Lei de Imprensa, 83
Lei de Incentivo à Cultura (Lei Rouanet), 104, 110, 343
Lei de Responsabilidade Fiscal, 212-3, 302, 318, 321, 323, 343
Lei do Impeachment, 125
Lei Geral da Copa, 278
Lei Geral da Micro e Pequena Empresa, 343
Lei Orgânica da Previdência Social, 42, 66
Leitão, Míriam, 390n, 399-401n
Lessa, Carlos, 245
Levy, Herbert, 70
Levy, Joaquim, 295, 308
Lewandowski, Ricardo, 146, 320, 324-5, 327-30
liberalismo, 13, 24
Lima, Cássio Cunha, 255
Lima, Geddel Vieira, 176, 187, 218-9, 232, 256, 316, 333, 335-6
Lima, Hermes, 61-2, 67, 384-5n
Lima Filho, Osvaldo, 56, 67
Lima Sobrinho, Barbosa, 125, 132-3
Limongi, Fernando, 75, 87, 391n
Lins e Silva, Evandro, 67, 139, 142, 145
Lipset, Seymour Martin, 376n
Lira Tavares, Roberto de, 384n
Lisboa, Marcos, 231, 234
Lo Prete, Renata, 248
Lobão, Edison, 258, 260, 271, 308
Londres, 205
Lopes, Francisco, 180, 204-5, 207-8
Lopes, Iriny, 271, 277

Loterj (Loteria do Estado do Rio de Janeiro), 240
Lott, Henrique Teixeira, 48-51, 94
Loures, Rodrigo Rocha, 335-6
Loyola, Gustavo, 186
Lucena, Humberto, 178-9
Lúcia, Cármen, 285, 332
Lula da Silva, Luiz Inácio, 82, 88, 93-6, 99-100, 109, 117, 120, 122-3, 151-2, 154-5, 163, 168-71, 189, 191, 193, 195-6, 201-2, 216, 222, 224, 226-42, 244-6, 248-61, 263-7, 269, 271, 273-8, 284, 291, 296, 298, 301-2, 306, 309-10, 313-5, 317, 327, 334, 342-4, 348, 350, 352, 402n, 406-7n
lulismo, 230, 263
Lupi, Carlos, 257, 261, 271, 275, 279, 284
Luz, Carlos, 49-50

Machado, Moacir Antônio, 140
Machado, Nelson, 249
Machado, Sérgio, 235, 308, 316-7
Maciel, Marco, 105, 171, 176, 188, 221
Magalhães, Antonio Carlos, 105, 112, 114, 121-2, 126-7, 131, 176, 184, 186, 192-4, 199, 207, 216-21, 240, 243-4
Magalhães Neto, Antônio Carlos, 243, 274
Magalhães, Luís Eduardo, 98, 120, 177, 185, 187-8, 191-3, 198
Magalhães, Roberto, 114
Magalhães Júnior, Jutahy, 150
Magalhães Pinto, José de, 71-2
Maggi, Blairo, 255, 274
Maia, Cesar, 192, 215
Maia, Marco, 271, 277, 280, 282
Maia, Rodrigo, 319, 336, 338
Malan, Pedro, 118, 156, 158, 177-8, 209-11
Maluf, Paulo, 115, 155, 189, 192, 202, 215, 280
mandonismo, 40
Mangabeira, João, 384n
Manifestações de Junho (2013), 286-7
Mantega, Guido, 245, 249, 253, 262, 269-70, 277, 295, 406n
Maranhão, 81, 223, 265, 268, 308
Maranhão, Nei, 108, 110
Maranhão, Waldir, 314, 318
Marcha da Família com Deus pela Liberdade (1964), 73
Mares Guia, Walfrido dos, 230, 257, 259-60
Marinha, 71-3
Marinho, Josafá, 138, 145
Martins, Franklin, 257-8
Martins, Luciano, 95-6
Martins, Wilson, 269
Massacre do Carandiru (1992), 143
Mato Grosso, 255, 268
Mato Grosso do Sul, 268
Mazzilli, Ranieri, 52-4, 73
MDB (Movimento Democrático Brasileiro), 148, 177; *ver também* PMDB (Partido do Movimento Democrático Brasileiro)
medidas provisórias (MPs), 61, 75, 79, 96-100, 102, 155, 157, 164-5, 195, 197, 203, 214, 216, 218, 226, 235, 252, 273, 297-8, 366
Meirelles, Henrique, 231, 271
Mello, Celso de, 161, 282
Mello, Marco Aurélio, 160-1, 328, 333, 335
Mello, Zélia Cardoso de, 103-4
Melo, Carlos Ranulfo, 394n
Melo, Marcus André, 83, 367
Melo, Nelson de, 384n
Melo, Vaz de, 33
Mendes, Amazonino, 195
Mendes, Gilmar, 123, 127-8, 285, 310, 312, 317, 335, 337
Mendes Júnior (empreiteira), 258
Mendes Ribeiro, Jorge, 275
Mendonça, Duda, 250
Mendonça de Barros, José Roberto, 180, 197, 199
Mendonça de Barros, Luiz Carlos, 199
Meneguelli, Jair, 109
Menicucci, Eleonora, 277
mensalão, escândalo do (2005-6), 234, 248-9, 252, 257, 259-62, 280, 282, 285, 290, 306, 346

Mercadante, Aloizio, 132, 246, 253, 265, 277, 290, 305, 406n
mercado financeiro, 170, 180, 185-6, 207, 226-8, 230
mercados, 196, 202, 204-5, 227-8, 232, 279
merenda escolar, 263
Merquior, José Guilherme, 112
Mestrinho, Gilberto, 109
México, 179, 287
Minas Gerais, 22, 28, 32-3, 36, 48, 53, 57, 148, 202, 205, 237, 251, 253, 255, 268, 276, 290, 293, 370, 380n, 401n
Minc, Carlos, 261
Minha Casa Minha Vida, programa, 305
Ministério da Administração, 151
Ministério da Aeronáutica, 384n
Ministério da Agricultura, 48, 67, 150-1, 154, 189, 198, 209, 230, 256, 271, 275, 284, 295, 384n
Ministério da Amazônia, 156
Ministério da Ciência e Tecnologia, 115, 230, 239, 277, 308, 404n
Ministério da Comunicação Social, 257, 271
Ministério da Coordenação Política, 242
Ministério da Cultura, 150, 163, 230, 256, 271
Ministério da Defesa, 404n
Ministério da Economia/Fazenda, 99, 110, 118, 127, 150-3, 155, 166, 177, 209, 230, 236, 250, 269, 270, 295, 303, 308, 384n
Ministério da Educação, 37, 150, 177, 239, 270, 384n
Ministério da Guerra, 48, 50, 64
Ministério da Indústria, 198
Ministério da Indústria e Comércio, 384n, 404n
Ministério da Indústria, Comércio e Turismo, 150
Ministério da Integração Nacional, 221, 230, 246, 256, 271, 276, 316
Ministério da Integração Regional, 150
Ministério da Justiça, 57, 150, 177, 198, 256-7, 270, 384n
Ministério da Marinha, 384n
Ministério da Previdência Social, 150, 177, 271
Ministério da Reforma Administrativa, 67
Ministério da Reforma Agrária, 188
Ministério da Reforma Institucional, 198
Ministério da Saúde, 37, 150, 198, 249, 256, 270, 384n
Ministério da Viação e Obras Públicas, 37, 48, 384n
Ministério das Cidades, 249, 269, 271
Ministério das Comunicações, 37, 177, 230, 239, 249, 256-7, 270, 404n
Ministério das Minas e Energia, 150, 162, 177, 249, 257-8, 260, 266, 271, 295, 316, 384n, 404n
Ministério das Políticas Regionais, 177, 404n
Ministério das Relações Exteriores, 67, 150-1, 214, 384-5n
Ministério das Relações Institucionais, 257, 270
Ministério de Ciência e Tecnologia, 150, 209
Ministério de Ciência, Tecnologia, Inovações e Comunicações, 316
Ministério do Bem-Estar Social, 150
Ministério do Desenvolvimento Agrário, 270
Ministério do Desenvolvimento Social, 239, 270
Ministério do Desenvolvimento, Indústria e Comércio Exterior, 209, 231, 270
Ministério do Exército, 384n
Ministério do Meio Ambiente, 150, 177, 225, 261, 270, 316, 404n
Ministério do Planejamento, 151, 198, 209, 270
Ministério do Trabalho, 46, 48, 67, 103, 150, 198, 239, 257, 279, 284, 384n, 404n
Ministério do Turismo, 230, 257, 271, 275, 295, 300, 308, 316
Ministério dos Esportes, 230, 316, 404n
Ministério dos Transportes, 37, 150, 177, 230, 235, 257, 271, 278, 280
Ministério Público, 83-5, 116, 140, 163, 242, 274, 287, 310, 317, 326, 334-5, 338, 366, 388n, 412n
Montoro, Franco, 221
Moraes, Alexandre de, 247, 334
Morais, José Ermírio de, 67, 384n

Morais, Prudente de, 24, 27, 29-32, 381n
Morais Filho, Evaristo de, 139
Moreira Franco, Wellington, 176, 220, 269, 271, 284, 304, 316
Moreira Salles, Walter, 384n
Moreira, Delfim, 381-2n
Moreira, Marcílio Marques, 104, 117-8, 121-2
Moro, Sergio, 309-10, 317, 366
Moscardo, Jerônimo, 163
"motim aéreo" (2007), 257-8
motim do encouraçado *Potemkin* (Rússia, 1905), 73
Motta Veiga, Luiz Octávio da, 103
Motta, Hugo, 308
Motta, Sérgio, 177, 184, 189, 198-9
Moura, Confúcio, 269
Moura, Mônica, 309
MST (Movimento dos Trabalhadores Rurais Sem Terra), 210, 236, 238, 299
Múcio, José, 260, 266
Mueller, Bernardo, 401n
mulheres, direito de voto às, 40
multipartidarismo, 10, 14, 21, 36-7, 39-40, 42, 46, 70, 76, 80, 87, 89, 157, 173, 220, 365, 369
Munhoz, José Antônio Barros, 154

Nascimento, Alfredo, 257, 271
Negromonte, Mário, 271, 277
Neiva Moreira, José Guimarães, 66
Neiva, Pedro, 88
nepotismo, 207, 365
Neves, Aécio, 95, 136, 212-4, 216-9, 237, 253, 255, 262, 284, 292, 314, 331, 334-5, 337
Neves, Tancredo, 57-9, 63-4, 69, 81, 148
New Deal, 154
New York Times, The (jornal), 111
Nicolau, Jairo, 87, 364
Nonô, José Thomaz, 251
Nordeste (região do Brasil), 23, 176, 201, 370
Norte (região do Brasil), 312, 370
Nova República, 81, 145, 375n
Nova York, 205, 223

Novais, Pedro, 271, 275
Nuclebrás, 255, 285

OAB (Ordem dos Advogados do Brasil), 124-5
Obama, Barack, 263
Odebrecht, Marcelo, 310
oligarquias, 10-2, 22-9, 31-7, 40-1, 43, 52, 82, 93, 97, 112-3, 288, 316, 341-3, 346-7, 360, 370-1, 373
Oliveira, Antônio Cláudio Mariz de, 139
Oliveira, Eunício, 239, 294, 337
Oliveira, Inocêncio de, 162, 184, 216, 218
Oliveira, Maria Priscilla Veiga, 310
Oliveira, Vallisney de Souza, 332, 335
Oliveira Neto, Cândido de, 384n
Operação Lava Jato, 272, 283-5, 290-1, 294, 302-3, 305, 308-9, 317, 323, 331, 333-4, 346, 366, 411n
Operação Uruguai, 120, 143, 398n
Ornelas, Waldeck, 198

PAC (Programa de Aceleração do Crescimento), 261, 263, 266-7, 408n
Padilha, Alexandre, 270
Padilha, Eliseu, 176, 218, 220, 235, 295, 300, 306, 316
Paes, Eduardo, 262, 281, 300
Pais de Andrade, Antonio, 186, 192
Paiva, Paulo, 198
Palmeira, Guilherme, 107, 171
Palocci, Antonio, 228, 230-2, 234, 236, 238, 240, 245, 250, 252, 269-70, 274, 277, 406n
Pansera, Celso, 308
Pará, 103, 255, 268, 401n
Paraíba, 28, 255, 269
Paraná, 176, 255, 268, 294, 317
Parente, Pedro, 209, 222
parlamentarismo, 9, 14, 37, 44, 47, 53-7, 59, 61-3, 65, 67, 76, 80, 106-9, 114, 115, 122, 127, 142, 352, 365, 369
Partido Liberal (Primeira República), 37
Partido Progressista (Império do Brasil), 24
Partido Republicano (Império do Brasil), 25

Partido Republicano Federal, 27, 32, 34, 37, 39, 41
partidos políticos, 26-7, 48, 130, 182; *ver também siglas individualmente*
Pasadena, compra da usina de (Texas, 2006), 290
Paschoal, Janaína, 306, 327
Passarinho, Jarbas, 103, 109, 145
Passos, Paulo Sérgio, 274
Pastoral da Terra, 238
paternalismo, 36, 143
patrimonialismo, 36, 80, 112, 143, 365, 367, 369
Patterson, William, 328
PCB (Partido Comunista Brasileiro), 40, 44, 45, 81
PCdoB (Partido Comunista do Brasil), 81, 162, 210, 230, 232, 244, 247-8, 251, 255-6, 263, 271, 273, 275, 294, 307, 312
PDC (Partido Democrata Cristão), 52, 60, 71, 81, 115, 141, 145
PDS (Partido Democrático Social), 81-2, 93, 101, 103, 110, 115, 136, 150
PDT (Partido Democrático Trabalhista), 81, 82, 98, 101, 105, 113-4, 116, 123, 131, 149-50, 162, 207, 210, 229-30, 232, 234, 243, 254-5, 257, 261, 264, 271, 275, 279, 284, 293, 309
Peçanha, Nilo, 28, 381*n*
pecuária, 23, 371
"pedaladas fiscais", 302, 318, 321, 324
Pedro, João, 266
Peixoto, Floriano, 29-31, 378*n*, 381*n*
Peluso, Cezar, 288
Pena, Afonso, 380*n*, 382*n*
Pereira, Carlos, 17-8, 83, 182, 367, 401*n*
Perillo, Marconi, 231, 268, 279-80
Pernambuco, 28, 32, 36, 67, 70, 98, 105, 113, 150, 176, 268, 276
Petrobras, 46, 103, 182, 235, 248, 255, 257, 259, 265, 280, 285, 290-1, 294, 297
petrodólares, 119
petróleo, 46, 85, 102, 119, 181, 281, 287, 362
PFL (Partido da Frente Liberal), 81-2, 95, 98, 101, 105-7, 113-6, 118, 120-6, 128, 131, 134, 136, 146, 149-50, 156-7, 162, 165, 167, 169, 171, 173-8, 184-6, 188-90, 192, 194-5, 198-9, 202-3, 209, 212-21, 223, 225-6, 229, 232, 235-7, 240, 243-5, 248, 251, 254-6, 319, 336
Piauí, 269
PIB brasileiro, 52, 71, 104, 196, 208, 211-2, 226, 235, 264, 267-8, 284, 294
Picciani, Leonardo, 308, 316
Pimenta da Veiga, João, 404*n*
Pimentel, Fernando, 262, 270, 277
Pinheiro, Ibsen, 98, 102, 118, 120, 124-8, 134, 136, 161-2
Pinheiro, Walter, 262
Pinotti, José, 232
Pinto, Bilac, 62
Pinto, Paulo Roberto, 276
Pires, Waldir, 258
Pitta, Celso, 192, 215
PL (Partido Liberal), 52, 81, 115, 148, 227, 230, 232, 244, 248, 250, 254, 257
Plano Collor, 94, 96-8, 101-2, 104, 169, 390*n*
Plano Collor II, 102
Plano Cruzado, 81, 148, 152, 349
Plano Real, 13, 99, 152, 157, 166-7, 169-71, 173, 177-80, 182-3, 185, 191, 195-7, 200-3, 206, 211, 330, 343, 350, 399*n*
Plano Safra, 321, 323
PMDB (Partido do Movimento Democrático Brasileiro), 22, 81-2, 88, 95-6, 98, 101-2, 105, 110, 113-4, 116-8, 120, 122, 124, 137, 141, 148-51, 154-7, 162, 165, 167-70, 173-8, 182, 184-9, 192-4, 198-9, 202-3, 209, 213-20, 222-6, 229, 231-2, 235-49, 252-6, 258-60, 262-9, 271-5, 277-8, 280-1, 283-6, 290, 293-7, 300-4, 306-9, 311, 313-8, 330, 334-5, 337, 344, 349, 360
poder moderador (Império do Brasil), 24
Polícia Federal, 116, 225, 247, 253, 259, 265, 290, 334
"política dos governadores", 22, 24, 29, 80
política econômica, 46, 104, 117, 122, 160,

429

170, 204-6, 210, 227, 231, 235-6, 240-1, 245, 252, 349-50
políticas públicas, 13, 15, 74, 78-9, 87-8, 99, 242, 286, 341-2, 364, 370
Pont, Raul, 245
Ponte para o Futuro, programa, 306-7
Pontes, Ipojuca, 104
população brasileira, 36, 71, 385*n*
popularidade, índices de, 10, 46, 51, 69, 79, 88, 94, 98, 101-2, 111, 115, 118, 146, 158, 162, 180, 182, 185, 193, 196-7, 201-3, 205-6, 208-9, 211-2, 214-6, 220-6, 230, 233, 236-7, 239, 241, 246, 248-55, 257, 260-1, 263-4, 267, 273-5, 277, 279, 286-7, 289-95, 297, 299, 301-2, 308, 310, 319, 333, 343, 349-51, 414*n*
populismo, 21, 43, 93-4, 96
Porto, Arlindo, 189
positivistas, 25, 36
PP (Partido Progressista), 173, 234, 236, 244-6, 248-9, 254, 263, 268-9, 271, 277, 280, 314, 318
PPB (Partido Progressista Brasileiro), 183, 189, 198, 209, 215, 232
PPR (Partido Progressista Reformador), 165, 167, 175, 195
PPS (Partido Popular Socialista), 81, 163, 165, 176, 188, 207, 224, 229-30, 232, 244-6, 254-5
PR (Partido da República), 257, 262, 268, 270-1, 274, 278, 280, 327
PR (Partido Republicano), 52, 60
Praça, Sérgio, 87
Pratini de Moraes, Marcus Vinicius, 209, 404*n*
prefeitos, 27, 108, 161, 192, 212, 245, 262, 281, 300, 357
prefeituras, 132, 245, 262, 281, 344
pré-sal, camada do, 260, 266, 362
Presidência da República, 22, 30, 39-42, 49-50, 52, 54, 56, 59, 63, 73, 75, 87, 99, 123, 135, 149, 152, 170, 172, 178, 189, 194, 217, 223, 225, 230, 276, 280, 306, 316, 325-6, 330, 333, 341, 345, 351, 356, 357, 372

presidencialismo de coalizão, 9-11, 13-6, 22, 36, 42, 44, 46, 69-70, 73, 75-7, 80, 87, 89, 115, 175, 217, 327, 331, 336, 341, 343-5, 348, 355, 357-8, 362-3, 365, 371, 373; *ver também* coalizões
Prestes, Júlio, 27-8
Prestes, Luís Carlos, 45
Previdência Social, 42, 66, 105, 111, 113-4, 160, 181, 185-90, 192, 196-201, 203, 211, 232-4, 236-9, 247, 249, 301, 331, 343-4
Primeira República, 22-3, 25-9, 34-7, 39-43, 375*n*
Primeiro Emprego, programa, 343
privatizações, 102-3, 111, 119, 154, 162, 177-8, 181, 199, 203, 208, 210, 343
PRN (Partido da Reconstrução Nacional), 101, 108, 110, 114-6, 127, 132, 136, 146
Procuradoria-Geral da República, 128, 163, 165, 259-60, 298, 303, 308, 366
Prona (Partido de Reedificação da Ordem Nacional), 232, 257
PROS (Partido Republicano da Ordem Social), 299
PSB (Partido Socialista Brasileiro), 53, 60, 150, 162, 207, 210, 215, 224, 230, 232, 239, 244, 251, 254-5, 257, 268-9, 281, 285, 289, 291-3, 296, 311, 316, 322
PSD (Partido Social Democrático), 22, 40-2, 45, 47-53, 57-61, 64-9, 71-2, 80-1, 281, 300, 310, 312, 316, 319, 344
PSDB (Partido da Social Democracia Brasileira), 81, 95, 101, 105-6, 108, 110, 113-7, 120, 123, 132, 136-7, 149-51, 154, 156-7, 165, 169, 171, 173-8, 185, 188-9, 191-2, 194, 198, 202-3, 209-10, 212-3, 215-9, 221, 224-5, 229, 231-2, 235-7, 240-2, 244-5, 251-5, 260, 262, 264, 266-8, 278, 280-1, 283-4, 289-90, 292-4, 306, 314, 322, 324, 331, 334-5, 337, 344, 371, 401*n*
PT (Partido dos Trabalhadores), 81-2, 95, 101, 106, 109-10, 114, 116-7, 119, 122, 131-2, 135, 149-52, 162, 174, 181, 185, 190, 202, 207, 210, 214-8, 225, 229-32, 234, 236-7,

239-66, 268-74, 276-84, 286, 288-90, 292-4, 296-301, 303-6, 309, 312-3, 317, 337, 344, 350, 352, 359, 361, 371
PTB (Partido Trabalhista Brasileiro), 40, 45-6, 48-53, 56-7, 60-2, 65, 67-9, 72, 81-2, 110, 115, 119, 124, 128-9, 134, 136, 150, 169, 173-4, 185, 189, 201, 209, 213, 215, 230, 232, 244, 247, 254-5, 260, 266, 268, 277, 280, 310
PTN (Partido Trabalhista Nacional), 52, 213
Puccinelli, André, 268
PV (Partido Verde), 232, 244, 266, 316

Quadros, Jânio, 51-4, 65, 68-9, 74, 79, 94
Queiroz, Agnelo, 230, 268, 279
Quércia, Orestes, 110, 117, 120, 122, 135, 143, 149, 156, 170, 177, 220
Quintão, Leonardo, 262

Rabello, Kátia, 281
Ramalho, Tales, 398n
Ramos, Alberto Guerreiro, 72
Ramos, Nereu, 50
Ramos, Saulo, 123
Rao, Vicente, 46
Reale Jr., Miguel, 123, 305-6, 323, 327
Rebelo, Aldo, 241-2, 244, 247, 251, 256, 263, 273, 275
Receita Federal, 371, 398n
recessão, 97, 102, 104, 110, 114, 119, 121-2, 168, 207, 222, 236, 271, 279, 291, 295, 297, 327, 332, 349-50, 361
Rede Globo, 126
Rede Sustentabilidade (partido), 289
reforma agrária, 52, 71, 85, 108, 238, 362
reforma ministerial, 71, 115, 151-2, 189, 198, 219, 249
reforma tributária, 110, 178, 236, 377n
regime militar *ver* ditadura militar (1964-85)
Rêgo, Vital do, 280
República americana, 23
República brasileira, 21-2; *ver também* Nova República; Primeira República; Segunda República; Terceira República
republicanismo, 36, 353
Requião, Roberto, 255
Resende, André Lara, 156, 199
Resende, Eliseu, 151, 172
reserva de mercado, 181-2
Revolução Americana, 21
Revolução de 1930, 22, 37, 378n
Revolução Russa, 73
Rezek, Francisco, 161, 328
Rezende, Iris, 176, 193, 262
Ribeiro, Euler, 186
Ribeiro, Jair Dantas, 61, 71
Richa, Beto, 262, 268
Richa, José, 107-8
Ricupero, Rubens, 151, 156, 166, 171-2
Rio de Janeiro, 24, 28, 32, 36, 58, 61, 109, 113, 122, 172, 192-3, 253, 255, 262, 268, 276, 280-1, 283, 285, 293, 333-4, 361, 401n
Rio Grande do Norte, 27
Rio Grande do Sul, 28, 36, 53, 98, 176-7, 220, 255, 268, 293, 312, 361, 401n
Rio Unido pelo Impeachment (comício de 1992), 131
Rocha, Brochado da, 60-2, 66, 384n
Rocha, José Moura, 137, 144
Rodrigues, Anadir de Mendonça, 222
Rodrigues, Roberto, 230, 238
Rondeau, Silas, 249, 257-8
Rondônia, 255, 269
Roosevelt, Franklin Delano, 154
Roraima, 109-10, 156, 201, 268, 312
Roriz, Joaquim, 258
Rosário, Maria do, 262, 271
Rossi, Wagner, 271, 275
Rosso, Rogério, 310, 319
Rouanet, Sérgio Paulo, 104
Rousseff, Dilma, 17, 45, 74, 77, 79, 95, 99, 123, 136, 138, 145-7, 189, 208, 210, 241, 249, 255-8, 261, 263-79, 284-6, 289-320, 322, 324-6, 329-30, 332, 334-5, 342, 344-5, 348-53, 360-1, 363, 387n, 397n, 402n, 412n

ruralistas, 85, 108, 169, 189, 231, 248, 257, 273, 302, 371
Rússia, 202

Sadek, Maria Tereza, 83-4
salário mínimo, 116, 155, 169, 178-9, 214, 223, 244, 252, 272-3
Salgado, Plínio, 55
Sallum Jr., Brasilio, 131
Salvatti, Ideli, 259, 263, 271, 274-5, 317
Sampaio Dória, Antônio de, 130, 350
Sampaio, Plínio de Arruda, 71, 388n
Sanches, Sydney, 113, 128, 137-42, 144-6, 328
Santa Catarina, 176, 255
Santana, Camilo, 293
Santana, Carlos, 82
Santana, João, 267, 309
Santoro, José Roberto, 242
Santos, Fabiano, 40-1
Santos, Wanderley Guilherme dos, 25-6
São Paulo, 22, 24, 27-9, 32, 36, 45-6, 53, 55, 73, 107, 110, 122-3, 143, 151, 154, 191-3, 202, 209, 215-6, 231-2, 237, 245, 247, 252-3, 255, 257, 262, 268, 277, 280-1, 286-7, 294, 306, 310, 401n
Saraiva Felipe, José, 249
Sardenberg, Ronaldo, 209
Sarney, José, 81-2, 85, 93, 96, 98-9, 101, 123, 145, 150, 155-6, 173, 178-9, 182, 186-9, 223-6, 231-2, 235, 240, 242-4, 258, 260, 263-6, 271, 275, 278, 281-2, 308, 316-7, 348-9, 412n
Sarney Filho, José, 225, 316, 404n
Sarney, Roseana, 224-5, 268
Schwarcz, Lilia, 33
Secretaria da Igualdade Racial, 270
Secretaria da Pesca, 271, 277
Secretaria de Administração Federal, 177
Secretaria de Assuntos Estratégicos, 209, 271, 284
Secretaria de Aviação Civil, 284
Secretaria de Política Econômica, 157
Secretaria de Políticas Regionais, 209

Secretaria de Políticas Urbanas, 209
Secretaria de Portos, 257, 271
Secretaria de Relações Institucionais, 300
Secretaria do Esporte, 271
Secretaria do Programa de Parcerias de Investimentos, 316
Secretaria dos Direitos Humanos, 271
Secretaria Especial de Políticas para Mulheres, 271, 277
Segunda República, 10, 12, 22, 28, 36-7, 39-42, 44-5, 47, 49, 51, 59-60, 64-6, 73, 76-8, 80-1, 83, 85, 87, 89, 94-5, 344, 375n
Selic, taxa (Sistema Especial de Liquidação e de Custódia), 279
semipresidencialismo, 57-8, 60, 63, 68, 80, 110, 352
Senado, 30, 50-1, 54, 56, 60-2, 69, 73, 76-8, 81, 84, 96, 101-2, 105, 107-8, 110, 122, 126, 129, 131-2, 134-41, 143-8, 154-7, 161, 164-5, 169, 173-4, 176-8, 182, 186-7, 189, 191-9, 202, 206-7, 210, 213-6, 218-9, 221, 223, 225, 229, 232, 235-8, 242-6, 252, 254, 256, 258-60, 263-5, 268-9, 271, 275, 278, 281, 283-6, 288, 290, 293, 297, 301-2, 304, 306-7, 309, 312-8, 320, 324, 325, 327-9, 332-3, 337, 344-6, 351, 353, 363, 383n, 387n
Sepúlveda Pertence, José, 144, 225, 328
Sérgio, Luiz, 270, 272, 274
Sergipe, 255, 268, 401n
Serra, José, 95, 114, 122, 177-8, 180, 191-2, 198, 219, 224-6, 228, 231, 240, 245, 253, 255, 262, 264, 267-8, 280-1
serviços privados, 13, 371
serviços públicos, 13, 103, 364, 371
Silva, Benedita da, 239
Silva, Edinho, 305, 317
Silva, Francisco Maurício de Albuquerque, 247
Silva, Marina, 261, 266, 268, 285, 289, 291-2
Silva, Orlando, 271, 275
Silveira, Breno da, 53
Simon, Pedro, 156, 220
Simonsen, Mário Henrique, 97

sindicalismo, 46-7, 51-2, 58, 103, 166, 229, 234
Sindicato dos Metalúrgicos, 73
sistema eleitoral, 33, 79, 87, 364
sistema financeiro, 102, 105, 186, 234-5, 361
sistema partidário, 25, 95-6, 174, 250, 293, 342, 357, 359, 365, 369, 373
sistema político, 10, 12, 16, 24-5, 43, 69, 78, 115, 136, 149, 167, 191, 206, 362, 364, 367, 370
Skidmore, Thomas, 111
Soares, Cristina, 88
Soares, Delúbio, 248, 253, 280
Soares, Odacir, 124
social-liberalismo, 94
Sociedade Rural Brasileira, 230
Soros, George, 207
Souto, Paulo, 176
Starling, Heloisa, 33
Starling, Sandra, 110
Stephanes, Reinhold, 256-7
STF *ver* Supremo Tribunal Federal
Suassuna, Ney, 186
Sudam (Superintendência do Desenvolvimento da Amazônia), 221, 225
Sudene (Superintendência do Desenvolvimento do Nordeste), 221, 235
Sudeste (região do Brasil), 176, 224
sufrágio feminino, 40
Suíça, 318
Sul (região do Brasil), 176, 224, 312
Super Simples (tratamento tributário), 237
Superior Tribunal de Justiça, 113, 328, 335
Suplicy, Marta, 215, 245, 257, 262
Supremo Tribunal Federal, 12, 36, 50, 55, 71, 77, 83-4, 113-4, 123, 128, 133-4, 137-41, 143-4, 146-7, 157, 160-1, 163-5, 178, 188-9, 207, 226, 234, 241, 251, 259, 280-3, 285-90, 298, 301, 303, 306-8, 310, 312, 314-5, 317-8, 325, 328-30, 332-8, 346, 351, 353-4, 356, 368, 385*n*, 387*n*
Suzano, Pedro Paulo, 384*n*

Tailândia, 196
Tápias, Alcides, 211
Tarso, Paulo de, 72
Tavares, Martus, 209
Teixeira, Izabella, 270
Teixeira, Miro, 230, 239
Teixeira, Roberto, 195
Telebrás, 199, 208, 210
telefonia/telecomunicações, 85, 181, 182, 189, 203, 208, 343
Temer, Michel, 139, 145, 176-7, 184, 187-8, 192-4, 216, 218-9, 223, 231-2, 235, 239, 241-2, 247, 256, 263, 267, 269, 271-2, 283, 286, 290, 293, 300-1, 303, 304-8, 310-1, 313-9, 329-38, 352, 398*n*
Temporão, José Gomes, 256
Terceira República, 10, 16, 22-3, 27-8, 34, 37, 47, 60, 65-6, 76-7, 79-81, 83, 85-6, 89, 93, 95-7, 99, 107, 110, 121, 125, 146, 158, 172, 178, 189, 194, 200, 231, 233, 255, 279, 285, 293, 330, 334, 344-5, 347, 352, 363-4, 373, 375*n*
Terceiro Mundo, 119
terras indígenas, marco de, 109, 302
Tesouro Nacional, 107, 321, 334
Tigres Asiáticos, 196; *ver também* crise asiática (1997)
Tinoco, Eraldo, 121
Toffoli, Dias, 332
Tombini, Alexandre, 271
Tóquio, 205
Torreão Brás, Antônio, 328
Tourinho, Rodolfo, 404*n*
trabalhismo, 46, 68, 81
Transpetro (subsidiária de transportes da Petrobras), 235, 308, 316
Tribunal de Contas da União, 301-2, 305
Tribunal Federal de Recursos, 328
Tribunal Regional do Trabalho, 214
Tribunal Superior do Trabalho, 181
Tribunal Superior Eleitoral, 172, 178, 225, 252, 259, 283, 289, 335, 385*n*
triplex no Guarujá, 317
Tuma, Romeu, 398*n*
Turra, Francisco, 198

UDN (União Democrática Nacional), 40, 44-50, 52-3, 55, 57, 60-2, 65-6, 68-72, 80-1, 85
UDR (União Democrática Ruralista), 85
Última Hora (jornal), 46-7
UNE (União Nacional dos Estudantes), 210
urbanização, 35, 43, 71
URV (Unidade Real de Valor), 163-9, 172

Vaccarezza, Cândido, 278
Valadares, Benedito, 62
Valério, Marcos, 249, 251, 259, 280
Vargas, Alzira, 45
Vargas, André, 290, 294
Vargas, Getúlio, 22, 28, 38, 40, 44-9, 53, 57-8, 65, 68, 74, 79, 86, 94, 375*n*, 381*n*
Vargas, Ivete, 81
Vargas, José Israel, 150
Vargas, Pepe, 300
Vasconcelos, Jarbas, 156, 176
Vasp (Viação Aérea São Paulo), 103, 143
Velloso, Carlos, 140-1, 143, 161, 163, 328
Viana, Prisco, 183
Viana, Tião, 259-60, 263, 268

Vieira, Cláudio, 143
Vieira, Gastão, 275
Vieira, José Eduardo de Andrade, 150
Vilela, Maguito, 177, 222-3
Vilela, Teotonio, 268
Villas-Bôas Corrêa, Luiz Antonio, 137
Villela, José Guilherme, 127

Wagner, Jaques, 239, 255, 268, 317
Wainer, Samuel, 46
Wall Street (Nova York), 196
Wandenkolk, Eduardo, 29
Washington Luís (Pereira de Sousa), 22, 36
Weinbaum, Marvin G., 379*n*
Wellisch, Luiz Fernando, 398*n*

Youssef, Alberto, 291
Yunes, José, 334

Zavascki, Teori, 288, 309, 314, 317, 333-4
Zero Hora (jornal), 110
Zveiter, Sergio, 288, 335-6

1ª EDIÇÃO [2018] 3 reimpressões

ESTA OBRA FOI COMPOSTA PELA SPRESS EM MINION
E IMPRESSA EM OFSETE PELA LIS GRÁFICA SOBRE PAPEL PÓLEN DA
SUZANO S.A. PARA A EDITORA SCHWARCZ EM MAIO DE 2024

A marca FSC® é a garantia de que a madeira utilizada na fabricação do papel deste livro provém de florestas que foram gerenciadas de maneira ambientalmente correta, socialmente justa e economicamente viável, além de outras fontes de origem controlada.